BEIHEFTE ZUR
ZEITSCHRIFT FÜR ROMANISCHE PHILOLOGIE

BEGRÜNDET VON GUSTAV GRÖBER
HERAUSGEGEBEN VON GÜNTER HOLTUS

Band 321

JOHANNES KABATEK

Die Bolognesische Renaissance und der Ausbau romanischer Sprachen

Juristische Diskurstraditionen und Sprachentwicklung in Südfrankreich und Spanien im 12. und 13. Jahrhundert

MAX NIEMEYER VERLAG TÜBINGEN
2005

Gedruckt mit Unterstützung der Deutschen Forschungsgemeinschaft

Dem Andenken an Brigitte Schlieben-Lange und Eugenio Coseriu

Bibliografische Information der Deutschen Bibliothek

Die Deutsche Bibliothek verzeichnet diese Publikation in der Deutschen Nationalbibliografie; detaillierte bibliografische Daten sind im Internet über *http://dnb.ddb.de* abrufbar.

ISBN 3-484-52321-2 ISSN 0084-5396

Printed in Germany.
Gedruckt auf alterungsbeständigem Papier.
Satz und Druck: Laupp & Göbel GmbH, Nehren
Einband: Norbert Klotz, Jettingen-Scheppach

Inhaltsverzeichnis

Einleitung 1

1. Theoretische Einführung 11

1.1. Ein einführendes Beispiel: spanische Rechtstexte im 12. und 13. Jahrhundert 11
1.2. Zum Untersuchungsrahmen 17
1.2.1. Recht und Rechtstext 19
1.2.2.1. *Text* und Ebenen des Sprachlichen 23
1.2.2.2. Sprechhandlung und Sprachwerk 27
1.2.2.3. Text und Textklassifikation 30
1.2.2.4. Exkurs: Zur Historizität von Texten 31
1.2.2.5. Diskurstradition, Kontinuität und Diskontinuität 37
1.2.2.6. Umfelder 40
1.2.2.7. Diskurs 43
1.2.3. Ausbau 45
1.2.3.1. Humboldts Unterscheidung zwischen Bau und Ausbildung 46
1.2.3.2. Extensiver und intensiver Ausbau 50
1.2.3.3. Ausbau und Varietätenraum 61
1.2.3.4. Ausbau und Sprachplanung 64
1.2.3.5. Ausbauprozesse 65

2. Die Bolognesische Renaissance und die Verschriftlichung romanischer Sprachen 69

2.1. Die Rezeption des römischen Rechts: der «Bolognesische Diskurs» 69
2.1.1. Das «sakrale» Textkorpus 71
2.1.2. Bologna 74
2.1.3. Zur Methode der Glossatoren 77
2.1.4. Die bolognesischen Textsorten 80
2.1.4.1. Texttyp Summa 81
2.1.5. Die Rolle des Kanonischen Rechts 84
2.1.6. Die Bolognesische Renaissance und das europäische Mittelalter 86
2.2. Die Rezeption des Römischen Rechts in der Westromania und die romanische Verschriftlichung 87
2.2.1. Norditalien 88
2.2.2. Frankreich 89
2.2.3. Katalonien 94

2.2.4. Kastilien ... 101
2.2.4.1. Exkurs: Gonzalo de Berceo ... 105
2.2.5. Portugal ... 108
2.2.6. Rezeption des römischen Rechts und romanische Schriftproduktion ... 110

3. *Lo codi* und der Ausbau der okzitanischen Schriftsprache ... 113

3.1. Entstehungsgeschichte des *Codi* ... 113
3.1.1. *Lo codi*, okzitanisches Rechtsbuch des 12. Jahrhunderts ... 113
3.1.2. Forschungsgeschichte ... 114
3.1.3. Entstehungsort, Entstehungszeit und Entstehungsumstände ... 118
3.2. Die Manuskripte des Codi und ihre Verbreitung ... 119
3.2.1. Erhaltene Handschriften des Codi ... 119
3.2.2. Verschollene/verlorene Handschriften ... 120
3.2.3. Texte, in denen direkte Einflüsse des Codi nachweisbar sind ... 121
3.3. *Lo codi* und seine sprachlichen und textuellen Vorbilder ... 123
3.3.1. Die altokzitanische Urkundensprache ... 124
3.3.2. *Lo codi* und die lateinischen Vorlagen ... 130
3.3.3. *Lo codi* als Ort des Ausbaus ... 138
3.3.3.1. Das Textformular «Summa» und sprachliche Mittel in *Lo codi* ... 141
3.3.3.2. Die Inhalte des Hauptteils und die entsprechenden textuellen und sprachlichen Mittel ... 145
3.3.3.3. *Junktion* ... 148
3.3.3.4. Wortschatz ... 158
3.3.3.5. Zusammenfassung ... 160
3.4. *Lo codi*, Römisches Recht und der Ausbau romanischer Schriftsprachen: die *Costums de Tortosa* ... 162

4. Juristische Texttraditionen im kastilischen Mittelalter ... 169

4.1. Rechtstraditionen im kastilischen Mittelalter ... 170
4.1.1. Zur Forschungslage ... 170
4.1.1.1. Gesamtdarstellungen ... 171
4.1.1.2. Textausgaben ... 172
4.1.2. Zur Geschichte der kastilischen Gesetzesquellen bis 1348 ... 176
4.1.2.1. Von den Ursprüngen der Rechtsentwicklung bis zur Römerzeit ... 176
4.1.2.2. Von der Römerzeit bis zur westgotischen Tradition: *Forum Iudicum* und *Fuero Juzgo* ... 178
4.1.2.3. Exkurs: Die *Jueces de Castilla* – Geschichte und Mythos ... 180
4.1.2.4. *Fazañas* und *Fueros* ... 183
4.1.2.5. Die alfonsinische Kodifikation ... 187
4.2. Textvergleich ... 192
4.2.1. Begründung der Textauswahl Vorgehensweise ... 192
4.2.1.1. Schema zur Beschreibung der Texte ... 193
4.2.2. Die *Fazañas de Palenzuela* ... 195
4.2.3. Der *Fuero de Madrid* ... 205

4.2.4. *Libro de los fueros de Castiella* ... 218
4.2.5. *Lo codi* ... 225
4.2.5.1. Exkurs: *Lo codi* und die Romania: Projekt einer Edition ... 227
4.2.6. *Flores de Derecho* ... 242
4.2.7. *Primera Partida* ... 250
4.3. Gesamtbetrachtung der kastilischen juristischen Texttraditionen ... 264

5. Schlußwort ... 267

6. Bibliographie ... 271

6.1. Bibliographische Abkürzungen ... 271
6.2. Verwendete Wörterbücher ... 272
6.3. Texte ... 273
6.4. Weitere Literatur ... 275

Einleitung

> «In many respects the work of the School of Bologna represents the most brillant achievement of the intellect of medieval Europe».
>
> H. Rashdall[1]

Schon seit Raynouard ist es üblich, die Entstehung der romanischen Schriftsprachen in verschiedenen Gebieten mit der karolingischen *Correctio* in Verbindung zu bringen: es scheint, dass erst die Reform des Schriftlateins und die Erneuerung von dessen Aussprache die Grundlage für ein diglossisches Bewusstsein der Trennung von Latinität und Romanität schafft. Diese Reform wirkt sich jedoch in den unterschiedlichen Teilen der Romania nicht gleichzeitig aus, was die Verschiebungen in den einzelnen Territorien erklären kann.[2]

Nun besteht in der Geschichte der romanischen Sprachen des Mittelalters ein fundamentaler Unterschied zwischen erstens denjenigen Schriftzeugnissen, aus denen noch kein eindeutiges Bewusstsein volkssprachlicher Eigenständigkeit hervorgeht, obwohl die Texte zweifellos romanische Elemente enthalten (etwa lateinische Urkunden mit romanischen Zügen), zweitens solchen «Nebenprodukten» der Schriftkultur, die zwar ein Bewusstsein des Unterschiedes zwischen lokaler Volkssprache und Schriftsprache zeigen, deren Finalität aber nicht die Schaffung einer eigenständigen romanischen Schriftsprache erkennen lässt (etwa Glossen oder Notizen) und schließlich Texten, die Früchte einer eigenen, gelehrten Schriftkultur, eines Bewusstseins von Romanität und des damit meist verbundenen Ziels der Schaffung einer elaborierten volkssprachlichen Schriftlichkeit sind, was in erster Linie durch die Übertragung bereits in anderen Sprachen vorhandener Diskurstraditionen auf das Romanische geschieht. Ist es schon im Falle der karolingischen Renaissance problematisch, diese als monokausale Erklärung für eine erste romanische Verschriftung heranzuziehen, so sind die Ereignisse ab der zweiten Hälfte des 12. Jahrhunderts, die zu jenen Folgephasen führen, äußerst mannigfaltig und umfassen zumindest all jene Faktoren, die Charles H. Haskins unter dem Begriff der *Renaissance of the Twelfth Century*[3] zusammengefasst hat: das Entstehen neuer intellektueller Zentren, die neue klassische Latinität, die wachsende Bedeutung der Historiographie, die Übersetzungstätigkeit, die Renaissance von Jurisprudenz, Wissenschaft und Philosophie sowie den Beginn der abendländischen Universitäten. Aus diesen wird hier nur ein einziger Aspekt herausgegriffen, der jedoch für die Kulturentwicklung Europas so bedeutend und so eng mit der Entstehung einer

---

1 *The Making of Europe in the Middle Ages*, Oxford, 1895, 254; cf. auch Radding 1988, 1: «Centered at the *studium* of Bologna, the jurists of the twelfth and thirteenth centuries constituted one of the principal sources for change in medieval society».

2 Außerdem betrifft die Reform natürlich nicht alle Gebiete der Romania, was aber hier nicht weiter vertieft werden soll; cf. auch Raible 1985, 45.

3 Haskins 1927.

elaborierten romanischen Schriftlichkeit verbunden ist, dass es sich lohnt, eine umfangreiche Untersuchung auf ihm aufzubauen. Es handelt sich um die hier als *Bolognesische Renaissance* bezeichnete Kulturbewegung, die durch die Wiederbeschäftigung mit dem justinianischen Recht an der Universität Bologna ausgelöst wird und im 12. und 13. Jahrhundert zu einer umfassenden Rezeptionswelle in ganz Europa führt. Vor allem in ihrer Verbindung mit dem Kanonischen Recht ab 1140 führt die Bolognesische Renaissance zur schnellen Ausbreitung eines für das Mittelalter neuen Bildungsideals, einer neuen Latinität, neuer Denkprinzipien und einer neuen Bildungselite und bildet somit einen der Hauptpfeiler der Renaissance des 12. Jahrhunderts. Dies soll nicht heißen, dass die Bedeutung der Jurisprudenz hier höher eingestuft würde als etwa die kulturgeschichtliche Entwicklung im Bereich der Theologie, sondern dass hier die Veränderungen und ihre Folgen für die Sprachentwicklung besonders tiefgreifend und auffällig sind. Durch die Verbindung von Zivil- und Kirchenrecht ist die Bolognesische Renaissance zudem aufs Engste mit der Theologie verbunden und findet in der Kirche Legitimation und institutionellen Rückhalt. Sie ist eine Bewegung, deren Träger nicht nur zur Erneuerung der lateinischen Kultur Europas, zur Erneuerung der Wissenschaft und zur Entstehung der Universitäten beitragen, sondern gleichzeitig in vielen Fällen zur Schaffung einer eigenen volkssprachlichen Schriftlichkeit, sei es unmittelbar auf dem hier v. a. betrachteten juristischen Gebiet, sei es in anderen Gebieten, etwa im Bereich der Literatur. Die Beziehung zwischen Bolognesischer Renaissance und Elaboration volkssprachlicher Schriftlichkeit in Südfrankreich und auf der Iberischen Halbinsel näher zu untersuchen ist der Hauptinhalt dieser Arbeit. Dies geschieht in der Verbindung einer vorrangig historischen Herangehensweise mit zwei sprachgeschichtlichen Fragestellungen, nämlich der Frage nach den auslösenden Faktoren einer elaborierten Verschriftlichung und der Frage ihrer textuellen und sprachlichen Merkmale.

Die Tatsache des Auftauchens bedeutender romanischsprachiger Manuskripte im Umfeld von Orten und Personen der Rezeption des Römischen Rechts ist auffällig; teilweise setzt die elaborierte romanischsprachige Schriftproduktion in Frankreich und auf der Iberischen Halbinsel praktisch zeitgleich mit der wichtigsten juristischen Rezeptionswelle ein; eine Tatsache, die bislang von Sprachhistorikern auch deswegen weniger beachtet wurde, weil die rechtshistorische Forschung sehr unterschiedliche Auffassungen über den Zeitpunkt und die Orte der Rezeption hatte. Neuere rechtshistorische Erkenntnisse lassen es jedoch mit größerer Bestimmtheit zu, eine Verbindung zwischen römisch-juristischer Rezeption und romanischer Verschriftlichung herzustellen. In Bezug auf den Zusammenhang von romanischer Schriftproduktion und Renaissance des Römischen Rechts gilt es zwei Aufgaben zu lösen oder zumindest auf mögliche Lösungen hinzuweisen. Erstens muss – sei es auch nur exemplarisch – gezeigt werden, *dass* (und auf welche konkrete Weise) die romanische elaborierte Schriftproduktion mit der Bolognesischen Renaissance zusammenhängt. Und zweitens müssen Erklärungen für die scheinbar paradoxe Tatsache gefunden werden, weshalb ein neues Bildungsideal mit einer restaurierten lateinischen Schriftlichkeit gerade zur Verschriftlichung der Volkssprachen Anlass gegeben haben soll. Darüber hinaus ist in Bezug auf die romanischen Sprachen selbst zu fragen, welche textuellen und sprachlichen Innovationen durch diese Verschriftlichung veranlasst werden.

Für die letztere Fragestellung sind einige Klärungen nötig, die sich am besten an einem vereinfachten Schema darstellen lassen:

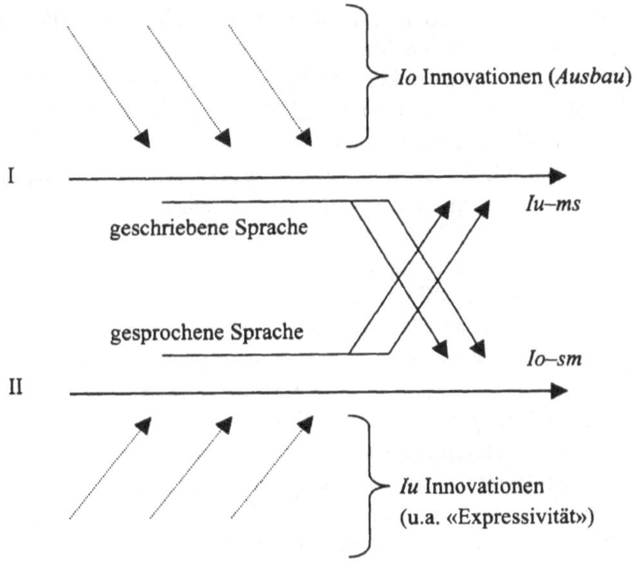

Fig. 1: Prozesse sprachlicher Innovation

Nehmen wir aus Gründen der einfacheren Darstellung an, die Geschichte einer Sprache entspräche zwei Traditionslinien (hier I und II), einer schriftsprachlichen und einer mündlichen Tradition.[4] In Wahrheit müssten wir natürlich in beiden Bereichen unterschiedliche, sich teils überlappende und gegenseitig beeinflussende Varietäten und Diskurstraditionen unterscheiden, aber dies würde die Darstellung hier unnötig komplex machen. Wir können aufgrund von Übertragungen aktuell beobachtbarer Prozesse auf die Geschichte feststellen, dass beim Sprechen als kreativem Akt stets Traditionen wiederhergestellt und gleichzeitig überwunden bzw. verändert werden. Die Veränderungen sind in Bezug auf die Tradition Innovationen. Solche Innovationen werden von den Menschen stets geschaffen, beim Sprechen wie beim Schreiben. Es ist in den letzten Jahren viel auf die Bedeutung der «Expressivität» als Quelle der Innovation v. a. beim Sprechen hingewiesen worden.[5] Dabei ist es natürlich nicht so, dass gesprochene Sprache prinzipiell innovationsfreudiger wäre als geschriebene, sondern dass beim Sprechen die Kreativität der Sprecher andere Innovationen schafft und anderen Normen gehorcht als beim Schreiben. Nehmen wir an, I

---

4 Diese Darstellung ist etwas verkürzt: es geht hier eigentlich um «üblicherweise gesprochene Varietäten» und «üblicherweise geschriebene Varietäten» und nicht um gesprochene vs. geschriebene Sprache.

5 Cf. etwa Mair 1992; Koch/Oesterreicher 1996.

ist die Tradition der lateinischen Schriftsprache. Durch einen langen Prozess der Kreation und Selektion erreichte diese in klassischer Zeit ein Stadium, ab dem sie als relativ fixiert galt. Sie galt als «ausgebaut», die auf Innovationen in der Schriftsprache (*Io* und *Iu–ms*) beruhenden Wandelprozesse wurden gebremst.[6] Im Bereich der gesprochenen Sprache konnten hingegen zahlreiche Innovationen (*Iu*) zu «Wandel» führen. Dies ist natürlich eine vereinfachte Sichtweise, hinter der sich ein Zusammenspiel von sprechsprachlicher Innovation und verschiedenen sprachlichen Kontaktphänomenen in einem komplexen Varietätengefüge verbirgt.

Der Wandel der Sprechsprachen führte im Hinblick auf die für Innovationen weitgehend blockierte Schriftsprache zu einer zunehmenden Diglossie. Nur in bestimmten kulturellen Zentren, v. a. außerhalb der Romania, konnte die «Blockade» auch für die Aussprache des Lateins umfassend aufrecht erhalten werden, während in der Romania die unvollständige klassische Bildung und der ständige Kontakt zu den eng verwandten Sprechsprachen zur wachsenden Bedeutung der Tendenz *Iu–ms* führte: Innovationen der gesprochenen Sprache wie etwa die Reduktion des Kasussystems oder die Ausbildung des Artikelsystems finden sich zunehmend in bestimmten lateinischen Schrifttexten der Romania. Es handelt sich gewissermaßen um das «Sich-Einschleichen» von Elementen der gesprochenen Sprache in die Schriftsprache; um *Interferenzen*, die zum Wandel der Schriftsprache führen können. In verschiedenen Textsorten und an verschiedenen Orten finden diese Innovationen nun teilweise Akzeptanz, doch finden immer wieder Restaurationstendenzen der Schriftsprache statt, die einen Ausgleich verhindern. Diese führen nun sporadisch dazu, dass die Diglossie zwischen Sprechsprache und Schriftsprache mit graphischen Mitteln nachgebildet wird oder sich in schriftlichen Texten indirekt widerspiegelt: es finden sich nicht nur einzelne Elemente, die mit der klassischen Sprache diskrepieren, sondern ganze Listen, Zitate, kleine Texte; das, was wir als die frühesten romanischen Sprachdenkmäler bezeichnen. Dabei handelt es sich teilweise um eine quantitative Verstärkung der bereits vorher genannten Tendenz *Iu–ms*. Nicht immer ist dabei eindeutig zu sagen, ob der quantitativen Zunahme auch ein qualitativer Unterschied entspricht, vor allem dort, wo die Zunahme kontinuierlich ist und sich keine klaren Brüche ausmachen lassen. Finden sich jedoch solche Brüche, dann kann angenommen werden, dass nicht nur eine quantitative, sondern auch eine qualitative Veränderung stattgefunden hat und die «romanischen» Texte Ausdruck eines *Bewusstseins* der Trennung von Latinität und Romanität sind.[7] Den Prozess dieses Aufschreibens romanischer Texte haben Peter Koch und Wulf Oesterreicher als *Verschriftung* bezeichnet.[8] Das Vorhandensein eines solchen Bewusstseins ist nun die Voraussetzung für einen weiteren Prozess, der bei der Verschriftung in Ansätzen schon vorhanden ist, sich dann aber

---

[6] In Anlehnung an Labov (cf. Labov 1966 u. 1994, 78) werden die Innovationen hier schematisierend als «von oben» (*o*) oder «von unten» (*u*) bezeichnet; *ms* bezieht sich auf die Innovationsrichtung von mündlichen zu schriftlichen Sprachformen, *sm* auf die umgekehrte Richtung. Zur Unterscheidung zwischen Innovation und Wandel cf. Coseriu 1957 u. 1983.

[7] Cf. hierzu u. a. Wright 1982.

[8] Oesterreicher 1993 und Koch/Oesterreicher 1994.

verselbständigt. Die durch die Verschriftung entstandene neue Sprachform wird zum Ausgangspunkt genommen für deren Elaboration oder Ausbau, für das, was Koch/ Oesterreicher als *Verschriftlichung* bezeichnet haben. Was diesen zweiten Prozess auslöst und fördert, wird im Laufe dieser Arbeit an verschiedenen Stellen ausgeführt werden. Die Verschriftlichung entspricht nun nicht mehr nur einer weiteren quantitativen Zunahme von *Iu–ms,* sondern auch einer Tendenz *Io*, der Innovation «von oben».[9] Diese Tendenz betrifft die Schaffung einer schriftsprachlichen Tradition mit eigenen Mitteln. Es geht hier nicht mehr nur um die schriftliche Fixierung von Elementen, die in der gesprochenen Sprache vorhanden sind, sondern um die Schaffung neuer Mittel, von *Innovationen* und auf deren Ausbreitung beruhenden eigenen neuen Traditionen in der Schriftsprache. Dabei entsteht eine neue, eigene Traditionslinie, die die alte nicht ersetzt, sondern parallel zu ihr aufgebaut wird: die Linie der Schriftsprache wird also gedoppelt. Ein genaueres Schema müsste also etwa folgendermaßen aussehen:

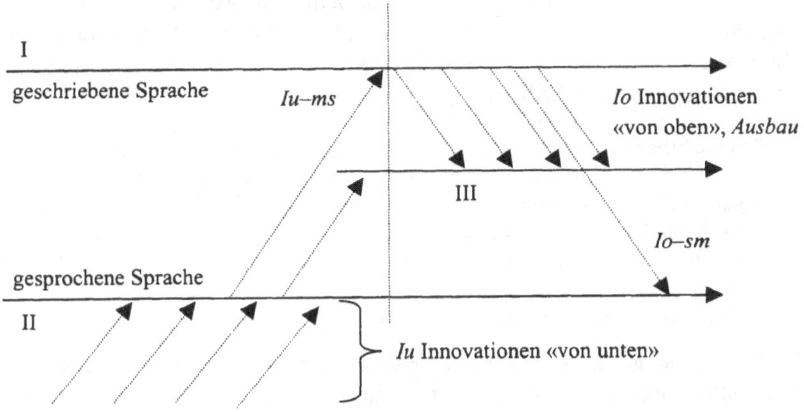

Fig. 2: Innovation und *Verschriftlichung*

Hier wird durch die Linie III die neue schriftsprachliche Tradition angedeutet. Vorbereitet wird diese durch die Verschriftung volkssprachlicher Elemente. Es folgt der Ausbau der Volkssprache, der sowohl mit Mitteln geschieht, die im System der Volkssprache vorhanden sind, als auch mit solchen, die aus anderen Schriftsprachen übernommen werden, wie hier durch die Innovationspfeile von I nach III angedeutet. Es müssten hier noch einige Dinge präzisiert werden, etwa die Möglichkeit der Innovationen in der gesprochenen Sprache, die «von oben» (*Io–sm*) kommen und um die es in dieser Arbeit nicht geht, oder die Tatsache, dass bereits der erste Schritt der Verschriftung der Volkssprache keinesfalls aus der gesprochenen Volkssprache al-

9 Die Unterscheidung von *Verschriftung* und *Verschriftlichung* ist eine methodische; beide Größen können in der Empirie nicht immer klar getrennt werden. So finden sich bereits in den frühesten romanischen Sprachdenkmälern verschiedene latinisierende Formen, die bereits einen Ausbau «von oben» andeuten.

lein heraus geschieht, sondern auch im Rückgriff auf die existierende Schriftsprache und in weitgehender Übernahme u. a. von deren Graphemsystem. Für die Situierung der hier auszuführenden Fragestellung ist das Schema aber ausreichend. Darin wird durch die vertikale Linie ein historischer Moment angedeutet, der am Beginn des Ausbauprozesses steht.

Dieser Ausbauprozess entspricht also der Schaffung einer neuen Schriftsprache, einer Aufgabe, die nicht von denjenigen erfüllt werden konnte, die der traditionellen Schriftsprache(n) nicht mächtig waren, sondern nur von solchen Personen, die über eine umfassende schriftsprachliche Bildung verfügten. Die Verschriftlichung ist also alles andere als ein «Verlegenheitsprodukt» derjenigen, die kein Latein konnten, sondern ein bewusster Ausbauprozess, der von den Personen mit der höchsten Bildung getragen wurde.

Die These von der «Erfindung» der romanischen Sprachen «von oben» wurde in den letzten Jahren besonders deutlich von Roger Wright vertreten, dessen Arbeiten aus verschiedenen Gründen umstritten sind, dem aber, was die Grundthese von der Unterscheidung zwischen «ungebildeter» und «gebildeter» Romanisierung angeht, vollkommen zuzustimmen ist. Wright stellt etwa in Bezug auf die kastilische Verschriftung und Verschriftlichung fest:[10]

> «This analysis also implies that works of semi-Latinate appearance such as this document are written by those who do not know Latin, whereas completely and emancipatedly vernacular writing – such as that at Cabreros, or that of Berceo, who read Latin sources – implies a skilled level of Latinity in the writer until such time as, in the late thirteenth century, writers are explicitely trained in the writing of naked Castilian. If so, the old assumption that the level of ‹Latinity› in a text corresponds to the level of ‹Latinity› of the author's speech has no more legs to stand on» (Wright 1982, 244).

Was hier als «completely and emancipatedly vernacular writing» bezeichnet wird, scheint nun – und dies gilt es zu zeigen – zumindest teilweise eng mit der Rezeption des Römischen Rechts zusammenzuhängen, und Texte wie der von Wright erwähnte *Tratado de Cabreros* sind Produkte einer neuen Generation gebildeter Juristen wie etwa des ebenfalls in dem Zitat erwähnten Gonzalo de Berceo, der im *Studium* von Palencia mit dem Römischen Recht vertraut wurde.

Diese Arbeit ist in vier Teile gegliedert. Nach der genaueren Erarbeitung der Fragestellung an einem Beispiel werden im *ersten* Teil einige relevante theoretische Grundlagen diskutiert, vor allem die Fragen des Zusammenhangs von Texttradition, Sprachwandel und Ausbau einer Schriftsprache.

Daraufhin wird, im *zweiten* Teil, das Phänomen der Bolognesischen Renaissance mit den entsprechenden Begleiterscheinungen näher bestimmt: die Herausbildung eines gelehrten Juristenstandes, die Schaffung einer einheitlichen juristischen Ausbildung nach dem Modell der Universität Bologna, der eine «einheitliche Rechtswissenschaft in ganz Europa» (Coing 1967, 10) entspricht, die Zunahme des

---

10 Wright bezieht sich hier auf ein «halblateinisches» Rechtsdokument mit kastilischen Elementen (Nr. 158 der von Menéndez Pidal edierten *Documentos*, aus Kastilien), im Gegensatz zu «elaborierten» Texten wie dem *Tratado de Cabreros* oder der Lyrik Berceos.

Einflusses gelehrter Juristen an den Höfen, aber auch die Konfrontation zwischen Römischem Recht und lokalem Recht, die einerseits zur Vermischung und gegenseitigen Ergänzung, andererseits zu Verdrängungsphänomenen führt. Gleichzeitig soll in diesem Teil der Zusammenhang zwischen der Rezeption des Römischen Rechts und der romanischsprachigen Schriftproduktion angedeutet werden.

Der *dritte* Teil untersucht die Rezeption an einem ganz konkreten Beispiel, an dem sich ihre unmittelbare Bedeutung für eine romanische Sprache besonders gut beleuchten lässt: der okzitanischen, in der Gegend von Arles verfassten *Summa Codicis* aus dem 12. Jahrhundert, die unter dem Namen *Lo codi* bekannt ist und anhand derer der Rezeptionsvorgang exemplarisch aufgezeigt werden kann. Die okzitanische Vorlage dieses Textes basiert in erster Linie auf der lateinischen *Summa Trecensis*, einer kompakten Summa justinianischen Rechts, die auf der Bearbeitungstechnik der bologneser Glossatoren beruht und wie *Lo codi* wahrscheinlich ebenfalls in Südfrankreich entstanden ist. Die okzitanische Fassung verändert nicht die Inhalte der lateinischen Vorlage, aber sowohl die sprachliche Form als auch den Textaufbau. Neben der Darstellung der sprachlichen und textuellen Eigenschaften soll *Lo codi* in Bezug auf seine lateinischen Vorbilder und auf die okzitanische Schrifttradition betrachtet werden, um beschreiben zu können, wie hier die Rezeption der neuen Inhalte den Anstoß zu textueller und sprachlicher Innovation gibt.

Parallel zu der Sprache der okzitanischen Summa wird auch deren Einflusswirkung auf andere romanische Texte beschrieben werden, insbesondere in Katalonien, und, im vierten Teil, in Kastilien.

Während Teil 3 sich gewissermaßen der *Diachronie* einer Diskurstradition widmet, wird im *vierten* Teil die Perspektive gewechselt und die *Synchronie* koexistierender Diskurstraditionen an einem bestimmten Ort dargestellt, wobei das Nebeneinander innerhalb eines Zeitraums von etwa 100 Jahren verfolgt wird, in welchem sich Traditionen des Römischen Rechts neben solche gesellen, die bereits vor der Rezeption vorhanden waren. Dieser Teil wird nochmals historisch eingeleitet, da es hier nicht nur um die Geschichte der Rezeption des Römischen Rechts im Mittelalter, sondern auch um deren Vorgeschichte in einem bestimmten Gebiet, nämlich Kastilien, geht. Dabei soll zunächst bei der Darstellung der westgotischen Rechtstradition begonnen werden, die in unterschiedlichem Maße auf der ganzen Iberischen Halbinsel bis in den Untersuchungszeitraum hinein eine wichtige Rolle spielt, dann soll die eng damit verbundene, auf lokalem Gewohnheitsrecht basierende Tradition der *Fueros* und *Fazañas* einbezogen werden, bis die Betrachtungen erneut in die ab dem 12. Jahrhundert sich mehr und mehr auswirkende Renaissance des Römischen Rechts münden. Folgende Texte werden dabei ausführlich behandelt werden:

- Frühe kastilische Fazañas aus dem 12. Jahrhundert (*Fazañas de Palenzuela*).
- Der frühe kastilische *Fuero de Madrid* (Anfang 13. Jahrhundert).
- Kastilisches Gewohnheitsrecht aus dem 13. Jahrhundert (*Libro de los fueros de Castiella*).
- Die kastilische Übersetzung von *Lo codi* als früher kastilischsprachiger Text Römischen Rechts. Von der umfangreichen kastilischen Übersetzung des *Codi*

sind zwei Manuskripte erhalten (Ms. 6416 und Ms. 10816 der Madrider Nationalbibliothek), die im Rahmen dieser Arbeit in Auszügen neu ediert wurden.

- Die *Flores de Derecho* des Jacobo de Junta als voralfonsinischer kastilischer Prozessrechtstext nach römischem Vorbild.
- Die alfonsinische *Primera partida*.

Dazu werden weiterhin u. a. folgende Texte mit berücksichtigt werden:

- Das westgotische *Forum Iudicum* und dessen romanische Übersetzungen.
- Verschiedene lateinische und kastilische Foralrechtstexte.
- Die lateinischen, in Palencia entstandenen *Summulae* des Ugolino de Sesso (2. Hälfte des 12. Jahrhunderts).
- Weitere Texte der präalfonsinischen, kastilischsprachigen Summenliteratur.
- Alfonsinische Rechtstexte: *Setenario*, *Fuero Real*, *Especulo*, *Partidas*.

Auf eine kurze inhaltliche Vorstellung der Texte werden jeweils Informationen zur textuellen Form, zur Textfinalität und zur einzelsprachlichen Ausrichtung, zu den Umfeldern, zu transphrastischen (Textphorik, Satzverknüpfung), syntaktischen und lexikalischen (u. a. Umfang, Anteil von Terminologie, Type-Token-Relation, Wortbildung etc.) Eigenschaften gegeben. Diese Bereiche scheinen zunächst eher willkürlich herausgegriffen, es wird sich aber an ihnen zeigen lassen, wie der Ausbau verschiedene Bereiche der Sprache in unterschiedlichem Maße betrifft.

Neben den konkreten Untersuchungen stellt diese Arbeit den Versuch dar, einen bestimmten, ganzheitlichen sprachhistorischen Ansatz zu vertreten. Die historische Sprachwissenschaft der letzten Jahre tendiert mitunter dazu, aufgrund von Fortschritten in gewissen Bereichen – vor allem aufgrund der technischen Möglichkeiten, große, informatisierte Corpora zeitsparend zu bearbeiten – in anderen Bereichen wieder hinter die Erkenntnisse der sprachhistorischen Forschung des 20. Jahrhunderts zurückzutreten. So wird in vielen Arbeiten zu den Sprachen des Mittelalters immer noch in ungenügender Weise der sprachlichen Variation, der sprachlichen Interferenz und der textuellen Tradition Rechnung getragen. Immer wieder wird versucht, hinter philologisch zuweilen bedenklichen und unzureichend differenzierten Corpusdaten eine scheinbar lineare Diachronie zu rekonstruieren, die es als solche gar nicht gibt. Oft werden textspezifische Eigenschaften, die mitunter fundamental sind und auch die sprachliche Form wesentlich mit determinieren, nur am Rande berücksichtigt.

Die sprachlichen Formen der Texte sind bestimmt durch die unterschiedlichen Umfelder, auf welche sie sich beziehen, weshalb hier eine teilweise Rekonstruktion dieser Umfelder jeweils versucht wird, um zu zeigen, dass diejenigen Texte, die sich auf eine mündliche lokale Tradition beziehen, andere sprachliche Mittel einsetzen als diejenigen, die ständig implizit oder explizit auf das Corpus Iuris Civilis oder die bolognesischen Rechtssummen verweisen.[11]

---

[11] Eine in diesem Sinne ganzheitliche historische Linguistik wurde von Eugenio Coseriu bekanntlich schon in den fünfziger Jahren gefordert: «Contrariamente a lo que pretende el formalismo lingüístico, la lengua no puede estudiarse ‹en sí y por sí›, y menos aún en la historia. ¿Quién podría entender, por ej., la historia del léxico romance sin conocer la civilización occidental y el cristianismo?» (Coseriu 1955/56, 52).

Schon bei den Vorarbeiten ergab sich aus diesen Gründen bald Klarheit darüber, dass eine auf einem umfangreichen Corpus basierende quantitativ-diachronische Methode für dieses Vorhaben nicht geeignet ist: zu heterogen sind die Texte, zu groß z. T. ihre sprachliche Abhängigkeit von Modellen, auf denen sie beruhen, zu deutlich das Fehlen eines für die Entwicklung repräsentativen, isolierbaren Kriteriums. Angebracht schien hingegen der Versuch, die Traditionen zunächst nach textuellen und inhaltlichen Kriterien zu ordnen und erst dann auch genuin «sprachliche» Elemente, v. a. im Bereich von Syntax und Lexikon, mit einzubeziehen. Es scheint überhaupt, dass eine quantitativ-diachronische Analyse vor allem für längerfristige Vorgänge innerhalb bestehender Texttraditionen geeignet ist, in unserem Untersuchungszeitraum solche Traditionen jedoch erst entstehen und somit die Variation und die Unterschiedlichkeit der Texte im Vordergrund steht – keine eigentliche «Diachronie» also, aber durchaus Sprachgeschichte.

Es geht somit bei diesem Ansatz in gewisser Hinsicht um eine Ergänzung zu derjenigen historischen Linguistik, die textuelle Eigenschaften weitgehend ausblendet und ihr Augenmerk v. a. auf large-scale-Betrachtungen diachronischer Prozesse richtet, womit sie jedoch nur einen Teil des Sprachwandels erfassen und diesen in gewisser Weise nur retrospektiv, nämlich von den Ergebnissen ausgehend, betrachten kann. Und es geht – wie im obigen Schema dargestellt – darum, auch diejenigen Sprachwandelerscheinungen gebührend zu berücksichtigen, die nicht auf Innovationen der gesprochenen Sprache, sondern auf die Kreativität beim Schreiben zurückzuführen sind.

Wenn hier auch die Betrachtung der okzitanischen und spanischen Rechtstexte im Vordergrund steht, so streckt die Arbeit doch ihre Fühler in weitere Gebiete aus, die in der Nachbarschaft des untersuchten Hauptgebietes liegen: damit stehen hier Südfrankreich und Kastilien – mit zahlreichen Gemeinsamkeiten, aber auch mit Unterschieden – auch als Beispiele für bestimmte, allgemeine Entwicklungen in der Romania, was durch verschiedene Seitenbezüge zu Nordfrankreich, Norditalien, Katalonien, Aragón und Portugal angedeutet werden soll.

Die Untersuchung erscheint aus verschiedenen Gründen gerechtfertigt und dem Forschungsinteresse zu entsprechen. Erstens ist gerade in den letzten Jahren viel über die Gründe der Entstehung einer elaborierten romanischen Schriftlichkeit diskutiert worden, die Rolle der Rezeption des Römischen Rechts aber – wenn überhaupt – höchstens als Nebenschauplatz und nicht als Ausgangspunkt einer Untersuchung herangezogen worden. Zweitens, in allgemeiner Hinsicht, betrifft die Frage des Verhältnisses von Sprachentwicklung, sprachlichem Ausbau und Texttradition zentrale Probleme der historischen Sprachwissenschaft. Die Wahl des untersuchten Zeitraumes ist insofern günstig, als es sich um eine Zeit großer Umwälzungen handelt. Bei dem Untersuchungsgegenstand der juristischen Texttraditionen handelt es sich um ein für das Mittelalter neben der Theologie zentrales Diskursuniversum, bei dem die Möglichkeit zu einer eingehenden Betrachtung aufgrund der Materiallage gewährleistet und die Bedeutung für die gesamte Entwicklung der Schriftlichkeit schon durch das juristisch geprägte Denken der mittelalterlichen Gesellschaft, aber auch durch die allgemein weit verbreitete Verbindung von juristischer Tätigkeit und Schriftproduktion gegeben ist.

1. Theoretische Einführung

1.1. Ein einführendes Beispiel: spanische Rechtstexte im 12. und 13. Jahrhundert

Zur Illustration des in der Einleitung skizzierten Themengebiets sollen dem nun folgenden Theorieteil zunächst einige Beispieltexte vorangestellt werden.

Betrachten wir dazu die Darstellung eines vergleichbaren juristischen Sachverhaltes, nämlich die Formulierung einer Sanktion wegen einer Straftat, anhand von vier verschiedenen Textausschnitten, die hier zunächst nur kurz kommentiert werden sollen. Die Beispiele entsprechen einer gezielten Auswahl, die das Untersuchungsobjekt dieser Arbeit näher umreißt und einschränkt Wir werden dann im Hauptteil wieder auf sie zurückkommen. Die Texte haben folgende Gemeinsamkeiten:

- Es sind normative Texte, *Gesetzestexte* (oder gesetzähnliche Texte). Dieser Textbereich wurde gewählt, da er sich durch sein Vorhandensein in verschiedenen Texttraditionen besonders gut zum Aufzeigen von deren Unterschieden eignet. Mit den Gesetzestexten hängen zudem alle anderen juristischen Texttraditionen eng zusammen. Darüber hinaus werden auch andere Traditionen, insbesondere diejenige der rechtsanwendenden Urkunden, in der Untersuchung an mehreren Stellen berücksichtigt, und dies vor allem dort, wo diese in einer engen Beziehung zu den Gesetzestexten stehen.
- Es sind *romanischsprachige Texte*. Das heißt nicht, dass Texte in anderen Sprachen, v. a. lateinische Texte, hier grundsätzlich aus der Untersuchung ausgeschlossen würden, doch soll es um die Entwicklungen in der jeweiligen *romanischen* Sprache gehen, und die nichtromanischen Texte sollen nur herangezogen werden, wo sie die romanischen Texttraditionen erhellen bzw. ihnen zugrunde liegen oder mit ihnen interferieren.
- Es handelt sich um *Texte unterschiedlicher Traditionen*, die aber *aus demselben Sprach- und Herrschaftsgebiet* stammen und teils konkurrierende, teils sich ablösende Rechtstraditionen repräsentieren. Sie stammen aus dem kastilischsprachigen Raum. Für die allgemeinen Fragestellungen hätten auch vergleichbare Texte aus anderen Teilen der Romania gewählt werden können.

Das erste Beispiel geht auf die Zeit gegen Ende des 12. Jahrhunderts zurück und ist den sog. *Fazañas de Palenzuela* entnommen. Es handelt sich um einen der ältesten in kastilischer Sprache überlieferten Rechtstexte, um acht Rechtsfälle, sogenannte *Fazañas*. Man könnte meinen, dass es sich hier nicht um einen Gesetzestext handelt, doch benötigte das kastilische Fallrecht in früher Zeit nicht unbedingt explizite abstrakte Normen, wenn diese aus der unmittelbaren Überlieferung von Fällen samt deren Sanktionen als implizit enthaltene Rechtsnorm jeweils neu abgeleitet werden konnten. Es ist also ein typischer gesetzesähnlicher Text eines «primitiven», an konkreten Fällen, mündlicher Tradition und lokalen Bräuchen orientierten Rechts:

> «(1) De alia facañia. De Joan ladron de Ribiella que vinod a cassa de D. Cid de nocte et abriod las portas aforas et sacod II oues et fueron tras ello et acancaronle en die Sante Marine et sacoron le los ojos entre Ribiella et Elcina et varallod esta voz mio Cid D. Gutierre Del Ençina et foron con el Joanes Diaz et vida Justo et Petro Munoz et Don Julian de la Poblacion et foron con elle a Monçon al Rey. Vino et otorgoles suo foro et non pectaron nada» (García Gallo 1934, 530s. [Fazaña N° 4]).

> «Von einer anderen Tat [Fall, Richtspruch, gedenkwürdiges Ereignis]. Von Joan dem Dieb aus Ribiella der nachts ins Haus von D. Cid kam und außen die Türen öffnete und zwei Schafe herausholte und sie gingen ihm nach und sie jagten ihn mit Hunden am Tage der Heiligen Maria und stachen ihm die Augen aus zwischen Ribiella und Elcina und dieser Schiedspruch wurde von meinem Cid Don Gutierre von Ençina gesprochen und mit ihm gingen Joanes Diaz und Vida Justo und Petro Munoz und Don Julian aus dem Dorf und sie gingen mit ihm nach Monçon zum König. Er kam [sprach Recht darüber] und gab ihnen ihr Recht und sie bezahlten nichts».[1]

In Kapitel 4 wird auf diesen Text näher eingegangen werden. Hier nur einige erste Eindrücke. Für den heutigen Leser ist die Referenz des Textes z. T. nicht mehr zu erschließen; die sprachlichen Mittel für die Darstellung sind auf wenige reduziert (v. a. Nomina und Verben), es handelt sich weitgehend um eine lose Aneinanderreihung von Geschehnissen und Handlungen mit geringer syntaktischer Integration. Die logische Abfolge der Ereignisse wird nur teilweise versprachlicht, die wichtigsten Zusammenhänge können aber dennoch erschlossen werden. Die Tatsache, dass es sich um einen konkreten Fall handelt, ist aus den verschiedenen Eigennamen (Personen- und Ortsangaben) ersichtlich; die juristische Terminologie ist auf wenige Begriffe beschränkt, die keiner näheren Definition bedürfen, da sie auch Elemente der Alltagssprache sind (z. B. *facania*, *ladron*, *varallar*, *voz*, *foro*).

Das zweite Beispiel ist gewissermaßen komplementär zum ersten, auch wenn es nach Ansicht spanischer Rechtshistoriker aus einer anderen Phase der Entwicklung stammt, in welcher auf der Basis des Fallrechts abstrakte Normen formuliert werden,[2] die sogenannten *Fueros*, die zumeist von den Königen als lokale Rechte bestimmten Regionen oder Städten zugesprochen werden oder aber, wie hier, vom Rat eines Ortes selbst festgelegt werden. Die Fueros ergänzen das geschriebene, westgotische Recht des *Forum Iudicum* und stehen in dessen Tradition, wobei sie lokale, mündliche Rechtsinhalte der örtlichen *Consuetudines* aufnehmen. Ab dem frühen 11. Jahrhundert sind schriftliche Fueros in lateinischer Sprache überliefert: die mündlich tradierten konkreten Fälle werden zu allgemeinen Normen in einer

---

1 Die deutsche Übersetzung dient lediglich dem groben Textverständnis; es wird nicht versucht, die grammatischen Verhältnisse des Originaltextes glossierend wiederzugeben.

2 Nach der berühmten Formel von Galo Sánchez: «La fazaña se convierte en fuero», cf. Sánchez 1929, García Gallo 1975.

bekannten Gesetzestextform mit den entsprechenden sprachlichen Mitteln umformuliert. Die Fueros hängen eng mit der Reconquista zusammen, da sich im Verlaufe der Neubesiedlung der vormals arabisch besetzten Gebiete bestimmte Rechtskonflikte ergaben, für die in der traditionellen westgotischen Gesetzgebung keine Lösungen vorgesehen waren; insbesondere ging es dabei um die Absicherung besonderer Privilegien der Siedler in den Grenzgebieten, die nach der Eroberung jeweils eingefordert wurden. Die einzelnen Fueros bilden untereinander so genannte Fuero-Familien, d. h. dass ein Fuero meist auf einen anderen zurückgeht bzw. für weitere Fueros als Modell dient, das jeweils modifiziert und den lokalen Gegebenheiten angepasst wird. Als erster überlieferter romanischsprachiger Fuero gilt der *Fuero de Avilés*, der auf 1155 datiert ist, bei dessen romanischsprachiger Version es sich aber wohl um die Übertragung einer lateinischen Vorlage handelt, weshalb man annehmen muss, dass der romanische Text aus einer späteren Zeit, vielleicht aber noch aus dem 12. Jahrhundert, stammt; er ist in einer okzitanisch-leonesischen Mischsprache verfasst.[3] Ab dem 13. Jahrhundert sind die ersten kastilischsprachigen Fueros überliefert, die ebenfalls in den meisten Fällen auf lateinischen Modellen beruhen, was jedoch im Falle des Beispiels, das dem *Fuero de Madrid*, einem der ersten romanischsprachigen Fueros, entnommen ist, eher nicht der Fall zu sein scheint. Die frühen Fueros sind meist listenartige Aneinanderreihungen von Konditionalsätzen, in denen Rechtsverstöße und die entsprechenden Sanktionen genannt werden.

> «Qvi firiere a uezino uel a filio de uezino con pugno en cara, & liuores habuerit, pectet X.m morabetinos a los fiadores, & esto cum testemunias; & si en cara fuerit ferido et liuores non habuerit, pectet V morabetinos» (*Fuero de Madrid*, VI).

> «Wer einen Einwohner oder den Sohn eines Einwohners mit der Faust im Gesicht verletzt, und es eine blutige Wunde gibt, zahle zehn Maravedis an die Gerichtsvollzieher, und dies bei Zeugen, und wenn er im Gesicht verletzt worden ist, es aber keine blutigen Wunden gibt, zahle er fünf Maravedis».

Im Gegensatz zu den Fazañas wird hier eine allgemeine Rechtsnorm mit allgemein gültiger Sanktion formuliert. Stärker noch als in den *Fazañas de Palenzuela* ist auch im *Fuero de Madrid*, der aus den ersten Jahren des 13. Jahrhunderts stammt, noch eine deutliche Abhängigkeit von lateinischen Schreibweisen zu sehen, bzw. es zeigt sich hier, wie noch näher auszuführen sein wird, der Versuch, eine latinisierende Sprache darzustellen. Wie in den Fazañas gibt es auch hier Referenzbezüge, die sprachlich ambig und nur durch den außersprachlichen Kontext erschließbar sind (etwa das «si en cara fuerit ferido», das sich auf den verletzten Nachbarn bezieht, während das «pectet» auf den Täter verweist, wobei sich die Topic-Diskontinuität nicht aus den grammatischen, sondern aus den inhaltlichen Verhältnissen erschließt). Auch hier finden sich nur wenige, mit dem Alltag verbundene Rechtstermini (*liuores*, *fiadores*, *testemunias*). Im Gegensatz zu den Fazañas gibt es hier aber keinen «freien» Text, sondern eine feste Textform, die in einer langen Tradition steht und bei der es nur sehr eingeschränkte Variationsmöglichkeiten gibt: ein kano-

---

[3] Cf. Lapesa 1948.

nischer Satztyp, der sich in dem Fuero vielfach wiederholt und dessen syntaktische Variation (hier v. a. die Konstituentenabfolge im Nebensatz) aufgrund verschiedener Kriterien variieren kann (Thema-Rhema-Abfolge, Latinismus / Formelhaftigkeit, Präsenz bestimmter Elemente wie z. B. *si/non*, stilistische Variation). Dies führt im Vergleich zu den Fazañas aber auch zu einer Erweiterung des sprachlichen Spektrums: häufige Satzunterordnung, v. a. Konditionalsätze, häufige Verwendung des Konjunktiv Futur – Elemente, die Übertragungen aus der lateinischen Gesetzestexttradition sind. Auffällig ist in diesem Text auch die scheinbare Mischung von lateinischen und romanischen Elementen, die sich jedoch bei genauerem Hinsehen differenzierter darstellt: die wirklich lateinischen Elemente beschränken sich auf bestimmte, v. a. formelhafte Abschnitte. Einige eindeutige Latinismen (v. a. die Konjunktionen *uel* und *aut*, die sich neben den auch später üblichen *o* und *et* finden) tauchen hier so häufig auch in den unzweifelhaft romanischen Abschnitten auf, dass angenommen werden muss, dass diese Elemente als für einen juristischen Text üblich angesehen wurden und nicht in derselben Weise fremd wirkten wie die lateinischen Formelteile oder die lateinischen Rubriken (die im ältesten Manuskript des *Fuero de Madrid* wohl nachträglich, in einer späteren Phase, hinzugefügt wurden).

Ein weiteres Beispiel stammt aus einer in einer Handschrift aus dem 14. Jahrhundert überlieferten, doch auf etwa Mitte des 13. Jahrhunderts zurückgehenden Sammlung von Rechtstexten und stellt, wie das erste Beispiel, ebenfalls die Darstellung einer *Fazaña*, eines Rechtsfalls dar. Im Gegensatz zum ersten Fall entstammt diese Fazaña jedoch einer Zeit, in welcher das Fallrecht bereits weitgehend im Rückgang war; ihre schriftliche Fixierung scheint eher dokumentarische Zwecke zu haben als der Anwendung zu dienen. Der aggregative Charakter der Sprache entspricht weitgehend demjenigen von Bsp. 1, doch ist die Sprache hier eindeutig kastilisch und hat sich völlig vom Lateinischen losgelöst:

«(3) RUB. CC.xxvij. Esto es por faza<n>nya que mataro<n> la fija de ferrandode s<an>c<t>o domingo co<m>mo dizian que la matara don ferrando & su herma<n>na. Et leuaron le todo lo que tenya en casa. Et vna mug<er> dixo que tenya tres madexas de aquella mug<er> que matara<n> et Robaran & que las enpe<n>nara aquella mug<er> que mataran por din<er>os. Et los m<er>ynos querian la p<re>nder por la muerte dela muger} que mataran & Robaran por aquella que manifestara que auya ella muerta. Et el m<er>yno demandaua el omezidio al marido dela mug<er> que mataran por que la testiguara<n> muerta en su casa el alcalle & om<n>es bue<n>nos» (*Libro de los Fueros de Castiella*, ed. ADMYTE).

«Es ist [es gelte als] eine Tat [Fall, Richtspruch], dass sie die Tochter von Ferrando von Sancto Domingo getötet haben wie sie sagten dass sie Don Ferrando und seine Schwester getötet hatten. Und sie nahmen ihr [ihm?] alles was sie im Hause hatte. Und eine Frau sagte, dass sie drei Garnspulen von der Frau die sie getötet hatten und geraubt hatten hatte und dass die Frau die sie getötet hatten sie gegen Geld verpfändet hatte. Und die Gerichtsbeamten wollten sie verhaften wegen des Todes der Frau die getötet und beraubt wurden wegen der die gesagt hatte dass sie sie getötet hatte. Und der Gerichtsbeamte erließ Mordklage gegen den Mann der Frau, die getötet worden war, weil vom Richter und den Adligen bezeugt wurde, dass sie in seinem Haus getötet wurde».

Wie in Bsp. 1 wird auch hier ein Rechtsfall dargestellt, ohne dass dazu unmittelbar eine abstrakte Norm formuliert würde. Ebenfalls werden konkrete Namen und Orte genannt; die Beschreibung geschieht wiederum im Präteritum und erzählt von einem vergangenen, konkreten Ereignis. Auffällig sind die häufigen Wiederholungen, wie sie für Texte, die auf exakte Referenzbezüge angewiesen sind – also insbesondere für Rechtstexte – charakteristisch sind, doch führt dies in diesem Falle auch zu einer gewissen Verwirrung, wie man etwa an Kohäsionsbrüchen durch Numerusvarianz sieht (*los merynos – el meryno*). Das Beispiel entstammt dem *Libro de los fueros de Castiella*, der ältesten Sammlung kastilischen Territorialrechts, in der das Gewohnheitsrecht aus der Zeit *vor* der Rezeption des römischen Rechts aufgezeichnet ist. Da es sich um einen vollkommen kastilischsprachigen Text handelt, wirft der *Libro de los fueros* die Frage auf, ob es sich bei den Fallrechtsbeschreibungen um Texte handelt, in denen von gelehrten Rechtskennern mit mimetischem Charakter die Volkssprache oder ihre bisherige Verschriftung imitiert wird oder ob der rudimentäre Charakter auf mangelnde Schriftsprachkenntnisse zurückzuführen ist.

Auf die unmittelbar folgende Zeit, also die zweite Hälfte des 13. Jahrhunderts, geht der vierte Textausschnitt zurück, der aus dem vielleicht berühmtesten monumentalen Gesetzeswerk des romanischen Mittelalters überhaupt, den unter Alfons dem Weisen von Kastilien begonnenen so genannten *Siete Partidas*, stammt:

> «Furtar lo ageno es malfetria que es defendida á los homes por ley et por derecho que no lo fagan. Onde pues que en el título ante deste fablamos de los robos, queremos en este título decir de los furtos, et mostrar qué cosa es furto: et quántas maneras son dél: et quién lo puede demandar: et á quáles: et ante quién: et qué pena merecen los furtadores de qualquier manera que fagan el furto, et los que los ayudan et los que los encubren.
>
> Ley 1. Furto es malfetria que facen los homes que toman alguna cosa mueble agena ascondidamente sin placer de su señor, con entencion de ganar el señorio, ó la posesion ó el uso della; ca si alguno tomase cosa que fuese suya ó agena con placer de aquel cuya es, ó cuidando que placerie al señor della, non faria furto, porque en tomándola non hovo voluntad de la furtar. Otrosi decimos que non puede home furtar cosa que non sea mueble. Et como quier que los almogabares entran á furtar á las veces castiellos ó villas, pero non es propiamente furto» (Partida VII, Título XIV, Ley 1, ed. RAE).
>
> «Fremdes stehlen ist eine Untat, die den Menschen durch Gesetz und Recht verboten ist, damit sie es nicht tun. Da wir nun im vorangegangenen Titel über Raub gesprochen haben, möchten wir in diesem Titel über Diebstahl sprechen und zeigen, was Diebstahl ist und wie viele Arten es davon gibt und wer ihn anzeigen kann und wen und vor wem, und welche Strafe die Diebe je nach Art des Diebstahls verdienen und diejenigen, die helfen und diejenigen, die ihn verdecken.
>
> Gesetz 1. Diebstahl ist eine Untat, die diejenigen Menschen begehen, die eine fremde bewegliche Sache heimlich nehmen ohne Einverständnis von deren Eigentümer, mit dem Ziel, sie zu ihrem Eigentum zu machen oder sie zu besitzen oder sie zu gebrauchen; denn wenn jemand eine Sache nehmen würde, sei es seine oder eines anderen, mit Einverständnis dessen, dem sie gehört, oder im Glauben, dass ihr Eigentümer damit einverstanden ist, so würde er keinen Diebstahl begehen, denn beim Nehmen gab es keinen Willen, zu stehlen. Außerdem sagen wir, dass man keine Sache stehlen kann, die nicht beweglich ist. So wie etwa die Almogabares (Eroberer) mitunter Burgen oder Städte stehlen, doch ist dies nicht im eigentlichen Sinne Diebstahl.»

Hier handelt es sich um einen im Gegensatz zu den anderen Beispielen hochgradig elaborierten Rechtstext. Der entsprechende Titel erstreckt sich noch über einige Seiten und befindet sich im Kontext des gesamten Strafrechts und eigentlich der ganzen, in sieben Bücher eingeteilten Kodifikation, die alle Lebensbereiche betrifft. Wir befinden uns hier bereits mitten in einer Behandlung des Rechts, die auf wissenschaftlichen Kriterien fußt und deren Voraussetzung die Rezeption des justinianischen Römischen Rechts und eine universitäre Beschäftigung mit Rechtsfragen ist. Hier zeigt sich ein deutlicher Hang zur terminologischen Präzision, zur umfassenden Textplanung und der Versuch, den Ausdruck komplexer, abstrakter Sachverhalte vermittels entsprechender syntaktischer Verfahren zu ermöglichen: wiederholte Satzunterordnung, differenzierte pronominale und relationelle Deixis, Gerundialkonstruktionen, differenzierte Junktionstechniken für die ausgefeilte Argumentation (*onde*, *ca*, *porque*, *otrosi*, *pero*) etc.

Schon diese einfache Gegenüberstellung von Beispielen ermöglicht die Formulierung einiger Fragen, die im Verlaufe dieser Arbeit eingehend untersucht werden sollen. Bei der Auswahl der vier Textbeispiele wurden bewusst zwei Texte aus einer früheren Epoche, dem späten 12. und dem frühen 13. Jahrhundert, gewählt und zwei weitere, die wohl beide auf die zweite Hälfte des 13. Jahrhunderts zurückgehen.

Es fällt zunächst die völlige Andersartigkeit des Textes der *Siete Partidas* (wie übrigens auch der übrigen alfonsinischen Gesetzestexte) im Vergleich zu den anderen Texten auf. Es bieten sich in ihm eine große Bandbreite von Techniken zur Herstellung textueller Kohäsion, syntaktischer Integration und semantischer Differenziertheit. In kastilischer Sprache sind diese Techniken im Bereich der Rechtstexte in der zweiten Hälfte des 13. Jahrhunderts neu. In sprachhistorischer Hinsicht stellt sich nun einerseits die Frage, welche Innovationen sich hier im Einzelnen zeigen, was also in Texten wie den *Partidas* im Vergleich zu den früheren Texten wirklich anders ist; andererseits muss versucht werden, die Entstehung und Herkunft dieser Innovationen zu erklären, was in einem gesamtromanischen Kontext zu geschehen hat. Doch sollen zunächst einige der mit der empirischen Fragestellung verbundenen theoretischen Probleme besprochen werden. Dies wird in den folgenden Schritten geschehen:

- Zunächst (Kapitel 1.2.1.) soll gefragt werden, was es überhaupt rechtfertigt, bei den unterschiedlichen zu behandelnden Texten von «Rechtstexten» zu sprechen, welche Intuition dieser Bestimmung zugrunde liegt und wie diese mit objektiven Kriterien fassbar gemacht werden kann;
- dann (Kapitel 1.2.2.) ist zu bestimmen, welches das Verhältnis von Texten – und insbesondere Rechtstexten – und sprachlicher Tradition ist, wobei es um die Beziehung zwischen Traditionen von Texten, Sprechakten, Textformen und Sprachen gehen wird;
- des Weiteren (Kapitel 1.2.3.) soll näher bestimmt werden, was unter dem Unterschied zwischen dem *Bau* einer Sprache und deren *Ausbau* zu verstehen ist, welche Prozesse ablaufen, wenn in einem Sprachsystem neue Diskurstraditionen erschlossen werden und wie diese mit der Gestaltung des Varietätenraums und mit der Frage von Mündlichkeit und Schriftlichkeit zusammenhängen.

Die gesamten theoretischen Überlegungen werden den Rahmen für einen Gesamtblick auf die juristischen Texttraditionen des romanischen Mittelalters in einigen ausgesuchten Gebieten, die Bedeutung des sprachlichen Ausbaus und den Zusammenhang zwischen Sprachausbau und Rezeption des Römischen Rechts bilden.

1.2. Zum Untersuchungsrahmen

Wie bereits angedeutet, bilden die folgenden zentralen Hypothesen den Ausgangspunkt dieser Arbeit:

- Erstens wird angenommen, dass die Renaissance des Römischen Rechts einer der zentralen «externen» Faktoren bei der Schaffung einer elaborierten romanischen Schriftlichkeit ist.
- Zweitens wird angenommen, dass verschiedene romanischsprachige Texte, die in Zusammenhang mit der Rezeption des Römischen Rechts stehen, zumindest teilweise auch sprachintern als Orte des Ausbaus der romanischen Schriftlichkeit angesehen werden können.

Bei der ersten Hypothese handelt es sich um eine historisch-sprachsoziologische bzw. auch soziolinguistische,[4] bei der zweiten (wie noch zu präzisieren sein wird) in erster Linie um eine Frage der *Norm*[5] der jeweiligen Sprache und deren *Erweiterung* und *Festlegung* auf der Grundlage der Möglichkeiten eines Sprachsystems. Diese Erweiterung und Festlegung kann alle Bereiche der sprachlichen Strukturierung betreffen; als Festlegung betrifft sie jedoch v. a. den lautlichen und morphologischen Bereich, als Erweiterung v. a. die Syntax, die Transphrastik und den Wortschatz. In gewissem Sinne handelt es sich auch um ein textlinguistisches Thema, wenn man hierunter auch die Erweiterung der textuellen Möglichkeiten einer Sprache faßt.

Die Methode, mit der die beiden Hypothesen untermauert werden sollen, besteht in erster Linie in der Beschreibung und im Vergleich einiger ausgewählter Texte. Nun kann schon an dieser Stelle präzisiert werden, welche Aussagen auf dieser Datenbasis überhaupt möglich sein werden.

Bei strenger Beschränkung auf die positivistische Beschreibung der Daten lassen sich letztlich nur exakte Aussagen über die untersuchten Einzeltexte machen und Unterschiede zwischen den verschiedenen Texten deduzieren.

Induktiv könnten die verschiedenen Texte als Repräsentanten für bestimmte Sprachstufen angesehen werden, die auf einer Zeitachse anzuordnen wären, nach folgendem Schema:[6]

---

4 Auch wenn beides oft vermischt wird, ist es sinnvoll, zwischen Sprachsoziologie und Soziolinguistik zu unterscheiden: die Sprachsoziologie untersucht die gesellschaftliche Relevanz von Sprachen, während die Soziolinguistik sich mit den sprachlichen Auswirkungen gesellschaftlicher Verhältnisse beschäftigt.

5 Im Sinne von Coseriu 1952.

6 Cf. auch Marchello-Nizia 1985b und Barra Jover 2001.

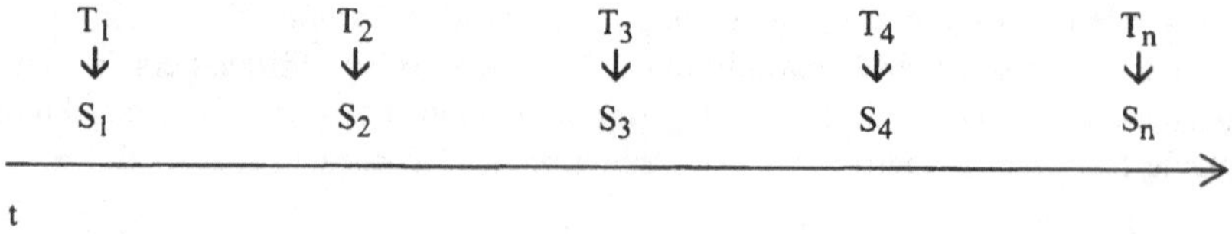

Fig. 3: Text und Diachronie

S_1 bis S_n wären etwa verschiedene Sprachzustände einer bestimmten romanischen Sprache, beispielsweise des Französischen oder des Okzitanischen. Damit würde von den Textbeispielen unmittelbar auf die Diachronie einer Sprache geschlossen. Dies erscheint jedoch aus zwei Hauptgründen unzulässig. Erstens trifft es keinesfalls zu, dass es sich beim Französischen oder Okzitanischen (oder auch Italienischen, Katalanischen, Lateinischen etc.) des 12. und 13. Jahrhundert um homogene Sprachen handelte, die sich nur in diachronischer Hinsicht verändert hätten. Vielmehr ist davon auszugehen, dass es zusätzlich zur diachronischen Variation auch diatopische, diastratische und diaphasische Varietäten gegeben hat bzw. ein mehrdimensionaler Varietätenraum in Entstehung war.[7] Nun könnte man einwenden, die Tatsache, dass ausschließlich juristische Texte behandelt werden, entspräche neben der Beschränkung auf einen bestimmten Raum auch einer diaphasischen und diastratischen Bestimmung und ließe zumindest die Darstellung der Diachronie der entsprechenden Rechtssprache zu. Doch ist auch dies zweifelhaft, denn erstens müsste erst einmal gezeigt werden, dass es eine Rechtssprache als eigenes Sprachsystem, das somit einer diastratisch oder diaphasisch bestimmten Varietät entsprechen würde, im Untersuchungszeitraum überhaupt gegeben hat. Und zweitens müsste bewiesen werden, dass die verschiedenen Texte jeweils diesem – sich nur diachronisch wandelnden – System entsprochen haben, was aber der hier vertretenen Sprachauffassung und den empirischen Fakten in mehrerlei Hinsicht widerspräche.

Das zweite Problem ergibt sich aus der Tatsache, dass zwischen einer Sprache und einem Text keinesfalls die dem obigen Schema entsprechende unidirektionale Beziehung besteht, die es erlauben würde, vom Text unmittelbar auf die Sprache zu schließen. Denn in einem Text können sowohl mehrere Sprachen realisiert werden als auch individuelle Innovationen vorkommen, die etwa als Hapax ausschließlich Phänomene dieses Textes sind und keiner Sprache oder sprachlichen Norm (im Sinne gemeinschaftlicher Tradition) entsprechen. Gerade im Untersuchungszeitraum, wo eine nationalsprachliche Romanität noch nicht existiert und sich z. T. erst herausbildet, sind die Texte oft hybrid und enthalten Elemente aus mehr als einer Sprache, etwa Lateinisches neben Romanischem oder Romanisches aus nicht nur einer Sprache. Besonders problematisch sind darüber hinaus Rückschlüsse auf die Diachronie einer Sprache, die von der Frequenz bestimmter Elemente in bestimmten Texten aus gezogen werden.[8]

---

7 Zum Begriff der sprachlichen Varietäten cf. Coseriu 1980, 1998 und Kabatek 2000b.

8 Besonders die großen Corpora verleiten dazu, an eine gewisse Repräsentativität der in ihnen enthaltenen Texte zu glauben und die Frequenz bestimmter Elemente als für eine be-

Sollte man also dabei bleiben und sagen, mehr als Textbeschreibung und Textvergleich sind im Mittelalter nicht möglich? Das wäre bestimmt übertrieben und würde in gewissem Sinne die ganze historische Sprachwissenschaft in Frage stellen. Die Aufgabe wissenschaftlicher Untersuchung aber muss in Anbetracht der Komplexität der Dateninterpretation darin bestehen, möglichst viele Daten in die Untersuchung mit einzubeziehen, um bei induktiven Schlüssen wenn auch nie Sicherheit, so doch größtmögliche Wahrscheinlichkeit zu erreichen. Und außerdem muss stets bewusst das getrennt (und idealerweise gekennzeichnet) werden, was auf gesicherten Daten beruhende, objektiv belegbare Aussagen sind und was durch Induktion aus diesen Daten geschlossen wurde, nach Möglichkeit unter Aufdeckung des angewandten Verfahrens der Interpretation. Es liegt dabei auf der Hand, dass die Aussagen umso genauer sind, je mehr Informationen zu den einzelnen Texten gegeben werden. Deshalb hier das Ziel, wenige Texte so umfassend wie möglich darzustellen und nicht hinter der Quantität der Daten deren eigentliche Qualität verschwimmen zu lassen.[9]

1.2.1. Recht und Rechtstext

Dass es sich bei den Beispielen in Kapitel 1. 1. um Rechtstexte handelt, diese gemeinhin als solche bezeichnet werden und sich in Handbüchern zur Rechtsgeschichte zitiert finden, wird wohl zu einer eindeutigen Bestimmung nicht ausreichen, und es soll daher versucht werden, ein objektiveres Abgrenzungskriterium zu finden, das dazu dienen kann, einen Rechtstext von anderen Texten zu unterscheiden.

Das Kompositum *Rechtstext* ist einerseits durch seine Bildungsteile zu bestimmen, aber auch in Bezug auf das «Mehr», das sich durch die spezifische Verbindung ergibt.[10]

Die rechtsphilosophische Frage: «Was ist Recht?» kann und muss hier nicht ausführlich behandelt werden, hingegen sollen bei den Fragen nach den wesentlichen Eigenschaften von *Text* und *Rechtstext* zumindest einige im Hinblick auf die hier verfolgte Fragestellung relevante Aspekte erörtert werden.

---

stimmte Sprachstufe charakteristisch anzusehen. Es verbergen sich aber große Gefahren in der Tatsache, dass insbesondere für das Mittelalter das zur Verfügung stehende Corpus oft sehr selektiv ist. Um ein Beispiel zu nennen: aus Mark Davies' Makrocorpus des Spanischen (http://www.corpusdelespanol.org/) geht hervor, dass die Form *si* im 13. Jahrhundert wesentlich häufiger war als in der Folgezeit. Die Frage ist hier, ob dies mit der Diachronie der spanischen Grammatik zusammenhängt oder ob es vielmehr an der Präsenz von Texten (v. a. *Fueros*) liegt, die ganze Listen von Konditionalsätzen enthalten.

9 Auch die quantitative Sprachwissenschaft trifft im Mittelalter auf ähnliche Probleme: wenn die quantitativ orientierte Skriptaforschung den unbekannten Punkt «mittelalterliche Dialektlandschaften» mit Hilfe der beiden bekannten Punkte «dialektale Situation heute» und «mittelalterliche Schreiblandschaften» zu rekonstruieren versucht, so herrscht nie Gewissheit, dass die Ergebnisse tatsächlich zutreffen: selbst bei auffälligsten Übereinstimmungen gewisser Tendenzen könnte es sich bei diesen letztlich um Zufälle handeln – doch ist dies eine Ungewissheit, mit der die Mediävistik letztlich leben muss.

10 Cf. Gauger 1971, 24ss.

Die europäische Rechtstradition ist geprägt vom Römischen und Kanonischen Rechtsbegriff. Für die römisch-justinianische Tradition ist dabei die Definition Ulpians von Recht und Rechtswissenschaft, wie sie sich am Beginn der Digesten findet, maßgeblich:[11]

> «Justitia est constans et perpetua voluntas ius suum cuique tribuendi. Juris praecepta sunt haec: honeste vivere, alterum non laedere, suum cuique tribuere. Juris prudentia est divinarum atque humanarum rerum notitia, iusti atque iniusti scientia».

Die «kanonische» Rechtsdefinition der Kanonistischen Tradition findet sich am Beginn des *Decretum Gratiani,*[12] wo in den ersten *Distinctiones* zwischen Ius, Lex und Consuetudo sowie zwischen göttlichem und menschlichem Recht unterschieden wird. Für das Mittelalter sind zudem die moralistischen Rechtsauffassungen Augustins und Thomas' von Aquin von großer Bedeutung.[13]

Diesen Bestimmungen fehlt es jedoch an Genauigkeit, sie reichen nicht für eine eindeutige Abgrenzung des Rechtsbegriffs aus, da sie keine umfassende, objektive Definition liefern und unterschiedliche Kriterien vermischen. Seit dem 18. Jahrhundert gab es verschiedene Versuche, einen wissenschaftlich fundierten Rechtsbegriff zu entwickeln, von denen insbesondere diejenigen Friedrich Karl von Savignys (1779–1861) und John Austins (1790–1859) hervorzuheben sind.[14] Austins positivistischer Rechtsbegriff ist z. T. bis in die Gegenwart prägend und stützt sich auf die Auffassung, dass das Grundprinzip und Wesen des Rechts der zwingende Befehl sei, durch welchen die Individuen in einer Gemeinschaft zu bestimmtem Handeln verpflichtet werden. Doch ist es in den Begriffen Austins letztlich nicht möglich, den Unterschied zwischen einem Gesetzgeber und einem Bankräuber zu machen, da dieser ebenfalls unter Androhung einer Sanktion eine bestimmte Handlungsweise zwingend auferlegt. Die nähere Bestimmung des Rechtsbegriffs soll hier daher mit Hilfe der grundlegenden, wesentlich differenzierteren Überlegungen Herbert Lionel Adolphus Harts geschehen.[15] Hart unterscheidet zwischen *Zwang* (*being obliged*, 'genötigt sein') und *Verpflichtung* (*have an obligation*, 'eine Pflicht haben'). Verschiedene Grundeigenschaften des Rechts seien ein gewisser sozialer Druck, die Notwendigkeit gewisser Regeln zur Aufrechterhaltung des sozialen Lebens und die sich daraus ergebende mögliche Kollision zwischen Regel und individuellem Bedürfnis. Dabei kommt er zu einer Bestimmung von Recht und Rechtssystem durch das, was er die Vereinigung von

---

11 *Dig.* I, 1, 10. Im Mittelalter oft mit Bezug auf die *Institutiones*, I, 1, da die Digesten z. T. nicht bekannt waren.

12 «Jus naturae est, quod in lege et evangelio continetur, quo quisque iubetur alii facere, quod sibi vult fieri, et prohibetur alii inferre, quod sibi nolit fieri». Cf. dazu Matth. 7, 12 u. Luk. 4, 31. Das *Decretum gratiani* findet sich im Internet unter http://mdz.bib-bvb.de/digbib/gratian/

13 «Non videtur esse lex quae justa non fuerit», Augustinus, *De libero arbitrio*, 5.

14 Zwischen Austin und Savigny gab es durch Austins Aufenthalt in Deutschland gegen Ende der 1820er Jahre, durch den sein Hauptwerk *The Province of Jurisprudence* (1832) wesentlich geprägt wurde, eine unmittelbare Beziehung.

15 Für das Folgende cf. Hart 1973, 119ss. und dazu Luhmann 1995, 109ss.

primären und sekundären Regeln nennt.[16] Primäre Regeln existieren in jeder menschlichen Gemeinschaft, sie bilden einen «Komplex primärer Verpflichtungs-Regeln».[17] Darunter fasst Hart die üblichen Dienste und Beiträge zum gemeinschaftlichen Leben, die es auch in primitiven Gesellschaften gibt, sowie gewisse Beschränkungen der freien Gewaltausübung, des Diebstahls und des Betrugs, die für eine gesellschaftliche Minimalorganisation vonnöten sind. Die primären Regeln weisen verschiedene Nachteile auf: sie sind *unbestimmt*, *statisch* und *unwirksam*, solange es keine Instanzen gibt, die ihre Anwendung näher bestimmen, sie verändern oder sie implementieren können. Um dagegen Abhilfe zu schaffen, gibt es in höher organisierten sozialen Verbänden *sekundäre Regeln*, die «Regeln *über* Regeln»[18] sind: Regeln, die die Wirkungsweise der primären Regeln festlegen.

Gegenüber der Unbestimmtheit der primären Regeln verfügen die sekundären Regeln über eine *Erkenntnisregel*, d. h. sie stellen affirmative Anzeichen dafür zur Verfügung, was wirklich Regel einer Gemeinschaft ist und wodurch eine Regel schlüssig als solche identifizierbar ist, etwa durch deren schriftliche Aufzeichnung, v. a. aber durch Bezug auf eine autoritative Instanz. Gegenüber dem statischen Charakter der primären Regeln gibt es auf der sekundären Ebene *Änderungsregeln*, die die Regeln neuen Bedürfnissen anpassen könne, etwa durch die Existenz eines Individuums oder einer Körperschaft, die hierzu berechtigt ist. Schließlich werden der Unwirksamkeit der Regeln auf der ersten Ebene auf der sekundären Ebene *Entscheidungsregeln* entgegengesetzt, d. h., dass gewissen Personen oder Institutionen die Entscheidung darüber übertragen wird, wann eine primäre Regel gebrochen wurde und welche Sanktionen darüber verhängt werden. Die Verbindung von primären und sekundären Regeln nennt Hart das «Herz eines jeden Rechtssystems».[19] Sie soll noch einmal in einem Schema zusammengefasst werden:

primäre Regeln (ohne System)	*sekundäre Regeln* (bilden ein System)
– unbestimmt	– Bestimmtheit durch «Erkenntnisregeln»
– statisch	– Veränderbarkeit durch «Änderungsregeln»
– unwirksam	– Wirksamkeit durch «Entscheidungsregeln»

Für die hier angestrebten Zwecke sollen diese Bestimmungen vorerst genügen, die es erlauben, Alltagsregeln von Rechtsnormen zu trennen, wobei die Vorstellung, es gäbe Gesellschaften ohne sekundäre Regeln, zumindest zweifelhaft ist. Auch in so genannten «primitiven» Gesellschaften gibt es im Allgemeinen Instanzen zur rechtlichen Organisation (im Mittelalter sagte man: *ubi societas, ibi ius*) und darum mag es sinnvoller sein, von einem Kontinuum der Organisiertheit zu sprechen, auf dessen einer Seite – als inexistente Utopie – eine völlig organisationslose Gemeinschaft steht und deren andere Richtung offen ist, da prinzipiell der Komplexität von

16 Ibd., 134ss.

17 Ibd., 131.

18 Ibd., 135, Hervorhebung im Original.

19 Ibd., 140. Hart gibt zwar noch weitere und genauere Bestimmungen, doch möchte ich es bei der hier gegebenen, für unsere Zwecke ausreichenden Darstellung belassen.

Rechtsorganisation keine Grenzen gesetzt sind. Auf den Extrempol der Organisationslosigkeit würden Harts primäre Regeln folgen, auf die primären Regeln sekundäre Regeln, welche die primären Regeln regeln. Vielleicht wäre es darüber hinaus angemessen, von *tertiären* Regeln zu sprechen, und zwar solchen, die sich ausschließlich auf die Regulierung der sekundären Regeln beziehen. Hart rechnet diese zu den Entscheidungsregeln auf der sekundären Ebene,[20] doch scheint es sinnvoll, zwischen *Recht* und *Metarecht* zu unterscheiden, d. h. etwa zwischen einer Sammlung von Gesetzen und einem wissenschaftlich-juristischen Kommentar.[21]

Die Entwicklungsstufen der Organisation von Gesellschaften können im Zuge der Komplektisierung gesellschaftlicher Organisation als solche der schrittweisen Entfernung vom Pol der Unorganisiertheit aufgefasst werden.[22] Die Unterscheidung zwischen *Recht* und *Metarecht* ist gerade für den in dieser Arbeit untersuchten Zeitraum von großer Bedeutung, da einer der Hauptunterschiede der Zeit vor und nach der Renaissance des Römischen Rechts gerade in der veränderten Bedeutung des Metarechts liegt, eines von dessen zentralen und fundamentalen Elementen. Außerdem bewirkt die Bolognesische Renaissance die Loslösung eines eigenen, in sich kohärenten Rechtssystems, das mit anderen Systemen der Gesellschaft interagiert, von diesen aber weitgehend unabhängig betrachtet werden kann. Das auf Römischem Recht basierende System ist also ein sich selbst tragendes modernes Rechtssystem im Sinne Luhmanns (1995), während das frühere Gewohnheitsrecht sich auf normative Elemente beschränkt, die unmittelbar aus einem konkreten Alltag abgeleitet und eng mit diesem verwoben sind.

Betrachten wir die in 1.1. vorgestellten Texte im Hinblick auf die beiden Ebenen, die Grundlage eines Rechtssystems sind, so zeigt sich, dass sich alle vier Texte sowohl auf die primäre als auch auf die sekundäre Ebene beziehen: in allen geht es um einen in irgendeiner Weise institutionalisierten Umgang mit gesellschaftlichen Regeln. Im ersten Text scheint der Begriff *facania*, «rechtsrelevanter Fall»; «richterlicher Schiedsspruch», auf die Erkenntnisregel hinzuweisen. Etwas ist *facania* und wird vor einer autoritativen Institution als solche vorgebracht, in diesem Falle vor den König. Im zweiten Beispiel findet sich am Anfang des *Fueros* ebenfalls eine performative Eingangsformel, die auf die juristische Relevanz des Textes hinweist, und im dritten Beispiel findet sich die Formel aus Bsp. 1 wieder. Im vierten Textbeispiel schließlich ist die juristische Relevanz durch die Tatsache gegeben, dass das Textstück aus einem umfangreichen Gesetzesbuch stammt, dessen autoritative Gültigkeit bereits im Prolog ausführlich begründet wird. Im Unterschied zu den anderen Texten wird hier auch eindeutig die tertiäre Ebene eingeführt, da

---

20 Ibd., 138. Cf. auch Luhmann 1995, 102.

21 Es wären im Prinzip auch noch weitere Ebenen denkbar, etwa eine Ebene, die die Regeln der tertiären Ebene zum Inhalt hätte, usw.

22 Hier lassen sich Parallelen ziehen zu Norbert Elias' *Prozess der Zivilisation* (1976) oder, für den konkreten Fall des Mittelalters, zu Rolf Sprandels (1978, 23) vier Entwicklungsstufen des Rechts. Eingeschränkt werden muss dabei, dass es bei der Annahme der Existenz von Entwicklungsphasen um eine methodische Unterscheidung geht und nicht um irgendeine teleologische, empirisch verbindliche Sicherheit. Die Entropie kultureller Ordnung kann stets auch zur Reduktion oder zur Auflösung von kultureller Komplexität führen.

nicht mehr ein Rechtsfall beschrieben oder eine Sanktion angedroht wird, sondern zunächst die Begrifflichkeiten definiert werden, die hierfür Voraussetzung sind.

1.2.2.1. *Text* und Ebenen des Sprachlichen

Das zweite zu definierende Element des Kompositums *Rechtstext* ist in mehrfacher Hinsicht abzugrenzen, da *Text* – nicht zuletzt aufgrund der Vielschichtigkeit des Gegenstandes – auch als wissenschaftlicher Terminus und selbst in der Textlinguistik uneinheitlich verwendet wird.

Im Alltagsverständnis wird unter *Text* meist eine mehr oder weniger abgeschlossene, inhaltlich zusammenhängende Menge *schriftlicher* Äußerungen verstanden,[23] weshalb es manche Autoren vorziehen, den Begriff auch bei wissenschaftlichen Bestimmungen Schrifttexten vorzubehalten.[24] Die Mehrzahl der linguistischen – und v. a. textlinguistischen – Definitionen sieht jedoch von einer Beschränkung bezüglich des Ausdrucksmediums ab und verwenden *Text* sowohl für schriftliche als auch für mündliche Äußerungen,[25] und in diesem Sinne soll der Terminus auch hier verwendet werden, auch wenn es in dieser Arbeit praktisch ausschließlich um schriftliche Texte geht.

Der zweite Aspekt der Alltagsbestimmung, nämlich das Kriterium der Abgeschlossenheit bei gleichzeitigem inhaltlichem Zusammenhang, ist ebenfalls für eine allgemein akzeptable Textdefinition umstritten. Es mag zwar Texte geben, die gewissermaßen prototypisch als abgeschlossen erscheinen, etwa einen Roman, der sich zwischen zwei Buchdeckeln aufhält und als von anderen getrenntes Objekt im Regal steht. Texte können durch sprachliche oder nichtsprachliche Textbegrenzungssignale identifizierbar sein. Doch ist etwa *Der Butt* zugleich auch Teil der *Danziger Trilogie* und diese wiederum Teil des großen Gesamttextes, den das Lebenswerk Grass' darstellt. Und wenn im Inneren eines Romans völlig unverbundene Einzelepisoden auftauchen, so kann man fragen, ob es sich dann noch um einen Text oder um mehrere Texte handelt. Dabei sind literarische Bestimmungen von Texten teilweise dadurch noch eher einfach, dass ihre Einheiten oft explizit als solche bezeichnet werden, während in einem Gespräch die Grenzen mitunter viel schwerer zu ziehen sind. Ist die Menge von Äußerungen, die ein Mensch vom Aufstehen bis zum Schlafengehen produziert, ein Text oder sind es viele Texte oder überhaupt kein Text? Wenn ich mich bei einem Treffen mit einem Bekannten auf etwas beziehe, was ich vor einiger Zeit mit ihm besprochen habe, dann mag Kohärenz der Aussagen herrschen, die sogar auf der Textoberfläche durch kohäsive

---

23 So auch bei Bußmann 1990, s. v. *Text*: «Vortheoretische Bezeichnung formal begrenzter, meist schriftlicher Äußerungen, die mehr als einen Satz umfassen».

24 Cf. etwa Koch/Oesterreicher 1985, 22 und die dort in Fn. 19 zitierte Literatur, insbesondere die Arbeit von Ehlich 1983.

25 Cf. etwa Brinker 1992, 12ss.

Merkmale unterstützt werden mag. Bilden aber dann beide Gespräche gemeinsam einen Text?[26]

Die Reihe solcher Fragen könnte beliebig fortgesetzt werden, doch ist bereits klar, dass Abgrenzung kein objektives Kriterium zur Unterscheidung von Texten und Nicht-Texten sein kann, auch wenn wir eine intuitive Vorstellung von Graden der Abgeschlossenheit von Texten haben mögen. Das Kriterium taugt vor allem dann nicht, sofern es einen statischen Textbegriff impliziert, der besser durch eine dynamische Textauffassung ersetzt werden sollte:[27]

> «‹Text› ist, wie man immer wieder betonen muss, sowohl vom System als auch von der Realisierung des Systems her, ein relativer, dynamischer Begriff. ‹Text› ist nicht nur ein Roman wie Balzacs *Eugénie Grandet*, ein Text ist auch die gesamte *Comédie humaine*, zu der dieser Roman gehört. ‹Text› ist aber auch ein Passus oder ein Kapitel aus *Eugénie Grandet*. Um es mit einem Begriff aus der Phänomenologie oder der Gestaltpsychologie zu sagen: ein Text ist immer ein Teilganzes. Das Verhältnis zwischen einem weniger umfangreichen Teilganzen und dem übergeordneten größeren Teilganzen ist ein Funktionsverhältnis: Ein Kapitel aus Eugénie Grandet hat eine Funktion in dem Teilganzen, das der Roman darstellt; der Roman hat seine Funktion in derjenigen Gruppe von Romanen, die Balzac unter der Rubrik ‹Études de mœurs› zusammengefaßt hat; und diese Gruppe von Romanen hat wiederum ihren Stellenwert innerhalb der gesamten vorliegenden Comédie humaine» (Raible 1980, 327).

Im Rahmen eines solchen dynamischen Textbegriffes können nun andere Kriterien, etwa inhaltlicher oder formaler Art, entwickelt werden. In der Textlinguistik werden dabei einerseits textgrammatische, andererseits inhaltliche oder kommunikativ-pragmatische Kriterien herangezogen.

Bei der Frage der Bestimmung von *Text* geht es um verschiedene Probleme, einerseits nämlich um die Frage nach der jeweiligen Bestimmung innerhalb der Ebene der Texte, wie *ein Text* von *einem anderen Text* unterschieden werden kann. Auf diese Frage wird weiter unten zurückzukommen sein. Auf der anderen Seite geht es um *Text als sprachliche Ebene*, d. h. um das Verhältnis der Ebene Text zu den anderen Ebenen des Sprachlichen. Diese Ebene kann nur von einer ganzheitlichen Betrachtung aus überhaupt identifiziert werden, denn ein Teilaspekt eines Ganzen kann nicht aus sich selbst heraus als solcher erkannt werden. Bei der Definition von *Text* als Ebene muss also zunächst etwas anderes als die Abgrenzungsfrage im Vordergrund stehen. Es geht um die Bestimmung einer von *Sprache* als historischem Gebilde mit Wortschatz und Grammatik und vom *Sprechen* als menschlicher Fähigkeit unterscheidbaren semiotischen Größe.

Eine Definition, die eine eigenständige Ebene des Textes zu anderen Ebenen in Bezug setzt, findet sich im Rahmen der Sprachtheorie Eugenio Coserius, die in allen

---

[26] Um diese Fragen aus der Textlinguistik auszugrenzen, wird seit den achtziger Jahren vielfach die Gesprächsanalyse von der Textanalyse (mit monologischen Texten als Objekt) getrennt (cf. Brinker/Sager 1986).

[27] Nebenbei gesagt trifft diese Sichtweise auch auf die Frage der Bestimmung von Dialekt und anderen sprachlichen Varietäten in einem historischen Gebäude, auf das diese Varietäten bezogen werden können, zu.

ihren Fragestellungen auf einer Grundunterscheidung von drei verschiedenen Betrachtungsebenen des Sprachlichen aufbaut:[28]

> «Das Sprechen ist eine universelle allgemein-menschliche Tätigkeit, die jeweils von individuellen Sprechern als Vertretern von Sprachgemeinschaften mit gemeinschaftlichen Traditionen des Sprechenkönnens individuell in bestimmten Situationen realisiert wird» (Coseriu 1988, 70).

Die drei unterschiedlichen Ebenen werden von Coseriu folgendermaßen charakterisiert:

> «1. Das Sprechen weist allgemein-menschliche, universelle Aspekte aus; es ist ‹Sprechen im allgemeinen›. Alle erwachsenen und normalen Menschen sprechen. Selbst das Schweigen steht in unmittelbarer Relation zum Sprechen; denn *schweigen* heißt ‹aufhören zu sprechen› ‹(noch) nicht sprechen› [...].
>
> 2. Jedes Sprechen ist Sprechen in einer bestimmten Einzelsprache. Man spricht nämlich immer in einer bestimmten historischen Tradition [...].
>
> 3. Das Sprechen ist immer individuell, und zwar in zweierlei Hinsicht: Zum einen wird es immer von einem Individuum vollzogen; es ist keine chorale Tätigkeit. Jeder spricht für sich, und auch im Dialog wird wechselweise die Rolle des Sprechers und Hörers übernommen. Zum anderen ist es in der Weise individuell, daß es jeweils in einer bestimmten einmaligen Situation stattfindet. Zur Bezeichnung dieser individuellen Tätigkeit in einer bestimmten Situation schlage ich – nach dem franz. *discours* – den Terminus ‹Diskurs› vor. Im Deutschen sagt man für diese Ebene auch ‹Text›; dabei muß man aber daran denken, daß es hier zuerst um die Tätigkeit selbst geht und nicht um ihr Produkt» (ibd., 70–71).

Die Schritte vom «Sprechen im allgemeinen» zum «Text» sind Schritte einer fortschreitenden Determinierung: auf der universellen Ebene geht es um das Sprechen noch ohne einzelsprachliche Bestimmung und die sich daraus ergebenden Eigenschaften und Funktionen, auf der historischen Ebene um die durch die jeweilige Einzelsprachlichkeit von Sprache gegebenen Fakten und auf der individuellen Ebene um das, was ausschließlich bei der Aktualisierung von Sprache im Text gegeben ist. Dabei hat die Ebene des *Sinns*, die der Ebene des Textes und dem Aufgabengebiet der Textlinguistik entspricht, hier einen völlig anderen semiotischen Status als die Ebene der Bedeutung:

> «In der Tat ist die Ebene des Sinns sozusagen doppelt semiotisch, weil auf dieser Ebene ein *signifiant* und ein *signifié* der Sprache erst eine Reihe von Beziehungen darstellen, auf die eine weitere Reihe folgt, in der die Bedeutung der Sprache (mit dem, was sie bezeichnet) nun ihrerseits zum ‹*signifiant*› für den Textinhalt oder ‹Sinn› wird. Die sprachlichen Bedeutungen (und das, was sie bezeichnen) stellen also den materiellen Teil des literarischen Textes dar, da sie gerade der materielle Teil – das ‹signifiant› – eines anderen Zeichens sind, dessen ‹Bedeutung› der Sinn des Textes ist» (Coseriu 1988, 263s.).

---

28 Coseriu hat mehrfach betont, dass die systematische Unterscheidung der drei Ebenen einer der grundlegendsten Aspekte seiner Sprachtheorie ist (cf. Coseriu 1985).

Hervorzuheben an diesem Textbegriff ist die Einbettung in ein Mehrebenenmodell und bei klarer Trennung zwischen Text und Sprache und zwischen einer Wissenschaft von den Texten und einer Wissenschaft von den Sprachen. Zu letzterer gehört auch die Texgrammatik oder *transphrastische Grammatik*, die eine Erweiterung der einzelsprachlichen Regelbetrachtung über die Satzgrenze hinaus ist und die Ebene des einzelsprachlichen Regelwerks, nicht aber die Ebene des Sinns betrifft.

Zu diesem Textbegriff ist u. a. angemerkt worden, er müsse eigentlich aus seiner Beschränkung auf die individuelle Ebene gelöst werden und sei auch auf der universellen Ebene anzusiedeln.[29] Doch geht es hier eigentlich nur um eine bestimmte Perspektive: selbstverständlich werden die Dimensionen des sprachlichen Handelns und damit auch die grundlegenden Fragen von «Text» bei der Unterscheidung der drei Ebenen auch auf der universellen Ebene des Sprechens gestellt,[30] doch geht es bei diesem Textverständnis gerade um ein definitorisches Unterscheiden von Individuellem und Universellem, und auch wenn jedes Individuelle sich stets aus universell Möglichem zusammensetzt, ist ein konkreter Sinn jeweils nur in einem ganz bestimmten konkreten Text (und genau genommen nur zu einem bestimmten Zeitpunkt an einem bestimmten Ort) gegeben.[31]

Wie alle sprachlichen Ebenen, so kann auch die Ebene des Textes unter drei Gesichtspunkten betrachtet werden, erstens als Erzeugung, zweitens als Wissen und drittens als Ergebnis.[32] Coseriu schlägt für diese drei Gesichtspunkte die Termini

---

29 So sagt Selig 1997, 206: «Coseriu hat auf der universellen Ebene nur die sprachlichen Dimensionen kommunikativen Handelns berücksichtigt. Der Begriff ‹Text› taucht bei ihm erst auf der Ebene der individuellen punktuellen Kommunikation auf. Mir scheint der Begriff ‹Text› aber auch auf der universellen Ebene notwendig zu sein, dann nämlich, wenn es wie hier um universelle Phänomene geht, die nicht an die sprachlichen Dimensionen eines Textes, sondern an dessen Handlungsdimensionen anknüpfen». Auch Brigitte Schlieben-Lange (1998a, 269) hat mit Bezug auf Wulf Oesterreicher die Frage der «Universalität» der individuellen Ebene thematisiert: «on pourrait constater l'émergence de stratégies discursives très générales qui visent à l'autonomisation du texte écrit ou, à l'invers, à la contextualisation. Les phénomènes que nous avons traités appartiendraient aux stratégies d'autonomisation. Il en résulte la question troublante si on peut maintenir la distinction entre les niveaux du parler et du discours/texte».

30 Hierzu insbesondere Coseriu 1955/56, 31, wo er von *hablar*, also dem «Sprechen im allgemeinen», als «la actividad lingüística concreta, considerada en general» spricht und weiter feststellt, «toda la lingüística ha sido siempre, y es, lingüística del hablar» (ibd., 32).

31 Dies gilt übrigens auch für die historische Ebene, auf der auch die «Universalität des Historischen» festgestellt werden kann, die etwa von der generativen Grammatik oder von der Sprachtypologie untersucht wird. Diese «Universalität» ist aber eine andere als die der universellen Ebene: während es auf der universellen Ebene um das Universelle *vor* der Unterscheidung von Einzelsprache und Text geht, geht es bei der Betrachtung von «Universellem» auf der historischen Ebene und der Ebene des Textes eigentlich zunächst um die *nachträgliche* Verallgemeinerung empirischer Feststellungen. Aus dieser kann jedoch das Universelle abgeleitet werden, weshalb die Universalgrammatik aus der Typologie und die Pragmatik aus der allgemeinen Textwissenschaft abgeleitet werden kann, womit das Band von der universellen zur historischen zur individuellen Ebene wieder zur universellen Ebene zurückführt.

32 Cf. etwa Coseriu 1988, 75.

Diskurs, expressives Wissen und *Text* vor, wobei es sich nur um Betrachtungsperspektiven, nicht aber um unterschiedliche empirische Erscheinungen handelt: alle Texte können als Produkt oder unter dem Aspekt ihrer Erzeugung betrachtet werden, und bei allen Texten kann das Wissen untersucht werden, mit Hilfe dessen sie geschaffen wurden.

1.2.2.2. Sprechhandlung und Sprachwerk

Die Unterscheidung zwischen dem Aspekt des Textschaffens und dem geschaffenen Produkt findet sich auch in der Auffassung Karl Bühlers von *Sprechhandlung* und *Sprachwerk*:

> «es gibt für uns alle Situationen, in denen das Problem des Augenblicks, die Aufgabe aus der Lebenslage redend gelöst wird: *Sprechhandlungen*. Und es gibt andere Gelegenheiten, wo wir schaffend an der adäquaten sprachlichen Fassung eines gegebenen Stoffes arbeiten und ein *Sprachwerk* hervorbringen» (Bühler 1934, 53).

Bühler ging es um zwei getrennte Größen, anhand derer er zwei unterschiedliche Aspekte des Sprechens darstellt. Damit soll die Frage der Abgegrenztheit *eines* bestimmten Textes wieder aufgenommen werden. In Coserius Bestimmung der Textebene wird zwar deren semiotischer Status geklärt, die Frage aber, wodurch gerade eine bestimmte Zeichenkette als komplexes Zeichen funktionieren kann, ist hier noch offen.[33] Um *einen* Text als abgegrenztes Objekt auszuweisen oder erkennen zu können, muss der Textproduzent oder der Textrezipient seinen Blick auf den Text als abgegrenzte Einheit richten. Im Alltagsgespräch hat man aber normalerweise zumindest dessen Ende noch nicht im Auge. Die Abgeschlossenheit von Texten hat demnach etwas mit *Planung* zu tun, und je nach Planungsgrad können Texte offener oder abgeschlossener sein.

In Bühlers Auffassung von Sprechhandlung und Sprachwerk geht es, wie Wolfgang Raible festgestellt hat,[34] eigentlich um zwei Pole eines Kontinuums, auf dessen einer Seite die minimal geplante Äußerung steht und dessen anderer Extrempunkt Werke maximaler Geplantheit darstellen.[35] Dabei müssen jedoch zwei Dinge getrennt werden: einerseits nämlich der prinzipielle Unterschied zwischen Handlung

---

33 Im Allgemeinen umfaßt die Definition einer Klasse auch die Merkmale eines Vertreters; so ist – auch wenn zwischen der universellen und der historischen Ebene unterschieden wird – etwa in der Definition von *Sprache* auch enthalten, was *eine* Sprache ist, auch wenn dies natürlich nicht die Charakteristika einer bestimmten Sprache umfasst. Im Falle von Text handelt es sich jedoch nicht um das Verhältnis Klasse/Mitglied einer Klasse, sondern um zwei verschiedene Textbegriffe, wie w. u. näher bestimmt werden wird.

34 «Reading the text of Bühler with some attention, we see that it is fully compatible with the idea that ‹Sprechhandlung› and ‹Sprachwerk› mark the extreme positions on a scale» (Raible 1994, 4).

35 Bühler (1934, 54) nennt hier nichtsprachliche Beispiele wie Beethovens Neunte oder die Brooklynbridge. Es sind verschiedene Abstufungen vorstellbar, etwa die Planung nur vom Anfangspunkt eines Textes ohne Endpunkt (etwa bei einer offenen Liste), die Planung nur vom Anfangs- und Endpunkt eines Textes ohne die umfassende Planung des Inhalts bis hin zur detaillierten Vorplanung auch des Inhalts.

und Produkt, andererseits der bei der Schaffung eines Textes dominierende Faktor, sei es das Handeln oder das Betrachten des Werkes. Hier geht es eigentlich um den Planungsgrad von Texten und die Tatsache, dass es Texte gibt, die stärker als Gesamtes geplant sind als andere, bei denen die Planung während der Produktion stattfindet. Dabei sind in Wahrheit bei jedem Text Produktion und Ergebnis kopräsent: auch bei «ungeplanter» mündlicher Rede wird stets bis zu einem gewissen Grade vorausgeplant und das Ergebnis in Gedanken vorweggenommen; und auch bei schriftlichen Kunstwerken wird immer wieder unmittelbar «produziert» ohne dass für den Produzenten immer das ganze Produkt präsent wäre; der Unterschied besteht hier v. a. in der – nicht zuletzt medial bestimmten – vorhandenen oder nicht vorhandenen (und selbstverständlich zu unterschiedlichen Ergebnissen führenden) Möglichkeit zu Planung, mehrfacher Überarbeitung und Korrektur.

Anhand des folgenden Schemas soll nochmals das Verhältnis von Sprechhandlung und Sprachwerk erläutert werden:

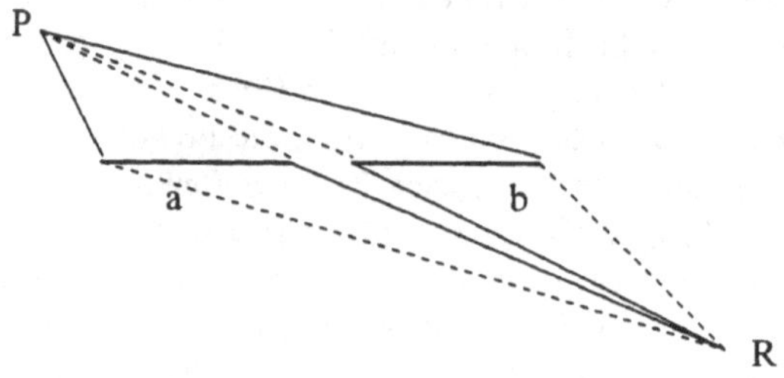

Fig. 4: Textplanung aus Produzenten- und Rezipientenperspektive

Angenommen, ein Textproduzent *P* produziert zwei aufeinanderfolgende Äußerungen *a* und *b*. Dabei ist es möglich, dass in der Intention von *P* *a* wie *b* als zwei getrennte Texte geäußert wurden oder aber als ein einziger Text. Wenn *P* a priori möchte, dass *a* und *b* vom Rezipienten *R* als *ein* Text aufgefaßt werden, so ist es wahrscheinlich, dass er *a* und *b* so gestalten wird, dass die Einheit von *R* nachvollzogen werden kann. Dies setzt voraus, dass *P* das ganze *Werk* bei der *Handlung* bereits im Auge hat, d. h. dass er bei der Äußerung von *a* auch *b* schon mitbedacht hat. Dabei ist es durchaus auch möglich, dass er *a* und *b* nicht a priori als Einheit geplant hat, er aber während der Handlung einen Zusammenhang herstellen will. Wenn dies a posteriori geschieht, kann der Text nicht mehr als zusammenhängend markiert werden (oder dies muss in einem Nachtrag geschehen); geschieht es während der Äußerung von *b*, so kann auch hier noch die Kohärenz signalisiert werden. *P* ist dabei übrigens Produzent und Rezipient zugleich: während der Rezeption des bereits geäußerten Werks *a* schafft er *b*. Für *R* nun kann es sein, dass er die Intention von *P* erkennt oder nicht, im letzten Falle ist es sowohl möglich, dass *R* eine Einheit erkennt, wo diese gar nicht intendiert war als auch, dass er eine intendierte Einheit nicht erkennt. Im Dialog nun kann versucht werden, die Diskrepanzen zwischen beiden zu beseitigen und Harmonie auszuhandeln, was etwa in der Dialogforschung oder der Konversationsanalyse eingehend untersucht worden ist.

Hier soll nur Folgendes festgehalten werden: jeder Text ist, je nach Perspektive, Handlung und Werk. Doch je nach dem Grad, in dem bei der Handlung das Werk bereits vorgeplant ist, ändert sich die Gestalt des Textes. So ist es umso wahrscheinlicher, dass ein Text Signale enthält, die auf eine größere Einheit hinweisen, je geplanter er ist.[36]

Außerdem impliziert die Tatsache, dass ein Text ein komplexes Zeichen ist, seinerseits dessen Bezeichenbarkeit: jede als Text aufzufassende oder als Text aufgefaßte Äußerung kann benannt und dadurch explizit abgegrenzt werden, sei es als Individuum oder als Gattung.

Auf die Textbeispiele bezogen ist festzustellen, dass es sich bei allen mehr oder weniger um Sprach*werke* handelt, doch zeigen sich deutliche Unterschiede in Bezug auf die Planung der Abgeschlossenheit. Die *Facanias* in Beispiel 1 scheinen als Liste wie zufällig aufgezeichnet; sowohl vorher als auch nachher sind weitere Rechtsfälle denkbar und wahrscheinlich vorhanden. Der *Fuero de Madrid* in Beispiel 2 hat durch eine Anfangsformel einen festgelegten Anfangspunkt, die Auflistung ist aber nach unten offen, auch wenn die Ergänzung jeweils durch ein institutionelles Verfahren geschieht und nicht beliebig oder zufällig ist; die *Fazañas* in Beispiel 3 stammen aus einer Sammlung des 13. Jahrhunderts, die nicht mehr eine zufällige Aufzeichnung aktueller Rechtsfälle darzustellen scheint, sondern dokumentarischen Charakter hat, da sie aus einer Zeit stammt, als das Gewohnheitsrecht schon weitgehend zurückgedrängt ist: auch wenn die dargestellten Rechtsfälle wie in Beispiel 1 zufällige Beispiele einer offenen Liste von Fällen sind, haben wir es hier schon mit einem als Ganzheit geplanten Werk[37] zu tun. Die Listenhaftigkeit ist auch allgemein als Grundeigenschaft von Gesetzestexten anzusehen. Am Extrempol der Werkshaftigkeit stehen die *Siete Partidas*; ihre komplette Planung geht bereits aus dem Prolog hervor, in dem ausführlich über die Zahl sieben diskutiert wird, die der Anzahl der Bücher und der Gesamtanlage entspricht; außerdem wird hier betont, dass es um die Kodifikation des ganzen Rechts als abgeschlossener Gesamtheit geht.

Es kann nun näher bestimmt werden, was unter *Rechtstext* verstanden wird. Als Rechtstexte sollen hier sprachliche Äußerungen bezeichnet werden, die zum Inhalt das Verhältnis von sekundären und primären bzw. von tertiären und sekundären Regeln im o. g. Sinne haben, und zwar zunächst unabhängig von ihrem «Werkscharakter». Wo hingegen der Werkscharakter und die abgeschlossene

---

[36] Mit Ausnahme solcher Texte etwa literarischer Art, die bewusst die üblichen Prinzipien der Textualität zu durchbrechen versuchen. Übrigens ist natürlich auch das Vorplanen ein kontinuierlicher, dialektischer Prozess zwischen innerem Sprechen und Hören, handelndem Schaffen eines Werks und Korrektur desselben vor dessen Exteriorisierung.

[37] Dies scheint ein Widerspruch zu sein, doch kann eine Sammlung von Beispielen, die ihren Illustrationszweck erfüllt, durchaus als abgeschlossen betrachtet werden. Ähnliches ist auch der Fall bei Romanen wie etwa Camilo José Celas *La colmena*, wo einzelne Szenen mit nur teilweise durchgehenden Handlungssträngen aneinandergereiht sind, aber gerade der exemplarische bzw. episodische Charakter dieser Szenen insgesamt ein bewusst angelegtes Gesamtbild ergibt.

Geplantheit eines Rechtstextes betont werden soll, könnte man von einem *Rechtssprachwerk* sprechen.

Diese Bestimmung ist allerdings noch zu weit gefasst, denn ihr zufolge wären Rechtstexte auch solche, die über Recht berichten oder die etwa Recht literarisch darstellen. Es fehlt ein weiteres konstitutives Merkmal von Rechtstexten, nämlich deren performativer Charakter der Setzung:[38] Rechtstexte sind der Ort, an dem Recht geschaffen wird. Dies bedeutet gleichzeitig, dass Rechtstexte an Institutionen gebunden sind, die über die Macht verfügen, dies zu tun.

Für die in dieser Arbeit behandelten Texte trifft dies sogar in besonderem Maße zu, da es sich ausschließlich um Gesetzestexte handelt. Auch die vier Beispieltexte sind Gesetzestexte, wobei Text 1 und 3 Fallrechtstexte sind, die ein Fallbeispiel geben, aus dem eine allgemeine Norm abgeleitet werden kann bzw. dem eine allgemeine Norm zugrunde liegt. Der performative Charakter wird durch die Anfangsformel *esto es por fazannya* ausgedrückt. Ähnlich ist es bei Text 2, der sozusagen komplementär zu 1 und 3 ist und die der Tat entsprechende abstrakte Norm liefert. Auch hier ist der performative Charakter durch die Eingangsformel *esto es por fuero* gegeben. In Text 4 geschieht dies am Anfang durch die Ausführungen im Prolog, die dann für den ganzen Text der sieben Bücher gilt.

1.2.2.3. Text und Textklassifikation[39]

Seit den siebziger Jahren widmet sich einer der zentralen Bereiche der textlinguistischen Forschung der Frage der *Typologie* von Texten: aufgrund welcher Eigenschaften können oder sollen Texte verglichen oder unterschieden werden? Dabei konkurrieren zahlreiche verschiedene Begriffe miteinander, die bald auf diese, bald auf jene Eigenschaft von Texten referieren, ohne dass sich dabei eine einheitliche Verwendung durchgesetzt hätte. So ist die Rede von Gattungen, von Textsorten, Texttypen, Textklassen und Textformen, und diese werden bestimmt durch Aspekte der äußeren Form oder ihrer Funktion, nach eindimensionalen oder mehrdimensionalen Modellen, aufgrund einer bestimmten, in einer gewissen Hierarchie obenstehenden Äußerung, durch subjektive oder objektive Kategorisierung, als diskrete Einheiten oder in Bezug auf prototypische Vorstellungen. Im Rahmen dieser Arbeit soll die umfangreiche Diskussion nicht aufgerollt werden, da sie für die hier verfolgte Fragestellung nicht von zentraler Bedeutung ist. Dies liegt vor allem an der Tatsache, dass hier Gesetzestexte behandelt werden, bei denen die Zuordnung zu einem bestimmten Texttyp bereits gegeben ist und meist in den Texten selbst explizit vorgenommen

---

38 Für J. L. Austin war der Bezug auf juristische Texte zur Entwicklung der Vorstellung von Sprechakten, insbesondere der Idee der *performativen Sprechakte*, von grundlegender Bedeutung. So meint Austin 1962, 4, Fn. 2, bereits zu Beginn seiner Ausführungen zu den Performativen, «Of all people, jurists should be best aware of the true state of affairs.» Weiter unten weist er auf die enge Verbindung juristischer Akte mit Performativen hin: «it is worth pointing out [...] how many of the ‹acts› which concern the jurist are or include the utterance of performatives, or at any rate are or include the performance of some conventional procedures».

39 Für das Folgende cf. Heinemann/Viehweger 1991, 129ss., Raible 1980, 1996b, Busse 1992, 74ss. und 2000, Heinemann 2000, Stark 2001.

wird.[40] Es muss also nicht erst versucht werden, einen bestimmten Textbereich abzugrenzen, sondern es kann umgekehrt gefragt werden, durch welche Eigenschaften verschiedene Texte, die als Gesetzestexte bezeichnet werden, sich ähneln und wo sie sich unterscheiden. Dabei können letztlich alle bezeichenbaren Eigenschaften der Texte und ihrer Umfelder für den Vergleich relevant sein. In formaler Hinsicht kann z. B. die Länge eines Textes betrachtet werden, seine Linearität, seine Kontinuität, die Häufigkeit partieller oder totaler Rekurrenzen u. v. m.; bei schriftlichen Texten neben dem Umfang die Einteilung in Überschriften und Haupttext, Kapitel und Absätze, Strophen und Verse etc. Außerdem kann unter dem Aspekt der Textform der Aufbau, die Gliederung eines Textes betrachtet werden und ob oder wie ein Text seinen eigenen Aufbau explizit nennt und auf ihn hinweist. All diese formalen bezeichenbaren Eigenschaften werden hier *Textform* genannt. Texte sind darüber hinaus bezeichenbar in Bezug auf ihre Finalität, ihre Funktion, ihre spezifische kommunikative Einbindung oder den Bezug auf bestimmte Umfelder.

Es wird hier weniger darum gehen können, alle bezeichenbaren Bereiche eines Textes auszumachen als vielmehr zu versuchen zu bestimmen, welche der Eigenschaften die hier untersuchten Texte in bestimmte Traditionen einbinden und durch welche sie sich von diesen Traditionen abheben; es geht also in erster Linie um die Frage von Historizität und Diskurstradition.

1.2.2.4. Exkurs: Zur Historizität von Texten

Trotz der umfangreichen Diskussion der letzten Jahre herrscht keine Übereinstimmung darüber, wo Texttraditionen in der Sprachtheorie anzusiedeln sind. In verschiedenen Arbeiten ist in diesem Zusammenhang versucht worden, den Ort der Texttraditionen mit Bezug auf die genannte Unterscheidung zwischen drei Ebenen des Sprachlichen festzulegen, was jedoch nicht von allen Autoren in gleicher Weise getan wird.

Der in den letzten Jahren innerhalb der Romanistik verbreitetste Versuch einer solchen Zuweisung weist die Texttraditionen der historischen Ebene zu, die damit verdoppelt wird:[41]

> «Auf der historischen Ebene sind zwei Bereiche zu unterscheiden. Zum einen müssen die Diskurstraditionen behandelt werden (Gattungen, Stilrichtungen, Gesprächsformen) [...]. Zum anderen interessieren natürlich vor allem die historischen Einzelsprachen» (Koch/Oesterreicher 1994, 589).

Sprechen wäre damit eine universelle Tätigkeit, deren Ausübung eine Art doppelten Traditionsfilter passieren müsste: die Intention des kommunikativen Aktes müsste

---

40 Gesetzestexte werden immer wieder als Beispiele für gut klassifizierbare Textsorten angeführt, so etwa Bezug auf gewisse Funktionen bei Grosse 1976 oder aufgrund bestimmter formaler Eigenschaften bei Henne/Rehbock 1982; cf. auch Busse 1992 und 2000. Die Bestimmungen sind aber oft zirkulär («ein Gesetzestext ist x ist ein Gesetzestext») oder nicht hinreichend (die Eigenschaften, die für Gesetzestexte festgestellt werden, finden sich auch bei anderen Texten).

41 Cf. insbesondere auch Koch 1997, 45ss.

stets der sprachlichen Ordnung entsprechend linearisiert werden, indem die Zeichen den syntaktischen Regeln einer Einzelsprache gemäß angeordnet werden. Gleichzeitig müsste sie sich auf eine textuelle Ordnung beziehen, die bestimmte Diskurstraditionen aktualisiert.

Bei anderen Autoren wird hingegen versucht, die Texttraditionen auf der individuellen Ebene anzusiedeln, und wieder andere betrachten eine Doppelung aller drei Ebenen als angemessen, die dann einerseits als Ebenen des Sprachlichen, andererseits als Ebenen des Textlichen betrachtet werden.

Die Frage nach der Geschichtlichkeit sprachlicher Äußerungen muss zu einer Klärung in verschiedener Hinsicht präzisiert werden, wobei es in erster Linie notwendig scheint, den Begriff der Historizität selbst genauer zu bestimmen. Anlässlich einer Diskussion über die Frage nach der Geschichtlichkeit von Sprechakten hatte Eugenio Coseriu im Jahre 1979 darauf hingewiesen, dass die Grundvoraussetzung für die richtige Situierung des Problems die Klärung des Begriffes der Historizität sei, der uneinheitlich verwendet wird. Er unterscheidet bei dieser Gelegenheit drei verschiedene Begriffe von Historizität:[42]

- sprachliche Historizität im engeren Sinne (Historizität der Einzelsprache),
- Historizität als Tradition (d. h. Wiederholbarkeit) bestimmter Texte oder bestimmter Textformen,
- allgemeine Historizität im Sinne eines «Zur-Geschichte-Gehörens».

Zunächst zur Historizität der Sprache. Diese nimmt hier eine Sonderstellung ein, da es bei ihr nicht um die Geschichtlichkeit von Objekten geht, sondern um die des Menschen selbst als eines historischen Wesens. Die Sprache als Einzelsprache ist die im Individuum verinnerlichte Geschichte einer Gemeinschaft. Sie ist die primäre Form des Gemeinsam-Seins und Voraussetzung für andere kulturelle Traditionen,[43] «da alles, was dort geschaffen wird, durch Sprache genannt werden muss und als Wissen durch Sprache überliefert wird».[44] Durch die Einzelsprache wird das Individuum zum sozialen Wesen,[45] durch sie ist das Sein des Menschen überhaupt ein solches, da es ein geteiltes Sein einer Gemeinschaft ist, wie Hegel sagt:

> «Denn sie [die Sprache] ist das Daseyn des reinen Selbsts, als Selbsts; in ihr tritt die für sich seyende Einzelheit des Selbstbewusstseyns als solche in die Existenz, so dass sie für Andere ist».[46]

---

[42] In: Schlieben-Lange/Weydt 1979, cf. insbesondere auch Coseriu 1978.

[43] Sprache ist Voraussetzung aller anderen Formen menschlich-sozialer Organisation: «Nun ist die Aussage, die gesellschaftlichen Aufgaben würden mit sprachlichen Mitteln gelöst, nicht so zu verstehen, daß die Aufgaben außer- oder vorsprachlich bestünden. Die Sprache ist sozusagen von Anfang an dabei. Die gesellschaftlichen Aufgaben konnten nur unter der Bedingung, daß die Mitglieder der Gesellschaft miteinander reden, in dieser Weise gestellt und entfaltet werden. Die gesellschaftliche Organisation ist schon immer auch sprachlich konstituiert» (Schlieben-Lange 1983, 138).

[44] Coseriu 1978, 121.

[45] Cf. Aristoteles, Politik, I.

[46] *Phänomenologie*, VI, B, Ia. Coseriu hat immer wieder an verschiedenen Stellen betont, dass seine (v.a. in *Sincronia, diacronia e historia*) entwickelte Sprachauffassung bei der

Diese primäre Historizität, die durch die Alterität, d. h. die «Übertragbarkeit auf andere»[47] bedingt wird, ist nur der Einzelsprache als historisch bedingter Technik eigen. Sie bedingt das So-Sein des Menschen, der Mensch kann nicht hinter die Sprache zurückgehen, denn er ist überhaupt Mensch durch sie.[48] Das sprechende Individuum verinnerlicht beim Spracherwerb die Einzelsprache, es schafft sie in sich neu und wird dadurch zur kreativen Sprechtätigkeit fähig.

Der zweite Typ von Geschichtlichkeit hingegen betrifft alle Kulturerscheinungen, einschließlich der sprachlichen. Hier geht es um Traditionen in einer Gemeinschaft, um die Wiederholbarkeit bei der Schaffung kultureller Objekte, die sich auf vormalige Kulturereignisse aufgrund funktionaler oder formaler Ähnlichkeit oder teilweiser Übereinstimmung bezieht. Es geht hier um solche Kulturobjekte, die in einer Gemeinschaft verfügbar sind und für die Wiederholung, die stets Überschreitung oder Unterschreitung der Tradition ist, zur Disposition stehen.[49] Bei der Sprache als Objekt geht es hier um Texte, deren Traditionsbezug einerseits durch die Wiederholung einer bestimmten Textfinalität gegeben sein kann, die aber andererseits vor allem dadurch fassbar wird, dass ihr gewisse formale Markierungen entsprechen. Die Wiederholbarkeit von Textformen umfasst eine kontinuierliche Skala von minimalen Traditionsmarkierungen – etwa einer bestimmten Textbezeichnung oder einer bestimmten Formel in einem ansonsten nicht fixierten Text – über die durchgehende formale Organisation bis hin zur kompletten Fixierung des Textes. Ein *Roman* etwa kann durch diese Bezeichnung einen Bezug zu einer bestimmten literarischen Tradition herstellen, von dieser aber dann in allen anderen Elementen abweichen; ein Brief mag durch Anfangs- und Endformel fixiert und ansonsten vollkommen frei sein, wohingegen eine Schwurformel, die stets in demselben Wortlaut verlesen werden muss, den maximalen Fixierungsgrad aufweist. Innerhalb der Fixierungsskala lassen sich zwei weitere Skalen unterscheiden, nämlich einerseits der Fixiertheitsgrad von formal bestimmbaren Teilen (z. B. «Überschrift», «Gliederung» «Einleitung» etc.) und andererseits der Fixiertheitsgrad von deren einzelsprachlicher Realisierung, was den Texttraditionen einen doppelten Traditionsbezug geben kann, nämlich einerseits einen solchen innerhalb auf der Basis formaler Kriterien bestimmbarer *Textgemeinschaften*, die nicht mit Sprachgemeinschaften übereinstimmen und allerhöchstens zufällig diesen entsprechen mögen,[50] andererseits auch Bezüge zu einer bestimmten Sprachgemeinschaft. So

---

Frage der Historizität und dem ursprünglichen Gegebensein der Einzelsprache einerseits auf Aristoteles, bei der Radikalität der Betonung der Historizität aber noch viel mehr auf Hegel zurückgeht und Hegels Vorstellungen weiterentwickelt.

47 Coseriu 1978, 121. Den Begriff Alterität in dieser speziellen Form übernimmt Coseriu von Antonio Pagliaro, cf. Schlieben-Lange 1998b.

48 Was keinenfalls heißt, das Individuum wäre durch die Einzelsprache in einem bestimmten Weltbild «gefangen», sondern diesem im Gegenteil den Zugang zu allen Sprachen ermöglicht – der aber die Beherrschung einer Sprache stets voraussetzt.

49 Schlieben-Lange 1983, 138.

50 «Die Texttraditionen sind, wenn man so will, in Textgemeinschaften verankert, in Institutionen z. B. oder in literarischen Gruppen. Daß gelegentlich doch die Textgemeinschaften mit den Sprachgemeinschaften zusammenfallen, ist eine sekundäre Erscheinung» (Schlieben-Lange 1983, 139).

situiert die vielzitierte Eingangsformel *Es war einmal* einen Text innerhalb einer Kulturgemeinschaft als Märchen und setzt ihn zu anderen Texten, die etwa mit *Once upon a time*, *Il était une fois* oder *Érase una vez* beginnen, in Beziehung; gleichzeitig stellt sie einen weiteren Bezug zu einer einzelsprachlichen Form dieser Gattung, den *deutschen* Märchen, her.[51]

Der dritte Begriff von Historizität schließlich bezieht sich auf individuelle, unwiederholbare Ereignisse,[52] in Hinblick auf den Text als Individuum also auf jeden Einzeltext.[53] Hier geht es um die Tatsache, dass jeder geäußerte Text irgendwo als Ereignis historisch situierbar ist. Diese Art von «Historizität» könnte bei der Frage der sprachlichen und textuellen Tradition eigentlich vernachlässigt werden, steht aber im Zentrum der traditionellen philologischen Forschung, und zwar v. a. darum, weil funktionale oder formale Eigenschaften eines Textindividuums als Beispiel oder Modell für weitere Textindividuen dienen und ein bestimmter Text damit Teil der Tradition ist – weshalb er auch unter dem zweiten Historizitätsaspekt zu betrachten ist.

Nun mag man sich fragen, ob die Unterscheidung zwischen einer primären, vorrangigen Historizität der Sprache gegenüber einer sekundären Historizität der Texttraditionen wirklich aufrecht zu erhalten ist. Dagegen könnte man in erster Linie einwenden, dass es ein Sprechen, das sich nicht auf bestimmte Traditionen von Texten bezieht, gar nicht geben kann. Dabei geht es gar nicht um die Frage, ob von außen gesehen jeder Text irgendwo im immensen Archiv der von Menschen je geäußerten Texte bereits schon einmal geäußert worden ist oder ob ein Text auf eine Tradition bezogen werden *kann*: dies ist stets der Fall, und wenn es ein negativer Bezug ist, wenn ein Text auf eine Tradition gerade dadurch bezogen wird, dass er mit dieser Tradition bricht. Es geht vielmehr darum, ob der Bezug auf bestimmte textuelle Traditionen beim Sprechen ebenso primär mitgegeben und im Individuum verinnerlicht ist wie der Bezug auf eine Einzelsprache. Diese Frage kann hier nicht vollständig beantwortet werden, es soll jedoch auf zweierlei hingewiesen werden. Erstens besteht ein fundamentaler Unterschied zwischen der verinnerlichten Tradition der Einzelsprache, die für das sprechende Subjekt von der Tradition losge-

---

51 Cf. Wilhelm 2001, 469.

52 Auf diese Geschichtlichkeit bezieht sich Foucault, wenn er von der Historizität des Diskurses im Gegensatz zur Sprache spricht: «le discours, à la différence peut-être de la langue, est essentiellement historique», da er nicht aus «éléments disponibles», sondern aus «événements réels et successifs» bestehe, die man nicht außerhalb ihrer geschichtlichen Einmaligkeit analysieren könne (Foucault 1969, 260; cf. auch de la Higuera 1999, 21ss.). Sprache ist hier gerade deshalb ahistorisch, weil sie eine nicht zeitlich gebundene Technik zum Schaffen einzelner Redeereignisse ist.

53 Diese «Geschichtlichkeit» des einmaligen Aktes ist nun die, die Foucault als eigentlich historisch, da in der Geschichte situiert, ansieht, während Coseriu ihr gerade die Geschichtlichkeit abspricht und sagt, «[...] daß die Schöpfung als solche keine Entwicklung aufweist und somit keine Geschichte im eigentlichen Sinn haben kann: Die Ilias, die Divina Commedia entwickeln sich nicht, sie bleiben ewig sich selbst gleich, und können deshalb auch nur in einer ewigen und unzeitlichen Geschichte des Menschen ihren Platz finden.» (Coseriu 1978, 118). So auch Schlieben-Lange 1983, 138: «Ein einzelner Text hat keine Geschichte, er ist das jeweils individuelle Produkt der Sprechtätigkeit».

löst ist und es aus dieser befreit, da sie als funktionelles System ein Werkzeug zum Sprechen ist, das gerade die freie Schaffung neuer Redeereignisse ermöglicht, die nicht Wiederholungen irgendwelcher zuvor gemachten Äußerungen sein müssen, auch wenn sie dies sekundär sein können. Zweitens besteht auch ein qualitativer Unterschied zwischen dem Sprechen einer Einzelsprache und dem Sich-Bedienen an Texttraditionen. Ein Text (auch ein gemischtsprachlicher Text) ist immer einzelsprachlich, er kann nicht mehr oder weniger einzelsprachlich sein. Der Bezug auf textuelle Tradition hingegen ist graduell: ein Sonett ist eine sehr festgelegte traditionelle Form, aber ein lockeres Gespräch in einer Kneipe scheint wesentlich offener und weniger auf eine festgelegte Tradition bezogen zu sein.[54]

Ein anderes Argument gegen den Vorrang der Einzelsprache könnte in der Tatsache gesehen werden, dass es etwa gerade in der mittelalterlichen Tradition oft gemischtsprachliche Texte bei relativer Stabilität der Textform gibt, hier also die Textfinalität und die Textform primär zu sein scheinen und die gewählte Einzelsprache sekundär. Es scheint sich hier jedoch um besondere Fälle der Kommunikation bei sprachlichem Kontakt zu handeln, in denen die Finalität der Texte gerade in der Übertragung einer bestimmten Textform von einer Sprache in die andere besteht, wobei es zu sprachlicher Interferenz kommt (cf. 1.2.2.5.).

Es mag aufgefallen sein, dass hier nur über die Historizität von Einzelsprachen, Textformen und Texten, nicht aber von *Sprechakten* gesprochen wurde. Dies liegt daran, dass die Sprechakte als universelle Phänomene hier bewusst weggelassen wurden, denn das Universelle schließt zwar das Historische mit ein, es ist aber eigentlich geschichtslos.[55] Gegen diese Darstellung könnte man einwenden, dass es durchaus Sprechakte geben kann, die ebenso historisch sind wie die Einzelsprache selbst. Wenn es aber in einer bestimmten Einzelsprache für die universellen Sprechakte bestimmte Techniken gibt, so gehören diese Techniken tatsächlich zur Historizität der ersten Ebene. Diese Historizität entspricht aber der Historizität der Einzelsprache selbst: wenn etwa im Deutschen ein Sprechakt «Frage» mit einer bestimmten Technik, in diesem Fall z. B. in bestimmten Fällen mit der syntaktischen Inversion, verbunden sein kann, so ist dies nicht eine akzessorische Technik, deren sich das Deutsche bedient, sondern es ist eine in der deutschen Sprache verankerte Technik, die zum So-Sein des Deutschen und damit auch zum So-Sein der Sprecher

---

54 Die Konversationsanalyse hat teilweise gezeigt, wie regelhaft auch freie Gespräche sind; die Frage der Traditionsbestimmtheit aller Textsorten kann hier nicht endgültig beantwortet werden und scheint mir auch in der Forschung keinesfalls beantwortet zu sein; hier geht es in erster Linie darum, die Gradualität der Traditionsbezüge festzuhalten.

55 Die umstrittene Frage nach der Universalität von Sprechakten (cf. etwa Schlieben-Lange 1979, 67ss. und 83ss.) soll hier durch Umkehrung vermieden werden. Als Sprechakte werden hier nur solche Akte bezeichnet, die universell sind. Selbstverständlich sind dabei die universellen Akte immer an historische Formen gebunden. Ein anderes Problem betrifft die Historizität von Sprechakten, die an Institutionen gebunden sind. Nach Habermas (1971, 113) gehören diese «nicht zu den pragmatischen Universalien». Ihre Geschichte ist von der Geschichte der entsprechenden Institutionen untrennbar. Doch gerade darum handelt es sich auch nicht um universelle Akte, sondern um Elemente einzelkultureller Tradition, die sowohl in Einzelsprachen als auch in Textformen oder Texten zum Ausdruck kommen können.

dieser Sprache gehört. Bei der Historizität in diesem Sinne sind Subjekt und Objekt nicht zu trennen. Wenn ich Deutsch spreche, so bin ich schon in dieser Sprache; ich kann nicht zuerst «universell» sprechen und mich dann in einem zweiten Schritt des Deutschen bedienen. Und so kann ich auch nicht zuerst erwägen, eine Frage auf Deutsch zu stellen und mir dann in einem zweiten Schritt überlegen, ob ich dies mit einer bestimmten Technik des Deutschen tue, sondern ich *muss* es mit einer Technik dieser Sprache tun. Deshalb fällt dort, wo es in einer bestimmten Einzelsprache sprachliche Techniken für bestimmte Sprechakte gibt, die Historizität der Sprechakte mit der Historizität der Einzelsprache zusammen und es muss keine zusätzliche Historizität der Sprechakte angenommen werden. Wo aber die Sprechakte in einer Gemeinschaft nicht historisch im Sinne von «zur Sprache gehörend» sind, können sie nur historisch sein im Sinne der zweiten Ebene, also traditionell und akzessorisch. D. h. die Sprecher beziehen sich bei der Realisierung dieser Akte auf bestimmte Traditionen.[56] Diese Traditionen sind entweder formal bestimmbar, nämlich dann, wenn zum Ausdruck eines bestimmten Sprechakts in einer Gemeinschaft eine bestimmte Textform üblich ist, oder sie sind noch über das Formale hinaus bestimmt, wenn ein bestimmter Sprechakt in einer Gemeinschaft nicht nur mit einer bestimmten Textform, sondern mit einem bestimmten Text ausgedrückt wird.

Es muss hier noch präzisiert werden, dass das Weglassen der Sprechakte bei der Betrachtung sprachlicher und textueller Historizität natürlich weder deren Existenz noch eigentlich deren Historizität leugnet. Es wird nur gesagt, dass Sprechakte keine eigene, von den anderen Größen trennbare Historizität haben. Sie können aber historisch durch alle genannten Größen und sogar noch darüber hinaus, als allgemeine Handlungsakte über nichtsprachliche symbolische Handlungen vermittelt werden,[57] und gerade darin liegt die besondere Freiheit, die die großen Unterschiede in Bezug auf die Verankerung bestimmter Akte in verschiedenen Gemeinschaften erst ermöglicht: ein Akt wie «Versprechen» kann, je nach Tradition, durch eine nonverbale Handlung symbolisiert sein, er kann durch die unveränderte Wiederholung eines ganz bestimmten Textes vollzogen werden, er kann eine bestimmte textuelle Form erfordern oder aber sogar direkt im Sprachsystem verankert sein. Das Herauskürzen der Sprechakte führt also nicht zu einem Verlust, sondern zu einer Erweiterung der Möglichkeiten, wie bestimmte Akte historisch werden können. [Ende des Exkurses].

---

[56] Der «akzessorische» Charakter der Texttraditionen zeigt sich auch darin, dass die Geschichtlichkeit von Textformen mit der anderer kultureller Formen vergleichbar ist, etwa Traditionen der Kunst, der Musik des Sports, der Religion etc. (Koch 1997, 61), die an Kulturgemeinschaften, nicht an Sprachgemeinschaften gebunden sind. Der essentielle Charakter der Sprache hingegen zeigt sich auch in deren «vorgeschaltetem» Charakter: nur über die Sprache sind die anderen Traditionen erfassbar; die Sprache ist das primäre, das Subjekt definierende Zeichensystem, das zur Erfassung aller anderen Zeichensysteme und Traditionen notwendig ist.

[57] Cf. etwa Austin 1962, 121.

1.2.2.5. Diskurstradition, Kontinuität und Diskontinuität

Die verschiedenen Eigenschaften eines Textes können jeweils im Sinne der festgestellten «zweiten Historizität» in einem anderen Text wiederholt werden. Jede Wiederholung schafft eine Traditionsbeziehung zwischen den beiden Texten und macht sie zu Mitgliedern einer *Diskurstradition*.[58] Der Begriff der Diskurstraditionen ist insbesondere in der deutschsprachigen Romanistik der letzten Jahre (und von ihr ausgehend auch in anderen Ländern) auf große Resonanz gestoßen, da er vor allem für die sprachhistorische Forschung zentrale Aspekte zu berühren scheint, die in der Betrachtung der Diachronie oft vernachlässigt worden sind. Die beiden zentralen mit diesem Begriff verbundenen Fragen sind die seiner genauen Abgrenzung und die seiner Operationalisierbarkeit für die sprachhistorische Forschung. Letzteres soll w. u. behandelt werden; hier soll nun zunächst ein klar abgegrenzter Begriff gegeben werden. In den verschiedenen grundlegenden Arbeiten zu Diskurstraditionen wird immer wieder aus Beispiele hingewiesen, wodurch Diskurstraditionen bestimmbar sind. Dabei scheint es zunächst, eine Diskurstradition ergebe sich durch einen intertextuellen Bezug, also durch eine Wiederholungsrelation mit einem bereits geäußerten Text. Betrachten wir aber als Diskurstradition auch etwa die Tradition des Sonetts, so muss der Begriff bereits erweitert werden, denn zwischen zwei Sonetten besteht eine Gattungstradition, die völlig frei von unmittelbarer textueller Wiederholung sein kann. Auch lassen sich Traditionsbeziehungen in rein inhaltlicher Hinsicht herstellen, die weder bezüglich der konkreten sprachlichen Mittel noch bezüglich der textuellen Form Übereinstimmungen aufweisen. Dabei sind Übereinstimmungen von einem bestimmten, isolierten Inhaltselement (dessen, was in der Literaturwissenschaft als *Motiv* bezeichnet wird) bis hin zur Tradition komplexer Sachverhalte oder Geschichten möglich.[59]

Vielleicht wäre es sinnvoll, zwischen den verschiedenen Unterformen von Diskurstraditionen terminologisch zu unterscheiden. Jedenfalls möchte ich hier vorschlagen, den Terminus als Oberbegriff für alle sprachrelevanten Traditionen der «zweiten Historizität» beizubehalten. Es kann also im Sinne eines solchen weiten Begriffs gesagt werden, dass eine Diskurstradition durch jedwedes bezeichenbare Ausdrucks- oder Inhaltselement besteht oder hergestellt werden kann, dessen Aktualisierung eine Verbindung zu einem früheren Ausdruck oder Inhalt herstellt.[60] Diese Verbindung kann sich auf zwei Äußerungen, auf den Äußerungsakt selbst oder dessen Ort, die referierten Elemente, bestimmte textformale oder sprachliche Eigenschaften beziehen. Zwischen den verschiedenen Elementen kann eine

---

[58] Zum Begriff *Diskurstradition* cf. Oesterreicher 1997, Koch 1997, Jacob/Kabatek 2001, Wilhelm 2001, Aschenberg/Wilhelm 2003.

[59] Man denke etwa an die Beziehung zwischen Romanen wie *Madame Bovary* und *Effi Briest* oder *Os Maias*.

[60] In den meisten Arbeiten zu Diskurstraditionen wird der Begriff formalen oder gattungsspezifischen Eigenschaften vorbehalten. Mir scheint aber gerade die hier vorgeschlagene weite Fassung für die Untersuchung von Traditionsgeflechten zwischen Ausdruck und Inhalt fruchtbar, denn bei einer engen Fassung brächte der Terminus gegenüber herkömmlichen Begriffen wie etwa *Genre* oder *Gattung* wenig Neues.

vielfache Beziehung von Kontinuitäten und Diskontinuitäten bestehen.[61] Eine Diskurstradition kann nie vollkommen sein, denn bei jeder Äußerung eines Textes – auch des wortwörtlich gleichen Textes – haben sich auch Eigenschaften verändert, sei es nur eine bestimmte kommunikative Konstellation oder die Zeit oder der Raum der Äußerung.[62] Die Tradition von Texten impliziert also stets Kontinuität und Diskontinuität der mit den Texten verbundenen Größen. Traditionsbildend können dabei alle identifizierbaren wiederholbaren Eigenschaften sein. Um das Verhältnis von Kontinuität und Diskontinuität zu erläutern, werden im folgenden Schema drei der zentralen bezeichenbaren Traditionsgrößen ausgewählt, die hier der Einfachheit halber Sprache (S), Textform (T) und Inhalt (I) genannt werden sollen, auch wenn es sich in Wahrheit um Abstraktionen verschiedener komplexer Teilgrößen handelt. Zwischen diesen Größen kann es unterschiedliche Traditionskontinuitäten und Traditionsunterbrechungen geben, nach folgendem Schema:

Typ 1	Typ 2	Typ 3	Typ 4	Typ 5	Typ 6
T $\Rightarrow$	T $\Rightarrow$	T $\Rightarrow$	T $\nRightarrow$	T $\Rightarrow$	T $\nRightarrow$
I $\Rightarrow$	I $\Rightarrow$	I $\nRightarrow$	I $\Rightarrow$	I $\nRightarrow$	I $\Rightarrow$
S $\Rightarrow$	S $\nRightarrow$	S $\Rightarrow$	S$\Rightarrow$	S $\nRightarrow$	S $\nRightarrow$
«getreue» Überlieferung	Übersetzung	Gattungstradition in einer Sprache	Texttransformationen in einer Sprache	Textformtradition in versch. Sprachen	nur Stofftradition
z. B. versch. Abschriften eines Ms., Drucke eines Buches	jede Übersetzung	z. B. ital. Sonette aus versch. Epochen	z. B. Cid-Epos vs. Chronikfassung	z. B. Sonette von Petrarca und Ronsard	z. B. frz. Lancelot, dt. Prosa-Lancelot

Fig. 5: Diskurstraditionen und Transformationen

Zu dem Schema ist Verschiedenes anzumerken. So muss nochmals darauf hingewiesen werden, dass es sich bei den ausgewählten Bereichen um Beispiele handelt, dass aber als «bezeichenbare Größen» auch andere denkbar sind, etwa die Tradition eines bestimmten Ortes (ein bestimmter Raum evoziert bestimmte, üblicherweise in ihm geäußerte Texte), einer bestimmten kommunikativen Situation (z. B. Begegnung, Abschied etc.) oder sonstiger Umfelder; bestimmter Textfinalitäten, bestimmter Medien, bestimmter Institutionen etc. Die Berücksichtigung weiterer Faktoren würde das Schema immer komplexer machen und die Darstellung erschweren, wobei in

61 Cf. Koch 1997, 61.

62 Jorge Luis Borges hat mit dieser Tatsache mehrmals literarisch gespielt, am deutlichsten in *Pierre Menard, autor del Quijote*, wo im 20. Jahrhundert der Quijote von einem französischen Autor Wort für Wort wiedergeschaffen wird und Borges beim Vergleich zweier vollkommen identischer Textstellen über deren profunde Verschiedenheit sinniert.

Wahrheit für die Diskurstraditionen tatsächlich wesentlich mehr Faktoren relevant sind und das Ausgegrenzte nicht etwa inexistent oder unwichtig wäre.

Die Typen, bei denen es mehrere Diskontinuitäten gibt, können jeweils auch Abfolgen einzelner Diskontinuitäten sein. So sind die Traditionstypen 5 und 6 sowohl als direkte Prozesse als auch als Abfolgen der Kombination zweier Prozesse denkbar (Typ 5 als Kombination aus Typ 2 und 3; Typ 6 als Kombination aus Typ 2 und 4).

Die siebte Möglichkeit, sprachliche Kontinuität bei textueller und inhaltlicher Diskontinuität, wurde nicht in das Schema aufgenommen, da sie für die Frage der Diskurstraditionen irrelevant ist und der normalen sprachlichen Tradition entspricht.

Was schematisch als Kontinuitätspfeil (⇒) dargestellt wurde, bezieht sich auf diejenigen Elemente, an denen eine Kontinuität feststellbar ist. Das heißt nicht, dass etwa die Wiederholung eines Textes vollkommen dem Modell entsprechen muss, aber sie muss hinreichend Elemente enthalten, um eine Identifikation mit dem Modell zu erlauben. Die Kontinuität ist also eigentlich skalar und schließt die ganze Bandbreite zwischen minimaler und vollkommener Wiederholung ein. Bei geringen Anzeichen der Wiederholung ist es oft schwer zu sagen, ob wirklich Tradition oder vielmehr Polygenese vorliegt. Zuweilen ist auch gerade eine bestimmte Kombination von Elementen traditionsbestimmend.[63] So kann etwa die Traditionsbeziehung zwischen zwei bestimmten Texten einer Sprache fast inexistent sein, wohingegen die Koexistenz zweier Sprachen in einem Text bereits eine mehr oder weniger präzise Tradition implizieren kann, wie etwa die Präsenz lateinischer Sätze in einem deutschen, französischen oder spanischen Text der Gegenwart auf einen gelehrten Diskurs hinweist.[64]

Was im Schema als Diskontinuitätspfeil (⇏) erscheint, beinhaltet per definitionem auch Interferenzen; d. h. dass es nie vollkommene Diskontinuität einer bestimmten Größe gibt, wo bei einer anderen Größe eine Kontinuität festgestellt wurde. Typ 2 impliziert sprachliche Interferenz; Typ 3 Interferenz von Stoffen oder Motiven; Typ 4 Interferenz von Textformanten; Typ 5–7 jeweils die entsprechende Kombination. Das heißt etwa, dass im Prinzip jede Übersetzung (Typ 2) immer auch von der Präsenz der Ausgangssprache geprägt ist,[65] da der zu übersetzende Text nicht als reiner Inhalt, ohne die Bindung an eine Sprache, vermittelt werden kann. Das muss nicht bedeuten, dass die Interferenzen als positiv feststellbare Phänomene den Zieltext prägen müssen, aber dass sie bei der Produktion des Zieltextes für den Übersetzer präsent waren. Interferenzen können positiv oder negativ sein, d.h. sie können etwa im Falle der Übersetzung im Zieltext als Elemente aus der Ausgangssprache positiv nachgewiesen werden oder sie haben nur «negative» (d. h. nicht positiv manifestierte) Folgen, etwa wenn im Zieltext gewisse Elemente vermieden

---

63 Ähnlich wie bei der auf Ascoli zurückgehenden Idee der Skriptaforschung, dass eine bestimmte *particolar combinazione* von Elementen skriptologisch relevant ist.

64 In diesem Falle kann auch die eben angedeutete «siebte Möglichkeit» für die Traditionsbildung relevant werden. Die Verwendung verschiedener Sprachen in einem Text kann sozusagen für die Diskurstraditionen «merkmalhaft» sein, im Gegensatz zur meist merkmallosen Verwendung einer einzigen Sprache.

65 Cf. Kabatek 1998.

werden, weil der Übersetzer sie für zu deutliche Anklänge an die Originalsprache hält, obwohl diese Elemente in der Zielsprache vielleicht völlig normal wären.[66] Schließlich können die fremden Elemente auf Reflexion basieren oder «ungewollt» auftreten. Solche Interferenzen gibt es auch bei den jeweiligen anderen Diskontinuitäten: bei Typ 3 etwa können auch inhaltliche Elemente übernommen werden, wenn etwa ein späteres Sonett, das eigentlich sich nur auf die Sonettform zu beziehen scheint, auch ein Motiv von Petrarca übernimmt; bei Typ 4 zeigt sich etwa in den verschiedenen Chronikfassungen des Poema de mio Cid, dass teilweise der rhythmische Duktus des Epos durchscheint. Die negative Interferenz könnte hier etwa zu Vermeidungsstrategien von Anklängen an Rhythmus führen, wie sie sich in den Cid-Chroniken tatsächlich nachweisen lässt.

1.2.2.6. Umfelder

Für die Konstitution des Textsinns sind nicht nur die Texte selbst, sondern auch ihre Bezugssysteme oder Kontextsysteme relevant.[67] Daher fordert etwa Wulf Oesterreicher (2001) zur genauen historischen Bestimmung deren «Rekontextualisierung», wie sie in Kapitel 4 bei der Untersuchung der Einzeltexte teilweise versucht werden soll.

Traditionell wird zwischen Sprache und Kontext unterschieden, was z. T. genauer differenziert wird, wenn einerseits von sprachlichem, andererseits von außersprachlichem Kontext gesprochen wird. Auf John C. Catford geht die üblich gewordene Unterscheidung zwischen außersprachlichem Kontext und sprachlichem *Kotext* zurück.[68] Eine genauere Bestimmung findet sich bei Karl Bühlers Begriff von den *Umfeldern*,[69] und noch detaillierter und differenzierter ist die Klassifikation, die Coseriu zur Unterscheidung verschiedener Umfelder vornimmt[70] und die w. u. bei der Beschreibung der kastilischen Rechtstexte herangezogen werden soll. Coseriu unterscheidet zunächst vier Hauptbereiche der Umfelder, die erstens durch das Sprechen und die sprechende Person bestimmt sind («Situation»), zweitens das Zeichen und dessen Bezugssysteme («Region»), drittens durch das konkrete Zeichen im Text und dessen Umgebung («Kontext») und viertens durch ein übergreifendes Bezugssystem («Redeuniversum»). Im Einzelnen unterscheidet er folgende Umfelder:

a) *Situation*. Dieser Begriff, der in Textlinguistik und Pragmatik in sehr uneinheitlicher und z. T. etwas vager Weise gebraucht wird, wird von Coseriu

---

66 Zu diesen Begriffen cf. Coseriu 1977; Kabatek 1996, 12ss. und 1997b.

67 Dass die Umfelder nicht nur für den Textsinn, sondern für die sprachlichen Mittel ausschlaggebend sein können, wurde in verschiedenen Schulen festgestellt (cf. etwa zur *Functional Grammar* Foley/Van Valin 1982). Zu den Umfeldern allgemein cf. auch Aschenberg 1999.

68 «By *context* we mean ‹context of situation›, i. e. those elements of the extratextual situation which are related to the text as being linguistically relevant: hence *contextual*. By *co-text* we mean items in the *text* which accompany the item under discussion: hence *co-textual*» (Catford 1965, 31).

69 Bühler (1934, 154) übernimmt den Begriff «Umfeld» aus der Farbenlehre.

70 Erstmals in Coseriu 1955/56; cf. auch Coseriu 1994.

(1994, 126[71]) im eingeschränkten Sinne definiert: «Bei der ‹Situation› geht es ausschließlich um die Umstände und Beziehungen in Zeit und Raum, die durch das Sprechen selbst entstehen, durch die Tatsache, dass jemand mit jemandem an einer bestimmten Stelle im Raum und zu einem gewissen Zeitpunkt über etwas spricht». Es geht hier also um die Sprecher-Origo im Bühlerschen Sinne, um das *ego-hic-nunc* des Sprechers und die daraus sich ergebenden Konstellationen.

b) *Region*. Dieser Sammelbegrif bezieht sich auf diejenigen Räume, innerhalb derer ein sprachliches Zeichen in bestimmten Bedeutungssystemen funktioniert. Hier unterscheidet Coseriu zwischen den Unterbegriffen *Zone*, *Bereich* und *Umgebung*. Als *Zone* wird der Raum bezeichnet, in dem ein Zeichen bekannt ist (es geht hier also um die *sprachlichen* Grenzen). Der *Bereich* ist der *kulturelle* Raum, in dem die bezeichneten Gegenstände bekannt sind. Die Umgebung schließlich ist «eine sozial oder kulturell bestimmte ‹Region› wie z. B. die Familie, die Schule, die Berufsgemeinschaft oder die Kaste» (ibd., 121).[72]

c) *Kontext*. Coseriu unterscheidet drei Arten von Kontext, den einzelsprachlichen Kontext, den Redekontext und den Außer-Rede-Kontext. Der einzelsprachliche Kontext besteht aus den Zeichen der Einzelsprache(n), in welcher der Text verfasst ist. Der Redekontext entspricht weitgehend dem, was man auch als *Kotext* zu bezeichnen pflegt, wobei noch weiter unterschieden wird zwischen mittelbarem und unmittelbarem Kontext, also zwischen (eigentlich kontinuierlichen) Entfernungsgraden von Textteilen. Außerdem wird unterschieden zwischen positivem und negativem Redekontext, wobei letzterer sich auf nicht-gesagte Elemente bezieht, die aufgrund ihrer Erwartbarkeit (etwa aus Gründen einer bestimmten üblichen Tradition) als «fehlend» empfunden werden können. Beim Außer-Rede-Kontext unterscheidet Coseriu zwischen dem *physischen* Kontext,[73] der sich auf diejenigen Dinge bezieht, «denen das Zeichen anhaftet», d. h. in unserem Falle die entsprechenden Manuskripte; dem *empirischen* Kontext, d. h. den Gegenständen und Sachverhalten, «die den Kommunikationspartnern zum Zeitpunkt und am Ort des

---

71 Vgl. Coseriu 1955/56, 46.

72 Genau genommen müsste auch die Umgebung zweigeteilt sein und nach Kenntnis der sprachlichen Zeichen und Referenzkenntnis unterschieden werden. Es ergeben sich dann eigentlich zwei Kontinua, einerseits ein Kontinuum der Gegenstandskenntnis und andererseits ein Kontinuum der Zeichenkenntnis. Teilweise korrelieren die Umfelder mit sprachlichen Varietäten; d. h. dass diasystematische Bestimmungen auch Umfelder (sprachlich-historisch gewordene Umfelder) sind. Dennoch dürfen keinesfalls die Fragestellungen von Varietätenlinguistik und Linguistik des Sinns vermischt werden. Es ist deshalb auch eher verwirrend, wenn immer wieder der Begriff der *diaphasischen Varietäten* durch «diasituationale» Varietäten ersetzt wird. Die Tatsache, dass der Begriff der *Diaphasik* der schwierigste in der Varietätenkette ist, führt immer wieder zu Ersetzungsversuchen. *Situation* ist aber bei Coseriu ein ganz bestimmtes, eingeschränktes Umfeld, das keinesfalls dem entspricht, was zur Bestimmung der diaphasischen Variation ausreicht. Man könnte *Situation* als Umfeld vielleicht gegen *Situierung* ersetzen. *Diaphasisch* bezieht sich auf solche sprachliche Varietäten, die weder im Raum noch in Bezug auf bestimmte Gruppen lokalisierbar sind, die also durch *andere* Redekonstellationen historisch geworden sind.

73 In Coseriu 1994 ist von «physikalischem Kontext» die Rede; mir scheint jedoch «physischer Kontext» die adäquatere Übersetzung des originalen *contexto físico* zu sein.

Sprechens bekannt sind»; dem *natürlichen* Kontext, der sich auf die Kenntnis der natürlichen Welt bezieht und dem *praktischen* oder *okkasionellen* Kontext, der sich auf diejenigen Elemente, die sich aus der kommunikativen Handlungssituation und dem Verhältnis von Textproduzent und Textrezipient und der speziellen «Gelegenheit» des Sprechens ergeben, also auf das, was man üblicherweise zu den «pragmatischen Eigenschaften» des jeweiligen Textes zählen würde. Als weiterer Außer-Rede-Kontext ist der *historische* Kontext zu nennen, bei dem zwischen partikulärem – auf die Geschichte einer kleineren Gemeinschaft bezogenem – und universellem – auf eine Nation, eine größere Kulturgemeinschaft oder die ganze Menschheit als Kulturgemeinschaft bezogenem – Wissen von Sprecher und Hörer unterschieden wird (auch hier handelt es sich also eigentlich wiederum um ein Kontinuum). Ebenso wird hier zwischen *aktuellem* und *inaktuellem* historischem Kontext unterschieden, denn ähnlich wie bei der Situation, wo zwischen unmittelbarer und mittelbarer Situation unterschieden werden muss (letztere ermöglicht Bühlers *Deixis am Phantasma*), kann auch der historische Bezug auf eine inaktuelle Ebene verschoben sein.[74] Schließlich wird noch der *kulturelle* Kontext genannt, der sich auf die in einer Gemeinschaft bekannte kulturelle Tradition bezieht.

d) *Redeuniversum*. Das Redeuniversum ist das «System von Bedeutungen, zu dem ein Text gehört und durch das er seine Gültigkeit und seinen besonderen Sinn erhält».[75]

Die Unterscheidungen sind so differenziert, damit sie auf alle möglichen Äußerungen anwendbar sind. Bei schriftlichen Texten reduzieren sich die Umfelder: verschiedene Umfelder fallen zusammen oder sind in ihren Möglichkeiten eingeschränkt; so ist etwa die Situation durch den Text fixiert, während sie im Gespräch mehrerer Personen dynamisch ist. Dafür können aber schriftliche Texte unmittelbare Situationen mit sprachlichen Mitteln kreieren. Auch andere Umfelder, die in einem mündlichen Gespräch vorhanden sind, müssen in schriftlichen Texten versprachlicht werden. Gleichzeitig werden bei Einbeziehung der Performanz schriftlicher Texte die Umfelder wieder erweitert: zwischen geschriebenem Text und vorlesender Person kann etwa die Situation verdoppelt werden.

Im folgenden Schema werden die verschiedenen Umfeldertypen nochmals im Überblick dargestellt.[76]

---

74 Man könnte hier einwenden, dass der inaktuelle historische Kontext eigentlich mit der mittelbaren Situation zusammenfällt, doch sind Kontext und Situation zwei unterschiedliche Umfelder: richtig ist dabei, dass durch die mittelbare, auf die Vergangenheit bezogene Situation ein inaktueller historischer Kontext evoziert wird.

75 Coseriu 1994, 128. Coseriu unterscheidet in seinem letzten Aufsatz (Coseriu 2002) als vier grundlegende Diskursuniversen die Erfahrungswelt, die Phantastische Welt, die Welt der Wissenschaft und die Welt des Glaubens.

76 Coserius Darstellung der Umfelder ist teilweise etwas kryptisch und skizzenhaft, was daher rührt, dass sie ursprünglich (in Coseriu 1955/56 sowie in dem unveröffentlichten, umfangreichen Manuskript aus derselben Zeit, *Teoría lingüística del nombre propio*, cf. die diesbezüglichen Ausführungen Coserius in Kabatek/Murguía 1997, 127ss.) tatsächlich einer ersten Skizzierung einer *Theorie des Sprechens* (so der Untertitel der Arbeit von 1955/56) im Rahmen der Theorie des Eigennamens dienen sollte. Zwischen den einzelnen Umfel-

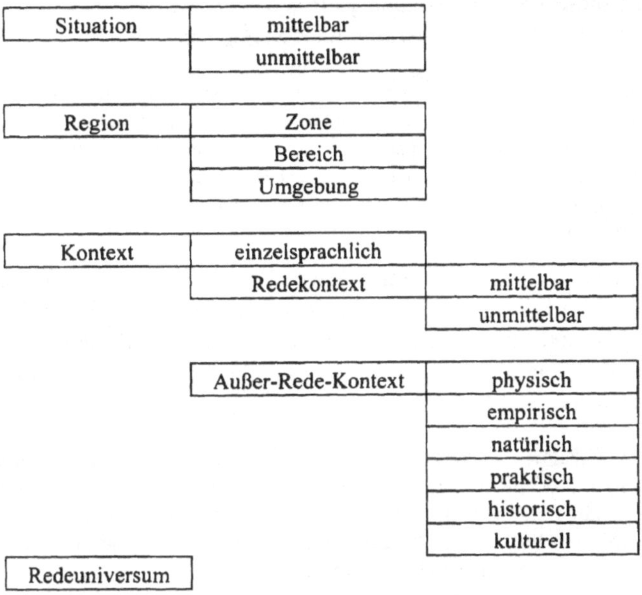

Fig. 6: Umfelder nach E. Coseriu

1.2.2.7. Diskurs

Die weite Fassung des Begriffs der Diskurstradition als Tradition von Ausdrucks- oder Inhaltselementen weist auf einen weiten Diskursbegriff, der nicht nur, wie in der romanistischen sprachwissenschaftlichen Tradition teilweise verbreitet, Synonym für *Text* als mündliches wie schriftliches Ausdrucksphänomen ist, sondern im Sinne der von Brigitte Schlieben-Lange in Anlehnung an Dominique Maingueneau vorgeschlagenen Weise auch für eine bestimmte Konstellation von Umfeldern oder

---

dern gibt es zuweilen Überlappungen, die Frage der teilweisen sprachlichen Verfasstheit einzelner Umfelder ist weitgehend ungeklärt. Wenn hier dennoch die Coseriusche Terminologie in einer gewissen Orthodoxie vertreten wird, so erstens deshalb, weil sie Teil eines kohärenten terminologischen und sprachtheoretischen Gebäudes ist, das umso mehr der linguistischen Kommunikation dient, je weniger es jeweils modifiziert wird, zweitens, weil es hier nicht vorrangig um eine Theorie der sprachlichen Umfelder geht, sondern um die Untersuchung eines empirischen Objektes mit Hilfe eines bestimmten Begriffsinventars, und drittens, weil es nicht Schuld der Begrifflichkeiten Coserius ist, dass die Einteilung hier so komplex erscheint, sondern an der Komplexität des Sprechens selbst und der Umfelderbezüge liegt.

Hinweise auf diese bei der Erzeugung eines Textes verwendet werden kann.[77] In seiner sechsten Definition von *Discours* führt Maingueneau (1991, 15) aus:

> «[...] on utilise souvent «discours» pour désigner un système de contraintes qui régissent la production d'un ensemble illimité d'énoncés à partir d'une certaine position sociale ou idéologique. Ainsi, lorsqu'on parle du «discours féministe» ou du «discours de l'administration» on ne réfère pas à un corpus particulier mais à un certain type d'énonciation, celui que sont censés tenir de manière générale les féministes ou l'administration».

Hier wird *discours* v. a. aus der Perspektive der Handlung der Textproduktion bestimmt. Umgekehrt kann aber daraus abgeleitet werden, dass die Handlungskonstellation bei der Textproduktion auch aus Eigenschaften des Produktes ableitbar ist. Brigitte Schlieben-Lange betont die Wichtigkeit dieses Begriffes für die Sprachwissenschaftsgeschichte:

> «Die meines Erachtens in der Sprachwissenschaftsgeschichte unverzichtbare Leistung des Diskurs-Begriffs (oder eines vergleichbaren) ist, daß damit Ensembles von Fragestellungen und Argumentationen in ihren rekurrenten sprachlichen Ausprägungen, die zu einer bestimmten Zeit im Horizont der Zeitgenossen befindlich und erwartbar sind, erfaßt und identifiziert werden» (Schlieben-Lange 1996, 234).

«Diskurs» ist hier eine bestimmter «Hintergrund», ein gemeinsamer Erfahrungshorizont, auf den sich die Sprecher beziehen können, da sie diesen mit anderen teilen. In diesem Sinne ist *Diskurs* eine bezeichenbare Größe, die den Menschen zur Identifikation mit Gleichgesinnten und zur Abgrenzung von anderen dient.

Das Problem am Begriff des Diskurses scheint nun zu sein, dass sich hier sprachlich/textförmige Phänomene mit nichtsprachlichen (oder nur indirekt sprachlichen, jedenfalls nicht textuellen) Erscheinungen überschneiden. Ein Diskurs kann nämlich die Kenntnis einer bestimmten Terminologie, bestimmter Formeln oder bestimmter Texte implizieren, doch ebenso auf bestimmte Inhalte, nichtversprachlichte oder z. T. versprachlichte Erfahrungen, bestimmte historische Gegebenheiten etc. verweisen. Freilich können diese nichtsprachlichen Gegebenheiten wiederum nur durch das positiv Versprachlichte, gewissermaßen als «hinter dem Text» stehend, rekonstruiert werden,[78] indem in den Texten Indizes oder

---

[77] Cf. die sieben verschiedenen Definitionen in Maingueneau (1991, 15; cf. Schlieben-Lange 1996). Cf. auch die oben zitierte Verwendung des Begriffes bei Coseriu für «Produktion von Text», mit explizitem Bezug auf die französische Tradition. Gleichzeitig setzt Coseriu dort, wo eine Unterscheidung zwischen Erzeugung und Produkt nicht notwendig scheint, oft Text/Diskurs als Synonyme nebeneinander. Obwohl es sich bei dem Begriff «Diskurs» um ein «Allerwelts- und Modewort» handelt (Schalk 1997/98, 56; cf. Aschenberg 2003, 1), werde ich ihn hier aufgrund seiner Verbreitung und allgemeinen Akzeptanz weiter verwenden.

[78] «Le discours manifeste ne serait en fin de compte que la présence répressive de ce qu'il ne dit pas; et ce non-dit serait un creux qui mine de l'intérieur tout ce qui se dit» (Foucault 1969, 36). «Der Verfasser eines Texts setzt bei der Textgestaltung die Kenntnis des Diskurses voraus [...]. Das heißt, dass das im Text explizit Gesagte weniger ist als das durch Kenntnis des Diskurses Ergänzbare. Oder anders gesagt: die Formulierungen, die im Ein-

Verweiszeichen gefunden werden, die das Nichtgesagte vermuten lassen. So kann etwa ein einziges Wort oder eine bestimmte Sprachverwendung Index für den Bezug auf einen bestimmten Diskurs sein. Dabei ist es eigentlich nicht nötig, den Diskurs von den Individuen als Handelnden getrennt zu betrachten und etwa zwischen $Diskurs_1$ in sprachlich-textueller Hinsicht und $Diskurs_2$ als Handlung zu unterscheiden, denn durch die Verwendung eines bestimmten Diskurses oder den Bezug auf ihn positioniert sich das Individuum zugleich im sozialen, politischen und kulturellen Raum, wobei es natürlich Abstufungen gibt bzw. schrittweise Näherungen an einen «prototypischen» Diskurs. Ein Beispiel für kontextuelle Diskursunterschiede ist etwa der Bezug auf den 2. Weltkrieg bei solchen, die ihn in ihrer eigenen Biographie erlebt haben und anderen, die später geboren wurden. Oder etwa wenn bei einem Satz wie «ich esse kein Schweinefleisch» unterschiedliche Diskurse hervorgerufen werden je nachdem, ob der Sprechende ein Moslem oder ein Jude, ein Vegetarier oder ein Diät haltender Atheist ist.

In diesem umfassenden Diskursbegriff finden sich also verschiedene Aspekte vereint, die in der Empirie tatsächlich ungetrennt sind. Es geht hier eigentlich um einen umfangreichen Komplex gemeinsamer Wissensbezüge, worauf immer diese fußen. In gewissem Sinne geht der Begriff daher hinter die genaue Unterscheidung der verschiedenen Umfelder wieder zurück, bei der gerade versucht wurde, die komplexen Bezüge aufzugliedern. Für die Methode sollen die w. o. gemachten Unterscheidungen daher aufrecht erhalten und zur Bestimmung von Diskursen gerade nutzbar gemacht werden. Denn auch wenn anzunehmen ist, dass verschiedene Diskurse in unterschiedlichem Maße durch Bezüge auf bestimmte Texte, Textformen, Sprachen oder andere Umfelder geprägt sind, so wird doch im Allgemeinen ein Diskurs meist in mehrfacher Hinsicht identifizierbar sein, womit es denn methodisch möglich und angebracht ist, diese verschiedenen Größen zur Rekonstruktion heranzuziehen.

1.2.3. Ausbau

Beim Betrachten der eingangs vorgestellten Textbeispiele fällt auf, dass bei Anordnung auf einer diachronen Linie eine Entwicklung festgestellt werden kann, bei der die jüngeren Texte ein *Mehr* gegenüber den älteren Texten aufweisen. In den *Siete Partidas* finden wir einen reichen Wortschatz, eine größere Zahl verschiedener Konstruktionen und allgemein mehr sprachliches Material als in den frühen Fallrechtstexten. Gleichzeitig entspricht diesem Mehr ein *Weniger* etwa an morphologischer Varianz, graphischer Vielfalt und syntaktischer Freiheit.[79] Eine lineare Entwicklung im Sinne eines Ablösevorgangs gibt es aber eigentlich nicht, sondern eher eine Er-

---

zeltext verwendet werden, sind Abkürzungen für Hinweise auf im Diskurs verankerte Zusammenhänge. Sie lösen ein diskursiv gespeichertes Wissen aus» (Schlieben-Lange 1996, 238).

79 Jeder scheinbar unidirektionale Prozess der Anreicherung oder der Verarmung hat immer ein gegenläufiges Korrelat, wie etwa die Diskussion in der Grammatikalisierungsforschung um das «semantische Ausbleichen» von Lexemen gezeigt hat, die zwar ihre lexikalische Bedeutung zu verlieren scheinen, dafür aber eine grammatische Bedeutung hinzugewinnen.

weiterung, denn auch aus der Zeit Alfons' des Weisen sind weniger elaborierte Texte überliefert. Dennoch scheint es gerechtfertigt, von Entwicklung zu sprechen, denn auch wenn im 13. Jahrhundert noch romanische Texte wie im 12. Jahrhundert denkbar sind, so ist dies doch umgekehrt nicht der Fall.

Es war schon mehrmals von Ausbau, Entwicklung oder Elaboration die Rede, und da es sich hierbei um ein zentrales Problemfeld für diese Arbeit handelt, soll ihm ein eigenes Kapitel gewidmet werden, auf das dann im Hauptteil an den entsprechenden Stellen zurückgegriffen werden kann. Es soll zunächst bestimmt werden, was traditionell unter Ausbau verstanden wird und welche Bereiche einer Sprache davon betroffen sind.

1.2.3.1. Humboldts Unterscheidung zwischen *Bau* und *Ausbildung*

Die Unterscheidung zwischen dem Bau einer Sprache und deren Ausbau oder «Ausbildung» lässt sich auf Wilhelm von Humboldt zurückführen, dem zufolge jede Sprache ihren Bau hat, die Sprachen jedoch unterschiedlich «ausgebildet» sind.[80] Entgegen der unter Laien üblicherweise verbreiteten Auffassung, es gebe «perfektere» und «weniger perfekte» Sprachen, hat die Idee von der Tatsache der Existenz eines «kompletten» Sprachbaus und der Fähigkeit auch so genannter «primitiver» Sprachen, alles auszudrücken,[81] in der Linguistik seit dem 19. Jahrhundert – vor allem in Deutschland und im Gegensatz zur französischen Tradition – zu einer Abkehr von der hierarchischen Betrachtung der Sprachen geführt, und bis heute wird versucht, etwa in Einführungswerken die Studierenden von der hierarchischen Sichtweise zu befreien.[82] Der Bezug auf Humboldt wird bis in die Gegenwart bei Emanzipationsbemühungen von Minderheitensprachen mitunter dazu genutzt, um darauf hinzuweisen, dass die Minderheitensprache keinesfalls weniger wert sei als etwa die sie überdachende große Nationalsprache, dass also etwa das Korsische nicht geringer zu schätzen sei als das Französische etc. Dabei wird bei der Hervorhebung der Bedeutung des Baus zuweilen die Bedeutung verschiedener Ausbauzustände vernachlässigt, genauso wie umgekehrt bei der Betonung der Besonderheiten großer

---

80 Am ausführlichsten in der Einleitung zum Kawi-Werk, aber auch in den kürzeren Akademie-Reden *Über das vergleichende Sprachstudium in Beziehung auf die verschiedenen Epochen der Sprachentwicklung* (1820); *Über den Einfluß des verschiedenen Charakters der Sprachen auf Literatur und Geistesbildung* (1821) und v. a. *Über das Entstehen der grammatischen Formen und ihren Einfluss auf die Ideenentwicklung* (1821) (alle in der Ausgabe von Trabant 1994).

81 «Sieht man bloss auf dasjenige, was sich in einer Sprache ausdrücken lässt, so wäre es nicht zu verwundern, wenn man dahin geriethe, alle Sprachen im Wesentlichen ungefähr gleich an Vorzügen und Mängeln zu erklären» (Humboldt 1821/1994, 54).

82 So heißt es etwa in der *Einführung in die spanische Sprachwissenschaft* von Wolf Dietrich und Horst Geckeler (2. Aufl., Berlin, Schmidt, 1993): «Für den Linguisten sind Dialekte nicht etwas gegenüber einer Hochsprache oder Nationalsprache prinzipiell minderwertiges, sondern die primären Erscheinungsformen jeder historischen Sprache» (S. 31). Donatella di Cesare (1998, 124) weist auf die Betonung des Gleichheitsgedankens bei Humboldt hin: «[...] in seinen Schriften wird er nicht müde, die gleiche Würde aller Sprachen zu betonen».

Kultursprachen oft aufgrund des Ausbaugrades eine grundsätzliche sprachliche Überlegenheit festgestellt oder vom Ausbaugrad auf einen besonderen strukturellen Perfektionsgrad geschlossen wird. Eine Beschränkung der Sprachbetrachtung auf Bau *oder* Ausbau ist aber in beiden Fällen verkürzt. Große Kultursprachen wie die französische oder die spanische sind zwar von ihrem Bau her keinesfalls «besser» als «kleine» oder «primitive» Sprachen, doch weisen sie ihnen gegenüber einen fortgeschrittenen Ausbau auf und damit zumindest quantitativ weiter ausgebildete Ausdrucksmöglichkeiten.

Die genaue Bestimmung von Bau und Ausbau ist nur in einer Richtung einfach, wenn es nämlich darum geht, die minimalen Bedingungen für den Sprachbau zu definieren. In der anderen Richtung, in der Abgrenzung von Ausbau gegenüber dem Sprachbau scheinen die Kriterien eher verschwommen, was auch bei Ersetzung des Terminus Bau durch den schon von Humboldt verwendeten Begriff *Struktur* («Structur») oder den heute geläufigen Begriff *System* nicht leichter wird.[83]

Jedes Sprachsystem, gleich ob Dialekt, Soziolekt, Stil oder auch Gemeinsprache einer großen Nation, hat seine phonologische, morphologische, syntaktische und lexikalische Struktur und ist damit «vollständig». Als Zeichensystem ist jede Sprache zur Bezeichnung der außersprachlichen Dinge und Sachverhalte fähig. Am deutlichsten kann dies am Beispiel phonologischer Systeme dargestellt werden: jedes phonologische System «funktioniert», da jeweils die Phoneme voneinander unterscheidbar sind; es gibt keine grundsätzlich «defizitären» phonologischen Systeme, und keinesfalls korreliert die «Komplexität» phonologischer Systeme mit einer kulturellen Hierarchie von Sprachen. Angenommen, die Komplexität eines phonologischen Systems wäre durch dessen Phoneminventar zu bestimmen[84] und entspräche der «Ranghöhe» von Sprachen, so müsste gesagt werden, dass das Ostandalusische aufgrund des komplexeren Vokalsystems ranghöher wäre als das Standardspanische oder dass die nordportugiesischen Dialekte in Trás-os-Montes aufgrund des differenzierten Sibilantensystems über dem Standardportugiesischen stünden.[85]

---

83 Humboldt selbst spricht bereits von den Schwierigkeiten der Abgrenzung und deutet an, dass es sich eigentlich um eine methodische Unterscheidung handelt: «Man würde indeß sehr irren, wenn man, was ich hier mit Absicht zur deutlichen Unterscheidung grell voneinander gesondert habe, auch in der Natur für so geschieden halten wollte» (Humboldt 1836, 107s.).

84 Aus Sicht der generativen Phonologie könnte man einwenden, dass zur Komplexität nicht nur das Inventar, sondern auch die phonologischen Prozesse zu rechnen wären.

85 Für eine solche Betrachtungsweise gibt es allerdings in der Geschichte der Sprachwissenschaft immer wieder Beispiele. So war der Tübinger Sprachwissenschaftler Karl Moritz Rapp im 19. Jahrhundert davon überzeugt, zusammen mit dem Portugiesischen sei das Rottweiler Oberschwäbisch eine der höchstentwickelten europäischen Sprachen, da für die entsprechende Beurteilung nach seiner Ansicht die Existenz bestimmter Nasalvokale als ausschlaggebendes Kriterium zu gelten habe. Am bekanntesten ist wohl die Betonung der Vorzüglichkeit des Sprachsystems im Falle der Geschichte des Französischen, hier u. a. in der Syntax. Für das Spanische wird in den letzten Jahren der Vizepräsident der königlichen Akademie der Sprache nicht müde, die Perfektion des spanischen Fünf-Vokal-Systems zu betonen, das nach seiner Auffassung den Idealzustand einer Sprache repräsentiere.

Bei der diachronischen Betrachtung der romanischen Sprachen – vor allem des Mittelalters, aber auch, sofern vorhanden, der jeweiligen «klassischen» Zeit – zieht sich der Antagonismus zwischen hierarchischer und hierarchiefreier Betrachtung der unterschiedlichen Sprachformen wie ein roter Faden durch die Geschichte der Sprachbeschreibung. Im Falle des Kastilischen war es noch vor wenigen Jahren üblich, von einem ungeschliffenen *castellano primitivo* im Gegensatz zu einem elaborierten Spanisch zu sprechen,[86] und die Vorstellung vom *bon usage* im Gegensatz zum *mauvais usage* wird meist nicht nur mit zwei Orten oder Gesellschaftsschichten, sondern auch mit der historischen Herausbildung einer «besseren» und entwickelteren Sprache assoziiert. Dagegen wird auf der anderen Seite die Existenz einer Hierarchie der Sprachzustände immer wieder geleugnet.

Bei Wilhelm von Humboldt findet sich an verschiedenen Stellen die Unterscheidung zwischen Bau und Ausbau (bei Humboldt «Charakter», «Ausbildung», «Geist»), die fundamental für das Verständnis seines ganzen sprachtheoretischen Werks ist. In § 20 der Einleitung zum Kawi-Werk führt er aus, dass der Bau einer Sprache nur einen Teil ihres Wesens erfasse:

> «Mit dem grammatischen Baue, wie wir ihn bisher im ganzen und Großen betrachtet haben, und der äußerlichen Structur der Sprache überhaupt ist jedoch ihr Wesen bei weitem nicht erschöpft, und ihr eigentlicher und wahrer Charakter beruht noch auf etwas viel Feinerem, tiefer Verborgenem und der Zergliederung weniger Zugänglichem» (Humboldt 1836, 206s.).

«Bau» und «Charakter» werden voneinander getrennt und unterschiedlichen Entwicklungsphasen zugerechnet: in einer ersten Phase entsteht Sprache als Form, und als Ergebnis dieses Prozesses «steht die Sprache gleichsam fertig da» (ibd., 207). Nun schließt sich die zweite Phase an, in der die Sprache «Farbe und Charakter» empfängt. Die Untersuchung des «Charakters» wird als weitaus schwieriger angesehen als die Untersuchung der Struktur.[87]

Jürgen Trabant hat festgestellt, dass sich in Humboldts Werk zwischen Bau und Ausbildung noch Zwischenstufen finden lassen, was sich mit Hilfe der romanischen Sprachen exemplifizieren lässt. Trabant zufolge lassen sich vier verschiedene Formbegriffe unterscheiden:[88]

Form 1: Sprachtyp
Form 2: Übereinstimmende Strukturprinzipien
Form 3: Grammatischer Bau
Form 4: Charakter

---

86 Cf. Neumann-Holzschuh 1994.

87 «Das heißt nicht, daß die Linguistik der Struktur belanglos wäre; sie ist aber in ihrer Gesamtheit nichts mehr als die Vorstufe der Sprachforschung, die in der Linguistik des Charakters ihren Höhepunkt erreicht. Die Linguistik der Struktur liefert ‹die nothwendige, sichere Grundlage›, doch kann die Kenntnis der Struktur die Aufgabe der Sprachforschung nicht erschöpfen, denn diese hat sich noch ‹etwas viel Feinerem, tiefer Verborgenem und der Zergliederung weniger Zugänglichem› zuzuwenden, dem Charakter nämlich, den die Sprache in der Zeit ihrer Ausbildung annimmt» (Di Cesare 1998, 125).

88 Trabant 1990, 122ss. u. v. a. 135s.

Form 1 bezeichnet den Sprachtyp als abstraktes Grundbauprinzip der Sprachen der Welt gemessen an der Nähe zu einem vermeintlichen Idealtypus, dem die Flexionssprachen näher stehen als alle anderen Sprachen. Bei Form 2 geht es um übereinstimmende Prinzipien wie etwa das Flexionsprinzip. Der Unterschied zwischen Form 3 und Form 4 lässt sich laut Trabant an den romanischen Sprachen erläutern: In Bezug auf den grammatischen Bau (Form 3) seien die romanischen Sprachen untereinander einheitlich, verschieden aber bezüglich ihres Charakters (Form 4):

> «Die romanischen Sprachen verdeutlichen die Beziehung zwischen diesen beiden Formen [i.e. 3. und 4.], d. h. genauer gesagt: die Möglichkeit, in bezug auf den Bau identisch zu bleiben und sich nur in bezug auf den Charakter zu unterscheiden» (Trabant 1990, 136).[89]

Nun bleibt die Bestimmung dessen, was den Charakter einer Sprache ausmacht, bei Humboldt z. T. etwas vage. Hervorgehoben wird der Beitrag der kreativen Leistung einzelner Individuen im Bereich der Literatur (v. a. bei der Schaffung von Poesie und Prosa), aber auch die regulierende und vereinheitlichende Tätigkeit der Grammatiker. Konkret genannt werden u. a. die *Verknüpfungen* von Gedanken bzw. die Verknüpfung von Sätzen,[90] der *Gebrauch* der Wörter und Fügungen, die *Eindeutigkeit* der grammatischen Formen[91] und technische Mittel wie etwa die Wortbildung.

Humboldt deutet auch an, dass die Ausbildung des Charakters auf den Bau zurückwirken kann:

> «Auch auf die wahre Structur der Sprache und den eigentlichen Formenbau hat die fortwährende Arbeit des Geistes in ihrem Gebrauche einen bestimmten und fortlaufenden Einfluß» (ibd., 208).

Auffällig sind die unterschiedlichen Verursacher von Bau und Ausbildung: auch wenn Humboldt nie einen Zweifel daran lässt, dass die Sprache stets an die Tätigkeit des Individuums gebunden ist und außerhalb von diesem keine Existenz hat,[92] so geht doch die Entstehung des Baus auf eine anonyme, zwar aus einzelnen, aber nicht identifizierbaren Individuen bestehende Masse zurück, während die Ausbildung auf der individuellen, nachvollziehbaren Schöpfertätigkeit von Individuen beruht, die

---

89 Die Suche der gemeinsamen Bauprinzipien der romanischen Sprachen wurde denn auch zu einem der Hauptaufgabengebiete des so genannten «humboldtschen Strukturalismus» Eugenio Coserius und seiner Schüler.

90 «Die verschiedenen, oben nachgewiesenen Wege, auf welchen die Sprachen die Verknüpfung der Sätze bezwecken, machen den wichtigsten Theil ihrer Technik aus. Gerade hierin nun enthüllt sich erstlich die Klarheit und Bestimmtheit der logischen Anordnung, welche allein der Freiheit des Gedankenflugs eine sichere Grundlage verleiht, und zugleich Gesetzesmäßigkeit und Ausdehnung der Intellektualität darthut, und zweitens das mehr oder minder durchscheinende Bedürfnis nach sinnlichem Reichthum und Zusammenhang, die Forderung des Gemüths, was nur irgend innerlich wahrgenommen und empfunden wird, auch äußerlich mit Laut zu umkleiden» (Humboldt 1836, 234).

91 «[...] das mehr oder minder sichtbare Vorwalten richtiger und vollständiger grammatischer Begriffe und die Vertheilung der verschiedenen Lautformen unter dieselben» (Ibd., 236).

92 So etwa zu Beginn von § 19: «[...] die Sprache [...] [besitzt] immer nur ein ideales Dasein in den Köpfen und Gemüthern der Menschen, niemals, auch in Stein oder Erz gegraben, ein materielles» (ibd., 200).

durch ihre Einzelbeiträge zur Entstehung einer gemeinsamen Kultur beitragen: Dichter, Schriftsteller und Grammatiker.

Im Falle der romanischen Sprachen ist der Bau in dem in dieser Arbeit betrachteten Zeitraum bereits da; die einzelnen romanischen Dialekte sind bereits voneinander differenziert und bilden verschiedene Ausformungen einer gemeinsamen Romanität. Unser Zeitraum ist dann aber zugleich auch derjenige, in welchem in einem beträchtlichen Maße der Ausbau, die Ausbildung verschiedener romanischer Sprachen zu Kultursprachen stattfindet und in dem diese Sprachen das ausprägen, was Humboldt den «Charakter» nennt, wobei dies allerdings nicht etwa einem völlig unabhängigen, eigenen Weg entspräche, sondern im Kontakt mit anderen Kultursprachen und unter Akkulturation derer Elemente geschieht.[93]

Trotz der fehlenden Präzision bei den Ausführungen über den Sprachcharakter scheint diesem Begriff bei Humboldt eine klare Intuition zu entsprechen, der wir mit den Begrifflichkeiten der modernen Linguistik näherkommen können, obwohl auch hier eine entsprechende Diziplin erst in Ansätzen besteht. Aus heutiger Sicht erscheint allerdings der Begriff *Charakter* und die Verbindung der Vorstellung von Nationalcharakter und Sprache missverständlich, und es wird daher hier der heute geläufigere sprachsoziologische Begriff *Ausbau* vorgezogen, unter dem jedoch neben dem soziologischen Vergleich des Vorhandenseins bestimmter Textsorten, wie er in der sogenannten *Ausbaukomparatistik* vorrangig betrieben wird, auch die ganze Dimension des sprachinternen Ausbaus, wie er in Humboldts Charakter-Begriff angelegt ist, gefasst werden soll.

1.2.3.2. Extensiver und intensiver Ausbau

Peter Koch und Wulf Oesterreicher unterscheiden in Anlehnung an Heinz Kloss zwischen zwei Arten von Ausbau,[94] dem *extensiven Ausbau*, der die Verwendbarkeit einer Sprache für alle in einer Kulturgemeinschaft bekannten Diskurstraditionen zum Ziel hat, und dem *intensiven Ausbau*, der sich auf die sprachlichen Mittel bezieht, die für den extensiven Ausbau entwickelt werden müssen. Dies impliziert, dass der Bau einer Sprache ihr noch nicht alle Mittel zur Verfügung stellt, die zur Versprachlichung aller möglichen Texte notwendig sind und dass diese Mittel erst geschaffen werden müssen.

Als komplementär zum Ausbau nennen Koch/Oesterreicher zudem die *Standardisierung*, d. h. die Auswahl einer bestimmten Varietät für besondere Zwecke und deren *Kodifizierung*, d. h. die Schaffung einer einheitlichen Sprache, sowie, auf die Schriftsprache bezogen, die *Regularisierung der Orthographie*.

---

[93] Es wird noch zu präzisieren sein, dass es sich beim Ausbau keinesfalls um einen linearen Prozess handelt, von dem eine einzige, homogene Sprache betroffen ist, sondern dass dadurch das ganze Varietätengefüge einer historischen Sprache verändert werden kann (cf. 1.2.3.3.)

[94] Für das Folgende cf. Koch/Oesterreicher 1985, 1990, 128s. und 1994, 589ss., sowie Kabatek 2003b. Die Unterscheidungen stammen ursprünglich von Kloss (1978, 23–89, v.a. 37s.), der beim Ausbau von den zwei Dimensionen «neue Stilmittel» (= intensiver Ausbau) und «neue Anwendungsbereiche» (= extensiver Ausbau) spricht.

Schließlich kommt noch die *Verbreitung* der standardisierten und ausgebauten Sprache hinzu.[95] Diese «komplementären» Erscheinungen sind zwar nicht zwingende Begleiterscheinungen des Ausbaus, zeigen sich aber historisch gesehen als allgemein mit diesem verbunden.

In extensiver Hinsicht, auf die Anwendungsbereiche bezogen, kann nach Kloss der Grad des Ausbaus einer Sprache am Vorhandensein gewisser Textsorten gemessen werden, die nach den beiden Kriterien *Themenbezug* und *Entfaltungsart* eingeteilt werden. Kloss stellt eine hierarchische Klassifikation auf, die ihn zu seinem bekannten Neun-Felder-Schema der *Ausbauphasen* führt, die von einer Sprache auf dem Weg zur Kultur- oder Hochsprache durchlaufen werden.[96]

Koch/Oesterreicher (1994, 594) weisen darauf hin, dass der extensive Ausbau «nie endgültig» sei, da einerseits viele Sprachen noch nicht alle Domänen ausgebaut haben, andererseits aber auch Domänen wieder verloren gehen können (wie etwa bei der Relatinisierung im Mittelalter oder dem Verlust wissenschaftlicher Traditionen in manchen Fällen durch das Vordringen des Englischen in der Gegenwart).

Schon bei der soziologischen Untersuchung des Ausbauszustandes von Schriftsprachen in der Gegenwart ist die von Kloss vorgeschlagene Einteilung in mehrfacher Hinsicht zu kritisieren,[97] sie kann aber in der Praxis bei der Beschreibung von sprachlichen Ausbaugraden hilfreich sein, auch wenn stets zu bedenken ist, dass dabei nicht die objektiven sprachlichen Unterschiede dargestellt werden, sondern lediglich äußere Indizien, die jedoch meist mit dem Ausbaustand einer Sprache korrelieren. Für die allgemeine Nutzbarmachung des Begriffs Ausbau (auch für die hier behandelte Fragestellung) sind jedoch einige Modifikationen notwendig. Bei Kloss wird nämlich von einer bestimmten soziokulturellen Konstellation des 20. Jahrhunderts ausgegangen, die den Situationen des hier betrachteten romanischen Mittelalters kaum vergleichbar ist. Im romanischen Mittelalter ist es ja meist gerade nicht der Fall, dass die neuen Schriftsprachen zunächst volkstümliche lyrische Texte hervorbringen. Und Glossen, Listen, Eidesformeln etc. sind in Kloss' Schema nicht leicht unterzubringen, weshalb es in der romanistischen Mediävistik wesentlich angemessenere, den spezifischen Verhält-

---

95 Die Übertragung der Begrifflichkeiten Heinz Kloss' auf die Betrachtung der romanischen Sprachen im Mittelalter ist, wie Kloss selbst schon bemerkt hat, nur bei gewissen Modifikationen möglich. So geht es Kloss, wie er mehrfach betont, in erster Linie um eine *soziologische*, nicht aber um eine linguistische Bestimmung; den Terminus *Ausbausprache* will er auf Sprachen mit einer gewissen «soziologischen Verselbständigung» bezogen wissen (1972, 25). Zudem geht es ihm nicht um «jenen langsamen, fast unmerklichen und völlig ungelenkten Sprachwandel, den wir als einen ‹natürlichen› Prozess zu bezeichnen pflegen», sondern um «gezielte Sprachpolitik» (ibd.). In unserem Kontext befinden wir uns zwar in weiter Ferne von moderner Sprachpolitik, doch kann gesagt werden, dass die Maßnahmen zum Ausbau etwa des Okzitanischen oder des Kastilischen im Mittelalter durchaus teilweise sprachplanerischen und sprachpolitischen Charakter haben und z. T. auch über eine entsprechende institutionelle Verankerung verfügen.

96 Kloss 1978, 47ss., Kloss 1976, 308s., Kabatek 2003b.

97 Cf. meine Rezension zu der auf der Kloss'schen Methode beruhenden Arbeit von Ursula Esser, *Die Entwicklung des Galizischen zur modernen Kultursprache. Eine Fallstudie zur aktuellen Sprachplanung*, Lusorama 17 (1992), 99–103.

nissen eher entsprechende Einteilungsversuche gibt.[98] Es kann also nicht viel mehr übernommen werden als die Grundidee, dass extensiver Ausbau einer Zunahme der Anzahl einer in einer Sprache vorhandenen Diskurstraditionen entspricht. Damit wird aber die Trennung von extensivem und intensivem Ausbau fraglich: die Schaffung gewisser Diskurstraditionen in einer Sprache *ist* ja bereits der Ausbau, denn die neuen Diskurstraditionen sind mit neuen textuellen und u. U. sprachlichen Mitteln verbunden. Wenn dann das Vorhandensein dieser Traditionen «von außen» betrachtet wird, so ist dies nur deshalb möglich, weil diese Traditionen anhand gewisser inhaltlicher, textueller und sprachlicher Charakteristika identifiziert worden sind.

Im Gegensatz zum extensiven Ausbau geht es beim intensiven Ausbau um Neuerungen in einer Gemeinschaft, die durch die Schaffung neuer Texttraditionen ausgelöst werden und sich auf das in den Texten zum Ausdruck kommende sprachliche Material beziehen. Der zunehmende Ausbau einer Sprache kann auch als das angesehen werden, was laut Koch/Oesterreicher (1994, 589) zu einem «Maximum an Funktionen und Diskurstraditionen im Distanzbereich» führt. Damit muss der Begriff Ausbau auch zur Frage der medialen Realisierung sprachlicher Äußerungen in Bezug gesetzt werden, da nämlich der «Distanzbereich» eine Affinität zur medial schriftlichen Realisierung hat. Koch/Oesterreicher ordnen bekanntlicherweise unterschiedliche Modi des Sprechens auf einer kontinuierlichen Skala, dem «Nähe-Distanz-Kontinuum»[99] an und stellen mit Bezug auf Ludwig Sölls Unterscheidung zwischen Medium und Konzeption fest, dass üblicherweise die Texte des Distanzbereichs eher schriftlich realisiert werden, während im Nähebereich eher mündliche Texte angesiedelt sind. Bei Kloss ist die Frage von Mündlichkeit und Schriftlichkeit beim Ausbau gar nicht relevant, da es um eine reine Klassifikation schriftsprachlicher Texte geht. Es scheint aber, dass viele der Phänomene, die im Zusammenhang mit dem sprachlichen Ausbau stehen, unmittelbar mit den medialen Bedingungen desselben zu tun haben[100] und es daher nicht ausreicht, wenn nur eine gewisse, nicht näher präzisierte Beziehung festgestellt würde. Auch wenn die vorliegende Arbeit sich ausschließlich auf schriftliche Traditionen bezieht und somit nur *ein* Medium betrachtet wird, sind die Fragen des Medienwechsels hier zu berücksichtigen, geht es doch um die Schaffung schriftlicher Traditionen in Sprachen, die kaum über solche verfügten. Bereits in der Einleitung wurde darauf hingewiesen, dass für die Beschreibung dieser Prozesse die auf Peter Koch zurückgehenden und von Wulf Oesterreicher in die Diskussion

98 Etwa Lüdtke 1964; Renzi 1985; Wunderli 1965; Koch 1993, Frank/Hartmann/Kürschner 1997, Selig 2001.

99 Cf. Koch/Oesterreicher 1985, 1990, 1994.

100 Brigitte Schlieben-Lange (1998a, 266) stellt die medialen Bedingungen stärker als Koch / Oesterreicher in den Vordergrund, indem sie anmerkt: «La séparation stricte du médial et du conceptionnel amène les auteurs à qualifier les rapports qui existent entre *oral* (médial) et *proximité* (conceptionnel), d'un côté, et *écrit* et *distance*, d'un autre côté, de simple affinité. A mon avis, ce rapport est beaucoup plus étroit: les contraintes et les possibilités conceptionnelles émanent justement des traits constitutifs du médium».

eingeführten Termini *Verschriftung* und *Verschriftlichung*[101] angemessen erscheinen, deren erster sich auf den reinen Medienwechsel vom phonischen zum graphischen Medium, letzterer sich aber auf «das konzeptionelle Relief von Äußerungen, von Sprachmitteln oder Gattungen, aber auch Aspekte der dabei erforderlichen Aktivität des Sprechens» (Oesterreicher 1993, 272) bezieht.

Der methodischen Unterscheidung beider Phänomene entspricht freilich empirisch gesehen eine gewisse Vermischung, was Bodo Müller (1990, 196) zum Ausdruck bringt, wenn er bei der Betrachtung einer Äußerung die mediale Finalität zum Ausgangspunkt macht, entsprechend derer eine konzeptionelle Ausrichtung stattfinde. Für das in dieser Arbeit beobachtete Material könnte man versucht sein, die frühen Texte als Resultate der Verschriftung oralen Rechts anzusehen, als eine Art Protokoll mündlicher Äußerungen, während die elaborierten Texte aus der zweiten Hälfte des 13. Jahrhunderts Ergebnis eines umfangreichen Verschriftlichungsvorgangs wären. Eine solche Sichtweise drängt sich zwar auf, darf aber keinesfalls den Blick darauf verstellen, dass schon die frühesten geschriebenen Texte in gewisser Weise elaboriert sind, dass die Schriftproduktion im Mittelalter – schon aufgrund der Beschränkung auf eine kleine Zahl von Produzenten und Rezipienten, aber auch wegen der technischen und materiellen Schwierigkeit und folglich reduzierten Menge von Produkten – immer einen gewissen Elaborationsprozess voraussetzt und darüber hinaus auch Texte des oralen Rechts durchaus elaboriert sein können, da ja gerade der Bereich der normativen Organisation von Gesellschaft neben der Religion (und oft mit dieser verbunden) derjenige ist, in dem auch in schriftlosen Kulturen elaborierte, oft rituelle Textformen zu finden sind.[102]

Es geht also eigentlich nicht um eine lineare Abfolge von Prozessen, sondern um eine Kopräsenz verschiedener Faktoren, die zur Schaffung bestimmter textueller und sprachlicher Fakten beitragen. Es ist nicht so, dass ein Schreiber im 12. Jahrhundert eine Sprache, deren Bau er zuvor kennt, schlicht von einem Medium in ein anderes überträgt, womit dann ein Bewusstseinsprozess ausgelöst würde, der in die Verschriftlichung mündete, vielmehr ist die Tatsache der ersten Verschriftung in der Volkssprache bereits Teil und Ausdruck dieses Bewusstseinsprozesses und bereitet dabei gleichzeitig das Terrain für dessen Fortführung vor.

Es ist darauf hingewiesen worden, dass diese Prozesse sowohl «aus sich selbst heraus» als auch im Zuge der *Akkulturierung* stattfinden können.[103] Der Ausbau wird auch im romanischen Mittelalter zunächst durch sprachexterne Entwicklungen ausgelöst, so gaben etwa die Karolingische oder die hier behandelte Bolognesische Renaissance den Anstoß zur Schaffung gewisser romanischer Texte und Texttraditionen bzw. zur Übertragung von im Lateinischen bereits existierenden Diskurstraditionen auf das Romanische. Wir haben es im romanischen Mittelalter stets mit Akkulturationsprozessen zu tun, da bei allen Verschriftungs- und Verschriftlichungsprozessen mindestens eine Kultur- und Schriftsprache als Modell zur Verfügung stand. Deshalb ist oft schwer zu sagen, ob die Verschriftlichungsprozesse

---

101 Diese Begriffe gehen auf die unveröffentlichte Habilitationsschrift von Peter Koch (1987, 94s.) zurück (cf. Oesterreicher 1993, 271).

102 Zum Rituellen cf. auch Steinbauer 1989, 30s.

103 Cf. Koch/Oesterreicher 1994, 592; Raible 1992a, 203s., Bossong 1979, 87ss.

mit universellen Eigenschaften der Distanzsprache zusammenhängen, ob sie Übernahmen von Elementen der Kontaktsprache(n) sind oder ob schließlich beides der Fall ist.[104]

Dabei kann die Tatsache der Akkulturierung allein die Phänomene nicht erklären; es müssen zudem Momente gesucht werden, die den Akkulturationsprozess auslösen, etwa die Rezeption eines bestimmten diskursiven Paradigmas, die Emanzipation bestimmter Gruppen oder die Notwendigkeit einer funktionellen Neuaufteilung der Domänen mit verschiedenen Sprachen. Ein Diglossieverhältnis zwischen Sprachen kann ja weitgehend stabil sein, und die Unterbrechung der Stabilität setzt gewisse äußerliche Veränderungen voraus.[105]

Beim Ausbau konnten die romanischen Sprachen also auf bereits bestehende Modelle zurückgreifen, vor allem auf das Lateinische, aber auch auf andere Sprachen wie z. T. das Hebräische und das Arabische. Vom Lateinischen werden dabei nicht nur – bei der *Verschriftung* – die Buchstaben des Alphabets übernommen, es werden auch – bei der *Verschriftlichung* – weitere Eigenschaften der ausgebauten Kontaktsprachen auf die romanischen Sprachen übertragen. So wird u. a. die Schreibung sukzessive vereinheitlicht und die Polymorphie reduziert; gleichzeitig werden die lateinischen Elemente in den romanischen Texten mehr und mehr zurückgedrängt.

Was die verschiedenen sprachlichen Elemente betrifft, entspricht der Ausbau einerseits einem Filterprozess,[106] bei dem eine Funktionsaufteilung zwischen solchen Elementen stattfindet, die für die Schriftsprache bzw. für bestimmte schriftliche Texte als angemessen erachtet werden, und andererseits einem Prozeß, bei dem neue Elemente geschaffen werden, die aufgrund textueller Finalitäten und inhaltlicher Ausdrucksbedürfnisse entstehen.

Bei den Filterprozessen werden Elemente aussortiert, die in den geschriebenen Texten aufgrund ihrer objektiven Eigenschaften nicht benötigt werden. Auch wenn die empraktische Einbindung eines Redeaktes sich nicht unmittelbar kausal aus dem Medium ergibt,[107] gibt es je nach Medium doch Präferenzen für bestimmte Umfelderbezüge, die sich aus deren Eigenschaften ergeben; und die Umfelderbezüge der Mündlichkeit müssen bei der Verschriftlichung zumindest teilweise durch andere ersetzt werden. Aus der Tatsache etwa, dass schriftliche Texte aus der

---

104 Cf. Kabatek 1994.

105 Neben der genannten Karolingischen und der Bolognesischen Reform sei etwa an die romantische Emanzipationsbewegung kleinerer europäischer Sprachen als Reaktion gegen die sprachlichen Vereinheitlichungstendenzen nach der Französischen Revolution oder das Aufstreben europäischer Minderheitensprachen in den letzten Jahrzehnten erinnert.

106 Im Sinne dessen, was Dieter Stein (1994) das «Sorting out the variants» genannt hat.

107 Eine schriftlich formulierte Anleitung zum Aufstellen einer Waschmaschine kann durchaus hochgradig empraktisch eingebunden sein; und eine mündliche Erzählung kann völlig situationsenthoben sein. Gegen ein solches Argumentieren anhand von theoretisch möglichen Ausnahmefällen (cf. Kabatek 1994a) wendet Selig (1995, 21) ein, «daß es, wenn es um die Analyse der gesellschaftlichen Präsenz der Schrift geht, nicht sinnvoll ist, theoretisch alle Gebrauchsmöglichkeiten auszuloten und diese maximale Verwendungspalette der Schrift als Ausgangspunkt der Reflexion zu nehmen. Gerade hier sind nämlich die statistisch dominierenden Regelfälle wichtig, nicht die Ausnahmen».

konkreten Dialogsituation enthoben werden können, ergibt sich die Überflüssigkeit von Elementen, «die auf Situationseinbettung, geringe Planung, Dialogizität und Emotionalität zugeschnitten sind.»[108] Es wird aber auch eine z. T. nicht aus den Einzelelementen selbst heraus begründbare Funktionsaufteilung vorgenommen.[109] Die «objektiven Eigenschaften» führen zu in verschiedenen Sprachen vergleichbaren, allgemeinen Tendenzen, etwa zu der Tatsache, dass Elementen wie beispielsweise den so genannten ethischen Dativen in verschiedenen Sprachen der Zugang zur Schriftlichkeit verwehrt bleibt oder dass diese im Laufe der Geschichte aus der Schriftsprache eliminiert werden; auf der anderen Seite wird das jeweilige Profil schriftlicher Einzelsprachen auch dadurch geprägt, dass auch solche Elemente die Schriftlichkeit oder die Mündlichkeit prägen, die nicht bestimmten universellen Tendenzen entsprechen.[110]

Koch/Oesterreicher (1994, 590s.) unterscheiden bei der Beschreibung verschiedener Aspekte des intensiven Ausbaus zwischen dem «textuell-pragmatischen», dem syntaktischen und dem «lexikalisch-semantischen» Bereich.

Im «textuell-pragmatischen Bereich» findet beim intensiven Ausbau einerseits eine Filterung der o. g. dialogischen Verfahren statt; an ihrer Stelle benötigt die Schriftsprache Elemente zur Gliederung des Textes und zur Verknüpfung von Sätzen. Im Bereich der Textgestaltung geschieht diese Umgestaltung v. a. durch Diskursmarker,[111] invariable sprachliche Einheiten, die keine unmittelbare syntaktische Funktion auf Satzebene haben und zur Orientierung auf Textebene dienen. Diskursmarker kommen in allen sprachlichen Äußerungen vor und sind nicht prinzipiell charakteristisch für ein bestimmtes Ausbaustadium, doch sind gewisse Diskursmarker häufiger in Nähediskursen, andere vorwiegend in Distanzdiskursen anzutreffen. Bei der Verschriftlichung werden nun erstens bestimmte Diskursmarker aus der Mündlichkeit übernommen, zweitens gewissen aus der Mündlichkeit bekannten Diskursmarkern neue Funktionen zugewiesen und drittens neue Diskursmarker geschaffen, die vor allem der Informationsstrukturierung (z. B. vom Typ *erstens*, *zweitens*, *drittens*; *einerseits*, *andererseits*; *nun gut* etc.), der Verknüpfung von Sachverhalten (z. B. vom Typ *außerdem*; *deshalb*; *sogar*; *somit*; *im Gegenteil*; *dennoch*), der Reformulierung (z. B. vom Typ *das heißt*; *genauer gesagt*; *besser gesagt*; *eher*; *jedenfalls*; *schließlich und endlich*) und der Organisation des Argumentationsgangs (*im Grunde*; *in Wahrheit*; *beispielsweise*)

---

108 Koch/Oesterreicher 1994, 590, mit weiteren Beispielen; cf. auch Koch/Oesterreicher 1990, 51–76.

109 In Kabatek 1997a wurde gezeigt, wie bei der Schaffung der neugalicischen Schriftsprache ein Kontrast zwischen gesprochener und geschriebener Sprache sowohl durch die Nichtaufnahme gewisser dialogspezifischer Elemente in die Schriftsprache als auch durch die Entstehung bzw. häufige Verwendung von *literacy markers* geschieht, bei denen kein objektiver Bezug zum Medium, wohl aber eine subjektive Bewertung auszumachen ist.

110 Dies kann etwa deshalb der Fall sein, weil die Schreibenden vornehmlich bestimmten dialektalen Eigenschaften den Vorzug geben, die aus externen Gründen besonderes Prestige haben, aus Gründen des Purismus, etc. (cf. 1.2.3.3.).

111 Zu den Diskursmarkern cf. u. a. Schiffrin 1987, Fraser 1990, Traugott 1995, Foolen 1996.

dienen.[112] Der Einsatz dieser Diskursmarker kann beim Formulieren schriftlicher Texte vom Schreiber ausführlich geplant werden und den Leser durch ein gezielt eingesetztes differenziertes Inventar genau orientieren und durch den Text führen. Die Planungsmöglichkeit erlaubt auch die Berücksichtigung des seit der Antike überlieferten Stilideals der Varianz beim Einsatz der Mittel, das auch «eine erhebliche Variation bei der Substitution koreferenter Ausdrücke» (Koch/-Oesterreicher 1994, 590) fordert. Im Gegensatz zur in der Mündlichkeit üblichen Wiederholung koreferenter Ausdrücke kann die Kontinuität von Referenten in der Schriftlichkeit durch anaphorische Varianten, Synonyme, anaphorisch verwendete metonymische Ausdrücke etc. ausgedrückt werden. Die Ausschöpfung einer großen Bandbreite von Formen ist dabei ein grundsätzliches Merkmal der Schriftlichkeit und betrifft auch etwa die Berücksichtigung der gesamten Bereiche des Verbalsystems und anderer grammatischer Teilsysteme.

In der Syntax führen die Filterprozesse des Ausbaus zur Eliminierung von Anakoluthen, unvollständigen Sätzen, Korrekturen und sonstigen Elementen, die in der konkreten Redesituation aus der Spontaneität resultieren und im Dialog die erfolgreiche Verständigung deshalb nicht behindern, da sich aus den Umfeldern eine gewisse kommunikative Redundanz ergibt.[113] Hinzufügend ausgebaut werden hingegen die Möglichkeiten syntaktischer Differenzierung. Dies betrifft erstens die rein quantitative Länge der Sätze und zweitens deren Qualität. Aus der Tatsache, dass die Schaffung von Texten im Distanzbereich oft solche Werke hervorbringt, die aus ihrer zeitlichen und räumlichen Gebundenheit bewusst gelöst werden sollen, ergibt sich die Notwendigkeit der Anonymisierung und der Ausblendung des etwa in informellen, mündlichen Diskursen zwangsläufig präsenten sprechenden Subjekts. Hierzu eignet sich in den romanischen Sprachen sowohl die Verwendung von reinen Passivkonstruktionen als auch von Reflexivpassiven, die in den hier betrachteten juristischen Texttraditionen mit zunehmendem Elaborationsgrad deutlich häufiger werden. Außerdem scheint ein weitgehend akzeptierter Befund zu sein, dass in der Mündlichkeit eine größere Tendenz zur asyndetischen Reihung[114] oder zur Satzverknüpfung mit einem geringen Inventar vorwiegend parataktischer Konjunktionen besteht, während bestimmte Bereiche der Schriftlichkeit durch differenziertere Techniken, durch Hypotaxe und durch eine größere Bandbreite von unterordnenden Elementen geprägt sind.[115] In der Ontogenese lässt sich nachweisen, dass hypotaktische Konstruktionen zu einem späteren Zeitpunkt erlernt werden als parataktische.[116] Man war deshalb teilweise versucht anzunehmen, die aus der Mündlichkeit entstehenden Sprachen des Mittelalters hätten nur parataktische

---

[112] Ich übernehme diese Einteilung von Martín Zorraquino/Portolés Lázaro 2000, 4081s. Wie man an den deutschen Beispielen sieht, entstammen die Diskursmarker verschiedenen Wortklassen und üben z. T. parallel auch andere Funktionen aus.

[113] Bühlers «Sprachinseln» müssen in der schriftlichen Kommunikation dem Meer etwas mehr Land abgewinnen.

[114] Mithun 1988 bringt etwa die Entstehung der koordinierenden Konjunktionen vom Typ *et* in den Sprachen der Welt mit dem Einfluß von Schriftlichkeit in Verbindung.

[115] Cf. etwa Chafe 1985, 1988; Mithun 1988; Raible 1992a, 191ss., Koch/Oesterreicher 1990, 96ss., Oesterreicher 1996, Riehl 1995, Lope Blanch 1983, López García 2000.

[116] Cf. etwa Gopnik 1989.

Techniken gekannt und Hypotaxe erst im Laufe der Zeit entwickelt.[117] Dies ist jedoch zweifellos übertrieben, und es stimmt auch für die heutigen gesprochenen Sprachen keinesfalls, dass deren Syntax keine hypotaktischen Strukturen kennen würde.[118]

Schon Hermann Paul, der durchaus an Entwicklungsstadien von Sprachen glaubte, kritisierte diese Auffassung und wies – bei v. a. inhaltlicher Argumentation – darauf hin, dass es sich bei Parataxe und Hypotaxe eigentlich um zwei Pole eines Kontinuums handle,[119] eine Auffassung, die in der neueren Linguistik aufgegriffen oder erneut entwickelt wurde. Wie man in den letzten Jahren in der Linguistik allgemein immer mehr dazu übergegangen ist, die Beschreibung von Erscheinungen in Dichotomien durch eine Beschreibung in Kontinua zu ergänzen oder zu ersetzen und gleichzeitig eine Auflösung traditionell getrennter Untersuchungs- oder Betrachtungsbereiche vorzuschlagen,[120] so hat auch die syntak-

---

117 Die Termini Parataxe und Hypotaxe werden allerdings in der Literatur keinesfalls einheitlich verwendet.

118 Narbona 1989.

119 «Wenn wir nun gesehen haben, dass bei der Hypotaxe eine gewisse Selbständigkeit des einen Gliedes bestehen kann, so zeigt sich auf der anderen Seite, dass eine Parataxe mit voller Selbständigkeit der unter einander verbundenen Sätze gar nicht vorkommt, dass es gar nicht möglich ist Sätze untereinander zu verknüpfen ohne eine gewisse Art von Hypotaxe. Als selbständig, als einen Hauptsatz im strengsten Sinne können wir einen Satz nur dann bezeichnen, wenn er nur um seiner selbst willen ausgesprochen wird, nicht um einem andern Satze eine Bestimmung zu geben. Demgegenüber müssten wir den Nebensatz definieren als einen Satz, der nur ausgesprochen wird, um einen andern zu bestimmen. Es liegt nun auf der Hand, dass ein Satz zu gleicher Zeit um seiner selbst willen ausgesprochen werden und doch auch einem andern als Bestimmung dienen kann, dass es demnach zwischen den beiden Extremen eine Reihe von Zwischenstufen geben muss. Es liegt ferner auf der Hand, dass gar kein vernünftiger Grund vorhanden sein könnte Sätze parataktisch an einander zu reihen, wenn nicht zwischen ihnen ein innerer Zusammenhang bestünde, d. h. wenn nicht einer den andern irgendwie bestimmte. Ein rein parataktisches Verhältnis zwischen zwei Sätzen in dem Sinne, dass keiner den andern bestimmt, gibt es also nicht; es ist kein anderer Begriff von Parataxe möglich als der, dass nicht einseitig ein Satz den andern, sondern beide sich gegenseitig bestimmen» (Paul 1920, 147s.).

120 Die Kontinuitätsvorstellung findet sich generell schon in der Auflösung der Grenzen zwischen Syntax, Semantik und Pragmatik, darüber hinaus in verschiedenen Bereichen, wenn beispielsweise Transitivität, Subordination oder Junktion als skalare Größen aufgefaßt werden. In der Semantik findet sich die Vorstellung eines Kontinuums der Nähe oder Ferne zu einem bestimmten Prototyp; in der Varietätenlinguistik ersetzt die Idee des Kontinuums die der getrennten sprachlichen Varietäten etc. Immer wieder wird dabei die Ablösung einer vermeintlich überholten «aristotelischen» Kategorisierungsdenkweise durch eine «antiaristotelische» «moderne» Sichtweise gefordert. Dies entspricht allerdings wissenschaftsgeschichtlich einem Rückschritt, geht es doch eigentlich nicht nur um zwei mögliche Betrachtungsweisen derselben Phänomene, sondern auch um verschiedene Erscheinungen. In universeller Hinsicht ist es vollkommen angebracht und notwendig, von kontinuierlichen Dimensionen zu sprechen, und eine onomasiologisch orientierte Forschung muss immer von Kontinua ausgehen. Dies löst jedoch keinesfalls die Frage, weshalb die menschliche Tätigkeit gerade daraus besteht, das Kontinuierliche diskret zu organisieren, die Frage etwa, wieso bei semasiologischer Betrachtung der Sprache diskrete Einheiten gefunden

tische Forschung der letzten Jahre Begriffe wie Parataxe und Hypotaxe in diesem Sinne neu bestimmt. Foley/Van Valin (1984, 270 und *passim*) etwa stellen eine achtstufige *Interclausal Relations Hierarchy (IRH)* auf, die mit zwölf semantischen Stufen korreliert. Lehmann (1988) stellt die Satzverknüpfung als *komplexes Kontinuum* dar. Er unterscheidet sechs parallele Kontinua zwischen «elaboration» und «compression».[121] Während Lehmann versucht, bei seiner funktionalen Beschreibung semantische Kriterien weitgehend auszuschließen, schlägt Raible (1992a) die onomasiologisch basierte Klassifikation einer universalsprachlichen Dimension vor, die er in Anlehnung an Tesnière *Junktion* nennt und die auf zwei Kontinua basiert, deren erstes bestimmten *inhaltlichen* Relationen entspricht und deren zweites zwischen den Polen *Aggregation* und *Integration* (mehr oder weniger Lehmanns *elaboration* und *compression* entsprechend) angesiedelt ist.[122]

Die Anordnung der inhaltlichen Relationen, wie sie von Raible (2001, 608) in Anlehnung an Arbeiten von Bernd Kortmann[123] vorgeschlagen wird, entspricht einem «kognitiven Schema», dessen Inhalte aufeinander aufbauen und sich nach logischen Kriterien voneinander ableiten lassen, wobei sie auch ontogenetischen Entwicklungsstufen entsprechen und in den Sprachen diachrone Grammatikali-

---

werden. Die zentrale Fragestellung sollte also nicht durch eine ideologische Parteienbildung zwischen Kontinuums- und Diskretheitsbefürwortern blockiert werden, sondern müsste bei Trennung der Ebene der Sachen und ihrer Organisation gerade die sein, welches in den verschiedenen o. g. Bereichen das Verhältnis von Kontinuierlichem zu Diskretem ist (cf. Kabatek 1996, 31ss.).

121 Lehmann unterscheidet (1) den Grad der Einbettung des Nebensatzes zwischen «weak parataxis» und «strong embedding», (2) den Grad der Satzhaftigkeit zwischen «sentence» und «word», (3) den Grad der «desentialization» zwischen «clause» und «noun», (4) den Grad der Grammatikalisierung des Hauptprädikates zwischen «lexical verb» und «grammatical affix», (5) den Grad der Überschneidung der Klauseln zwischen «disjunct» und «overlapping» und schließlich (6) den Grad der Explizitheit der Verbindung zwischen «syndesis» und «asyndesis».

122 Die sieben Stufen des zweiten Kontinuums zwischen Aggregation und Integration sind: I.: schlichte Juxtaposition von Sätzen; II.: Junktion durch Wiederaufnahme (eines Teils des vorhergehenden Satzes); III.: explizit verknüpfte Hauptsätze; IV.: Verknüpfung durch subordinierende Konjunktionen; V.: Gerundial- oder Partizipialkonstruktionen; VI.: Präpositionale Gruppen; VII: Präpositionen oder Kasusmorpheme; VIII: Aktanten-Rollen. Ab Stufe V findet der Übergang vom verbalen zum nominalen Bereich statt. Während präpositionale Gruppen noch Infinitivkonstruktionen *und* nominale Konstruktionen regieren können, ist Junktion durch Präpositionen oder Kasusmorpheme den Nomina vorbehalten. Die letzte Stufe, der Ausdruck gewisser fundamentaler Relationen durch Rollen von Aktanten, ist einerseits die integrativste Form, gleichzeitig aber auch wieder Ausgangspunkt für Aggregation: das Kontinuum wird von Raible als «Möbius-Band» verstanden, dessen Ende zugleich wieder sein Anfang ist. Auf der Achse der Inhaltsrelationen unterscheidet Raible nach einer bestimmten Ordnung, die in Anlehnung an Heger auf «noematischen» Kriterien aufgebaut ist, 18 Relationen: Bedingung, Veranlassung, Verursacher, Eischluss/Ausschluss, Mittel/Instrument, Ursache, Gegenursache, Ziel/Zweck, Folge, Verursachtes, Zeit, Ort, Einflußbereich, gleich/ungleich, Zuordnung, Hinsicht, Quantifizierung/Distribution, Quelle/Herkunft. Cf. Raible 1992a, Raible 2001 und auch hier Kapitel 3.3.3.3.

123 Cf. Kortmann 1997 u. 2001.

sierungskanäle ausbilden können. Doch auch die Anordnung der syntaktischen Integrationsstufen des zweiten Kontinuums werden von Raible ausführlich sowohl zur diachronen Entwicklung von Sprachen als auch zur Frage von Mündlichkeit und Schriftlichkeit in Bezug gesetzt, wobei er feststellt, dass «die aggregativeren Techniken prinzipiell den diachronischen Ausgangspunkt für integrativere Lösungen darstellen können» (1992a, 154) und dass die Techniken der Junktion «eher aggregativ für konzeptionell mündliche, eher integrativ für konzeptionell schriftliche» (ibd., 199) Texte sind. Es zeigt sich etwa, dass bestimmte semantische Relationen zwischen Propositionen wie Kausalität, Finalität oder Konzessivität, in der Mündlichkeit häufig implizit bleiben (wobei sie durchaus kommuniziert werden!), während sie in schriftlichen Texten etwa durch entsprechende Adverbialsätze ausgedrückt werden.[124]

Hervorzuheben an Lehmanns und Raibles Ansatz ist auch die Einbeziehung der Frage verbaler Finitheit und des Übergangs vom verbalen zum nominalen Bereich entlang des Kontinuums: ein untergeordneter Satz wird umso stärker in den Hauptsatz integriert, je infiniter die ihn bestimmende Verbform ist; noch integrierter ist eine nominalisierte Verbform. Bei dieser Betrachtungsweise zeigt sich damit auch eine Verbindung zwischen syntaktischer Integration und lexikalischer Ebene, deshalb auch die Vermeidung des Begriffes *Hypotaxe*. Die Nominalisierung[125] ist eine besonders effektive Technik zum Ausdruck komplexer Sachverhalte und spielt beim Sprachausbau eine besondere Schlüsselrolle: durch Nominalisierung kann eine komplexe Handlung verdinglicht und somit fassbar gemacht werden und damit ihrerseits wieder zum Teil einer komplexen Handlung werden; ein ganzer Satz kann also in einem Wort komprimiert zum Aktanten eines Satzes werden, was nicht nur einem höheren Grad an Komplexität entspricht, sondern auch ein besonders ökonomisches Verfahren ist.

Abgesehen von der durch integrativere Techniken auf lexikalischer Ebene sich ergebenden Schaffung von Nominalisierungen, aber auch von hypotaktischen Konjunktionen zum differenzierten Ausdruck von Relationen,[126] fordert der Ausbau im Bereich des Wortschatzes «durch Differenzierung des lexikalischen Materials die fehlenden außersprachlichen Kontexte zu kompensieren und eine Vielzahl lexikalischer Einheiten für den raschen, präzisen Zugriff auf Referenzobjekte bereitzustellen» (Koch/Oesterreicher 1994, 591). Die Schrift als Ort der Speicherung eines

---

124 Raibles Schema hat zunächst nur den Anspruch, eine qualitative Analyse von Texten zu ermöglichen und gewisse universelle Phänomene zu beschreiben. Andere Ansätze haben versucht, bestimmte Eigenschaften von Texten, auch solche, die mit Junktion zu tun haben, zu quantifizieren (cf. Biber 1995). Die Möglichkeit der Nutzung von Raibles Ansatz für quantitative Analysen ist durchaus gegeben; es muss dabei in erster Linie die Anzahl und Art von Junktionstypen relativ zur Textlänge gemessen werden.

125 Zu Nominalisierungen allgemein cf. auch Chomsky 1970 und die schöne zusammenfassende Darstellung von Ehrich 1991. In Lehmanns wie in Raibles Ansatz ist das Problem der Frage der Zuordnung von Nominalisierungen zum lexikalischen oder syntaktischen Bereich, das die Transformationsgrammatik lange beschäftigt hat, durch die Kontinuumsdarstellung (auch ohne *x-bar*-Theorie) gelöst. Zur Nominalisierung cf. auch Azpiazu Torres 2004.

126 Cf. etwa Klare 1958.

enzyklopädischen Wissens ermöglicht die fast unbegrenzte Schaffung lexikalischer Neuerungen auf der Basis verschiedener Techniken (Wortbildung, Lehnwortschatz, Metaphern- und Metonymiebildung) und die Schaffung von Fachwortschatz, was in der Schriftsprache zu einem lexikalischen Reichtum führen kann, der in der Type-Token-Relation der Elemente in den Texten messbar ist.[127]

Der Ausbauprozess führt aber nicht nur zur Schaffung neuer Texte und Texttraditionen sowie neuer sprachlicher Mittel. Da die Texte aufeinander aufbauen und sich aufeinander beziehen, entspricht der Ausbau auch der Schaffung eines immer größer werdenden Referenzcorpus in einer Gemeinschaft; eines Corpus, das in frühen Phasen, wenn es noch relativ wenige Texte umfaßt, noch in umfangreichem Maße rezipiert werden kann; mit zunehmender Schriftproduktionsmenge müssen hier jedoch Hierarchisierungsprozesse einsetzen, die eine Scheidung zwischen solchen Texten vornehmen, die in den Kanon des Referenzcorpus eingehen und solchen, die dem Vergessen anheimfallen.

Es mag an dieser Stelle der Hinweis sinnvoll sein, dass in der Mediävistik keinesfalls Einigkeit besteht bezüglich der scheinbar teleologischen Vorstellung von der Geburt der Schriftsprache aus dem Geiste der Mündlichkeit und der damit verbundenen schrittweisen Entfernung von den mündlichen Wurzeln; einer Vorstellung, der meist die Idee von einer «mündlicheren» oder «mündlichkeitsgeprägteren» mittelalterlichen (im Vergleich etwa zur späteren, «klassischen») Schriftlichkeit entspricht. Mehrfach hat sich Wolf-Dieter Stempel (meist in Bezug auf das Altfranzösische) u. a. in Auseinandersetzung mit den Thesen Paul Zumthors gegen eine solche Sichtweise ausgesprochen.[128] Es ist nämlich nicht unproblematisch, von gewissen – vor allem literarischen – Texten auf eine bestimmte Sprache zu schließen und ein «mündlicheres» Mittelalter anzunehmen, denn schließlich kann das häufigere Auftreten «mündlich» scheinender Elemente in der Schriftsprache auch mit einer größeren Bedeutung bestimmter Textsorten oder mit der größeren Üblichkeit der Imitation von Mündlichkeit in der Schriftlichkeit zusammenhängen. Außerdem sind die mittelalterlichen literarischen Texte meist für den mündlichen Vortrag bestimmt, was aus Gründen der Performanz eine bestimmte Textgestaltung nahe legt.[129]

---

127 Dies betrifft auch die Morphologie. Wie Blanche-Benveniste/Adam (1999) zeigen, findet sich im Bereich der Verbalmorphologie im gesprochenen Französisch von 97 «Modellformen» der Schulgrammatik nur bei den frequentesten Verben ein großer Teil realisiert (z. B. 35 Formen von *avoir* in einem Corpus von 700.000 Wörtern), während bei weniger frequenten Verben neben infiniten Formen und Partizipien meist nur die der dritten Person in gesprochenen Corpora vorkommen (bei *chercher* machen der Infinitiv sowie die Formen *cherché* und *cherchait* 90% aller Tokens aus; manche Verben wie *transir*, *traire*, *quérir*, *clore* sind nur mit dem Infinitiv vertreten).

128 Cf. Stempel 1998, 242s., Zumthor 1972, 1985.

129 «In Gesellschaften, die zwar über Schrift verfügen, aber die schriftliche Speicherung weithin nur als Bindeglied zwischen Diktieren und Vorlesen/Vortragen nutzen [...], werden die Modelle zur Formulierung komplexer Textstrukturen vorrangig durch eine lebendige Gedächtniskultur bereitgestellt, aber natürlich durch einen beträchtlichen Schematismus erkauft (Formeln, Stereotype usw.)» (Koch/Oesterreicher 1994, 590).

Es müssen hier sicherlich verschiedene Phänomene und Tendenzen unterschieden werden, die mit entsprechenden Textfinalitäten zusammenhängen. Im Falle etwa der okzitanischen Rechtsurkunden fließen romanische Elemente in die formelhaften Teile erst später ein, während die freien Textteile schon früher romanisiert werden. Wenn hier «mündlichere» Tendenzen als in den Formelteilen festgestellt werden, so ist eigentlich nichts anderes zu erwarten, denn die freien und variablen Textabschnitte mussten beim Verlesen von den Hörern spontan verstanden werden, da im Gegensatz zu den Formeln hier der rechtsrelevante, fallspezifische Inhalt präsentiert wurde. Im Falle der Gestenliteratur, die aus einer mündlichen Tradition stammt, legt ebenfalls die mündliche Performanz und die Memorisierung eine gewisse Textgestaltung nahe. Und auch beim Entstehen einer wissenschaftlichen Prosa spielt der Zweck des mündlichen Unterrichtsvortrags eine zentrale Rolle.

Bezüglich bestimmter literarischer Texte kann in Frankreich ab der zweiten Hälfte des 12. Jahrhunderts und in Spanien ab Anfang des 13. Jahrhunderts auch eine Art Doppelbödigkeit festgestellt werden: die Texte legen eine eher «nähesprachliche» Lesart nahe, die allerdings vielleicht zum Teil auf der Mimesis der Volkstümlichkeit basiert. Deutlich ist dies beispielsweise bei Marie de France oder bei Gonzalo de Berceo auszumachen, und es gilt in anderer Hinsicht für die altokzitanische Lyrik ab der zweiten Generation und deren Spiel mit der Intertextualität.[130] Eine solche Doppelbödigkeit ist in gewissem Sinne sogar der ganzen mittelalterlichen Romanität ab dem Moment ihrer zumindest scheinbaren Loslösung vom Latein zu eigen, denn aufgrund der lateinisch-romanischen Diglossie bekommt jeder romanischsprachige Text immer noch eine zweite Lesart im Hinblick auf seine lateinischen Bezugstexte.

1.2.3.3. Ausbau und Varietätenraum

In den vorangehenden Abschnitten war aus Gründen der einfacheren Darstellung die Rede von einer weitgehend linearen Entwicklung einer Sprache, die dem Verschriftungs- und Verschriftlichungsprozess unterliegt. Eine solche Entwicklung einer «homogenen» Sprache ist jedoch weit entfernt von den real gegebenen Phänomenen, auch wenn die historische Grammatik sie zuweilen suggerieren mag. In Wahrheit müssen wir selbstverständlich auch im Mittelalter von einem mehrdimensionalen Varietätengefüge ausgehen, das überdies durch die verbreitete Mehrsprachigkeit noch komplexer wird. Im frühen Mittelalter herrscht dabei eine relativ stabile Situation der Funktionsaufteilung zwischen mündlichen volkssprachlichen Varietäten und lateinischer Überdachung, eine Situation, die durchaus der traditionellen Fergusonschen Vorstellung von Diglossie entspricht, die ja ursprünglich als «stabiler» Zustand beschrieben wird.

Im Hauptteil dieser Arbeit wird im Einzelnen für die juristische Tradition zu präzisieren sein, was zum Aufbrechen dieser Stabilität führt. Jedenfalls ergibt sich aus dem beschriebenen Fortgang der Verschriftlichung, dass auf der Basis von ursprünglich mündlichen Varietäten eine neue Schriftsprache entsteht. Diese Schrift-

130 Cf. Gruber 1983.

sprache ist etwas Neues, und es ist daher keinesfalls so, dass es nur um einen einfachen Ersetzungs- bzw. Verschiebungsprozess geht, durch den eine Sprache B den Platz einer Sprache A einnimmt. Vielmehr wird aus der (hier nur vereinfachend so genannten) Sprache B durch die erwähnten Filter- und Kreationsprozesse eine neue Form der historischen Sprache B, was letztlich nicht nur zum Ergebnis dieser Form als veränderter Form führt, sondern auch eine Veränderung der gesprochenen Varietäten B mit sich bringt.[131]

An gegenwärtig beobachtbaren Ausbauprozessen lässt sich dies leicht verdeutlichen. So hat etwa der Ausbauprozess des Katalanischen dazu geführt, dass gewisse ursprünglich diatopisch markierte Elemente nun zu diastratischen Elementen und diatopische und diastratische Elemente zu diaphasischen wurden.[132] Durch die Schaffung und Verbreitung einer neukatalanischen Hochsprache wird die ursprüngliche spanisch-katalanische Diglossie in gewisser Weise im Inneren des Katalanischen wiederhergestellt bzw. der Varietätenraum im Inneren des Katalanischen neu organisiert. Für das Mittelalter sind diese Prozesse nur indirekt aus den Schriften ableitbar, doch scheint sicherlich der Verschriftlichungsprozess, wie er hier beobachtet wird, einem Binnendifferenzierungsprozess der jeweiligen romanischen Sprache gleichzukommen, die durch diesen Prozess erst zu einer *Historischen Sprache*[133] mit allen Varietätendimensionen und mit einer Gemeinsprache wird.

Die Bedeutung der sprachlichen Varietäten geht aber noch weit über die Frage der Diglossie im Mittelalter hinaus. Es ist vor allem in der Romanistik üblich geworden, bei der Beschreibung bestimmter Sprachen auch auf die Existenz von Varietäten hinzuweisen,[134] besonders häufig mit Bezug auf die Terminologie Flydals und Coserius.[135] Häufig ist es jedoch bei den Varietäten wie bei der *parole*-Nennung Saussures: es wird darauf hingewiesen, dass es sie gibt, damit nicht weiter auf sie eingegangen werden muss[136] und eine homogene Sprache beschrieben werden kann. Die Varietätenlinguistik ist aber nicht eine von der Linguistik der Invarianz wirklich getrennte, sondern sie muss bei einer umfassenden Sprachbetrachtung als zentraler

---

131 Koch/Oesterreicher 1990 sprechen von «Reorganisation des Nähebereichs».

132 Umgekehrt zum Regelfall der synchronischen Varietätenkette (cf. Coseriu 1980; Koch/Oesterreicher 1990, 14s.), nämlich der Markierungsrichtung diatopisch → diastratisch → diaphasisch, zeigen sich übrigens in der Geschichte der Einzelsprachen bei *diachroner* Perspektive auch zahlreiche Fälle, wo zumindest bei einzelnen Elementen durch Umbewertungen auch der Weg diaphasisch → diatopisch möglich ist, etwa bei der Entwicklung des sog. *Yeísmo* im Spanischen auf der Iberischen Halbinsel oder dem gesprochenen *passé simple* im Französischen.

133 Cf. Coseriu 1980.

134 Cf. etwa Rojo 1983, 32.

135 Für das Folgende cf. Kabatek 2000b.

136 Die Wissenschaftsgeschichte ist voll von solchen Ausgrenzungen, die eigentlich zum Ziel haben, einen Bereich abzugrenzen, dann aber zur Beschreibung von Phänomenen fortschreiten, bei denen das Ausgegrenzte gerade berücksichtigt werden müsste. Man könnte etwa eine Untersuchung zu Humboldts *Energeia*-Zitat anstellen, das in unzähligen wissenschaftlichen Arbeiten aufgeführt wird, die sich dann jedoch einer reinen Betrachtung der Sprache als «Werk» widmen.

Bereich bei allen linguistischen Fragestellungen berücksichtigt werden. Es scheint auch, dass die Polarisierungen der zeitgenössischen Linguistik z. B. zwischen formalen und funktionalen Ansätzen teilweise über eine angemessene Berücksichtigung der sprachlichen Variation aufzulösen wären.[137] Eine angemessene Linguistik darf die Sprache weder als ein aus der Interaktion enthobenes Regelwerk ansehen noch die Sprachbetrachtung auf die Interaktion selbst reduzieren, sondern sie muss der Pluralität von Regelwerken Rechnung tragen, die in der Interaktion kreativ eingesetzt werden, bei der sie gleichzeitig sowohl geschaffen als auch verändert werden. Aus den Texten ist durch einen hermeneutischen Prozess abzuleiten, auf welchen Varietäten sie beruhen. Im Falle der gesprochenen Sprache scheint es eindeutiger zu sein, dass etwa in phonetischer Hinsicht die individuelle Realisierung als Produkt der Sozialisation auf eine durch mehrere Sprachen geprägte Identität hinweist, wenn ein Sprecher z. B. durch Elemente aus verschiedenen Dialekten charakterisiert ist, von denen er im Laufe seines Lebens (und v. a. der Kindheit) geprägt wurde. So mag es zwar möglich sein, dass die Elemente eines gesprochenen Textes eines bestimmten Individuums alle *einer* bestimmten Varietät zugeordnet werden können, doch finden sich häufig Elemente aus verschiedenen Varietäten. Wenn etwa zwischen zwei Varietäten A und B unterschieden wird, so sind, wie im folgenden Schema, sowohl «reine» Texte in A (Text 1) als auch «reine» Texte in B (Text 5) denkbar; daneben aber auch Texte, in denen Elemente aus A und B in Mischung vorkommen (Texte 2–4):

Text 1	AAAAAAAAAAAAA
Text 2	AAAAAABBBBBBB
Text 3	AABAABABBABBA
Text 4	ABABBABBABABB
Text 5	BBBBBBBBBBBBBB

Fig. 7: Mischung von Elementen verschiedener Varietäten

Bei der Beschreibung dessen, was man *Idiolekt* zu nennen pflegt, wird meist versucht, auf der Basis von Äußerungen eines Individuums eine bestimmte Sprache zu bestimmen. Im Falle von Text 1 und Text 5 des Schemas wäre dies auch möglich, bei Text 2–4 würde man, wenn man nicht Sprachmischung erkennt, eventuell nach anderen Gründen für die Erklärung der Elemente suchen und u. U. zu Fehleinschätzungen gelangen. In Kabatek 1996 wurde gezeigt, dass trotz der Variation in Texten von der Existenz von Sprachen als diskreten Einheiten ausgegangen werden kann und dass diese nicht nur linguistische Konstrukte, sondern Teil der Kompetenz der Sprecher sind, selbst wenn sie von keinem Sprecher vollkommen realisiert werden. Die Sprachen sind funktionierende Systeme, auch wenn ihre Mischung in Texten zuweilen den Eindruck vermittelt, sie seien in Wahrheit als Systeme inexistent oder es handle sich bei diesen um Zufallsprodukte.

---

137 «Teilweise» deshalb, weil es auch fundamental unvereinbare Positionen gibt (cf. etwa die Gegenüberstellung bei Foley/Van Valin 1984, 1–25).

In der Schriftsprache nun fällt die lautliche Seite weg und die durch mehrere Sprachen geprägte Identität scheint – wie andere Elemente der gesprochenen Sprache – den Filterungsprozessen zum Opfer zu fallen. Dieser Eindruck entsteht insbesondere bei der Betrachtung schriftlicher Kultursprachen in der Gegenwart, die auf eine lange Schrifttradition zurückblicken und eine umfangreiche Standardisierung hinter sich haben. Doch selbst hier sind die Texte teilweise von Sprachmischung geprägt. Wenn etwa in einem französischen geschriebenen Text das *Passé simple* einerseits nach den traditionellen Normen der Schriftsprache verwendet wird, andererseits aber auch Fälle auftreten, in denen es durch *Passé composé* ersetzt wird, so beruht der Text in Bezug auf den Gebrauch der Verbaltempora nicht auf einem, sondern auf *zwei* Systemen, die vielleicht aleatorisch, vielleicht aber auch nach bestimmten Kriterien realisiert werden.

Im Mittelalter nun sind die romanischen Schriftsprachen noch weit entfernt von einer modernen Stabilität und in vielen Fällen noch viel deutlicher durch Varietät geprägt als die modernen Schriftsprachen.[138] Besonders in den ersten Jahrhunderten der Verschriftlichung ist es dabei methodisch teils kaum möglich, die hinter den Texten stehenden Systeme zu rekonstruieren, da die Datenlage dafür nicht ausreicht. Wir wissen etwa, dass das Kastilische im 12. und 13. Jahrhundert unter transpyrenäischem Einfluss stand und können dies in Einzelfällen nachweisen, können aber gleichzeitig bei anderen Elementen oft nur Vermutungen anstellen und im Vergleich zu den eindeutigen Elementen gewisse Wahrscheinlichkeiten formulieren. Die fehlende Datengrundlage entbindet aber keinesfalls aus der prinzipiellen Forderung, sprachliche Varietäten als diskrete Einheiten anzunehmen und diese so weit wie möglich zu rekonstruieren, auch wenn es verlockend sein mag, die Beschreibung auf eine rein textuelle zu reduzieren.

1.2.3.4. Ausbau und Sprachplanung

In den Begrifflichkeiten der modernen Sprachplanung wird der intensive Ausbau häufig ausgeblendet, wenn zwar zwischen *Corpus-Planning* und *Status-Planning* unterschieden wird, das erste sich aber fast ausschließlich auf die Selektion eines Sprachsystems und die orthographische Normierung bezieht, letzteres auf politische Maßnahmen, die die Notwendigkeit der Schaffung neuer Texte und Texttypen bewirken.

Dabei ist fraglich, inwieweit der intensive Ausbau einer Sprache überhaupt planbar ist und sich nicht tatsächlich als ein Folgeprodukt der Statusplanung quasi von alleine ergibt. In jedem Falle gilt dabei, dass zwischen Innovation und Wandel unterschieden werden muss.[139] Von Wandel kann erst gesprochen werden, wenn aus einer Innovation geteiltes Wissen einer Gemeinschaft geworden ist. Und dies gilt für jede Innovation, auch für die der sprachplanerischen Institutionen, die nach der Formel Einar Haugens «The planner proposes, but the community disposes»[140] nur zur Disposition stehen, aber erst nach ihrer Annahme durch die Sprecher auch zu

138 Cf. Völker 2003.

139 Cf. Coseriu 1957/1978, 79 und Kabatek 1996, 22ss.

140 Cf. Haugen 1966, 24.

Sprache werden.[141] Auch eine Institution kann Sprache als geteiltes Wissen einer Gemeinschaft nie unmittelbar planen, sie kann lediglich Modelle oder Regeln verbreiten und dazu beitragen, dass diese in der Gemeinschaft eine möglichst breite Akzeptanz und weite Verbreitung finden.

Im hier untersuchten Zeitraum gibt es keine sprachplanerischen Institutionen im modernen Sinne, doch kennt auch das Mittelalter mit seinen Kanzleien, Klöstern oder Notariaten[142] Innovationszentren mit Modellcharakter, an denen planerisch in die Textproduktion eingegriffen werden kann, was bei entsprechendem Prestige der Modelle durchaus eine sprachplanerische Wirkung haben kann.[143]

Wir wissen, dass die Phänomene, die uns in den Texten begegnen, keine Wandelerscheinungen sein müssen, sondern es sich um individuelle Elemente eines bestimmten Textes handeln kann, etwa Interferenzen anderer Sprachen. Wir können selbstverständlich nie unmittelbar vom Auftauchen eines Phänomens in einem bestimmten Text auf einen bestimmten Sprachzustand oder auf die Sprache einer bestimmten Gegend schließen. Nicht einmal über bestimmte Traditionen der Schriftsprache lässt ein einzelner Text gesicherte Aussagen zu. Nur im Vergleich verschiedener Texte, im Feststellen von Traditionen, Bezügen, sich wiederholenden Elementen können wir den sprachlichen Entwicklungen näherkommen. Die Kenntnis der prestigereichen Institutionen lässt es jedoch durchaus zu, bei gewissen Gemeinsamkeiten auf einheitliche Traditionen zu schließen, und es ist gerechtfertigt, auch beim Vergleich von Textindividuen so etwas wie eine historische Entwicklung auszumachen.[144]

1.2.3.5. Ausbauprozesse

Die tabellarische Gegenüberstellung auf der folgenden Seite listet einige Bereiche auf, in denen sich eine voll ausgebaute Sprache von einer nicht-ausgebauten Sprache unterscheidet. Als Orientierungsgrößen könnte jede große Kultursprache einem beliebigen schrift- und standardlosen Dialekt gegenübergestellt werden.

Bei den verschiedenen Bereichen handelt es sich teilweise um konventionelle Unterscheidungen, die hier zu Zwecken der Darstellung getrennt betrachtet werden; das gesamte Phänomen des Ausbaus lässt sich als Kombination aus Reduktion und Erweiterung fassen, und zwar jeweils in quantitativer und in qualitativer Hinsicht.

Der Ort des Ausbaus sind die *Texte*. Der Ausbau entspricht der Schaffung neuer Texte, die Diskurstraditionen repräsentieren, die in einer Sprache neu sind. Im Falle der hier betrachteten Sprachen findet dies in Kontakt zu einer anderen Sprache (oder

---

141 Cf. Kremnitz 1974, 51.

142 Es sind dies allemal Institutionen, die zur Verbreitung eines Diskurses beitragen können, im Sinne Maingueneaus (1991, 18): «Ces places d'énonciation supposent des institutions de production et de diffusion du discours spécifiques. Par ‹institution› on n'entendra pas seulement ces structures exemplaires que son l'armée ou l'Eglise mais, plus largement, tout dispositif que délimite l'exercice de la fonction énonciative, le statut des énonciateurs comme celui des destinataires, les types de contenus que l'on peut et doit dire, les circonstances d'énonciation légitimes pour un tel positionnement».

143 Cf. etwa Lodares 1995; Moure 2000.

144 Cf. Barra Jover 2001.

	«unausgebaute Sprache»	*«ausgebaute Sprache»*
extensiver Ausbau:		
existente Texte	Nur gesprochene Texte	alle möglichen gesprochenen und geschriebenen Texte
intensiver Ausbau:		
textueller Bereich	Diskursmarker und Ordnungselemente der Mündlichkeit; Gesprächswörter; geringe Varianz bei Koreferenz	Diskursmarker der Schriftlichkeit; umfangreiche Textphorik; Varianz bei Koreferenz
Syntax	Tendenz zu kürzeren, unvollständigen Sätzen; Anakoluthe etc. Parataxe; einfache Unterordnungsstypen; aktive Diathese	auch längere, geplante Sätze; vollständige Sätze; Hypotaxe; vielfältige Unterordnungsstypen; Passiv- und Aktivkonstruktionen
Wortschatz	Alltagswortschatz; Passe-Partout-Wörter; reduzierte, repetitive Mittel	Variabilität; Umfangreicher Wortschatz; Nominalisierungen; fachsprachlicher Wortschatz, etc.
Mit Ausbau verbundene Phänomene:		
Umfelderbezüge	alltagsweltliche Umfelder	u. a. literarisch, wissenschaftlich, durch schriftliche Texte bestimmte Umfelder
Orthographie/ Schrift	Keine schriftliche Aufzeichnung	eindeutig geregelte Schriftnorm
Standardisierung	Dialektkontinuum	eine überregionale Gemeinsprache

Fig. 8: Ausbauprozesse

mehreren anderen Sprachen) statt, aus der diese Diskurstradition übernommen werden kann. Aus dieser Sprache kann sie auch das Material übernehmen, das sie für die neuen Traditionen benötigt. Sie kann es aber auch durch die Möglichkeiten, die ihr eigenes System ihr bietet, neu schaffen. Dadurch erweitert sie ihre *Norm* in quantitativer Hinsicht. Ausbau ist also in erster Linie Wandel der Sprachnorm. Im Gegensatz zum Wandel «von unten», der auf Innovationen der spontanen, gesprochenen Sprache beruht, ist der Ausbau jedoch – zumindest anfänglich – auf die Diskurstraditionen beschränkt, in denen er geschaffen wurde und somit zunächst eher marginal. Er wirkt aber auf die ganze Sprache zurück und verändert sie.[145]

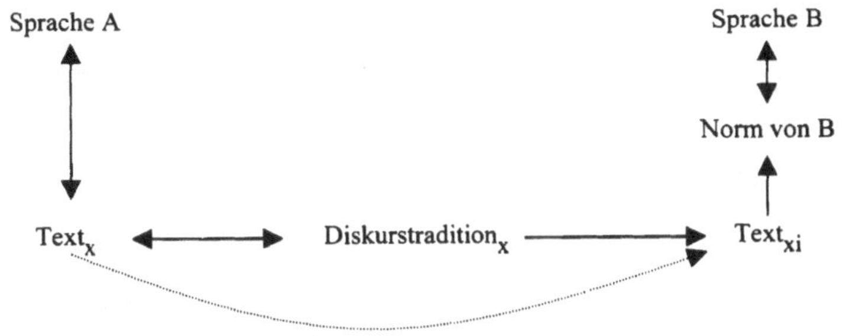

Fig. 9: Diskurstradition, Text, Sprache

Das Schema stellt diesen Prozeß nochmals graphisch dar: ein Text$_x$ der Sprache A, der eine bestimmte Diskurstradition repräsentiert (die eine Abstraktion von Texten wie Text$_x$ ist, d. h. von ihnen abgeleitet werden kann, aber auch Voraussetzung zu ihrer Produktion ist), wird Vorbild eines Textes$_{xi}$ in der Sprache B; dieser enthält Innovationen, die die *Norm* von B erweitern (und gleichzeitig beschränkend auf bestimmte Elemente festlegt). Die Norm wird aufgrund der Möglichkeiten des Systems der Sprache B erweitert, den Anstoß dazu geben die Bezeichnungsnotwendigkeiten des Textes$_{xi}$. Das heißt nicht, dass sich dadurch nicht auch Veränderungen des Systems ergeben können; die Veränderung der Norm ist aber in unserem Falle der vorherrschende zu beobachtende Prozess.

Die Ausbauphänomene werden nun in den folgenden Kapiteln am Beispiel der ausgewählten juristischen Texte aus Südfrankreich und der Iberischen Halbinsel untersucht werden. Aussagen über die gesamte sprachliche Entwicklung werden dabei nur am Rande gemacht werden können. Es soll in erster Linie darum gehen zu zeigen, wie mit der Rezeption des Römischen Rechts eine bestimmte kulturelle Entwicklung, die mit bestimmten Diskurstraditionen verbunden ist, zum äußeren Anstoß für die Schaffung neuer Texte und neuer Texttraditionen in romanischen Sprachen wird. Im folgenden Kapitel wird es zunächst darum gehen, diese Entwicklung, ihre Entstehung und Ausbreitung zu beschreiben (Kapitel 2), bevor an ausgewählten okzitanischen (Kapitel 3) und iberoromanischen (Kapitel 4) Texten gezeigt werden soll, welche konkreten sprachlichen Ausbauphänomene damit verbunden sind.

[145] Schlieben-Lange 1983, 166.

2. Die Bolognesische Renaissance und die Verschriftlichung romanischer Sprachen

2.1. Die Rezeption des Römischen Rechts: der «Bolognesische Diskurs»

In diesem Kapitel soll das beschrieben werden, was ich als den «Bolognesischen Diskurs»[1] bezeichnen möchte, das Referenzsystem der Rechtsgelehrten, die Träger der Renaissance des Römischen Rechts im 12. und 13. Jahrhundert sind. Zunächst soll es um die Anfänge der Renaissance in Italien gehen, um ihre allgemeine Charakterisierung und die Inhalte dieses Referenzsystems, bevor beobachtet werden kann, wie der neue Diskurs in ganz Europa verbreitet wird, was sich bei der Übertragung auf die Volkssprachen verändert und welche textuellen und sprachlichen Konsequenzen dies hat.

Damit die Renaissance des Römischen Rechts im Mittelalter zu einer zentralen kulturellen Bewegungen werden konnte, waren einige Voraussetzungen notwendig, die dazu führen konnten, dass eine kleine, minderheitliche Gruppe mit ihren Ideen und Begriffen immensen Einfluss in ganz Europa und darüber hinaus erlangen konnte. Folgende Faktoren spielten dabei eine wichtige Rolle:

- Die bologneser Juristen und ihr Gefolge verfügten über ein *klassisches Textcorpus*, dem etwas Sakrales und Unveränderbares anhaftete. Das justinianische Corpus Iuris Civilis wurde fast gehegt wie die Bibel, es galt als die höchste Errungenschaft juristischen Denkens und diente als unanfechtbare Legitimationsquelle der bologneser Tätigkeit. Es lieferte die *Argumenta ex auctoritate* und war genügend schwer zugänglich – sowohl materiell als auch inhaltlich – als dass es hätte über eine gebildete Elite hinaus wirkliche Verbreitung finden können.[2]

---

1 Zum Römischen Recht im Mittelalter allgemein cf. Savigny 1834, Bd. I u. II; Hessel 1910; Kurtscheid 1943; Koschaker 1966; Radding 1985; 1988; Coing 1973; Genzmer 1986; Cencetti 1989; Lange 1993; Söllner 1996; eine gute dokumentierte, aktuelle Gesamtdarstellung bietet Lange 1997.

2 Es wäre wohl möglich – soll aber hier nicht weiter ausgeführt werden –, den gesamten Bolognesischen Diskurs als Übertragung des religiösen Diskurses anzusehen und die Tätigkeit der Juristen als groß angelegten Versuch der Schaffung einer neben der Kirche (und größtenteils in ihr) akzeptierten Elite zu interpretieren, wobei die engen Beziehungen zur Kirche dem nicht widersprechen müssen. Bei der Suche nach einer zur päpstlichen Macht alternativen Autorität mit der Möglichkeit einer gewissen Eigenständigkeit bot das christlich fundierte Römische Recht im Mittelalter eigentlich den einzigen gangbaren Weg, da die Kirche – die die ganze Lebenswelt bestimmte – nicht umhin konnte, dieses zu akzeptieren. Der Parallelismus zeigt sich auch in dem Bezug auf Rom als Zentrum der Christenheit und

- Sie verfügten über ein weitgehend unangefochtenes *institutionelles Zentrum* mit relativer Unabhängigkeit, das schnell zum Bezugsort der Autorität der Juristen wurde.[3] Nur wer direkte oder indirekte Beziehungen nach Bologna aufweisen konnte, gehörte gewissermaßen zum erlauchten Kreis der Eingeweihten; dies lag auch daran, dass die Stärke der Bologneser Schule gerade in der Lehre lag, und zwar – insbesondere in der frühen Zeit der Glossatoren – in einer weitgehend *mündlichen* Lehre.[4] Dies gilt auch für die in der Nachfolge Bolognas entstehenden *Studia* im Rhônetal, in Montpellier, in Katalonien oder Kastilien, denen die Entwicklung einer gewissen Eigenständigkeit nur möglich war durch die Präsenz von Lehrern, die in Bologna studiert hatten oder aber zumindest indirekte Schüler bologneser Lehrer waren.
- Außerdem trug wesentlich zum Bologneser Diskurs und zur Kohärenz der Gruppe die Kenntnis einer ganz bestimmten *Methode der Behandlung des juristischen Stoffes* bei. In dieser Methode besteht auch die eigentliche mittelalterliche Besonderheit der Rezeption des Römischen Rechts, die eben nicht nur Rezeption oder Renaissance, sondern vor allem auch neuartige Behandlung und Verarbeitung des alten Stoffes ist. Die Methode der Glossatoren ist dabei zu komplex, als dass sie leicht hätte von außen imitiert werden können. Sie ist aber auch eindeutig zu identifizieren und spiegelt sich in klaren textuellen und inhaltlichen Merkmalen wider, die den Rechtsgelehrten zu gegenseitiger Identifikation und zur Abgrenzung dienen.
- Schließlich trägt auch die *Kenntnis eines praktischen Textapparates* zur Kohärenz der bolognesischen Gruppe und ihres Diskurses bei. Dieser mittelalterliche praktische Textapparat bezieht sich auf das klassische Textcorpus und zeigt dabei die Anwendung der Methode; auch die praktischen Texte erringen z. T. autoritativen Status, dieser aber ist anders als der Status der «sakralen» Texte Justinians, denn diese Texte sind veränderbar, erweiterbar und kritisierbar; durch sie können sich einzelne Untergruppen und Schulen identifizieren, durch sie unterscheiden sich auch die verschiedenen Generationen der bologneser Juristen. Wenn einerseits die klassischen Texte zur Kohärenz der ganzen Bewegung beitragen, so wird im Gegensatz hierzu die Beziehung zu bestimmten konkreten Lehrern meist durch unmittelbare Textzitate hergestellt, die im Allgemeinen durch Indizes, meist Buchstaben, explizit gemacht werden.

Alle diese Beziehungen sind Umfelder der Texte der Rezeption des Römischen Rechts, auf welche dessen «Wiederbeleber» explizit oder implizit in verschiedenem Maße verweisen.[5]

---

des Rechts, auch wenn die justinianischen Rechtstexte in Konstantinopel entstanden sind und ihr neues Zentrum Bologna war.

3 Die Bedeutung der Institutionen rückt ab dem 12. Jahrhundert allgemein in den Vordergrund (cf. Grabmann 1909, II, 9).

4 Dies ist auch ein allgemeines Charakteristikum der Scholastik: «Man mußte zu den Füßen eines Lehrers gesessen sein, um Wissenschaft treiben zu können» (ibd.).

5 Es wird in dieser Arbeit nicht darum gehen können, das genaue Maß der jeweiligen Bezüge im Einzelnen zu bestimmen. Es soll lediglich gezeigt werden, welche Faktoren für den Bologneser Diskurs relevant waren, und dies kann exemplarisch durchaus belegt werden. Die

2.1.1. Das «sakrale» Textcorpus

Das *Corpus Iuris Civilis* umfasst die unter dem oströmischen Kaiser Justinian (482–565) in den Jahren 528–534 verfassten juristischen Schriften.[6] Justinian begann bereits unmittelbar nach der Übernahme der Herrschaft mit einer groß angelegten Rechtsreform, die eine Vereinigung der Rechtsnormen und eine für alle Zeit gültige Festlegung des Kaiserrechts zum Ziel hatte.[7] Dazu berief er eine zehnköpfige Expertenkommission *de novo codice componendo* unter der Leitung des kaiserlichen Kanzleichefs Tribonian ein.[8] Das zentrale Werk der Kodifikation war der *Codex Iuris Civilis* in zwölf Büchern. Es ging Justinian um die umfassende schriftliche Festlegung des Rechts, die alle möglichen zu regulierenden Bereiche einschließen sollte.[9] Dabei war der Codex ein weitgehend traditionelles Werk, das nach dem Gregorianischen, dem Hermogenianischen und dem Theodosianischen Codex unter Hinzunahme weiterer Konstitutionen eine Synthese aller bisherigen Gesetze darstellte. Er wurde im Jahre 529 als allein gültiges Recht verkündet, wobei die ursprüngliche Fassung nicht erhalten ist.[10]

Anschließend rief Justinianus eine neue Kommission ins Leben, welche die wichtigsten Auszüge der klassischen Juristenschriften zusammentragen sollte. Nach drei Jahren umfasste diese Sammlung, die auf Texten von etwa 40 Autoren basierte, 50 Bücher und wurde in Anlehnung an das klassische julianische *Digestum* als *Digesta* («Zusammengestelltes») bzw. mit dem entsprechenden griechischen Lehnwort als *Pandectae* («Allumfassendes») bezeichnet. Der größte Teil der Digesten entstammte den Schriften der klassischen Autoren, vor allem denen Ulpians. Nachdem die Digesten in Kraft getreten waren, wurden die klassischen Schriften nicht mehr direkt konsultiert. Sie stellen den «umfangreichsten und wissenschaftlich wertvollsten Bestandteil des Corpus iuris»[11] dar. Die Digesten sind in Bücher, Titel und Gesetze unterteilt. Die mittelalterliche Abkürzung für die Digesten ist ff, was aufgrund einer Nachahmung eines π für Pandectae oder als durchgestrichenes D erklärt wird.[12] Die Digesten setzen sich nicht nur aus Original-

---

Rechtsgeschichte befasst sich mit den detaillierten Bezügen eines jeden Textes, hier aber geht es nur um die Umreißung eines Bezugssystems, auf welches dann durch bestimmte Textformen, Inhalte und sprachliche Mittel Bezug genommen wird.

6 Die neuzeitliche Verbreitung des seit dem 13. Jahrhundert geläufigen Begriffes *Corpus Iuris Civilis* ist der 1583 von Dionysius Gothofredus in Genf veröffentlichten Ausgabe zu verdanken (cf. Puig Brutau 1976).

7 Die Endgültigkeit der Kodifikation unterstrich Justinian durch das Verbot der Kommentierung: *nullis iuris peritis in posterum audentibus commentarios illi applicare et verbositae codicis compendium confundere.* (Puig Brutau 1976).

8 Cf. Hattenhauer 1992, 120.

9 «[...] el *ius* debe tener por fuente primordial o única a la *lex*, como si el sedimento de una sabiduría jurídica multisecular no pudiera mantenerse sin la ficción de ser atribuída a quien ostenta los supremos atributos del poder.» (Puig Brutau 1976)

10 Cf. Söllner 1996, 135.

11 Lange 1997, 1.

12 Die Redeweise «etwas aus dem Effeff können» zeugt von der Bedeutung memorisierter Digestenzitate im Mittelalter.

zitaten zusammen, sie aktualisieren und interpretieren die klassischen Texte auch durch Streichungen und Einschübe, «Interpolationen», da es nicht um die Archivierung eines klassischen Corpus, sondern um die Schaffung eines aktuellen Rechtswerkes geht. In der so genannten constitutio «tanta» aus der Einleitung der Digesten heißt es über die Zusammenstellung der klassischen Texte:[13]

> «[...] si quid in legibus eorum vel supervacuum vel imperfectum aut minus idoneum visum est, vel adiectionem vel deminutionem necessariam accipiat et rectissimis tradatur regulis».

Die Behandlung des Rechtsstoffes, wie sie in den Digesten vorgenommen wird, ist das wohl wichtigste Modell für die Rechtsschulen des Mittelalters.

Gleichzeitig mit den Digesten wurden auch die so genannten *Institutiones* verfasst; ein Rechtslehrbuch, das aus vier Büchern bestand, die in einzelne Titel eingeteilt waren, deren längere im Mittelalter in einzelne Paragraphen unterteilt wurden.[14] Die Institutiones sollten die Grundlagen des Rechts für das anfängliche Studium vermitteln.

Nach der Publikation des Codex hatte es Diskussionen um einzelne Gesetze gegeben, was zu einer zweiten Redaktion mit verschiedenen Änderungen führte. Diese zweite, bis heute erhaltene Version des Codex, der *Codex repetitae praelectionis*, wurde im Jahre 534 fertig gestellt und ist das Werk, das wir bis heute als den *Codex Iustiniani* bezeichnen.

Schließlich wurden noch verschiedene Anfügungen und neue Gesetze Justinians, die nach Abschluss der Kodifikation entstanden, zur Sammlung der so genannten *Leges novellae* zusammengefasst. Im Mittelalter sind die Novellae auch als *Authenticum* bekannt, obwohl sich diese Bezeichnung auf eine spätere Version und nicht auf den «authentischen» Originaltext bezieht. Der Codex besteht aus zwölf Büchern, die in Titel, *Constitutiones* und Paragraphen eingeteilt sind. Die Constitutiones der verschiedenen römischen Kaiser sind chronologisch geordnet. Sie beginnen mit einer *Inscriptio*, in welcher der Kaisername mit Titel und der Adressat der Constitutio genannt wird; es folgt der eigentliche Gesetzestext und schließlich die *Subscriptio*, die das Datum der Bekanntgabe nennt.

Die heute verwendeten Gesamtausgaben des Corpus von Mommsen, Krüger, Schoell und Kroll beruhen auf den in der Zeit des Humanismus kritisch edierten Texten; im Mittelalter waren solche umfangreichen, kritischen Ausgaben nicht bekannt.

Justinians Ziel, die «Erneuerung der romanitas, Bewahrung und Belebung der Romidee im wieder zu einigenden Gesamtreich»,[15] hatte nur teilweise Erfolg (und teilweise erst Jahrhunderte später). Vor allem im römischen Westreich blieben nur Teile der justinianischen Texte bekannt, die das Rechtsdenken das ganze Mittelalter hindurch mit prägten. Die wichtigste Errungenschaft der justinianischen Kodifikation, die wissenschaftliche Behandlung des Rechtsstoffs, wie sie sich in den

---

13 C. I., 17. 2. 10, zit. n. Lange 1997, 145.

14 Der erste Absatz wurde dabei jeweils als *principium* angesehen, erst ab dem zweiten Absatz beginnt (mit dem ersten *signum sectionis*, ss > §) die Zählung; der zweite Absatz heißt demnach §1 (Söllner 1996, 138).

15 Hattenhauer 1992, 125.

Digesten findet, ging jedoch verloren. Es gibt zwei Thesen, die diesen Verlust erklären wollen. Auf der einen Seite heißt es, die Digesten seien verschollen gewesen, auf der anderen wird vermutet, man habe einfach nichts mehr mit so komplexen Texten anfangen können.[16] Beide Thesen betreffen auch die «Wiederentdeckung» der Digesten: entweder, der Text ist wirklich im 11. Jahrhundert materiell wiedergefunden worden oder aber die Zeit war reif für seine erneute Rezeption.[17] Gegen eine reine Wiederentdeckung spricht jedoch schon allein die Tatsache, dass die Digesten nicht in ihrer ursprünglichen Version, sondern in einer Vulgatafassung bekannt wurden, die also keiner «entdeckten», sondern einer angepaßten Version entspricht.[18]

Auf die Frage der vorbolognesischen Rechtsschulen kann hier nicht näher eingegangen werden.[19] Es gibt viele Anzeichen dafür, dass die Bolognesische Renaissance auf verschiedene Kontinuitäten oder auf ein gewisses vorbereitendes Terrain Bezug nehmen konnte. So fand auch im Rahmen der Ausbildung in den Artes liberales Rechtsunterricht statt, und vor allem die rhetorische und dialektische Schulung vermittelte ein Wissen, das auch für die Behandlung juristischer Fragen von Nutzen war; etwa wurde bei der im Rahmen der Rhetorik gelehrten *Ars dictaminis*[20] auch in gewissem Maße juristischer Stoff unterrichtet und es wurden schon früh in Mustersammlungen nicht nur Briefe, sondern auch Verträge, Testamente und andere Urkunden aufgenommen.[21] Doch zielte der Artistenunterricht nicht auf Fachwissen, sondern auf enzyklopädische Gesamtbildung ab, die an den Einzeldisziplinen lediglich exemplifiziert wurde,[22] auch wenn an einigen Schulen, so etwa in Pavia oder in Ravenna, aber auch in Bologna, der Rechtsunterricht im Rahmen des Triviums vielleicht ausgeprägter war als an anderen. Es ist nicht erwiesen, ob es in Pavia wirklich eine frühe, vorbolognesische Rechtsschule gab,[23] sicher aber ist, dass es dort einen bedeutenden Stand von *notarii* und *iudices*

---

16 Cf. Radding 1985, 10 und Lange 1997, 15: «[...] bleibt als plausible Erklärung nur der Hinweis auf den wissenschaftlich-gelehrten Charakter dieses sehr umfänglichen und auch nicht sonderlich übersichtlichen Werkes. Man besaß nicht den geistigen Rang, der erforderlich gewesen wäre, um den in den Digesten erhaltenen Rechtsstoff theoretisch zu bewältigen. Man kannte auch nicht die Interpretationsmethoden, mit deren Hilfe man die Digesten der Praxis als lebendiges Gesetz hätte andienen können».

17 Zur ausführlichen Diskussion cf. Lange 1997, 2–28.

18 Cf. dazu Radding 1988, 179ss.

19 Siehe dazu etwa Fried 1974.

20 Cf. hierzu Koch 1987. Der Einfluss der *Ars dictaminis* zeigt sich u. a. in der zwischen 1123–1141 nach deren Vorschriften in Briefform verfassten Antwort des großen bologneseser Juristen Bulgarus de Bulgarini an den Kardinal Aimericus, einen Praktiker der römischen Kurie, in welcher er die Grundlagen des römischen Prozessrechts erläutert. Diese Schrift hat Einfluss auf die gesamte Prozessliteratur der Glossatorenzeit, auch weit über das unmittelbare bologneser Schrifttum hinaus. Zu *Ars dictaminis* und Bologneser Rechtsschule cf. Schmale 1957.

21 Kroeschell 1972, 233.

22 «Im ganzen läßt sich aber doch wohl sagen, dass die Schulen der artes liberales nichts zu leisten vermochten, was man als unmittelbare Vorstufe zur Juristenausbildung in Bologna qualifizieren kann» (Lange 1997, 19).

23 Cf. dazu Radding 1988.

gab, die mit der Anwendung des lokalen Rechts betraut waren. Von der juristischen Aktivität zeugen der *Liber papiensis* und die *Lombarda*, zwei Urkunden- und Lokalrechtssammlungen, die auf das 11. Jahrhundert zurückgehen. Es ist möglich, dass die Aufzeichnungen des Langobardenrechts in Ravenna oder Pavia bereits eine Reaktion auf die beginnende Rezeption des Römischen Rechts darstellten; jedenfalls sind die oberitalienischen Städte für die Vorbereitung des Rezeptionsprozesses von großer Bedeutung. In der so genannten *Kölner Institutionenglosse*, die wohl von einem langobardischen Juristen verfasst wurde, findet sich bereits die erneute Kenntnis einzelner Digestenstellen und eine Stoffbehandlung, die derjenigen der bologneser Juristen in Ansätzen vergleichbar ist; Ähnliches lässt sich für die ebenfalls noch im 11. Jahrhundert in Südfrankreich entstandene Summa *Justiniani est in hoc opere* feststellen. In den Notariatsurkunden in Ravenna ist gegen Ende des 11. Jahrhunderts ein Zuwachs an römischer Rechtsterminologie zu verzeichnen. Die eigentliche Rezeption des Römischen Rechts im Mittelalter jedoch findet erst in Bologna statt.

2.1.2. Bologna

Die *Renaissance des 12. Jahrhunderts* ist eine breite Kulturbewegung, die mit verschiedenen Wissensgebieten und Zentren zusammenhängt. Für die Rechtswissenschaft ist dieses Zentrum ohne jeden Zweifel Bologna. Der entscheidende Schritt, der die Entstehung einer wissenschaftlich fundierten Rechtswissenschaft, die sich auf antike Vorbilder stützen kann, möglich macht, ist die erwähnte Wiederbeschäftigung mit den Digesten in der zweiten Hälfte des 11. Jahrhunderts.[24] Obwohl der Inhalt der römischen Rechtstexte teilweise nicht mehr zeitgemäß war und in der mittelalterlichen Welt viele Dinge zu regeln waren, für die das Römische Recht keine Normen zur Verfügung stellen konnte, fielen die römischen Rechtstexte im Italien des 12. Jahrhunderts auf fruchtbaren Boden, was maßgeblich mit der Idee von der Kontinuität des römischen Reiches bei den deutschen Kaisern und den Verbindungen, die die italienischen Juristen zu den Kaisern hatten, zusammenhing. Der imperiale Gedanke von der juristischen Einheit als Grundlage für die Reichseinheit[25] ist neben der allgemeinen Wiederentdeckung der Bedeutung der Antike einer der wichtigsten Gründe für den Erfolg des justinianischen Rechts, und es ist kein Zufall, dass das Römische Recht gerade von Herrschern mit imperialen Ansprüchen gefördert wurde.[26]

Dass gerade Bologna im juristischen Bereich zum Ausgangspunkt dieser Renaissance wurde, hat verschiedene Gründe. Neben dem großen Reichtum und der wirtschaftlichen Bedeutung der freien Stadt scheint die dortige Artistenschule günstige Voraussetzungen geschaffen zu haben; vermutlich bestanden auch gewisse Beziehungen zu den lombardischen Juristen;[27] inwieweit die individuelle Tätigkeit

---

24 Cf. Haskins 1927, 193ss.

25 Lange 1997, 31 und *passim*.

26 Cf. hierzu die allgemeinen Ausführungen zur Rezeption von Recht bei Wilhelm 1975.

27 Radding 1988, 185 weist auf gewisse Stilverwandtschaften hin: «Because the style itself is cumbersome and not likely to be arrived at spontaneously, the conclusion must be that

der die Schule begründenden Rechtslehrer wie Pepo oder vor allem Irnereus dafür verantwortlich war, lässt sich nur mutmaßen, auch wenn es letztlich wahrscheinlich scheint, dass es das Zusammenspiel beider Faktoren war, das das Fundament für eine jahrhundertelang anhaltende Kontinuität der kontinentalen Bedeutung dieser Schule legte. Für die Tätigkeit des Irnereus scheint die Rolle der Markgräfin Mathilde von Tuscien, zu deren Gefolge Irnereus wohl gehörte und an deren Hofe er als *causidicus*,[28] «Rechtssachwalter», in Erscheinung tritt, eine gewisse Bedeutung zu haben. In einer Chronik aus dem 13. Jahrhundert heißt es, Mathilde habe Irnereus zur erneuten Pflege der (römischen) Rechtsbücher aufgefordert.[29]

Das genaue Gründungsdatum der Universität Bologna ist unbekannt, es muss jedoch vor 1155 liegen, da in diesem Jahr der Kaiser Barbarossa den Lehrenden und den Scholaren Bolognas gewisse Privilegien einräumt.

Über die Organisation der Universität, die Zusammensetzung der Studierenden- und Lehrendenschaft sowie die Art des Unterrichts sind recht genaue Zeugnisse erhalten.[30] Die übliche Form des Unterrichts waren Vorlesungen, die nach einem einheitlichen Muster abgehalten wurden:

> «Der Lehrvortrag begann mit einer summarischen Einführung in den jeweiligen Digesten- oder Codextitel. Anschließend faßte der Vortragende den wesentlichen Inhalt der zunächst zu erörternden Lex oder Constitutio zusammen. Dann verlas er den Quellentext, wobei er kurze Erklärungen einfließen ließ. Es folgte eine Zusammenstellung von Parallel- und Konträrstellen, verbunden mit einer Auflösung von Widersprüchen. Als Nächstes wurden die im Text enthaltenen, der Verallgemeinerung fähigen Rechtsgedanken herausgearbeitet. Die vorletzte Stufe bestand nach einem der Berichte in der Formulierung von Distinktionen. Zum Abschluß wurden Rechtsfragen gestellt und erörtert, wobei an Probleme zu denken ist, die in der betreffenden Quellenstelle nicht unmittelbar enthalten sind, mit ihr aber doch im Sachzusammenhang stehen. Angesichts der Fülle des Stoffes konnten gewiß nicht alle Quellen behandelt werden, und bei einfachen hat man sich wohl auch mit der Verlesung des Textes begnügt.» (Lange 1997, 45)

Diese Darstellung ist für die hier behandelten Fragen besonders wichtig, da die Lektionen von den Studenten ausführlich mitgeschrieben wurden und aus solchen Mitschriften die Grundlage für bestimmte juristische Literaturgattungen wurden, die auch die Basis der ersten Texte Römischen Rechts in den romanischen Sprachen zu bilden scheinen.

---

some of the early Bolognese masters had studied long enough with Lombard jurists to acquire the style from them».

28 Nebenbei bemerkt zeigt sich in Nominalkomposita wie *causidicus* (v. *causam dicere*) die alte lateinische OV-Ordnung (cf. Pinkster 1991, 73).

29 «Eisdem quoque temporibus dominus Wernerius libros legum, qui dudum neglecti fuerant, nec quisdam in eis studuerant, ad petitionem Mathilde comitisse renovavit et, secundum quod olim a dive recordationis imperatore Justiniano compilati fuerant, paucis forte verbis alicubi interpositis eos distinxit» (*apud* Savigny 1834, IV, 10ss. mit Kommentierung). Der historische Wahrheitsgehalt dieser Legende scheint jedoch eher zweifelhaft.

30 Cf. Hessel 1910; Lange 1993.

Die einzelnen bolognesischen Lehrer und deren Werke sind zu einem großen Teil bekannt.[31] Der erste bekannte bologneser Jurist ist ein gewisser Pepo, über den wenig Informationen überliefert sind. Ihm folgt als erster große Rechtslehrer der bereits erwähnte Irnereus, der als eigentlicher Begründer der bologneser Schule gilt und das Fundament für die dieser Schule so eigentümliche Technik der Textbearbeitung durch Glossierung legt, weshalb er und die Juristen der Folgegenerationen (bis zum Ende des 13. Jahrhunderts) als *Glossatoren* in die Geschichte eingegangen sind:[32]

> «Die Summe rechtswissenschaftlicher Kenntnis, über welche bereits Irnereus verfügte, ist der Grundstock der gesamten Rechtswissenschaft der Glossatoren bis in die letzte Zeit hin verblieben».[33]

Auf ihn folgen seine Schüler, die als *quattuor doctores* in die Geschichte eingingen: Bulgarus (gest. 1166), Martinus, Jacobus und Hugo, in der Mitte des 12. Jahrhunderts. Unter den Juristen der anschließenden Generation ist u. a. Rogerius zu erwähnen, dessen Tätigkeit sich z. T. in Südfrankreich abspielte (s. w. u.), und später Placentinus, der wie Rogerius aus Piacenza stammte und nach dem Studium in Bologna ebenfalls in Südfrankreich tätig war. Placentinus gilt als Begründer der Rechtsschule von Montpellier, die auch großen Einfluss auf die Iberische Halbinsel ausübte. Er starb am 12. Februar 1192 in Montpellier. Unter den weiteren bolognesischen Rechtslehrern müssen hier v. a. diejenigen erwähnt werden, deren Schriften nachweislich die Rezeption in Frankreich und Spanien beeinflusst haben, namentlich Johannes Bassianus und vor allem dessen Schüler Azo, der sowohl als Lehrer durch eine große Anzahl von Studenten als auch durch seine weit verbreitete Summa europaweit große Bedeutung hatte.[34] Seine *Summa codicis* galt in ganz Europa bis ins 17. Jahrhundert als maßgebliches Lehrbuch Römischen Rechts; zwischen 1482 und 1610 wurden von ihr 31 Drucke aufgelegt (Savigny 1834, V, 33).[35] Ihren monumentalen Höhepunkt erreichte die Glossierungstätigkeit mit Accursius (ca. 1182–1263),

---

[31] Ein knapper summarischer Überblick findet sich bei Clarence Smith 1975.

[32] Es ist allerdings aus späterer Sicht schwer zu beurteilen, wer diese Juristen wirklich waren, da die folgenden Juristengenerationen eine umfassende historische Mythenbildung betrieben haben. So ist über Pepo außer dem Namen praktisch nichts bekannt; und auch an der Bedeutung des Irnereus gibt es immer mehr Zweifel, nachdem sich in den letzten Jahrzehnten bei den meisten ihm zugeschriebenen Schriften gezeigt hat, dass sie nicht wirklich von ihm stammen.

[33] G. Pescatore *apud* Lange 1997, 161.

[34] Azo Portius (auch Azzo, Azo Porcus, Azo Portius, Azo Porcius) lebte etwa zwischen 1150 und 1230 (das Todesjahr ist nicht bekannt, die Zahlen schwanken zwischen 1220 und 1231); seine Lehrtätigkeit in Bologna fällt in die Zeit ab 1190. Er war Schüler des Johannes Bassianus und gilt als einer der einflussreichsten bolognesischen Lehrer, was sowohl an der Zahl seiner Studenten lag (es wird gesagt, er habe 10.000 Hörer gehabt, was sicherlich übertrieben ist, aber auf eine große Hörerschaft schließen lässt) und andererseits an der weiten Verbreitung seiner *Summa codicis*.

[35] Genzmer (1986, 32) meint, die Summe hätte außerdem eine solche hohe Qualität der zusammenfassenden Darstellung aufgewiesen, dass «niemand nach ihm eine Codexsumme zu schreiben wagte».

dessen *Glossa ordinaria*, ein immenses und ebenfalls weit verbreitetes Werk, 96940 Glossen umfasst[36] und auch Aspekte der Rechtsanwendung mit einschließt.

2.1.3. Zur Methode der Glossatoren

Allein durch ihre autoritativen Texte oder durch ihr institutionelles Zentrum wäre die Wirkung der Schule von Bologna noch nicht ausreichend zu erklären. Ihre wohl größte Leistung und wichtigste Neuerung besteht in der Entwicklung und Anwendung einer eigenen Methode, die in engem Zusammenhang mit dem Unterricht an den Artistenfakultäten und der Scholastik steht.[37] Es ist umstritten, inwieweit die Inhalte der Fächer des Triviums bei den Glossatoren allgemein bekannt waren, da zum Studium des Rechts in Bologna keine Vorkenntnis der Artes liberales verlangt wurde.[38] Doch auch wenn der Trivialunterricht kein fester Bestandteil des Studiums war, so waren dessen Inhalte zumindest präsent, wenn auch z. T. indirekt und in abgewandelter Form. Irnereus wird von Odofredus im 13. Jahrhundert als *Grammaticus* bezeichnet, und es gilt als wahrscheinlich, dass er vor seiner Tätigkeit als Rechtslehrer als Artistenlehrer tätig war. Diese Tatsache allein würde schon genügen, um die Bedeutung der Artes liberales für die bologneser Rechtsschule zu unterstreichen, da ja die nachirnerische Rechtslehre den irnerischen Glossenkanon samt Methode und Darstellungsform übernimmt und weiterentwickelt; gleichzeitig muss aber auch angenommen werden, dass auch allgemein Bezüge zu Grammatik, Dialektik und Rhetorik bekannt waren, wie sich im Einzelnen nachweisen lässt und wie es v. a. für die Zeit ab der zweiten Hälfte des 12. Jahrhunderts eindeutig ist. In der ganzen Diskussion um die Frage der Bekanntheit des Triviums bei den Juristen wird jedoch oft zu wenig beachtet, dass der explizite Unterricht in diesen Fächern zwar für die Juristenausbildung eine wichtige Funktion gehabt haben mag, dass aber auch ohne explizites Trivium die ersten drei Artes bei den Juristen gut bekannt waren, da sie – wenn auch nicht in der systematischen Form des Artistenunterrichts – in den justinianischen Schriften zumindest implizit in teilweise mustergültiger Form enthalten waren.

Über die Kenntnisse der mittelalterlichen *Grammatik* unter den Juristen herrscht keine Einigkeit. Für die Textanalyse konnten den Juristen die Kenntnisse der

---

36 Nach der Zählung von Emil Seckel (apud Genzmer 1986, 12).

37 Otte 1971, 227, der vor allem die *logischen* Grundlagen der bologneser Juristen untersucht, meint zu den Neuerungen der Glossatoren: «Streicht man aus den Werken der Glossatoren alle Stellen, die Einteilungen, Definitionen, Solutiones contrarium oder topische Argumente enthalten, so bleibt eine Literatur übrig, die sich kaum von der vor-irnerischen unterscheidet.» Cf. auch Genzmer 1986.

38 Im Gegensatz zu Paris oder Orleans, cf. Otte, 1971, 28. Von Odofredus sind diesbezüglich Aussagen über verschiedene andere Glossatoren überliefert, so sagt er von Johannes Bassianus, er sei «optimus in artibus» gewesen, von Azo hingegen meint er «tamen non fuit bonus loicus, nescivit in artibus» (Genzmer 1986, 5). Bei Azo lassen sich aber z. T. eindeutige Bezüge auf Porphyrios ausmachen. Genzmer stellt fest, dass v. a. die im Artistenunterricht vermittelten Kenntnisse der Logik für die Glossatoren von Bedeutung waren und meint darüber hinaus: «auch abgesehen von der Logik verleugnen sie ihre im *Trivium* empfangene Allgemeinbildung nicht.» (Genzmer 1986, 5s.).

Grammatica speculativa nützlich sein, wobei letztlich der Umfang dieser Kenntnisse bei den Glossatoren und ihren Nachfolgern unklar bleibt, auch wenn einige Autoren deren Bedeutung für die Juristen hervorgehoben haben,[39] während andere abstreiten, dass aus der mittelaterlichen Grammatik irgendetwas für die Textbehandlung hätte abgeleitet werden können, was nicht im Corpus Iuris in vollendeterer und für den juristischen Stoff angemessenerer Form vorzufinden war.[40] Antonio Carcaterra hat in mehreren Arbeiten darauf hingewiesen, dass die bologneser Juristen im Gegensatz zur modernen Rechtswissenschaft, die erst in den letzten Jahrzehnten eine vor allem semantisch, aber auch textlinguistisch orientierte Rechtslinguistik entwickelt hat, sich nicht nur für die juristische Semantik, sondern für die gesamte antike Sprachtheorie interessierten und auf der Basis einer eigenen juristischen Sprachauffassung ein eigenständiges metasprachliches und sprachliches Gebäude kreierten.[41] Dieses Gebäude ist durch die justinianischen Schriften selbst, in erster Linie in den Digesten, überliefert, und zwar einerseits explizit, im vorletzten Buch der Digesten in dem Titel *De verborum significatione*, und andererseits in den metasprachlichen Äußerungen entlang des ganzen Werkes. Carcaterra versucht zu zeigen, dass die Sprache des Römischen Rechts und damit auch der bologneser Juristen nicht nur ein mit Termini durchsetztes Latein ist, sondern eine eigene Sprache, die nur oberflächlich teilweise alltagsprachlichen Charakter hat. So seien juristische Termini nicht nur eindeutig als solche identifizierbare Begriffe wie *iudex*, *procurator* etc., sondern nachweislich auch solche wie *parens, persona, res, potestas, redire, bonus, fides, flumen, rivus* und selbst *Roma* u. v. m., von denen behauptet wurde, sie seien untechnisch und würden im allgemeinsprachlichen Verständnis verwendet. Ein Wort wie *parens* wird etwa im Römischen Recht im Gegensatz zur allgemeinsprachlichen Verwendung definiert: «Parens vulgo pater aut mater appellatur, sed iuris prudentes avos et proavos, avias et proavias parentum nomine appelari dicunt.»[42] In anderen Fällen, wie im Falle der Stadt Rom, wird terminologisch festgelegt, dass *Roma* die bewohnten Gebiete auch außerhalb der Mauern bezeichnet, während sich *urbs* nur auf die Gebiete innerhalb der Mauern bezieht:

> «[...] ‹urbis› appellatio muris, ‹Romae› continentibus aedificiis finitur». (Dig. 50, 16, 2)

---

39 «[...] la grammaire spéculative, l'un des arts du Trivium, acquit pour la science juridique une importance primordiale et préliminaire; elle lui offrait en effet, comme c'était également le cas pour les recherches bibliques, les instruments nécessaires à l'analyse littéraire du texte» (Paradisi 1978, 143).

40 Ein bekannter Text des 1157 geborenen Grammatikers Alexander Neckam über juristische Begriffe wurde von Kantorowicz (1937) ediert und kommentiert. Neckam war Artistenschüler und Lehrer in Paris und diskutiert etwa die Etymologie des Begriffes *Digestum* und die Frage der Aufteilung der Digesten. Nach Kantorowiczs Ansicht hat die hier gezeigte Art von grammatischer Stoffbehandlung für die Rechtswissenschaft überhaupt nichts gebracht, da es dabei nur um die «accentuation and declension» (S. 38) isolierter Wörter gegangen sei. Viel wichtiger sei dagegen die (auch grammatische und logische) Schulung gewesen, die die bologneser Juristen in den justinianischen Texten selbst, v. a. in den Digesten, vorgefunden hätten.

41 U. a. in Carcaterra 1972, 11. Cf. auch Luhmann 1995, 84.

42 Carcaterra 1972, 28s.

Carcaterras Analysen dürfen nun freilich nicht so interpretiert werden, dass die römischen Juristen kein Latein schrieben, sondern dass ihr Latein durchgehend terminologischen Charakter hat und auf einem genau festgelegten Referenzsystem beruht. Die Polysemie der lateinischen Begriffe wird durch definitorische Festlegung desambiguiert; es wird ein eigenes Begriffssystem und damit ein wirklich eigenes Rechtssystem geschaffen. Dieses eigene Rechtssystem ist im neuzeitlichen Sinne wissenschaftlich, indem es eine eindeutige Beziehung zwischen Objekt und Begriff mittels Terminologie herzustellen versucht. Die Beherrschung dieses Begriffs- und Referenzsystems entspricht dem, was w. o. (1.2.2.7.) als «Diskurs» bezeichnet wurde, dem römisch-juristischen Diskurs, der als das, was hier *Bolognesischer Diskurs* genannt wurde, im Mittelalter erneut aufgenommen wird und mit inhaltlichen, aber nicht prinzipiellen Abweichungen bis in die Gegenwart lebendig ist, wenn von juristischem Denken im Gegensatz zum Alltagsdenken gesprochen wird.

Von den beiden anderen Disziplinen des Trivium war vor allem die *Dialektik* als Wissenschaft von der Einteilung und Behandlung des Stoffes nach logischen Prinzipien neben der Rhetorik, die dann die Darstellungsweise des Stoffes vorgab, die für den Bolognesischen Diskurs wichtigste methodische Grundlage. Das antike Fundament der Dialektik ist in erster Linie das aristotelische Organon, also die Lehre der Kategorien, die Lehre vom Urteil, die erste und die zweite Analytik und die Sophistischen Widerlegungen. Hinzu kommt später als kurze Einführung in die Kategorien die Isagoge des Neuplatonikers Porphyrios. Für das Mittelalter sind diese Quellen in erster Linie in der lateinischen Vermittlung und Kommentierung des Boethius bekannt. Während jedoch im Frühmittelalter nur knappe, unvollständige Darstellungen der Dialektik verbreitet waren, vor allem durch die Schriften von Martianus Capella, Cassiodor und Isidor von Sevilla, so sind seit der Karolingischen Renaissance vermehrt direkte Bezüge zum Organon nachweisbar. Zur Zeit des Beginns der bolognesischen Rechtsschule ist die antike Logik wieder weitgehend bekannt, wie etwa die Aufzählung der sieben wesentlichen Quellen der Logik bei Abaelard zeigt.[43] Die bologneser Juristen fanden die Formen der Argumentation nach der antiken Logik wiederum in erster Linie im Corpus Iuris vor, auch hier vor allem in den Digesten,[44] und das Aufeinandertreffen juristischer Argumentationsweise und mittelalterlicher logischer Schulung führte zu einer fruchtbaren Verbindung, zumal ab der zweiten Hälfte des 12. und im 13. Jahrhundert, als die italienischen Juristen durch den Kontakt nach Orléans und Montpellier verstärkt von der französischen Dialektik profitierten.

---

43 Cf. Otte 1971, 20, und Grabmann 1909, I.

44 «[...] dans la doctrine juridique médiévale, à commencer par Bologne, la tradition du premier moyen âge, qui avait donné d'importance à la méthode du raisonnement, se trouva confrontée à l'argumentation juridique des textes romains du Digeste, qui comportaient également, mais dans une mesure limitée, l'usage de la dialectique. Ainsi, dans l'imitation de la jurisprudence antique, règle constante de la doctrine bolonaise, la redécouverte du raisonnement juridique équilibra la méthode démonstrative et en réduisit l'importance; l'un et l'autre furent d'abord appliqués en étroite liaison, d'autant plus que l'intérêt des premières générations des Maîtres était attiré vers l'analyse théorique du contenu du Corpus Iuris» (Paradisi 1978, 144).

Über die genaue Kenntnis der antiken Schriften der Logik bei den Glossatoren ist relativ wenig bekannt. Otte (1971, 22ss.) weist z. T. wörtliche Bezüge zu Boethius in Irnereus zugeschriebenen Schriften nach. Die Schriften des Boethius stellen die für die Zeit unmittelbare Quelle der aristotelischen Werke dar; das ganze Organon einschließlich der Isagoge des Porphyrios wird in Boethiusscher Kommentierung rezipiert.[45] Letztlich scheinen jedoch die logischen Prinzipien, die in den justinianischen Schriften vorzufinden sind, für die bologneser Juristen weitaus größere Bedeutung gehabt zu haben als die unmittelbaren Schriften der antiken Logik.

Eine teilweise mittelalterliche Neuerung stellt die systematische Anordnung des Stoffes nach den Prinzipien der *Rhetorik* dar. Die z. T. schwer erschließbare Materialfülle des Corpus Iuris wurde für den Rechtsunterricht und für die Darstellung in summierenden Schriften nach der didaktisch-exegetischen Methode[46] neu angeordnet und linearisiert, was die Verbreitung des neuen Rechts auch aus ökonomischen Gründen in ganz Europa erleichterte, denn die umfangreichen Manuskripte des Corpus Iuris waren im Gegensatz zu den handlicheren mittelalterlichen Summen für viele unerschwinglich.

Die bolognesische Rechtswissenschaft ist ein Teil der Scholastik und ihre Methode ist letztlich die scholastische.[47] Der Kontakt zwischen scholastischer Methode und justinianischen Rechtstexten führte zu einer fruchtbaren Synthese, bei der es oft unmöglich ist zu entscheiden, ob die Prinzipien der Artes und die mittelalterliche Logik den Zugang zu den Rechtstexten ermöglichten oder ob umgekehrt in der Scholastik justinianisches Gedankengut wiedergefunden wird. Etymologische und semantische Prinzipien finden sich bei Aristoteles und bei Justinian; die Aufteilungsprinzipien des *Liber de divisione* bei Boethius ähneln den Prinzipien der Divisio, wie sie in den Digesten gelehrt werden, und in den Digesten und den Institutionen findet sich der Stoff nach den Prinzipien der antiken Rhetorik angeordnet. Die justinianischen Texte sind keine Sonderprodukte, sondern Teil jenes spätantiken Corpus, das den Weg zur Wiederentdeckung der ganzen antiken Tradition im Mittelalter ebnet.

2.1.4. Die bolognesischen Textsorten

Neben dem Corpus Iuris, dem Bezug auf ein bestimmtes institutionelles Zentrum und der scholastischen Methode ist der «Bolognesische Diskurs» durch eine Reihe

---

[45] Fraglich ist dabei oft, in welchem Maße die Schriften des Boethius wirklich bekannt waren. Häufig kann man sich des Eindrucks nicht erwehren, die Boethius- oder Aristoteleszitate seien reines Zierwerk und ohne allzu großes Fundament. Zur Aristotelesrezeption im Mittelalter cf. Grabmann 1909, I, 148–177.

[46] Cf. Grabmann 1909, II, 13–24; Weimar 1974, 129ss.

[47] «Die mittelalterliche Rechtswissenschaft erwuchs aus der Anwendung der scholastischen Methode auf das Corpus iuris Justinians. [...] Die scholastische Methode vermittelte zuerst eine Vorstellung vom Inhalt eines Textes und erklärte den Text; danach zeigte sie Ordnungszusammenhänge innerhalb der Quellen auf; zuletzt untersuchte sie jede Stelle auf ihre Brauchbarkeit zur Lösung von Rechtsproblemen» (Weimar 1974, 131 u. 140).

mittelalterlicher Textsorten geprägt, die im Rahmen des Rechtsunterrichts in Bologna entstehen. Der charakteristischste Texttyp seit Irnereus, dem die bologneser Juristen von Irnereus bis Accursius ihren Beinamen verdanken, ist die *Glosse*. Seit Isidor von Sevilla war es üblich, einzelne Wörter glossierend zu erklären. Bei Alcuin heißt es, *Glossa est unius verbi vel nominis interpretatio*. Von der Wortglosse (meist als Interlinearglosse) entwickelt sich die Glossierungstechnik weiter zur Randglosse, die nicht nur der Wortexegese, sondern auch der Exegese einzelner Textabschnitte dienen kann. In der Glossatorenzeit schließlich werden die Glossen immer ausführlichere Anmerkungsapparate zu den einzelnen Titeln v. a. des Codex und der Digesten; gleichzeitig bilden sich unterschiedliche Glossentypen heraus, die jeweils unterschiedlichen Verfahren entsprechen und aus welchen dann auch eigenständige Textsorten entstehen, die alle in engem Zusammenhang mit bestimmten Funktionen im Rechtsunterricht stehen: *Prooemia* und *Materiae*, *Introductiones titulorum*, *Introductiones legum*, Texterklärungen im engeren Sinn, Angabe von Parallelstellen und *Authenticae*, *Quaestiones legitimae*, *Divisiones / Distinctiones*, *Argumenta* und *Quaestiones de facto*.[48]

Prooemia oder Materiae, die nach den rhetorischen Regeln *nomen*, *materia*, *intentio*, *utilitas / finis* und *pars philosophiae* (die Stellung im philosophischen System) zu nennen haben, sind z. T. als eigenständige Texte überliefert. Aus den *Introductiones titulorum*, die teils nur aus einer Überschrift, teils aus Überschrift mit Erklärung, teils mit *continuationes titulorum*, teils mit *divisiones materiae* bestehen, entstehen als eigener Texttyp *Introductiones titulorum* oder Titelsummen. Aus den *Introductiones legum* entstehen Casuswerke oder Commenta; aus den Definitionen z. T. Definitionensammlungen; aus den Angaben von Parallelstellen ebenfalls katalogartige Sammlungen; aus den *Quaestiones legitimae* so genannte *Quare*-Sammlungen; aus den *Distinctiones* und *Divisiones* eigenständige Distinktionensammlungen,[49] aus den *Argumenta* so genannte *Brocardica*, die entgegengesetzte Argumente auflisten; und aus den *Quaestiones de facto* so genannte Quaestionensammlungen.

2.1.4.1. Texttyp *Summa*

Die Glosse steht im Zentrum der bolognesischen Lehre der Glossatorenzeit. Für die Verbreitung dieser Lehre in ganz Europa ist jedoch in erster Linie der Texttyp der Rechtssumme maßgebend.

---

48 Die einzelnen Textsorten können hier nicht eingehend beschrieben werden. Cf. dazu Weimar 1973, 140ss.

49 Distinktionen gibt es seit der Zeit des Irnereus. Sie haben ihren Ursprung in den tabellarischen Übersichten der Lombardisten und sind teils als Tabellen angeordnet, teils ausformuliert. Seckel (1911) unterscheidet drei Blütephasen der Distinktionenliteratur, eine erste mit Irnereus und den Vier Doktoren, eine zweite mit Bassianus und eine dritte mit Azo und Hugolinus. Die frühesten überlieferten Distinktionen sind die so genannten *Distinctiones tubingenis* (aus der Hs. Tübingen Mc 14). Sie sind meist nach dem einheitlichen Muster *x sunt alie a, alie b* aufgebaut.

«Die Glossatoren summierten nicht nur in den Introductiones titulorum der Glossenapparate und Vorlesungen, sondern auch – und vor allem – in besonderen Summen, der neben den Glossenapparaten wichtigsten Gattung mittelalterlicher rechtswissenschaftlicher Literatur» (Weimar 1973, 188).

Schon Savigny sah in der Summe den wichtigsten Texttyp der bologneser Rechtswissenschaft.[50] Dabei ist zunächst zu unterscheiden zwischen verschiedenen *Summae* im juristischen Bereich und *Summae* in anderen Bereichen, v. a. in der Theologie; und darüber hinaus ist auf die Beziehung zwischen schriftlich fixierten *Summae* und dem scholastischen Unterricht einzugehen.[51]

Bevor jedoch verschiedene Summentypen beschrieben werden, soll versucht werden, eine einheitliche Definition zu finden. Das *HRG* definiert den Begriff «Rechtssumme» folgendermaßen:

«*Summa, summae, summula, summulae* ist eine zusammenfassende Darstellung, die den Gegenstand eines Titels (Titelsumme) oder aller Titel eines Teiles des Corpus iuris civilis in quellenmäßiger Ordnung (Gesamtsumme) zum Inhalt hat. Zweck der R. ist die übersichtliche Darstellung der Rechtsmaterie, um vor allem dem praktisch tätigen Juristen eine Hilfe zur Bewältigung der Stoffülle des Römischen Rechtes an die Hand zu geben. Die R. stellt eine wichtige Gattung in der ma. rechtswissenschaftlichen Literatur dar und ist überwiegend im 12. bis 14. Jh. mit Schwerpunkt in Oberitalien entstanden» (*HRG*, 4, *s. v.* «Rechtssumme»).

In den *Sententiae*, 3, des Robert von Melun heißt es: *Summa est singulorum compendiosa collectio*. Die Schwierigkeit, die verschiedenen unter der Eigenbezeichnung *Summa* überlieferten Schriften einheitlich zu definieren, hat dazu geführt, dass man terminologische Unterscheidungen eingeführt hat. Über alle Verschiedenheit hinaus kann jedoch gesagt werden, dass Summa immer eine strukturierte Gesamtanlage bezeichnet, in der ein Sachverhalt mit einer gewissen Einheitlichkeit linearisiert dargestellt wird.[52] *Singulorum* muss also verstanden werden als auf Teile einer höheren Einheit bezogen, *compendiosa* auf die Zusammenstellung nach gewissen logischen Prinzipien. Über diese allgemeine Charakterisierung hinaus sind die verschiedenen Summae an z. T. klar festgelegte Inhalts- und Textformen gebunden.

Die *Summa* ist ein genuin mittelalterlicher Texttyp. Ihre Entstehung geht im juristischen Bereich bis etwa ins 9. Jahrhundert zurück; doch sind die ersten summenartigen juristischen Texte wie etwa die *Ordo iudiciorum* des Hincmar von Reims lokal begrenzt und finden wenig Verbreitung. Zu Beginn des 12. Jahrhunderts erlebt die Summa durch die Arbeiten von Abaelard und anderen im Bereich der Theologie eine große Blüte; sie steht in engem Zusammenhang mit dem Artistenunterricht. Die Lectio und die Disputatio sind üblicherweise nach dem

---

50 «In ihnen [i. e. den *Summae*] lag der erste Anfang einer systematischen Behandlung der Rechtswissenschaft» (Savigny 1834, III, 567).

51 Für das Folgende cf. Savigny 1834; Grabmann 1957, II, 23ss; Nörr 1967; Weimar 1973; Fowler-Magerl 1984.

52 Im 12. Jahrhundert ist der Begriff allgemein verbreitet als «technische Bezeichnung für zusammenfassende Darstellung, Nachschlagewerk usw. der verschiedensten Disziplinen», Grabmann 1957, II, 23.

Summenprinzip aufgebaut, denn es geht hier ebenfalls um eine lineare, für den Hörer gut nachvollziehbare Darstellung eines Sachverhaltes, so dass die Summa gewissermaßen das schriftliche Gegenstück der scholastischen Lektion darstellt. Daher wurde vermutet, es handle sich bei einigen Summae um nichts anderes als niedergeschriebene Vorlesungen; es muss jedoch wahrscheinlich unterschieden werden zwischen den teils überlieferten Vorlesungsmanuskripten und den sich auf ihrer Basis verselbständigenden Summae, die z. T. eine weite geographische Verbreitung in zahlreichen Abschriften erfahren haben, auch wenn eine enge Verbindung von Summa und Unterricht eindeutig ist und es sich bei den Summae um Lehrwerke mit didaktischem Anspruch handelt.

Im Bereich des Rechtswesens unterscheidet man die Summa[53] der Glossatoren, die aus der Zusammenfassung des Inhaltes eines Codextitels besteht, so genannten monographischen Summen oder Summulae und Gesamtsummen, die das ganze Recht zusammenfassen, wobei hier wiederum zwischen Codexsummen, die den ganzen Codex Iuris darstellen, und Institutionensummen unterschieden werden muss; bei letzteren handelt es sich um einfachere Lehrbücher. Es wurde bereits gesagt, dass eine der Besonderheiten des Römischen Rechts in der ausführlichen Darstellung und komplexen Organisation des Prozesses lag; gerade in diesem Bereich weicht das Römische Recht weitgehend von den lokalen Traditionen in ganz Europa ab. Nun ist aber die Darstellung des Prozesses in den römischen Quellen äußerst komplex:

> «Auffällig ist, daß im Römischen Recht auf eine übersichtliche Zusammenfassung der vielen Einzelbestimmungen über den Prozeßverlauf offensichtlich kein großer Wert gelegt wurde» (Fowler-Magerl 1984, 9).

Dies lag wohl z. T. daran, dass die Abläufe des Prozesses in justinianischer Zeit u. a. durch die Praxis vermittelt wurden und eine einfache Darstellung nicht notwendig erschien; außerdem waren die Juristen als Fachleute mit den komplexen Texten vertraut, zwei Faktoren, die zur Zeit der Renaissance des gelehrten Rechts in diesem Maße nicht mehr gegeben waren. Nun scheinen sowohl die Notwendigkeit übersichtlicher Darstellungen für einen größeren Personenkreis, als auch die Existenz der *Summa* als didaktischer Textform einerseits die Möglichkeit nahe gelegt haben, das Prozessrecht in dieser Form darzustellen und andererseits zu einem relativ großen Erfolg der neuen Texte beigetragen haben:

> «Im 11. und 12. Jh., als die justinianischen Rechtsbücher in ihrer Ganzheit wieder gelesen wurden und der Wunsch entstand, diese Literatur für die Praxis wieder zu verwerten, gab es nur wenige Personen, die diese Literatur zu überblicken vermochten. Die Kenntnis dieser römischen Literatur erschien aber vielen für die Rechtspraxis wichtig. Gleichzeitig erschien in der Scholastik die Summe-Form» (Fowler-Magerl 1984, 11).

---

53 In der frühen Tradition wird *Summa* für die summarische Behandlung eines einzelnen Titels verwendet, der Plural *Summae* kann dann durchaus ein einziges Werk, in dem mehrere Titel summiert werden, behandeln. Seit Placentinus wird Summa als Singular auch für das Gesamtwerk der Titelsumme benutzt.

Die kanonische Form der Kodexsumme, die für die ersten Rechtssummen in romanischer Sprache maßgebliches Vorbild ist, lässt sich etwa an den berühmten und verbreiteten Summen des Placentinus oder des Azo darstellen.

Die Summae beginnen jeweils mit einem Prooemium, das Autor, Intentio und Utilitas nennt. Jeder einzelne Titel beginnt dann jeweils mit einer Continuatio titulorum, die den Titel in Bezug zu vorherigen Titeln setzt. Darauf folgt die Vorstellung des folgenden Titels mit der einteilenden Summierung des Stoffes in einer Summula. In der bolognesischen Tradition werden die Fakten – mit Bezug zur Rhetorik – in der Reihenfolge *persona* – *factum* – *causa* – *locus* – *tempus* – *modus* – *facultas* dargestellt; dieser Reihenfolge entsprechen die Fragen: *quis*, *quid*, *cur*, *ubi*, *quando*, *quemadmodum*, *quibus adminiculis*.[54] Was folgt, ist meist die Definition des für den Titel zentralen Rechtsbegriffes und dann die einzelnen Gesetze, in denen die einzelnen Fragen der Reihe nach beantwortet werden. Innerhalb der einzelnen Gesetze finden sich oft Distinktionen und mitunter einzelne Fallbeispiele zur Veranschaulichung. Besonders charakteristisch für die Summae sind neben der hierarchisiert-linearisierten Darstellung des Stoffes die in der antiken rhetorischen Tradition üblichen versprachlichten Hinweise auf die Gliederung, welche auch Hinweise auf den Hörer/Leser (*nunc videamus*, *dictum est* etc.) mit einbeziehen.

2.1.5. Die Rolle des Kanonischen Rechts[55]

Die Bolognesische Renaissance des Römischen Rechts wird in ihrer ersten Phase vor allem bedingt durch die Beschäftigung mit den zivilrechtlichen Texten Justinians. Auch in den justinianischen Texten finden sich Teile, die sich mit Fragen der Kirche beschäftigen. Daneben gibt es eine durchgehende mittelalterliche Tradition des Kirchenrechts, die von der bologneser Methode nicht unberührt bleibt. Die Lehr- und Unterrichtsmethoden und die Texttypen des Zivilrechts und des Kanonischen Rechts verschmelzen in Bologna,[56] sie werden auch institutionell meist nicht ge-

---

[54] Es gibt in der antiken Rhetorik variierende Einteilungsmuster für verschiedene Zwecke. Auch im Mittelalter sind unterschiedliche Einteilungsmuster verbreitet. Das ab dem 13. Jahrhundert verbreitetste Muster zur literarischen Analyse mit Hilfe von sieben Kurzfragen wird Johannes Scotus zugeschrieben: «In exponendis libris autenticis VII periochae id est circumstantiae sunt requeriendae: quae, ut Graeco utamur eloquio, sunt: τίς, τί, διὰ τί, πῶς, ποῦ, πότε, πόδεν; ut haec ipsa ore Latino absolvamus: quis, quid, cur, quomodo, ubi, quando, unde» (in: Karl Bayer (ed.), *Vergil-Viten*, Würzburg, Heimeran, 1970, 274ss.).

[55] Für die Geschichte des Kanonischen Rechts cf. Kurtscheid 1943; Kuttner 1980; eine knappe Überblicksdarstellung bietet Nörr 1983.

[56] In der *Summa aurea* des Hostiensis (cf. Ochoa Sans 1960, 56) heißt es zum Rechtsunterricht im Kanonischen Recht, die Tätigkeit habe folgenden Ablauf: «ponendo casus vel dicendo sensum litterae. Secundo legendo litteram et exponendo et etiam construendo si difficilis appareat. Tertio inducendo similia. Quarto inducendo contraria, et solvendo et distinguendo. Quinto quaestiones faciendo et determinando. Sexto dicendo notabilia ad quae et qualiter induci debeat decretalis. Non tamen haec omnia specialia ordinem servari possunt, vel quia oblivioni traditur vel quia non plene providetur». Die Unterrichtsmethoden im Zivilrecht und im Kanonischen Recht entsprachen sich weitgehend.

trennt.[57] Die Kanonisten sind im Allgemeinen auch im Zivilrecht ausgewiesen und werden *utriusque iuris doctores* genannt. Die wissenschaftliche Behandlung der kirchenrechtlichen Inhalte geschieht zwar im Vergleich zum Zivilrecht mit einer gewissen Verzögerung, ist aber trotz ihrer scheinbaren Plötzlichkeit Teil eines Gesamtprozesses:

> «Das fast plötzliche Aufblühen einer kirchlichen Rechtswissenschaft um die Mitte des 12. Jahrhunderts ist letztlich nur zu verstehen als Teilerscheinung eines das 11. und 12. Jahrhundert auszeichnenden Gesamtvorganges: des Hervortretens einer rationalen Weltbetrachtung, des raschen Aufstiegs einer neuen Wissenschaftlichkeit» (Nörr 1973, 366).

Den entscheidenden Anstoß für die plötzliche Ausbreitung des Kirchenrechts nach bologneser Methode bildet das *Decretum Gratiani,*[58] (eigtl. *Concordantia discordantium canonum*, ca. 1140) des bolognesischen Kamaldulensermönchs Gratianus, in dem versucht wird, eine Synthese aus den in verschiedenen Jahrhunderten angesammelten kirchenrechtlichen Gesetzen in systematischer Weise darzustellen. Es besteht aus 101 Distinktionen zu den *ministeria* (Kirchenämter und Personen); 36 Rechtsfällen (causae) zu den *negotia* (Prozess-, Vermögens- und Ordensrecht), und fünf Distinktionen über die *sacramenta* (Gottesdienst und Sakramente).[59] Das so entstehende *Corpus iuris canonici* wird zur Ergänzung des Corpus iuris civilis. Der Aufbau der einzelnen *Canones* geschieht stets nach dem gleichen Muster: auf das *dictum* folgt die *inscriptio* mit Hinweisen auf die *auctoritas*, dann werden Argumente *pro* und *contra* aufgeführt und schließlich folgt die *concordia*, die einen Einklang zwischen den widersprüchlichen Canones herstellt.[60]

Nach dem Decretum Gratiani wird das Kanonische Recht in sog. Decretales laufend erweitert und aktualisiert; die textuelle Form bleibt dabei weitgehend erhalten. In der Folgezeit werden immer wieder Sammlungen der Dekretalen angefertigt, bedeutend ist etwa die 1210 entstandene Compilatio Bernardi Compostellani oder die Sammlung Gregors IX. (1234). Auch im Kanonischen Recht werden die Glossen zu einer von Johannes Teutonicus verfassten *Glossa ordinaria* zusammengefasst.

Die besondere Bedeutung des Kanonischen Rechts für die Rezeption des Römischen Rechts als umfassender Kulturbewegung liegt vielleicht noch mehr als in den eigenen Texten in der Trägerfunktion, die das Kanonische Recht für die Ausbreitung der bolognesischen Methode hat.[61] Die schnelle Verbreitung des Römischen Rechts in ganz Europa findet eigentlich erst nach Gratians Dekret statt;

---

57 «[...] die mittelalterliche Universität dient nun den *beiden* gelehrten Rechten. Gewiß hat es Schwankungen und individuelle Sonderformen gegeben; aber typischerweise war die mittelalterliche Rechtsfakultät oder Rechtsuniversität eine Anstalt, in der sowohl Römisches als auch Kanonisches Recht gelehrt wurde» (Coing 1967, 7s.).

58 Die bayerische Staatsbibliothek bietet im Internet eine graphische und eine Textversion des *Decretum Gratiani* unter http://mdz.bib-bvb.de/digbib/gratian/

59 Kroeschell 1972, 234.

60 Cf. Nörr 1973, 837.

61 Gouron (1978, 115) spricht vom «support et relais» des Kanonischen Rechts für das Zivilrecht.

die Kirche als zentralisierte, europaweite, mächtige Institution ist es, die zu einer fast rasenden Verbreitung der Kanonischen Innovation, der mit ihr verbundenen Methode und der mit dieser Methode verbundenen rechtlichen Prinzipien beiträgt. Gleichzeitig ist das Kanonische Recht stets auch mit einem konkreten Praxisbezug vebunden: eine große Zahl von Geistlichen aus ganz Europa, die in Bologna beide Rechte studiert haben, bekleiden anschließend (oft in ihrer Heimat) wichtige Kirchenämter; ab der zweiten Hälfte des 12. Jahrhunderts werden bevorzugt im Römischen Recht Kundige zu Bischöfen ernannt; Personen also, die dieses Recht nicht nur kennen, sondern auch praktisch anwenden müssen. Während das Zivilrecht im 12. Jahrhundert über die Studia hinaus noch geringe Wirkung zeigt, ist das Kanonische Recht ein wichtiges Ventil, über welches die neue Methode aus der reinen Wissenschaftlichkeit heraus in die Anwendung tritt.

2.1.6. Die Bolognesische Renaissance und das europäische Mittelalter

Zusammenfassend kann gesagt werden, dass die Bolognesische Schule des 12. und 13. Jahrhunderts nicht nur das Rechtsdenken, sondern die ganze intellektuelle Landschaft Europas grundlegend verändert, denn für die universitäre Rechtsausbildung war seitdem das «Muster von Bologna im Grundsätzlichen maßgebend» (Coing 1967, 8). In Bologna werden die antiken römischen Rechtsideale auf das Mittelalter übertragen, die bis in die Gegenwart das europäische Rechtsdenken prägen. Das Römische Recht basiert auf einer abstrakten, auf verschiedene Einzelfälle anwendbaren Gesetzgebung; es beruht auf grundlegenden, nicht geschichtlich bedingten, sondern als universell angesehenen Prinzipien wie dem Friedens- und Gerechtigkeitsgedanken, dem Schutz des Schwächeren etc.[62]

Innerhalb der Bologneser Schule zeigt sich einerseits ein Kollektivbewusstsein der Zugehörigkeit zu einer bestimmten Gruppe, deren Mitglieder durch den Bezug zu einer bestimmten Institution und Kenntnis bestimmter Texte und Methoden als solche identifizierbar sind.[63] Die bolognesischen Texte sind die Werke dieses Kollektivs, die von Individuen kopiert und ergänzt werden. Andererseits zeigt sich hier aber auch eine klare Vorstellung von der Leistung der einzelnen Individuen als Autoren, wenn die einzelnen Anfügungen an das Gemeinschaftswerk als solche gekennzeichnet werden und die Autorschaft stets belegt wird, wobei dies v. a. für die unmittelbaren Glossierungen des Corpus Iuris gilt und nicht im gleichen Maße für die unabhängigeren summierenden Schriften, die etwa in der südfranzösischen Tradition im Allgemeinen anonym sind.

Bologna ist Zentrum einer gesamteuropäischen Elite und gleichzeitig Ort der Trennung von theoretischem Studium und Praxis. Die bologneser Juristen sind zwar häufig als Praktiker tätig, doch besteht die praktische Tätigkeit in der Begutachtung von Rechtsfällen auf der Basis wissenschaftlicher Bildung, die für die praktische

---

62 «[...] in der Zeit von 1200–1500 entstand durch die Bildung und Ausbreitung der gelehrten Rechte in Europa eine einheitliche Grundlage des juristischen wissenschaftlichen Denkens» (Coing 1967, 14).

63 Nach Coing 1967, 9 werden dadurch die «Juristen als besondere soziale Gruppe» abgegrenzt. Cf. auch Fried 1974.

Anwendung aufgearbeitet und vereinfacht werden muss. Der Trennung von Theorie und Praxis entspricht dann bei der Ausbreitung des neuen Rechts in Europa auch eine Trennung von Institutionen: die wissenschaftliche Beschäftigung mit dem Recht findet an den in ganz Europa neu entstehenden Studia und Universitäten statt, während die Rechtsanwendung einerseits in den Klöstern und andererseits, im Zuge der fortschreitenden Profanisierung der Gesellschaft, in den außerhalb der Klöster in den Städten[64] neu entstehenden Kanzleien und Notariaten angesiedelt ist. Seit der Bolognesischen Renaissance ist die Jurisprudenz allgemein als Universitätsfach anerkannt und vom Notariatswesen und der Rechtsanwendung getrennt.

Die Trennung von universitärem[65] und praktischem Wissen, von Wissenschaft und Anwendung, spiegelt sich auch in den Texten des Rechts und häufig auch in der dafür verwendeten Sprache: während die Volkssprachen mehr und mehr zu Sprachen der Anwendung werden, sind die wissenschaftlichen Texte und der universitäre Unterricht Orte der Restauration einer klassischeren Form des Juristenlateins. Es sind die gebildeten Juristen, die beide Seiten dieser Diglossie kennen und mit gestalten, indem sie für universitäre Zwecke lateinische Texte, für praktischere Zwecke oder zum Zwecke der Archivierung auch volkssprachliche Texte verfassen.[66] Wie in den folgenden Abschnitten und w. u. zu zeigen sein wird, ist jedoch die volkssprachliche Rezeption schon bald nicht mehr nur Ort der Vereinfachung der komplexen römischen Rechtstexte, sondern auch Ort neuer Kreation und Synthese von römischer Tradition und mittelalterlicher Neuerung.

2.2. Die Rezeption des Römischen Rechts in der Westromania und die romanische Verschriftlichung

Wenn im Folgenden eine knappe Darstellung einiger Aspekte der Rezeption des Römischen Rechts in Norditalien, Frankreich und auf der Iberischen Halbinsel und deren Verbindung zur romanischen Schriftlichkeit gegeben wird, so ist zunächst festzustellen, dass eine Einteilung in Territorien, die weitgehend den heutigen Nationalstaaten oder Sprachgebieten entsprechen, eigentlich in doppelter Hinsicht zu kri-

---

64 Die zunehmende Bedeutung der Städte (cf. etwa Raible 1993) und des dritten Standes ist ein zentraler Faktor für die Veränderungen im Rechtswesen, da durch die Notwendigkeit der Regelung des Handels und spezifischer urbaner Rechtsbelange eine Vervielfachung der juristischen Tätigkeit und folglich juristischer Schriften notwendig wurde, was insbesondere ab dem 13. Jahrhundert in ganz Europa zu einem immensen Anstieg der Schriftproduktion führte. Die römischen Rechtsgelehrten lieferten z. T. die theoretischen Grundlagen für die praktischen Stadt- See- und Handelsrechte. Im Antagonismus zwischen königlicher Zentralgewalt und Adel scheinen die Städte eine Schlüsselrolle gespielt zu haben. Es zeigt sich, dass die Städte oft der direkten Unterstützung der Zentralgewalt den Vorzug vor der Unterstützung des lokalen Adels gegeben haben, da ihnen dies mehr Entfaltungsmöglichkeiten verschaffte. Deshalb tragen die Städte oft zur Ausbreitung des zentralgewaltlichen Römischen Rechts bei.

65 Zu den Universitäten cf. Ajo G. y Sáinz de Zúñiga 1957, Rashdall 1987, Rüegg 1993.

66 So stellt Coing 1967, 13, fest, «daß die Fixierung lokalen Gewohnheitsrechts in nicht seltenen Fällen durch gelehrte Juristen erfolgt ist».

tisieren ist,[67] denn einerseits entsprechen die Territorien nicht den politischen Abgrenzungen des 12. und 13. Jahrhunderts, andererseits ist es gerade eine Besonderheit des europäischen Rezeptionsstroms, nicht vor einzelnen Staatsgrenzen Halt zu machen und Europa in vielerlei Hinsicht als Einheit erscheinen zu lassen. Um aber irgendeine Art der Ordnung walten zu lassen, soll dennoch nach geographischen Kriterien vorgegangen werden, ohne das Bewusstsein für die eigentlich übergreifenden Zusammenhänge zu verlieren.

2.2.1. Norditalien

Obwohl Bologna das Zentrum der Renaissance des Römischen Rechts ist, findet die Rezeption in anderen Gebieten Norditaliens nicht unmittelbar, sondern erst im Zuge der Verbreitung des Kanonischen Rechts statt. Dabei gibt es zunächst schon bei den Ursprüngen der Renaissance gewisse, wenn auch umstrittene Beziehungen zum langobardischen Recht (cf. 2.1.2.). Ab der Mitte des 12. Jahrhunderts führt die Rezeption im Norden zur schriftlichen Aufzeichnung des langobardischen Rechts und des Lehnsrechts nach Bologneser Methode; die wichtigsten Zentren sind Pavia, Mailand – wo große Teile der *Libri feudorum* kurz nach 1150 in der so genannten *Compilatio antiqua* aufgezeichnet werden –, Piacenza und Mantua, wo die Summa *Cum essem Mantue* des Placentinus entsteht und dessen Schüler Pilius ab den 80er Jahren lehrt. Auch wenn in Bologna kein lombardisches Recht gelehrt wurde, waren doch sicherlich bologneser Juristen bei der Abfassung der *Lombarda* wesentlich beteiligt. Ende des 12. Jahrhunderts werden Elemente des lombardischen Rechts mit Elementen aus dem *Decretum Gratiani* vermischt; besondere Bedeutung hat die am Anfang des 13. Jahrhunderts von Jacobus de Ardizione angefertigte Verbindung.

In Italien steht – mehr vielleicht als in anderen Gebieten der Romania – die Verschriftungswelle ab der zweiten Hälfte des 12. Jahrhunderts[68] in enger Verbindung mit der Rezeption des Römischen Rechts, aber vor allem mit der Zunahme von Handel und Bedeutung der Städte, doch sind die Produkte hier nicht volkssprachlich, sondern fast ausschließlich lateinisch. So finden sich beispielsweise in der *Caleffo vecchio* genannten Seneser Urkundensammlung, die ca. 1100 Dokumente aus der Zeit zwischen 1203 und 1333 enthält, nur zwei volkssprachliche Dokumente aus einer vergleichsweise späten Zeit (1294 und 1303): «Die Diskurstradition, in der öffentliche Urkunden stehen, war fest in der Hand des Lateins» (Raible 1993, 243). Auch bei anderen Diskurstraditionen zeigt sich in der Zeit der Bolognesischen Renaissance eher eine Festigung des Lateinischen. Texte in *volgare* sind bis zur Mitte des 13. Jahrhunderts eher Nebenprodukte, Notizen, Texte mit geringem Kommunikationsradius, jedoch keine Erzeugnisse einer elaborierten Schriftproduktion. Während in Frankreich und auf der Iberischen Halbinsel schon seit Ende des 12. Jahrhunderts oder Anfang des 13. Jahrhunderts eine solche

---

[67] Cf. Gouron 1978, 113 und Selig 1995, 167s.

[68] Cf. Keller 1988. Raible (1993, 239) stellt zur Schriftproduktion in Siena fest: «Die stärkste, richtiggehend lawinenartige Zunahme der kommunalen Schriftproduktion liegt dabei zwischen dem ersten und dem zweiten Quartal des 13. Jhs., wo sich die Produktion von Dokumenten versechsfacht».

Schriftlichkeit entsteht, geschieht dies in Norditalien mit Verzögerung. Auffälligerweise wird etwa gegen Ende des 12. Jahrhunderts die okzitanische Rechtssumma *Lo codi*, der erste umfangreiche volkssprachliche Text Römischen Rechts in der Romania, der vielerorts Träger der volkssprachlichen Rezeption ist, von einem Pisaner ins Lateinische übersetzt. Auch in den – ebenfalls lateinischen – venezianischen Zivilstatuten vom Ende des 12. Jahrhunderts finden sich Einzeltexte, die Übersetzungen des *Codi* sind. Erst gegen Mitte des 13. Jahrhunderts beginnt sich mit den rhetorischen Texten Guidotto da Bolognas und Guido Fabas langsam eine volkssprachliche elaborierte Schriftlichkeit zu entwickeln. Eine interessante Rezeption auf Umwegen findet über Brunetto Latini statt, der als florentinischer Gesandter in Spanien mit Alfons dem Weisen im Jahre 1260 einen Monarchen kennen lernt, der nach der Rezeption der bologneser Ideen wesentlich zur Schaffung einer umfangreichen volkssprachlichen juristischen Schriftlichkeit in Spanien beigetragen hat. In Frankreich lernt Latini ebenfalls eine blühende volkssprachliche elaborierte Schriftkultur kennen und verfasst seine Enzyklopädie, den *Livres dou Tresor*, in Summaform in pikardischem Dialekt; andere Werke, wie den teils autobiographischen «kleinen Tresor», den *Tesoretto*, verfasst er in Versform auf florentinisch, wie auch die *Rettorica*. Der Einfluss seiner europäischen Ausbildung auf seinen Schüler Dante darf wohl nicht unterschätzt werden.[69] Es deuten in Dantes Werk gewisse Passagen, etwa die Definition der Pilger in der *Vita nuova* (XL), sogar auf intertextuelle Bezüge zu den juristischen Werken Alfons' des Weisen.[70]

2.2.2. Frankreich

In der hier betroffenen Zeit kann nicht von Frankreich als Einheit gesprochen werden, und auch die übliche Unterteilung in Nordfrankreich und Südfrankreich oder *Pays de droit écrit* und *Pays de droit de coutume* ist unzureichend.[71] Gerade für die Rezeption des Römischen Rechts muss eher von einer vielfältigen Landschaft mit zahlreichen kleinen Nuclei ausgegangen werden, die weitgehend unabhängig von den politischen Herrschaftsgebieten beschrieben werden kann. Es gilt hier also ganz besonders, dass die geographische Ordnung nur eine gliedernde Konvention ist.

Die Rezeption ist am frühesten und am deutlichsten in Südfrankreich nachweisbar. Im Gegensatz zu der bis vor einigen Jahrzehnten angenommenen unmittelbaren Abhängigkeit der südfranzösischen Schulen Römischen Rechts von Bologna geht man inzwischen meist von einer gewissen Unabhängigkeit aus, deren Binde-

---

69 Diese These wird von Holloway (1985, 480) vertreten: «Alfonso el Sabio's decision to stress vernacular writing, which was unusual in this period, influenced Latini's similar choice and, in turn, Dante's».

70 Partida I., 24, 1; cf. Holloway 1985, 480. Latini war juristisch außerordentlich gebildet und weist in seinen Werken immer wieder auf Bezüge zu Bologna hin.

71 Diese Unterscheidung – die keinesfalls so klar ist wie zuweilen angenommen – betrifft ja in erster Linie die Gültigkeit des Rechts, womit sie rechtshistorisch hochgradig relevant ist. Für die Text- und Sprachgeschichte zählt aber viel mehr, wann an welchen Orten welche Texte bekannt waren bzw. welche Texte geschaffen wurden – ob diese nun gültiges Recht waren oder nicht. Cf. Ourliac 1985.

glied nach Italien wohl die Lehren des Martinus waren, die dann jedoch in den südfranzösischen Zentren selbständig weiterentwickelt wurden. Hermann Fitting hatte die *Summa Trecensis*, eine neun Bücher umfassende Kodexsumma Römischen Rechts, die den Inhalt der justinianischen Schriften lehrhaft resümiert, noch Ende des 19. Jahrhunderts als Werk des Bolognesers Irnereus angesehen; heute schreibt man sie wie auch andere wichtige Schriften des 12. Jahrhunderts (*Summa Rogerii*, *Exceptiones Petri*, *Tübinger Rechtsbuch* u. a.) der südfranzösischen Schule zu.[72] Südfrankreich ist das einzige Gebiet der Romania außerhalb Italiens, wo eine Rezeption des römischen Zivilrechts schon vor der Ausbreitung des Kanonischen Rechts, nämlich bereits in der ersten Hälfte des 12. Jahrhunderts, stattfindet. Wo genau das Zentrum dieser Rechtsschule liegt, ist umstritten. Weimar (1972, 24) spricht von der «Schule von Valence», wobei an verschiedenen Orten ab ca. 1120 Hinweise auf Rechtsgelehrte zu finden sind, die in den Urkunden von Beinamen wie *legisperitus*, *iurisperitus*, *causidicus*, *legiferus* oder *grammaticus* begleitet werden. In Montpellier zeugt die Erwähnung der Volljährigkeit mit 25 Jahren in einer Urkunde von 1123 von der Bekanntheit Römischen Rechts; ebenfalls in dieser Zeit scheinen die ersten Rechtssummen zu entstehen: die Summe *Iustiniani est in hoc opere* um 1127, später die *Exceptiones* des Petrus[73] und der *Liber Tubingenis*. Auf die südfranzösische Herkunft des Tübinger Rechtsbuches[74] deuten u. a. auch die darin enthaltenen Provenzalismen.[75] Alle diese Schriften sind lateinisch verfasst und heben sich in sprachlicher Hinsicht von anderen zeitgenössischen südfranzösischen Schriften, etwa von Rechtsurkunden, ab, da das Latein der auf der Bolognesischen Renaissance beruhenden juristischen Texte elaborierter und stärker von den justinianischen Texten beeinflusst ist. Zwischen 1149 und 1162 ist als erstes umfassendes volkssprachliches Werk Römischen Rechts – und als erster umfangreicher, elaborierter juristischer Text überhaupt in romanischer Sprache – die okzitanische Summa *Lo codi* entstanden, ein Werk, das wohl aufgrund seiner Sprache und der relativ einfachen, klar systematisierten Darstellung der komplexen Rechtsinhalte eine enorme Verbreitung erfahren hat und in vielfacher Hinsicht als Schlüsseltext der volkssprachlichen Rezeption angesehen werden kann, weshalb dieser Text w. u. zum Ausgangspunkt weiterer Betrachtungen in rezeptionsgeschichtlicher und sprachgeschichtlicher Hinsicht gemacht werden soll. Rechtsschulen scheinen u. a. in Arles (die sog. *école rhodanienne)*, Saint-Ruf, St. Gilles, Valence, Die und Montpellier in verschiedenen Phasen aufgeblüht zu sein.

Besonders auffällig ist in Südfrankreich, dass die frühe Urkundentradition in der Volkssprache geographisch von den Gebieten der Rezeption des Römischen Rechts

---

72 Cf. Weimar 1972, Gouron 1978 u. 1984.

73 Petrus war wohl Rechtslehrer in Valence und Advokat des Vicarius, eines Lehnsträgers des Bischofs von Valence (Weimar 1972, 24 Fn. 132).

74 Das Buch wurde von Stintzing so genannt wegen der heute als T4 bezeichneten Handschrift Mc14 der Tübinger Universitätsbibliothek; unterdessen sind drei ältere Handschriften bekannt, deren älteste sich in Paris befindet. Das Buch ist mit den Varianten ediert von C. G. Mor, *Scritti giuridici preirneriani*, I, 169–270. Cf. auch Weimar 1972 und Gouron 1978, 65–112.

75 Cf. Weimar 1972, 20.

getrennt ist: die rouergatischen oder tolosanischen Urkunden entstehen gerade nicht an den Orten, wo gelehrte Zentren blühen. Die okzitanischen Urkunden scheinen also zunächst einer anderen Verschriftungsbewegung zu entsprechen, bei der es um das fortschreitende Einfließen der Volkssprache in eine ursprünglich lateinische Diskurstradition geht, während die Entstehung des *Codi* einer Verschriftlichung «von oben» entspricht, die einem anderen intellektuellen Niveau entstammt und unmittelbar zur Produktion eines elaborierten volksprachlichen Textes führt (cf. Kapitel 3.).

Die nordfranzösische Rezeption ist im Gegensatz zur südfranzösischen an das Kanonische Recht gebunden und somit «nachgratianisch»: vor 1160 sind in Nordfrankreich keine Zeugnisse der Rezeption auszumachen, alle Erwähnungen römischer Rechtsprinzipien oder die konkrete Nennung von «römischen» Rechtsgrundsätzen beziehen sich auf das römische Vulgärrecht, v. a. auf die *Lex Salica*. Nach Bekanntwerden des *Decretum Gratiani* setzt dann allerdings in den sechziger Jahren des 12. Jahrhunderts eine massive Rezeptionsbewegung ein, die durch direkten Personenkontakt ausgelöst wird und auch das Zivilrecht mit einschließt. Die kirchliche Organisation macht das Kanonische Recht zum Träger der bolognesischen Methode. So kehrt beispielsweise der 1128 geborene Étienne de Tournai, der um 1150 in Orléans in das Kloster Saint-Euverte eingetreten war, nach dem Studium in Bologna im Jahre 1160 nach Orléans zurück, wo er 1167 zum Abt wird. 1177 wird er zum Abt von Sainte Geneviève in Paris und baut das Kloster mit einer monastischen Schule völlig neu auf. Er ist Autor einer *Summa in Decretum Gratiani* (1149) und einflussreicher Träger der Renaissance des Römischen Rechts. Für die Rezeption in Paris ist auch die Persönlichkeit des im Kanonischen Recht gebildeten Maurice de Sully von großer Bedeutung, der ab 1160 Bischof von Notre Dame wird und unter dessen Episkopat die Kathedrale im Wesentlichen ihre heutige Gestalt annimmt. Die französischen *Sermons* des Maurice de Sully, der zugleich Autor lateinischer gelehrter Dichtung war, fanden bald weite Verbreitung und sind in zahlreichen Manuskripten überliefert.[76] Eine wichtige Rolle kommt den monastischen und weltlichen kulturellen Zentren in der Champagne und in Burgund, aber auch in England zu. Im Unterschied zu anderen Gebieten der Romania ist der französische Sprachraum in besonderem Maße Vorreiter in der Übersetzung klassischer Texte Römischen Rechts. Noch in der zweiten Hälfte des 12. Jahrhunderts wird das *Decretum Gratiani* ins Französische übersetzt; das einzige Manuskript wird seit einigen Jahren von Leena Löfstedt ediert.[77] Sie hat in verschiedenen Arbeiten (Löfstedt 1989, 1990) nachgewiesen, dass der Text für ein anglonormannisches Publikum bestimmt war. In England sind die Aktivitäten einer anglonormannischen Dekretistenschule in der Entstehungszeit des Textes belegt. Dort gibt es auch schon eine lange volkssprachliche Gesetzestexttradition; seit dem 6. Jahrhundert existieren volkssprachliche altenglische Rechtstexte, und um 1135

---

76 Cf. Frank/Hartmann 1997, I, 362. Cf. auch Meyer 1876. Zur lateinischen Dichtung Sullys cf. Longère 1988.

77 Cf. *Gratiani Decretum*...

werden die Gesetze Wilhelms I. ins Französische übersetzt,[78] wohingegen bei den Urkunden ab 1066 bis gegen Ende des 13. Jahrhunderts das Lateinische vorherrscht, obwohl vor der normannischen Eroberung eine reiche altenglische Urkundentradition existierte. Die *Leis Willelme*, eine Gesetzessammlung, die aus einer listenartigen Aneinanderreihung von Konditionalsätzen mit einfachen Rechtsnormen bestehen, ist zwar in keiner Weise mit den argumentativen, komplexeren Textstrukturen des Gratianischen Dekrets vergleichbar, doch mag sie das Terrain für einen weiteren vernakulären juristischen Sprachausbau vorbereitet haben. Löfstedt hebt die Bedeutung der Gratianübersetzung für die Entstehung einer elaborierten französischen Schriftsprache hervor.[79] Aufgrund der Präsenz feudalrechtlicher Begrifflichkeiten nimmt sie an, der Text sei für eine feudale Hörerschaft geschrieben worden. Latinismen im Lexikon wie in der Syntax werden bewusst vermieden.[80] Aus dem Text lässt sich ableiten, dass der Übersetzer über gute Latein- und Französischkenntnisse verfügte und ein gebildeter Rechskundiger gewesen sein muss, was eine Beziehung zu Bologna nahelegt. Dadurch wird auch der in der Zeit in Frage kommende Personenkreis stark eingeengt. Nun weist Löfstedt überzeugend nach, dass es sich bei dem Übersetzer eigentlich nur um den berühmten Märtyrer Thomas Becket gehandelt haben kann. Becket war 1120 in England geboren und nach seinem Studium beider Rechte in Bologna 1155 zum Kanzler und Vertrauten Heinrichs II. von England und zum Erzbischof von Canterbury geworden.[81] Aufgrund des Streits mit dem König um die Einführung zentralistisch-römischer Reformen gegen die lokalen Consuetudines muss Becket ins Exil gehen und begibt sich zwischen 1164 und 1170 in die Zisterzienserabtei von Pontigny, wo sein umfangreicher Briefwechsel entsteht, der später auf französisch versifiziert wird. In den Versfassungen der Briefe finden sich nun zahlreiche Anspielungen auf das Kanonische Recht und ganze Textpassagen aus dem Gratianischen Dekret, was

---

78 «L'emploi de la langue française dans les textes législatifs en Angleterre est sans doute dû au fait qu'en Angleterre la langue anglo-normande, langue des dirigeants politiques, juridiques et ecclésiastiques depuis la conquête normande, fut utilisée régulièrement dans les cours de justice. Bien que l'ancien droit anglais – le droit coutumier des Anglo-Saxons – ait toujours été en vigueur, c'est en français qu'on plaidait devant la cour, et les juges étaient à quelques exceptions près recrutés dans les familles françaises. Ce sont sans doute ces juges qui rédigeaient ou faisaient rédiger les recueils de droit anglo-normand: les *Leis Willame*, les *Leis Henri*, la *Grande Charte de Jean sans Terre*, les *Lois concernant la cité de Londres* et l'Anglo-Normand *Custumal of Exeter*» (Frank/Hartmann/Kürschner 1997, 103s.). Cf. auch die Manuskriptbeschreibungen in Frank/Hartmann 1997, III, 325ss. Der Text der *Leis Willelme* ist neben der englischen und der lateinischen Version samt deutscher Übersetzung ediert bei Liebermann 1903, 488–520. Zur anglonormannischen Literaturtradition allgemein cf. jetzt Dean 2000.

79 Neben der «importance lexicale» spricht sie von dem «rôle important à la naissance de la prose littéraire française» (1989, 141).

80 «[...] le traducteur évite des latinismes, lexicaux (*livre*, *aprover*) ou syntaxiques (type *valuimus* et *valemus*), qui n'appartiennent pas au droit coutumier ou féodal» (Löfstedt 1989, 140).

81 In der zweiten Hälfte des 12. Jahrhunderts war auch Oxford durch die Präsenz des bolognesischen Lehrers Vacarius, dem Verfasser des *Liber pauperum*, eines kurzen resümierenden Rechtstraktats, ein Zentrum der Beschäftigung mit dem Römischen Recht.

Löfstedt als eindeutiges Indiz für eine Beziehung zwischen Becket und der Gratianübersetzung wertet:

> «[...] nous devons accepter, je crois, qu'il existait quelque relation entre la traduction française du Gratien et la versification française des lettres de S. Thomas Becket» (Löfstedt 1990, 7).

Becket könnte die Zeit des Exils für die Übersetzung genutzt haben. Er gehört aufgrund seiner Ausbildung zu den Personen, die dazu befähigt waren und hatte wegen des Streits mit dem englischen König Grund dazu, mit dem *Decretum* für die päpstlich-römische Universalität und gegen den englischen Sonderweg zu argumentieren. Mit der Übersetzung des *Decretum* ergibt sich damit eine interessante Verbindung zwischen den beiden wichtigsten französischen höfischen Kulturzentren:

> «[...] une oeuvre de prose qui rattache le monastère cistercien de Pontigny dans la Champagne de Henri le Libéral et de son épouse Marie [...], dans la Champagne de Chrétien de Troyes, l'auteur du Perceval, à l'Angleterre des Plantagenêt. Un texte qui rattache, l'un à l'autre, les deux centres principaux de renforcement de la culture courtoise» (Löfstedt 1990, 12s.).

Die Kopräsenz von Rezeption Römischen Rechts und Elaboration romanischsprachiger Schriftlichkeit zeigt sich tatsächlich am champagnischen Hof in Troyes in besonderer Deutlichkeit. Dabei sind Vermutungen darüber, inwiefern die gelehrte Schriftproduktion in Volkssprache mit der Rezeption zusammenhängt, zwar spekulativ, doch lassen sich auffällige Parallelen feststellen. So hat mit einer gewissen Wahrscheinlichkeit Geoffroy de Villehardouin (ca. 1160–1213), der ja selbst durch seine Chronik der Eroberung von Konstantinopel einen wichtigen Beitrag zum Ausbau des Altfranzösischen geleistet hat, das Römische Recht an den Hof der Marie de France gebracht.[82] Das Römische Recht als zentralistisches Recht stand sowohl im Interesse des Königs als auch im Interesse des Bürgertums, dessen Bedeutung in der wichtigen Handelsstadt Troyes (ab 1180 Kommune), wo ab Ende des 12. Jahrhunderts Champagnemessen stattfanden, stark zunahm. Die Intensivierung des Handels und das aufstrebende Bürgertum führten zu einem allgemeinen Anstieg der Rechtsfragen und zur Notwendigkeit einer klaren Gesetzgebung, wobei die Volkssprache dem Bürgertum näher lag als das Lateinische.

Durch Villehardouins Initiative werden in Troyes erstmals genaue Lehnsregister erstellt. Er förderte den in Clairvaux ausgebildeten Jehan de Brienne (ca. 1177–1237), der mit dem Römischen Recht ebenfalls vertraut war und weitere in Römischem Recht gebildete Juristen in die Champagne holte. Jehan wurde 1208 zum König von Jerusalem gewählt, bleibt aber bis 1210 noch in der Champagne, um Blanche de Navarre, die Mutter von Thibaut IV., zu unterstützen. Um eine

82 Der berühmte Prolog der *Lais* der Marie de France hat Anlass zu allerlei Interpretationen gegeben (meisterhaft etwa die von Spitzer 1959). Dass der Prolog nach den Regeln der Rhetorik aufgebaut ist und somit die Lais in eine gelehrte Tradition einordnet, ist eindeutig; Spitzer (a. a. O., S. 1) führt die Verse «que peüssent gloser la letre / e de lur sen le surplus metre» auf die Glossierungstradition der Bibel zurück; es könnte aber auch eine Anspielung auf die weit verbreitete, bekannte Glossierungstechnik der Juristen sein.

Erbfolgeklage gegen Thibaut vor seiner Volljährigkeit zu verhindern, wurde erstmals in Nordfrankreich mit dem aus dem Römischen Recht entnommenen Aufschub aufgrund von Minderjährigkeit argumentiert. Unter Jehans Herrschaft werden die Gesetze der Kreuzfahrerstaaten zum ersten Mal in altfranzösischer Sprache und unter bedeutendem Einfluss des Römischen Rechts (über weite Teile auf der Grundlage des okzitanischen *Codi*) verschriftet.[83] In Troyes gab es ab Ende des 12. Jahrhunderts wichtige Manuskripte römischer Rechtstexte und mittelalterlicher Summen Römischen Rechts. Die in Südfrankreich entstandene *Summa Trecensis* hat ihren Namen aufgrund des Manuskripts von Troyes.

In der ersten Hälfte des 13. Jahrhunderts häuft sich die französischsprachige juristische Schriftproduktion im Bereich der Rechtsanwendung, der Verschriftung lokalen Rechts und bei der Rezeption des gelehrten Rechts. Nun werden auch Rechtsurkunden auf französisch geschrieben; und um die Mitte des Jahrhunderts werden verschiedene *Coutumiers* aufgezeichnet, so etwa der *Ancien coutumier de Normandie*, die *Coutumes de Charroux* (1247) oder die *Établissements de Saint Louis*; wenig später der *Conseil à mon ami* (1252–1259) von Pierre de Fontaines, der *Livre de justice et de plet* (1260) oder die *Coutumes de Beauvaisis* von Philippe de Beaumanoir (1283).[84] Im 13. Jahrhundert werden auch Teile des *Corpus Iuris Civilis* ins Altfranzösische übersetzt.

2.2.3. Katalonien[85]

Die besondere Rolle Kataloniens als Bindeglied zwischen Iberischer Halbinsel und Südfrankreich einerseits und als mediterranes Kontaktland mit direkten Beziehungen nach Italien andererseits zeigt sich auch im Falle der Rezeption des Römischen Rechts. Im Vergleich zu anderen Territorien der Iberischen Halbinsel ist die Rezeption in Katalonien schneller und intensiver,[86] was v. a. mit der Kontinuität der schriftlichen Gesetzgebung nach dem westgotischen Recht erklärt wird, aber auch mit den Handelsbeziehungen nach Italien und den politischen Beziehungen zur Provence, die unter Ramon Berenguer III. und IV. zur Grafschaft Barcelona gehört. Gouron (1986, 133) widerspricht allerdings der These, die politischen Gründe hätten eine bedeutende Rolle gespielt, da die Rezeption eigentlich ein weitgehend grenzenloses, von Herrschaftsgebieten zunächst unabhängiges Phänomen ist.

Es lassen sich schon früh Beziehungen zur südfranzösischen Rechtsschule nachweisen.[87] Um 1180 verwendet der Bischof von Vic nachweislich die *Summa*

---

83 Cf. Lug 2000, wo eine interessante Beziehungslinie zwischen Jehan, der lothringischen Schriftsprache und der wohl in Lothringen entstandenen ersten Sammlung von Trobador-Liedern hergestellt wird.

84 Cf. Gröber 1902, II, 1, 730ss.; Ourliac 1985; Lusignan 1999, 115ss.

85 Zur Rezeption in Katalonien cf. u. a. Hinojosa 1907; Altamira 1907; Brocá 1909; D'Abadal i Vinyals 1914; Miret i Sans 1915/16; Iglesia Ferreirós 1977; Gouron 1978 u. 1986; zur katalanischen Schriftlichkeit im Mittelalter allgemein cf. Philipp-Sattel 1996.

86 «De tous les États de la Péninsule Ibérique, la Catalogne est celui dans lequel la réception du droit romain fut la plus rapide et la plus intense» (Hinojosa 1907, 393).

87 Für das Folgende cf. Gouron 1986.

Trecensis bei dem Versuch, mit Argumenten des Römischen Rechts die Initiative der Stadtbewohner zur Gründung eines Konsulats abzuwenden. Der Erzbischof von Tarragona zeigt bereits um 1149 Kenntnisse in Römischem Recht.

Die Beziehungen zur Provence zeigen sich in vielerlei Beispielen; so schreibt im Jahre 1140 Nicolas Breakspear, der in Arles aufgewachsene spätere Abt von St. Ruf und spätere Papst Hadrian IV., ein Dokument, das eine Auseinandersetzung zwischen den Bischöfen von Urgell und Roda regelt. Umgekehrt gibt es mehrere frühe Zeugnisse für die Präsenz von katalanischen Rechtsgelehrten in der Provence. Der Bischof von Orange, Bernard, in Urkunden als *vir legum peritus* bezeichnet, stammt ebenso aus Katalonien wie der berühmte Pere de Cardona, der etwa um 1176–1180 in Montpellier tätig ist, dort Kontakt zu Placentinus hat und in diesem Raum einer der wenigen seiner Zeit ist, der über Griechischkenntnisse verfügt.[88]

Ab Anfang des 13. Jahrhunderts finden sich zahlreiche Katalanen unter den bologneser Rechtsstudenten; 119 sind namentlich bekannt.[89] Schon 1171 hatte der Bischof von Girona in einem Erlass einen bestimmten Geldbetrag festgesetzt, um katalanischen Geistlichen das Studium im Ausland zu ermöglichen. Seit Ende des 12. Jahrhunderts sind Manuskripte des Corpus Iuris beider gelehrten Rechte in katalanischen Kathedralbibliotheken nachgewiesen.[90] Der bologneser Rechtslehrer Pontius (Pons), Kommentarist der *Arbor actionum* des Johannes Bassianus, stammt aus Lleida, 1213 heißt es von ihm: *Bonnoniae residens, sacrum legum interpretes* (Savigny 1834, II, 315).

Katalonien nimmt eine gesamteuropäische Vorreiterrolle ein, was das Bewusstsein für die Bedeutung des lokalen Gewohnheitsrechts angeht. Seit Mitte des 12. Jahrhunderts finden sich immer wieder Hinweise hierauf, und Gouron (1986, 139) vertritt die Ansicht, dass dieses Bewusstsein aus der justinianischen Lehre vom Usus herzuleiten und somit unmittelbare Folge der gelehrten Rezeption ist.[91] Ab Mitte des 12. Jahrhunderts wird das Gewohnheitsrecht z. T. schriftlich aufgezeichnet; ebenfalls in dieser Zeit finden sich die ersten romanischsprachigen Texte: der erste bekannte katalanische Prosatext ist ein übersetztes Fragment des westgotischen *Forum Iudicum*, der *Libre jutge*, das auf die Zeit um 1140 datiert wird. Das Manuskript stammt allerdings eindeutig aus der zweiten Hälfte des 12. Jahrhunderts,[92] und eine Datierung nach 1150 ist wahrscheinlich. Der Text ist

---

88 Er wird von Papst Alexander III. zum Kardinal erhoben; cf. Valls Taberner 1929.

89 Miret i Sants 1915/16, 154s.

90 So finden sich in der Kathedrale von Barcelona Ende des 12. Jahrhunderts Manuskripte der Digesten und der Institutionen; 1228 werden im Testament des Bischofs von Vic, Wilhelm von Tavertet «libros iuris ciuilis» erwähnt, u. a. auch die Summa des Placentinus und die Summa Rogerii. Im Archiv der Kathedrale von Barcelona sind außerdem Zeugnisse erhalten, die weitere Manuskriptkäufe ab Anfang des 13. Jahrhunderts belegen und von Krediten zeugen, die barceloneser Geistlichen gewährt wurden, damit sie in Bologna studieren können (Miret i Sans 1915/16, 138ss.).

91 Die scheinbar paradoxe Tatsache, dass die Juristen, die Römisches Recht gelernt haben, dann das oft dem Römischen Recht entgegenstehende und in seinen Prinzipien völlig andere Gewohnheitsrecht aufzeichnen, wiederholt sich immer wieder in der ganzen Romania; cf. García García 1971, 666 n.3.

92 Cf. Frank/Hartmann 1997, III, 326; Mundó 1984.

wahrscheinlich in Barcelona zu einer Zeit geschrieben worden, als auch die lokalen *Usatici* (diese zunächst in lateinischer Sprache) schriftlich festgehalten wurden. Im 13. Jahrhundert werden auch die *Usatici* ins Katalanische übersetzt.[93] Beide Verschriftungsphänomene können mit der Rezeption in Verbindung gebracht werden. Das älteste erhaltene Manuskript der *Usatici* stammt aus der 2. Hälfte des 12. Jahrhunderts. Obwohl die Textform und der Inhalt größtenteils dem Lokalrecht entstammen, finden sich bei einzelnen *Usatici* (im Ehe- und Erbrecht) Bezüge zu gelehrten Rechtsinhalten, wie sie etwa im Tübinger Rechtsbuch zu finden sind.

Seit Beginn des 13. Jahrhunderts weisen bestimmte Formeln in zahlreichen Rechtsdokumenten auf Kenntnisse des Römischen Rechts hin. Hierfür ist v. a. die Bekanntheit von Formularbüchern italienischer Herkunft verantwortlich, vor allem derer von Sabatiel und Rolandinus Passageri (Savigny 1836, II, 508ss.).[94] Daneben entstehen ab der ersten Hälfte des 13. Jahrhunderts umfangreichere volkssprachliche Texte mit deutlichem Einfluss des Römischen Rechts, die einem weiteren Ausbaustadium der katalanischen Sprache entsprechen und deren Schaffung vielleicht selbst zu diesem Ausbau beitrug. Die Existenz einer frühen katalanischen Übersetzung der okzitanischen Summa *Lo codi* ist belegt, der Text ist jedoch leider verloren.[95] Das älteste lateinische Codi-Manuskript in der Übersetzung des Ricardus Pisanus findet sich in Tortosa, wohin es bereits in früher Zeit gelangt zu sein scheint.

Als Verfasser oder Übersetzer der volkssprachlichen Texte Römischen Rechts kommen in erster Linie diejenigen Geistlichen in Betracht, die unmittelbar in Bologna studiert haben oder dort auch Lehrer waren, etwa die als Berater Jakobs des Eroberers von Katalonien und Aragon bekannten römischen Rechtsgelehrten Raimundus von Penyafort, Pere Albert, Arnau de Gurb und Vidal Canyelles.

Eine Schlüsselfigur für Katalonien einschließlich Valencias und Aragons ist der Rechtsgelehrte Vidal Canyelles, dessen Aufenthalt in Bologna im Jahre 1221 nachgewiesen ist. Er vereint die für die «aus der Provinz» stammenden bolognesischen Rechtsgelehrten so typische Kombination aus Bezug zu Kirche und Staat, Römischem und lokalem Recht, lateinischer und volkssprachlicher Schriftlichkeit, die nur bei oberflächlicher Betrachtung widersprüchlich wirkt und recht verbreitet gewesen zu sein scheint. Nach seiner Rückkehr aus Bologna wird Vidal zum Bischof von Huesca.[96] Als *Iuris peritus* bekommt er von Jaume I. von Aragon (Jakob dem Eroberer) den Auftrag, das aragonesische Gewohnheitsrecht zu sammeln und aufzuzeichnen. Diese Initiative weist Parallelen zu den vereinheitlichenden Tendenzen im benachbarten Kastilien auf; Jaume I. ist wie die

93 Cf. die Edition der lateinischen Usatici neben der katalanischen Version von Bastardas (1984). In der katalanischen Sprachgeschichtsschreibung wird irrtümlicherweise oft das Entstehungsdatum der lateinischen Usatici für die katalanischen Usatges angegeben, was den falschen Eindruck erweckt, schon Mitte des 12. Jahrhunderts hätten die elaborierten katalanischen Rechtstexte existiert.

94 Im Archiv von Ripoll finden sich verschiedene Codices mit Formularbüchern aus der ersten Hälfte des 13. Jahrhunderts; von dem Katalanen Poncio de Carbonell ist dort auch eine *Ars dictandi* erhalten, die große Ähnlichkeiten zum Werk Alberico di Montecassinos aufweist.

95 Cf. Broca 1909.

96 Für das Folgende cf. Font Rius 1976.

kastilischen Könige Ferdinand und Alfons um Verschriftung und juristische Vereinigung bemüht. Vidal erfüllt die ihm gestellte Aufgabe gründlich, kombiniert lokale Rechtsinhalte mit römischer Technik der Materialbehandlung und führt beides zu einer Synthese, nicht ohne in einzelnen Bereichen auch inhaltliche Elemente des Römischen Rechts einzuführen. Dabei bleibt die Sammlung der *Fori aragonum* (und dann in der Übersetzung *Fueros d'Aragon*), die 1247 von den Cortes in Huesca offizialisiert wird, dezidiert aragonesisch und gegen einen zu deutlichen Einfluss des Römischen Rechts gewandt. Die Sammlung ist ursprünglich in lateinischer Sprache verfasst, ebenso wie das darauf aufbauende Werk, das nach den Anfangswörtern als *Vidal Maior* oder auch als *Liber in excelsis* bezeichnet wird und (wie der mittelalterliche justinianische Kodex) neun Bücher umfasst.[97] Im Gegensatz zu den Fueros zeigt sich in diesem stärker metajuristischen Werk allerdings ein deutlicherer Versuch der Implementierung des Römischen Rechts.[98] Die volkssprachliche Fassung der *Fueros*, die in mehreren voneinander abweichenden Manuskripten existiert, ist von Gunnar Tilander auf der Basis des Ms. BN 458 der Madrider Nationalbibliothek ediert worden,[99] das Manuskript weicht teilweise vom lateinischen Original der *Fori* ab und enthält an mehreren Stellen Textpassagen aus dem Vidal Maior, dessen volkssprachliche Übersetzung Tilander in einer englischen Privatbibliothek ausfindig machen konnte. Auch wenn die *Fueros* weitgehend auf lokalem Recht basieren, enthalten sie doch v. a. beim Prozessrecht eindeutig römisch-rechtliche Elemente, bei denen sich teilweise Anklänge an den okzitanischen *Codi* finden,[100] daneben enthalten die *Fori* aber auch königliche Urkunden nach festem Formular sowie lokale Fueros.

In der Folgezeit scheinen die Rechtstexte zumindest teilweise direkt in romanischer Sprache verfasst worden zu sein; ab der Zeit Jakobs II. finden sich Ergänzungen zu den Fueros, in denen die Aufgabe genannt wird, die «foros novos de romancio in latinum translatare»; die weit verbreitete Relatinisierungstendenz ab Ende des 13. Jahrhunderts führt zu einer Umkehr der Sprachenverwendung: zunächst werden die Fueros mündlich verabschiedet, protokolliert und dann lateinisch redigiert.[101]

Auch die ebenfalls unter Jakobs Herrschaft entstandenen *Furs de Valencia* werden der Autorschaft des Vidal Canyelles zugeschrieben und sind in weiten

---

97 Canyelles' Autorschaft der *Fueros de Aragón* wurde von Gonzalo Martínez Díez angezweifelt; seine Autorschaft des Vidal Maior scheint jedoch eindeutig (Escudero 1989, 480).

98 «[...] el *Vidal Mayor*, como obra exegética de un jurista, pudo facilitar la penetración del ius commune marginado en la atmósfera nacionalista de las Cortes de Huesca» (Escudero 1989, 480).

99 *Los Fueros de Aragón. Según el manuscrito 458 de la Biblioteca Nacional de Madrid.*

100 Was die Textform und auch die Sprache angeht, handelt es sich eigentlich in weiten Teilen mehr um einen römischen Rechtstext als um eine Aufzeichnung des lokalen Usus.

101 «[...] al proponer nuevos fueros a las Cortes, se hizo primero un borrador en lengua romance, el cual, luego aprobados los fueros por las Cortes, se tradujo en latín. El borrador se redactó en romance para hacer los fueros comprensibles a los diputados iletrados de las Cortes; el texto latino era la versión oficial y sólo excepcionalmente se ha conservado hasta nosotros el texto del borrador» (Font Rius, 1976, 384).

Teilen nichts anderes als ein volkssprachliches Resümee justinianischer Schriften.[102] Die erste Redaktion von 1240 ist lateinisch, doch wird auch dieser Text schon wenige Jahre später ins Katalanische übersetzt. Die erste volkssprachliche Version stammt aus dem Jahr 1261; sie wird 1271 erneut überarbeitet; die frühesten erhaltenen Manuskripte sind allerdings erst auf das 14. Jahrhundert zu datieren;[103] darin finden sich mehrfach metasprachliche Hinweise auf die Romanisierung durch den König.[104] Über die Vorlagen der *Furs* (oder *Costums*) gibt es unterschiedliche Hypothesen. Während einerseits gesagt wurde (Galo Sánchez und Rafael Gibert), die okzitanische Summa *Lo codi* sei die wichtigste Grundlage gewesen, vertritt Aquilino Iglesia Ferreirós die Auffassung, diese sei überhaupt nicht benutzt worden.[105] In einer überzeugenden, systematischen Gegenüberstellung von Textstellen der lateinischen *Fori* von 1240, Auszügen aus dem Codi und Parallelstellen aus dem justinianischen Codex hat Ana María Barrero (1971) gezeigt, dass die Furs sich durchaus direkt auf den justinianischen Text beziehen, aber auch der okzitanische Codi als Vorlage diente. Man mag sich nun fragen, weshalb derselbe Monarch demselben Rechtsgelehrten in zwei verschiedenen Teilen seines Herrschaftsbereiches die Redaktion von Gesetzeswerken aufträgt, die auf zwei gegensätzlichen Rechtssystemen beruhen. García Gallo hat vermutet, dass dies mit dem rechtsfreien Raum des gerade neu eroberten Valencia zusammenhängt: während Jaume in Aragon, in Barcelona und in anderen Gebieten auf lokale Interessen stößt, die die Implementierung des neuen Rechts verhindern, kann er im frisch unterworfenen Valencia aus freien Stücken das neue, die Zentralmacht sichernde Recht implementieren. Diese Situation stellt eine Parallele zu Kastilien dar. In sprachlicher Hinsicht und was die textuelle Behandlung des Stoffes angeht, sind jedoch sowohl die aragonesischen Fueros als auch die valencianischen Furs Früchte einer aus Bologna importierten gelehrten Stoffbehandlung.

Ein weiteres wichtiges Beispiel für die volkssprachliche Rezeption in Katalonien sind auch die katalanischen *Costums de Tortosa* von 1272. Hier kann an zahlreichen Stellen eindeutig nachgewiesen werden, dass es sich im Wesentlichen um eine Übertragung des Textes des Codi handelt (siehe dazu w. u., Kapitel 3. 4.); ob teilweise auch die *Furs* von Valencia als Vorlage gedient haben, ist umstritten, weil man die Existenz einer früheren Fassung der Costums annimmt, die wie die Fori aus Valencia auf das Jahr 1240 zurückzugehen scheint. Auch bei den Costums de Tortosa findet sich das auch in anderen Fällen der Rezeption beobachtbare Zusammenspiel von Zentralmacht und Bürgertum gegen den lokalen Adel. Das

---

102 «La *Costum* recoge los privilegios concedidos por el rey Jaime, pero da cabida además a una abundante regulación de instituciones jurídicas, siguiendo la sistemática y a veces los mismos textos del Código de Justiniano. Representa, en fin, la recepción prácticamente general del derecho romano, aplicada primero al ámbito de la ciudad y después al resto de los territorios. Con ello Valencia se convierte en ‹el primer reino español que recibe ampliamente el Derecho romano y lo nacionaliza›» (Escudero 1989, 498).

103 Cf. die Edition der *Furs* von Germà Colón und Arcadi Garcia (1970) und die elektronische Edition mit Konkordanz von Maria Àngels Diéguez und Joan Turuella (2003).

104 So steht fünfmal (rub. 11, 6; rub. 11, 5; rub. 11, 6; rub. 16, 1; rub. 16, 2) als Schlusswort unter einzelnen Gesetzen die Formel «aquest fur arromançà lo senyor rey».

105 Cf. Escudero 1989, 498ss.; Iglesia Fereirós 1977; López Elum 2001.

Tortosiner Lokalrecht geht auf die der Stadt nach der christlichen Eroberung von Ramon Berenguer IV., dem Grafen von Barcelona, übertragenen Privilegien von 1149 zurück, die ein relativ «fortschrittliches» System implementieren, das die Feudalherren in ihrer Macht stark eingrenzt und den Bürgern umfangreiche Rechte zugesteht.[106] Das folgende Jahrhundert ist geprägt vom Kompetenzenstreit zwischen Bürgertum und den Herren der Stadt, nämlich den Tempelrittern und den lokalen Adligen. In dieser Zeit wächst die Macht des Bürgertums durch den ansteigenden Handel der am Ebrodelta strategisch günstig gelegenen Stadt, die Verbindungen zum gesamten Mittelmeerraum unterhält. Der Holzexport wird ausgeweitet, die Stadt bekommt ein Konsulat und eine eigene Münze. Dadurch nehmen die Rechtsfragen quantitativ stark zu und es wird beschlossen, auf der Basis der alten Privilegien eine umfassende Kodifikation zu formulieren. Den Auftrag hierzu bekommen die beiden Notare Pere de Tamarit und Pere Gil, die in Römischem Recht ausgebildet zu sein scheinen. Bis auf eine lateinische Eingangsformel[107] scheinen die *Costums* direkt in katalanischer Sprache verfasst worden zu sein; der Text ist datiert und ein Manuskript aus dem Jahr 1272 erhalten. Die neun Bücher umfassenden Costums sind nach dem Muster des justinianischen Codex aufgebaut und enthalten neben den römischen Rechtsgrundsätzen auch Rechtselemente aus der lokalen Tradition sowie das erste romanischsprachige Kapitel zum maritimen Handelsrecht in Katalonien. Der Erfolg des Bürgertums, gestützt auf Römisches Recht und mit Hilfe der Zentralmacht seine Interessen gegen die lokalen Herren durchzusetzen, zeigt sich u. a. in der Tatsache, dass die Tempelritter die Herrschaft über die Stadt im Jahre 1294 an den König zurückgeben und sich aus Tortosa zurückziehen.

In der zweiten Hälfte des 13. Jahrhunderts entstehen in Katalonien unter der Herrschaft Jakobs des Eroberers also verschiedene volkssprachliche Rechtstexte, die direkt oder indirekt mit der Rezeption des Römischen Rechts zusammenhängen. Bei den valencianischen *Furs* und den tortosiner *Costums* handelt es sich dabei um eine Übertragung römischer Rechtsinhalte und der Summenform auf die Volkssprache; bei den aragonesischen Fueros werden nichtrömische Inhalte in Volkssprache mit der aus dem Römischen Recht übernommenen Methode und Anordnung in einer bestimmten Textform verbunden; bei den barceloniner *Usatges* hingegen stammt neben den Inhalten auch die Textform aus der lokalen Tradition. Die Verbindung zum Römischen Recht ist hier weniger gesichert, sie ist aber vermutlich gegeben, denn erstens finden sich auch in den *Usatges* einige römische Rechtsformeln, die sich gewissermaßen als «Interferenzen» in das Lokalrecht einschleichen, und zweitens ist die zeitliche Koinzidenz mit den auf Römischem Recht beruhenden

---

106 Auf der Iberischen Halbinsel findet der Aufstieg der Städte in Katalonien deutlich früher statt als in den anderen Gebieten.

107 Darin wird der Text als *Consuetudines Dertuse* betitelt, was ihn mit der Tradition des Lokalrechts verbindet: als *Consuetudines Dertuse* werden die lokalen Privilegien seit der christlichen Eroberung bezeichnet. Auch wenn der Inhalt hier Römisches Recht ist, wird dieses doch komplett als Lokalrecht angesehen, ähnlich wie in Südfrankreich, wo Philipp der Schöne 1312 das Römische Recht als *ius consuetudinarium* bezeichnet (cf. Ourliac 1985, 111).

Verschriftlichungen bestimmt kein Zufall und es kann angenommen werden, dass auch hier die volkssprachliche Verschriftlichung mit den in Römischem Recht gebildeten Personen zusammenhängt. Schematisch könnte das Zusammenspiel aus Kontinuitäten und Diskontinuitäten bei den katalanisch-aragonesisch-valencianischen Rechtstexten der zweiten Hälfte des 13. Jahrhunderts – mit Bezug auf das im Theorieteil vorgestellte Schema – folgendermaßen dargestellt werden, wobei Bezugsgröße und Ausgangspunkt die mittelalterliche, lateinische Rechtssumma ist:

Costums de Tortosa/ Furs de Valencia			Fueros de Aragón			Usatges de Barcelona		
T	⇒	Summa-Form	T	⇒	Summa-Form	T	⇏	Listenform
I	⇒	Römisches Recht	I	⇏	Lokalrecht	I	⇏	Lokalrecht
S	⇏	Volkssprache	S	⇏	Volkssprache	S	⇏	Volkssprache

Fig. 10: Katalanische juristische Diskurstraditionen im 13. Jahrhundert

Während Kataloniens Vorreiterrolle in der Rezeption des Römischen Rechts auf der Iberischen Halbinsel bis um die Mitte des 13. Jahrhunderts anhält und die Rezeption in anderen Gebieten teilweise den Weg über Katalonien geht, zeigen sich ab der ersten Hälfte des 14. Jahrhunderts auch umgekehrte Tendenzen, wenn die kastilischen alfonsinischen Rechtstexte ins Katalanische übersetzt werden. Wohl bereits im 13. Jahrhundert entstehen katalanische Versionen der voralfonsinischen Summen des Jacobo de las Leyes.[108] In einem Dokument von 1336 wird, im Gegensatz zu früheren Nennungen der *Consuetudo Cathalonie*, auf die *Consuetudo Ispanie* Bezug genommen, was sich, wie Abadal i Vinyals (1914) nachgewiesen hat, auf die alfonsinischen *Siete Partidas* bezieht, deren katalanische Übersetzung (die in einem Manuskript aus dem 15. Jahrhundert überliefert ist) aus etwa jener Zeit zu stammen scheint.

Auch in Katalonien hängt die romanische Verschriftlichung also eng mit der Renaissance des Römischen Rechts zusammen: das gebildete Milieu als Ort der Rezeption ist gleichzeitig einer der Ausgangspunkte der Entstehung früher elaborierter romanischer Schrifttexte; einige dieser Texte, vor allem die romanischsprachigen *Costums* verschiedener Orte, sind unmittelbare Zeugnisse der Rezeption, die zu einer Verbindung von lokalem Gewohnheitsrecht mit römischen Rechtsinhalten führt. Gleichzeitig sind diese Texte auch Orte des Ausbaus der Volkssprache, da hier bestimmte Inhalte und Relationen erstmals zum Ausdruck kommen (cf. dazu Kapitel 3.4.).

---

108 Cf. «*Obra dels alcayts e dels Jutges*»

2.2.4. Kastilien

Ähnlich wie in Katalonien zeigen sich auch in anderen Regionen der Iberischen Halbinsel bald Verbindungen zum gelehrten Recht. Das erste bekannte eindeutige Schriftzeugnis der Rezeption des Römischen Rechts stammt aus Kastilien, auch wenn es in Katalonien gefunden wurde; es handelt sich nicht wie im Falle der katalanischen Gewohnheitsrechtsaufzeichung um eine indirekte Folge der Rezeption, sondern um die unmittelbare Präsenz der bologneser Lehrmethode in Palencia, wo zu Beginn des 13. Jahrhunderts die erste spanische Universität entstehen sollte und wohl bereits Ende des 12. Jahrhunderts im Rahmen eines kleinen Studienzentrums Römisches Recht gelehrt wurde. Aus dieser Zeit stammen die ersten juristischen Summulae[109] Römischen Rechts des Mittelalters auf der Iberischen Halbinsel; es handelt sich um die erst vor einigen Jahren in einem Manuskript der Biblioteca de Catalunya (Ms. 55) entdeckten Lehrtexte des Ugolino de Sesso, eines italienischen Rechtsgelehrten, dessen palentinische Lehrtätigkeit für die letzten Jahrzehnte des 12. Jahrhunderts belegt ist.[110]

Es handelt sich bei Ugolino wohl um einen jener *Sapientes*, die Alfons VIII. (1158–1214) aus Italien und Frankreich nach Kastilien geholt haben soll, wie Rodrigo Ximenez de Rada in seiner Chronik *De rebus Hispaniae* berichtet:[111]

> «[...] sapientes a Gallis et Ytalia conuocauit, ut sapiencie disciplina a regno suo nunquam abesset, et magistros omnium facultatum Palencie congregauit, quibus et magna stipendia et est largitus, ut omnia studium cupienti quasi manna in os influeret sapiencia in cuiuslibet facultatis. Et licet hoc studium fuerit aliquando interruptum, tamen per Dei graciam adhuc durat» (*Roderici Ximenii de Rada Historia de Rebvs Hispanie*, VII, 34 (S. 256).

Ugolinos *Summulae* beziehen sich auf Prinzipien des *Kanonischen* Rechts, d. h. dass auch in Kastilien das Kirchenrecht Träger der Bolognesischen Renaissance ist. In der zweiten Hälfte des 12. Jahrhunderts häufen sich die Notizen der Rezeption und der Verbreitung von Texten Römischen Rechts. Das so genannte *Tübinger Rechtsbuch* war recht früh verbreitet; auf hispanische Herkunft – oder zumindest Verbreitung auf der Iberischen Halbinsel – deutet etwa das Manuskript, das dem Tübinger Rechtsbuch seinen Namen gab (Ms. Mc 14 der Tübinger Universitätsbibliothek).[112] Es stammt aus der Zeit um 1200 und enthält mehrere Hinweise auf Spanien: erstens befinden sich unter den in ihm enthaltenen Schriften (*Summa Rogerii, die* sog. *Summa Tubingensis*), *Libri feudorum*, *Pseudo-Placentinus*, *Distinctiones Tubingen-*

---

[109] Es ist erwähnenswert, dass auch in der arabischen Welt die Summa (kullun) für zusammenfassende philosophische Traktate verbreitet war (Grabmann 1957, II, 24).

[110] Martínez (1991, 391) nennt diesen Text im Kommentar zu seiner Edition sowohl den «texto universitario más antiguo de España» als auch den «primer texto de Derecho común compuesto en España». Martínez nimmt aufgrund der Ortsnamen im Manuskript und weiterer historischer Daten an, dass Ugolino de Sesso in Sesso bei Reggio/Emilia geboren wurde, in Cremona und in Montpellier gelebt hatte und somit unter dem direkten Einfluss des Placentinus stand. Die Lehrtätigkeit in Palencia datiert Martínez auf 1188–1196. Einen umfassenden rechtshistorischen Kommentar gibt Iglesia Ferreirós (1998).

[111] Über diese *Sapientes* cf. auch Díaz y Díaz 1979 u. 1992.

[112] Cf. *Die lateinischen Handschriften*, I, 92–95.

ses, *Formula honestae vitae* des Martinus Bracarensis, *Brachylogus*, Tübinger Rechtsbuch, *Broccarda*, *Summa arboris actionum* des Pontius de Ilerda) außer wichtigen Schriften südfranzösischer Herkunft auch die des Katalanen Pons aus Lleida und die Formeln des Heiligen Martin von Braga; dieser wurde besonders in seiner Heimat und in Galicien verehrt, da seine Reliquien von 866 bis ca. 1070 in Mondoñedo lagerten (Barlow 1950, 8). Zweitens findet sich auf der letzten Manuskriptseite des Tübinger Buches (Blatt 102v) der Eintrag *Confundat deus omnes Compostellanos canonicos insimul et unumquemque per se bendicat*, ein deutlicher Bezug zum Nordwesten der Iberischen Halbinsel.

Ab den letzten Jahrzehnten des 12. Jahrhunderts studieren zahlreiche Spanier an der Rechtsschule zu Bologna,[113] wodurch im 13. Jahrhundert nicht nur die bestehende Gesetzgebung beeinflusst werden sollte, sondern die breite Basis eines neuen Rechts geschaffen werden sollte. Das Römische Recht gewann dadurch auf der Iberischen Halbinsel an Bedeutung und wurde durch verschiedene direkte Schüler des Accursius, u. a. Laurentius Hispanus[114] oder Vincentius Hispanus,[115] um

---

[113] Cf. u. a. Miret y Sans 1915/16; Ochoa Sanz 1960; García y García 1966; Kleffens 1968; Horn 1969; García Gallo 1975, I, 80ss.; Pérez Prendes 1986; Iglesia Ferreirós 1987–88; Martínez 1991.

[114] Laurentius Hispanus, *utroque iuris peritus*, stammte wahrscheinlich aus Ourense, wo er erstmals im Jahre 1212 als *Magister* erwähnt wird. Im Jahre 1205 vertritt er bereits die römische Kurie in Rechtsfragen, weshalb seine bologneser Studienzeit vorher gelegen haben muss. Seine Glossen können auf die Zeit zwischen 1210 und 1214 datiert werden; zu seinen bekanntesten Schülern zählen u.a. Tancredo aus Bologna, Bartolomé de Brescia sowie Papst Innozenz IV. Am 30. November 1218 wird Laurentius zum Bischof von Ourense ernannt, ein Amt, das er bis zu seinem Tod am 15. Dezember 1248 ausübt. Er legte fest, dass Mondoñedo zum Bischofsitz wurde. Außer seinen Aktivitäten in der eigenen Diözese sind zahlreiche juristische Tätigkeiten für verschiedene Päpste belegt, so für Honorius III., Gregor IX. und Innozenz IV. (cf. García García 1956).

[115] Das Leben und Werk des Vincentius Hispanus ist aufgrund verschiedener historischer Belege relativ genau rekonstruiert. Er stammte vermutlich aus León und war wohl Schüler von Azo und Accursius (Ochoa Sanz 1960, 35–40). Ab 1210 ist er selbst Rechtslehrer in Bologna. In seinen Schriften fallen immer wieder Bezüge zu Spanien auf, so heißt es in einer Glosse: «Quod autem dicitur de propinquis, hoc habuit locum in levitico, vel secundum consuetudinem ispanie, ubi tantum propinqui obtinent hereditatem avitam»; und an einer anderen Stelle in nationalistischem Ton: «[…] dicere potestis imperatorem yspanum esse verum imperatorem, qui a nullo, nisi a deo, habet gladium.» (*apud* Ochoa Sanz 1960, 17). Nach seiner bologneser Lehrtätigkeit kehrt Vicentinus Hispanus zurück auf die Iberische Halbinsel, wo er wahrscheinlich Bischof wird. Es deutet einiges darauf hin, dass er zunächst als Bischof von Guarda nach Portugal geht, wo er sich an der Seite des Königs um Regierungsgeschäfte kümmert; ab 1244 wird er wahrscheinlich Bischof von Zaragoza: «[…] dalla stessa Bologna (accanto a Lorenzo, ad Alano, a Giovanni Teutonico proseguì il ciclo decretalistico, che non s'era affato chiuso, come s'è detto, con la Summa di Ugguccio da Pisa) trasportò in Patria il proprio centro di studi e d'operosità scientifica» (Mochi Onory 1951, 55).

die Mitte des 13. Jahrhunderts unmittelbar auch auf der Iberischen Halbinsel rezipiert.[116]

> «La intensificación de las relaciones con la Sede romana abrió nuevos horizontes en la vida jurídica. [..] estudiado de modo especial en la Universidad de Bolonia, movió a los clérigos españoles a estudiarlo en ella, y una vez allí a aprender el Derecho romano que en la misma se enseñaba con éxito creciente. Su retorno a Castilla supuso la aparición en ella de unos juristas universitarios con una rigurosa formación doctrinal y técnica hasta entonces desconocida, con su bagaje de libros jurídicos, totalmente distintos de los que en ella existían» (García Gallo 1984, 137).

Was die volkssprachliche Schriftlichkeit betrifft, so kann für das ausgehende 12. Jahrhunderts in Kastilien höchstens eine indirekte Wirkung der Rezeption des Römischen Rechts festgestellt werden. Zwar sind aus dieser Zeit mehrere kastilischsprachige Schriftzeugnisse (u. a. gerade aus dem Raum Palencia) überliefert, doch können direkte Bezüge zur Rezeption nicht nachgewiesen werden. Dies ändert sich jedoch im 13. Jahrhundert, als einerseits gewohnheitsrechtliche Texte verschriftet werden, diese jedoch gleichzeitig erste Spuren Römischen Rechts enthalten, die im Laufe des Jahrhunderts immer deutlicher werden: nun scheint die Verschriftung unmittelbar mit der Rezeption zusammenzuhängen.[117] Römische Elemente lassen sich in den verschiedenen Fueros – v. a. in den umfangreicheren Sammlungen – und in den Rechtsdokumenten nachweisen, und die volkssprachliche Übersetzung des *Forum Iudicum* als *Fuero Juzgo* in der Regierungszeit Ferdinands des Heiligen steht bereits in unmittelbarem Zusammenhang mit der Rezeption und ist fast zeitgleich mit dem Auftauchen einer ganzen Reihe von Texten, die v. a. das römische Prozess-

---

[116] Ochoa Sanz 1960; Camacho Evangelista 1966 u. 1968; Pérez Martín 1978. Das Adjektiv *Hispanus* bezieht sich auf die Einwohner der Iberischen Halbinsel allgemein, also auch auf die Portugiesen.

[117] In Kastilien lässt sich allerdings zeigen, was sicherlich auch andernorts der Fall war: dass der Einfluss Bolognas nicht nur die «paradoxe» Wirkung der Schaffung einer romanischen Schriftlichkeit, sondern auch die «unmittelbare» Restauration der Latinität zur Folge hatte. Wie Wright (2001) gezeigt hat, lässt sich die Kontroverse um die Schriftsprache im Umkreis des toledanischen Erzbischofs und der kastilischen Kanzlei relativ genau rekonstruieren und hängt von Personen ab, die in unterschiedlicher Weise die Bolognesische Renaissance repräsentieren. Auf eine erste Phase kastilischsprachiger Schriftproduktion in der königlichen Kanzlei zu Beginn des 13. Jahrhunderts folgt zunächst eine lateinische Reaktion, die auf den etwa 1180 geborenen und 1247 in Lyon verstorbenen Rodrigo Ximenez de Rada (Erzbischof von Toledo zwischen 1209 und 1247) zurückgeführt wird, der in Bologna und Paris studiert hatte. Ximénez de Rada, dessen bedeutender Rolle die Forschung in den letzten Jahren besondere Aufmerksamkeit gewidmet hat (cf. Gonzálvez Ruiz 1997, 165ss.; http://www.ens-lsh.fr/labo/SEMH-SIREM/de_rada.htm), zeigt die Zweiseitigkeit der Bolognesischen Renaissance, da er einerseits als Verfasser lateinischer Werke, u. a. der berühmten Chronik *De rebus Hispaniae*, zur Restauration einer gebildeten Latinität beiträgt, andererseits aber als Verfasser romanischsprachiger Fueros in Erscheinung tritt, und zwar sowohl des *Fuero de Alcalá* (auch *Fuero Viejo*) von 1235 (der jetzt in einer hervorragenden Edition und Kommentierung vorliegt, cf. Torrens Álvarez 2002) als auch des *Fuero de Brihuega* (oder *Fuero Largo)* (cf. http://usuarios.lycos.es/elcoso/fuero/fuero_largo.htm).

recht in Volkssprache schriftlich aufzeichnen.[118] Dabei handelt es sich z. T. um Übersetzungen, z. T. wohl um Originalwerke. Der *Libellus fugitivus*, ein lateinisches Prozesstraktat des Neveu de Montauban, der 1266–1269 als Richter in Albi tätig war, ist in einer zeitgenössischen kastilischen Übersetzung überliefert. In der Biblioteca Colombina von Sevilla befindet sich ein Manuskript einer *Summa de ordine iudiciario*, die im Text selbst als «composita a magistro Fernando Zamorensi» bezeichnet wird, dem Fernando Martínez de Zamora, dem auch die kastilische *Margarita de los Pleitos*[119] zugeschrieben wird,[120] die in mehreren Manuskripten überliefert ist. Bei der *Summa de ordine* handelt es sich weitgehend um eine Übersetzung der *Summa pauperum* des Adenulfus de Anagni (gest. ca. 1290), von der auch französische, italienische, flämische und englische Übersetzungen überliefert sind. Die bedeutendsten Werke der kastilischsprachigen Prozessliteratur des 13. Jahrhunderts stammen von Maestro Jacobo de las Leyes, dessen *Flores de derecho*, der *Dotrinal* und die *Summa de los nueve tiempos de los pleitos* eine weite Verbreitung erfahren haben und auch übersetzt wurden. Diese Werke sind insofern von ganz besonderer literaturhistorischer Signifikanz, als Jacobo mit großer Wahrscheinlichkeit die Schlüsselfigur zwischen der Rezeption des Römischen Rechts und Alfons dem Weisen ist und selbst wesentliche Beiträge zur alfonsinischen Kodifikation geleistet hat. Die Texte Jacobos sind einerseits bahnbrechend, da sie eine Bresche für einen neuen Texttyp in der kastilischen Sprache zu schlagen scheinen[121] und damit Ort des Ausbaus der kastilischen Schriftsprache sind; außerdem sind sie unmittelbares Modell für die alfonsinischen Texte, die wegweisend sind und als Referenzpunkt für die weitere Entwicklung des Kastilischen dienen. Mit den Texten Jacobos wird der Weg geöffnet für die umfassende Rezeption des Römischen Rechts bei gleichzeitiger kastilisch-nationaler Einverleibung und umfassendem Ausbau der kastilischen Sprache. Dabei sind die volkssprachlichen Texte zunächst Werke für die Rechtsanwendung, Kompendien justinianischen und Kanonischen Rechts. Das Corpus Iuris selbst wird nicht in die Volkssprache übersetzt, da diejenigen, die mit den direkten Quellen des Corpus arbeiten, keiner volkssprachlichen Versionen bedürfen.

Wie in anderen Gebieten der Romania ist auch in Kastilien die erste Welle der Rezeption des Römischen Rechts als direkte Folge der gratianischen Kodifikation des Kanonischen Rechts zu sehen, die als Träger der neuen Textbearbeitung, neuer Unterrichtsmethoden und Argumentationstechniken zu betrachten ist. Dadurch wird der Weg bereitet für eine umfassende Rezeption, die verschiedenartige Konsequenzen hat: einerseits die Niederschrift des lokalen Rechts zunächst auf Latein und dann in Volkssprache, und anschließend, im 13. Jahrhundert, zunächst die Schaffung von Werken praktischen Charakters, die die römischen Rechtsgrundsätze denjenigen nahe bringen, die seit Anfang des Jahrhunderts ihre Schriften der Rechtsanwendung

---

118 Cf. García García 1971, 671ss. Zur Prozessliteratur allgemein cf. Nörr 1967 und Fowler-Magerl 1984.

119 Ediert von Cerdá 1950.

120 Argumente gegen die Autorschaft finden sich bei García García 1971, 672s.

121 Zu «Breschen» in den Volkssprachen allgemein cf. Selig 1995, 190ss.

in Volkssprache abfassen.[122] Dadurch wird der Weg geebnet zu einer umfassenden volkssprachlichen Schriftlichkeit, die die kastilische Sprache zur Sprache des Königs und der aufgestiegenen politischen Macht Kastilien macht. In ganz besonderer Weise ist auch in Kastilien sowohl der Impuls der volkssprachlichen Verschriftung als auch der Elaboration der Schriftsprache mit der Rezeption des Römischen Rechts verbunden (cf. Kapitel 4.).

2.2.4.1. Exkurs: Gonzalo de Berceo

Im Falle des Kastilischen stellt das Werk Gonzalo de Berceos, des wichtigsten kastilischen Dichters im 13. Jahrhundert, ein besonders auffälliges Beispiel der Beziehung römischer Rechtskenntnis und volkssprachlicher literarischer Produktion dar. Man ist schon lange, vor allem nach den Arbeiten Brian Duttons,[123] davon abgerückt, Berceos Aussagen, in welchen er seine mangelnden Lateinkenntnisse beteuert, als bare Münze zu nehmen und hat festgestellt, dass seine Texte auf einen für seine Zeit ausgesprochen gebildeten Hintergrund hinweisen.[124] Auch hat man eine Verbindung Berceos zur Universität Palencia vermutet und u. a. festgestellt, dass sein Wissen in juristischen Dingen sehr umfangreich ist.[125] Bermejo Cabrero (1969) sucht dabei die juristischen Bezüge bei Berceo in der kastilischen Rechtstradition und weist eine Beziehung zum Römischen Recht sogar explizit zurück. Es wurde gesagt, dass Berceos Werk der Propaganda für seine Klöster dient. Berceos Marienwunder sind volkssprachliche Übertragungen lateinischer Prosatexte. Die Inhalte stimmen weitgehend mit der Vorlage überein, doch werden sie in einer anderen Sprache und einer anderen Textform präsentiert, nicht ohne Modifikation auch der juristischen Termini. Dabei ist es so, dass sich in Wahrheit eindeutige Bezüge zum Römischen Recht in mehreren Texten Berceos nachweisen lassen und der Antagonismus zwischen Römischem Recht und lokalem Recht sogar eines der zentralen Themen vor allem der *Milagros de nuestra Señora* ist.

Schon die ersten Verse des Prologs dieses Werks weisen auf Kenntnisse der Regeln der Rhetorik hin, wenn Berceo nach der Nennung der *intentio* («contar un

---

122 Auch in Kastilien ist dies eine Zeit des Aufstiegs der Städte und der wachsenden Bedeutung des Bürgertums. Die Teilnahme der Bürger an den Cortes von León ist erstmals im Jahre 1188 belegt (in dem Protokoll der Cortes heißt es am Ende «et cives iuramento firmaverunt»); von diesem Zeitpunkt an nehmen Vertreter des dritten Standes regelmäßig an den Curien und Cortes teil. Ab der Regierungszeit Ferdinands III., also der Zeit der «volkssprachlichen Wende», ist die Beteiligung auch in Kastilien nachgewiesen.

123 Cf. etwa Duttons Einleitungen zu den Ausgaben der *Milagros* oder der *Vida de Sto. Domingo de Silos*.

124 «[...] a pesar de las numerosas protestas que hace de su propia ignorancia, la formación intelectual de Berceo debió de ser mucho más amplia de lo que se venía pensando. Al respecto, es probable que tuviese notables conocimientos administrativos y legales, y que fuese efectivamente notario del abad Juan Sánchez, muerto en 1253. Por lo tanto, Berceo fue un hombre educado y se piensa que el título de *maestro* que se da (*Milagros*, 2) se refiere a un rango universitario, posiblemente ganado en los Estudios Generales de Palencia hacia los años 1223–1236» (Gerli 1997, 14).

125 Cf. Bermejo Cabrero 1969 u. Dutton 1980.

buen aveniment») auf die *utilitas* hinweist («terredeslo en cabo por bueno verament») und anschließend, gemäß der in der zweiten Hälfte des 12. Jahrhunderts üblich gewordenen Enthebung aus der Anonymität, den Autornamen nennt: «Yo maestro Gonçalvo de Verçeo nomnado». Auch die ausdrückliche Nennung der Sprache in mehreren Werken steht im Zusammenhang mit dieser neuen Explizitheit und bewussten Nennung der Kommunikationspartner, der Textsorte und der verwendeten Sprache. Dies sind jedoch noch keine Elemente, die auf eine juristische Bildung hinweisen, sie könnten zwar im Rahmen einer juristischen Bildung vermittelt worden sein, sind jedoch Inhalt der scholastischen Bildung auch in anderen Wissensbereichen.[126]

Die 25 *Milagros* sind nach einem weitgehend einheitlichen Schema aufgebaut,[127] in dem die Jungfrau jeweils einem ihr besonders gewogenen Sünder nach dessen Tod einen erneuten Lebensversuch gewährt und ihm somit die Chance zur Buße einräumt.

Mehrmals taucht Maria dabei als Richterin auf, mehrmals werden konkret Anspielungen auf Prozesse gemacht; besonders deutlich etwa im zweiten Wunder, wo der listige Teufel gegen Maria argumentiert:

«Escripto es que el omne allí do es fallado / o en bien o en mal, por ello es judgado» (91).

Es handelt sich hier um eine eindeutige Anspielung auf die römische Rechtsregel des Prozessortes, wie sie im Codex und den Digesten festgelegt ist und über die römischen Rechtssummen auch auf der Iberischen Halbinsel bekannt war.[128] In der kastilischen Version des okzitanischen Rechtsbuches *Lo codi*, die im Rahmen dieser Arbeit teilediert wurde, heißt es im zweiten Buch.[129]

«¶ El actor deue yr rrazonar delante el iuyz del rreu · alla o fue fecho el pleyto o el negocio · ¶ Si el rreu faze alg*u*n mal fecho delante la podestat puede seer metido e*n* pleyto e*n* el poder de q*ua*l ello fue fecho · aun q*ue* no*n* sea de so su poder · ¶ Ot*ro*si lo puede dema*n*dar de mal fecho · o d'algu*n* om*n*e en todos logares o lo fallare».

Das «o lo fallare» entspricht dem «escripto es ... do es fallado» Berceos, der diesen Text wohl aus seinen juristischen Studien kennt. An anderen Stellen finden sich E-

126 Was die Autornennung betrifft, so ist allgemein ab Ende des 12. Jahrhunderts zu beobachten, dass diese häufiger wird: «Blieb der Name des Volksdichters bis dahin unbekannt, nannte der geistliche Dichter den seinen nur erst im Gefühl der Verantwortlichkeit für das, was er dem Laien kund that, so giebt sich der mit seiner Persönlichkeit hervortretende Dichter ritterlichen Standes oder der ritterlichen Kreise, der in der Litteratur seit der Mitte des 12. Jahrhunderts jenen beiden zur Seite tritt, aus Ehrgeiz seinem Publikum und der Nachwelt zu erkennen» (Gröber, II 1 485). Es ist vielleicht keine zufällige Parallele, dass im Römischen und Kanonischen Recht jeweils die Autoren der Konstitutionen genannt werden und die bologneser Rechtslehrer, deren Glossen schon vorher mit Namenssigeln versehen wurden, ab Ende des 12. Jahrhunderts ihre Namen in den Werken nennen.

127 Für das Folgende cf. Bermejo Cabrero 1969.

128 Cf. etwa das Kapitel 6 des III. Buches der *Summa Trecensis*, «De iurisdictione et ubi iudicia peragenda sunt»; cf. auch *Lo codi* III, 1: «la causa deu esser esgardada dun es lo plaz».

129 Eigene Edition nach dem Ms. 10816 der Madrider *Biblioteca Nacional*, cf. den Text im Internet unter www.kabatek.de/codi bzw. http://www.niemeyer.de/links/link_material.html

lemente des kastilischen Gewohnheitsrechts, die in Opposition zum «göttlichen» Recht gestellt werden: Dem sündigen Pilger auf dem Weg nach Santiago wird von einem als Jakobus verkleideten Teufel ein Richterspruch im Sinne der kastilischen Fazañas auferlegt:

«Esti es el iudicio: Que te cortes los miembros que facen el fornicio» (192).

Der Pilger stirbt durch dieses Urteil, woraufhin der echte Jakobus und die Jungfrau intervenieren. Nun erhält der Pilger einen richtigen Prozess nach römischem Modell, der zum Freispruch führt, der von Gott bestätigt wird (*Valio esta sentencia, fue de Dios otorgada*). Der Gegensatz zwischen Lokalrecht und «göttlichem», Römischem Recht zieht sich durch das ganze Werk. Das Römische Recht wird von Maria, Gott und von Bischöfen vertreten (*Sabie bien el obispo derecho connocer*, 901), bekanntlicherweise den Hauptträgern der Bolognesischen Renaissance auf der Iberischen Halbinsel. Die Termini Kanonischen Rechts, vor allem des neuen Prozessrechts, finden sich in den Milagros zuhauf.[130] Es wird sogar konkret das *Decretum Gratiani* angesprochen.[131] Auch im Wunder des Teófilo, in dem sich auffällig viele kirchenrechtliche Termini finden,[132] wird auf den kastilischen Rechtskonflikt zwischen ungeschriebenem und geschriebenem Recht angespielt und auf die im *Poema de Fernan Gonzalez* beschriebene Verbrennung der «falschen» Rechtsschriften, die einen Gemeinplatz der kastilischen Tradition darstellt und die auch im Cid anklingt.

Das Thema kann hier nicht weiter ausgeführt werden; es geht v. a. darum darauf hinzuweisen, dass es in Berceos Werk nicht nur um die Präsenz juristischer Themen seiner Zeit geht, die auf seine juristische Bildung hinweisen, wie dies von Bermejo Cabrero (1969) festgestellt und eingehend beschrieben wurde, sondern dass die *Milagros* auf subtile Weise die Frage der Rezeption des Römischen Rechts verarbeiten. Es handelt sich dabei natürlich nur um eine von mehreren möglichen Lesarten des Textes, doch scheint es hier um mehr als um ein Spiel mit der Kenntnis juristischen Stoffes zu gehen, nämlich um eine breit angelegte Apologie des «neuen», Römischen und Kanonischen Rechts im Gegensatz zum traditionellen kastilischen Gewohnheitsrecht. Dass Berceo für diese Apologie des neuen Rechts gerade die Volkssprache und die leicht memorisierbare gereimte Versform wählt, unterstützt deren divulgativen Charakter: es entspricht gerade der bewusst eingenommenen mimetischen Haltung eines «naiven», ungelehrten Autors, der mit anerkannten, auch volkstümlichen Werten wie Gottespräsenz und Marienwundern argumentiert, um das neue Paradigma zu verteidigen. Aus gelehrter, gebildetlateinischer Perspektive würde man vielleicht nichts anderes erwarten, aber der Verbreitungseffekt und die Überzeugungskraft wird gerade durch die gewählte Ausdrucksform unterstrichen.[133] [Ende des Exkurses].

---

130 So u. a. *procurador* (797), *fianzas* (689), *demanda, testes* (686), *fiadores* (652) u. v. m.

131 «Esta cosa non puede sin justicia passar, La culpa que quissiestes vos a ella echar, El Decreto lo manda, en vos deve tornar» (562).

132 So u. a. *bailía, mejoría, contenencia, abenencia, pleitos, ordinación, ministración* etc.

133 Mit den Feststellungen über Berceos «Strategie» wird keineswegs die Ästhetik und die literarische Ausdruckskraft der Texte in Frage gestellt. Die zeitgenössische Lesart nimmt ihnen auch keinesfalls ihren universellen Wert. Es wäre eine lohnende Aufgabe, das gesamte

2.2.5. Portugal

In Portugal findet die Rezeption des gelehrten Römischen Rechts im 12. Jahrhundert unmittelbar durch den Kontakt nach Bologna, die des Römischen Rechts in Volkssprache v. a. indirekt, über Kastilien statt. Das erste Zeugnis der Bekanntheit römischer Rechtstexte (und zwar praktisch des gesamten Corpus Iuris Civilis und des Dekrets!) in Portugal ist das Testament des Bischofs von Porto, Fernando Martins, von 1185, wo es heißt:

> «Mando Portucalensi ecclesiae decreta mea et institutiones et autenticam et novellam sicut sunt in uno volumine et summam decretorum et institutionum et codicis siti in alio volumine [...]; Mando Bracharensi ecclesiae codicem meum et digestum vetus et novum in tres partes cum isforciato et psalterium glossatum» (*apud* Caetano 1985, 339s.).

In einem Dokument von 1195 ist die Rede von einem «Magister Decretista Petrus, que noviter venerat a Romana Curia».[134] Es zeigt sich also auch hier, dass wenige Zeit nach der Verfassung des *Decretum Gratiani* unter bestimmten gebildeten Klerikern das bolognesische Recht bekannt ist.

Ab dem frühen 13. Jahrhundert vermehren sich die Verbindungen Portugals zum gelehrten Recht und nach Bologna. Verschiedene Portugiesen waren ab dem 13. Jahrhundert Lehrer in Bologna,[135] so João de Deus wohl zwischen 1229 und 1260 (cf. Costa 1957) und die Dekretisten Petrus Hispanus (ab 1276 Papst Johannes XXI.) sowie Vincentius Hispanus und Silvestre ebenfalls in dieser Zeit (cf. García y García 1976). Die Rezeption geschieht in einer ersten Phase praktisch nur durch das Kanonische Recht, da das Römische Recht als über dem Königsrecht stehendes Kaiserrecht in Portugal abgelehnt wird, was u. a. von dem Kanonisten Laurentius Hispanus verteidigt wurde. Neben den erwähnten Zeugnissen der Kenntnis römischer Rechtstexte ab dem Ende des 12. Jahrhunderts zeigen sich erste Einflüsse des Römischen Rechts in einigen Gesetzen Alfons' II. um 1211.[136] Aus derselben Zeit sind die ersten Zeugnisse einer portugiesischen Schriftsprache überliefert, die *Notícia de torto* von 1214–1216 und das Testament Alfons' II. von 1214.

Die umfassende Rezeption beginnt im Jahre 1245, als Papst Innozenz IV. aufgrund der Regierungsunfähigkeit des legitimen Königs Sancho II. nach der Beschwerde mehrerer portugiesischer Bischöfe in der Bulle *Inter alia desiderabilia* dessen Bruder, den Grafen Alfons von Boulogne, der lange in Frankreich gelebt hat, zum Regenten Portugals macht. Dieser schwört in Paris, er werde die «bons costumes ou foros, escritos ou não escritos» (Caetano 1985, 274) respektieren. Nach

---

Werk Berceos systematisch auf die angedeutete Lesart hin zu untersuchen; eine Aufgabe, die jedoch hier nicht geleistet werden kann. Dabei wäre auch die Frage zu stellen, inwieweit die Mariendichtung in Volkssprache auch in anderen Fällen Trägerin zeitgenössischer gesellschaftlicher Konflikte ist und inwiefern der angesprochene Antagonismus aus den lateinischen Vorlagen übernommen, inwiefern von Berceo erweitert wurde.

134 Apud Silva 1991, 161. Ein weiteres Zeugnis findet sich im Testament des Erzbischofs von Braga, Estevão Soares, von 1228 (ibd.).

135 Silva (1991, 163) spricht von einer «plêiade de canonistas portugueses».

136 Nach Silva (1991, 203) sind einige Rechtssätze in den Gesetzen von 1211 eindeutig auf den Einfluss Römischen Rechts zurückzuführen.

dem Bürgerkrieg gegen Sancho übernimmt Alfons die Macht; unmittelbar anschließend erscheinen die ersten Rechtsdokumente in portugiesischer Sprache.[137] Im Gegensatz zu anderen Regionen lässt sich in Portugal kein fließender Übergang beobachten, die ersten portugiesischen Dokumente sind fast frei von Latinismen und lassen auf eine gebildete Verschriftlichung «von oben» schließen.[138] In der zweiten Hälfte des 13. Jahrhunderts wird Portugal von einer Verschriftlichungswelle erfasst, die eng mit der Rezeption des Römischen Rechts verbunden ist, diesmal jedoch mit der zweiten Rezeptionswelle, die v. a. in der Übersetzung kastilischer, volkssprachlicher Werke besteht. Unter Dinis, dem Neffen Alfons' des Weisen, der ab 1279 regiert, wird in Lissabon auf Bitte verschiedener Kleriker ein *Studium generale* eingerichtet,[139] das ab 1288 oder 1290 seinen Betrieb aufnimmt und wo v. a. Zivilrecht und Kanonisches Recht gelehrt werden soll. Unter der Herrschaft des Dom Dinis werden dann auch die wichtigsten alfonsinischen und präalfonsinischen Rechtstexte aus dem Kastilischen ins Portugiesische übersetzt, die portugiesischsprachige Rezeption geht nicht zu den Quellen, sondern übernimmt die bereits volkssprachlich bearbeiteten Rechtstexte. Dies sind zum einen verschiedene Texte des Jacobo de Junta,[140] andererseits alfonsinische Texte wie der *Fuero Real* und die *Siete Partidas*.[141] Caetano (1985, 341) vermutet, die Summen des Maestre Jacobo hätten den lokalen Richtern als Orientierung für das Abhalten von Prozessen nach dem «neuen Recht» gedient.

Die Übernahme der Partidas ermöglicht auch die Übernahme des Römischen Rechts ohne Aufgabe der Obermacht des Königs, da die Partidas das Prinzip des *rex in suo regno est imperator* festschreiben (Part. II, 1, 1, 8: «aquellos poderes que ... los emperadores han et deben haber en las gentes de su imperio, que esos mismos han los reys en los sus regnos, e mayores»). Außerdem bot es sich an, die romanischsprachigen Summen, die leichter zugänglich waren als die Texte des Corpus Iuris, an das Portugiesische anzupassen:

> «Essas obras serão veículos de introdução do romanismo no nosso país. Em primeiro lugar, acham-se escritas em idioma que facilita a sua directa consulta ou tradução; em segundo lugar, são resumos ou sínteses de soluções justinianeias; em terceiro lugar, têm essas obras, relativamente, em atenção, o ambiente hispânico» (Silva 1991, 205).

---

137 «Até ao reinado de D. Afonso III. os documentos eram redigidos em latim, embora numa linguagem bastante afastada do idioma clássico e já com muitos termos e formas vulgares do tipo português. É a partir desse reinado que se começa a empregar mais correntemente a língua portuguesa na redaçcão dos documentos, uma língua titubeante, com forte influência galaica, de ortografia arbitrária e irregular» (Caetano 1985, 355).

138 Cf. das erste bislang bekannte portugiesische Rechtsdokument vom 8. Mai 1251 aus dem Kloster S. Vicente de Fora bei Bello Rivas (2001).

139 Die Bitte, die z. T. aus Paraphrasen justinianischer Texte besteht und als Grund die Ersparnis von Reisekosten an fremde Universitäten angibt, wird am 12. November 1288 an Papst Nikolaus IV. gerichtet; 1290 ist die Universität bereits in Betrieb und wird durch die Bulle *De statu regni portugallie* vom 9. August 1290 legitimiert (cf. Caetano 1985, 283ss.).

140 Cf. Merêa 1916/17 u. Roudil 1985.

141 Cf. die fehlerhafte Edition des *Foro real* von Adolfo Pimenta und die verlässlichen Editionen von *Fuero real* und der *Primeyera Partida* von José de Azevedo Ferreira.

Es ist schließlich noch wichtig darauf hinzuweisen, dass auch die Verschriftlichung des lokalen Gewohnheitsrechts eng mit der Rezeption Römischen Rechts verbunden ist. Sowohl die Übersetzung der Prozesstraktate des Jacobo de Junta als auch die Übersetzung des *Fuero Real* findet sich in einem Codex der Lissaboner Torre do Tombo, der auch die portugiesischen, relativ elaborierten *Foros da Guarda* und andere Gesetze Alfons' III. enthält[142] und von dem schon Merêa festgestellt hat:

> «[...] a circunstância de a versão [i. e. a versão portuguesa das obras de Jacobo de Junta, J.K.] se encontrar, com as leis gerais de Afonso III, juntas ao caderno de costumes da Guarda mostra que ela devia servir aos alcaldes deste município, e nada nos proíbe de acreditar, antes tudo leva a crer, que estivesse divulgada, pelo país, fornecendo precioso subsídio numa época em que era ainda escassa a legislação processual» (Merêa 1923, 62s.).

Auch andere Autoren nach ihm haben die Verschriftungswelle der Foros als Reaktion auf die Rezeption interpretiert.[143] Die ersten portugiesischsprachigen elaborierten Rechtstexte, sowohl die gelehrten als auch die des Gewohnheitsrechts, sind Konsequenz der Bolognesischen Renaissance.[144]

2.2.6. Rezeption des Römischen Rechts und romanische Schriftproduktion

Es konnte hier nur an einigen Beispielen angedeutet werden, inwiefern die Bolognesische Renaissance, vor allem die Rezeption des Kanonischen Rechts, an vielen Orten der Romania als Auslöser für die Produktion schriftlicher Texte auch in den Volkssprachen wirkt oder zumindest eng mit der volkssprachlichen Schriftproduktion zusammenhängt. Es zeigt sich, dass dabei zwischen verschiedenen Phänomenen unterschieden werden muss. Neben der hier nicht näher betrachteten Auslösung lateinischer Schriftproduktion führt die Bolognesische Renaissance zur Schaffung von romanischsprachigen Texten, die unmittelbar das Römische Recht zum Inhalt haben, wie etwa dem altfranzösischen *Decretum*, dem okzitanischen *Codi*, den katalanischen *Furs* und *Costums* oder den kastilischen *Flores*. Zweitens bewirkt die Rezeption die Schaffung von Texten verschiedener lokaler Gewohnheitsrechte in Volkssprache, wobei diese verschiedenen Finalitäten und Umständen entsprechen könnten. Diese Texte könnten zu dokumentarischen Zwecken festgehalten werden und dabei nicht die Festigung des Lokalrechts zum Ziel haben, sondern nur dessen schriftliche Fixierung parallel zur Rezeption des neuen Rechts betreiben. Sie könnten aber auch tatsächlich den Erhalt und die Festigung des lokalen Rechts gerade in einer Gegenbewegung zur Rezeption des Römischen Rechts zum Ziele haben. Drit-

---

142 Der Maço 6 der *Foraes antigos* Nr. 4. Die Edition der *Foros da Guarda* findet sich in *Colecção de inéditos...*, 399–455.

143 Cf. Lindley Cintra 1959; cf. auch Caetano 1985, 234.

144 Vielleicht könnte die Entstehung der schriftlichen Aufzeichnungen des Gewohnheitsrechts in gelehrtem Umfeld auch die von Cintra festgestellte «mistura de características» (1959, 500) zwischen galicischen, leonesischen, kastilischen und portugiesischen Elementen erhellen: der Text hat mimetischen Charakter und soll das traditionelle Gewohnheitsrecht darstellen; die Sprache ist künstlich-archaisierend und repräsentiert keinesfalls irgendeinen wirklich existierenden Dialekt der Zeit der Aufzeichnung (2. Hälfte des 13. Jh.)

tens bewirkt die Rezeption auch die Schaffung literarischer Texte, die nicht unmittelbar das Römische Recht widerspiegeln, aber Elemente enthalten, die sie mit der Rezeption des Römischen Rechts verbinden. Und als weitere Hypothese kann angenommen werden, dass auch die schriftliche Fixierung einer volkssprachlichen Literatur, die auf frühere Zeiten zurückgeht, v. a. der *Chansons de geste*, ähnlich wie die Verschriftung des lokalen Rechts, mit der intellektuellen Erneuerung zusammenhängen, für welche die Bolognesische Renaissance ein tragender Pfeiler ist, worauf etwa die Feststellung einer Verbindung zwischen der Renaissance und dem trecensischen Hof hindeutet.[145]

Weshalb aber die Rezeption eines klassischeren Paradigmas gerade paradoxerweise zu volkssprachlicher Schriftlichkeit führen soll, kann zumindest ansatzweise durch die Orte und den lokalen Nutzen derselben erklärt werden. In verschiedenen Städten – etwa in Arles, Troyes, Tortosa oder Valencia – entstehen die volkssprachlichen Texte in einer Zeit des zunehmenden Handels und der wachsenden Bedeutung des Bürgertums, das es bevorzugt, von einer fernen Zentralmacht statt vom lokalen Adel abzuhängen und somit das zentralistische Römische Recht fördert; außerdem braucht der Handel unter anderem ein ausgeklügeltes Vertragsrecht, wie es im Römischen Recht zur Verfügung steht. Auch steht das Bürgertum dem Lateinischen ferner als etwa der Klerus. Der Schulterschluss von Bürgertum und Zentralmacht bewirkt in einer zweiten Phase, dass die Zentralmacht etwa in Kastilien oder in Portugal die volkssprachliche Schriftlichkeit Römischen Rechts aufgreift und zu einer unmittelbar von ihr geschaffenen, eigenständigen Gesetzgebung transformiert.

Die verschiedenen Stichproben in der Romania zeigen, dass diese Zusammenhänge bestehen, wobei, wie ebenfalls andeutungsweise zu sehen war, qualitative, quantitative und chronologische Unterschiede in den einzelnen Gebieten auszumachen sind. Die Beziehungen zwischen Rezeption des Römischen Rechts und Volkssprachlichkeit lassen sich am besten am Verhältnis zwischen den Biographien einzelner Individuen und der von ihnen oder in ihrem Umfeld hervorgebrachten Schriftproduktion beobachten, und ein ausführlicheres Untersuchungsprojekt, das Träger der Rezeption und ihr Wirken in den einzelnen Regionen der Romania detailliert untersucht, könnte noch mehr Licht in die wahre Tragweite der Bolognesischen Renaissance für die romanische Sprachgeschichte bringen.

Doch häufig lassen die mangelnden Informationen über einzelne Individuen des 12. und 13. Jahrhunderts nur Spekulationen zu.[146] Hier müssen dann die Texte selbst sprechen. In den folgenden Kapiteln wird es um solche Texte der Rezeption gehen, und zwar zunächst um die anonymen südfranzösischen Summen des 12. Jahrhunderts. Dabei werden wir die Frage der *Auslösung* der romanischen Schriftlichkeit

---

145 Löfstedt (1990) nimmt auch an, dass die im Gratianischen Dekret festgeschriebenen Reinheitsideale unmittelbar die Graalslegende beeinflusst haben mögen.

146 Dies ändert sich dort, wo die Hauptträger der Rezeption hochrangige geistliche oder weltliche Würdenträger sind, über deren Biographien oft recht genaue Informationen erhalten sind.

teilweise verlassen und die Frage des *Ausbaus* der Schriftsprachen ins Zentrum rücken.

3. *Lo codi* und der Ausbau der okzitanischen Schriftsprache

Von den verschiedenen romanischsprachigen Texten, die unmittelbare Produkte des Bolognesischen Diskurses sind, soll nun ein besonders hervorstechendes Beispiel – zugleich das früheste uns bekannte – näher betrachtet werden: die altokzitanische[1] Summa *Lo codi*. Neben der kurzen Darstellung der bisherigen Forschungen zu diesem Text und einem kurzen Abriss über seine Einflüsse in der Romania wird es vor allem darum gehen, den Text selbst in Bezug auf seine verschiedenen Vorbilder und auf die altokzitanische Schriftsprache zu betrachten.

3.1. Entstehungsgeschichte des *Codi*

3.1.1. *Lo codi*, okzitanisches Rechtsbuch des 12. Jahrhunderts[2]

Lo codi ist das früheste und im 12. Jahrhundert bei weitem bedeutendste Zeugnis der Rezeption des Römischen Rechts in romanischer Sprache. Nicht nur, dass es sich um das erste romanische Rechtsbuch – und sogar um das erste romanische große Sachprosawerk überhaupt – handelt: *Lo codi* ist auch ein durch fast die ganze Romania verbreiteter Text, der einen großen Einfluss in mehreren Sprachgebieten ausübte. Während jedoch in der Rechtsgeschichte häufig von dem «berühmten» Codi die Rede und die Summa Inhalt zahlreicher rechtshistorischer Untersuchungen ist, hält sich die Zahl der sprachgeschichtlichen Forschungsbeiträge bislang eher in Grenzen.

Lo codi ist eine neun Bücher umfassende Kodex-Gesamtsumma justinianischen Rechts, die, wie es scheint, direkt in der Volkssprache verfasst wurde. Von den zwölf Büchern des justinianischen Codex Iuris Civilis wurden in der mittelalterlichen Tradition gemeinhin nur die ersten neun rezipiert. Im Falle des Codi haben

---

1 Ich verwende hier gemäß der neueren und internationalen Tradition den Begriff «altokzitanisch» für die mittelalterliche Sprache des gesamten okzitanischen Sprachgebiets; «altprovenzalisch» hingegen (im Gegensatz zur älteren Romanistik) nur für Texte aus der Provence. Bei *Lo codi* handelt es sich somit in diesem Sinne um einen altokzitanischen, altprovenzalischen Text, d. h. einen okzitanischen Text aus der Provence. Bei solchen Sprachadjektiven ist im Falle des Mittelalters besonders darauf hinzuweisen, dass es sich um linguistische Konventionen handelt, die keine Kategorisierungen der Sprecher sind. Zu den Sprachbezeichnungen in der Galloromania cf. Müller 1996; Langenbacher-Liebgott (2003). Zur Kategorisierung von Sprache und Sprachen cf. Kabatek/Schlieben-Lange 2000.

2 Für das Folgende cf. Kabatek 2000a.

wir es mit einer Titelsumma zu tun, deren einzelne Bücher und Titel dem lateinischen Codex folgen und diesem teils wörtlich entsprechen.

3.1.2. Forschungsgeschichte

Die Geschichte der Beschäftigung mit dem Rechtsbuch wurde von Felix Derrer anlässlich von dessen 1974 in Zürich erschienenen Dissertation, einer Edition der ältesten bekannten Codi-Handschrift mit Einleitung, aufgearbeitet,[3] so dass hier die Darstellung Derrers nur resümiert und gleichzeitig ergänzt und aktualisiert werden soll.

Als erstem romanischen Philologen war der Text bereits François Raynouard aufgefallen, der ein Manuskript des Codi aus der französischen Nationalbibliothek für sein Wörterbuch der Sprache der Troubadours verwendete. Raynouard glaubte allerdings, es handle sich bei dem Text um eine Übersetzung des justinianischen Codex, was er in einem Brief dem französischen Rechtshistoriker Charles Giraud mitteilte,[4] der dies wenige Jahre später korrigierte und darauf hinwies, dass es in Wahrheit «un abrégé, rédigé librement, en langue vulgaire» sei,[5] «une *Summa* écrite en langue romane ou provençale» (Giraud 1838, 142s.). Er charakterisierte das Werk bald völlig zutreffend:

---

3 Derrers Darstellung ist allerdings nicht ganz vollständig, so fehlt bei den Angaben zur Datierung etwa die wichtige Arbeit von Prawer 1962; die Angabe der verschollenen Manuskripte stützt sich auf Suchier 1894 mit nur partieller Berücksichtigung neuerer Funde. Einen guten Überblick über die Codi-Forschung bieten Feenstra 1967 und Gouron 1978. Eine aktuelle, aber recht knappe Darstellung des Forschungsstandes aus rechtshistorischer Sicht findet sich bei Lange 1997, 415–421.

4 Ein Ausschnitt aus dem Brief wurde von Giraud aus Gründen der damaligen Aktualität im Rahmen einer Rezension in der *Revue de législation*, vol. 3 (1835–36), S. 51s. [Fn 1], veröffentlicht: «Au moment où nous écrivons ces lignes, nous recevons de M. Raynouard, membre de l'Institut, une communication à laquelle nous nous hâtons de donner la publicité, à cause des grands résultats qu'elle peut amener pour la critique d'un des textes les plus importants du droit romain et pour l'histoire du droit elle-même. *Parmi les écrits romains qui m'ont servi à composer le glossaire de la langue des troubadours, dont une partie est imprimée*, nous dit cet illustre philologue, dans sa lettre du 15 juin 1835, *j'ai eu à citer quelquefois une traduction faite en provençal du Code de Justinien, au XIIe ou XIIIe siècle, laquelle offre des différences assez notables avec le texte latin.* Nous nous sommes empressés de solliciter la communication du manuscrit précieux dont nous parle M. Raynouard, et nous espérons l'obtenir. En attendant, qu'il nous soit permis de remercier le savant respectable qui n'a point oublié, au milieu des recherches philologiques auxquelles il a consacré sa vie, que ses premiers travaux avaient été dirigés vers l'étude de la jurisprudence scientifique».

5 Raynouard (und so auch Frank/Hartmann 1997, III, 327) hatte sich von dem Titel auf dem Einband des Manuskripts («Codice Justinian. lib. IX.») irreführen lassen bzw. diese Angabe evtl. aus dem Bibliothekskatalog von Bernard de Montfaucon, der *Bibliotheca bibliothecarum manuscriptorum nova* von 1739, II, 796, übernommen («8164. *Ann. circiter 400. Codicis Justiniani, libri IX. Lingua vulgari Langothiæ*»).

«[...] quant à l'ouvrage lui-même, pour être convaincu que l'auteur ne s'est point proposé pour objet de traduire le *Code* de Justinien, mais que son but a été de composer un exposé analytique et systématique du Droit Romain, dans son ensemble, il n'y a qu'a comparer le premier titre venu du manuscrit avec le titre correspondant du texte latin» (Giraud 1838, 144).

Er ist auch der erste, der die große Bedeutung des Codi für das Mittelalter richtig einschätzt.[6] Zudem deutet Giraud bereits an, dass sich darin Anklänge an das Recht der Kreuzfahrerstaaten finden.[7]

1874 nahm Karl Bartsch einige Abschnitte des Codi mit Varianten aus verschiedenen Manuskripten in die *Chrestomatie Provençale* auf. Dadurch war der Text einer breiteren Öffentlichkeit bekannt geworden und weckte die Aufmerksamkeit verschiedener Rechts- und Sprachwissenschaftler. In Halle wurden der romanistische Philologe Hermann Suchier und der römische Rechtshistoriker Hermann Fitting[8] auf den Codi aufmerksam und entwickelten bald die Idee einer kritischen Ausgabe. Fitting beschäftigte sich in dieser Zeit mit verschiedenen lateinischen Rechtssummen des 12. Jahrhunderts, und der Provenzalist Suchier war an der sprachhistorischen Bedeutung des romanischen Rechtsbuches interessiert. In den folgenden Jahren stellten Fitting und Suchier in kleineren Mitteilungen immer wieder neue Handschriften des Codi vor,[9] wobei sich herausstellte, dass das okzitanische Rechtsbuch auch in französischer, lateinischer und kastilischer Übersetzung vorlag. Nach Einschätzung Derrers in dessen Forschungsbericht war die Entdeckung der ältesten Handschrift (des bis heute im Allgemeinen als Hand-

6 «La Somme Provençale est donc un ouvrage original et l'un des plus importants qu'ait produit le moyen âge» (Giraud 1838, 149).

7 Er spricht von «altérations que le souvenir des Croisades pouvait inspirer à l'auteur» (ibd., 145). In einer späteren Arbeit (Giraud 1843, 30) vergleicht er den rechtlichen Status der Enterbung in den *Assises des Bourgeois* und im Codi, ein Vergleich, der erst mehr als hundert Jahre später von J. Prawer systematisch und ausführlich abgeschlossen wird. Die Rechtssammlungen der Kreuzfahrerstaaten (dazu w. u.) wurden ab den dreißiger Jahren erstmals (allerdings gleich dreimal!) veröffentlicht; 1839 von V. Foucher, ebenfalls 1839 von E. H. Kausler und schließlich als Ausgabe der Akademie 1841 und 1843: *Assises de Jérusalem ou Recueil des ouvrages de jurisprudence composés pendant le XIIIe siècle dans les royaumes de Jérusalem et de Chypre*, ed. par Le Comte Beignot, Paris, Imprimerie Royale, vol. I: 1841; vol. II: 1843.

8 Hermann Fitting (1831–1918) war einer der bedeutendsten Rechtshistoriker seiner Zeit; sein Hauptarbeitsgebiet war die Frage der Kontinuität Römischen Rechts bis ins Mittelalter, die er in Gegenposition zu Savigny durch den Nachweis der Existenz verschiedener präbolognesischer Schulen Römischen Rechts zu beweisen versuchte, was jedoch die spätere Forschung v. a. durch die Arbeiten von Conrat, Flach, Patetta und Kantorowicz (cf. Weimar 1973, 133) widerlegt hat. Fitting besorgte zahlreiche mustergültige Editionen, allerdings mit teilweise irrtümlicher Zuschreibung (so nahm er an, die von ihm edierte *Summa Trecensis* sei ein Werk des Irnereus). Ab 1862 lehrte er in Halle, wo ab 1876 auch der Philologe Hermann Suchier (1848–1914) tätig war, der in der Romanistik als Herausgeber zahlreicher Editionen und v. a. als Verfasser des Kapitels «Die französische und provenzalische Sprache und ihre Mundarten» in Gröbers Grundriß I, 712–840 bis heute bekannt ist.

9 Cf. etwa Suchier 1894, 1899, 1900.

schrift A bezeichneten Ms. 632 der Bibliothek der Sorbonne) das Ereignis, das für Fitting und Suchier den Ausschlag gab, definitiv eine Edition des Werkes zu planen.[10]

Diese Edition kam allerdings nie zustande, auch wenn die Codi-Beschäftigung der beiden Forscher in einem bis heute bedeutenden Werk gipfelte, nämlich der kommentierten Ausgabe der lateinischen Codi-Übersetzung des Ricardus Pisanus, die in der Tortosiner Handschrift L enthalten ist und noch aus dem 12. Jahrhundert stammt. Die Edition erschien 1906 in Halle und sollte nur den ersten Teil einer kommentierten Gesamtausgabe bilden. Sie machte den Codi der Öffentlichkeit bekannt; da es aber eine lateinische Codifassung war, interessierten sich für diese v. a. die Rechtshistoriker und weniger die romanistischen Sprachhistoriker, für die die okzitanische Fassung und die anderen romanischen Versionen weitaus interessanter gewesen wären. Die Veröffentlichung legt aber bis heute auch eine sprachhistorisch wichtige Grundlage für die Romanistik, da sie ausführlich kommentiert ist und zu dem lateinischen Text mit Varianten aus verschiedenen Manuskripten jeweils auch die provenzalischen Quellen und, was besonders wertvoll ist, die lateinischen Bezugstexte angegeben werden. Neben den Texten des Corpus Iuris sind dies v. a. verschiedene Rechtssummen, an erster Stelle die *Summa Trecensis*, die ebenfalls von Fitting ediert worden war, und die *Summa Rogerii*, die allerdings, wie die jüngere Forschung nachgewiesen hat, nach dem Codi entstanden ist,[11] wodurch die angegebenen Referenzen im Falle dieser Summa nicht auf die Quelle, sondern vielmehr auf die weitere Wirkung des Codi verweisen. Außerdem enthält die Ausgabe von Fitting/Suchier die okzitanischen Randglossen der lateinischen Manuskripte sowie ein Glossar der wichtigsten Rechtsbegriffe, die im Codi verwendet werden. Man könnte annehmen, dass die Edition von Suchier/Fitting der Codi-Forschung neue Anstöße gegeben hätte, doch ist das Gegenteil der Fall: nach verschiedenen Stellungnahmen zu der Edition und verschiedenen Kontroversen um einzelne Details «wird es still um den Codi» (Derrer 1974, 49). Es erscheinen noch zwei knappe Dissertationen, beides historisch-grammatische Untersuchungen zu Einzelaspekten der beiden kastilischen Manuskripte.[12]

Die wichtigsten Beiträge, die unmittelbar nach der Veröffentlichung des Ms. L von anderen Forschern geliefert wurden, beschäftigen sich mit den Einflüssen des Codi in anderen Gebieten. 1908 schließt P. Rogé seine Dissertation zum Verhältnis zwischen dem Codi und den *Fors de Béarn* ab; 1907 und 1908 erscheinen zwei Aufsätze von B. Pitzorno, in denen er das Verhältnis der venezianischen Zivilstatuten zum Codi untersucht und zahlreiche Parallelen aufdeckt. Pitzorno gelangte zu der Ansicht, der Codi sei eine Übersetzung eines lateinischen Vorbildes.

---

10 Im Katalog der Bibliothek der Sorbonne (Denifle/Chatelain 1885, 21) vermerkt Émile Chatelain: «Un abrégé du Code de Justinien en provençal ou dialecte des Pyrénées copié sur vélin à la fin du 12.e siècle, fort précieux pour la philologie romane».

11 Cf. Gouron 1985c.

12 Bühring 1909 und Koch 1910.

Fitting und Suchier waren vom Gegenteil überzeugt, und auch die neuere Forschung stellt Pitzornos Argumentation in Zweifel.[13]

In den folgenden Jahrzehnten wurden verschiedene Arbeiten zur genaueren Datierung des Codi vorgelegt[14] und weitere Handschriften gefunden, u. a. ist der Fund einer frankoprovenzalischen Fassung aus dem 14. Jahrhundert, weiterer okzitanischer Handschriften und einer relativ frühen italienischen Handschrift hervorzuheben.[15]

Einen wichtigen Fortschritt machte die Codi-Forschung zu Anfang der siebziger Jahre, als unter der Ägide von Gerold Hilty dessen Schüler Felix Derrer eine Transkription der Handschrift A als Dissertation vorlegte.[16] Derrers Arbeit ist mit einer ausführlichen Einleitung versehen, die den damaligen Forschungsstand zusammenfasst; er untertitelt sie «Vorarbeiten zu einer kritischen Textausgabe»; eine solche Ausgabe kam jedoch nie zustande, da Derrer nach Abschluss seiner Dissertation in den Schuldienst ging und sich nicht weiter mit dem Codi beschäftigen konnte.[17] Es überrascht ein wenig, dass trotz einer nun vorliegenden verlässlichen Grundlage für das sprachhistorische Studium in den folgenden Jahren nur wenige weitere Arbeiten zum Codi vorgelegt wurden. Derrers Ausgabe ist eine philologisch saubere Transkription, doch enthält sie weder eine historisch-grammatische Untersuchung zur Sprache des Codi noch eine umfassende textkritische Einordnung – zu welcher sie allerdings, wie Derrer zurecht bemerkt, eine wichtige Vorarbeit darstellt.[18]

In den 30 Jahren seit der Publikation von Derrers Fassung sind verschiedene rechtshistorische Arbeiten zum Codi entstanden: es handelt sich um einen Standardtext, der als Referenz in den Handbüchern zur Geschichte des Römischen Rechts im Mittelalter einen festen Platz hat; die sprachhistorischen Arbeiten hingegen lassen sich fast an einer Hand abzählen.[19] Bei den rechtshistorischen Arbeiten sind

---

13 André Gouron (1985, 14 u. Fn. 21) meint dazu unter Hinzuziehung verschiedener Gründe, «[...] les arguments invoqués à l'appui de cette construction sont très faibles».

14 Besonders hervorzuheben sind die Arbeiten von Prawer, die eine eindeutigere Datierung ermöglichten.

15 Im Folgenden wird bei den verschiedenen Einzelaspekten auf die jeweiligen Forschungsergebnisse Bezug genommen.

16 Gouron (1985, 7) spricht von einer «édition indispensable même si elle n'est pas dépourvue de quelques fautes et bien que le Codi provençal eût sans doute mérité une typographie plus agréable». Folgende Fehler werden signalisiert (ibd., Fn. 4): Derrer habe irrtümlicherweise angenommen, das Kapitel IV.6 habe keine Entsprechung in den lateinischen Manuskripten, doch sei es in Wahrheit nur an anderer Stelle zu finden. Ebenso sei bei Derrer die Nummerierung in Buch III im Vergleich zur Ausgabe Fittings verrutscht. Dies sind jedoch nur kleine Mängel einer insgesamt sehr verlässlichen Ausgabe.

17 Persönliche Mitteilung von G. Hilty (1998).

18 Der schlecht zugängliche Text wurde von mir gescannt und korrigiert und ist dank des Einverständnisses von Felix Derrer jetzt im Internet unter www.kabatek.de/codi bzw. http://www.niemeyer.de/links/link_material.html zugänglich.

19 Die wichtigsten Arbeiten sind ein 1978 erschienener Aufsatz von Max Pfister zu Skriptafragen, mit Replik von Åke Grafström (1991). Rosa María Medina Granda (1988) untersucht die Zweikasusflexion im Ms. A; Martin-Dietrich Gleßgen (1989) berücksichtigt den juristischen Wortschatz des Codi und Maria Selig (1995) bezieht sich in ihrer Habilita-

diejenigen von Juan Antonio Arias Bonet zu erwähnen, der 1984 eine Edition der kastilischen Manuskripte vorgelegt hat, und die Arbeiten von Paul Ourliac und André Gouron, die zur genaueren Kenntnis der Entstehungsumstände des Codi beigetragen haben. Heute wird gemeinhin angenommen, dass der Codi kein isoliertes Werk ist, sondern einer nicht unbedeutenden südfranzösischen Rechtsschule entstammte, die ihre Blütezeit um die Mitte des 12. Jahrhunderts hatte war und deren Zentren in Arles, Valence und St. Gilles lagen. Sie wurde mehrfach als «Schule von Valence» bezeichnet, obwohl ihre genaue Situierung ungeklärt ist;[20] auf sie geht wahrscheinlich auch die wichtigste lateinische Vorlage des Codi, die *Summa Trecensis*, zurück.[21]

3.1.3. Entstehungsort, Entstehungszeit und Entstehungsumstände

Die Forschung ist sich bis heute darüber einig, dass der Text spätestens im Jahre 1176 entstanden ist, frühestens 1149, am wahrscheinlichsten, nach den jüngeren Argumenten von Joshua Prawer, Paul Ourliac und André Gouron, um 1160.[22] Als Entstehungsort kommt am ehesten die Stadt Arles in Frage, wo wahrscheinlich ein kleines Zentrum juristischer Sudien bestand. Mehrfach ist vermutet worden, dass es sich bei dem Text um ein Auftragswerk der Herren von Baux handle, deren Interesse am Römischen Recht als Kaiserrecht nachvollziehbar wäre. Schon Fitting hatte zu Anfang des Jahrhunderts darauf hingewiesen, dass es um die Mitte des 12. Jahrhunderts im Interesse des Raimund von Baux gestanden haben musste, mit allen Mitteln auf die oberste Herrschaft des Kaisers hinzuweisen, da er in dieser Zeit gegenüber dem Grafen von Barcelona vor dem Kaiser versuchte, seine Herrschaftsansprüche auf die Grafschaft Provence geltend zu machen. Die Querelen um die Gebietsansprüche weisen zugleich auf zwei bedeutende römische Rechtsgelehrte der Zeit, da nämlich

tionsschrift wiederholt auf die Bedeutung des Textes für die okzitanischen Texttraditionen des 12. Jahrhunderts. Cf. auch Kabatek 2000a und 2001.

20 Cf. Weimar 1972, 24; Gouron 1978, 113.

21 Cf. Gouron 1978 u. 1984 u. Kapitel 3.3.2.

22 Fitting und Suchier hatten den Zeitraum zwischen 1149 und 1176 aufgrund inhaltlicher Argumente genannt; Brunel 1935, 72 hatte das Ms. 632 der Bibliothek der Sorbonne, das älteste Codi-Manuskript (Ms. A) ohne weitere Begründung auf das 12. Jahrhundert datiert; Derrer (1974, 84ss.) hatte aufgrund der sparsamen Ornamentik zisterziensischen Einfluss angenommen. Ourliac (1974, 600 u. Fn. 25) leitete aus der Miniaturschrift der ersten Handschriftseite eine Datierung «assez antérieure à 1200» ab und setzt die Schrift zu derjenigen der rouergatischen und toulouser Urkunden zwischen 1167 und 1192 in Beziehung, und Gouron, der ausführlich die Zitierweise und den Inhalt der lateinischen Randglossen auf den Seiten 52v und 143v untersucht, leitet daraus ab, dass das Manuskript Anfang der 1160er Jahre entstanden sein muss. Gleichzeitig stellt er fest, dass es sich bei dem Manuskript nicht um den Archetyp handeln kann, der allerdings unmittelbar zuvor entstanden sein muss (Gouron 1985, 15): Prawer (1961–62, 38ss.) weist nach, dass bei der Verfassung einer *Assise* im Königreich Jerusalem unter Baudouin III., der bis 1162 regiert hat, der Codi als Vorlage gedient hat; er muss also bereits existiert haben, kann aber nicht vor 1149 entstanden sein, da im Text die (wohl zweite) Belagerung Fragas erwähnt wird, die in diesem Jahre stattgefunden hatte.

in der Frage ein langer Rechtsstreit entbrannte, in dem Bulgarus den Grafen von Barcelona und Rogerius die Sache der Herren von Baux vor dem Kaiser Barbarossa vertrat (Derrer 174, 35). Es wird mithin vermutet, dass Rogerius in der Provence lebte und auf den Verfasser des Codi einen entscheidenden Einfluss ausgeübt hat.

3.2. Die Manuskripte des Codi und ihre Verbreitung

3.2.1. Erhaltene Handschriften des Codi[23]

a) Okzitanische Handschriften

A Paris, Bibliothèque de l'Université de la Sorbonne, N. 632 (12. Jh.)[24]
B Paris, Bibliothèque Nationale, Nouv. acq. franç. 4138
C Paris, Bibliothèque Nationale, Nouv. acq. franç. 4504 (13. Jh.)[25]
D Paris, Bibliothèque Nationale, Ms. franç. 1932 (Anf. 15. od. Ende 14. Jh.)[26]
E Paris, Bibliothèque Nationale, Ms. franç. 2426[27]

Neue Funde: Arch. Dép. Bouches-du Rhône: Fragmente (G. Giordanengo *apud* Gouron 1984, 8); Archives de Lot-et-Garonne B-1: im Einband von Registerbänden von 1591–1593 finden sich zwei Fragmente eines Codi-Manuskripts (Buch III, Kap. 31, 10–15, Kap. 32 u. 33, 1–4; Kap. 51–53; Buch IV, Kap. 1), die Ourliac 1974, 596 auf die Zeit zwischen 1250 und 1270 datiert; die Sprache deutet auf eine Herkunft aus dem Toulouser Raum (ibd., 597). Bei Ourliac 1974 findet sich auch eine Edition der Fragmente (im Vergleich mit den Manuskripten A–D).

Ausgabe: Hs. A: Derrer 1974

b) Französische Fassungen

F Paris, Bibliothèque Nationale, Ms. franç. 1069 (von 1304)[28]
G Paris, Bibliothèque Nationale, Ms. franç. 1070 (14. Jh.)
H Paris, Bibliothèque Nationale, Ms. franç. 1933 (ca. 1250)[29]

---

23 Aktualisiertes Verzeichnis der Liste bei Derrer 1974, 12–13.

24 Manuskriptbeschreibung in Derrer 1974 und in Frank/Hartmann 1997, III, 327.

25 «Le manuscrit C a été écrit à pleine page sans beaucoup de soins par un nommé Pierre de Sainte-Anastasie que nous n'avons pu identifier. L'écriture est certainement méridionale et nous paraît être du début du XIIIe siècle» (Ourliac 1974, 599).

26 «Le manuscrit D, de petit format, incomplet et assez peu soigné, est écrit d'une écriture notariale qui paraît être tout au plus de la fin du XIVe siècle» (Ourliac 1974, 599).

27 Ourliac 1974, 599 meint, man solle dieses Ms. aus der von Suchier erstellten Liste streichen, da es sich eigentlich um eine Sammlung religiöser Texte aus dem 15. Jahrhundert handle, innerhalb derer sich nur die ersten drei Kapitel des Codi finden.

28 «[...] écrit en 1304 par un nommé Pierre de *Campobono*» (Ourliac 1974, 602).

29 Fitting hatte das Manuskript auf 1300 datiert; Ourliac (ibd.) hält es für ca. 50 Jahre älter.

c) Kastilische Fassungen

I Madrid, Biblioteca Nacional, Ms. 6416 (vormals R 393)
K Madrid, Biblioteca Nacional, Ms. 10816 (vormals I 72)

Ausgabe (unter Verwendung beider Mss.): Arias Bonet 1984

d) Lateinische Fassungen

L Tortosa, Bibliothek des Kapitels, Nr. 129
M Albi, Bibliothèque de la Ville, Nr. 50
N Leiden, Universitätsbibliothek, Voss. Lat. 40, Nr. 66
O Lucca, Biblioteca Arcivescovile e Capitolare, Bibl. Feliniana, N. 437[30]

Ausgabe (auf der Basis von L): Fitting/Suchier 1906

e) Frankoprovenzalische Fassung

P Uriage, Schlossbibliothek

Ausgabe: Royer/Thomas 1932

3.2.2. Verschollene/verlorene Handschriften[31]

a) Okzitanische Mss.

Um 1410 befindet sich in der Bibliothek des Königs Martin von Aragón unter der Nr. 131 ein Manuskript mit dem Titel *Codi en Tholoza.* Aufgrund der Angabe des Incipit ist eindeutig, dass es sich um ein Manuskript des Codi handelt. Das Manuskript gehört zu einer größeren Anzahl von Manuskripten, die im Besitz der Tempelritter waren und durch ein Dekret von Jaume II. von Aragón vom 24. Oktober 1308 beschlagnahmt wurden, worauf sie in die Bibliothek des Königs von Aragón aufgenommen wurden.

Bei den Tempelrittern wurde nach Suchiers Recherchen noch ein zweites okzitanisches Manuskript beschlagnahmt, das nicht mit dem der Bibliothek des Martin von Aragón identisch ist.

Die Notiz eines weiteren Manuskriptes findet sich in einem Bibliothekskatalog aus dem 17. Jahrhundert unter dem Titel *Comment sur le Code de Justinien en langue vulgaire de Gasconhe sur parch.* (Suchier 1894, 192). Es handelt sich hierbei jedoch mit aller Wahrscheinlichkeit um ein weiteres okzitanisches Manuskript, da das Okzitanische in dem betreffenden Katalog systematisch als *langue vulgaire de Gasconhe, langue gascone* oder *langage gascon* bezeichnet wird. Der Verbleib dieses Manuskriptes ist ebenfalls unklar.

---

30 Cf. dazu Feenstra 1967.

31 Suchier (1894, 187) spricht von Manuskripten «[...] qui doivent passer pour perdus jusqu'à l'heure où un heureux hasard les tirera de leurs cachettes.» Die von ihm verfasste Liste kann bis heute um einige weitere Funde ergänzt werden.

b) Französische Mss.

Ebenfalls in der Bibliothek des Martin von Aragón findet sich unter der Inventarnummer 158 ein Manuskript mit dem Titel *Lo codi in frances*; auch hierbei handelte es sich wohl um eine Version des Codi.

c) Katalanische Fassung

Außerdem fand sich in der Bibliothek des Königs von Aragón unter der Nr. 76 ein Manuskript mit dem Titel *Lo codi en cathalá*, das das Datum 5. Februar 1309 trägt. Suchier (1894, 188) nimmt an, dass es sich um eine katalanische Fassung des Codi handelt, die älter sein muss, als es das Datum vermuten lässt. Das Manuskript gehört ebenfalls zu denjenigen, die 1308 bei den Tempelrittern beschlagnahmt wurden. Das Datum entspräche somit wahrscheinlich dem Zeitpunkt, zu dem das Manuskript Eingang in die Bibliothek Martins fand.

d) Lateinische Fassung

Suchier erwähnt zudem eine lateinische Handschrift, die sich 1322 im Nachlass von Robert de Béthune findet. Es ist aber nicht völlig sicher, dass es sich um ein Manuskript des Codi handelt.

Darüber hinaus erwähnt Arias Bonet eine weitere kastilische Handschrift, deren Verbleib nicht nachgewiesen werden konnte.[32]

3.2.3. Texte, in denen direkte Einflüsse des Codi nachweisbar sind oder Textauszüge vorkommen

a) Béarn

Im Jahre 1905 veröffentlichen Pierre Rogé und J. Brissaud eine Sammlung von *Textes additionnels aux anciens fors de Béarn*. Bereits kurz darauf erscheint ein kurzer Aufsatz von E. Meynial, in welchem dieser eine synoptische Tafel der Beziehungen zwischen *Lo codi* und den *Lois de l'Empereur* gibt (Meynial 1906, 384ss.), einer zu einer Sammlung der *Fors de Béarn* hinzugefügten bearnesischen Gesetzessammlung. Unklar ist für Meynial noch die genaue Filiation (gab es Zwischentexte?), v. a. deshalb, weil nicht alle Gesetze der *Lois de l'Empereur* aus dem Codi stammen, von dem die *Lois* aber dennoch eindeutig abhängen.[33]

---

32 Arias Bonet spricht von einem Codi-Manuskript im Archivo Municipal in Murcia; ein solches Manuskript ist aber nach Nachfrage dort nicht bekannt; die Gründe für Arias Bonets Bemerkung sind daher unklar.

33 «[...] la plupart des passages des lois de l'Empereur sont semblables aux passages correspondants du Codi, parfois même en sont une traduction exacte» (Meynial 1906, 383).

b) Anjou

Einflüsse des Codi sind auch in den *Coutumes de l'Anjou et du Maine* nachgewiesen.

c) Venedig

Unter den venezianischen Zivilstatuten des 12. Jahrhunderts finden sich drei (*Ratio de lege romana, Judicia a probis iudicibus promulgata, Splendor uenetorum civitatis consuetudinem*), die von Jacopo Bertaldo verfasst sind und sich auf einen *Liber romanae legis* beziehen, bei dem es sich, wie B. Pitzorno aufgrund eindeutiger Parallelstellen nachgewiesen hat, um den Codi handeln muss (cf. Derrer 1974, 45).

d) Katalonien

Die *Costums de Tortosa* enthalten zahlreiche Textstellen, die aus dem Codi übernommen wurden.[34]

e) Kastilien

In den Randglossen des Arias de Balboa zum alfonsinischen *Fuero Real,*[35] die aus dem 14. Jahrhundert stammen, finden sich mehrfach Zitate aus dem okzitanischen Codi.

f) Jerusalem

Bereits Charles Giraud hatte auf die Beziehung des Codi zu den Gesetzen der Kreuzfahrerstaaten hingewiesen. Joshua Prawer weist dann in drei wichtigen Beiträgen (Prawer 1954, 1961–62) nach, dass von den 237 Kapiteln der Assises des Bourgeois, die gegen Mitte des 13. Jahrhunderts in Saint-Jean d'Acre verfasst wurden, 63 eine direkte Übersetzung des Codi sind und dass in 59 weiteren eine klare inhaltliche Abhängigkeit feststellbar ist.

Lo codi ist also nicht nur ein Ort der Rezeption des Römischen Rechts in Südfrankreich, sondern ein Text, der durch seine verschiedenen Übersetzungen eine enorme Verbreitung in weiten Teilen der Romania gefunden hat. Der Hauptgrund dafür lag wohl in der Nachfrage nach resümierenden Texten Römischen Rechts in der sich verändernden Welt; dabei wurde die Ausbreitung durch den klaren Aufbau und die Volkssprachlichkeit begünstigt, die die Summa den an Macht gewinnenden Gruppen in den Städten leichter zugänglich machte. In dem Schema auf der folgenden Seite wird die Verbreitung des Codi nochmals in einer Übersicht dargestellt.

---

34 Cf. die Ausgabe von Jesús Massip und w. u., 3.4.

35 Cf. Pérez Martín 1984; Cerdà 1951–52. Cerdà stellt bei der Kommentierung der Glossen auch die Frage, ob der Codi nicht vielleicht sogar Vorlage bei der Abfassung des *Fuero Real* gewesen sein könnte (ibd., S. 735).

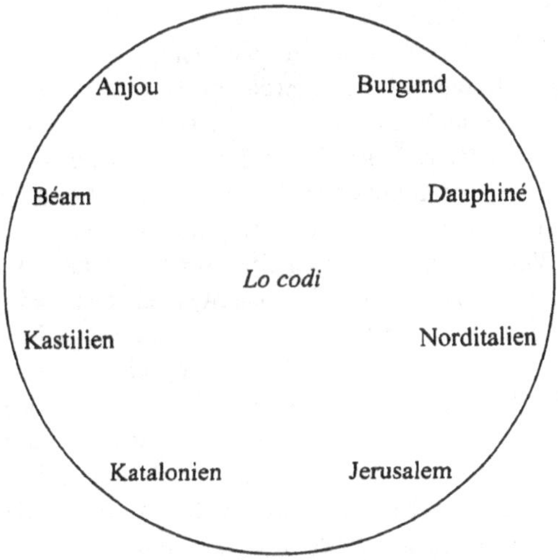

Fig. 11: Schematische Darstellung der Verbreitung des *Codi*

3.3. *Lo codi* und seine sprachlichen und textuellen Vorbilder

Lo codi stellt als umfangreicher Prosatext in romanischer Sprache in seiner Zeit eine Innovation und eine große kulturelle Leistung dar, die jedoch nicht aus dem Nichts entstehen konnte, sondern Bezüge zu verschiedenen Traditionen aufweist. Es ist schon gesagt worden, dass der Text im Rahmen einer südfranzösischen Rechtsschule entstanden sein muss, die zumindest indirekten Kontakt zur Bologneser Lehre hatte, und dass er nur in einem ausgesprochen gelehrten Milieu hat entstehen können. Auch die Verwendung der romanischen Sprache lässt hierauf schließen. Nur eine Person (oder mehrere Personen), an deren sicherem Umgang mit den lateinischen Texten niemand zu zweifeln wagt, kann es sich erlauben – und besitzt die Fähigkeiten – einen vergleichsweise komplexen Text in einer gewissermaßen dafür «unangemessenen» Sprache zu schreiben. Die mutmaßlichen Gründe für die Sprachwahl[36] sind dabei verschiedene: durch die Rezeption des Römischen Rechts hat eine Trennung zwischen «wissenschaftlichem», neuem Recht und Rechtsanwendung bzw. traditionellem, lokalem Recht stattgefunden. Das lokale Recht wird bei dessen Anwendung in den Urkunden im okzitanischen Raum bereits seit einiger Zeit in der Volkssprache verschriftet. *Lo codi* ist kein Text des wissenschaftlichen, neuen Rechts, sondern ein Kompendium, das dieses Recht für weniger gebildete Personen oder für Rechtsanwender zusammenfasst. Durch die Verwendung der Volkssprache bringt der Autor (oder die Autoren) eben diese Trennung zweier Wissenssysteme zum Ausdruck. Gleichzeitig ist die Volkssprache näher an der städtischen politischen Praxis als das Latein der Glossatoren: der Ort des gebildeteren juristischen La-

[36] Cf. auch Steinbauer 1989, 208ss.

teins sind die *Studia*, während für Rechtswesen und Handel der Stadt ein volkssprachlicheres Latein oder unmittelbar die Volkssprache verwendet wird. Sollte *Lo codi* tatsächlich ein Auftragswerk der Herren von Baux gewesen sein, so würde sich die inhaltliche Wahl des justinianischen Kaiserrechts aus dem Wunsch nach Ausdruck von Kaisernähe ergeben, die den politischen Zielen der Auftraggeber entsprach. Eine solche Aufgabe konnte nur ein im Römischen Recht Gebildeter ausführen, dieser muss aber eine weniger gebildete Form der Darstellung wählen, da die Adressaten seines Werks keine Gelehrten sind, sondern lokale Adlige und vielleicht auch die in deren Umfeld agierenden Rechtsanwender. Die weniger komplexe Darstellung wird einerseits durch die Simplifizierung und Reduktion des Stoffes, andererseits durch die Wahl einer sprachlichen Form erreicht, die selbst auf den Abstand zum eigentlichen gelehrten Recht hinweist. Der Rechtsinhalt wird dabei größtenteils nicht direkt aus den Texten des *Corpus Iuris* entnommen, da es ja nur um eine Zusammenfassung der Grundprinzipien und nicht um eine exakte Darstellung von Feinheiten ging: es lag nahe, bei der weiteren Reduktion auf bereits summierende Werke zurückzugreifen, in diesem Falle in erster Linie auf die lateinische, ebenfalls südfranzösische *Summa Trecensis*, zumal solche Werke vielleicht sowieso die einzigen in Südfrankreich direkt vorhandenen Quellen justinianischen Rechts darstellten. Und neben der Quelle der *Summa Trecensis* und anderer resümierender Texte konnte in sprachlicher Hinsicht auf diejenigen Texte zurückgegriffen werden, die bereits in der Volkssprache in schriftlicher Form vorlagen, also in erster Linie die altokzitanischen Rechtsurkunden.

3.3.1. Die altokzitanische Urkundensprache[37]

Eine unmittelbare sprachliche Beziehung des Codi zu den altokzitanischen Urkunden scheint aus zwei Gründen zunächst eher unwahrscheinlich: erstens entsteht das Werk in einer Gegend, in der die Urkundentradition gerade *nicht* besonders ausgeprägt ist; zweitens handelt es sich um einen Text, der zu den Urkunden weder was den Inhalt noch was die Textform angeht, unmittelbare Parallelen aufweist. André Gouron (1978, 30) hat eine kulturelle Trennung zwischen dem Gebiet, in dem die meisten okzitanischen Urkunden entstanden sind, und den Orten, an denen gelehrte Zentren vermutet oder nachgewiesen wurden, hervorgehoben: letzteres Gebiet umfasste eine Art Halbkreis, der von der Septimanie bis zur Rhône reichte, während die okzitanischen Urkunden gerade außerhalb dieses Kreises, im Rouergue oder in Toulouse, besonders häufig sind.[38] Drei parallele Entwicklungen trennten diese Gebiete:

---

37 Eine Auflistung der ersten Dokumente des Altokzitanischen gibt Selig 1995, 264–278; cf. auch Frank/Hartmann 1997. Zu den okzitanischen Urkunden cf. Brunel 1926 und Selig 1995, mit ausführlicher Bibliographie.

38 «Denkbar ist ohne weiteres, daß es sich bei den frühen romanischen Texten um individuelle Verwendungen der Volkssprache im Medium Schrift handelt, die isoliert in ganz unterschiedlichen zeitlichen, regionalen, personalen Kontexten auftreten und nichts miteinander zu tun haben. Die Tatsache, daß das Korpus der frühen Texte keine eindeutige Zentrierung erkennen läßt, nicht hinsichtlich der beteiligten Institutionen und Personenkreise und nicht hinsichtlich der Textsorten, ist deshalb äußerst signifikant. Die Heterogenität der frühen

die Entwicklung der Konsulate, die des Notariatswesens und die der gebildeten Sprache. Es scheint, als entsprächen die Urkunden – zumindest in einer ersten Zeit, also zu Anfang des 12. Jahrhunderts – eher einer Verschriftung «von unten», einem schrittweisen Einfließen der volkssprachlichen Elemente in die lateinischen Texte, beginnend bei den freien Teilen und mit anschließendem Übergreifen auf die Formularteile,[39] während *Lo codi* Ausdruck einer elaborierten romanischen Verschriftlichung «von oben» ist. Als elaborierter Rechtstext ist *Lo codi* weitgehend isoliert und nach heutigem Wissen nicht Teil einer umfangreichen Tradition, auch wenn der Text als Basis für zahlreiche weitere volkssprachliche Versionen gedient hat. Wie der Überblick bei Brunel 1935, XV zeigt, setzt eine umfassende elaborierte, literarische Verschriftlichung des Okzitanischen erst im 13. Jahrhundert ein. Im Gegensatz zum monastischen Hintergrund der altokzitanischen Urkunden weist beim Codi einiges auf einen nicht-klerikalen Kontext und damit auf einen Bereich, «der die Institutionalisierung einer volkssprachlichen ‹literarischen› Schriftlichkeit vorantreibt.» (Selig 1995, 188). Es zeigen sich aber keine Brücken oder direkte Traditionsverbindungen zu der Verschriftlichung im 13. Jahrhundert; *Lo codi* bleibt in Bezug auf seine Traditionen ein weitgehend rätselhafter Text.[40] Trotzdem scheint er nicht völlig unabhängig von der Urkundentradition entstanden zu sein und sich dieser zu bedienen und z. T. auf ihr aufzubauen. Die Formen des Ms. A lassen sich zur Sprache verschiedener Urkunden aus dem 12. Jahrhundert in Bezug bringen. Das heißt, dass sowohl die Tradition der Verschriftung (Schreibung der Laute und Formenauswahl) als auch gewisse Elemente der Verschriftlichung (Wortschatzauswahl, z. T. textuelle Anordnung und Satzbau) zur Tradition der Urkunden Parallelen aufweisen.[41] Aber im Gegensatz zu den Urkunden basiert der Codi nicht auf einem festen Formelapparat, und während sich die Urkunden auf konkrete Ereignisse beziehen, bleibt der Codi fast immer abstrakt und allgemein. In den Urkunden geht es um konkrete Personen und Ereignisse, die explizit genannt werden und es wird, z. B. in Testamenten, einfach gesagt, wem welches Eigentum zusteht. Das erfordert exakte Aussagen und Bezüge, die keine Verwechslungen zulassen; es macht aber nicht den Ausdruck komplexer Relationen notwendig, da es weder um Begründungen noch um Finalitäten oder Konzessionen geht. Die exakten Bezüge werden in den Urkunden durch die ständige Rekurrenz hergestellt, die sowohl durch die wiederholte Nennung der ent-

---

Texte ist ein wichtiges Merkmal des romanischen Korpus, weil sie zeigt, daß der Verschriftlichungsprozeß in seiner ersten Phase gerade nicht zusammenhängend, kontinuierlich, geplant verlief. Es handelt sich bei den ersten romanischen Texten um individuelle Versuche, die in aller Regel folgenlos blieben, weil sich an sie keine wirkliche Tradition der schriftlichen Verwendung der Volkssprache anschloß». (Selig 1995, 176).

39 Dies scheint v. a. mit pragmatischen Gründen zu tun zu haben, cf. Sabatini 1968 u. Selig 1995. In den ersten von Brunel edierten Urkunden finden sich zunächst romanische Einsprengsel in lateinischen Texten (etwa Nr. 1–6); bis zur Mitte des 12. Jahrhunderts sind die ausschließlich oder fast ausschließlich (z. B. bis auf die Invocatio Nr. 7) okzitanischen Urkunden eher selten.

40 Selig (1995, 189) weist noch auf das Alexanderfragment als frühen elaborierten, literarischen okzitanischen Text hin.

41 Cf. Ourliac 1974, Pfister 1978, Grafström 1991.

sprechenden Nomina als auch durch Pro-Formen, besonders häufig jedoch durch deiktische Verweise auf das bereits Gesagte bzw. Geschriebene ausgedrückt wird:

«[...] de tot aquest do d'aquesta terra sobre escriuta e del bosc e del deime sobre escriut» (Brunel, Nr. 65; Toulousain 1151).

Diese – auch allgemein für die Rechtssprache und in ganz Europa v. a. für die Urkunden charakteristische – Exaktheit der Referenzbezüge[42] findet sich in ähnlicher Form auch im Codi:

«[...] tot aco que es escriut en aquest paragrafo d'aquelz procuradors es uers, zo es d'aquelz omes qui uolunt esser auctors» (Codi A II. 6. 9).

Die in Urkunden so häufigen, aus heutiger Sicht fast penetrant wirkenden *dictus*-Anaphern finden sich im Codi seltener und vor allem zum Zwecke der *continuatio titulorum.*[43] Während in den Urkunden sowohl *dictus*- als auch *scriptus*-Anaphern zu finden sind, wird im Codi *scriptus* eher selten auf den vorliegenden Text und meist auf ein zu schreibendes Dokument oder den justinianischen Codex bezogen (*l'escriut de l'Emperador*).[44] Der im Codi vorherrschende persönliche, exemplifizierende Stil könnte ein Anklang an den Urkundenstil sein, ist aber wohl eher auf den Rechtsunterricht zurückzuführen.

Eine besondere Form der Urkunden sind die Feudaleide, deren Mittelpunkt der in der direkten Anrede an eine zweite Person gerichtete Treueschwur bildet, bei dem in Futurform ein zukünftiges Verhalten geschworen wird.[45] Die expressive Kraft der direkten Anrede und die Verankerung der Feudaleide im Gesellschaftssystem trug dazu bei, dass diese Eide zu einer wichtigen Quelle bei der Entstehung der höfischen Dichtung werden konnten.[46] Auch im Codi finden sich Textpassagen, die Ähnlichkeiten zu den Feudaleiden aufweisen, und zwar v. a. in den (eher seltenen) Abschnitten direkter Rede:

(1) I. §3. «[...] si eu dic: ‹tu me deus.X.sol.›, e tu dides a me que eu t'en aia feita couenenza que non los te demandaria, ed eu te respon: ‹uers es, mas tu me fedist poissas couenenzas que tu los me darias e que eu los te pogues demandar›».

(2) III. §11. «[...] si eu te couen: ‹aitals om te faia aital causa›».

(3) VI. §18. «[...] aco que uos en fedesz ses mon mandament non ual».

(4) X. §3. «Peire sias mos heres, e si tu non eras mos heres, ma moiller sia mos heres».

---

42 Raible 1985; Schlieben-Lange 1998a.

43 Aber auch zum Verweis zwischen einzelnen Textstellen in einem Titel, etwa I. 1. 3, *aquo que nos auem dit desobres*; I. 2. 13. *que nos auem dit desobres* etc.

44 Die Form *escriut* kommt viermal vor, zweimal mit textanaphorischer, zweimal mit substantivischer Funktion (auf ein Dokument bezogen). Die Form *escrit* (36 Fälle) findet sich 24 mal substantivisch 12 mal partizipial und in keinem Fall anaphorisch.

45 Zu den Feudaleiden cf. Selig 1995, 209ss.

46 Ourliac 1965.

Besonders deutlich ist der Bezug an einer Stelle im zweiten Buch festzustellen, an der eine Schwurformel genannt wird:

> XXVII. §1. «[...] li actor deu jurar primeirament en aital guisa: ‹aquel demandament que eu fasz en aquest plaig, eu lo cui faire per mun dreig e per mun radon, ed aco que li altre parz me demandara, que eu sabrei que sia uers, eu no li en demandarei garent ni proua, ni non i demandarai alongament per mal engeing, si non aquel que me sera obs›».

Man vergleiche sowohl die Wortwahl als auch verschiedene Formen aus folgendem Beispiel:

> «Haus tu Raimuns, fils Aialmus! Heu Ponz, fils de Garsia, del castel de Fos et de Eiras et d'Aix not decebrai, ni nols ti tolrai, ni om ni femena per mon conseil, las forzas qui i sunt ni que azenant faias i serant; et s'om era o femena quels ti tolges, ab aquels fin ni societad non auria, fors pels castels a recobrar, et con recobrati los auria, heuls te rendria sens logre et sens engan. Aquels castels c'aici sunt escrit, euls te rendrai con m'en comoras o comonroe m'en faras sens engan. Heu Gaufres, fils Garsias, a ti Raimun, fils Aialmos, aisi con en est breu escrit es et clerges leger o i pot, eu t'o tenrai de la mia part. Heu Bertrans, fils Garsias, a ti Raimun, fils Aialmos, aisi con es escrit en es breu et clerges leiger o i pot, eu t'o tenrai de la mia part. Ugo Geraldus. Petrus Raimundus. Petrus de Fos. Berenger R. Rostain Isnar. Fredols d'Aix. Guullelmus Dodons. Guullelmus R. Rostain Dodon. Peire Gasc. Bertran Senioret» (*Serment prêté à Raimon de Saint-Gilles, marquis de Provence, par Pons, fils de Garsie, de tenir fidèlement les châteaux de Fos, Hyères et Aix*; Brunel 1926, 13s.).

Wie in dem Feudaleid, so wird auch in der zitierten Codi-Passage die versichernde Eidesformel in der direkten Rede dargestellt, die der Person in den Mund gelegt ist, die den Eid leistet: in der entsprechenden Verbform der ersten Person Futur. Wie in den Feudaleiden (z. B. *ni om ni femena*) werden auch im Codi (*garent ni prova*) die Referenzbezüge teilweise gedoppelt, wie dies ein allgemeines Charakteristikum der Rechtssprache ist und ursprünglich, so auch hier, von der Notwendigkeit der Exaktheit der Referenz aus Gründen juristischer Genauigkeit herrührt, sich aber dann als Stilelement verselbständigt hat und auch zur Mimesis von Rechts- oder Verwaltungssprache oder zur Markierung formalerer Diskurse verwendet wird.[47]

Auch im Falle einzelner juristischer Begriffe finden sich gewisse Parallelen (Codi: *engeign*; Feudaleid: *engan*; Codi: *per son cosseil*; Feudaleid: *per mon conseil* u. a.).[48]

---

47 Cf. auch Martínez Ortega 1999, 53ss. In einer Arbeit über die Sprache der Taxifahrer in Madrid und Mexiko (Kabatek 1994b) findet sich folgendes Beispiel aus einem Interview mit einem mexikanischen Taxifahrer, der den Wechsel zu einem formellen Stil aufgrund des Gesprächsthemas durch Synonymenhäufung markiert: «[...] son situaciones muy difíciles de entender y comprender realmentsnessita tener una un conocer muy bien exactamente a fondo la situación». Hier geht es nicht mehr um einen exakteren Referenzbezug, sondern um die Markierung eines höheren Stils durch Wortschatzreichtum, der zwar in diesem Falle nichts präzisiert, jedoch Präzision suggerieren soll.

48 Die möglichen Bezüge zur Trobadorlyrik sind hier eher indirekt, da die Trobadors bekanntlicherweise auch aus dem Formelschatz der Urkunden einen Teil ihrer Metaphern kreieren (cf. Ourliac 1965).

Wichtige Unterschiede zwischen Codi und Urkunden zeigen sich in syntaktischer Hinsicht, und zwar vor allem bezüglich des Vorhandenseins bestimmter Nebensatzarten und insgesamt bezüglich der syntaktischen Komplexität. Zwar finden sich auch in den Urkunden, die ja durchaus als elaborierte Texte anzusehen sind, sehr lange Sätze und verschiedene Arten der Unterordnung, diese entprechen jedoch den immer gleichen Grundmustern. Betrachten wir etwa folgende beiden Beispiele:

«Conoguda causa sia als presens e als devenidors qu'en Guillems de Brugueiras a donat per amor de Deu e de redemcio de sos pecaz, de si e de sos parens, e per l'arma de som para e de sa mara e de rensog de lors pecaz, la tota sa part del deimo de la glisa de Diupantala a Diu e a santa Maria e al bonurad santi Joannis e l'ospital de Jherusalem e a n'Escafre que es seiner e commandor de la mason de Fronton que receup lo do per si e per l'ospital de Frontom e pels autres fraires de l'ospital, pels presens e pels endiveniders senes retenguda que ang Gill. de Brugueira no i fe de re e la tota sa part del deime, e doned tata aqo que avia a far al bosc Brugareng e doned la terra de Glisiolas» (*Don par Guilhem de Bruguières à l'hôpital Saint-Jean de Jérusalem*, Brunel, Nr. 65, Toulousain 1151).

«[...] mas cum zo es causa que las causas del mun, si cum sunt terras e uignas e maisos ed altras causas mundanas, sunt obs a gleisas e ad hospitals e ad altres locs honorables, bes es que nos digam de las causas de las gleisas e de·ls autres locs uenerables» (Codi A I. 2. 1).

Das erste Beispiel ist einer Urkunde entnommen, die in etwa der gleichen Zeit wie der Codi entstanden ist. Der Satz ist außerordentlich lang (er umfasst rund 150 Wörter). Er beginnt mit der kurzen, allgemein üblichen Urkundenformel *Conoguda causa sia als presens e als devenidors*, der *Promulgatio* mit *Inscriptio*, die als Matrixsatz für den nun folgenden Subjektsatz funktioniert. Dieser enthält eine große Anzahl von Elementen, die aber größtenteils formelhaft und für die zentrale Aussage überflüssig sind, denn der Satz reduziert sich eigentlich auf die Aussage, dass Guilhem de Brugueiras seinen Besitz vererbt hat. Man kann sich förmlich vorstellen, wie beim Verlesen eines solchen Textes die üblichen Formeln (z. B. *per amor de Deu e de redemcio de sos pecaz, per l'arma de som para e de sa mara e de rensog de lors pecaz, pels presens e pels endiveniders senes retenguda*), aber auch der die Identität des Escafre erklärende Relativsatz (*que es seiner e commandor de la mason de Fronton que receup lo do per si e per l'ospital de Frontom e pels autres fraires de l'ospital*) schneller oder weniger betont gelesen wurden, da sie kaum Information enthalten, die nicht bekannt wäre. Die eigentliche Information der Vererbung des Besitzes, die Nennung des Vererbers, des Erben und der Erbsache, steht an prominenten Stellen am Textanfang, in der Mitte und am Ende, und sie entspricht einer linearen, für Hörer, denen das Urkundenformular vertraut ist, leicht zu identifizierenden Anordnung.

Ganz anders bei dem Beispiel aus dem Codi, das, obwohl es deutlich kürzer ist, einen höheren Grad an Komplexität aufweist: der Satz wird mit einer textphorisch verwendeten adversativen Konjunktion an den vorherigen Text angeschlossen, an den sich ein vorangestellter Kausalsatz (mit wiederum eingebettetem Subjektsatz)[49] anschließt, der aber vom Matrixsatz durch den exemplifizierenden Einschub

---

49 Die fokussierende Konstruktion hat lateinische Vorläufer, cf. Löfstedt 1966, 276.

getrennt ist. Bei der Textproduktion musste hier praktisch der gesamte Satz vorgeplant werden, bei der Rezeption muss die Gesamtplanung nachvollzogen werden. Dabei finden sich hier bis auf das rekurrente *bes es que nos digam* und vielleicht das anfängliche *es causa que*[50] kaum formelhafte Elemente, die dem Hörer schon bekannt wären.[51]

Es wird bei der genaueren Betrachtung der im Codi ausgedrückten Sachverhalte und der dafür verwendeten sprachlichen Mittel nochmals auf die Frage der besonderen Stellung des Textes in der okzitanischen Tradition zurückzukommen sein. Im Vergleich zu den Urkunden kann hier schon eine weitere Frage gestellt werden: die Volkssprachlichkeit der Urkunden lässt sich aus der Tatsache der mündlichen Performanz erklären, die sich durch das öffentliche Vorlesen oder, im Falle der Feudaleide, durch Nachsprechen der Eidesformeln ergibt. Im Codi finden sich zwar durch die persönlichen Bezüge auf eine mögliche Lehrperson Elemente, die auf einen mündlichen Vortrag hindeuten könnten. Zugleich finden sich aber Satzbauweisen, die – im Gegensatz zu der linearen Listenstruktur, die in den Urkunden allenfalls syntaktisch eingebettet ist, aber immer noch im Wesentlichen einer Reihung von Elementen entspricht – ein spontanes Hörverstehen nur schwerlich erlauben. Wenn wir bedenken, dass im Gegensatz zu den Urkunden, deren Hörer nicht nur diejenigen sind, die sie schreiben und bezeugen, sondern gerade auch die betroffenen Personen, die oft nicht schriftkundig sind, im Falle des Codi die Textproduzenten wohl aus den gebildetsten Kreisen der Zeit stammen und die Textrezipienten im Kreise jener ebenfalls gebildeten, schriftkundigen Praktiker zu suchen sind, die etwa mit dem Verfassen von Urkunden betraut sind, so scheint die Vermutung naheliegend, dass es sich hier um einen schriftlichen Text handelt, der zwar als Lehrtext im Unterricht verwendbar ist, dessen Rezeption als Kompendium des Römischen Rechts jedoch wohl – zumindest teilweise – auch schriftlich stattfindet. Darauf deuten auch solche Stellen im Text, in denen auf die schriftliche Gestaltung im Manuskript Bezug genommen wird:

> «tot aco que es escriut en aquest paragrafo d'aquelz procuradors es uers» (Codi A, II. 6. 9).

Die Finalität der möglichen schriftlichen Rezeption mag bei der Konzeption des Textes bereits eine bestimmte Wahl sprachlicher Mittel nahegelegt haben. Vielleicht ist dies die größte historische Bedeutung von Texten wie diesem: durch sie bricht

---

50 *es causa que* ist ursprünglich eine performative Formel aus der Gerichtsrede, die hier bereits eine gewisse Ambiguität aufweist. *causa* ist schon im frühen Romanisch sowohl 'Fall' als auch allgemein 'Sache' (cf. Raynouard, s. v. *causa*); aus dieser (metonymischen) Ambiguität entstehen die alltagssprachlichen Wendungen wie *c'est le cas que*; *es ist der Fall, dass*; wobei im Französischen die Entwicklung von *chose* noch weiter geht.

51 Man könnte allerdings einwenden, dass auch hier vieles «formelhaft» ist: am Titelanfang steht im Allgemeinen eine Begründung und der ganze Satz hat eigentlich nur die Funktion, das Thema *causas de las gleisas* anzukündigen. Dabei ist die entscheidende Frage, inwieweit beim Hörer/Leser eine Vertrautheit mit Römischem Recht vorausgesetzt werden kann. Ein in Römischem Recht geschulter Jurist wird an dieser Stelle einer Codexsumme keinen anderen Inhalt erwarten.

die Romanität in Domänen der Schriftlichkeit ein, die von der Mündlichkeit weitgehend losgelöst sind.[52]

3.3.2. *Lo codi* und die lateinischen Vorlagen

Unmittelbarer als zu den okzitanischen Urkunden lassen sich vor allem in inhaltlicher Hinsicht Bezüge zwischen dem Codi und verschiedenen lateinischen Vorlagen herstellen. Es ist aufgrund der Verwobenheit der Texte Römischen Rechts und aufgrund der Quellenlage ein schwieriges Unterfangen, die genauen Quellenbezüge zu rekonstruieren, doch sind bereits Fitting besonders auffällige Parallelen zur *Summa Trecensis*[53] aufgefallen, weshalb er annahm, diese römische Rechtssumma sei die «ständige Grundlage»[54] des Codi. Fitting selbst hatte die Summa Trecensis wenige Jahre vor der Publikation des lateinischen Codi ediert und ihre Autorschaft Irnereus zugeschrieben, dem «Vater» der bolognesischen Schule.[55] Kantorowicz[56] nahm an, Rogerius sei der Autor gewesen. Neuere, klärende Beiträge zur Autorschaft und Entstehungszeit stammen von André Gouron und rücken die Summa in unmittelbare geographische und zeitliche Nähe zum Codi.[57] Gourons Untersuchungen zufolge ist der Verfasser der Summa ein gewisser *grammaticus Geraudus*, der zwischen 1130 und 1180 in Südfrankreich tätig war, und zwar zunächst in der Gegend von Nîmes, Saint-Gilles und Arles und später dann in Narbonne und Montpellier.[58] Anhand verschiedener Textbelege weist Gouron nach, dass es verschiedene Fassungen der Summa Trecensis gegeben haben muss, deren erste eine verschollene, unvollständi-

---

52 Auch die Manuskriptgestaltung des Ms. A (siehe das Photo der ersten Manuskriptseite unter www.kabatek.de/codi bzw. http://www.niemeyer.de/links/link_material.html) deutet mit ihren orientierenden, abgestuften Markierungen und den Randglossen auf diesen Übergang hin, mit dem der Codi in der Romania seiner Zeit deutlich voraus zu sein scheint: «Für die volkssprachliche Schriftkultur bleibt die mediale Mündlichkeit noch bis weit ins 13. Jahrhundert typisches Kennzeichen. Erst mit der zunehmenden Laienbildung und dem Entstehen einer kommerziellen bürgerlichen Schriftproduktion wird auch dort der Übergang zur lesenden Rezeption vollzogen. Erste schriftliche Zeugnisse, die die Ablösung der medialen Mündlichkeit durch lesende Rezeption belegen, sind Prosawerke (Chroniken und Romane). Sie genügen in ihrer optischen Gestaltung den Bedürfnissen der lesenden Rezipienten, indem – wie in den scholastischen wissenschaftlichen Texten – die Hierarchie der Erzählstruktur durch hierarchisch abgestufte Markierungstechniken (Miniaturen, historisierte Initialen, nach Größe und Farbe abgestufte Initialen) wiedergegeben wird. Erst mit diesen Entwicklungen ist auch für die mittelalterliche laikale Gesellschaft der Eintritt in eine Schriftkultur vollzogen, die sich aus der Abhängigkeit der mündlichen Realisierung schriftlicher Texte gelöst hat. Sie setzt den lesenden Laien voraus.» (Frank 1994, 194).

53 Diese Summa verdankt ihren bis heute üblichen Namen einer Handschrift in Troyes. Erstmals wurde sie so benannt von Gustav Hänel, *Breviarium Codicis Justinianei, quod inest in codice Trecensi* 1317, Leipzig 1863.

54 Fitting 1906, *7.

55 Fitting 1894, VII. Die Edition erschien unter dem Titel *Summa codicis des Irnereus.*

56 Cf. Weimar 1973, 198–199, wo weitere Hypothesen über die Autorschaft aufgeführt werden.

57 Gouron 1984, 1985b, 1986.

58 Gouron 1986, 204.

ge Version gewesen sei, die in den dreißiger Jahren entstanden sein muss.[59] Die erhaltene Summa entspreche einer späteren Abfassung, die nach dem Codi entstanden sei. Vorbild für den Codi könne demnach nur die erste, verschollene Fassung gewesen sein:

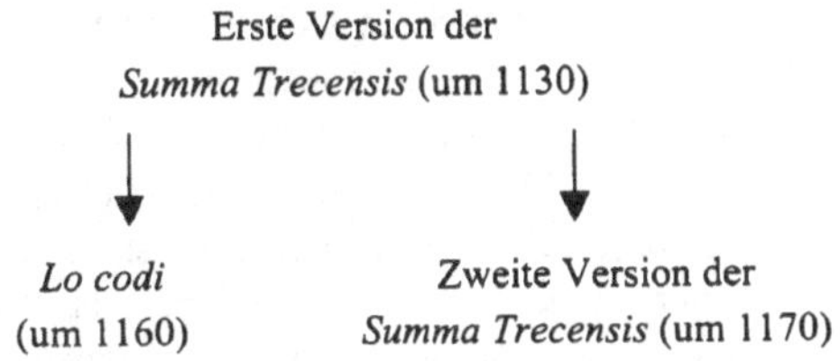

Fig. 12: Filiation *Lo codi - Summa Trecensis*

Diese neue Einschätzung ändert das Bild der Vorstellung einer unmittelbar von Bologna abhängigen Renaissance des Römischen Rechts in Südfrankreich.[60] Gouron zufolge scheint nun zwar die erste Abfassung der Trecensis, soweit sie rekonstruierbar ist, zumindest mittelbar der bologneser Lehre des Irnereus oder des Bulgarus zu entsprechen,[61] gleichzeitig markiert sie aber eine erste Phase einer sich unabhängig entwickelnden südfranzösischen Rechtsschule, deren Anfänge bei den Mönchen von Saint-Ruf in der Gegend von Valence und Die zu suchen sind, wobei fast zur selben Zeit auch in Arles unter dem dortigen Erzbischof Raymond de Montredon ein juristisches Zentrum entstand. Ein drittes südfranzösisches juristisches Zentrum schließt sich mit der Rechtsschule von Montpellier und deren Lehrmeistern Placentinus und Pierre de Cardona an.[62]

59 Einer der angeführten Parallelbelege ist die Summula *De natura actionum*, die ebenfalls Geraudus zugeschrieben wird (Gouron 1986).

60 Bis in die siebziger Jahre war es noch gängige Meinung, die *Summa Trecensis* müsse «[...] zwischen 1140 und 1159 vielleicht in Bologna entstanden sein» (Weimar 1973, 198).

61 Nach Gouron 1989, 206, ist der Verfasser der Trecensis in Bologna wohl in den dreißiger Jahren Schüler des Bulgarus gewesen.

62 «On doit [...] identifier un milieu que j'appellerai provençal au sens large, et médiéval, du mot. Autant que l'on puisse le deviner, ce milieu s'est formé en premier lieu, vers 1130, dans la région de Valence, autour ou au sein des remuants chanoines de Saint-Ruf : à ce groupe, nous devons une somme aux *Institutes Justiniani est in hoc opere*, découverte en 1974 dans le manuscrit 903 de la Pierpont Morgan Library de New York, et sans doute aussi un recueil d'extraits tirés en grande partie des compilations byzantines et connu depuis un siècle sous le nom de Livre de Tubingue. Ces juristes émigrent vers 1140 pour gagner Arles et Saint-Gilles, probablement pour y écouter un maître venu d'Italie, Rogerius ; à ce stade, l'un d'eux, Géraud le Provençal, publie un commentaire au Code dit *Summa Trecensis* à partir d'un manuscrit autrefois à Clairvaux, aujourd'hui déposé à Troyes. Cette *Summa Trecensis* est elle-même reprise, mais laissée inachevée par Rogerius, tandis qu'un anonyme en tire une version simplifiée en provençal connue sous le nom de *Codi*. Enfin, après 1162, un autre professeur italien, Placentin, s'installe à Montpellier,

Beim Vergleich des Codi mit der erhaltenen Summa Trecensis geht es also nicht um den unmittelbaren Vergleich mit der direkten Vorlage, sondern mit einer weiteren Bearbeitung dieses Textes. Der Vergleich soll dazu dienen, den Kreationsprozess der Abfassung des Codi illustrieren zu können und anzudeuten, wie sehr der Codi von seinen lateinischen Vergleichstexten abweicht und wo er ihnen entspricht.

Bei der Summa Trecensis handelt es sich um eine «systematische Darstellung des Römischen Rechts nach der Anordnung und Titelfolge des justinianischen Codex (in der mittelalterlichen Beschränkung des Begriffs auf die neun ersten Bücher)» (Fitting 1894, LV). Die Anordnung der Titel ist dabei im Gegensatz zu späteren Summen freier, hält sich aber im Wesentlichen an die justinianische Folge.

Das Werk ist nach einem durchgehenden, als Gesamtplan angelegten, einheitlichen Muster aufgebaut, Fitting nennt es ein «festes, gleichmäßiges Schema, welches mitunter sogar etwas pedantisch erscheinen kann» (Fitting 1894, LVIII). Die umfassende Planung zeigt sich auch in der immer gleichen terminologischen und sprachlichen Behandlung des Stoffes, in der Tatsache, «daß er, wo immer er sachlich die nämlichen Dinge wieder berührt, auch sprachlich wieder die gleichen Wendungen gebraucht»[63] (ibd., LIX). Es handelt sich um einen hochgradig elaborierten Text, der breite Kenntnisse in Römischem Recht voraussetzte.

Die Hauptgemeinsamkeit zwischen Trecensis und justinianischem Codex besteht in der weitgehenden inhaltlichen Übereinstimmung. Der vermittelte juristische Inhalt ist in den meisten Fällen identisch, ebenso seine Einteilung und Anordnung. Sowohl die Reihenfolge der neun Bücher als auch ihre Einteilung in Titel und Gesetze nach justinianisch-bolognesischem Modell werden unverändert übernommen.

Anders aber als die römischen Rechtstexte – mit Ausnahme der eher didaktisch konzipierten *Institutiones* – ist die *Summa Trecensis* stets um eine vereinfachte, systematische und explizit gegliederte Darstellung bemüht, nach einem Schema, das allgemein für die Summenliteratur zutrifft:

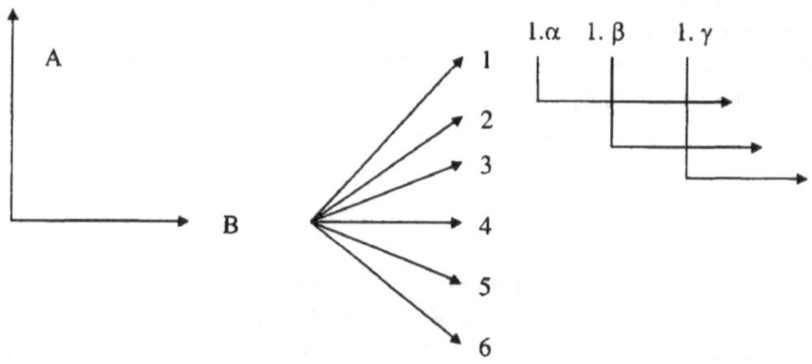

Fig. 13: Schematischer Aufbau der Rechtssummen

prend l'auditoire de Rogerius, achève l'œuvre de ce dernier et commente d'autres parties des compilations de Justinien» (Gouron 1989, 200). Cf. auch Gouron 1986, 211.

63 Da Fitting die Summa Irnereus zuschreibt, spricht er von «ihm» als Autor.

Ein neuer Abschnitt (hier B) beginnt meist mit kurzen Rückbezügen auf das bereits Dargestellte (hier A), worauf die Vorstellung des Themas des folgenden Titels folgt, zu dem verschiedene systematisierte Fragen gestellt werden (1–6), die dann der Reihe nach in einzelnen «Gesetzen» beantwortet werden. Auch innerhalb der einzelnen Fragen wird jeweils eine lineare Ordnung eingehalten (α, β, γ).

Es begegnet uns hier also wieder das in der Summenliteratur auch weit über die juristischen Texte hinaus übliche didaktische Schema der Stoffbehandlung, das wohl auch in den Vorlesungen der *Studia* üblich war. Auf den Bezug zur mündlichen Lehre deutet auch die Wortwahl der textphorischen Mittel, etwa zu Beginn des zweiten Buches, wo wie in einer Lehrstunde auf das zuvor Gesagte mit einem *explicitum est* verwiesen wird (*qualiter aequitas in magistratuum personis constituta sit, explicitum est*), worauf mit einem temporalen Adverb und einem Gerundivum auf das verwiesen wird, was nun «zu lehren sein wird»: *nunc ... docendum est. ideo ... dicendum est.* Solche Elemente finden sich aber auch in der schriftlichen Tradition der klassischen, justinianischen Texte.

In der okzitanischen Fassung finden wir diese Textgestaltung wieder. Die entsprechende Textstelle beginnt wie die meisten Titel mit einem *poiss que nos auem dig*, auf das eine Aufzählung verschiedener, bereits besprochener Inhalte folgt, die mit *aras digam* eingeleitet werden. Wie in der Trecensis ist auch hier das Schema durch das ganze Werk hindurch einheitlich, so finden sich immer wieder die gleichen Phrasen am Kapitelanfang. Hierzu nur einige Beispiele:[64]

> «[...] pois que nos auem dit de sancta gleisa ... si digam d'aquellas personas que seruunt a la gleisa» (I, 3, 1).
>
> «[...] pois que nos auem dit de·ls plaiz ... primeirament digam» (II, 1, 1).
>
> «[...] pois que nos auem dig de·ls aduocaz ... ara digam» (II, 6, 1).
>
> «[...] pois que nos auem dig, cals radons es en aquellas personas que fan mon afaire per mon mandament ... oimais digam» (II, 8, 1).
>
> «[...] poiss que nos auem dit cals personas deuent esser restituidas e de cals causas, ara digam» (II, 15).
>
> «[...] poiss que nos auem dig de sobre d'aquellas causas que sunt obs e·l iudizis, aras digam» (III, 1, 1).
>
> «[...] pois que nos auem dit de·ls iutgues, ara digam» (III, 7, 1).
>
> «[...] pois que nos auem dit en cal guisa se desfai lo testamenz, ara digam» (III, 20, 1).

Es folgen in der Trecensis die zu beantwortenden Fragen, nach der üblichen Reihenfolge, z. B.:

> «Quid autem sit iuditium, et quomodo seu cum qua forma exerceri debeat, item que eius potestas seu ius sit, intuendum est» (III, 1).

---

64 Im Ms. A des Codi variieren die auf Palatalisierung kt>c hinweisenden Formen vom Typ *dig/plaig/faig* mit solchen vom Typ *dit/plait/fait*. Zur skriptologischen Einordnung cf. Pfister 1978.

Der Codi folgt dieser Ordnung mit ziemlicher Genauigkeit bei nur leichter inhaltlicher Abweichung:

> «[...] primeirament deu esser esgardaz, que es iudicium ed en cal forma ed en cal mesura el deu esser ordenaz, ed entro a cal termini el durara poiss que el es comenzaz, e cal poestat e cal ualor el a».

Auch die juristische Terminologie wird aus der Vorlage übernommen, wobei der Gebrauch zwischen latinisierenderen und weniger latinisierenden Formen teilweise schwankt und zudem zuweilen die differenzierte Terminologie vereinfacht wird.

Dennoch wäre es verkehrt, *Lo codi* als eine nur leicht variierende Übersetzung der Trecensis anzusehen. Es sind verschiedene Bereiche auszumachen, in denen der Codi in textueller und sprachlicher Hinsicht von der Vorlage abweicht. Erstens ist die okzitanische Summa wesentlich expliziter, teils fast penetrant, in der Nennung textkohäsiver Mittel, wie etwa an folgendem Beispiel aus dem zweiten Buch, 12. Titel, zu sehen ist, wo die Frage des Gerichtsortes behandelt wird:

Summa Trecensis (III, VI; Ausg. Fitting 1894)	*Lo codi (III, XII; Ausg. Derrer 1974)*
De iurisdictione et ubi iudicia peragenda sunt.	aici ditz en cal log deu om metre altre em plaig
Apud eum qui iurisdictioni preest iudicia expedienda sunt	pois que nos auem dit de·ls iutgues ed en cal mesura deuunt li iutgues donar iudicias, ara digam davant cals personas deuunt esser faig li plaig. Li plaig deuunt esser faig dauant aquellas personas que ant iurisdiccion, zo es poestat
Possessionis causa ibi agitanda est, ubi possessio turbata est.	si es plaiz de possessios, dauant aquill iutgue deu esser fait lo plaitz en cui poder es la tenedons.
Relicta ibi petenda sunt, ubi hereditas relicta est, uel ubi maior pars hereditatis, uel ubi est res ipsa que relicta est.	si eu li deman auer o autra causa que eu diga que alcuns om me donet a sa mort, aqui deu esser lo plaiz tenduz un es la heretaz de·l defunc o la maier parz de la heretat, o aqui on es la causa qui es demandada.

Die Trecensis beginnt mit dem justinianischen Titel: *De iurisdictione et ubi iudicia peragenda sunt*. Daraufhin folgt die erste generelle Vorschrift, woran sich unmittelbar weitere, speziellere Vorschriften anschließen. Im Codi hingegen findet sich im Titel mit dem «aici ditz en cal log» eine Art «ausgeschriebener Zeigefinger», eine direkte Referenz auf die Textstelle, wie sie typisch ist für Randglossen in den Manuskripten oder für Rubriken, die das Auffinden einer Textstelle erleichtern sollen und die ähnliche Funktion haben wie die in den Manuskripten häufigen hinweisenden Hände am Textrand. Es folgt die Nennung eines, wenn auch nicht unmittelbar identifizierbaren, aber doch pronominal-konkreten *om*, der jemand anderen anklagt.[65]

---

[65] Zum Passiv und den Konstruktionen mit *om* cf. auch w. u. (3.3.3.).

Darauf folgt nicht die unmittelbare Nennung der ersten Vorschrift, sondern zunächst eine textuelle Einbindung, ein Anschluss an das zuvor Gesagte und dann erst die neue Norm, was eben dem Hauptcharakteristikum des Codi-Textes entspricht: dem Hang zum möglichst umfangreichen Einsatz textdeiktischer Mittel, die zu unmissverständlicher Klarheit und zur Deutlichkeit in der Abfolge der Information beitragen.

Ein zweites Charakteristikum, durch das sich der Codi-Text von der lateinischen Vorlage entfernt, ist die Konkretisierung abstrakter Sachverhalte, wie bereits am Beispiel des Titels zu sehen war: der nominale Stil des lateinischen Textes wird, zumindest teilweise, bei Einführung von Personen und Handlungen und durch Nennung konkreter Bezüge zu Sätzen aufgelöst. Das einfache *ibi…ubi* des lateinischen Textes wird stärker explizit durch Nennung der implizierten Person: «dauant aquill iutgue…en cui poder». Noch deutlicher ist es im darauf folgenden Beispiel: «Hinterlassenschaften sind dort zu fordern, wo die Erbschaft hinterlassen wurde», heißt es in etwa im lateinischen Text, während der Codi weiter ausführt und den Tatbestand an einer konkreten Situation vor Augen führt: «wenn ich von jemandem einen Besitz oder etwas anderes einfordere, von dem ich sage, dass es mir jemand bei seinem Tod gegeben hat, so muss der Prozess dort abgehalten werden, wo die Erbschaft des Verstorbenen ist.» Die Grundinformation ist die gleiche, aber im Codi werden mehrere Elemente hinzugefügt: das «ich» als die prototypische von einem Fall betroffene Person, bzw. als diejenige, anhand derer der Sachverhalt am besten exemplifiziert werden kann; der Fachterminus *relicta*, «Hinterlassenschaften», wird aufgelöst durch *auer o autra causa que eu diga que alcuns om me donet a sa mort*, wobei *auer*, «Besitz», zwar ebenfalls ein Fachterminus ist, der aber auch aus der Allgemeinsprache bekannt ist. Das *que eu diga* verbindet das «ich» mit dem Rechtsfall; *alcuns om* nennt eine zweite Beispielperson, diejenige des Erblassers, die später als *defunc* noch einmal genannt wird, *me donet a sa mort* überträgt den Begriff der Erbschaft in eine alltägliche Sprache. Das *aqui…on* ist ebenfalls ein exemplifizierender Ortsbezug, *lo plaiz tenduz* nennt im Gegensatz zum lateinischen Text den Prozess, der in der Vorlage nur implizit im *petenda* enthalten war. Dagegen fehlt aber der konkrete Bezug zur Forderung der Erbschaft, das *petere* des lateinischen Textes.

Die hier festgestellten Unterschiede sind weitgehend textueller Art, wie man an der Tatsache sehen kann, dass sie anhand einer deutschen Glossierung illustriert werden konnten. Doch entsprechen den textuellen Unterschieden auch sprachliche. Wo im lateinischen Text Nominalisierungen und die typischen juristischen Gerundiva vorherrschen, werden im okzitanischen Text persönliche Konstruktionen bevorzugt. So wird etwa die *iurisdictio* des Titels weggelassen, die passiven Verbaladjektive werden sämtlich durch Infinitivkonstruktionen mit *deber esser*+Partizip oder aktivisch mit *deber*+Verb umschrieben:

iudicia peragenda sunt	deu om metre altre em plaig
iudicia expedienda sunt	li plaig deuunt esser faig
causa ibi agitanda est	dauant aquill iutgue deu esser fait lo plaitz
petenda sunt	deu esser lo plaiz tenduz

Ganz allgemein zeigt sich in den lateinischen Texten des Corpus Iuris wie auch in den mittelalterlichen lateinischen Summen ein deutlicher Hang zur Agensausblendung, zur Häufung von Passivkonstruktionen und zum Nominalstil – Eigenschaften, die nicht zufällig für uns «typisch rechtssprachlich» oder «amtssprachlich» scheinen: bei dieser Konzeption von Rechtssprachlichkeit stehen die europäischen Sprachen, auch die Norm der deutschen Rechtssprache, in bester römischer Tradition. Der okzitanische Text löst dies nun auf: statt Passivkonstruktionen dominieren aktive *om*-Konstruktionen oder persönliche Autorbezüge (*auem dig*), wie man etwa an folgender Stelle des zweiten Buches sieht, bei der zu Illustrationszwecken auch die lateinische Codi-Übersetzung des Ricardus Pisanus mit abgedruckt wird, die mit ihrem «romanischen» Latein eine Zwischenstellung einnimmt.[66]

Lo codi (ed. Derrer)	*Lo codi, lat. Fassung des Ricardus Pisanus (ed. Fitting)*	*Summa Trecensis (ed. Fitting)*
<liber II> I. §1. pois que nos auem dit de·ls plaiz, en cal guisa ill deuunt esser defenit per jujdi, primeirament digam d'aquestas causas que om deu faire enanz que om apell altre ome en jujdi. §2. primeirament enant que om apel altre ome en jujdi li deu om dire per cal radon om lo uol metre em plait, zo es a dire per cal accion el uol demandar. ed aco deu om dire de.XX.dias enant que el lo son em plaig. e quant el o aura audit, sapias sen a cosseillar, si el fara ses plaig / aco que om li demanda. e si el pessa que non li o fara ses plaig aco que om li demanda, deu se garnir cum el li fasza dreig.	I. De edendo. Postquam de placitis dicturi sumus quomodo debeant definiri in iudicio, prius dicamus de illis rebus que debent fieri ante quam aliquis uocet aliquem in iudicio. Priusquam aliquis appellet aliquem ad placitum, debet ei predicere per XX dies ante, et dicat ei qua actione uult eum uocare ad causam. et post quam reus, id est ille de quo debet esse reclamatio, audierit hoc, accipiat consilium infra XX dies, si uelit ei facere id quod actor petit sine omni placito. si non putauerit quod aliquid debeat ei facere sine placito, preparet se et respondeat ei.	De edendo. Qualiter aequitas in magistratuum personis constituta sit, explicitum est. nunc autem quomodo iudiciorum aequitas seu iustitia expedienda sit, in quibus magistratuum persone adeo necessariae sunt, ut sine his nullum iuditium esse possit, docendum est. ideo cum de ipsis iuditiis dicendum est, rationabiliter eorum preparatoria premittit, scilicet de edendo et de in ius vocando nec non de postulando et satis dando.

Auch im Hinblick auf die Behandlung der juristischen Terminologie bestehen Unterschiede. Ähnlich wie in den justinianischen Texten werden auch in der Summa

66 In der Trecensis herrschen Passivkonstruktionen vor; der lateinische Codi steht mit der häufigen Nennung der Indefinitpronomina *aliquis-aliquem* zwischen dem okzitanischen Codi und der Trecensis.

Trecensis die juristischen Termini definiert, doch sind die Definitionen kurz und wiederholen sich eher selten, z. B. *iurisdictio est potestas iuris dicendi* (III, 6, 1). Diese Art der Definition findet sich im Codi ebenfalls wieder, doch wird darüber hinaus an vielen Stellen in kurzen Nebensätzen ein Terminus umschreibend paraphrasiert, so etwa an der bereits oben betrachteten Stelle zu Beginn des dritten Buches:

> «[...] poiss que nos auem dig de sobre d'aquellas causas que sunt obs e·l iudizis, si cum es de edendo, zo es de manifestar ad altre per cal radon el lo uol metre em plaig, ed de in ius vocando, zo es de clamar em plaig omen, e poiss que nos auem dig de-ls arbitres, zo es d'aquellas personas que receubon fermanzas de plaig ni non ant autra jurisdicion, zo es altra poestat, aras digam....».

In der Trecensis findet sich an der entsprechenden Stelle ein allgemeiner Prolog:

> «Intendunt quidem principes aequitatem constituere et eam in preceptione redactam tam ab omnibus uolentibus quam etiam inuitis obseruari et lites singulorum publica auctoritate dirimi ac exsecutioni mandari. eaque ratione premissis iuditiorum preparatoriis inde non inmerito eorum tractatus apponit».

Auffälligerweise sind solche «Schnörkel» in der okzitanischen Summa nicht mehr zu finden.[67] Der Codi ist hier beschäftigt mit der volkssprachlichen Erklärung lateinischer Fachtermini, die nicht allgemein bekannt sind.

Während die Summa Trecensis ein Kompendium für juristisch gebildete Fachleute ist, handelt es sich beim Codi eher um ein Buch für Personen, die zwar mit juristischen Sachverhalten zu tun haben und diese kennen müssen, aber nicht mit dem Römischen Recht und dessen Terminologie vertraut sind. Es scheint also auch hier, dass die Sprachenwahl in erster Linie mit dem Adressatenkreis und dem kommunikativen Radius des Textes zusammenhängt. Zudem ist das Buch durch seine didaktische Stoffvermittlung illustrierend und versetzt das scheinbar abstrakte Römische Recht in alltägliche Situationen zurück. Damit ist der Text geeignet, als Bindeglied zwischen dem aus dem Alltag entstammenden Gewohnheitsrecht und dem «fremden», «abstrakten» Römischen Recht zu fungieren. Es ist daher auch nicht verwunderlich, dass dieser Text gerade bei der Romanisierung lokaler Gewohnheitsrechte eine wichtige Rolle gespielt hat, wie man an den o. g. Texten sieht, in denen sich Einflüsse des Codi nachweisen lassen, etwa in den Mitte des 13. Jahrhunderts in Saint-Jean d'Acre verfassten *Assises des Bourgeois* oder in den *Costums de Tortosa*, in denen Römisches Recht mit Gewohnheitsrecht zu einer Synthese verschmolzen wird und wo die «römischen» Anteile aus dem Codi stammen (cf. 3.4.).

---

[67] Was eigentlich sogar eher dem Ideal der Rhetorik und dem bolognesischen Stil entspricht, kann doch festgestellt werden, «daß die Glossatoren einen blumigen Rednerstil als der Jurisprudenz unangemessen betrachten. Ihre knappe, nüchterne und klare Ausdrucksweise gemahnt denn auch an die klassischen Juristen und nicht an die Byzantiner mit ihrer angelernten Kunstprosa» (Genzmer 1986, 7).

3.3.3. *Lo codi* als Ort des *Ausbaus*: eine neue Textform in romanischer Sprache

Aus der Perspektive der lateinischen Schriftlichkeit der elaborierten römischen Rechtssummen wie der Summa trecensis oder aus Sicht der justinianischen Texte ist *Lo codi* «nähesprachlicher», alltagsweltlicher, mündlichkeitsnäher. Aus der Perspektive der okzitanischen schriftsprachlichen Tradition, v. a. im Vergleich mit den altokzitanischen Urkunden, aber auch mit anderen zeitgenössischen Texten wie etwa der Übersetzung des Johannesevangeliums, handelt es sich bei *Lo codi* aufgrund des Umfangs und der durchgehenden Planung hingegen um einen vergleichsweise elaborierten Text. Es ist nun zu fragen, ob der Text aus der Sicht der okzitanischen Tradition neben textuellen auch sprachliche Neuerungen aufweist und demnach als Ort des sprachlichen Ausbaus angesehen werden kann. In Bezug auf den Wortschatz ist dies nach unserem Wissenstand eindeutig zu bejahen, da zahlreiche juristische Termini hier erstmals belegt sind. Es muss aber auch gefragt werden, ob der zu vermittelnde Inhalt über das Lexikon hinaus die Schaffung sprachlicher Elemente oder Techniken notwendig macht, die die okzitanische Schriftsprache, mit um 1160 ohnehin noch geringer Tradition, nicht kennt. Diese Frage wird letztlich nur ansatzweise zu beantworten sein, da die Schriftsprache nur bruchstückhaft überliefert ist und wir über die gesprochene Sprache nur ein indirektes Wissen haben. Es kann jedoch versucht werden, diejenigen Bereiche näher zu betrachten, in denen die neuen Rechtstexte Bezeichnungsnotwendigkeiten erfüllen müssen, die bei der Versprachlichung früherer Inhalte in okzitanischer Sprache – in den Urkunden, im Evangelium oder bei den Texten der Trobadors – nicht oder nicht im selben Maße gegeben waren. In diesen Fällen kann davon ausgegangen werden, dass *Lo codi* oder ähnliche Texte Anstöße zum Ausbau gegeben haben, wobei es sowohl möglich ist, dass vielleicht nur ein kleiner Teil einer Tradition erhalten ist, zu der dieser Text gehört, oder aber – und dies ist nach heutigem Wissen wahrscheinlicher – dass der Text tatsächlich am Anfang dieser Tradition steht.

Es wurde gesagt, dass der unpersönliche Stil der lateinischen Vorlagen im Codi z. T. «personalisiert» wird. Dies heißt jedoch keinesfalls, dass im Codi keine Passivkonstruktionen vorkämen, sie sind im Gegenteil auch hier noch häufig. Reine Passivkonstruktionen haben im Codi zwei Funktionen, die beide ebenso in den lateinischen Vorlagen zu finden sind. Die erste ist die auch in narrativen Texten verbreitetste Funktion, «einen Patiens-Referenten als Subjekt und damit als Topik kodieren zu können».[68] Solche Passivkonstruktionen finden sich im Codi meistens mit Modalverben und ohne Spezifizierung des Agens, da es meist um Allgemeinaussagen geht, von denen implizit jede rechtsmündige Person betroffen ist:

III. 1. 4. «[...] la mesura e la forma deu esser gardada, ed en lo comenzament de·l iudizi en la fin».

III. 5. 2. «[...] si el uen a·l plaig enant que passes l'anz, non deura esser audiz».

---

68 Wehr 2000, 112. «Das Passiv ist damit eine Topikalisierungs-Strategie, die es erlaubt, daß das Diskurs-Topic weiterhin als Subjekt in einer Topic-Kette (‹topic-chain›) kodiert werden kann» (ibd., 108).

Eine zweite Funktion des Passivs ist seltener als in den lateinischen Texten (aber ebenfalls immer noch recht häufig), da hier wie schon erwähnt das lateinische Passiv meist durch Aktivkonstruktionen ersetzt wird. Hier geht es um die Ausblendung des Agens, wie sie typisch ist für die didaktische und die wissenschaftliche Texttradition seit der Antike, die durch Texte wie den Codi in die Volkssprache übertragen wird. Die Motivation scheint hier, außer in der Tradition des Textes, in der Vermeidung der Nennung des sprechenden Subjektes zu liegen, da der Textinhalt einer *objektiven* Darstellung entsprechen soll, wie sie in wissenschaftlichen Texten und auch hier im Codi gefordert ist, da es ja nicht um irgendeine subjektive Lehrmeinung, sondern um den Inhalt des justinianischen Codex geht.

II. 9. 7. §7. «[...] aco que es dig desobre de forza o de paor deu esser aissi entendut».

IX. 8. 9. «[...] l'uns non se pert per l'altre si con es dig de sobre».

Als weitere Ausdrucksmöglichkeit für Passivität dient das so genannte «reflexive Passiv», das jedoch nicht so häufig ist. Die häufigsten Fälle sind auch hier Verwendungen mit Modalverben, v. a. mit *deuer*.

II. 9. 2. «[...] tota la uenda se deu desfaire e tornar areire».

II. 10. 2. «[...] toz se deu desfaire aquel contraiz».

III. 5. 2. «[...] non se deu pois partir de·l plaig entro que sia feniz».

In allen diesen Fällen ersetzt das reflexive Passiv lateinische Passivkonstruktionen. Im folgenden Beispiel wird eine lateinische Passivform neben der romanischen reflexiven Form unmittelbar zitiert:

III. 8. 3. «[...] per cal guisa li plaiz se comenzunt, id est qualiter lis contestatur».

In manchen Fällen ist zweifelhaft, ob die reflexiven Konstruktionen wirklich passivisch sind oder schon aktivisch interpretiert werden können (z. B. *aquill se apellaig «aduocat»*). Gerade von solchen Fällen scheint die Form sich jedoch ausgebreitet zu haben.[69]

Im Codi finden sich auch einige Fälle der Verbindung einer reflexiven Konstruktion mit einer durch *per* eingeleiteten Ergänzung, also einer richtigen reflexiven Passivkonstruktion, die Jensen (1986, 225) als im Altokzitanischen «sehr selten» bezeichnet und die im Neuokzitanischen nicht mehr möglich ist.[70]

III. 1. 3. «[...] li iutgues a tant de differentia de l'arbitre, que li iutgues se fai per publial persona, zo es per cuminal poestat e li arbitres se fai per priuada persona».

Die relative Seltenheit der reflexiven Passivkonstruktionen im Galloromanischen wird üblicherweise mit der Häufigkeit der HOMO-Konstruktionen begründet, der man im Altokzitanischen «seit ältester Zeit auf Schritt und Tritt» begegnet.[71] Diese Form ist in der alten Sprache in Italien, der Galloromania und dem Katalanischen sehr

---

69 Cf. Turley 1997.
70 Cf. Wehr 1995, 148 u. 215.
71 Wehr 2000, 117.

verbreitet, heute lebt sie in einigen italienischen Dialekten und in der Galloromania fort, im Katalanischen ist sie am Aussterben. Lateinische Beispiele bei Gregor von Tours oder in der *Peregrinatio Aetheriae* belegen ihre Verbreitung schon in früher Zeit. In Vulgärrechtstexten wie der *Lex salica* oder den westgotischen Rechtstexten ist HOMO als Universalsubjekt sehr verbreitet. Im Codi findet sich *om* durchgehend als Platzhalter für eine beliebige von einer Rechtssache betroffene Person, häufig mit einem quantifizierenden oder sonstigen determinierenden Element (*uns om*; *nuillz om*; *altre om*; *l'om*), oft aber auch ohne weitere Bestimmung in der Funktion eines indefiniten Pronomens wie im Neuokzitanischen und Französischen:

> II. 4. 2. §2. «[...] aquel qui met autre em plaig, si om li promet alcuna causa per zo que el fenis sun dreig e sson deman e no·l meta mais em plaig, deu li esser donada».

Im Gegensatz zum reflexiven Passiv, dem im Allgemeinen in den lateinischen Vorlagen eine Passivform entspricht, ist das Auffällige der *om*-Konstruktionen das Nichtvorhandensein einer direkten Äquivalenz in den lateinischen Texten: *om* wird, wie oben ausgeführt, zur Personifizierung und Explizierung eingeführt, wo im Lateinischen unpersönliche Ausdrücke oder Gerundiva vorherrschen.

Lo codi übernimmt also durchaus einen gewissen Hang zu passivischen Ausdrucksweisen und zur Agensausblendung und reiht sich damit in eine vorhandene Diskurstradition ein, die er gleichzeitig in der neuen Sprache begründet. Er nähert sich aber zugleich der gesprochenen Sprache und der okzitanischen Schrifttradition, indem er Passivisches häufig durch Aktivkonstruktionen (auch aktivische «Kompromisskonstruktionen» wie das reflexive «Passiv») ersetzt.

Des Weiteren scheint der Codi insbesondere bei Elementen der Verknüpfung von Sachverhalten gewissen neuen Ausdrucksnotwendigkeiten entsprechen zu müssen. Das neue Recht begnügt sich nicht mit der Festlegung von Normen oder Besitzverhältnissen, wie es in den Urkunden geschieht; als argumentierendes Metarecht enthält es stets über die Bekanntgabe von Rechtsgrundsätzen hinaus auch deren Erörterung und Begründung; es benötigt Techniken zur Aufspaltung der Begriffe in ihre einzelnen Komponenten oder zur Einschränkung oder Ausweitung von Aussagen. Dabei mögen die entsprechenden Elemente zum Teil der gesprochenen Sprache entnommen werden; sind sie dort jedoch nicht vorhanden, so gibt es zwei Wege ihrer Schaffung: der erste Weg ist die Übernahme aus anderen Sprachen, in denen sie existieren, in diesem Fall also aus dem Lateinischen, das sich ganz besonders anbietet, da die lateinischen Vorlagen die entsprechenden Techniken unmittelbar vorgeben. Der zweite Weg ist die Schaffung neuer Mittel mit den Möglichkeiten der okzitanischen Sprache.

Die Besonderheiten des okzitanischen Textes werden im Folgenden nach zweierlei Kriterien geordnet: zunächst wird nach dem Textaufbau vorgegangen und es werden die einzelnen Textteile des «Formulars» Rechtssumma und ihre Realisierung im Codi beschrieben. Bis zur «Definition» sind diese Textteile klar differenziert und ihnen entspricht ein begrenztes Inventar von Mitteln zur Realisierung. Dann aber, bei den «Gesetzen»,[72] erscheint es nicht mehr sinnvoll,

---

[72] Es wird hier deshalb von «Gesetzen» in Anführungszeichen gesprochen, weil das Besondere des Römischen Rechts gerade darin liegt, dass es nicht nur Gesetze, sondern in großem

nach Textteilen vorzugehen, da die Gesetze (bzw. der Haupttext der Summa) relativ frei sind und argumentative neben exemplifizierenden oder normativ festlegenden Passagen aufweisen. Es sollen daher stattdessen zunächst einige allgemeine Informationen zur Textgestaltung und zu den Kohäsionsmitteln gegeben werden, um dann nach onomasiologischen[73] Kriterien bestimmte Relationen zu untersuchen, die inhaltlichen Ausdrucksnotwendigkeiten des Textes entsprechen. Abschließend werden noch einige Besonderheiten des Wortschatzes genannt.

3.3.3.1. Das Textformular «Summa» und die sprachlichen Mittel in *Lo codi*

Die Textteile des «Formulars», auf dem *Lo codi* basiert, sind die oben (2.1.4.1.) genannten, die nochmals schematisch dargestellt werden:

Textteil	*Inhalt*	*sprachliche Mittel (lat.)*
Prolog	*intentio, utilitas*	[fehlt bei *Lo codi*]
Titel	Rubrik	z. B. «de edendo»
	continuatio titulorum	z. B. *dictum est, dicitur*
	summierende Fragen	*quis, quid, cur, ubi, quando*
	Definition	x *est* y
«Gesetze»	Inhaltsrelationen (z. B. Folge, Ausschluss, Einschluss, Bedingung etc.)	z. B. *itaque, nisi, praeter, etiam, idem, si*, etc.

Fig. 14: *Lo codi*: Textform, Inhalt und sprachliche Mittel

a) Prolog

Lo codi ist ohne Prolog überliefert, was wahrscheinlich auch dem praktischen, privaten Charakter des Werkes entspricht. Die Prologe werden in der Folgezeit mit Bezügen zur rhetorischen Tradition immer mehr ausgebaut und zu einer eigenen Text-

Umfang auch metarechtliche Bestimmungen enthält und neben der reinen Festlegung von Normen diese auch argumentativ begründet werden. Die Definitionen gehören eigentlich auch zu den Gesetzen in diesem Sinne, sie sind aber vom Rest des Textes abgehoben.

73 Wobei es hier nicht um eine «rein» onomasiologische Perspektive geht, da auch die Inhalte, die bezeichnet werden, zumindest teilweise an die sprachliche Symbolisierung der Ausgangstexte gebunden sind. Da es außerdem um die okzitanische Sprache geht und nicht um übereinzelsprachliche Inhalte, um die Frage also, mit welchen Mitteln die okzitanische Sprache des 12. Jahrhundert im vorliegenden Text diese Inhalte ausdrückt und woraus sie diese schöpft, ist die inhaltliche Vorgehensweise nur der erste Schritt: bei der genauen Untersuchung des Textes wird zunächst gesucht, welche sprachlichen Mittel zum Ausdruck bestimmter Inhalte verwendet werden. In einem zweiten Schritt werden die so isolierten sprachlichen Mittel dann semasiologisch betrachtet und es wird gefragt, woher sie stammen, welche Entwicklung ihnen zugrunde liegt etc. Während der erste Schritt auf der Textlektüre basiert, konnte beim zweiten auf die technische Unterstützung eines Textanalyseprogramms (WordSmith Tools 2,0 von Mike Scott/CUP) zurückgegriffen werden.

form mit verschiedenen Charakteristika (Autornennung, Frage nach Zweck und Nutzen des Textes etc.).

b) Rubriken

Der erste Inhalt, der zu versprachlichen ist, ist daher die Rubrik über einem jeden Titel.[74] Während in den lateinischen Titelsummen im Allgemeinen der justinianische Titel als Rubrik genannt wird, wird im Codi die Nennung konkretisiert und der Inhalt kurz resümiert:

Summa Trecensis / Codex	*Lo codi*
de edendo	per cal rado om uol demandar alcuna causa ad altre enanz que·l meta em plaig
de in ius vocando	de apellar omen em plait
de pactis	de·lz couenenz que fai li uns om a l'autre
de postulando	cals omes pot sonar em plait o per se o per altrui, zo es a sun obs o ad altrui
de procuratoribus	de·ls procuradors, zo es d'aquelz que fan plaig a altra fazenda per mandament d'altre

Häufig wird dem Titel nach der Art der erwähnten Glossierung ein *aici ditz* vorangestellt. Die Rubriken sind textuell anders als die der Vorbilder. Sprachlich scheint der Codi hier keine besonderen Techniken entwickeln zu müssen. Das Hauptproblem besteht in der Behandlung der Terminologie, die hier z. T. aus dem Römischen Recht (z. B. *procurador*), teils aber auch aus lokalen Traditionen übernommen wird (z. B. *couenenz*).[75] Oft wird auch der justinianische Titel in seiner lateinischen Form genannt und unmittelbar anschließend volkssprachlich glossiert.[76]

c) Continuatio titulorum

Am Beginn des Titels einer Summa finden sich im Allgemeinen kurze Einleitungen, die wie kleine Prologe aufgebaut sind und aus dem Vorangegangenen eine Kausalität für das im nächsten Titel zu Sagende ableiten. Die sprachliche Form der *Continuationes titulorum* ist in den lateinischen Summen für die Rückbezüge auf das Gesagte meist ein passives Perfektpartizip (*dictum est*), für Bezüge auf das zu Sagende ein Gerundivum (*dicendum*), eine Passivkonstruktion im Präsens ohne Nennung des Subjekts (*dicitur*) oder ein unpersönliches Futurpartizip (*dicturum est*).

---

74 Das stimmt natürlich in Bezug auf die Manuskripte eigentlich nicht, denn die Rubriken wurden ja im Allgemeinen nachträglich hinzugefügt. Bei Texten wie dem Codi geht der Titelüberblick jedoch der Abfassung voraus und findet sich schließlich auch in verschiedenen Manuskripten im vorangestellten *Index titulorum*.

75 Der Ausdruck *conveneniia* stammt aus dem Feudalrecht und wird einfach ins Römische Recht übertragen und mit dem neuen Inhalt von *pactum* gefüllt. Cf. Frank 1996.

76 So etwa in 2. 10: *Aici ditz de dolo, zo es d'engan*. Dem justinianischen Begriff wird das okzitanische *engan*, ein Rechtsbegriff aus dem Feudalrecht, beigestellt.

Im Codi werden diese Passivkonstruktionen meist durch aktives *avem dig – ara digam* ersetzt. Mitunter kommt es vor, dass die Rückbezüge entsprechend dem lateinischen Vorbild mit einem Passivpartizip (*es dit*) hergestellt werden:

> III. 11. 1. «[...] de sobre es dit de las inducias generalment. ara digam [...]».

Das Partizip Perfekt ist wohl im Okzitanischen des 12. Jahrhunderts die einzige der drei lateinischen Formen, die eine unmittelbare Entsprechung in der volkssprachlichen Tradition hat. Bei den anderen Formen wird nicht versucht, diese in der Volkssprache nachzubilden, sondern auf andere, bereits vorhandene Techniken ausgewichen, die durch die Aktivierung des Passivs und die Einblendung eines genannten Agens gleichzeitig eine Veränderung des Textes bewirken.[77] Neben den partizipialen Rückbezügen finden sich in den Continuationes aufgrund der erwähnten Begründungsfunktion oft kausale Elemente (etwa in Buch I. 1.1.: *per aco deuem dire*; 1. 2.: *bes es que digam*; 1. 3.: *digam...car*; 2. 3.: *per aco*). Anstelle einer explizit kausalen Konjunktion kann die Kausalität implizit durch ein temporales Element ausgedrückt werden, das damit im Zuge der Kontiguität von Temporalität und Kausalität eine kausale Nebenbedeutung bekommt (2. 6.: *pois que...ara digam*; 2. 8.: *pois...oimais digam*).

d) Summierende Fragen

Während in der bologneser Summenliteratur und in späteren volkssprachlichen Texten die rhetorische Reihenfolge der einen Titel einleitenden Fragen genau beachtet wird, sind im Codi hiervon nur Ansätze zu erkennen. In vielen Titeln fallen, wie in verschiedenen volkssprachlichen Prozesstraktaten des 13. Jahrhunderts, die Fragen einfach weg. Wenn aber systematisierende Fragen gestellt werden, geschieht dies in einer gewissen Anlehnung an die rhetorisch vorgeschriebene Reihenfolge (*quis, quid, cur, ubi, quando, quomodo, quibus adminiculis*):

> III. 2. «[...] primeirament deu esser esgardaz, que es iudicium ed en cal forma ed en cal mesura el deu esser ordenaz, ed entro a cal termini el durara poiss que el es çomenzaz, e cal poestat e cal ualor el a».

Auf die Kenntnis der klassischen Reihenfolge der Behandlung weist etwa folgende Textstelle aus dem zweiten Buch:

> II 8 6 §6. «[...] primeirament deu esser esgardada la persona e pois la causa e pois ambas».

Die Mittel zum Ausdruck der Fragen finden sich auch in der Tradition der Volkssprache; neben den Fragepronomina *que* und *qui* wird *cal* mit verschiedenen Nomina zur Präzisierung der unterschiedlichen Fragen verbunden.

---

[77] Wobei es aufgrund der Untrennbarkeit beider Faktoren nicht zu beantworten ist, ob die fehlenden sprachlichen Mittel oder der Wunsch der Personifizierung Auslöser dieser Entscheidung waren.

e) Definitionen und Worterklärungen

Am Beginn eines Titels steht häufig, nach den resümierenden Fragen, die Definition eines juristischen Begriffes. In der lateinischen Tradition steht dafür eine ganz bestimmte, wiederkehrende Textform zur Verfügung, wie in folgenden Beispielen:

> «Procurator est qui aliena negotia mandatu domini administrat» (Dig. III. 3. 1., Ausg. Mommsen/Krueger).

Im Gegensatz zu anderen Textteilen werden die Definitionen praktisch unverändert in die mittelalterlichen Summen übernommen. Sie bilden die Grundlage des Rechts, haben bereits eine klare Form und werden allerhöchstens um weitere Elemente ergänzt, so etwa in der Summa des Placentinus:

> «Procurator est qui administrat scilicet iam, uel ministranda suscepit negocia aliena, uel negocium alienum, mandato generali uel speciali domini, rei, uel litis» (*Placentini Summa Codicis*, II, 13.).

Die Grundform ist immer *x est y*, wobei *x* das Definiendum und *y* das Definiens ist; *x* ist meist ein Nomen, das terminologisch verwendet werden soll; *y* entweder ein synonymes, erklärendes Nomen oder häufiger ein Nomen, über das etwas ausgesagt wird. Die Aussage geschieht im Allgemeinen, wie in dem Beispiel, durch einen Relativsatz. Der Vorteil des Terminus ist die Integration des im Relativsatz ausgedrückten Sachverhalts in einem Wort, was der Ökonomie dient. Da es sich aber um einen Fachbegriff handelt, wird gleichzeitig die effektive Handhabung des ökonomischen terminologischen Gebrauchs auf das Fachpublikum beschränkt, das die Definitionen der Termini kennt. Im Codi wird die Form der Definition aus der lateinischen Tradition übernommen und leicht variiert. Übernommen wird die artikellose Einführung: bei der metasprachlichen Verwendung des Begriffes zum Zwecke der Definition fällt auch in der Artikelsprache Okzitanisch der Nominaldeterminant weg:

> II. 3. 2. «[...] couinenz es aco que dui ome couenunt de far o de donar queacom l'us a l'autre. e deuunt los faire d'aquellas causas de que lo iutges se deu entremetre de iutgar».

Dies dient bei der Manuskriptgestaltung nebenher dem besseren Erkennen des für ein Gesetz zentralen Begriffs: im Codi (und allgemein den römischen Rechtssummen) beginnen Sätze praktisch nie mit einem Nomen, sondern fast systematisch mit Funktionswörtern. Die besondere Stellung des Definiens in der Definition erleichtert auch dessen Auffinden im Manuskript, was zuweilen mit einer Hervorhebung, etwa farbigen Initialen, unterstrichen wird.

Entsprechend der oben festgestellten Tendenz zur Personalisierung werden in der Definition im Codi mitunter handelnde Personen eingeführt:

> II. 6. 1. «[...] aquist an num ‹procurador›: zo es aquel om qui per lo meu mandament aministra lo meu negoci, zo es qui fai la mia fadenda».

Auffällig ist, dass im Codi die paraphrasierende Definition manchmal nach einer gewissen Zeit wiederholt wird, wohl deshalb, weil – dem didaktischen Charakter des

Werkes entsprechend – davon ausgegangen wird, dass der Terminus nicht allgemein bekannt ist und zur Erinnerung die Erklärung mehrfach wiederholt werden muss:

> II. 6. 18 «[...] aquel om qui es procuradors, zo es qui recep mandament per altre o de faire plaig o d'altra causa».

Neu sind im Gegensatz zu den lateinischen Texten die kurzen worterklärenden Glossen, die im Allgemeinen mit *zo es* eingeleitet werden. Sie dienen in erster Linie der paraphrasierenden, volkssprachlichen Erklärung lateinischer Fachbegriffe.

> II. 1. 2. «[...] de edendo, zo es de manifestar ad altre per cal radon el lo uol metre em plaig, ed de in jus uocando, zo es de clamar em plaig omen, e poiss que nos auem dig de·ls arbitres, zo es d'aquellas personas que receubon fermanzas de plaig ni non ant autra jurisdicion, zo es altra poestat».

3.3.3.2. Die Inhalte des Hauptteils und die entsprechenden textuellen und sprachlichen Mittel

Im Folgenden soll zunächst am Beispiel von Buch I des Codi gezeigt werden, welche textuellen und sprachlichen Mittel in dem Text zum Ausdruck des darzustellenden Sachverhaltes verwendet werden. Das erste Buch bietet sich aufgrund seiner Kürze und relativ einfachen Strukturierung hierfür an, die anderen Bücher sind jedoch nach ähnlicher Art und Weise aufgebaut. Im ersten Buch geht es um den rechtlichen Status der Kirche und der christlichen Religion. Dem Buch liegt ein übliches Einteilungsmuster zugrunde, das die einzelnen Bereiche, über die Aussagen gemacht werden, aus der «Gesamtheit der Dinge» begründend ableitet. Das inhaltliche Hierarchisierungsschema ist folgendes:

alle Dinge der Welt
↓
Gottes Dinge
↓
Glaube und Dreieinigkeit
↓
Kirche
↓
Personen der Kirche: Bischöfe
↓
Personen der Kirche: andere
Häretiker
↓
Juden

Fig. 15: *Lo codi*: Inhalt des ersten Buches

Bei einer genaueren Betrachtung des Inhalts des ersten Titels zeigt sich, wie die Umsetzung der Gesamtstruktur des Buches dann jeweils im Detail stattfindet. Die im ersten Titel genannten Inhalte sind folgende:

Gliederung	Inhalt	Argumentation
Ausgangspunkt	Alle Dinge der Welt	Auswahl und Begründung (Alle Dinge der Welt → Dinge, die Gott betreffen)
	↓	
Begrenzung des Gegenstandes	Dinge, die Gott betreffen	
	↓	
Gesetz/Norm	Glaube und Dreifaltigkeit →	von allen Menschen zu ehren
legislativer Hintergrund	Vier Konzile	
Sanktion	Je nach Status (dreigeteilt)	

Fig. 16: *Lo codi*: Aufbau des ersten Titels im ersten Buch

Das Thema des ersten Titels, *fes e trinitatz*, wird also zunächst aus der Gesamtheit der Dinge durch zweifache Ableitung herausgeschält, bevor darüber eine rechtsverbindliche Aussage gemacht wird. Bei den textuellen Mitteln zum Ausdruck dieses Inhaltes fällt nun auf, dass nicht nur der propositionale Gehalt, sondern insbesondere die Beziehung der einzelnen Teilaussagen zueinander und deren Verbundenheit durch kohäsive Mittel an der Textoberfläche ausgedrückt werden, was im Schema auf der folgenden Seite visualisiert werden soll, in dem konjunktionale, anaphorische und kataphorische Kohäsionselemente mit Pfeilen dargestellt wurden und die Informationsstruktur mit Indices angedeutet wird.[78]

Die Kohäsionsmittel, mit denen die Kohärenz des Textes hergestellt werden, sind vielfältig; besonders auffällig ist einerseits die totale und partielle Rekurrenz des Themas *fes e trinitatz*, das dreimal genannt wird und auf das ansonsten mehrfach durch Deiktika referiert wird. Das Thema steht an besonders prominenter, zentraler Stelle, der ganze Text «zeigt» durch explizite Mittel darauf, zunächst in der rechtsorientierten Einleitung und dann in den linksorientierten anaphorischen Wiederaufnahmen. Um dieses Thema herum werden dann verschiedene Aussagen platziert, die sowohl Begründungen als auch Bedingungen und weitere Präzisierungen enthalten, die das Thema näher bestimmen. Besonders auffällig ist hier, dass praktisch keine Relation zwischen den einzelnen Aussagen implizit bleibt; an manchen Stellen sind die Beziehungen zwischen den Textteilen sogar mehrfach markiert (*e per aco*, *e per aco car*, *segun aco que*), und selbst da, wo eigentlich nur Kontinuität vorherrscht, wird diese markiert, etwa durch *si*.

78 Die Darstellung kombiniert inhaltliche Bezüge mit textphorischen Wiederaufnahmerelationen (cf. Brinker 1992, 39 u. 2000).

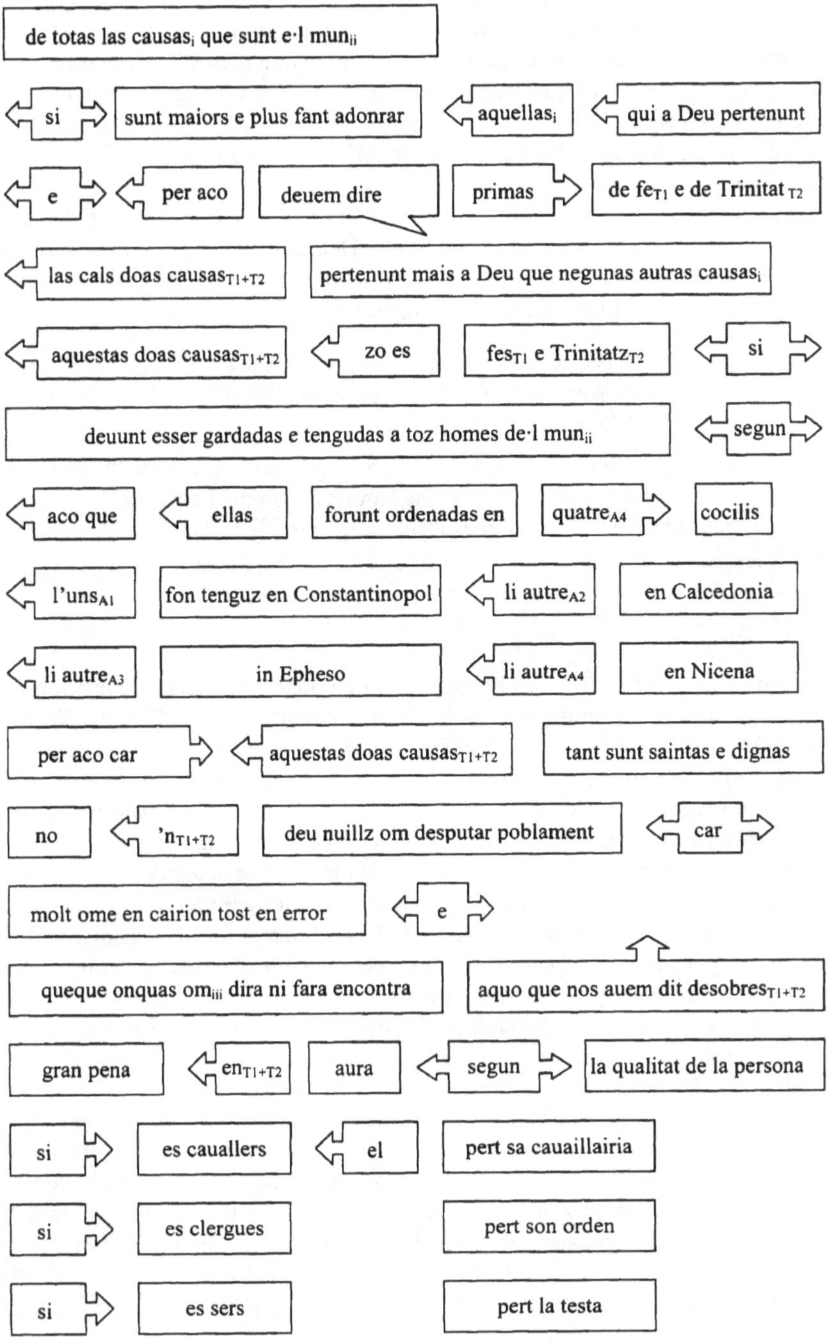

Fig. 17: *Lo codi*: Textphorik im ersten Titels des ersten Buchs

Es handelt sich hier einerseits – wie im Falle des *si* – wohl um ein Charakteristikum der altokzitanischen Sprache überhaupt, bei einem derart umfangreichen Einsatz von Kohäsionsmitteln jedoch auch um ein Charakteristikum dieses Textes und bis zu einem gewissen Grad der Rechtssprache allgemein. Typisch für die Rechtssprache sind auch die Paarungen partieller Synonyme mit koordinierender Konjunktion, wie sie auch in den Urkunden beobachtet wurden (hier: *saintas e dignas*, *dira nin fara* in einer Formel).

Als textphorische Mittel zur Klarheit der Bezüge werden, gemäß der lateinisch-romanischen juristischen Tradition, vor allem Demonstrativa und Artikel verwendet. Das zweistufige System der Demonstrativa (*aquest* für ego-hic-nunc-Deixis, *aquel* für «Ferne») wird auch zur Textdeixis eingesetzt:

> II. 6. §1. «[...] pois que nos auem dig de·ls aduocaz qui son em plaig per altres omes, ara digam de·ls autres que eissament solunt faire plaig per altres. mas aquill se apellaig ‹aduocat›, ed aquist an num ‹procurador››.

Auch andere Mittel des Ausdrucks räumlicher oder zeitlicher Verhältnisse werden für die textuelle Phorik verwendet, so das bereits erwähnte temporale *poiss que*, das auf vorangehende Textstellen verweist, sowie das räumliche, auch in Urkunden häufige *de sobre*.

3.3.3.3. *Junktion*

Die Darstellung der im Text vorkommenden Relationen zur Verknüpfung von Sachverhalten soll in Anlehnung an das in der Einleitung erwähnte Schema Wolfgang Raibles[79] zur Darstellung der Techniken von *Junktion* geschehen, und zwar in der Reihenfolge der verschiedenen vertikalen Ebenen in Richtung von der «Aggregation» zur «Integration». Den Aussagen des Haupttextes des Codi liegt ein gewisses inhaltliches Muster zugrunde, das sich teils aus den die jeweiligen Titel einleitenden Fragen ableiten lässt, teils aus den entsprechenden zu behandelnden Sachverhalten. Der Haupttext dient dazu, die Fragen der Reihe nach abzuarbeiten, was jedoch meist nicht mit einer einzigen Aussage geschehen kann, sondern im Allgemeinen mit einer Aussage begonnen wird, die dann ergänzt, begründet, exemplifiziert, eingeschränkt oder gegen andere Aussagen abgewogen wird, gemäß der in der Glossatorentradition üblichen Vorgehensweise. Bestimmte Inhaltsrelationen sind dabei besonders wichtig, und für diese muss der Text differenzierte Mittel zur Verfügung stellen.

Die Ebene I im Modell Raibles ist die der Juxtaposition von Sätzen ohne Junktor, solche Fälle also, in denen die Verknüpfung von Sachverhalten implizit bleibt und nicht an der Textoberfläche markiert wird. Es wurde schon gesagt, dass ein besonders auffälliges Merkmal des Codi die besondere Explizitheit kohäsiver Mittel ist. Reine Juxtaposition ist daher selten bzw. findet sich v. a. innerhalb umfangreicherer, komplexerer Relationen. Ein fehlendes textkohäsives Element am Anfang eines Satzes bzw. ein Satzbeginn mit einem «nackten» Nomen erfüllt oft die metasprachliche Funktion der Markierung eines zu definierenden Elements.

---

[79] Raible 1992a und 2001.

Ansonsten finden sich selten Beispiele, in denen die Inhaltsrelation «Veranlassung» ohne Junktor, also nur implizit, gegeben ist:

II. I. 4. «[...] uns om comandec o prestec auer ad un altre, ed amdui en fero cartas, ed aquel que comandec l'auer a perdudas las suas cartas per sa maison que es cremada o per altra iusta causa. deu mandar li iutgues a·l reu que el li mostre sas cartas».

Auf Ebene II in Raibles Modell geht es um Junktion durch «ein Element, das den vorhergehenden Satz wiederaufnimmt » (Raible 1992a, 15). Die häufigste Form hierfür ist im Codi *per aco,*[80] das die Relation «Ursache» ausdrückt. Dies kommt einerseits daher, dass im Römischen Recht die Begründung der festgestellten Sachverhalte eine wichtige Rolle spielt, zum anderen hängt es aber auch mit der rhetorischen Tradition zusammen und der Notwendigkeit, einzelne Textabschnitte zu begründen: es muss stets die *utilitas* eines Textes begründet werden:

II. 3. 1. «[...] soen s'esdeuen que aquel que clama autre em plaig fai couenent d'aco que om li demanda e plaideia s'en per amor o per auer que el en dona, e per aco deuem dire de·ls couinenz».

Ansonsten sind die Junktionen auf der Ebene II, die bestimmte Relationen ausdrücken, selten, es finden sich u. a. zeitliche Bezüge (I. 6. 2. *apres d'aquesta rado*) und v. a. Bezüge zum vorher Gesagten durch Deiktika (z. B. *aquestas doas causas*) ohne inhaltliche Präzisierung.

Die Ebene III im Junktionsmodell ist die der explizit verknüpften Hauptsätze. Diese ist im Codi besonders ausgebildet, und zwar sowohl in Bezug auf die Frequenz der Elemente als auch hinsichtlich der Vielfalt der Mittel und der ausgedrückten Relationen. Die grundlegendste Inhaltsrelation, die *Bedingung*, wird meist noch eine Ebene höher, nämlich durch Satzunterordnung mit Hilfe konditionaler Konjunktionen ausgedrückt. Aber auch auf Ebene III finden sich Anschlüsse, die zur Darstellung von Bedingungen dienen können, wobei die Relationen hier weniger präzise sind. Häufig wird ein Rechtsprinzip zunächst allgemein aufgestellt, woraufhin eingeschränkt wird, in welchen Ausnahmefällen es nicht zutrifft. Ein Verfahren hierzu ist der Satzanfang mit dem Diskursmarker *certas*; wobei *certas* zunächst nur auf die Beglaubigung des anschließenden Sachverhalts hinweist:

II. 6. 8. «Dig auem en cal mesura deu esser ordenaz lo procuradors, ara digam en cal causa deu esser ordenaz procuradors. Certas, obs es que sia causa peccunaria, zo es causa e rancura d'onor o d'auer. que en criminal plaig, zo es en rancura que es de crim non pot faire plaig li uns per l'altre, zo es non pot esser procuradors per altre».

Da aber der nachfolgend erläuterte Sachverhalt eine Konsequenz dessen ausdrückt, was zuvor gesagt wurde, wird *certas* auch unmittelbar zu einem Adverb, das die Relation «Folge» ausdrückt:

II. 6. 8. «[...] en criminal plaig, zo es en rancura que es de crim non pot faire plaig li uns per l'altre, zo es non pot esser procuradors per altre, si non es lo plaigz de tal persona que non o deu faire per se per zo que es de gran dignitat, si cum es illustris, zo es prefeiz o pre-

---

[80] Im gesamten Text kommt die Form 308 mal vor.

tors, o cum es spectabils persona, zo es proconsul, zo es coms palaidis. Certas, aquist non podunt plaideiar ni a lor obs ni ad obs d'altre, mas deuunt mandar ad altre que plaidei per elz».

Die häufigste Relation, die mit Mitteln der Ebene III ausgedrückt wird, ist die *Zuordnung*: es wird mit einer ganzen Reihe von Konjunktionen und Adverbien die Verbindung mit dem Vorherigen angezeigt. Gesetzestexte haben durch die reihende Anordnung der einzelnen Gesetze Listencharakter. Die metajuristischen Grundsätze des römischen Prozessrechtes sind zwar nicht im gleichen Sinne parallel aufgereiht wie etwa die einzelnen Gewohnheitsrechte in den *Coutumiers*, doch müssen auch hier in sehr häufigen Fällen Elemente aufgelistet werden. Die allgemeinste Form der Markierung ist hierfür der Satzbeginn mit der Konjunktion *e*, der zur Verdeutlichung der transphrastischen Funktion häufig verschiedene weitere Ausdrücke präzisierend zur Seite gestellt werden. Es scheint hier der rhetorischen Forderung entsprochen zu werden, unmittelbare Wiederholungen tendenziell zu vermeiden und die Listenhaftigkeit durch eine gewisse Varianz weniger monoton erscheinen zu lassen. Diese Varianz steht ganz im Gegensatz zu den monotonen Aufreihungen etwa in Urkunden.

In einem Falle fällt die besondere Häufung einer bestimmten Form auf, die gleichzeitig in der bekannten okzitanischen Schrifttradition selten ist. Es handelt sich um das Adverb *aregers* (mit Variante *arregers*, teilweise auch getrennt *a regers*), «une sorte de mot de liaison entre les dispositions du code au sens de ‹de même, également, par conséquent, donc›, etc.» (Grafström 1991, 171), die im Ms. A insgesamt 296 mal, fast immer satzinitial, vorkommt:

II. 2. 3. §3. «[...] aregers lo liberz non pot clamar son patron em plait ses mandament de la poestat».

Das Adverb hängt wohl mit Afrz. *gieres* (DE EA RE) zusammen,[81] Grafström (1991, 174) gibt als Etymologie AD REM DE EA RE > arrédyare > arréger, mit adverbialem –s aus Analogie, an und hat festgestellt, dass die Form, die im Altokzitanischen nur im Codi nachgewiesen ist, auch in den verschiedenen Manuskripten häufig ersetzt wird; so erscheint im Ms. B praktisch systematisch anstelle von *aregers* die Form *atressi*; in D mehrfach *eissament*, zwei Formen, die auch im Ms. A mehrfach vorkommen, wobei *eissament* synonym zu *aregers* verwendet wird:[82]

I. 2. 5. «[...] eissament si lo comun de la uila fadion pont o uia, no·s poiria escusar la gleisa plus d'un'altra persona. §6. eissament si la gleisa a alcuna action, zo es alcus demanz en dreit de requerrement, no·l pert per meinz de.C.anz. mas la gleisa romana pert lo seus dreiz per meinz de.C.anz».

Atressi findet sich im Ms. A meist zur Korrelation in Verbindung mit einem anderen Element (s. u.).

---

81 Cf. Kurt Baldinger, *DEAF*, s. v. *gieres*, wo festgestellt wird, die Form komme «[...] presqu'exclusivement dans des traductions et des paraphrases bibliques pour traduire *ergo, itaque* ou *igitur*» vor.

82 Im Ms. A findet sich die Form *eissament* 124 mal, die Variante *eusamment* 56 mal. Von *atressi* gibt es 39 Belege, darunter 25 Fälle von *atressi cum*.

Eine ebenfalls satzinitial zur Reihung verwendete Form ist *enaissi*, das in Verbindung mit *cum ... eissiment* zur Korrelation verwendet wird:

I. 6. 1. «[...] enaissi cum li Emperador poinunt detornar los eretgues a uera fei, eissiment poinunt de·ls iudeus, cum se tornunt a uera fe».

In dieser Funktion erscheint häufig auch *atressi cum ... atressi*; *atressi cum ... eussament*, *atressi ... cum*, mit einer gewissen Varianz:

II. 11. 7. «[...] car atressi cum es radonz que ill non aion dan per lor foleda, eussament non es rados que ill aiont pro en l'autrui dan».

Der Anschluss wird selten auch mit (eigentlich temporalem) *apres* hergestellt (I. 6. 2. *apres d'aquesta rado...*), das wie andere Ausdrücke metonymisch temporal, lokal oder auf eine Inhaltsrelation bezogen verstanden werden kann. Es fällt also insgesamt eine gewisse Bandbreite der Mittel auf und ein gewisser Synonymenreichtum, der es ermöglicht, verschiedene Formen abwechselnd zu verwenden. Außerdem zeigt sich, dass die Formen größtenteils von Junktoren der Stufe II herstammen und opak gewordene Elemente enthalten, die etymologisch auf Deiktika zurückgehen. In Fällen wie *arregers* ist dabei die Herkunft nicht mehr erkennbar, da die einzelnen Elemente verschmolzen und lexikalisiert und selbst für den Etymologen unklar geworden sind. In anderen Fällen ist der Schritt von Stufe II zu Stufe III im selben Text durch Varianten nachvollziehbar: so findet sich meist *atrestals rados* 'ein anderes solches Argument', *atrestals dreiz* 'noch ein solches Gesetz' (oder bereits 'ebenfalls Gesetz'), bei dessen Verwendung durch die Bindung an ein Substantiv jeweils konkret genannt werden muss, worin der Parallelismus besteht, was Anschlüsse mit dieser Form auch stärker an den zuvor geäußerten Sachverhalt bindet. Daneben findet sich auch elliptisch verkürztes *atrestals*, das, wie *aregers*, *enaissi* oder *atressi*, nur noch den Anschluss an das zuvor Gesagte signalisiert.[83] Es handelt sich hier also eigentlich sogar um drei Stufen der Lexikalisierung: erstens mit solchen Elementen wie *atrestals*, die noch in ihrer ursprünglichen Funktion verwendet werden können, zweitens mit Formen wie *enaissi* oder *atressi* oder *oimais*, die zwar schon zu reinen Diskursmarkern geworden sind, aber noch transparent erscheinen und sich zu anderen Formen wie *aissi* oder *mais* in Bezug bringen lassen, und schließlich mit verschmolzenen, opak gewordenen Formen wie *arregers*.

Kausalität wird auf Ebene III besonders häufig durch *car* (<QUARE, 263 mal) und *car adoncs* (26 mal) ausgedrückt; daneben finden sich Fälle von kausalem *que*. Während für die Kausalität die Technik der Ebene II mit *per aco* vor allem zum Anschluss an einen voherigen Textteil oder zur textuellen Argumentation verwendet wird, ist die Funktion des integrativeren *car* diejenige der inhaltlichen juristischen Argumentation:

---

83 Die Form *atrestals* kommt im Ms. A 155 mal vor. Davon entsprechen 100 Fälle der Verbindung *altrestals rados*, die damit einem in der Norm lexikalisierten Nexus zu entsprechen scheint; 20 Fälle *atrestals dreiz/dreg/drez*; ein Fall *atrestals distincions* und die restlichen Fälle der Verwendung ohne Nomen.

> II. 4. 2. «[...] la persona de·l reu deu esser esgardada, si cum es de·l tuaor qui non donet fermanza de faire saluas las causas d'aquel de cui el es tuaire, car aquel tuaire non pot plaideiar per cel de cui el es tuaire ni non lo pot defendre».

Es finden sich auch Fälle von kausalem *que*:

> II. 9. 8. «[...] cert en aquest cas uos me deuez redre la causa, que eu uos no deurai redre ren d'aquel prez que uos m'en donesz».

Eine weitere häufige Relation auf der Ebene III ist die für den Argumentationsgang wichtige Gegenursache, mit Formen wie *mais, mas empero, encontra*. Bei der Form *encontra* befinden wir uns am Anfangspunkt einer möglichen Lexikalisierung der reinen Diskursfunktion, die in 13 der 126 Fälle des Vorkommens gegeben ist:

> II. 8. 10. «encontra, a la uegada auen que·l negocis non es meus».

Die verschiedenen Stufen der Junktion zwischen Aggregation und Integration führen zunächst von dem, was traditionell als Juxtaposition bezeichnet wird über die Parataxe zur Hypotaxe, worauf noch «integrativere» Verfahren durch infinite Konstruktionen, Nominalisierungen und schließlich Festlegung der Relation durch die Rollen der Aktanten folgen. In manchen Sprachen gibt es aber auch Verfahren zwischen Parataxe und Hypotaxe, so auch im Altokzitanischen und im vorliegenden Text, nämlich durch ein Element, das die Kontinuität des Topics ohne Festlegung der inhaltlichen Beziehung ausdrückt: die Konjunktion *si*.[84] Die Funktion von *si* (<SIC) im Altfranzösischen und Altokzitanischen ist in vielen Arbeiten thematisiert worden. Dabei wurde immer wieder bemerkt, dass die Funktionen dieses Elements, das als besonders charakteristisch für die alten Sprache gilt, eher vage seien und meist nur aus dem spezifischen Kontext zu erschließen. So sagt schon Lucien Foulet (1919, 300):

> «*Si* est une des particules les plus caractéristiques de l'ancienne langue. Pas de page presque où elle n'apparaisse plusieurs fois. Elle signifie *ainsi*, mais adapte facilement son sens aux besoins de la phrase, au point qu'il est parfois malaisé d'en indiquer la nuance exacte».

Gerald Antoine (1958, 270) spricht von einer «particule-charnière», die als «point de départ logique ou chronologique de ce qui va être énoncé» fungiere. In der neueren Forschung hat man versucht, die Funktion von *si*, die weder semantisch noch syntaktisch einfach zu beschreiben scheint, mit pragmatischen Kriterien zu fassen und *si* als Partikel der Themakontinuität oder als Assertionsmarker zu beschreiben. So sagt Rychner (1970, 176), die Partikel *si* «porte au premier plan le procès qu'elle accuse tout en effaçant le précédent, auquel elle confère après coup, par sa seule présence, le caractère d'un thème». Bernard Cerquiglini (1981, 152) rückt die Bedeutung von *si* in die Nähe von *et*, wobei die besondere Funktion von *si* diejenige des Themenkontinuators sei:

---

84 Zur Rolle von *si* als Junktor cf. Raible 1992a, 186ss. Die Funktion von *si* ist im Prinzip eine rein parataktische, steht aber in solchen Fällen zwischen Para- und Hypotaxe, wo *si* (< sic) in hypotaktische Konstruktionen eingefügt wird.

«*Si*, tout comme *et*, sert à enchaîner des propositions indépendantes [...] *si* introduit le prédicat, en donnant une fonction de thème à la relation prédicative qui précède».

In einer umfangreichen semantisch-pragmatisch-syntaktischen Studie hat Christiane Marchello-Nizia die Verwendung von *si* im Altfranzösischen untersucht und bei Unterscheidung verschiedener Einzelfunktionen festgestellt, dass die Gemeinsamkeit aller Verwendungen der «particule caméléon» *si* in der Assertion besteht:

«On utilise *si*, en discours direct presque toujours, lorsque l'on veut convaincre l'allocutaire de la vérité de ce que l'on profère, par l'institution de ce que l'on nommera ‹corrélations assertoriques›» (Marchello-Nizia 1985, 3).

In der Terminologie Hegers wäre *si* also eine Partikel, durch die die kommunikative Regresspflicht des Sprechers ausgedrückt wird, die Tatsache, dass der Sprecher «dazu steht», was er sagt. Immer wieder wird daher die Funktion von *si* mit der gesprochenen Sprache in Beziehung gebracht. Im Altokzitanischen ist eine der wichtigsten Funktionen die der Insistenz sowie der Affirmation in der Replik, eine Funktion, die teilweise im neuokzitanischen *si* erhalten ist und sich auch in neufranzösisch *si* wiederfindet.[85]

Die häufigste Funktion im Codi ist der Ausdruck einer Folge, die im Gegensatz zur Juxtaposition ohne Konjunktion oder zur Reihung mit der Konjunktion *et* emphatisch zu sein scheint, was denn auch die Verbindung zwischen *et* und *si* möglich macht:

I. 2. 3. «[...] e si pot ben dire a toz homes qui tenon la causa: ‹aquesta causa es mia›».[86]

Ebenfalls häufig ist die Funktion der Verknüpfung von Protasis und Apodosis in Konditionalsätzen, d. h., dass *si* hier als parataktisches Element in eine hypotaktische Konstruktion eingefügt wird im Sinne einer «Para-Hypotaxe».[87]

I. 2. 4. «si uns om laisset a ssa mort, cora el donet son gatge, alcuna causa / a gleisa, si la deu ben auer».

I. 2. 8. «[...] si alcuns bisbes o alcus clercs de qual grad qui er ordenaire de la gleisa mor senes testament, senes alcun parent, la soa heretat si perten a la gleisa».

II. 8. 9. «[...] se uos paguez ad un mon crededor aco que eu deuia, si m'o podez ben demandar, ia sia zo que eu no us o mandesz ni non o saubes, sol eu no us o uendes».

II. 6. 11. «[...] si mas ancara posca plaideiar lo paire per son fill o·l fillz per son paire ses nuillz mandament, si deura el faire aquela fermanza que es dita desobre de·ls autres omes».

Auch hier geht es um den Ausdruck einer Folge. In manchen Fällen wird *si* im Codi an Stellen der *Continuatio titulorum* verwendet, wo ansonsten ein Zeitadverb (z. B.

---

85 Jensen 1986, 305 spricht von einer «[...] affirmative particle» und meint außerdem, «this particle serves above all to express insistence».

86 Hier sogar noch weiter verstärkt mit *ben*.

87 Cf. Raible 1992a, 181ss.. Der Begriff *paraipotassi* stammt von Luigi Sorrento. Para-Hypotaxe findet sich im altprovenzalischen Johannesevangelium auch mit dem Junktor *e*.

ara, *aras* oder *oimais*) steht, das für die Textgliederung verwendet wird. Parahypotaktisches *si* bezieht sich hier dann auch auf das im Text Folgende:

I. 3. 1. «[...] pois que nos auem dit de sancta gleisa e de las soas causas e de·ls seus priuilegis e de·ls autres uenerables locs, si digam d'aquellas personas que seruunt a la gleisa».

Der syntaktische Umstand der Vermeidung von Verben in satzinitialer Position begünstigt die Setzung von präverbalem *si*. In derselben Position findet sich zuweilen auch *ben* oder *si ben*:

II. 3. 10. «[...] si eu promet tal causa que sia encontra lei, si cum es de furt o de rapina o de iniuria faire, no ual lo couenz. mais pois que lo furz es faiz o lo danz, ben en pot esser faiz couenenz».

Es finden sich auch Fälle von konsekutivem *si...segun* (cf. *sic...quomodo*):

I. 1. 2. «[...] aquestas doas causas, zo es fes e Trinitaz si deuunt esser gardadas e tengudas a toz homes de·l mun segun aco que ellas forunt ordenadas».

Auf der Ebene IV im Schema Raibles geht es um die Verknüpfung von Sätzen durch subordinierende Konjunktionen. Hier stellt Raible mit Bezug auf Heger fest, dass die verschiedenen Relationen unterschiedlichen Entwicklungsstufen entsprechen, was sich sowohl ontogenetisch als auch in der Diachronie von Einzelsprachen nachweisen lässt und darüber hinaus für den Unterschied verschiedener Modi des Sprechens, verschiedener medialer Realisierungen und auch verschiedener Varietäten einer Einzelsprache relevant sein kann.[88]

Die «Grundrelation» anderer hypotaktischer Relationen scheint dabei die Konditionalität zu sein, weshalb sie im Junktionsschema auch an erster Stelle steht. Von allen hypotaktischen Konstruktionen sind Konditionalsätze im Codi mit großem Abstand die häufigsten. Dies liegt aber wohl nicht daran, dass diese in früheren Stadien erworben werden als andere hypotaktische Konstruktionen, sondern an der Bedeutung des Ausdrucks von Bedingungen in Rechtstexten allgemein. Der prototypische Rechtstext ist eine Liste von Konditionalsätzen. Dass diese in großer Anzahl in einem juristischen Codex vorkommen, sollte also wenig verwundern. Wichtig aber ist, dass das Römische Recht sich nicht mit dem Ausdruck von Bedingungen begnügt, sondern noch weitere Relationen bestimmen muss. Neben der Konditionalität sind die wichtigsten hypotaktisch versprachlichten Inhalte die Kausalität, die Konsekutivität, die Finalität und die Konzessivität. Kausalität wird mit komplexen Konjunktionen wie *per aco que* (144 mal), *per que* (137 mal), *per zo que* (61 mal) oder *cum zo es causa que* (einmal) ausgedrückt; Finalität wird teilweise ebenfalls durch *per zo que*, dann aber mit Konjunktiv, neben *que*, *per que*, *per aital guiza que*, *en tal guisa que*, *enaissi que* ausgedrückt. Die teilweise fehlende Ausdifferenzierung zwischen kausalen und finalen Konjunktionen entspricht einer allgemeinen Tendenz, die sich auch in anderen romanischen Sprachen (cf. Asp. *por que*) findet und mit der Tatsache zusammenhängt, dass «das Gegebene hier in der Regel mit etwas noch nicht Gegebenem verknüpft wird,

---

88 Raible 1992a, 127ss.

während bei kausaler Relation zwei Gegebenheiten zueinander in Beziehung gesetzt werden.» (Raible 1992a, 132). Noch komplexer ist die Relation der Gegenursache oder Konzessivität:

«Die Adversativität/Konzessivität als Spielart des ‹Spezifizierten Hypothesis-Funktors› setzt schließlich den souveränen Umgang mit ‹Weltwissen› und das Konstatieren von Vorhandensein/Nicht-Vorhandensein von Voraussetzung und Folge voraus» (ibd.).

Nun sind aber gerade konzessive hypotaktische Konstruktionen im Codi relativ häufig. Konzessive Konjunktionen sind vor allem *ancara* (366 mal), aber auch *ancara que*, *mas ancara si ben* (I, 144), *ia sia zo que* (12 mal) und *ben que* (dreimal), die jeweils Konjunktiv auslösen. Die lateinischen konzessiven Konjunktionen *etsi, etiam si, quamvis* u. a. haben alle keine Nachfolger in den romanischen Sprachen gefunden und werden im Galloromanischen durch komplexe Neuerungen vom Typ *ia sia que* etc. abgelöst. Dass hier der Codi Ort der Kreation ist, scheint unwahrscheinlich, da der Parallelausdruck *ja soit ce que* im Altfranzösischen schon im 10. Jahrhundert belegt ist und sich auch in frühen altokzitanischen Texten Formen wie *jasia que* oder *jasiaso que* finden.[89] Wichtig ist dennoch, dass hier eine relativ häufige Zahl konzessiver Ausdrücke vorkommt und die konzessiven Konstruktionen nicht sporadisch auftreten, sondern zum festen, etablierten Inventar des Textes gehören.

Des Weiteren finden sich zahlreiche temporale hypotaktische Konstruktionen mit *quand, pois(s) que* (226 mal), *enant que* (75 mal), *entro que* (32 mal), *anz que* (neunmal), *menre que* (einmal) oder *tan tost que* (zweimal). Eine temporale Folge wird meist mit *pois* ausgedrückt. *Pois que* findet sich dabei in temporaler Verwendung und höchstens ansatzweise für die davon ableitbare inhaltliche Folge, etwa in der *Continuatio titulorum*, wobei hier die temporale Bedeutung gleichzeitig auf den Textverlauf übertragen ist:

II. 1. 1. «[...] pois que nos auem dit de·ls plaiz, en cal guisa ill deuunt esser defenit per jujdi».

Mitunter kann temporales *pois que* aufgrund der Kontiguität von Vorzeitigkeit und Kausalität auch kausal verstanden werden:

III. 23. 1. «[...] pois que aquel es couencuz a cui om demanda alcuna causa, lo iutgues li deura mandar que el reda la causa e los fruiz segun aco que es dit de sobre».

Schließlich finden sich noch hypotaktische Konstruktionen der Relation «Zuordnung» mit den Konjunktionen *aissi que; o sia que...o sia que, car atressi cum...-atressi.*

Mit der Ebene IV scheint im Codi das «Ende der Fahnenstange» des Ausbaus vom aggregativen zum integrativen Pol erreicht zu sein. Nicht allzu häufig finden sich infinite Konstruktionen der Ebene V wie folgende (mit Ausdruck von Ziel und Zeit):

---

89 Jensen 1986, 353. Zur Entwicklung konzessiver Konjunktionen allgemein cf. König 1985 u. 1991.

I. 2. 2. «[...] las gleisas e trastuig li altre loc uenerable, si cum es hospitals, an singular radon ed en acaptar ed en retener las soas causas ed en requerre lo seus dreigz».

I. 2. 7. «[...] en alienar las soas causas, zo es en donar ad altre ome, sigant totas las gleisas de·l mun singular radon».

Es finden sich einzelne gerundiale Konstruktionen, bei denen es sich entweder um Latinismen oder um lexikalisierte Elemente handelt (*de edendo, de in ius uocando, faidenda*).

Auch präpositionale Gruppen der Stufe VI sind zu finden:[90]

II. 9. 8. «[...] uos auez alcun offici poblal, zo es poestat d'alcun loc si cum es uescomps o bailes o ueguers o auez altra poestat publica, e per occaison d'aquella poestat me fedeszez paor o forza non aitan gran cum es ditg desobre».

Verschiedene Relationen werden mit Mitteln der Stufe VII ausgedrückt. Hier finden sich durch Kasusmorpheme oder Präpositionen determinierte nominale Ausdrücke:

III. 3. 1. «[...] li persona de l'actor e de·l reu eussament deuunt esser tals que non poscant esser gitadas de judizi, per natura ni per dreig. per natura en sunt gitat aquill qui sunt mut o sort o fatui, zo sunt aquill qui non an ben lors sens ed aquill qui sunt menor de.XXV.anz. per dreig en sunt gitat li seru ed aquill a cui es uedada l'aministradon, zo es bailia de las soas causas, si cum es degastaire de las soas causas».

Hier handelt es sich jedoch um einzelne Inseln, denen der Text keine Basis für eine eigene Tradition in der Volkssprache schafft. Dass diese Inseln überhaupt vorkommen, liegt in erster Linie in der Tatsache begründet, dass es sich um Techniken handelt, die in juristischen Texten der Kontaktsprache Latein existieren und somit für die Übernahme zur Verfügung stehen. Zudem sind Ausdrücke wie «per natura» und «per dreig» juristische Fachbegriffe, die wie die lateinischen Termini eine besondere Stellung in den Texten einnehmen.

Einige der Relationen werden parallel mit Techniken verschiedener Ebenen ausgedrückt. Zudem kann es vorkommen, dass die Elemente, die zum Ausdruck bestimmter Relationen dienen, gleichzeitig auf mehreren Ebenen zu finden sind bzw. von einer bestimmten Ebene ausgehend sich zu Elementen anderer Ebenen entwickeln. Dies ist etwa der Fall bei der Relation «Ausschluss». Häufig muss die Gültigkeit einer Norm oder eine Aussage für bestimmte Fälle, Personen oder Konstellationen eingeschränkt werden.[91] Während dies im Lateinischen u. a. mit Formen wie *extra, praeter* oder *nisi* geschieht, gehen diese – zumindest teilweise – unter und werden im Romanischen durch neue Formen ersetzt. Doch auch die «richesse» (Moignet 1973, 19) der Formen etwa im Altfranzösischen bleibt nicht unverändert bestehen; in den folgenden Jahrhunderten finden erneut Ersetzungsprozesse statt, die z. T. im Rückgriff auf das Lateinische ablaufen. Im Neufranzösischen etwa finden sich präpositionale Gruppen wie *à l'exception de*, *à la réserve de*, *en dehors de* neben Präpositionen wie *sauf*, *outre*, *excepté* oder Nexus wie *ne...que*

---

90 Der feste Nexus *per occaison de* findet sich 22 mal; die Formel *per dreig* neunmal.

91 Diese Relation liegt in der römischen Rechtsliteratur im Falle der «exceptiones» auch einer eigenen Textsorte zugrunde.

oder *ne...sinon*. Im Okzitanischen hat der Erneuerungsprozess aufgrund des Bruchs mit der schriftlichen Tradition nicht im selben Maße stattgefunden, aber in der alten Sprache finden sich ähnliche Formen wie im Altfranzösischen. Die adverbialen oder präpositionalen Ausdrücke sind üblicherweise von Lokaladverbien abgeleitet, die in verschiedenen Fällen sowohl lokal als auch metaphorisch für «Ausschluss» verwendet werden.

Die im Codi häufigste Form ist *isters* (<EXTERIUS, 146 mal). Während im Altfranzösischen *estiers* nur selten und erst ab dem 13. Jahrhundert belegt ist,[92] findet sich *isters* bzw. *esters* schon in den okzitanischen Urkunden ab Ende des 12. Jahrhunderts. In den Urkunden ist die Bedeutung oft zweideutig, da es hier meist um den Ausschluss von Gebieten bei der Präzisierung von Eigentumsangaben geht, wie etwa im Testament des Peironelle de Bulhon (Brunel, *Les plus...*, 277): «laisse la te*rr*a d'Ergno, iste*r*s lo cha*m*p del Vilar», wo es sich um ein Stück Land außerhalb des Feldes von Vilar oder das ganze Land mit Ausnahme des Feldes von Vilar handeln könnte.[93]

Im Codi finden sich zahlreiche Beispiele:

II. 2. 2. «[...] tuig home podunt clamar altres omes em plaig isters aquil qu'en sunt gitat a num».

Daneben findet sich *isters* als Konjunktion *isters que* (sechsmal) auch auf Ebene IV:

II. 9. 3. «[...] eissament non pot esser restituiz lo menre si cum es si el es acusaz d'alcun crim, si cum es de adulteri, isters que·l iutgues li pot donar menor pena que ad un altre omen, si el se uol».

Auf der Ebene der hypotaktischen Konjunktionen wird Ausschluss auch durch die Konjunktion *sol que/soz que* (80 mal) ausgedrückt. Ein weiteres im Codi öfters gebrauchtes Mittel zum Ausdruck von Ausschluss ist die Form *fors* (v. lat. FORIS/FORAS; cf. Brall 1918). Diese Form ist im Romanischen neu; nach Moignet (1973, 58) gibt es «pas d'exemple attesté de *foris* à valeur exceptive en latin, même tardif». Damit bildet *fors* eine Art Gegenpart zu einer Form wie *praeter*, die im Romanischen keine Kontinuität aufweist. Die Übertragung des lokalen Gebrauchs von *foris* auf die abstraktere Vorstellung «Ausschluss» ist durch eine Zwischenstufe mehrdeutiger Verwendungen erklärbar, die als «chaînon intermédiaire entre *fors* local et *fors* exceptif» fungieren, «où l'excepté comporte une indication d'ordre local» (ibd.). Eine solche Mehrdeutigkeit ist etwa bei einem der ersten altfranzösischen Belege aus der *Chanson de Roland* gegeben.[94]

Im Codi findet sich *fors* häufig mit lokaler Bedeutung:

---

92 Laut Tobler-Lommatzsch erstmals in den *Sermons poitevins*.

93 Übrigens handelt es sich bei den wenigen Beispielen in Brunels Urkunden durchweg um relativ elaborierte Urkunden aus einer Zeit, in der das Römische Recht bereits weit verbreitet war; zudem stammen diese Dokumente alle aus einer späteren Zeit als der Codi.

94 Rol., 6: «Mur ne citet n'i est remes a fraindre / *Fors* Sarraguce, ki est en une montagne» – Nach Brall 1918, 20–21 kann diese Stelle als «außerhalb von Zaragoza» oder als «außer Zaragoza» gelesen werden, wobei «außer Zaragoza», wie Moignet 1973, 58 bemerkt, eigentlich die einzige im Kontext des Rolandsliedes akzeptable Lesart ist.

II. 16. 2. «[...] las iustas causas per que ill podunt esser restituiz sunt aquestas: si eill eran fors de lor terra per cuminal afaire de lor uilla ses mal engeing».

An einigen Stellen findet sich *fors* jedoch mit der abstrakten Bedeutung des Ausschlusses, die auf einer metaphorischen Übertragung der räumlichen Ausschlussvorstellung auf andere Inhalte beruht:

II. 8. 16. «[...] mas si utilment non es comenzatz lo meus negocis, si cum es si el compret alcuna causa que no m'era obs, non l'en son eu tenguz de redre la mession, ancara o fedes el per la mia amor, fors de cant eu en son meliuraz».

III. 7. 7. «[...] totas las accions que sunt in persona duron entro a.XXX.anz, fors aquellas que sunt gitadas a num, si cum es demanz d'auta».

3.3.3.4. Wortschatz

Es wurde schon gesagt, dass das Lexikon einen Bereich darstellt, in dem *Lo codi* eindeutig ein Ort des Sprachausbaus ist. Dies liegt in erster Linie an der neuen juristischen Terminologie römischen Rechts, die in die neue Sprache übertragen werden muss, was in den meisten Fällen durch Übernahme (bei teilweise partieller Integration) der lateinischen Termini geschieht; in wenigen Fällen (z. B. den erwähnten *engan*, *conuenenz*) werden auch aus dem Lokalrecht bekannte Termini für die neuen Inhalte des Römischen Rechts verwendet. Pfister (1978, 285s.) nennt als Erstbelege des Ms. A u. a. *accessio*, *alienacio*, *captal*, *contrait*, *deptor*, *doalici*, *emancipar*, *pubertat*, *pupilla*, *stipulacion*, *transactio*, *usufruiz*. Besonders hervorzuheben ist ein im Text sich ausdrückendes klares Bewusstsein der Trennung lateinischer und okzitanischer Sprache und Terminologie. Die Sprachen werden zwar nicht explizit bezeichnet, aber es wird deutlich die fremde Sprache von der lokalen getrennt, wenn lateinische Termini häufig mit der Formel «an num» oder «zo es» eingeleitet werden: der Text macht es sich zur Aufgabe, die lateinischen Termini in Volkssprache zu nennen und dann zu erklären. Manche Termini werden zunächst in lateinischer oder latinisierender Form eingeführt und erklärt, später aber dann romanisiert. So heißt es zunächst bei der Definition etwa:

II. 6. 1. «[...] aquist an num ‹procurador›: zo es aquel om qui per lo meu mandament aministra lo meu negoci».

Und weiter unten ist dann von *procuraire* die Rede (ähnlich auch *demandador* > *demandaire*; *iudex* > *iutgaire*, *ordenador* > *ordenaire*, *emperador* > *emperaire*, *aministrador* > *aministraire*, *curador* > *curaire*, *tuaor* > *tuaire* u. a.). Allerdings wird die Romanisierung hier nicht systematisch vorgenommen und zahlreiche Termini tauchen auch nach Nennung der okzitanisierenden Form wieder in latinisierender Gestalt auf.

Zuweilen werden Latinismen auch in ihrer Originalform übernommen, jedoch im Allgemeinen mit Zitatcharakter, so u. a. *comodatum*, *contumelia*, *cruciatum*, *edictum*, *escriptum*, *integrum*, *inventarium*, *iudicatum*, *iudicium*, *legatum*, *litum*, *mancipacium*, *pecculium*, *qualiter lis contestatur*, *restitutum*, wie in folgenden Beispielen:

III. 11. 3. «[...] in mancipacium, zo es cant lo paire solu so fill de son poder».

I. 3. 6. «[...] habet pecculium, zo es aco qu'el gadana per occaison de son mester».

II. 11. 1. «[...] son restituig in integrum, zo es son li restaurag tuig li dan que el en a aguz».

II. 9. 7. «[...] sostenia cruciatum corporis, zo es que eu era mes a martire ed a destreig e per aco uos promis alques o uos uendei o uos donei».

II. 27. 1. «[...] post litum contestatam, zo es apres comenzament de plaig».

IX. 6. 1. «[...] aquill aunta que om fai en laias paraulas es appellada contumelia».

Andere Latinismen werden unmarkiert übernommen und partiell integriert, etwa die auf –TIA, –TIO endenden Nomina (z. B. *absencia, consciencia, differencia, differentia, garentia, guirentia, licencia, negligencia, presencia, presentia, sentencia, sententia*; *accion, adoptions, cumpradons, distinccions, eleccion, escepcion, excusation, gestion, iurisdiccion, mencion, messions, peregrinacions, prescripcion, promessions, question, radons, stipulacion, suspicion, tenedons, transaccions, transactions, uendedons*) oder die Adjektive auf –ARIU, –ARIA (*extraordinaria, donaria, peccunaria, contraria, cotraria, aministraria, necessaria, uoluptaria*) oder –ALIS (*publial, poblal, criminal, cuminal, comunal, corporal*), da diese Bildungsmuster bereits allgemein verbreitet waren.

Bei den romanischen Wortbildungen sind einige Muster besonders produktiv, so zur Adverbialisierung insbesondere das Suffix *–ment* (z. B. *amesuradament, comunalment, cotidianament, cuminalment, dreitament, eissament, engalment, espressament, generalment, leument, malament, nominadament, primeirament, propriament, sebradament, simplament, singularment, solament, tacitament, uniuersalment, utilment*). Zur Nominalisierung findet sich häufig die Suffix *–anza; –enza* (*fidanza, uenganza, fermanza, desebranza, deseuranza, usanza, doptanza, credenza, uedienza, audienza, temenza, couenenza, presenza, paruenza* etc.), sowie v. a. *–ment*[95] (z. B. *adreitament, alongament, comandament, cossentiment, defendement, demandament, deuediment comenzament, difiniment, entendament, mandament, pagament, requerrement, retenement, sagrament, saluament, tardament, testament*).

Aus einer Formenfrequenzmessung resultiert als häufigste Form *que* in ihren verschiedenen homonymen Funktionen, wobei die Häufigkeit in erster Linie durch die Konjunktion, aber auch durch das Fragewort zu erklären ist. An zweiter Stelle steht der Artikel *la*, dann *si* (in den meisten Fällen als Konjunktion und seltener als *si* < SIC). Erst an vierter Stelle findet sich die kopulative Konjunktion *e(d)*; es folgen 5: *de*; 6: *el*; 7: *o*; 8: *non*; 9: *per*; 10: *a*; 11: *en*; 12: *lo*; 13: *causa*, wobei *causa* sowohl im Sinne von «juristisch relevante Sache» und «Grund» als auch allgemein im Sinne von «Sache» verwendet wird.

---

95 Dabei handelt es sich teilweise um Latinismen, teilweise um romanische Bildungen. Die Technik der Nominalisierung mit *–ment* bzw. der Ersetzung des lat. Suffixes *–tio* durch *–ment* ist wohl eine der ältesten in den romanischen Sprachen und findet sich seit den Straßburger Eiden in unzähligen Belegen in den verschiedenen Sprachen.

Die durchschnittliche Type-Token-Relation (standardisiert auf je 1000 Wörter) beträgt 28,47%, das heißt, dass bei aller Rekurrenz gewisser Muster doch eine große Bandbreite von Formen in dem Text zu finden ist. Insgesamt umfasst der Text ungefähr 5600 verschiedene Formen und Varianten.

3.3.3.5. Zusammenfassung

Die exemplarische Darstellung einiger Bereiche, in denen *Lo codi* als Ort des Ausbaus der romanischen Sprache anzusehen ist, lässt es zu, einige Auffälligkeiten nochmals zusammenfassend darzustellen. Die erste ist, dass sich hier zwei Arten von Latinismen finden, und zwar einerseits solche, die als Termini markiert sind und erklärt werden, andererseits unmarkierte Formen, die in unterschiedlichem Grad an das okzitanische System angepasst werden. Der Text ist – wie sich schon an den juristischen Inhalten ablesen lässt – Produkt einer gelehrten Verschriftlichung «von oben», bei der es um die Schaffung eines eigenständigen volkssprachlichen Textes geht, der klar von der lateinischen Schriftsprache getrennt ist. Zweitens ist auffällig, dass der Codi bei aller Monotonie und durchgehend gleicher Textgestaltung eine gewisse Bandbreite gerade bei den sich ständig wiederholenden Elementen entwickelt, was auf ein Stilideal schließen lässt, das um eine gewisse Varianz bemüht ist. So finden sich für die Ankündigung des zu Sagenden in der *Continuatio titulorum* etwa Formen wie *ara digam*; *si digam*, *oimais digam*, *be es que digam*, *per aco digam*, *per aco es bes que uos digam* usw., die innerhalb der Gleichförmigkeit eine gewisse Abwechslung herstellen. Dies führt zu einem weiteren Punkt: im Text muss nicht nur betrachtet werden, was er positiv ausdrückt, sondern auch das, was sich nicht in ihm findet, denn zum Ausbau gehört ja einerseits die Erweiterung, andererseits die Beschränkung der Möglichkeiten. Trotz einer gewissen Formenvielfalt ist der Text in einer vergleichsweise einheitlichen Sprache geschrieben. Gewisse Elemente, die als typisch für eine «unreife» Schriftsprache angesehen werden könnten, etwa Anakoluthe, finden sich nicht. Der Ausbau führt also zu zwei Konsequenzen. Einerseits zur *Erweiterung* der Möglichkeiten der Schriftlichkeit, andererseits zur *Selektion* und Festlegung der Grenze zwischen dem, was der gesprochenen Sprache zugewiesen wird und denjenigen Elementen, die in die Schriftsprache eingehen.

Im Spannungsfeld zwischen lateinischer gelehrter Summenliteratur, okzitanischer Oralität und zaghafter früher romanischer Schriftlichkeit stellt *Lo codi* vor allem einen «Zwischentext» dar. In ihm wird eine neue Diskurstradition in die romanische Sprache übertragen, an sich schon ein wichtiger Schritt, der jedoch eine gewisse sprachliche Anpassung erfordert. Der im Vergleich zu der lateinischen Vorlage geringere inhaltliche Abstraktionsgrad, die häufigere textuelle und personale Deixis und der niedrigere Grad syntaktischer Integration situieren den Codi auf einer möglichen Skala sprachlicher Techniken zwischen «Nähe» und «Distanz» weiter entfernt von dem Pol, den Peter Koch und Wulf Oesterreicher als «konzeptionell distanzsprachlich» beschrieben haben.[96] So liegen auch die aggregativeren Techniken der Junktion teilweise auf den Stufen, die Raible (1992, 191ss.) als besonders typisch für nähesprachliche, v. a. mündliche Texte bezeichnet,

96 Cf. Koch/Oesterreicher 1985. Cf. auch Riehl 1995.

während die stärker integrativen Techniken, vor allem die Junktionsstufen V–VI in Raibles Schema eher selten sind. Auf der anderen Seite sind auch die für wenig elaborierte Texte charakteristischen junktorlosen Juxtapositionen oder parataktischen Reihungen selten. *Lo codi* weist eine beachtliche Zahl an Junktionstechniken auf Stufe III und IV auf und ist durch eine hohe Anzahl passivischer Konstruktionen geprägt. Das Vorhandensein eines differenzierten Systems der Hypotaxe bis hin zu zahlreichen konzessiven Adverbialsätzen zeigt, dass der Text nicht nur in Bezug auf die Textplanung, sondern auch hinsichtlich der Bandbreite syntaktischer Mittel «ausgebauter» ist als etwa die Urkunden, da er ein Mehr an sprachlichen Mitteln einsetzt. Daneben weisen alle drei Diskurstraditionen – Urkunden, lateinische Summen, Codi – aufgrund der Tatsache, dass es sich um Rechtstexte handelt, auch gewisse Gemeinsamkeiten auf, etwa die häufige textuelle Deixis. *Lo codi* steht in Bezug auf den Ausbaugrad zwischen den okzitanischen Rechtsurkunden und seinem lateinischen Vorbild:

lateinische Summen ————→ *Lo codi* ←———— okzitanische Schriftlichkeit

Fig. 18: *Lo codi* im Spannungsverhältnis der Diskurstraditionen

Man wird wohl außer der neuen juristischen Terminologie und einigen Formen nicht allzu viel Sprachliches im Codi finden, was nicht auch in anderen zeitgenössischen okzitanischen Texten vorkommt. *Lo codi* stellt durch seinen Umfang, die hohe Kohärenz und die hochgradige Kohäsion vor allem eine *textuelle* Neuerung in romanischer Sprache dar: es ist ein umfangreicher, elaborierter Prosatext, der vielleicht aus einem nicht-klerikalen Milieu stammt und der – auch in der Manuskriptgestaltung des Ms. A – Charakteristika aufweist, die darauf hindeuten, dass er auch für eine schriftliche Rezeption geschrieben wurde,[97] ein Text also, wie er in anderen romanischen Sprachen erst mehrere Jahrzehnte später denkbar wird und auch in Südfrankreich eine wichtige Kulturleistung in seiner Zeit darstellt. Er schlägt damit um die Mitte des 12. Jahrhunderts eine neue Bresche in die volkssprachliche Schriftlichkeit und öffnet diese für die Rezeption scholastischer Materialbehandlung und für die Rezeption des Römischen Rechts. Viele der Techniken, die im zeitgenössischen Latein etwa der bolognesischen Rechtsgelehrten üblich waren, fehlen noch in der okzitanischen Tradition, aber erst die geöffnete Bresche ebnet erst den Weg zum weiteren sprachlichen Ausbau, zu Übernahme und Relatinisierung, zur Weiterentwicklung der in der Volkssprache bereits angelegten Möglichkeiten.[98] Es ist die «Bolognesische Renaissance», die in Südfrankreich ihr erstes wichtiges Zentrum außerhalb Italiens hat, welche die Entstehung eines solchen Textes ermöglicht hat.

---

97 Cf. Saenger 1982.

98 Dies trifft auch in rechtshistorischer Hinsicht zu: André Gouron (1985, 17) nennt den Codi eine «pièce maîtresse dans les constructions intellectuelles des pionniers de la science juridique», obwohl der Text bald von ausgereifteren bologneser Rechtsschriften in den Schatten gestellt wird.

3.4. *Lo codi*, Römisches Recht und der Ausbau romanischer Schriftsprachen: die *Costums de Tortosa*

Die Bedeutung des Codi für die okzitanische Schriftsprache ist angesichts des frühen Datums seiner Entstehung besonders hervorstechend: es ist der erste Text solchen Umfangs und von derart kompletter Durchplanung in dieser Sprache. Durch die zahlreichen Übersetzungen werden Textform und Inhalt auch in andere Sprachen übertragen. Während dies im Falle der altfranzösischen Übersetzungen des 13. Jahrhunderts im Kontext einer sich bereits konsolidierenden elaborierten volkssprachlichen Schriftlichkeit geschieht, ist eine solche in anderen Fällen nicht im selben Maße vorhanden, weshalb *Lo codi* hier wohl stärker traditionsbildend wirken konnte. Dabei ist es in mehreren Fällen nicht einfach, unmittelbare Einflüsse des okzitanischen *Codi* nachzuweisen. Es wurde darauf hingewiesen, wie umstritten eine solche Einordnung etwa im Falle der valencianischen *Furs* ist. Doch auch im Falle der valencianischen *Furs* ist letztlich nicht die Grundfrage der Beeinflussung durch das Römische Recht strittig, sondern lediglich die Frage der konkreten Quellentexte, denn zweifelsohne handelt es sich dabei um Quellen, die direkt oder indirekt von der Bolognesischen Renaissance herrühren.

Im folgenden Abschnitt soll an einem Beispiel gezeigt werden, wie die Vorlage des Codi oder ähnlicher Texte auch in anderen Volkssprachen zum Ausbau beiträgt. Geeignet hierfür sind die katalanischen *Costums de Tortosa,*[99] die erst vor wenigen Jahren in zuverlässiger Weise neu ediert wurden.[100] Bei den *Costums* handelt es sich nach heutigen Wissensstand – im Gegensatz zu den aragonesischen *Fueros* oder den valencianischen *Furs* – um eine katalanische Originalredaktion, die u. U. auf eine frühere, ebenfalls volkssprachliche Redaktion zurückgreift.[101] Größtenteils ist der Text ein Kompendium Römischen Rechts, an das Bezüge zu den lokalen Verhältnissen, Anwendungsbeispiele und seerechtliche Normen für die lokalen Notwendigkeiten angefügt worden sind. Das Ms. A von 1272 umfasst 300 Folioseiten und ist in neun Bücher und einen Prolog eingeteilt. Das erste Buch weicht vom justinianischen Inhalt ab, indem es mit lokalen Normen aus dem Gewohnheitsrecht beginnt. Abweichungen gibt es v. a. auch im neunten Buch, wo das maritime Recht eingefügt ist. Über weite Teile folgen die Costums jedoch Kapitel für Kapitel dem justinianischen Codex, wenn auch nicht in direkter Form, sondern in Anlehnung an den okzitanischen Codi. Dabei ist nicht eindeutig zu sagen, ob die Übersetzung der Passagen aus dem Codi einen okzitanischen Text als Vorbild hatte oder die lateinische Version, deren ältestes Manuskript ja gerade in Tortosa gefunden wurde. Doch gibt es kaum Zweifel an der Tatsache, dass der Codi als Vorlage gedient hat, wie man etwa an folgender Stelle aus dem fünften Buch der Costums im Vergleich mit dem fünften Buch der lateinischen Tortosiner Handschrift des *Codi* sieht:[102]

---

99 Zur Stellung der Costums in der frühen katalanischen Schrifttradition cf. Philipp-Sattel 1996.

100 *Costums de Tortosa...*, 1996.

101 Cf. das rekonstruierte Manuskriptstemma in Massip i Fonollosa 1996, xxxvi.

102 Cf. auch die Parallelstellen bei Hinojosa, 1907, 399.

Codi. Ms. A,	*Codi, Ms. L, V, 11, §2.*	*Costums de Tortosa, V, 5, § 3*
Tant cum la moilleranza dura de.l marit e de la moiller non pot la femna demandar son doalidi, si·l marit non torna em paupreza o no fai tal causa per que pareiss que torna em paupreza. mas si aco apareiss, ben pot demandar la femna son doalidi e sson esposalidi, e·l mariz lo deu redre a ssa moiller, e la moiller deu tener e seruar aquellas causas eussament cum deuria lo mariz, si el las agues. e totas las gaudidas que ella poira auer de·l doalidi e de l'esposalidi deu metre en se ed e sso marit ed e sos fillz que ella a d'aquel marit.	Donec matrimonium durat inter maritum et uxorem non potest mulier petere dotem suam, nisi maritus factus est pauper vel quod facit aliquid unde appareat quod debeat esse pauper, set si hoc apparet, femina potest petere dotem et donationem propter nuptias et maritus debet ei reddere. et mulier debet tenere et custodire res illas sicuti marirus faceret, si teneret eas. et omne gaudimentum quod potest mulier habere de dote et de donatione propter nuptias, id est de antifacto, debet mulier expendere in se et in marito et in filiis quos habuerit de illo marito.	Durant lo matrimoni la muller no pot ne deu demanar ne cobrar lo dot ne l'escreix o donaitió per núpties, ne les coses que seran dades en dot; si doncs lo marit no venia a pobrea, o·s faya o esdevenia orat, o no comensava a mal usar e a degastar la sua substància, o el marit fugia a la muler, sens colpa de la muller, e no li faya ses necessàries segons son poder covinentment, car ladoncs la muller pot demanar e cobrar lo dot e la donació feta a ela per núpties o les coses donades per lo dot. Però la muller, dels fruitz del dot e del crex domades per lo dot, deu fer sos necessaris a ssi e a ssos fils e a son marit.

In vielen Fällen stehen die Costums der lateinischen Codiversion näher als der okzitanischen, doch ist auch gut möglich, dass eine andere okzitanische Version Vorbild war. Neben dem Codi haben andere Texte Römischen Rechts als Vorlage gedient; es mag sein, dass die Autoren auch direkt die Texte des *Corpus Iuris* benutzten. Die Schaffung des katalanischen Textes auf der Basis der justinianischen und südfranzösischen Vorlagen erfordert um die Mitte des 13. Jahrhunderts die Erweiterung der Möglichkeiten der katalanischen Sprache in verschiedenen Bereichen. Duarte i Montserrat (1996) weist insbesondere auf den Wortschatz und die Syntax sowie auf einige stilistische Besonderheiten hin.

Im Wortschatz wird in den Costums umfangreiches Material aus den lateinischen und südfranzösischen Texten übernommen und an das katalanische System angepasst. Es finden sich zahlreiche (z. T. erstmals in einem katalanischen Text belegte) Latinismen aus der Rechtssprache, u. a. *autenticar, exacció, fisc, pecuniari, transacció, absolució, domicili, estipulació, ignorància, instància, judicial, maquinació, menció, negligent, oblicació, peremptori, subscripció* etc. Neben der juristischen Terminologie weist Duarte i Montserrat (1996, xlix) auch auf Erstbelege in verschiedenen anderen Bereichen hin.

Zur Erweiterung des Wortschatzes trägt auch die Schaffung neuer Formen durch Affigierung bei. Als besonders aktive Verfahren nennt Duarte i Montserrat die

Präfigierung mit *a-*, *co-*, *con*, *contra-*, *de-*, *des-*, *en-*, *pre-*, *re-*, *sobre-*, *sos-*, *sub-*,[103] sowie die Suffigierung mit *-a*, *-al*, *-ança*,*-atge*, *-ble*, *-ció*, *-dor*, *-dura* bzw. *-tura*, *-tat*, *-ficar*, *-ia*, *-ment*, *-nça* etc.[104] Die häufigsten Affixe sind dabei, wie schon im okzitanischen Codi, *-cio*, dessen Frequenz v. a. auf der großen Zahl an Latinismen <-TIO beruht, und v. a. *-ment*, «terminació sufixal extraordinàriament estesa i productiva en el nostre manuscrit [...] per a la nominalització de verbs»:[105] In formaler Hinsicht dienen also die häufigsten Verfahren der Wortbildung in den *Costums* der Nominalisierung von Verben; inhaltlich geht es v. a. um die Erweiterung der Möglichkeiten zum Ausdruck abstrakter Inhalte.

Im Bereich der Syntax[106] zeigt sich im Vergleich zu früheren katalanischen Texten eine deutliche Erweiterung der Unterordnungsvielfalt. Während in früheren Texten die Juxtaposition von Sätzen ohne Junktor oder die Parataxe dominierte, weisen die *Costums* eine gewisse Bandbreite hypotaktischer Konstruktionen (Konsekutivsätze, Kausalsätze und Finalsätze) auf:

> «En el nostre manuscrit constatem un progrés sintàctic evident, malgrat la persistència d'algunes inseguretats i reiteracions, en relació amb els textos catalans (incloent-hi els fragments catalans en textos llatins) més arcaics, en els quals, com sabem (de fet, es tracta d'un fenomen compartit per les altres llengües romàniques en aquesta fase inicial) predominava la parataxi (o juxtaposició gramatical) sobre la hipotaxi (o subordinació).
>
> En el Llibre de les Costums de Tortosa observem ja un retrobament dels usos hipotàctics, amb una certa riquesa de conjuncions (en alguns casos formades sobre adverbis) i una notable extensió del'ús del subjuntiu, ben freqüent en el manuscrit, que ens situa en el mateix moment evolutiu de la prosa lul·liana» (Duarte i Montserrat 1996, lxiii).

Die Vielgestaltigkeit der Inhalte, die durch integrative Konstruktionen ausgedrückt werden können, zeigt sich in den *Costums* in einer Vielzahl von transphrastischen und subordinierenden Konjunktionen. Duarte i Montserrat nennt u. a. folgende:[107]

- kopulative Konjunktionen: *e*, *ni*.
- disjunktive: *o*.
- adversative: *emperò*, *però*, *mas*, *sinó*, *ans*.
- kausale: *car*, *per ço com*, *pus*.
- konsekutiv u. kontinuativ: *on*, *doncs*, *si donques*, *encara*, *atressí*, *no per ço me nys*.
- final: *pero ço que*, *perquè*.
- konditional: *si*, *si doncs*, *ab que*.

---

103 Z. B. *afranquir*, *comprometre*, *covinença*, *contradir*, *delliurar*, *entremetre*, *esguardar*, *excomunicar*, *injustícia*, *prejudici*, *procurar*, *retardar*, *sostraure*, *subdelegar*.

104 Z. B. *ciutadà*, *sagramental*, *secretari*, *peatge*, *mesuratge*, *allenegable*, *corrupció*, *defensió*, *curador*, *escriptura*, *justicia*, *seguritat*, *corretgeria*, *servitud*, *allongament*, *usdança*, *prohibitori* etc.

105 Duarte i Montserrat 1996, lxix. Es finden sich u. a. folgende Beispiele: *allargament*, *allongament*, *començament*, *enteniment*, *milloranent*, *naframent*, *ordenament*, *retiment*, *vedament* etc.

106 Cf. auch Badia i Margarit 1973, 11–28.

107 Leider wird bei Duarte i Montserrat nicht immer klar zwischen transphrastischem Nexus und syntaktischen Konjunktionen getrennt.

- konzessiv: *jassia, jassia so que, no contrastant, si bé que, sí que.*
- modal: *com, així com, per ço com, segons que.*
- temporal: *quan, con, mentre que, dementre que, en continent que, de continent com, abans que, ans que, aprés que, pus que, tro que, tota ora que, totes ores que.*

Àngels Massip (1999) hat gezeigt, wie den neuen Ausdrucksnotwendigkeiten bei der Verknüpfung in den Costums durch metonymischen und metaphorischen Ausbau der vorhandenen Möglichkeiten des Katalanischen entsprochen wird. Einerseits werden verschiedene substantivische Ausdrücke zu Konjunktionen, andererseits werden vor allem Kontiguitäten lokaler und temporaler Relationen dazu verwendet, mit lokalen und temporalen Konjunktionen abstraktere Sachverhaltsrelationen auszudrücken,[108] wie in folgenden Beispielen:

Temporal → adversativ

«[...] ne deu ésser reebut al bautisme...*ans* deu ésser gitat de l'esglea» (Ms. A; 72, 5).

Temporal → konzessiv

«[...] *jasia so que* el no la pusca vendre ne alienar» (Ms. A; 333, 27).

Temporal/lokal → konditional

«[...] totes les carreres s'adoben per lo veguer e per los ciutatans de Tortosa ... *totes ores que* obs y sia» (Ms. A, 18, 26).

«[...] *tota via que* el hi vula esser, hi deu esser» (Ms. A; 348, 9).

«[...] e no nou ren a l'altre creedor, *si doncs* el no l'avia fet procurador» (Ms. A; 129, 6).

Temporal → konsekutiv

«[...] si lo pare o la mare moren abintstatz, *ladoncs* la dita fila pot venir a successió» (Ms. A, 279, 19).

«[...] e qual que cosa d'aquen exirà sia dels ditz ciutatans, *enaxi que* la seynoria ne el veger de ren que n'isca nula par lo ajen» (Ms. A; 492, 16).

Temporal → kausal

«E el diu que provarà e que no vol jurar, *pus que* la part vol que él jur, a a jurar e a ffer lo sagrament» (Ms. A; 128, 36).

Temporal → kontinuativ

«*Encara*, seynós ne lur lochtenent, per si ne per altre, no poden acusar civil ni crminal nul hom» (Ms. A; 11, 24).

---

108 Beispiele apud Massip Bonet, 1999. Die Textstellen beziehen sich auf die Mss. A u. B der *Costums de Tortosa* nach der Seitenzählung der Edition von Jesús Massip. Hervorhebung J. K.

Diese Erscheinungen finden sich in den juristischen Texten Römischen Rechts in einer gewissen Häufung, weshalb es denkbar ist, dass sie hier – unter Einfluss des okzitanischen Vorbildes – einen ihrer Ausgangspunkte haben, von wo sie auf andere Texttraditionen übertragen werden können.

Neben lexikalischen und syntaktischen Merkmalen fällt in den Costums auch der für den juristischen Stil typische Synonymenreichtum und die häufige Synonymenpaarung auf, wobei die Paare mit kopulativer oder disjunktiver Konjunktion verbunden werden. So finden sich Paare wie *tendran i posseyran*, *adoptiu o arrogat*, *assotat o corregat*, *solament e fonament*, *franch e quiti e alforre*, und in einem Fall sogar mit Reihung dreier Doppelpaare:

> «[...] alcuna cosa el dit libel anadirà o crexerà o traurà o minvarà o emenarà o corrigerà» (fol. 42v, 15–17)

Zusammenfassend kann gesagt werden, dass die *Costums de Tortosa* ein Beispiel für den Ausbau einer romanischen Schriftsprache in Bezug auf juristische Terminologie und andere Bereiche des Wortschatzes sowie die Syntax darstellen. Der Anstoß zu diesem Ausbau wird durch die Rezeption des Römischen Rechts, durch den «Bolognesischen Diskurs» gegeben, der den Interessen der Tortosiner Bürger im 13. Jahrhundert entspricht, denen wiederum die Notare Pere de Tamarit und Pere Gil entgegenkommen, wenn sie für die Costums die Volkssprache als Ausdrucksform wählen. Die sprachliche Notwendigkeit zum Ausbau wird dann durch die im Römischen Recht auszudrückenden Inhalte gegeben, die samt der Textform aus der gelehrten Tradition übernommen werden. Neben Inhalt und Textform wird auch das sprachliche Material teils in den Vorlagen gesucht; in erster Linie wird wohl auf das Lateinische zurückgegriffen, aber wohl auch auf das volkssprachliche Modell der Nachbarsprache, wo die neue Diskurstradition im Falle von *Lo codi* bereits seit rund einem Jahrhundert existiert.[109] Mit der Verbindung dieser verschiedenen Quellen gehören die *Costums de Tortosa* – gemeinsam mit anderen, zeitgenössischen katalanischen Texten Römischen Rechts wie etwa den *Furs de Valencia* oder den *Costums de Lleida*, die allerdings im Gegensatz zu dem Tortosiner Text keine direkten volkssprachlichen Kreationen, sondern Übersetzungen sind – zu jenen Texten, die eine volkssprachliche juristische Prosa schaffen und zugleich konsolidieren:

> «[...] es tracta de una obra produïda en un moment en què comencen a aparèixer manuscrits en català d'unes dimensions molt considerables en què hi ha un notable afermament de la prosa catalana, amb un evident enriquiment del lèxic culte i de la sintaxi» (Duarte i Montserrat 1996, xlix).

Wie im Falle der *Costums de Tortosa* ist es kaum verwunderlich, dass die Texte, die auf der Vorlage des Codi basieren, ähnliche Charakteristika wie dieser aufweisen. Durch die Bolognesische Renaissance und durch Trägertexte wie den Codi gelangt eine neue Diskurstradition in die verschiedenen romanischen Einzelsprachen. Wie

---

[109] Im Falle der Latinismen ist im Einzelfall nicht nachweisbar, ob diese aus dem Lateinischen direkt oder indirekt über das so eng mit dem Katalanischen verwandte Altokzitanische eingeführt wurden. Die auffallend parallele Entwicklung beim Rechtswortschatz im Mittelalter lässt aber zumindest eine Teilwirkung der Nachbarsprache annehmen.

mit Bezug auf die altokzitanischen Urkunden angedeutet wurde, reiht sich diese Diskurstradition in jeder dieser Einzelsprachen zugleich ein in die lokale Tradition der juristischen Texte und bedeutet in Bezug auf diese sowohl Fortsetzung als auch Bruch. Wenn nun weiter ausschließlich die Einflüsse des Codi auf verschiedene Folgetexte betrachtet würden, so würde die Frage der einzelsprachlichen Tradition eigentlich weitgehend ausgeblendet bleiben. Es soll daher nun ein Perspektivenwechsel vorgenommen werden:

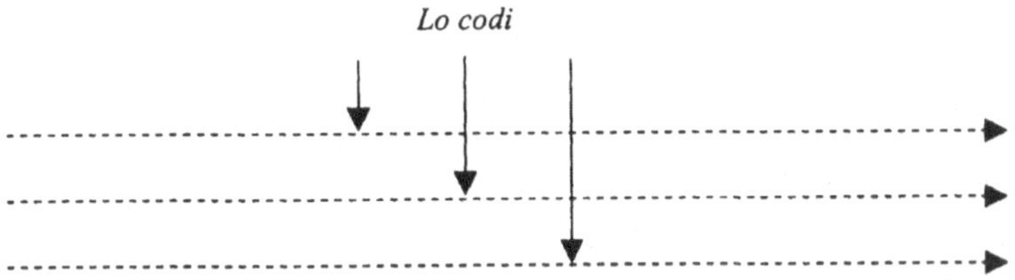

Fig. 19: *Lo codi* und einzelsprachliche Traditionen

Die gestrichelten Pfeile stellen die Tradition der Rechtstexte in den verschiedenen romanischen Einzelsprachen dar. Die kontinuierlichen Pfeile stellen den Zeitpunkt dar, zu dem in einer Einzelsprache durch Übersetzung oder durch Adaptation der Codi (oder vergleichbare Texte ähnlicher Form und ähnlichen Inhalts aus der römischen Rechtstradition) mit der einzelsprachlichen Tradition in Kontakt kommt, den Moment, an dem eine neue Diskurstradition in einer Einzelsprache begründet wird. Um zu sehen, was dies in einer Einzelsprache für Auswirkungen hat, muss deren Geschichte vor und nach diesem Rezeptionsmoment mit in die Betrachtung einbezogen werden. Dies soll im folgenden Kapitel am Beispiel Kastiliens als eines anderen Sprachraumes der Romania geschehen. Vor der Betrachtung der juristischen Texttradition muss dafür aber erneut der historische Rahmen beschrieben werden, denn zunächst geht es noch nicht um die Bolognesische Renaissance, sondern um die lokale Geschichte, die ihr vorausgeht.

4. Juristische Texttraditionen im kastilischen Mittelalter

> «Mostrar la creación de una lengua jurídica romance, que en la época alfonsí desemboca en la gran creación de la prosa literaria, sería tan tentador como difícil y complicado. Entraría en este estudio toda la evolución de la forma lingüística de los Fueros – en primer lugar los del territorio castellano –, lo mismo las redacciones en latín que la mezcla posterior de latín y romance – muy frecuente a fines del XII y principios del XIII – y, por último, las redacciones conscientemente castellanas. Tendríamos que fijar nuestra atención en la tendencia unificadora de Fernando III, que se muestra, por ejemplo, en las compilaciones legales que hoy conocemos con los nombres de *Libro de los Fueros* y *Fuero Viejo de Castilla* y en la traducción del *Fuero Juzgo*. A continuación, el *Setenario* enlaza la actividad legislativa de Fernando III con la de Alfonso el Sabio, cuyas obras jurídicas deberíamos estudiar en último término, y entre ellas sobre todo el *Fuero Real*, el *Espéculo* y las *Siete Partidas*.
>
> Seguir todo este camino con vistas a la formación de una prosa jurídica, buscar constantes de una tradición lingüística en la lengua de los textos señalados, relacionar, en parte, esta tradición con la didáctica y con la también ya mencionada de los documentos y privilegios de la cancillería real, sería de extraordinario interés».
>
> Gerold Hilty, Einleitung zur Ausgabe des *Libro conplido*, 1954, LI–LII

Die umfassende Geschichte der kastilischen Rechtstexte im 12. und 13. Jahrhundert ist bis heute nicht geschrieben worden, auch wenn seit der Formulierung von Gerold Hiltys Desiderat zahlreiche Voraussetzungen geschaffen wurden, die uns dieser Aufgabe zumindest näher gebracht haben. Diese bestehen zum einen aus zahlreichen wichtigen Editionen und sprachhistorischen Einzeluntersuchungen, aber auch aus veränderten technischen Möglichkeiten und schließlich Entwicklungen in der Theoriediskussion, die z. T. zu neuen Betrachtungsweisen und Untersuchungsmethoden geführt haben.

Die Zeit von den ersten kastilischsprachigen Rechtstexten bis zur großen Blüte der alfonsinischen Rechtsprosa in der zweiten Hälfte des 13. Jahrhunderts ist sprachhistorisch von größter Bedeutung, denn in ihr wird im Zuge der Vereinigung verschiedener Traditionsströme eine kastilische Rechtssprache geschaffen, die als Grundlage für eine Jahrhunderte andauernde Überlieferung und Fortsetzung dient und deren Einflüsse weit über den juristischen Bereich hinausreichen. Während zu Anfang dieser Zeit noch die lateinische Tradition mit der westgotischen Gesetzgebung und den sie ergänzenden foralrechtlichen Texte vorherrscht, neben der sich aus den zunächst mündlichen, gewohnheitsrechtlichen *Fazañas* lokale

Fueros herausbilden, die ab der Schwelle des 13. Jahrhunderts auch in der Volkssprache verschriftet werden, steht an ihrem Ende die umfangreiche kastilischsprachige Kodifikation auf der Basis des Römischen und Kanonischen Rechts, wie sie unter Alfons dem Weisen vollzogen wird. Der Inhalt des folgenden Kapitels hat zum Ziel, Kontinuitäten und Innovationen in diesem Prozess aufzuzeigen, der keinesfalls einer linearen Abfolge von Geschehnissen entspricht, sondern vielmehr einem komplexen Netz verschiedener Traditionen im Zuge fundamentaler gesellschaftlicher, politischer und sprachlicher Wandelprozesse, weswegen es hier nicht möglich sein wird, das Postulat des das Kapitel einleitenden Zitats einzulösen, aber der eine oder andere Mosaikstein zu dem geforderten umfangreichen Bild hinzugefügt werden soll.

4.1. Rechtstraditionen im kastilischen Mittelalter

4.1.1. Zur Forschungslage

Im Gegensatz zur – zumindest oberflächlich betrachtet – vergleichsweise einfachen Schematisierbarkeit der Herausbildung der Sprachräume auf der Iberischen Halbinsel,[1] im Gegensatz auch zu ihrer relativ klar in Abschnitten darstellbaren politischen Geschichte, ist die spanische Rechtsgeschichte auch ohne Berücksichtigung von Details äußerst komplex. Dies ist v. a. auf das Subsidiaritätsprinzip und den Privilegiencharakter zurückzuführen, auf die Tatsache, dass bei legislativen Neuerungen im Allgemeinen das gültige Recht nicht außer Kraft gesetzt wurde und somit im Verlaufe der Geschichte eine immer größere Menge von – z. T. parallel gültigen – Rechtsnormen existiert, die zudem nach lokalen, gruppenspezifischen und sachspezifischen Kriterien zu teilweise variierender Anwendung kamen. Die Komplexität der spanischen Rechtsgeschichte ist Inhalt einer großen Zahl von Abhandlungen und wird in vielen Handbüchern ausführlich beschrieben, so dass die Darstellung hier auf einen groben Überblick beschränkt bleiben kann. Für die sinnvolle Zusammenstellung eines Textkorpus ist jedoch zumindest eine grundsätzliche Kenntnis der rechtshistorischen Entwicklung unabdingbar, wobei für die Sprachgeschichte eine Abgrenzung in zweierlei Hinsicht nötig ist: einerseits soll eine ausreichende Grundlage zur angemessenen Darstellung der Diskurstraditionen und der rechtssprachgeschichtlichen Entwicklungsstränge gegeben werden. Andererseits soll es aber nicht um die Darstellung spezifisch rechtshistorischer Fragen gehen, wo diese für die Sprachgeschichte nicht relevant sind. Was aber relevant ist und was nicht, ist oft sehr schwer zu entscheiden und wird in der Praxis eher durch die fehlende Expertenkenntnis des Sprachhistorikers bedingt sein als durch eine rationale Abwägung.

---

1 Cf. dazu etwa Baldinger 1971.

4.1.1.1. Gesamtdarstellungen

Die spanische Rechtsgeschichtsschreibung hat eine lange Tradition, die eine größere Zahl von Gesamtdarstellungen und unzählige Einzeluntersuchungen hervorgebracht hat.[2]

Die erste publizierte Gesamtdarstellung erschien zu Beginn des 18. Jahrhunderts in Deutschland.[3] Nach der Gründung der *Real Academia de Historia* beginnt im 18. Jahrhundert die systematische Aufarbeitung der spanischen Rechtsgeschichte, dabei sind v. a. die Arbeiten von Gregorio Mayáns zu nennen, aber auch die Werke von Andrés Marcos Burriel, Rafael Floranes und von Ignacio Jordán de Asso und Miguel de Manuel, deren Textausgaben trotz der immer wieder festgestellten Mängel z. T. noch verwendet werden. Als zentrales Werk, das auch heute noch Bedeutung hat, ist der enzyklopädische *Ensayo histórico-crítico* von Francisco Martínez Marina (1. Aufl. 1808) anzusehen. Es folgen weitere Einzeldarstellungen[4] bis zu den Arbeiten des Begründers der spanischen Rechtshistorikerschule, Eduardo de Hinojosa, die einen wichtigen Einfluss auf die rechtshistorischen Vorstellungen des 20. Jahrhunderts und über Ramón Menéndez Pidal auf die Mehrheit der spanischen Sprachhistoriker des 20. Jahrhunderts gehabt haben, insbesondere was die Vorstellung von einem germanischen Element in der spanischen Rechtstradition angeht.[5] Zu Beginn des 20. Jahrhunderts sind die Arbeiten Rafael Altamiras zur Rezeption des Römischen Rechts hervorzuheben. Eine Sonderstellung nimmt das in deutscher Sprache erschienene, aber in Madrid entstandene und v. a. in spanischer Tradition stehende Kompendium von Rauchhaupt (1921) ein.

Eine umfassende Überblicksdarstellung der spanischen Rechtsgeschichte bietet Rafael Ureña;[6] sie enthält u. a. auch interessante Beobachtungen zu sprachhistorischen Fragen. Bis in die aktuelle Diskussion wirkt z. T. das Oeuvre des Hinojosa-Schülers Galo Sánchez, dem fundamentale Arbeiten zum kastilischen

---

2 Für das Folgende cf. u. a. Martínez Marina 1808; Ureña y Smenjaud 1906; Rauchhaupt 1923, 6–9; Kleffens 1968; Escudero 1973; Gibert 1978, 21–45; Escudero 1989; García Gallo 1975, I, 8–15; Tomás y Valiente 1983; Hattenhauer 1992; Vones 1993; Iglesias Ferrerirós 1996. Besonders nützlich ist auch die umfangreiche und aktuelle literaturgeschichtliche Darstellung von Gómez Redondo 1998.

3 *Sacrae Themidis Hispanae Arcana jurium legumque ortus, progressus, varietates et observantias (!), cum praecipuis glossarum, coommentariorumque, quibus illustrantur, auctoribus, et Fori hispani praxi hodierna publicae luci exponit D. Gerardus Ernestus de Franckenau, S.R.M. Daniae et Norvegiae Secretarius, Hannoverae 1703.* Von Mayáns wurde nachgewiesen, dass es sich hierbei um ein Plagiat handelt.

4 U. a. Gómez de la Serna, Pedro/Montalván, Juan Manuel, *Elementos del Derecho Civil y Penal de España. Precedidos de una reseña histórica de la legislación española*, Madrid, Vicente de Lalama, 1840/42; Sempere y Guarinos, Juan, *Historia del derecho Español*, Madrid, Imprenta Nacional, 1847; Domingo de Morató, Domingo Ramón, *Estudios de ampliación de la historia de los códigos españoles*, Valladolid, M. Aparicio, 1856; Sánchez Román, Felipe, *Estudios de Derecho civil*, Vol. I, Madrid, Sucesores de Rivadeneyra, 1889; Minguijón Adrián, Juan Salvador, *Elementos de Historia del Derecho Español*, Zaragoza, Mariano Salas, 1909.

5 Cf. u. a. Hinojosa 1910, Kabatek 1999b, Garatea Grau 2001.

6 Ureña y Smenjaud 1906.

Foralrecht und zu den Fazañas zu verdanken sind, die auch zahlreiche sprachhistorisch relevante Anregungen enthalten.[7] Sein *Curso de Historia del derecho* wird bis in die jüngere Vergangenheit immer wieder neu aufgelegt.[8] Galo Sánchez' Nachfolger an der Universität Madrid war Alfonso García Gallo, Verfasser eines monumentalen Handbuches zur Rechtsgeschichte und zahlreicher fundamentaler Arbeiten zum Foralrecht und v. a. zur alfonsinischen Gesetzgebung.[9] Eine der aktuellsten systematischen Gesamtdarstellungen der spanischen Rechtsgeschichte, die sich außerdem durch ihren hohen Grad synthetischer Dichte und ihre klaren Formulierungen auszeichnet, stammt von Antonio Escudero, einem Schüler García Gallos.[10] Reichhaltige Information v. a. zur Rezeption des Römischen Rechts bieten darüber hinaus die Einführungen von Pérez Prendes (1986) und Iglesia Ferreirós (1987/88).[11]

4.1.1.2. Textausgaben

In den letzten Jahrzehnten ist die rechtshistorische Forschung um eine größere Anzahl von Editionen bereichert worden, von denen einige auch für sprachhistorische Untersuchungen ausreichend verlässlich sind. Bei den Editionen ist es nämlich leider häufig so, dass die von Historikern oder Rechtshistorikern besorgten Ausgaben, da sie nicht in erster Linie sprachhistorische oder philologische Ziele verfolgen, für die sprachhistorische Forschung nur bedingt brauchbar sind. Gleichzeitig gibt es aber auch von rechtshistorischer Seite Arbeiten, die auf großer Akribie beruhen, so ist etwa, um ein Beispiel zu nennen, die Ausgabe Galo Sánchez' des *Libro de los fueros de Castiella* teilweise genauer als die für Sprachhistoriker gedachte CD-Rom-Ausgabe des Korpus *ADMYTE*[12] (cf. 4.2.4.).

---

7 Eigentlich kann die erste Inspiration zu der vorliegenden Arbeit in einigen in einem Aufsatz von Galo Sánchez (Sánchez 1929) geäußerten Intuitionen gesehen werden. Galo Sánchez gehört zu jenen Forschern, deren Arbeiten größte Aufmerksamkeit entgegengebracht werden muss und denen – v. a. im Falle der Editionen – ein großes Maß an Vertrauen geschenkt werden kann (cf. Alfonso García Gallo, *Galo Sánchez*, *AHDE* 31, (1961), 1–8). Sein Werk ist nicht sehr umfangreich, doch gehören seine Arbeiten zu den bedeutendsten, die zur spanischen Rechtsgeschichte geschrieben wurden und übertreffen in ihrer Akribie und Zurückhaltung oft diejenigen seines Schülers García Gallo, der zwar ein viel monumentaleres, aber z. T. auch umstritteneres Werk hervorgebracht hat.

8 Cf. Sánchez 1982.

9 Cf. García Gallo 1934, 1936–41, 1951–52, 1956, 1975, 1976, 1984.

10 Cf. Escudero 1989.

11 Es könnte hier eine viel umfangreichere Liste von Überblicksdarstellungen gegeben werden, was vor allem der Tatsache zuzuschreiben ist, dass in Spanien Rechtsgeschichte ein Pflichtfach im Jurastudium ist und es zu den (auch lukrativen) Verpflichtungen eines jeden Lehrstuhlinhabers für Rechtsgeschichte gerechnet wird, ein eigenes universitäres Handbuch zu schreiben. Die Information in diesen Handbüchern deckt sich jedoch meistens, weshalb hier versucht wurde, vorrangig solche Titel zu nennen, die neue Informationen bieten und sich in eine fortschreitende Traditionslinie einordnen lassen.

12 Bei einem Vergleich der beiden Ausgaben mit dem Ms. 431 der spanischen Nationalbibliothek musste ich an mehreren Stellen Ungenauigkeiten in der Transkription von *ADMYTE*

Nur mit Einschränkungen für die sprachhistorische Forschung verwendbar sind im Allgemeinen die Editionen, die vor der zweiten Hälfte des 19. Jahrhunderts entstanden sind, so etwa, trotz des institutionellen Prestiges, die verschiedenen Akademieausgaben, die dennoch bis heute häufig für diachrone Forschungen verwendet werden, wo dann oft die auf viel späteren Manuskripten beruhenden Ausgaben als repräsentative Texte für das 13. Jahrhundert herangezogen werden, wie dies z. B. bei den *Siete Partidas* immer noch geschieht,[13] oder im Falle des *Fuero Viejo*, der immer noch mitunter in der fehlerhaften Ausgabe von Asso und Manuel (1771) benutzt wird,[14] oder bei den *Fueros municipales* in der Ausgabe von Muñoz y Romero (1847). Mit der Entstehung einer wissenschaftlich fundierten historisch-kritischen Rechtswissenschaft im 19. Jahrhundert in der Nachfolge Savignys wird auch die Forschung zur spanischen Rechtsgeschichte auf eine solidere Grundlage gestellt. Innerhalb der *MGH* erscheint auch die westgotische Gesetzgebung Spaniens in verlässlicher Form, doch erst durch Eduardo de Hinojosa y Naveros (1852–1919) wird durch dessen Kontakt nach Deutschland – insbesondere durch den Einfluss Theodor Mommsens – in Spanien am Ende des 19. Jahrhunderts der Weg für eine systematische Erforschung der juristischen Quellen geebnet. Seinem Zeitgenossen Rafael Ureña y Smenjaud verdanken wir verschiedene wichtige Textausgaben, u. a. den *Fuero de Zorita de los Canes* (1911) und die umfangreiche synoptische Ausgabe des *Forum Conche* in dessen lateinischer Fassung nebst verschiedener romanischer Versionen (1935) sowie die Ausgabe der für die Rezeption des Römischen Rechts so bedeutsamen Werke des Maestro Jacobo (1924). Galo Sánchez hat neben dem bereits erwähnten *Libro de los fueros de Castiella* verschiedene weitere lokale Fueros ediert. Seit der Begründung des *Anuario de Historia del Derecho Español* am Madrider *Instituto Nacional de Estudios Jurídicos* im Jahre 1924 ist diese Zeitschrift das wichtigste Organ der spanischen rechtshistorischen Forschung; in ihr erscheinen jährlich Editionen, die größtenteils einen hohen Verlässlichkeitsgrad aufweisen. Dort sind auch die hier verwendeten *Fazañas de Palenzuela*,[15] verschiedene Fueros und die palentinischen *Summulae* des Ugolino de Sesso[16] erschienen.

1919 erscheinen die von Ramón Menéndez Pidal edierten *Documentos lingüísticos de España, I, Reino de Castilla*, eine Sammlung von Texten, die sprachhistorisch von größter Bedeutung ist, da es sich durchweg um exakt datierte und genau transkribierte Urkunden handelt, die bis heute das wichtigste Referenzkorpus

---

feststellen, was umso erstaunlicher ist, als die *ADMYTE*-Ausgabe ja auf die Edition von Galo Sánchez zurückgreifen konnte.

13 Es wäre eine lohnende Aufgabe, die diachronischen Fehlinterpretationen systematisch zu untersuchen, die auf der Akademieausgabe der Partidas beruhen, die oft als wichtiger Text des 13. Jahrhunderts angesehen wurde. García Gallo (1951–52, 446) hat schon vor langer Zeit auf «[...] no sólo la insuficiencia, sino más bien la deficiencia, de todas las ediciones existentes de las *Partidas*» auch für die rechtshistorische Forschung hingewiesen.

14 García Gallo 1936–41, 308 bezeichnet diese Ausgabe als völlig ungenau und für die historische Forschung unbrauchbar.

15 García Gallo 1934, cf. 4.2.2.

16 Martínez 1991.

für die frühe Geschichte des Kastilischen darstellen, trotz der bekannten Nachteile von Rechtsurkunden wie formelhafter Stil und unklares Verhältnis von Skripta und sprachlicher Variation.[17] In der Nachfolge Menéndez Pidals sind zahlreiche weitere Urkunden transkribiert worden, so dass inzwischen eine ansehnliche Zahl von Rechtsdokumenten aus der ganzen Iberischen Halbinsel vorliegt.[18] Ein besonders hervorzuhebender Text ist der *Tratado de Cabreros*, der am 26. März 1206 unterzeichnet wurde und als erster Text eines gewissen Umfangs in kastilischer Sprache gilt. Er findet sich in der Dokumentensammlung von Julio González (1960).[19]

Im Bereich der *Fueros* sind im Laufe des 20. Jahrhunderts viele zuverlässige Ausgaben erschienen, neben den bereits erwähnten u. a. die Ausgabe des *Fuero de Madrid* (1932) von Agustín Millares Carlo, die Edition des *Fuero de León* von Vázquez de Parga (1944), die *Fueros de Sepúlveda* in der Edition von Emilio Sáez,[20] der *Fuero de Plasencia* von Eloisa Ramírez Vaquero (1987),[21] die hervorragend edierten Fueros der Cuenca-Familie von Jean Roudil (1968), der zu dieser Familie gehörende Fuero de Teruel von José Castañé Llinás (1991),[22] verschiedene navarresische und aragonesische Fueros wie etwa der *Fuero de Béjar* in der Edition von Juan Gutiérrez Cuadrado, der auch eine Edition des *Fuero de Úbeda* vorgelegt hat,[23] sowie Fueros, die außerhalb des kastilischen Gebietes von kastilischen Fueros abhängen.[24] Bereits zur Rezeption des Römischen Rechts gehört der *Fuero de Alcalá*, der von María Jesús Torrens Álvarez (2002) in einer philologisch mustergültigen Edition mit sprachhistorischem Kommentar vorgelegt wurde.

Was die präalfonsinischen Texte Römischen Rechts betrifft, so hatte schon Rafael Ureña wichtige Editionen vorgelegt. Erwähnenswert sind hier zudem die 1950 von Joaquín Cerdá veröffentlichte *Margarita de los Pleitos*, ein römisch-Kanonisches Prozesstraktat aus der Mitte des 13. Jahrhunderts, sowie die äußerst detaillierte und vollständige Ausgabe der *Summa de los nueve tiempos de los pleitos* des Jacobo de Junta von Jean Roudil (1985), die Teil einer Werksedition ist, von deren zweitem Teil, einer monumentalen, mehrbändigen Edition der *Flores de*

---

17 Cf. zu dieser Problematik jetzt Völker 2003.

18 Cf. die Übersicht in Frank/Hartmann 1997, V, 141ss. Was nicht heißt, dass es nicht auch noch große Forschungslücken gäbe. In den letzten Jahren sind dank der Dezentralisierung der sprachhistorischen Forschung auf der Iberischen Halbinsel v. a. in Galicien, León, Katalonien, Aragón, Navarra und Andalusien wichtige Ausgaben von Dokumenten erschienen. Dennoch lagert vieles noch unbearbeitet in den Archiven, so ist etwa in Portugal ein großer Teil der mittelalterlichen Dokumente noch unbearbeitet, weshalb dort immer noch bedeutende Funde erwartet werden können (cf. Bello Rivas 2001).

19 Cf. auch Wright 1982 u. 2001.

20 Ed. Segovia, Diputación 1953.

21 Ed. Mérida, Editora Regional de Extremadura 1987.

22 Ed. Teruel, Ayuntamiento 1991.

23 *Fuero de Béjar*, Salamanca, Universidad de Salamanca, 1974; *Fuero de Úbeda*, Valencia, Universidad, 1979.

24 Cf. etwa Lindley Cintra 1959. Eine umfangreiche Liste von Fueros und Editionen findet sich in dem Katalog von Barrero García/Alonso Martín (1989).

derecho, bereits verschiedene Bände erschienen sind (cf. 4.2.6.). 1984 publiziert Juan Antonio Arias Bonet die kastilische Version von *Lo codi* auf der Basis der beiden Manuskripte, eine Ausgabe, die leider verschiedene Mängel aufweist (cf. Kap. 4.2.5.).

Seit Walter Mettmann 1963 in seiner Bestandsaufnahme zur alfonsinischen Forschung den Mangel an getreuen juristischen Textausgaben feststellte,[25] sind auf diesem Gebiet einige erfreuliche Fortschritte gemacht worden.[26] Die einzige wirklich philologisch unzweifelhafte Ausgabe war bis zu diesem Zeitpunkt der von Vanderford 1945 publizierte *Setenario*, das erste alfonsinische Rechtsbuch, das allerdings eine gewisse Sonderstellung einnimmt, da es eigentlich nur in eingeschränktem Maße als juristischer Text zu bezeichnen ist. Ein wichtiger Schritt wurde 1975 mit der Veröffentlichung der *Primera Partida* durch Juan Antonio Arias Bonet auf der Basis des Manuskripts 20.787 des British Museum getan, da nun erstmals eine der sieben *Partidas* in einem zeitgenössischen Manuskript vorlag, das auf Ende des 13. Jahrhunderts datiert ist und die bisher allgemein verbreitete Akademieausgabe in einem neuen Licht erscheinen ließ. In den letzten Jahrzehnten sind die wichtigsten alfonsinischen Rechtstexte in verlässlichen Editionen erschienen:

- der *Fuero Real*, von dem etwa 40 Manuskripte überliefert sind, in der Ausgabe von Martínez Díez 1988 und in der akribischen Edition des Ms. Escorial Z.III16, das auf Ende 13./Anfang 14. Jahrhundert datiert wird, von Azucena Palacios Alcaine (1991);
- der *Espéculo*, von dem es nur zwei Manuskripte gibt, in der Ausgabe Martínez Díez 1985 und in der Mikrofilmausgabe der Universität Madison von Robert A. MacDonald (1990);[27]
- die *Segunda Partida* von Aurora Juarez Blanquer und Antonio Rubio Flores auf der Basis des Ms. 12794 der Madrider Nationalbibliothek, das Menéndez Pidal auf 1340–1360 datiert hatte.[28] Eine kritische Ausgabe der *Partidas*, ein wichtiges Desiderat sowohl für die historische und rechtshistorische als auch für die sprachgeschichtliche Forschung, steht immer noch aus. In jüngerer Zeit sind mehrere der älteren Ausgaben erneut aufgelegt worden.[29] Von den Partidas sind etwa 70 Manuskripte bekannt, zudem zahlreiche Fragmente.[30]

---

25 Mettmann (1963, 276) spricht mit Bezug auf die juristischen Texten davon, dass «Textkritik und Quellenforschung hier weit im Rückstand» lägen.

26 Cf. die – nicht mehr ganz aktuelle – Bibliographie von Craddock (1986) und die Übersicht von Cárdenas/Craddock/de Marco (1995).

27 Cf. MacDonald 1986, wo außerdem eine Gesamtausgabe der juristischen Werke Alfons des Weisen angekündigt wird.

28 Auf diesem Manuskript basiert auch die Edition eines Titels von Carpenter (1982).

29 So die glossierte Ausgabe von Gregorio López (1555) in Madrid, Boletín Oficial del Estado 1974; und die Ausgabe von Alonso Díaz de Montalvo (Sevilla 1491) von Gonzalo Martízen Díez in Valladolid, Lex Nova 1988. Diese Ausgabe wurde auch von Cynthia Wasick als Grundlage für die elektronische Edition in *Admyte 1* verwendet.

30 In den nächsten Jahren soll der *Fuero Juzgo* in einer umfangreichen Gesamtedition von einem internationalen Team koordiniert von José María García in Murcia neu ediert werden.

Für die alfonsinischen Rechtsbücher relevant sind auch die verschiedenen didaktischen Werke, die Sammlungen von *Exempla* oder die Weisheitsprosa. Auch hier sind in den letzten Jahren zahlreiche Editionen erschienen.[31]

Zudem sind in den letzten Jahren einige digitale Ausgaben altspanischer Rechtstexte erschienen. Besonders hervorzuheben ist das bereits mehrfach erwähnte Großprojekt *ADMYTE* (*Archivo digital de manuscritos y textos españoles*), das anläßlich des «Quinto centenario» im Jahre 1992 ein umfassendes historisches Textcorpus zur spanischen Sprachgeschichte anbieten wollte; es sind vier CD-Rom erschienen.[32] Besonders die erste CD-Rom, *Admyte 0*, enthält mehrere wichtige juristische Texte.[33] Für das Katalanische ist die 2003 erschienene elektronische Sammlung der *Furs de Jaume I* hervorzuheben. Außerdem finden sich im Internet mittlerweile immer mehr Textkorpora, die z. T. auch spanische Texte des Mittelalters umfassen.[34]

4.1.2. Zur Geschichte der kastilischen Gesetzesquellen bis 1348

4.1.2.1. Von den Ursprüngen der Rechtsentwicklung bis zur Römerzeit

Aufgrund des Fortwirkens früherer rechtshistorischer Entwicklungen ist es angebracht, eine kurze historische Darstellung von den Anfängen bis zur Mitte des 14. Jahrhunderts zu geben. Dabei ist der Anfangspunkt des Betrachtungszeitraumes eher vage und verbleibt im Dunkel der prähistorischen Zeit, während der Endpunkt im Jahre 1348 ein festes Datum hat, an dem im *Ordenamiento de Alcalá* die alfonsinische Kodifikation der *Siete Partidas* allgemein gültig wird und somit der Endpunkt der Entwicklung des 13. Jahrhunderts erst zu voller Wirkung gelangt. Bis dahin lassen sich verschiedene Phasen unterscheiden:

Eine derartige Zusammenarbeit und die Nutzung neuer technischer Mittel rücken auch eine kritische Edition der *Partidas* wieder in den Bereich des Möglichen.

31 So u. a. die Ausgabe von *Calila e Dimna* von Juan Manuel Cacho Blecua und María Jesús Lacarra (Madrid, Castalia 1984); verschiedene Texte der Exempla-Literatur, etwa der *Sendebar* von María Jesús Lacarra (Madrid, Cátedra 1989), oder der Weisheitsprosa, so der *Libro de los cien capítulos* von Agapito Rey (Bloomington, The University of Indiana Press 1960) und jetzt neu von Marta Haro Cortés (Frankfurt 1998). Eine Edition der *Flores de Filosofía* von Marta Haro und José Manuel Lucía Megías ist in Vorbereitung.

32 *Admyte 0*, *Admyte 1*, *Alfonso X: Siete Partidas*, *Propiedades de las Cosas*; Informationen unter http://www.micronet.es/q2.html bzw. http://www.admyte.com.

33 So den bereits erwähnten *Libro de los fueros de Castiella*, den *Fuero Juzgo*, die *Siete Partidas* und die *Leyes de Estilo*. Zur Kritik/Bewertung von *ADMYTE* cf. Feustle 1994, Marcos Marín 1994a u. 1994b, 179–229, Pellen 1997.

34 Neben der umfassenden bibliographischen Datenbank an der Universität Berkeley: http://sunsite.berkeley.edu/PhiloBiblon/phhm.html sind u. a. die folgenden Seiten mit Links zu Corpora erwähnenswert: http://polyglot.lss.wisc.edu/spanport/medieval/medhome.htm (University of Madison/Wisconsin); http://www.gugu.usal.es/~eco (Universität Salamanca); http://www.alcala.es/filmr (Universität Alcalá de Henares); http://orb.rhodes.edu/ (Online Reference Book for Medieval Studies); http://www.duke.edu/~garci/ (Duke University, N.C.).

- die vorrömische Zeit,
- die Zeit der römischen Herrschaft bis zur germanischen Eroberung,
- die Zeit der westgotischen Herrschaft bis zur arabischen Eroberung,
- die Zeit der arabischen Herrschaft mit Fortbestand der westgotischen Gesetzgebung sowohl unter den Mozarabern als auch in den christlichen Königreichen,
- die Entstehung des kastilischen Gewohnheitsrechts und des Foralrechts,
- die Rezeption des Römischen und Kanonischen Rechts und die großen Synthesen des 13. Jahrhunderts.

Diese Phasen sind keinesfalls klar voneinander zu trennen, so zeigt sich etwa im Foralrecht in verschiedenen Texten und zu verschiedenen Zeiten ein jeweils unterschiedlich geartetes Zusammenspiel von westgotischer Tradition (die wiederum aus der Mischung verschiedener römischer und germanischer Traditionen entstand), lokalem Gewohnheitsrecht (das u. U. vorrömisch oder germanisch geprägt ist) und römischen Elementen der Rezeption, worauf w. u. bei der Untersuchung der Texte näher einzugehen sein wird.

Aus vorrömischer Zeit sind relativ wenige Zeugnisse überliefert. Ähnlich wie in der sprachhistorischen Diskussion bestand jedoch auch in der rechtsgeschichtlichen Forschung die Tendenz, gewisse Elemente, die durch spätere Einflüsse nicht zu erklären waren, auf vorrömisches Substrat zurückzuführen. Dies wurde z. T. für die sog. *Troncalidad* (Zurückfall des Erbes bei fehlenden Erben auf die Familie, von der es kam) oder die *Mejora* (Bevorzugung eines der gesetzlichen Erben) angenommen oder für die Vermutung, es habe zumindest regional Mutterrecht vorgeherrscht. Meist wird jedoch hauptsächlich die fehlende Information hervorgehoben und betont, dass die Tatsache, dass die Iberische Halbinsel von vielen verschiedenen Völkern bewohnt wurde, sich wohl auch in zahlreichen unterschiedlichen Rechtsformen widergespiegelt habe.[35] Von verschiedenen der an den Küsten angesiedelten, in erster Linie phönizischen und griechischen Kolonien wird angenommen, dass sie gewisse Superstrateinflüsse hinterlassen haben, so die Griechen als Händler v. a. im Vertragsrecht. Für die spätere Entwicklung kann angenommen werden, dass gewisse Elemente des vorrömischen Gewohnheitsrechtes vorwiegend in ländlichen Regionen erhalten blieben.

Das römische Rechtssystem zeichnete sich nach der Eroberung der Iberischen Halbinsel vor allem durch zwei Hauptcharakteristika aus: hierarchische, zentralistische Organisation und Urbanität. Neben dem allgemein für das römische Imperium gültigen Recht, wie es u. a. im *Edictum perpetuum* oder *Codex Theodosii* festgehalten wurde, gab es zahlreiche Sondergesetze und Privilegien für Städte, Bezirke und Privatpersonen, wie sie in Stein- und Bronzeinschriften teilweise überliefert sind.[36] Eine Gesamtkodifikation des spezifisch spanischen Provinzialrechts ist nicht überliefert, Spuren davon finden sich jedoch im gotischen *Breviarium Aniani*. In ländlichen Gebieten blieb z. T. eine autochthone Gerichtsbarkeit mit einer gewissen Selbständigkeit bestehen, die jedoch den Städten unterstellt war.

---

35 Cf. García Gallo 1975, I, 31–44.

36 Cf. *Corpus Inscriptionum Latinarum*, Bd. II: Inscriptiones hispaniae latinae, Berlin 1869.

4.1.2.2. Von der Römerzeit bis zur westgotischen Tradition: *Forum iudicum* und *Fuero Juzgo*

Zu Beginn der germanischen Invasion blieb die Gültigkeit des römischen Provinzialrechtes in Hispanien bestehen. Nach der ersten Invasionswelle durch Alanen, Vandalen und Sweben zu Beginn des 5. Jahrhunderts eroberten die Westgoten, die jedoch zu diesem Zeitpunkt schon stark romanisiert waren, auf Drängen Roms die Iberische Halbinsel. Sie brachten ihr mündliches Gewohnheitsrecht mit nach Spanien, das eventuell dem in den ländlichen Regionen noch erhaltenen vorrömischen Gewohnheitsrecht artverwandt war.[37] Unter den Westgoten gilt zunächst die Trennung der Rechtssysteme: während das Römische Recht für die Mehrheit der Bevölkerung weiterhin gültig ist, gilt für die gotische Minderheit das gotische Recht. Zu Beginn des 6. Jahrhunderts schließlich wird das römische Provinzialrecht zusammengefasst im so genannten *Breviarium Aniani*, der *Lex romana wisigothorum*, die nach dem Kanzler Alarichs II., Anianus, benannt ist. Diese Gesetzessammlung berücksichtigt große Teile des vorjustinianischen Römischen Rechts und enthält z. T. auch, wenn auch völlig minderheitlich, germanische Elemente im Vertrags- und Strafrecht. Die Zeit der Abfassung des Breviariums entspricht einer «Verschriftungswelle», im Zuge derer auch das westgotische Recht schriftlich aufgezeichnet wird.[38] Das *Breviarium Aniani* erhielt bis zur Mitte des 7. Jahrhunderts immer wieder neue Zusätze; im Jahr 654 wurde seine weitere Anwendung durch Reccesvint verboten, da von nun ab allein gotisches Recht galt. Unter der absolutistischen Herrschaft Leovigilds (568–586), der v. a. durch die politische Einigung der Iberischen Halbinsel in die Geschichte einging – eine Einigung, die in gewisser Hinsicht auch zu einer relativen sprachlichen Einheit geführt haben mag –, wurde der Codex des Eurich revidiert. Dessen Sohn Reccared, der sich *Flavius Imperator* nannte, trat vom Arrianismus zum Katholizismus über und bewirkte damit eine Annäherung zwischen den arrianischen gotischen Herrschern und dem römisch-katholischen Volk. Auf verschiedenen toledanischen Konzilen wurde die juristische Trennung von Goten und Alteingesessenen schrittweise überwunden, gleichzeitig wurde den katholischen Geistlichen höhere Macht zugesprochen und dagegen die des arrianischen Adels beschnitten. Der wichtigste Schritt zur Umwandlung der alten Rechtstrennung in ein allgemeingültiges Territorialrecht für ganz Hispanien wurde auf dem 8. Konzil von Toledo vollzogen, wo der *Codex revisus* Leovigilds als alleiniges Recht vorgeschrieben und somit das römische Provinzialrecht außer Kraft gesetzt wurde. Unter Reccesvint wurde das gotische Recht weiter revidiert und zum *Liber judiciorum* ausgebaut. Diese Gesetzessammlung kann als Vorform des durch das 17. toledanische Konzil im Jahre 694 offizialisierten westgotischen Rechtsbuches des *Forum Iudicum* (auch: *Liber gotorum*, *Liber iudicis*, *Liber iudiciorum*, *Liber iudicum* oder einfach *Liber*; später: *Fuero Juzgo*) angesehen werden, des für das ge-

---

37 Cf. Rauchhaupt 1923, 21 u. Hinojosa 1910.

38 Die gotische Kodifizierung findet sogar noch einige Jahre vor der römischen im nur fragmentarisch erhaltenen *Codex Eurici* unter Euricus (Regierungszeit 467–485) statt, von dem Isidor von Sevilla sagt: «Sub hoc rege Gothi legum statuta in scriptis habere coeperunt, nam antea tantum moribus et consuetudine tenebantur», zit. n. Rauchhaupt 1923, 25.

samte spanische Mittelalter und teilweise darüber hinaus bedeutendsten Rechtsbuches auf der Iberischen Halbinsel, das auch als textuelles Modell Orientierung für eine Diskurstradition bleibt.[39] Neben der Gültigkeit des geschriebenen Rechts lebte jedoch – vor allem in ländlichen Regionen – einerseits das vorrömische Gewohnheitsrecht weiter fort (in der unter den Goten ungestört fortlebenden Form des *conventus publici vicinorum*), andererseits das sich damit mischende gotische Gewohnheitsrecht, das dann ab dem 11. Jahrhundert in den Fazañas und Fueros teilweise wieder in Erscheinung tritt.

Es mag mit dem Widerstand des arrianischen gotischen Adels gegen die Vereinheitlichungspolitik der Könige zusammenhängen, dass nach der arabischen Invasion im Jahre 711 die gesamte Iberische Halbinsel in kurzer Zeit unterworfen werden konnte.[40] Gleichzeitig ist dies der Moment, ab dem zumindest ideologisch die völlige Verschmelzung von Gotentum und Hispanität stattfindet: die Könige in den christlichen Gebieten sind Kontinuatoren westgotischer Tradition und zugleich alles andere als fremde Herrscher, wenngleich die Vorstellung von dieser Verschmelzung teils von der viel späteren epischen Tradition und der allgemeinen Reconquistaverherrlichung geprägt sein mag. Am deutlichsten lässt sie sich wohl in der Onomastik nachweisen und der Entwicklung der Namen der einstigen Unterdrücker – Rodrigo, Alfonso, Fernando, Gonzalo, Adolfo etc. – zu «typisch spanischen» Personennamen und Namen der spanischen Könige.[41]

Für die Geschichte der Sprachräume auf der Iberischen Halbinsel ist bekanntlicherweise die räumliche Aufteilung ab der arabischen Eroberung ausschlaggebend; in rechtshistorischer Hinsicht jedoch zeichnet sich der politische Bruch von 711 auch durch eine gewisse Kontinuität aus: sowohl unter arabischer Herrschaft als auch in den im Norden entstehenden Königreichen wird weiterhin nach dem westgotischen Rechtsbuch Recht gesprochen. Wesentliche Veränderungen treten erst im weiteren Verlauf der Geschichte ein, durch den Bedeutungsverlust des *Forum Iudicum* erstens in Teilen des arabisch beherrschten Gebietes, zweitens in Teilen der christlichen Gebiete im Zuge der Herausbildung des Foralsystems. Dies heißt jedoch nicht, dass das westgotische Recht wirklich außer Kraft gesetzt worden wäre, sondern lediglich, dass es z. T. durch andere, lokal gültige Rechtsverordnungen ergänzt wurde.[42] In bestimmten Gegenden geht dies sogar so weit, dass teilweise die völlige Ersetzung durch lokale Rechtsnormen stattgefunden haben soll.

---

39 Der *Fuero Juzgo* war in der Folgezeit sowohl in den arabischen als auch in den christlichen Gebieten geltendes Recht; trotz der Entwicklung des Foralsystems ab dem 11. Jahrhundert behielt er seine Gültigkeit. Verschiedene Übersetzungen in die Vulgärsprachen verhalfen ihm im 13. Jahrhundert zu erneuter Bedeutung; auch nach der Offizialisierung der *Siete Partidas* im 14. Jahrhundert wird er nach wie vor z. T. angewandt, vereinzelt sogar noch bis ins 19. Jahrhundert. Außerhalb Spaniens ist sein Einfluss u. a. auf die bairischen Gesetze Odilos im 8. Jahrhundert nachgewiesen.

40 Cf. Marcelino Menéndez Pelayo, *Historia de los heterodoxos españoles*, II, 209 u. 212. (v. Adolfo Bonilla y San Martín), Madrid, 1917 (2. Aufl.).

41 Cf. Lapesa 1981, 121s.

42 Beispiele für die kontinuierliche Anwendung des *Forum Iudicum* finden sich bei Rauchhaupt 1923, 58–59. Cf. auch Plettenberg 1994.

4.1.2.3. Exkurs: Die *Jueces de Castilla* – Geschichte und Mythos

Ramón Menéndez Pidal hatte versucht, die Besonderheit des Kastilischen in der Zeit der *Orígenes* zur rechtshistorischen Sonderstellung Kastiliens in Bezug zu setzen.[43] Die Legende erzählt, dass schon zur Zeit des ersten kastilischen Grafen Fernán González die Kastilier in Burgos alle auffindbaren Exemplare des westgotischen, toledanisch-leonesischen *Forum Iudicum* verbrannten, um statt nach dem geschriebenen Gesetz nach ihren oralen *consuetudines* zu richten. Diese Rebellion sei symptomatisch für den Charakter der Kastilier und schlage sich auch in ihrer Sprache nieder:

> «Castilla, al emanciparse así de la tradición de la corte visigoda tan seguida en León, al romper así con una norma común a toda España, surge como un pueblo innovador y de excepción. Retengamos esta característica que nos explicará la esencia del dialecto castellano» (Menéndez Pidal 1986 [1926], 475).

> «Castilla aparece en la Historia rechazando el código visigótico vigente en toda la Península y desarrollando una legislación consuetudinaria local. Pues lo mismo sucede en el lenguaje. El dialecto castellano representa en todas esas características una nota diferencial frente a los demás dialectos de España, como una fuerza rebelde y discordante que surge en la Cantabria y regiones circunvecinas» (ibd., 487).

Es scheint, als hätte Kastilien, der «Wilde Osten»[44] des Königreichs León, schon früh auch sprachlich eine gewisse Unabhängigkeit gegenüber der Hauptstadt erreicht, die sich u. a. in einer gewissen Ablehnung der in León bewahrten westgotischen Schriftkultur äußerte, die dort durch die hierarchische Organisation des Hofes und die Zuwanderung mozarabischer Schriftgelehrter bewahrt worden sei.

Es lohnt sich, die Entstehung dieser Idee ein wenig näher zu beleuchten, da es hier nämlich um ein interessantes Kapitel der Schaffung und Bewahrung eines Nationalmythos *a posteriori* geht, der bei näherer Betrachtung in der Zeit seiner schriftlichen Fixierung eine zweite Lesart bekommt, die sich nicht auf die Unabhängigkeit Kastiliens von León, sondern auf die Rivalität von Burgos und Toledo bezieht. Der Mythos fußt nämlich größtenteils auf literarischen und juristischen Quellen des 13. Jahrhunderts, auch wenn er sich auf eine viel frühere Zeit, nämlich

---

[43] Für das Folgende cf. Cotrait 1977, Martin 1997, Kabatek 1999a u. 1999b.

[44] «En esta zona no existían ni grandes latifundios agrícolas ni monasterios con grandes propiedades; y tampoco se instalaban en ella los artesanos ni los cultos sacerdotes mozárabes. La frontera militar de la España altomedieval era una especie de ‹salvaje oeste› en miniatura, que ejercía una atracción sobre los aventureros, los hombres combativos que preferían vivir en medio del peligro y la incomodidad a someterse a las jerarquías establecidas» (Jackson 1974, 33). Manuel Márquez-Sterling (1980, 34) setzt – z. T. im Sinne Menéndez Pidals – diese historischen Gegebenheiten zu den Besonderheiten des Kastilischen in Bezug: «The language they spoke in *la tierra de nadie* was, in consequence, freer to break its ties with Latin and to avoid as well the influence of Visigothic Romance reintroduced in León by the Mozarabs. In the 10th century, Castilian, this new and vigorous language of the frontier, contrasted with conservative Leonese, the language of the court. Its rapidly developing spelling structure, its tendency toward neologism and new euphonic expressions, rapidly left behind the archaic Romance spoken by the old Visigoths and by the new Leonese». Cf. auch Gimeno Menéndez 1995, 91.

das 9. oder 10. Jahrhundert bezieht. Eine der wichtigsten Quellen für diesen Mythos ist der in der zweiten Hälfte des 13. Jahrhunderts niedergeschriebene *Poema de Fernán González*, wo die Geschichte der Wahl unabhängiger *Alcaldes* oder *Caudillos* beschrieben wird, die nach dem Tod Alfons' des Enthaltsamen im Jahre 842 notwendig geworden sei, da dieser den Thron ohne Nachfolger zurückgelassen hatte.[45] Im Jahre 1799 nimmt der Benediktiner Benito Montejo in seiner *Disertacion sobre el principio de la independencia de Castilla, y soberania de sus Condes desde el célebre Fernan Gonzalez* die Geschichte der kastilischen Richter als historische Tatsache auf, wobei er sich neben dem *Poema de Fernán González* auch auf den *Chronicon mundi* von Lucas de Tuy (1236) und die Chronik *De rebus hispaniae* des Erzbischofs von Toledo, Rodrigo Ximénez de Rada (1243) beruft.[46] Montejo stützt sich darüber hinaus auf die bereits erwähnte, in einem Manuskript aus dem 14. Jahrhundert überlieferte Episode der Bücherverbrennung in Burgos.[47] Schon in der ersten Hälfte des 20. Jahrhunderts wird die Geschichte der *Jueces de Castilla* als nachträglich konstruierter Mythos entlarvt. Gleichzeitig aber wird der Mythos von verschiedenen Historikern am Leben erhalten, so v. a. von dem Weggefährten

---

45 So heißt es in den Versen 161–162 des *Poema* (Ausg. Zamora Vicente, 50):

«Quand vyeron castellanos la cosa assy yr,
e pora alçar rrey no s'podian avenir,
vyeron que syn pastor non podian byen veuir,
posyeron qui podiessen los canes rreferyr.
Todos los castellanos en uno s'acordaron,
dos omnes de grran[*d*] guisa por alcaldes alçaron,
los pueblos castellanos por ellos se guiaron,
que non posyeron rrey grran[*d*] tienpo duraron».

Andere Quellen situieren die Episode im Jahre 924 oder 925, während der Regierungszeit von Fruela II.

46 So heißt es bei Montejo 1799, 266: «Mas los Castellanos zelosos de su tratamiento decoroso y justo, sentidos de que no se les guardase el lugar que les competia, determinaron declinar aquel recurso y nombrar jueces entre sí mismos, que sin salir de su provincia y sin molestias compusiesen ó sentenciasen juridicamente sus diferencias».

47 Dem heutigen Ms. 431 der Biblioteca Nacional in Madrid. Dort steht innerhalb einer Sammlung von 20 Fazañas der folgende Passus (zit. n. *ADMYTE* Vol. 0): «[...] & q<u>a`ndo el conde ferra<n>t gu<n>çalez & los castella<n>nos se viero<n> fuera del poder del Rey de Leo<n>. touyeron se por bie<n> andantes & fuero<n> se p<ar>a burgos & ordenaro<n> aq<ue>l-lo q<ue> entendia<n> que les cu<m>plia. entre(s) las otras cos-sas cataro<n> el fuero que auyan q<ue> era el libro judgo et fallaron q<ue> dizia en el que q<u>i`en se agrauyasse del juyzio del alcalle q<ue> tomase alçada p<ar>a el Rey. Ot<r>o`sy las pe<n>nas que fuessen del Rey. & otras mu-chas cosas q<ue> Req<u>i`rien al Rey en el libro judgo. Et fallaro<n> que pues q<ue> non obedesçia<n> al Rey de Leon q<ue> no<n> les cu<m>plia aq<ue>l fuero. & enbiaro<n> por todos los libros q<ue> deste fuero q<ue> auyan en todo el condado et q<ue>maron los en la englera de burgos & ordenaro<n> alcall<e>s en las comarcas q<ue> librasen por aluydrio en esta man<er>a que delos pleytos q<ue> acaesçia<n> que eranbue<n>nos q<ue> aluydriasen el meior & delos co<n>trariosel menor da<n>no & este libramie<n>to q<ue> fincasse por} [fol. 174v] {CB1. faza<n>na para librar p<ar>a adelante» (cf. auch: Montejo 1799. 269 u. Sánchez 1929, 312s.).

Francos Fray Justo Pérez de Urbel, der sich wie kaum ein anderer mit der Epoche des Fernán González beschäftigt hat.[48] Pérez de Urbel übernimmt die Aussagen des *Poema* als historische Wahrheit[49] und begründet dies mit einer etwas vagen Vorstellung des historischen Wahrheitsgehaltes von epischer Literatur.[50] Menéndez Pidal stützt sich teilweise auf ähnliche Argumente – wenngleich mit weitaus größerer Vorsicht[51] – wenn er die «vieja tradición» zitiert, nach welcher die Kastilier das westgotische Rechtsbuch verbrannten.[52]

Es gibt aber auch noch eine zweite, kritische Traditionslinie, der zufolge der Jueces-Mythos erst zu Ende des 12. bzw. im Verlaufe des 13. Jahrhunderts entsteht; in einer Zeit, als Kastilien bereits eine Vormachtstellung auf der Iberischen Halbinsel erreicht hat. Hier ist zunächst der große Rechtshistoriker Galo Sánchez zu erwähnen, der den *Sinn* der Schaffung des Mythos in einer Reaktion auf die Dekadenz des Gewohnheitsrechts im 13. Jahrhundert sieht. Ähnlich spricht José María Ramos y Loscertales (1948, 103) von einer nachträglichen Konstruktion, die

---

48 So in dem populären Büchlein *Fernán González* von 1943 und in *Fernán González, el héroe que hizo a Castilla* (1952) sowie in den drei Bänden *Historia del Condado de Castilla* (Premio Francisco Franco [!] im Jahre 1944).

49 So finden sich in dem Büchlein *Fernán González, el héroe que hizo a Castilla* (Pérez de Urbel 1952) immer wieder Passagen wie «[...] como dirá algo más tarde el poema» (S. 10), «[...] lo que el poeta decía» (S. 11), «Algo sabía de esto el monje de Arlanza cuando decía en su poema» (S. 16), «Así contaban y cantaban las cosas en el siglo XIII. Testimonio tardío ciertamente, pero que no por eso debemos despreciar».

50 «Los investigadores modernos han demostrado que se trata de una leyenda, mejor dicho, de una gesta que de los juglares pasó a los historiadores. Lo que no nos han dicho es cómo nació, ni menos aún han podido relegarla al desván de los trastos inservibles para reconstruir el pasado. El nombre mismo de gesta le da pleno derecho a penetrar en el campo de la Historia, puesto que significa un suceso que impresionó vivamente al pueblo, el cual lo recogió en su memoria y le [sic!] repetió durante siglos conviertiéndolo en objeto de admiración y en paradigma de conducta; por eso en todas las gestas hay un amplio estrato plenamente histórico, que puede demostrarse casi siempre con ayuda de los documentos más fidedignos. Por lo demás, en las circunstancias en que se desenvolvía la vida de aquellos foramontanos, la medida era tan necesaria que, si no la conociésemos por la gesta, hubiera habido que suponerla. Tal vez no hubo una aclamación popular pero hubo una tentativa de resolver a su manera los pleitos y las diferencias, un concepto de la justicia y de la legalidad distinto al de Oviedo, una manera más expeditiva de aplicar el derecho, un procedimiento en los juicios, que se llamó juzgar por derecho de albedrío, y no por Fuero Juzgo, como en Oviedo» (Pérez de Urbel 1952, 18). Im Jahre 1980 werden dieselben Hypothesen von Manuel Márquez-Sterling wiederholt, wobei u. a. die umfangreiche, klärende Arbeit von Cotrait (1977) ignoriert wird.

51 Er weist u. a. darauf hin: «En todo esto hay evidentemente parte de leyenda, pero es cierto que Castilla se rebeló contra León y rechazó la legislación escrita, la legislación leonesa del Fuero Juzgo». Die Position Menéndez Pidals ist ein wenig zweideutig, denn einerseits kennt er natürlich die Spätgeschichte der «Erfindung» des Mythos genau, andererseits zitiert er weiterhin die Legende, um die Besonderheiten des Kastilischen zu erklären.

52 «[...] los castellanos recogieron todos los ejemplares del Fuero Juzgo que había por Castilla y los quemaron en la glera de Burgos, ordenando que los alcaldes juzgasen ‹por albedrío›, es decir, según su parecer y según las costumbres» (Menéndez Pidal 1986 [1926], 474).

aus der Notwendigkeit entstanden sei, die Persönlichkeit Kastiliens gegenüber den Nachbarterritorien zu unterstreichen. Besonders deutlich demontiert die postum veröffentlichte Arbeit von René Cotrait (1977) die Legende, indem hier u. a. nachgezeichnet wird, wie die Geschichte der Jueces entsteht und mit allerlei mythischem Material vermischt wird, unter anderem auch im Rückgriff auf die Bibel.[53] Auffällig ist aber das Auftauchen des Mythos gerade im 13. Jahrhundert, in einer Zeit, in der ein Konflikt der Rechtstraditionen wirklich bestand, wenn auch nicht mehr zwischen Burgos und Oviedo oder León, sondern zwischen Burgos und dem jetzigen Königssitz Toledo.[54] Wahr scheint an dem Mythos zu sein, dass die Tradition des westgotischen Rechts in Kastilien stark abgeschwächt war und besonders im 11. und 12. Jahrhundert das parallel dazu existierende mündliche Gewohnheitsrecht eine vorrangige Bedeutung erhält.[55]

Galo Sánchez hat gezeigt, wie die orale Gesetzgebung in Nordkastilien bis ins 13. und teilweise bis ins 14. Jahrhundert vorherrschte. Der *Fuero Juzgo* wurde eher sporadisch angewandt; was vorherrschte, war ein auf lokalem Usus bestehendes Recht, das aus konkreten *Fazañas*, konkreten Begebenheiten, abgeleitet wurde.[56]

[Ende des Exkurses].

4.1.2.4. *Fazañas* und *Fueros*

Praktisch überall auf der Iberischen Halbinsel haben sich seit vorrömischer Zeit wie in ganz Europa in unterschiedlichem Ausmaß gewohnheitsrechtliche Elemente erhalten. Als schriftliche Quellen für das Gewohnheitsrecht dienen uns erstens in ver-

---

53 So wird gezeigt, dass die *Jueces* z. T. die Züge von David und Salomon tragen: «le nombre des personnages mis à part, la structure de l'épisode biblique et celle de la légende castillane se ressemblent fort» (Cotrait 1977, 429). Hierauf hatte auch schon Alvar 1972 [1969], XXII hingewiesen. Cf. auch Masseport 1972.

54 In einem am Madrider Consejo Superior de Investigaciones Científicas situierten Forschungsprojekt wird derzeit von Pilar Azcárate, Julio Escalona, Cristina Jular und Miguel Larrañaga die umfassende Schaffung des Mythos von Fernán González im 13. Jahrhundert gründlich aufbearbeitet. Es wurde festgestellt, dass die Konstruktion im Wesentlichen von den drei Klöstern Arlanza, Silos und San Millán geschaffen wurde, die jeweils einen lokalen Bezug des Fernán González – und damit des vermeintlichen Beginns der eigenständigen kastilischen Tradition – beweisen wollten. Dabei wurden von allen drei Klöstern neben der Erfindung von Reliquien zahlreiche Rechtsdokumente gefälscht (u.a. durch Einfügung der *votos* de Fernán González) und historiographische Texte am entsprechenden Mythos ausgerichtet; das Gedicht von Fernán González erscheint dabei als eine der entscheidenden Maßnahmen des Klosters von Arlanza, den Grafen für sich zu beanspruchen.

55 Eine ausführliche Dekonstruktion des Mythos findet sich auch bei Guilarte (1989).

56 «Castilla, tierra sin leyes, es la patria de las fazañas, el país del derecho libre» (Sánchez 1929, 263). Cf. auch Cotrait 1977, 430 n. 78: «Le déclin du *Libro Juzgo* et le recours croissant à la fazaña, c'est à dire au libre arbitre du juge, caractérisent la pratique judiciaire castillane du XIIe siècle. La *fazaña* se transforme en *fuero* vers la fin du XIIe siècle et le début du XIIIe, avec l'intense activité des cortes et des rois et la réception des droits étrangers. Parallèlement, la fazaña diminue, et le créateur de la jurisprudence, le juge, devient simple exécutant. Très rares seront sous le règne d'Alfonso X les véritables fazañas, et le roi les condamne».

schiedenen Sammlungen überlieferte *Fazañas*, zweitens die zahlreichen, lokal gültigen Rechtsprivilegien, die in den so genannten *Fueros municipales* erhalten sind, und drittens gewisse gewohnheitsrechtliche Elemente, die in Vertragsdokumenten oder Testamenten enthalten sind. Dabei ist vor allem die Unterscheidung zwischen *Fazaña* und *Fuero* besonders wichtig, da es hier letztlich nicht nur um den Unterschied zwischen zwei Typen von Rechtsquellen, sondern von verschiedenen Abstraktionsgraden zwischen Fall und Norm geht, einen Unterschied, der auch für die Gestalt der Texte Bedeutung hat.

Der Begriff *Fazaña* (zunächst *Facania*) taucht in verschiedenen Texten ab dem 12. Jahrhundert auf.[57] Die Bedeutung von *Fazaña* ist zunächst einfach die von 'Begebenheit', 'Tat', im juristischen Kontext im Sinne von 'Fall' bzw. 'Richtspruch', wobei im Allgemeinen ein Rechtsfall, der auf einer menschlichen Tat beruht, gemeint ist.[58] Die spätere Bedeutungsverschiebung zu *Hazaña* 'heroische Tat' beruht auf einem teilweisen lexikalischen Schwund und der Überlieferung der Bedeutung v. a. durch die epische Literatur.[59] Dies heißt aber nicht, dass *Fazaña* in der epischen Literatur bereits 'heroische Tat' bedeuten muss, sondern ebenso 'Begebenheit', 'Tat' wie im juristischen Kontext; doch die Taten eines epischen Helden sind eben zweifellos heroischer Natur.[60] Aus den Rechtstexten können zwei Bedeutungen von *Fazaña* abgeleitet werden: einerseits die bereits beschriebene, andererseits eine metonymische Bedeutung von 'Text, der eine Tat oder einen Fall protokolliert'. Dabei handelt es sich meist um kurze Beschreibungen einer Tat und von deren rechtlichen Konsequenzen, z. T. unter Nennung des Ortes, der beteiligten

---

[57] Zu den *Fazañas* allgemein cf. Gómez Redondo 1998, 89–94.

[58] Es ist einer jener typischen Begriffe eines Rechts, das auch in seiner Terminologie alltagsnah ist: «Die Vielfalt der in Europa bis in das Hochmittelalter gebräuchlichen Worte zur Bezeichnung des Rechts und der Gerichtsbarkeit lebt vom Handgreiflichen» (Hattenhauer 1992, 68).

[59] Diese Bedeutung ist in späteren Zeiten, etwa im Quijote, die vorherrschende, wo sowohl die archaisierende Form *fazaña* (I, II, 160: *fazañas que le hiciessen digno de su gracia*; I, II, 166: *el que hizo essa fazaña fue mi amo*), als auch die Form *hazaña* zu finden ist (II, III, 6: *las hazañas que hicieron*; II, III, 61: *todas las hazañas que auia acometido*; II, III, 28: *caualleros hazañosos*). Das *DRAE* unterscheidet zwischen fazaña: 'ant.: sentencia dada en un pleito' und hazaña: 'acción o hecho, y especialmente hecho ilustre, señalado, heróico'. So auch schon im *Diccionario de Autoridades*: 'hecho heróico, famóso, y singular', und bei Covarrubias: 'el hecho heroyco, famoso, del verbo hazer'. Corominas weist auf die Schwierigkeit hin, *fazaña* von facere abzuleiten und bietet als Alternative ar. *hásana*, 'gutes Werk', 'verdienstvolle Tat' an. Jedenfalls ergibt sich bis zum 14. Jahrhundert die Doppeldeutigkeit 'Tat'/'Richtspruch' aus dem Fallrecht, wo der Richtspruch eben mit der Tat verbunden bleibt und nicht auf einer abstrakten Rechtsnorm beruht; man könnte also sagen, dass die Kontiguität von Fall und Urteil diese Metonymie ermöglicht.

[60] Im Übrigen handelt es sich hier um einen sehr häufigen Prozess der Bedeutungsverschiebung. Das Wort *Hazaña* könnte man ansehen als Wort, das nicht mehr durch das Sprachsystem, sondern durch bestimmte Texte früherer Sprachstufen übertragen wird. Seine Bedeutung wird daher auf die in den Übertragungstexten gegebenen kontextuell bestimmten Sinn eingeschränkt (oder erweitert). Heute ist die übliche Bedeutung 'große Tat'/'Mordstat'.

Personen und der rechtssprechenden oder Recht vollziehenden Instanzen und Personen.

Die Frage nach Alter und Verbreitung der Fazañas im ersten Sinne erübrigt sich, da es Rechtsfälle seit der Existenz menschlicher Kultur gibt; es kann also im rechtshistorischen Sinn (der dann auch sprachhistorisch relevant ist) nur darum gehen, welche Bedeutung und Funktion die Fazañas im Verlaufe der altspanischen Rechtsgeschichte hatten. Dabei wären u. a. folgende Möglichkeiten denkbar: man könnte in den Fazañas Fallbeschreibungen für reine Protokollierungszwecke sehen, oder Fallbeispiele, die als Orientierung für die weitere Rechtssprechung dienten. In Bezug auf die Institutionen könnten die Fazañas auch als Fallprotokolle angesehen werden, die zur Vorlage bei höheren Instanzen dienten, um die Rechtsprechung zu autorisieren. In der Tat deutet der Forschungsstand in der spanischen Rechtsgeschichte darauf hin, dass verschiedene Faktoren eine gewisse Rolle gespielt haben. Es scheint, als hätten die lokalen Richter im Verlaufe der Reconquista (in verschiedenen Gegenden in verschiedenem Maße) z. T. abweichend vom *Forum Iudicum* oder über dieses hinausgehend Recht gesprochen. Diese lokale Rechtssprechung basierte nicht auf geschriebenen, abstrakten Rechtsnormen, sondern auf gemeinschaftlicher und individueller Erfahrung. Dies heißt nicht, dass dabei keine abstrakten Rechtsnormen existieren würden, denn schließlich liegt implizit jeder konkreten Rechtshandlung eine abstrakte Norm zu Grunde, genauso wie jede abstrakte Norm implizit Fälle ihrer Anwendung beinhaltet. Doch geht es nicht um eine an geschriebenen, durch gesellschaftliche Obrigkeit festgesetzte Normen orientierte Rechtssprechung, sondern um die auf der Erfahrung und dem Wissen der Richter beruhende Beurteilung der Fälle. Die Fälle bilden in ihrer Überlieferung einen Orientierungsrahmen für die Richter, die gewissen Prinzipien folgen und zudem ihr Handeln in jeweils neuen Fällen mit dem überlieferten Handeln in früheren, ähnlichen Fällen vergleichen. Die Überlieferung ist dabei einerseits aufgrund nichtsprachlicher symbolischer Handlungen vorstellbar, andererseits als mündliche Überlieferung. Der konkrete Bezugsrahmen (Orte, Namen) deutet auf eine weitgehende lokale Begrenztheit hin, die in ihrer Versprachlichung auf verschiedene, in der Erfahrungswelt der Akteure bekannte Umfelder Bezug nehmen kann (cf. w. u. 4.2.2.).

Nun werden zu einem gewissen Zeitpunkt die lokalen Gewohnheitsrechte verschriftet und als Sammlungen von Privilegien für bestimmte Orte von Seiten der Obrigkeit als rechtsverbindlich erklärt. Die erste bekannte Sammlung dieser Art ist das *Forum Legionis*, der *Fuero de León* vom 26.10.1020.[61] Vorgänger der Fueros waren die bereits in den vorhergehenden Jahrhunderten festgeschriebenen *Cartas pueblas*, die sich jedoch meist auf die unmittelbaren Territoralprivilegien und Nutzungsrechte begrenzten, während die Sammlungen von Fueros verschiedene allgemein gültige Einzelvorschriften enthielten. Im Gegensatz zu den Fazañas enthalten die Fueros allgemeinere, lokal gültige Rechtsnormen, die z. T. durch Fallbeschreibungen ergänzt oder erläutert werden. Nun wird einerseits gesagt, die *Fueros* seien aus den *Fazañas* hervorgegangen und sozusagen der Versuch, auf der

---

[61] Edition v. Vázquez de Parga in *AHDE*, XV, 1944.

Basis der konkreten gewohnheitsrechtlichen Fälle abstraktere Normen zu schaffen.[62] Andererseits heißt dies nicht, dass durch Verleihung von Fueros die Dynamik der Fazañas aufgehoben würde: es ist in einzelnen Gebieten vielmehr nachweisbar, dass aufgrund neuer lokaler Rechtsprechung auch die Fueros z. T. erweitert werden und somit das lokale Richterrecht legitimiert wird. Es ist eine große Zahl von so genannten *Fueros municipales* überliefert, die sich über mehrere Jahrhunderte hin erstrecken und daher keinesfalls einheitlich sind. Bei der Untersuchung der Fueros ist daher zu berücksichtigen, dass hier unter einem Oberbegriff eine große Bandbreite verschiedener Rechtsverordnungen zusammengefasst wird, die sich von solchen Normen, die stark am Fuero Juzgo orientiert sind und diesen nur ergänzen oder erweitern, über Festschreibungen lokaler Gewohnheitsrechte bis hin zu Rechtsnormen, die bereits in vollem Maße die Rezeption des Römischen Rechts widerspiegeln, erstrecken.[63] In der spanischen Rechtsgeschichtsschreibung hat sich eine doppelte Unterscheidung bezüglich der Fueros allgemein durchgesetzt. Einerseits wird unterschieden zwischen *Fueros breves* und *Fueros extensos*, eine quantitative Unterscheidung, der auch unterschiedliche Texttraditionen entsprechen. Andererseits unterscheidet man *Fueros municipales*, die nur lokale Gültigkeit an einem Ort haben, und *Fueros territoriales*, die für ein größeres Gebiet gelten.

Die auffällige Ausbreitung des Foralrechts ab dem 11. Jahrhundert lässt sich vor allem durch den Fortgang der Reconquista erklären. Dass die königliche Macht bei der Eroberung sehr stark von der Unterstützung des loklalen Adels und später auch der Städte abhängig war, nutzten diese durch erhöhte Einflussnahme und zur Absicherung ihrer Privilegien aus.[64] Das Foralrecht schreibt die mündliche lokale Rechtsprechung fest und besteht zunächst nur aus einzelnen, den Fuero Juzgo ergänzenden Rechtsnormen.[65] Im 11. und 12. Jahrhundert werden insgesamt Hunderte von Fueros verliehen, die von Ort zu Ort Unterschiede aufweisen, die z. T. aber minimal sind, da häufig neu eroberten Gebieten Fueros verliehen wurden, die auf einem bereits existierenden Fuero-Modell fußten, wobei dieses der veränderten Toponymik und einigen lokalen Besonderheiten mehr oder weniger stark angepasst wurde. Dadurch entstehen so genannte «Fuero-Familien», von denen einige in zahlreichen rechtshistorischen und sprachhistorischen Arbeiten fast komplett rekon-

---

62 Die einem Aufsatz von Galo Sánchez (1929) entstammende Formel *La Fazaña se convierte en fuero* ist zu einem Bonmot der spanischen Rechtsgeschichte geworden und wird an unzähligen Stellen, oft ohne Nennung der Quelle, wiederholt.

63 «Los elementos que forman el Fuero son variadísimos y de todo tipo. Así encontramos en ellos cartas pueblas, enteras o fragmentadas; privilegios sueltos; costumbres; decisiones judiciales o fazañas; fueros de otras localidades recogidos en ellos, enteros o fragmentarios; redacciones territoriales; preceptos romano-comunes a partir de los siglos XII y XIII; creaciones de juristas, ordenanzas redactadas por el Concejo de la ciudad misma, etc.» (Pérez Prendes 1986, 523).

64 So sagt Rauchhaupt 1923, 60: «Der König, um die Leistungen der ihm dienenden Adligen und Städte zu belohnen und sich auch für die Zukunft zu sichern, mußte ihnen Privilegien über Privilegien geben».

65 «Recogido o no por escrito, el *fuero* constituía al comenzar el siglo XIII el ordenamiento jurídico tradicional y profundamente arraigado que regía la vida de cada pueblo» (García Gallo 1984, 135).

struiert worden sind. Es werden nach geographischen Kriterien und aufgrund ihrer Filiation im Wesentlichen vier große Fuero-Familien auf der Iberischen Halbinsel unterschieden:[66]

- eine erste, die die östlichen Pyrenäen, Navarra, das Ebrotal und die Rioja umfasst,
- eine zweite, die Soria, Segovia, den Westen Aragóns und Teruel einschließt,
- eine dritte zwischen Duero und Tajo, mit den umfassenden Fueros von Zamora, Salamanca, Ledesma und Alba de Tormes,
- eine vierte mit den katalanischen *Costums* aus dem 13. Jahrhundert.

Das Foralrecht erreicht seinen Höhepunkt im 12. Jahrhundert, wobei im Laufe dieses Jahrhunderts im Zuge des Wiedereinsetzens der gelehrten Rechtsprechung die Fueros z. T. zu ausführlichen Kodifikationen ausgebaut wurden, die bereits die Renaissance des Römischen Rechts widerspiegeln. Auch im 13. Jahrhundert werden zahlreiche Fueros von den Königen bestätigt; dabei erlebt das Foralrecht einen letzten Aufschwung durch die Schaffung umfangreicher romanischer Texte und durch die Übersetzung des westgotischen Gesetzesbuches als *Fuero Juzgo* unter Ferdinand dem Heiligen im Jahre 1241 und dessen Verleihung als *Fuero municipal* an verschiedene der eroberten andalusischen Städte.[67] Das Foralrecht zersplitterte jedoch das Königreich in rechtlicher Hinsicht stark und minderte die zentrale Macht des Königs.[68] Es ist daher kaum verwunderlich, dass dieser versuchte, das Foralrecht einzudämmen und nach einer zentralen Gesetzgebung strebte, die auch im Sinne des aufstrebenden Bürgertums zur Durchsetzung von Interessen gegen den lokalen Adel lag. Für die Schaffung einer solchen zentralen Gesetzgebung war die Voraussetzung der weitgehende Abschluss der Reconquista und damit eine gewisse territoriale Stabilität, in der nicht stets die neu eroberten Gebiete neue Privilegien und die alten aufgrund ihrer Hilfe Privilegserweiterungen fordern konnten.

4.1.2.5. Die alfonsinische Kodifikation

Es ist demnach bestimmt kein Zufall, dass nach der Eroberung Andalusiens (bis auf Granada) in der ersten Hälfte des 13. Jahrhunderts unter Ferdinand dem Heiligen in der zweiten Hälfte der Versuch der rechtlichen Einigung der Herrschaftsgebiete Kastiliens durch dessen Sohn Alfons X. folgt. Die Quelle für die Vereinheitlichung

---

66 Cf. Palacios Alcaine 1991, V; García Gallo 1956, 425ss., Arvizu Galarraga 1977.

67 Die Wiederbelebung des westgotischen Rechts durch die Übersetzung und Verleihung des Fuero Juzgo ist bereits ein Ansatz zu einer zentralistischen Gesetzesreform und leitet bereits die Renaissance des Römischen Rechts ein: auch das westgotische Recht steht in römischer Tradition und ist zentral bestimmtes Königsrecht; der Schritt zum justinianischen Kaiserrecht ist somit wesentlich geringer geworden. Zur Frage der Bedeutung der romanischen Sprache siehe w. u. 4.2.4.–4.2.7.

68 Die Dekadenz des Foralrechts setzt in verschiedenen Regionen in unterschiedlichem Maße im 13. Jahrhundert ein. Vor allem in den nichtkastilischen Regionen halten sich die Fueros z. T. noch Jahrhunderte. Die archaischen galicischen *Decreta* z. B. werden erst in den 1920er Jahren abgelöst.

findet Alfons der Weise im Römischen Recht, das er bereits in seiner Jugend kennen lernt[69] und das um die Mitte des 13. Jahrhunderts bereits in kastilischer Sprache in verschiedenen Traktaten, die zum Teil im unmittelbaren Umfeld des Infanten Alfons entstanden sind, zur Verfügung steht. Es sind dies die Prozesstraktate und Summen seines Lehrers Jacobo de Junta, der in Bologna studiert hatte und wahrscheinlich italienischer Herkunft war,[70] sowie andere Texte Römischen Rechts: die *Margarita de los pleitos*, die *Summa aurea* oder *Lo codi*. Die Bolognesische Renaissance, die schon seit Ende des 12. Jahrhunderts auch Kastilien erreicht hatte, hatte zunächst zu einer begrenzten Rezeptionsbewegung unter einigen hohen Geistlichen und im Studium von Palencia geführt; in einer zweiten Phase, in der Handel, Städte und Notariate ein Grundwissen vor allem über römische Prozessabläufe benötigten, wurden dann erste volkssprachliche Traktate geschaffen. Die dritte Phase nun bringt eine Wende zur höfischen Rezeption, zur Nationalisierung des Römischen Rechts, die unter Ferdinand eingeleitet und von Alfons dem Weisen weitergeführt und weitgehend vollendet wird. Das Römische Recht ist Kaiserrecht, also auf die Zentralmacht ausgerichtet. Die imperialen Gedanken und Ideale Justinians wie ewig gültiges Gesetz, Zentralismus, Einheitlichkeit, Spracheinheit und universelle Gültigkeit müssen bei Alfons vor allem in der Zeit seines Strebens nach der römischen Kaiserkrone zu einem hohen Grad an Identifikation geführt haben.[71]

Alfons der Weise regt die Schaffung eines kastilischen Rechts nach römischem Vorbild an, was zur Schaffung verschiedener Rechtsbücher noch zu seinen Lebzeiten und einer kontinuierlichen Beschäftigung mit Römischem Recht am Hof – im durch die Übersetzerschule ohnehin für Rezeptionsbewegungen besonders empfänglichen Toledo – führt, einem Recht, das damit zum kastilischen Nationalrecht wird. Über die Chronologie der alfonsinischen Rechtswerke und deren jeweilige Rechtsgültigkeit gibt es unterschiedliche Ansichten. Seit Martínez Marina war es in der spanischen Rechtsgeschichtsschreibung üblich, von einer ambigen Haltung Alfons' des Weisen zu sprechen, der einerseits das «neue» Recht schaffen lässt, andererseits den *Fuero Juzgo* und verschiedene lokale Fueros bestätigt. Im *Fuero Real*, der ab 1255 verschiedenen Orten verliehen wird, zeigt sich eine Mischung aus kastilischem und Römischem Recht, während in dem alfonsinischen Hauptwerk, den *Siete Partidas*, vorwiegend Elemente gelehrten Römischen und Kanonischen Rechts aufgenommen werden. Die beiden hauptsächlichen Gegenpositionen in der Interpretation der Chronologie der alfonsinischen Rechtstexte sind diejenigen von Alfonso García Gallo und Jerry Craddock. Während Craddock (1981) aus Datierungen in den Werken selbst abgeleitet hat, dass der so genannte

---

69 Es scheint, dass auch der Beiname «el Sabio» sich ursprünglich nicht unbedingt auf einen «Weisen», sondern auf eine Person bezieht, die «die alten Sachen kennt», einen Schriftgelehrten also, der eine klassische Bildung hat. Cf. Bizzarri 1990; Gómez Redondo 1998, 241–293 u. 423–469 und die Texte der Weisheitsprosa wie die *Flores de Filosofía* oder der *Libro de los cien capítulos*.

70 Cf. w. u. 4.2.6.

71 Alfons' Anspruch, römischer Kaiser zu werden, fußte auf seiner Abstammung: seine Mutter, Beatrix von Schwaben, die 1219 seinen Vater geheiratet hatte, war Enkelin von Friedrich Barbarossa und Urenkelin des Kaisers von Konstantinopel, Andronikos Komnenos.

Espéculo, der nur in unvollständiger Fassung überliefert ist und teilweise wörtlich in den *Partidas* wieder aufgenommen wird, am 5. Mai 1255 fertiggestellt wurde, der *Fuero Real* am 25.8.1255 und die *Partidas* zwischen 23.6.1256 und 28.8.1265, wobei sie ab 1272 erneut bearbeitet worden seien, vertritt García Gallo (1984) die Ansicht, die innovative Politik Alfons' des Weisen habe 1258 mit dem *Espéculo* begonnen, der bis 1272 offiziell gegolten habe. Erst *nach* dem Tode Alfons hätten einige Juristen mit der Erarbeitung der *Partidas* begonnen, während andere Juristen ein praktischeres Werk, den *Fuero Real*, geschaffen hätten (ibd., S. 100). Als Argumente gegen die Datierungen Craddocks führt García Gallo vor allem die Tatsache auf, dass die Manuskripte, auf die sich Craddock bezieht, alle neueren Datums und die Jahreszahlangaben nicht verlässlich seien. García Gallo zufolge sind die folgenden Jahreszahlen richtig:

- *Espéculo*: 1255
- *Fuero Real*: 1269
- *Partidas*: ca. 1290

Als ungeklärt sieht García Gallo die Datierung des *Setenario* an, der nach dem Inhalt zu schließen wohl noch unter Fernando el Santo begonnen wurde und unter Alfons X. fertig gestellt worden ist.

Aber auch García Gallos Datierung ist umstritten, und in der neueren Forschung wird eher wieder Craddocks Chronologie für wahrscheinlich gehalten. Nach Iglesia Ferreirós (1986, 277) ist es absurd anzunehmen, bei dem 1255 verschiedenen Städten verliehenen Gesetzesbuch habe es sich um den *Espéculo* gehandelt und nicht um den *Fuero Real*. In der Zeit der fünfziger Jahre sei der *Espéculo* erst geschrieben und um 1258 in der überlieferten Form fertig gestellt worden; schon ab 1256 habe man aber mit dem umfangreichen Projekt der *Partidas* begonnen und die Arbeit am *Espéculo* daher aufgegeben, der von den Partidas absorbiert wurde. Die Darstellung Craddocks läßt sich auch besser mit dem das Leben des Alfons lange Zeit bestimmenden Streben nach der Kaiserkrone verbinden. Die Ankunft der pisanischen Gesandten, die Alfons 1256 vorschlagen, Kaiser zu werden, führt zu einem fundamentalen Wandel am Hof: es setzt eine vermehrte Internationalisierung ein, eine kaiserliche Kanzlei wird neben der königlichen geschaffen und das Hofleben wird mehr und mehr durch die Präsenz von italienischen Gelehrten geprägt. In einer solchen Situation ist es nicht verwunderlich, wenn auch die vorherigen legislativen Pläne geändert werden. Der erste Plan der Partidas fälllt laut Craddock genau in diese Zeit. Nach dem Scheitern der imperialen Pläne (im Jahre 1272 wird Rudolf von Habsburg zum Kaiser gewählt; 1275 verzichtet Alfons definitiv auf die Krone) ändert sich die Situation erneut grundlegend: die ausländische Präsenz am Hof reduziert sich deutlich, der kastilische Adel versucht, die neue Machtsituation zu nutzen und verschiedene Fueros werden wiederhergestellt. Alfons wendet sich dann zu einer neuen Form der Kodifikation, den nun siebenteilig angelegten Partidas, deren sieben Anfangsbuchstaben seinem Namen entsprechen.

Es kann hier nicht geklärt werden, welcher der Datierungsvorschläge historisch zutreffend ist, doch kann aus sprachlichen und textuellen Gründen gesagt werden, dass der *Fuero Real* einer niedrigeren Elaborationsstufe entspricht als *Espéculo* und

Partidas und erst die letzten beiden Werke der umfassenden Rezeption des Römischen Rechts in Form und Inhalt entsprechen.

In der Herrschaftszeit Alfons' des Weisen scheitert der Versuch der Implementierung des neuen Rechts zwar noch, doch wird zumindest die Schaffung von darauf fußenden Texten erreicht bzw. in die Wege geleitet. Dabei kommt der Widerstand gegen die Vereinheitlichung nicht etwa aus den neu eroberten Gebieten, sondern von den altkastilischen Städten im Norden. Bekannt ist dieser Widerstand vor allem aus Burgos.[72] Aus toledanischer Sicht war es einleuchtend, den neuen Gebieten keine eigenen Privilegien zuzugestehen, sondern sie direkt der Zentralmacht zu unterstellen. Die Städte im Norden hingegen verfügten über ihre alten Privilegien und gewachsene Machtstrukturen, die ein Gegengewicht zur Zentralmacht und gegen die Schwächung der lokalen Selbstbestimmung bilden konnten.

Alfons der Weise versucht, in der Tradition des Justinianus das gesamte Recht umfassend und dauerhaft schriftlich zu fixieren. Im Prolog des *Espéculo* findet sich die diesbezügliche Passage, die sich in ähnlicher Form in den Prologen des *Fuero Real* und der *Partidas* wiederfindet:[73]

> «[...] entendiendo e veyendo los males que nasçen e sse leuantauan en las tierras e en los nuestros rregnos por los muchos ffueros que eran en las villas e en las tierras departidas en muchas maneras, que los vnos sse iulgauan por ffueros de libros minguados e non conplidos e los otros sse iudgan por ffazanas dessaguissadas e ssin derecho [...] ffeziemos estas leys que sson escriptas en este libro» (*Espéculo*, ed. Martínez Díez 1985, 101/102).

In der *Primera partida* heißt die entsprechende Stelle wie folgt (ed. Arias Bonet, 1975, 4):

> «[...] nos, el sobredicho rey don Alfonso, entendiendo e ueyendo los grandes males que nascíen e se leuantauan entre las gentes de nuestro sennorío por los muchos fueros que usauan en las uillas e en las tierras, que eran contra Dios e contra derecho, assí que los uno se iudgauan por fazannas desaguisadas e sin razón, e los otros por libros minguados de derecho, e aún aquellos libros rayen e escriuíen y lo que les semeiaua a pro dellos e a danno de los pueblos, tolliendo a los reyes su poderío e sus derechos e tomándolo pora ssí lo que non deuíe seer fecho en ninguna manera. E por todas estas razones minguauase la iusticia e el derecho, porque los que auíen de iudgar los pleytos no podíen en cierto ni complidamientre dar los iuyzios, ante los dauan a uentura e a su uoluntad, e los que recibíen el danno non podíen auer iusticia ni emienda, assí cuemo deuíen. Onde nos, por toller todos estos males que dicho auemos, fiziemos estas leyes que son scriptas en este libro, a seruicio de Dios e a pro comunal de todos los de nuestro sennorío, porque connoscan e entiendan ciertamientre el derecho, e sepan obrar por él e guardarse de fazer yerro porque no cayan en pena. E tomamoslas de los buenos fueros e de las buenas costumbres de Castiella e de

---

72 Am 25. August 1255 wird Burgos der *Fuero Real* verliehen, kurz darauf Valladolid. Im Prolog findet sich eine ähnliche Passage wie die oben zitierte des *Espéculo*. Es ging dem König darum, die immense Macht der Adligen zu brechen. Gleichzeitig versucht Alfons, die Kaiserkrone zu bekommen. Beide Missionen scheitern schließlich: er wird nicht Kaiser und die Städte behalten ihre alten Rechte (cf. Ballesteros Beretta 1963, 142ss.).

73 Es ist auch auffällig, wie ausführlich sich der Text des *Espéculo* mit den Schreibern beschäftigt. Der Título XII des 3. Buches, *De los escrivanos*, besteht aus 61 Gesetzen. Zur Bedeutung der Schriftkultur für die alfonsinische Gesetzgebung cf. Spangenberg 1988.

León e del derecho que fallamos que es más comunal e más prouechoso para las gentes en todo el mundo».

Im *Libro de los fueros de Castiella* findet sich eine Verordnung, die konkret auf die Richter von Burgos bezogen die Verwendung des geschriebenen Rechts vorschreibt:

> «{RUB. CC.xLvij. Titulo delos alcall<e>s de Burgos que iuzga<n> los p<r>i`uileios.}{IN3.} Esto es por fuero que los alcall<e>s de Burgos juzgan por fuero los p<r>i`-uilegios que tiene<n> esc<r>i`ptos delos Re-yes & lo al lo que semeia derecho a ellos & alos otros om<n>es bue<n>nos dela villa & lo q<ue>}[fol. 86r]{CB1.es sc<r>i`pto delos Reyes eso es fuero & lo al quenon es sc<r>i`pto delos Reyes & no<n> es otorgado o juzgado en casa del Rey no<n> es fuero fasta que sea juzgado & otorgado en casa del Rey por fuero» (zit. n. *ADMYTE 0*).

Die burgalesischen Adligen waren mit den zentralistisch-imperialistischen Bemühungen des Königs, das Recht schriftlich zu fixieren und für alle verbindlich zu machen, gar nicht einverstanden, wie man in der *Crónica de Alfonso X* nachlesen kann. Sie wiesen den schriftlichen *Fuero Real* zurück, wollten ihr Gewohnheitsrecht behalten und leisteten so lange Widerstand, bis der König nachgab und ihnen die alten Fueros zubilligte. Erst im 14. Jahrhundert müssen auch sie die offizielle königliche Rechtsprechung akzeptieren, wenn im *Ordenamiento de Alcalá* von 1348 die *Siete Partidas* offizialisiert werden.[74]

---

[74] Im 13. Jahrhundert macht denn auch unter aktuellen Gesichtspunkten die Konstruktion des oben beschriebenen Jueces-Mythos einen Sinn: die freien Richter in Burgos wollen sich nicht unter die Macht des Königs stellen, auch wenn der König im Mythos in León, in der Gegenwart aber in Toledo sitzt. Es wäre diesbezüglich interessant, eine zeitgenössische Lesart des *Poema de mio Cid* vorzuschlagen, der bekanntlich nicht vor dem 13. Jahrhundert in geschriebener Fassung überliefert ist und dessen ältestes Manuskript sogar von Anfang des 14. Jahrhunderts (wobei es sich wohl um eine Kopie eines Manuskripts von Anfang des 13. Jahrhunderts handelt) stammt. Der gesamte Cid kann – in einer solchen Lesart – als großes literarisches Symbolwerk der Freiheit gegen die zentrale Königsmacht interpretiert werden. So ist der Cid in der Verbannung, weil König Alfons dies angeordnet hatte, nicht der X., aber mit Namensübereinstimmung. In Burgos übernachtet der Cid auf der *Glera*, am Ufer des Flusses, genau dem Ort, wo nach dem Mythos die Bücherverbrennung des *Fuero Juzgo* stattgefunden hat. Der Cid steht nach dem Mythos in direkter Abstammungslinie zu einem der burgalesischen Richter. Der König, die Zentralmacht, verbietet den Burgalesen durch *carta*, d. h. durch ein schriftliches Rechtsdokument, den Cid zu beherbergen, während dessen Vasallen ihm durch Handküsse und mündliche Schwüre, d. h. durch aus dem oralen Recht entstammende symbolische Handlungen, die Treue bekunden. Der burgalesische Bürger Martín Antolínez, der dem Cid trotz Strafandrohung hilft, ist die Symbolfigur des Bürgertums der Stadt gegen die zentrale Macht. Dabei lehnt der Cid sich nicht direkt gegen den König auf, er fordert nur die Anerkennung seiner eigenen Unabhängigkeit. Die juristische Symbolik, die sich durch den gesamten Cid hindurchzieht, unterstützt diesen Interpretationsansatz. Damit soll keineswegs an der viel früheren Datierung des Werks gezweifelt werden, diese Lesart könnte jedoch eine Erklärung für dessen große Verbreitung und schriftliche Fixierung, wohl in einem gelehrten Milieu (Wright 1989, 342ss.), gerade im 13. Jahrhundert, bieten. Cf. auch Ubieto 1957; Gómez Redondo 1998, 76ss. Zur Rechtssymbolik im *Poema de mio Cid* cf. Hinojosa 1899; Smith 1977, 63–85; Dutton 1980, 14.

Es zeigt sich also in Bezug auf die Rechtsgeschichte eine Spaltung Kastiliens, die wir aus den unterschiedlichen Texten burgalesischer und toledanischer Herkunft im 13. Jahrhundert ableiten können. In Toledo finden die europäischen Innovationen bereitwillige Aufnahme, während man in Burgos auf den alten lokalen Traditionen verharrt.[75] Aber die Vormacht in Kastilien hatte man sowieso schon längere Zeit an die Hauptstadt abgeben müssen, auch wenn dies keine völlige Unterordnung bedeutet und der Antagonismus zwischen Altkastilien und Neukastilien bestehen bleibt.

Toledo wird also ab Mitte des 13. Jahrhunderts zum Zentrum der dritten Phase der Bolognesischen Renaissance in Kastilien. Damit verbindet sich diese dritte Phase auch mit dem wichtigsten politischen Zentrum der Iberischen Halbinsel und dem Zentrum des Ausbaus der kastilischen Schriftsprache schlechthin.

4.2. Textvergleich

4.2.1. Begründung der Textauswahl und Vorgehensweise

Nach der historischen Situierung der kastilischen Gesetzestexttraditionen können wir jetzt auf die in der Einleitung bereits kurz vorgestellten Beispieltexte zurückkommen und diese dabei um drei weitere ergänzen. Die Texte, die nun genauer betrachtet werden sollen, sind folgende:[76]

- die so genannten *Fazañas de Palenzuela*, in der Edition von Alfonso García Gallo,
- den *Fuero de Madrid* in der Edition von Agustín Millares Carlo,
- Ausschnitte aus dem *Libro de los fueros de Castiella* in der elektronischen Edition von *ADMYTE*,
- Ausschnitte aus der kastilischen Version von *Lo codi*, in eigener Edition,
- die *Flores de Derecho* des Jacobo de las Leyes, in den Editionen von Ureña y Smenjaud/Bonilla y San Martín (1924) und Roudil (2000/2002),
- die *Primera Partida* Alfons' des Weisen in der Edition von *ADMYTE* und in der Edition von Juan Antonio Arias Bonet nach dem noch aus dem 13. Jahrhundert stammenden Manuskript *add. 20.787* des British Museum (in Auszügen).

Die *Fazañas de Palenzuela* wurden als ältester überlieferter Text kastilischen Fallrechts ausgewählt, da sie sowohl sprachgeschichtlich als auch rechtsgeschichtlich durch ihren archaischen Charakter eine besondere Stellung einnehmen. Der *Fuero*

---

[75] Es sei betont, dass es nicht um eine genaue geographische Fixierung geht. Auch wenn die verschiedenen Rechtsformen – und folglich die verschiedenen Texttraditionen – an unterschiedlichen Orten vorherrschend sind, wird damit keinesfalls ihr Nebeneinander auch am selben Ort ausgeschlossen.

[76] Ein Teil der Texte lag bereits in digitalisierten Fassungen vor, andere wurden für diese Arbeit aus publizierten Arbeiten gescannt und korrigiert; die Texte des *Libro de los fueros de Castiella* wurden auf der Basis der digitalen Version in *ADMYTE* und der alten Transkription von Galo Sánchez am Manuskript korrigiert; der Text des kastilischen *Codi* wurde direkt aus den Manuskripten ediert.

de Madrid ist einer der ältesten überlieferten kastilischen Fueros, der in einer verlässlichen, auf ein frühes Manuskript zurückgehenden Edition vorliegt und in typischer Weise die sprachlichen und textuellen Züge eines lokalen Fueros repräsentiert. Die im *Libro de los Fueros* enthaltenen Fazañas und Fueros sind für eine spätere Phase des Kontakts archaischen Rechts nach vollzogener und stabilisierter romanischer Verschriftung repräsentativ. Die Bedeutung von *Lo codi* für die Rezeption des Römischen Rechts wurde w. o. schon ausführlich hervorgehoben; die kastilische Übersetzung überträgt die in Südfrankreich in die Volkssprache übernommene Diskurstradition der Codex-Gesamtsumma ins Kastilische. Die *Flores de Derecho* sind im Gegensatz zu *Lo codi* keine Übersetzung, sondern eine eigene kastilische Kreation und stellen eine unmittelbare Vorstufe zur alfonsinischen Kodifikation dar, bei welcher der Verfasser der *Flores* eine zentrale Rolle spielt. Die Wahl der *Primera Partida* rechtfertigt sich aus zweierlei Gründen: erstens stellen die *Partidas* unbestrittenermaßen den Höhepunkt des mit der Rezeption des Römischen Rechts einsetzenden Ausbauprozesses der kastilischen Rechtssprache im Mittelalter dar und zweitens handelt es sich bei dem Londoner Manuskript um das einzige, das wirklich aus dem 13. Jahrhundert stammt und somit als repräsentativ für die juristische Schriftlichkeit dieser Zeit angesehen werden kann.

Neben diesem grundlegenden Textcorpus, das ausführlich vorgestellt und dessen einzelne Texte verglichen werden sollen, wird an mehreren Stellen auf weitere, ergänzende Texte hinzuweisen sein; so u. a. auf verschiedene Texte der lateinischen Tradition (das lateinische *Forum Iudicum*, lateinische Texte des kastilischen Foralrechts, palentinische *Summulae* Römischen Rechts, römische Rechtstexte und mittelalterliche lateinische *Summae* Römischen Rechts), auf Dokumente der Rechtsanwendung (v. a. die von Menéndez Pidal publizierten *Documentos lingüísticos*), weitere Fueros, die romanische Version des *Fuero Juzgo*, präalfonsinische Texte der Rezeption des Römischen Rechts und schließlich das gesamte alfonsinische Corpus juristischer Texte, vom *Setenario* über den *Fuero Real* und den *Espéculo* bis zu den *Partidas*. Darüber hinaus werden auch Bezüge zu anderen Texttraditionen, v. a. zu didaktischen Texten, aber auch zu den historiographischen Texten, herzustellen sein. Von den zwei möglichen Wegen des Textvergleichs – Einzelbeschreibung oder Direktvergleich der Texte – soll hier aus Gründen der Übersichtlichkeit der erste Weg gewählt werden.

4.2.1.1. Schema zur Beschreibung der Texte

Die Untersuchung der Texte wird jeweils nach einem Schema erfolgen, das beginnend bei der äußeren Beschreibung über die textuellen Eigenschaften bis zur sprachlichen Charakterisierung reicht. Die Beschreibung erfolgt nach ähnlichen Kriterien wie die des okzitanischen Codi in Kapitel 3, doch wird sie hier zur Begrenzung des Umfangs ein wenig gestrafft und systematisiert werden und soll außerdem als weiteren Faktor die explizite Beschreibung der Umfelder mit einbeziehen, da es hier bei der Darstellung der verschiedenen Texte um den gesamten kommunikativen Rahmen gehen soll, in den diese einzuordnen sind. Wie sich zeigen wird, korrelieren nämlich gerade Veränderungen verschiedener Umfelderkonstellationen mit den textuellen und sprachlichen Unterschieden der einzelnen Texte und Texttraditionen.

Die Texte werden jeweils nach dem folgenden Schema betrachtet:

1. In einem ersten Schritt sollen die Manuskripte und die jeweils verwendeten Editionen genannt werden, wobei hier jeweils auch einige allgemeine Informationen zur Text- und Rezeptionsgeschichte gegeben werden.

2. Im zweiten Schritt sollen Inhalt und äußere Textform näher bestimmt werden. Beide Größen werden deshalb zunächst gemeinsam behandelt, weil eine enge Beziehung zwischen ihnen besteht. Ziel der Beschreibung der Textform ist die Herausarbeitung derjenigen Eigenschaften, die diese Form bestimmen und eine objektive Klassifikation der Form erlauben, wobei auch gefragt werden soll, welches das Verhältnis von objektiver Einordnung zu eventuell im Text selbst genannter Eigenkategorisierung ist.

3. Der dritte Schritt besteht in der Darstellung der *Textfinalität* oder Handlungsabsicht. Hier muss geprüft werden, ob es Indizien dafür gibt, welches die Finalität der Produktion des Textes war, ob er zur Aufbewahrung bestimmt war oder nicht, wobei auch – in unserem Fall – die Frage der Sprachenwahl zu stellen ist: ob aus dem Text ein Trennungsbewusstsein zwischen Latein und romanischer Sprache abzulesen ist, weshalb hier das Romanische gewählt wurde, welches das Verhältnis zu anderen Sprachen – vor allem dem Latein – innerhalb des Textes und über den Text hinaus ist und worin, bei einem mehrsprachigen Text, die Funktion der jeweiligen Textpassagen in der einen oder der anderen Sprache liegt.

4. Viertens sollen, soweit dies aus der zeitlichen und räumlichen Distanz möglich ist, verschiedene *Umfelder* des jeweiligen Textes beschrieben werden,[77] was z. T. bereits im dritten Abschnitt geschieht, nun aber systematisch und mit Bezug vor allem auf den Text selbst (und weniger auf die Finalität der Text*produktion*) unter Anwendung der in der Einleitung vorgestellten Umfelderdifferenzierung (cf. 1.2.2.6.) geleistet werden soll.

Es wird nicht immer Bezug auf alle Umfeldertypen genommen werden können, sie sollen jedoch als Raster für die Textanalyse dienen.

5. Der fünfte Schritt betrifft die Darstellung transphrastischer und syntaktischer Eigenschaften. Hier wird es wie bereits oben bei der Beschreibung des Codi neben einigen allgemeinen Beobachtungen vor allem darum gehen, auf die in den jeweiligen Texten vorkommenden Techniken der Junktion einzugehen.

6. Im sechsten und letzten Abschnitt sollen Informationen zum Wortschatz der jeweiligen Texte gegeben werden.[78]

Zusammenfassend seien die verschiedenen Schritte nochmals schematisch dargestellt:[79]

---

[77] Im Sinne dessen, was Wulf Oesterreicher (u. a. in Oesterreicher 2001) als «Rekontextualisierung» bezeichnet hat.

[78] Der Wortschatz der Texte wurde mit dem Programm WordSmith Tools 2.0 jeweils nach Formen (auch Affixen) geordnet, außerdem wurde die Frequenz der einzelnen Formen und die Type-Token-Relation analysiert.

[79] Die Zahlen von 1 bis 6 entsprechen den jeweiligen Unterkapiteln, also entspricht z. B. im Kapitel zum Fuero de Madrid (4.2.3.) das Unterkapitel 4.2.3.4. der Beschreibung der Umfelder und 4.2.3.6. der Beschreibung des Wortschatzes.

1.) Manuskripte/Editionen/Grundinformation
2.) Inhalt und Textform/Kategorisierung
3.) Textfinalität/Sprachenwahl
4.) Umfelder
   a) Situation
   b) Region (Zone – Bereich – Umgebung)
   c) Kontext
      einzelsprachlicher Kontext
      Redekontext
      Außer-Rede-Kontext (physisch – empirisch – natürlich –praktisch/okkasionell – historisch – kulturell)
   d) Redeuniversum
5.) Transphrastik und Syntax; Junktion
6.) Wortschatz

4.2.2. *Die Fazañas de Palenzuela*

4.2.2.1. Der erste zu betrachtende Text[80] stammt aus dem letzten Drittel des 12. Jahrhunderts. Es handelt sich dabei um das früheste erhaltene Zeugnis altkastilischen Fallrechts in romanischer Sprache. Diese *Fazañas* wurden erstmals von García Gallo (1934) veröffentlicht, der seine Edition mit einigen Ausführungen zum rechtshistorischen Status und zur zeitlichen Einordnung verband. Der Titel «Fazañas de Palenzuela» ist allgemein üblich, seit der Text so in Menéndez Pidals *Crestomatia* aufgenommen wurde.[81] Im Manuskript ist der Text folgendermaßen überschrieben: *Iste sunt facanias qui continge[runt] in Palencia Comitis.*

Die Fazañas finden sich als Anhang zum *Fuero de Palenzuela* als Teil des Ms. 697 der Biblioteca Real in Madrid.

Der Text nimmt die Vorder- und Rückseite eines einzigen Blattes ein (im Ms. 279 *r* u. *v*). Es trägt die Nummer 41, die auf eine Paginierung in einem anderen Kodex zurückzugehen scheint. Es ist wahrscheinlich, dass es sich ursprünglich um ein einzelnes, unabhängiges Blatt gehandelt hat, das erst nachträglich zu dem Fuero, zu dem der Text einen engen Bezug hat, hinzugefügt wurde.

4.2.2.2. Es handelt sich bei dem Text um eine Liste von acht Rechtsfällen. Diese reihen sich in einer parallelen Struktur aneinander; die Teilung wird jeweils markiert durch die Eingangsformel und das Wort *facania*, das rekurrent am Anfang eines jeden Falles steht. Die Liste weist zudem an Kohäsionselementen neben der parallelen Struktur einen Anfangsmarker (*prima* facania) und in sechs Fällen je eine textanaphorische Markierung durch *alia* auf, die dem Text Kontinuität und – trotz der Unabhängigkeit der einzelnen Fälle – eine gewisse Kohärenz verleiht. Schematisch könnte die Makrostruktur folgendermaßen dargestellt werden:

---

80 Der Text findet sich im Internet unter der Adresse http://www.kabatek.de/bologna bzw. http://www.niemeyer.de/links/link_material.html

81 *Crestomatia*, I, 62–63.

1	prima	↓	facania
2	alia	↑	facania
3	alia	↑	facania
4	alia	↑	facania
5	alia	↑	facania
6	alia	↑	facania
7			facania
8	alia	↑	facania

Fig. 20: Textkohäsion in den *Fazañas de Palenzuela*

Innerhalb dieser Makrostruktur lässt sich eine Binnengliederung erkennen, die allerdings nur lose festgelegt scheint und nicht auf ein explizit festgelegtes Formular hindeutet, wohl aber auf einen kanonischen Texttyp *Fazaña*, mit obligatorischen und optativen Elementen (sozusagen «Textaktanten» und «Textzirkumstanten»).

Die obligatorischen Elemente lassen sich an der kürzesten Fazaña, Nr. 6, illustrieren:

> «6. De alia facaña. En cassa Micael Saluadorez seia vna olla cum calida ad igneum et trastornod la olla sobre la moça et muriod et pectaren la olla a Palaçio» (García Gallo 1934, 531).

Es sind dies folgende:

- Nennung des Texttyps (*De facaña*),
- Ortsangabe (*En cassa Micael Saluadorez*),
- Personenangabe (*Micael Saluadorez, la moça*),
- Fallbeschreibung (*seia vna olla cum calida ad igneum et trastornod la olla sobre la moça et muriod*),
- Sanktion (*et pectaren la olla a Palaçio*).

Diese minimale Form wird in allen Fällen eingehalten; es wäre denkbar, dass gewisse Elemente gewissermaßen «elliptisch» wegfallen, da durch die Parallelstruktur nach einigen Fällen durch den Kontext klar ist, dass es sich um *Fazañas* handelt. Doch haben wir es mit lose verbundenen Einzeltexten zu tun, weshalb dies nicht geschieht.

Die Grundform wird in anderen Fällen durch Textzirkumstanten ergänzt. Im ersten Fall findet sich eine Dreigliederung:

1. Texttypnennung/Ortsnennung/Autoritätsbezug,
2. Personennennung/Fallnennung,
3. Sanktionsnennung (mit Nennung des Gerichtsorts)/Gesetzesbezug/Autoritätsbezug/Richternennung.

Auffällig ist in diesem Fall der vergleichsweise große Umfang des ersten und dritten Teils, während der zweite Teil auf zwei Worte – *tres latrones* – beschränkt ist, wobei der Begriff *latrones* Personen- und Tatnennung vereint.

Die Nennung des Wortes *facania* in der prominenten Anfangsposition dient der klaren Identifikation einerseits des jeweiligen Beginns einer Fallbeschreibung, andererseits eines bestimmten rekurrenten Text- und Inhaltsmusters, dem juristisch eine bestimmte Funktion entspricht. Die Selbstkategorisierung Facania/Fazaña bezieht sich auf den Einzelfall als Text; die minimalen kohäsiven Hinweise auf einen Gesamtzusammenhang der acht Fälle ändern wenig an deren Unabhängigkeit: jeder Fall steht für sich und ist für sich vollständig, die Ordnung könnte beliebig geändert werden, die Nennung des *prima* und *alia* ist lediglich eine äußere, willkürliche Linearisierung. Bei der objektiven Klassifikation dieses Texttyps kann der Name Fazaña übernommen werden, wobei aufgrund inhaltlicher und sprachlicher Kriterien eine auffällige Nähe zum Texttyp «Notiz» auszumachen ist, einem in weiten Teilen Europas verbreiteten Texttyp, der die zur Erstellung einer Rechtsurkunde wichtigen Informationen stichwortartig notiert. Unter den ersten Zeugnissen romanischer Sprachen finden sich verschiedene *Noticias*, so auch die beiden berühmten Fälle der altleonesischen *Nodicia de Kesos* und der portugiesischen *Notícia de torto,*[82] die seit Lindley Cintras Arbeiten als ältester bekannter portugiesischer Text gilt.[83]

4.2.2.3. Bei der Frage der Textfinalität gibt es verschiedene Interpretationsmöglichkeiten, jedoch keine eindeutige Antwort. Aufgrund verschiedener Eigenschaften ist anzunehmen, dass die ursprüngliche Hauptfunktion die Archivierung (oder eher eine Hilfe zur Memorisierung) der beschriebenen Fälle sein sollte; die Verschriftung ist denn auch im Umkreis jener lokalen Richter und *Merinos* zu suchen, die im Text selbst genannt werden. Eine ausführliche Diskussion über die Finalität eines verwandten Textes findet sich im Bereich der Lusitanistik im Falle der Notícias. Im Portugiesischen, wo weder Glossen noch Zeugnisse einer frühen epischen Literatur überliefert sind, zählen die Notícias zu den ältesten Sprachdenkmälern und haben daher besondere Beachtung gefunden. Mehrere der portugiesischen Notícias weisen ähnliche Charakterzüge einer archaischen, z. T. stark latinisierenden Romanität auf wie die Fazañas. Die *Notícia de torto* wird von Cintra (1990, 23) und Castro (1991, 224) als «rascunho», als 'Skizze' bezeichnet,[84] die zur späteren Ausarbeitung einer lateinischen Urkunde gedient haben soll. Dagegen meinen andere Autoren wie Eduardo Borges Nunes oder Ana Maria Martins (1997) aufgrund weiterer, lateinischer Notizen, es handle sich um einen Dokumenttyp, der der persönlichen Datensammlung diene und keine unmittelbare juristische Funktion habe; es gehe also in erster

---

82 Zur *Notícia de torto* cf. v. a. Cintra 1971 u. 1990. Für das Folgende cf. Martins 1997.

83 Die *Notícia de torto* soll in dem Zeitraum zwischen 1210 und 1216 entstanden sein, eventuell auch früher (zur Datierung cf. Cintra 1990, 26; Costa 1979, 300; Castro 1991, 228; cf. auch Frank/Hartmann 1997, V, 347). Ana Maria Martins (1997) hat darauf hingewiesen, dass es noch mehrere vergleichbare Texte gibt und etwa eine portugiesische (oder vorrangig portugiesische) *Notícia de auer* veröffentlicht, die aus paläographischen und sprachlichen Gründen eher aus den letzten Jahrzehnten des 12. Jahrhundert als aus dem 13. Jahrhundert zu stammen scheint.

84 Frank/Hartmann/Kürschner 1997 sprechen von einer «charte» und nennen die *Notícia* einen «[...] brouillon de notaire probablement destiné à être traduit en latin».

Linie um die persönliche Memorisierung von Informationen,[85] was einerseits den geringen Elaborationsgrad erkläre, andererseits auch die Tatsache, dass einige Notícias bis in die Gegenwart erhalten blieben, denn ein Text zur Memorisierung werde aufbewahrt, während dies bei einer Konzeptnotiz nicht nötig sei.

Die in der spanischen Rechtsgeschichtsschreibung übliche Einschätzung der Bedeutung der Fazañas ließe jedoch noch eine dritte Interpretation zu, nach welcher nämlich die Fazaña selbst bereits ein Rechtsdokument wäre, da ja im Fallrecht der Fall selbst bereits Modell für die weitere Rechtssprechung – auch ohne Existenz einer explizit formulierten abstrakten Norm – ist.[86] Gegen die Interpretation als Skizze für eine Rechtsurkunde spricht im Falle der Fazañas auch die Tatsache, dass es hier gar nicht um Inhalte geht, wie sie in Urkunden verschriftet werden, denn es sind ja Strafrechtsfälle, die allerhöchstens Inhalt von Gerichtsprotokollen oder von Gesetzestexten wären. Dafür, dass es sich um Rechtsdokumente handelt, lässt sich ein Indiz finden in den Schlussworten der ersten Facania: *hec est.* An dieser Stelle des Textes erscheinen diese Worte etwas ungewöhnlich, bei denen es sich zweifelsohne um ein Zitat aus dem üblichen Urkundenbeginn *hec est carta* handelt,[87] ein Element, das eigentlich auf den physischen Kontext des Textes, nämlich das Pergament oder sonstiges Material, worauf er geschrieben ist, verweist. Die festgelegte, repetitive Formel verleiht dem Dokument gleichzeitig Rechtskraft und verweist auf den eigentlichen, juristischen Sinn des Textes (vgl. dt. *hiermit*, frz. *par la présente*, nsp. *por la presente* etc.). Dieser Formelteil wird hier gewissermaßen ausgeschnitten und am Ende der Facania eingefügt, obwohl der Bezug zu einem Dokument, einer *carta* fehlt und der Sinn somit auf den ersten Blick kaum nachvollziehbar scheint. Man muss annehmen, dass es sich hier um eine einerseits elliptische, andererseits metonymische Verwendung handelt, durch die das *hec est* wie zu einem «Stempel» wird, der unter die Facania als Verweis auf die Rechtsgültigkeit gesetzt wurde: «und es gilt!»

Was das Verhältnis zwischen Romanischem und Lateinischem angeht, so scheint dieses hier mit dem Wechsel elaborierter Textabschnitte mit weniger elaborierten zusammenzuhängen. Bei der Beschreibung konkreter Sachverhalte kommt das Romanische zum Einsatz, da hier spontan formuliert werden muss und keine Muster zur Verfügung stehen, während in den fixierten Teilen immer wieder auf das Lateinische zurückgegriffen wird. Man hat den Eindruck, hier werde das Romanische aus Gründen der Ökonomie verwendet, weil die romanische Verschriftung ohne Rückgriff auf Formelbücher oder Glossare geschehen kann; manche sich wiederholende Formeln aber stehen in der lateinischen Form zur Verfügung,

---

85 «[...] as ‹notícias› seriam memorandos não destinados a uma forma e aplicação jurídicas» (Martins 1997, 106).

86 Für diese Interpretation spricht die gesamte alfonsinische Kodifikation, die sich explizit gegen die Fazañas, die gewohnheitsrechtlichen Fälle, richtet, die Modelle für die Richter waren.

87 Cf. etwa die von Menéndez Pidal, *Documentos* edierten Urkunden Nr. 18 und 40 aus dem 12. Jahrhundert, die mit *hec est carta* beginnen. Es handelt sich dabei um eine allgemein verbreitete Formel, die auf der gesamten Iberischen Halbinsel und in Südfrankreich auch in romanischsprachigen Dokumenten verwendet wird.

und es ist am einfachsten, sie in der bekannten Form zu übernehmen, wie sich an verschiedenen Stellen zeigt:[88]

- *prima facania qui fuit facta* (1)
- *nihil pectet et hec est* (1)
- *in suas manus et per suo foro* (2)
- *cum comite D. Ponz et cum...* (8)
- *supra nominatus* (8)

Außerhalb der Formelteile finden sich nur sporadisch eindeutig lateinische Formen, die jedoch in den meisten Fällen problemlos «romanisch lesbar» sind, und u. U. normale Verschriftungsmöglichkeiten für romanische Formen darstellen, auch wenn es einige Sonderfälle gibt (2.: *aducit*; 6.: *igneum*).[89]

Es handelt sich hier um vergleichbare Phänomene wie in den kastilischen Urkunden aus derselben Zeit,[90] in denen memorisierte lateinische Texte sich mit spontan verschrifteten romanischen Texten abwechseln: der Schreiber kennt ein bestimmtes Formelinventar und bestimmte konkrete Texte; aus diesen übernimmt er gewisse Passagen, während er bei neu zu verschriftenden Sachverhalten auf die Übertragung des Gesprochenen ins schriftliche Medium zurückgreifen muss. Dabei bleibt offen, ob dies nur deshalb geschieht, weil der Schreiber kein besseres Latein beherrscht, wie in Berceos berühmter Formel,[91] oder ob es schlicht übliche Praxis ist und das Gesprochene einfach als andere Form derselben Sprache angesehen wird. Es wird hier jedenfalls nicht versucht, eine neue, andere, vom Lateinischen weitgehend unabhängige Sprache zu schreiben. Aus objektiver Sicht muss der Text dennoch als überwiegend romanisch angesehen werden, da sich die lateinischen Teile nur auf einige fossilisierte Formeln beschränken.

4.2.2.4. Jeder der acht Binnentexte enthält mehrere Hinweise auf verschiedene Umfelderbezüge. Die *Situation* ist ein Umfeld, das bei schriftlichen Texten entweder unklar bleibt oder aber in den Texten selbst geschaffen wird. Durch die Erzählung in der dritten Person lässt sich hier ein implizit vorhandener Erzähler vermuten. Dieser

---

88 Dies entspricht der Ansicht Sabatinis (1968, 331): «[...] quando il notaio doveva non più seguire la falsariga del formulario, ma registrare un discorso orale e spontaneo, abbandonava ogni tentativo di normalizzare quella lingua parlata, di ridurla alle forme della grammatica scholastica». Frank/Hartmann/Kürschner (1997, 20) geben allerdings zu bedenken, dass diese Erklärung nicht die großen Unterschiede bei der Sprachenalternanz in verschiedenen Gebieten der Romania erklären kann, für die andere Faktoren hinzugefügt werden müssen.

89 In beiden Fällen kann der Latinismus durch die Bekanntheit der entsprechenden Gesetzespassage im lateinischen *Fuero de Palenzuela* erklärt werden, wo es heißt: «Homo de Palenciola qui in aqua morietur vel *in igne* vel in quocumque loco morietur, cuius fuerit mortus vadat et *aducat* illum et substerret sine nulla calumpnia» (*Colección diplomática*, 23s., meine Hervorhebung).

90 Vgl. etwa die Dokumente Nr. 150 (Burgos, 1179) oder 152 (Burgos, 1188) in den *Documentos lingüísticos* von Menéndez Pidal. Zu den Urkunden allgemein cf. Böhmer 1997.

91 In der Eingangsrede zu Vida de Santo Domingo de Silos (ed. Dutton 1978): «Quiero fer una prosa / en román paladino, en cual suele el pueblo / fablar con so vezino; ca non so tan letrado / por fer otro latino. Bien valdrá, como creo, / un vaso de bon vino».

tritt nur einmal, nämlich in der Überschrift, unmittelbar im Präsens auf; in den acht Fällen ist hingegen die Situation mittelbar auf die Vergangenheit verschoben, eine Vergangenheit, die allerdings nicht näher präzisiert wird und nur indirekt durch die Nennung von Eigennamen, die sich auf historisch-konkrete Personen beziehen, erschlossen werden könnte.

Die *Zone* ist nicht einfach, sondern durch die Zweisprachigkeit verdoppelt: einmal der lokale Dialekt, andererseits, durch die lateinischen Elemente, die überregionale Schriftsprache. An der lokalen, kastilischen Sprache lassen sich noch keine Hinweise auf Überregionalität ablesen.[92] Die Zone wird einerseits bestimmt durch die vor Ort gesprochene Sprache, andererseits durch eine zaghafte Tradition der Verschriftung einzelner kastilischer Elemente, wie sie in den Urkunden derselben Zeit belegt ist. Bezugssprache der lateinischen Texte ist zwar die lateinische Schriftsprache überhaupt, im speziellen aber die ebenfalls in diesen Urkunden verwendete lateinische Urkundensprache. Auf einen bestimmten *Bereich* deuten verschiedene Elemente hin: erstens wird der Bereich durch bestimmte kulturelle Gegenstände eingeschränkt: *vino*, *mieses*, *olla* etc.; dann durch die Nennung verschiedener, vor allem juristischer, Institutionen: *conçejo*, *foro*, *merino mayor*, auch v. a. *facania* u. a., am deutlichsten aber durch Anrede, Form der Namen und durch die Eigennamen selbst: mio *Cid*, *Garcia Diaz* etc. Letztere bestimmen – über den Bereich Kastilien hinaus – auch eine engere *Umgebung*, wohl die der Bewohner Palenzuelas zu einer bestimmten Zeit. Zone und Bereich liegen im Falle der juristischen Termini beieinander: die kastilischen juristischen Institutionen haben Grenzen, die auch mit den Sprachgrenzen übereinstimmen. Es sind keine wirklich fachsprachlichen Termini, sondern Begriffe, die aus der Alltagssprache bekannt sind.

Der *einzelsprachliche Kontext* der lokalen Form der romanischen Sprache entspricht hier dem lokalen Bezug des Textes. Die Einmischung lateinischer Elemente zeigt das in der Schriftsprache noch bestehende Spannungsverhältnis beider Sprachen. Der *Redekontext* ist hier einerseits auf den Binnenkontext jedes Einzelfalls beschränkt, dann mittelbarer auf den Kontext der acht Fälle und noch mittelbarer auf den Kontext des Manuskripts, in dem sich auch der *Fuero de Palenzuela* findet, die komplementäre, abstrakte lokale Rechtsprechung. Diese physische Präsenz des Fueros beruht sicherlich auf einer späteren Hinzufügung, doch ist der Fuero in den Fazañas als Kotext präsent, da auf ihn explizit und implizit hingewiesen wird, explizit durch die Nennung in 1–4, 7 und 8, implizit durch die bereits erwähnten Latinismen (eindeutig bei *aducit* und *igneum*).[93] Außerdem zeigt

---

92 Eine Ausnahme stellt die Verbform *ye* in der achten Fazaña dar: foro *ye*, die eine für das Kastilische untypische, dem Leonesischen eigene Diphthongierung aufweist.

93 Es zeigt sich hier, dass das, was man auch als *intertextuelle Bezüge* bezeichnet hat, in Coserius Umfeldereinteilung eigentlich auch zum Redekontext hinzugerechnet werden könnte. Coseriu rechnet solche Bezüge zum kulturellen Kontext. Man müsste vielleicht entweder den Redekontext als Kontinuum auffassen, das vom vorliegenden Text bis zur Gesamtheit der Texte reicht, oder aber beim kulturellen Kontext zwischen dem in fixierten Texten bereits versprachlichten und dem nicht textuell fixierten kulturellen Gedächtnis unterscheiden, das auch nichtsprachliche symbolische Formen umfasst.

sich durch die Tatsache, dass die formelhafteren Textteile lateinischere Graphien aufweisen als die freieren, dass als Redekontext hier lateinische Fallbeschreibungen, lateinische Formelsammlungen oder aber auch lateinische Urkunden zugrunde liegen. Auf den Gesamtkontext der acht Fazañas als Einheit wird durch die Überschrift und die genannten Nennungen von *prima* und *alia* hingewiesen; darüber hinaus gibt es nur ansatzweise kontextuelle Zwischenbezüge durch die Wiederholung derselben Ortsnennung in verschiedenen Fällen, die Wiederholung bestimmter Institutionen oder die wiederholte Nennung des Königs. Der Kontext der Einzelfälle wird jeweils linear aufgebaut. Auffällig ist die z. T. fehlende klare Trennung von Redekontext und Außer-Rede-Kontext: manche Textpassagen sind so aufgebaut, als ob zwischen beiden Größen eine Einheit bestünde und Bezüge auf beide in gleicher Weise möglich wären. So ist das Grundprinzip des Aufbaus der Einzeltexte zwar die temporal oder kausal-lineare Abfolge des Geschehens mit Nennung von Personen und Fakten, wie sie oben beschrieben wurde, die dann etwa pronominale Bezüge auf das jeweils Genannte erlauben (etwa in 1.: *tres latrones – los – los –los – los* mit durchgehendem Thema); gleichzeitig finden sich jedoch auch Bezüge, die nicht im Text zu finden sind und nicht mit allgemein-kulturellen Wissensbeständen oder «Weltwissen» etc. erklärbar sind: *el filio* (2), ohne vorherige Nennung, *cassa de D. Cid* ohne Orts- oder Zeitnennung, Nennung von Eigennamen ohne Präsentation. Es ist hier also nicht so, dass der Außer-Rede-Kontext in einer Weise verschriftet würde, die den Nachvollzug der Geschehnisse auch ohne Orts- oder Personenkenntnis möglich machen würde, was als Hinweis auf die einerseits lokale Beschränktheit, andererseits eventuell auf die persönliche Memorisierungsfunktion des Textes sein könnte, aber vielleicht auch ein Hinweis auf die mangelnde Fähigkeit des Schreibers zur schriftlichen Umsetzung von Bezügen, die in der konkreten, gesprochenen Redesituation präsent sind. Teilweise muss der Kontext aus der Kenntnis der Sachen erschlossen werden, wenn neue Elemente nicht ausführlich eingeführt werden, etwa in 4., wo von dem Dieb Joan die Rede ist, der zwei Schafe gestohlen hat, und es dann heißt, *fueron tras ello et acancaronle*, ohne Einführung des neuen Themas: es versteht sich von alleine, dass nicht die Schafe die Verfolgung aufgenommen haben und ihn mit Hunden jagten, sondern Bewohner des Ortes.[94] *Der physische Außer-Rede-Kontext* ermöglicht den deiktischen Bezug im Titel: *iste sunt*, das Zeigen auf das Manuskript selbst. Der *empirische Kontext* ist aus heutiger Sicht nicht mehr erschließbar, und zwar eben deshalb, weil er nicht oder nicht ausreichend versprachlicht wird. Einige Elemente tragen jedoch zu seiner Bestimmung bei. Durch die Überschrift wird die Situation an einem konkreten Ort, Palenzuela[95] im Norden Kastiliens, lokalisiert; in den Einzelfällen werden dann noch andere Orte derselben Gegend genannt: Palenzuela (1, 2), Belbimbre (1, 3), Burgos (3), Ribiella, Elzina und Monzón (4), der Königshof (Palacio) und Castrojeriz (5), das Haus von Miguel Salvadorez (6), Morenta und Valladolid (8). Weitere Orts-

[94] Solche unmarkierten Topic-Diskontinuitäten sind allerdings im Altspanischen noch lange Zeit zu finden und charakterisieren die Literatursprache bis in das 14. Jahrhundert (cf. Kabatek 2003c).

[95] Nach García Gallo (1934, 524) wird Palenzuela in den Dokumenten des 11. und 12. Jahrhunderts als *Palentia*, *Palentia comitis* oder *Palenciola comitis* bezeichnet.

namen (Torquemada: 7; Fonte Quintana: 8; Astudillo: 8) werden als Teile der Personennamen genannt, was auch zur Bestimmung des Kontextes beiträgt, da die Personennamen noch nicht entfremdet sind und sich auf die tatsächliche Herkunft beziehen. Der *praktische Außer-Rede-Kontext* lässt sich nur ableitend aus den Hinweisen im Text erschließen: es ist nicht eindeutig festzulegen, ob der Text für mehrere verschiedene Personen bestimmt ist, ob er aufbewahrt werden sollte oder nur als Konzept für einen anderen Text fungiert hat, ob er vorgelesen wurde und in welcher Konstellation dies geschah.

Auf einen gewissen partikulären historischen Kontext weisen verschiedene Elemente, die nicht im Text präsentiert werden, woraus abgeleitet werden kann, dass sie für die am Kommunikationsakt beteiligten Personen bekannt waren oder als bekannt vorausgesetzt wurden: die kastilische Monarchie mit ihren Institutionen (König, Palast, Adel, juristische Ämter), die verschiedenen Orte, von denen die Rede ist und auch die Personen, die genannt werden, oder zumindest ein Teil derselben: manche Personen werden nicht vorgestellt (z. B. 4.: D. Cid), während andere mit Herkunft und Stand präsentiert werden, am auffälligsten in der elaboriertesten Fazaña Nr. 8: *Garcia Diaz de Fonte Quinnana erat Sennior de Palençia et erat Domingo Pedrez de Astudiello Merino de Ferran Ruiz*. Dies muss aber nicht unbedingt ein Hinweis auf die Unbekanntheit der entsprechenden Personen sein, sondern kann mit ihrem sozialen Rang oder einem gewissen Respekt ihren Ämtern gegenüber zusammenhängen, was wiederum als Indiz gewertet werden könnte, dass die Texte – zumindest die «elaborierte» Fazaña Nr. 8 – doch Skizzen für Dokumente wären, denn bei reiner persönlicher Memorisierung wäre eine «respektvolle» Nennung der adligen Würdenträger vielleicht nicht unbedingt nötig. Wenn aber sowohl die Orte als auch die Personen bekannt sind, so reduziert sich die Information, die die Fazañas bieten, auf jeweils zwei minimale Elemente, auf die es hier anzukommen scheint: die Nennung des Falls selbst und die Nennung der Sanktion. Damit zeigt sich die Nähe des Falls zur allgemeinen Norm, wie sie uns in den Fueros begegnet: allein durch die Kürzung der ohnehin bekannten Elemente ist die allgemeine Norm bereits gegeben. Wieso aber die sowieso bekannten Namen überhaupt genannt werden, kann wieder mehrere Funktionen haben: entweder es dient, wenn es tatsächlich um Memorisierung geht, der besseren Verankerung der Fälle im Gedächtnis durch Erinnerung an den konkreten Bezug, oder es soll die Authentifizierung der allgemeinen Norm anhand bekannter Fälle ermöglichen.

Das *Redeuniversum* ist hier zwar – schon durch die ständige Nennung des Wortes *Fazaña* – das Rechtswesen bzw. die juristische Organisation der Welt, zu welchen Bezüge durch die Textform und die Nennung einiger juristischer Termini hergestellt werden. Sieht man aber von der jeweiligen Eingangs- und Schlussformel der Fazañas einmal ab, so handelt es sich – bei den Mittelteilen – um Beschreibungen von Alltagsereignissen. Es zeigt sich hier also eine sehr enge Verschränkung von juristischer Welt und Alltag, wie sie für das archaische Gewohnheitsrecht charakteristisch ist.

4.2.2.5. Neben der erwähnten äußeren Grobstrukturierung (*prima-alia*) werden die einzelnen satzwertigen Einheiten innerhalb der einzelnen Fazañas in den meisten Fällen mit *et* verknüpft. Satzverknüpfendes *et* findet sich in 50 Fällen, denen zehn

Fälle asyndetischer Juxtaposition gegenüberstehen. Die Fälle der Juxtaposition ohne *et* sind meist Fälle von Diskontinuität des Topic; in mehreren Fällen ist auch der letzte Satz, der die Sanktion bekannt gibt, unverknüpft, was mit einem besonderen Versuch der Hervorhebung der Sanktionsformel vom Rest des Textes und mit der Fixiertheit der Formel zusammenhängen mag.[96] Auch bei Topickontinuität finden sich Fälle ohne den Junktor *et*[97] und bei Diskontinuität Fälle mit *et*, es gibt also eine vorherrschende Tendenz zur Verknüpfung mit *et*, die aber keinem bestimmten System folgt.

Andere Elemente der Satzverknüpfung fehlen; an textphorischen Elementen findet sich in der «elaborierten» Fazaña Nr. 8 in einer lateinischen Formel einmal das in Urkunden übliche *supra nominatus*. Die Kohäsion wird ansonsten durch Rekurrenzen bei den Eigennamen oder durch partielle Rekurrenz durch Pronomina hergestellt; die in Urkunden häufigen Demonstrativa fehlen. Häufig gibt es Brüche im Verlauf der Sachverhaltsdarstellung, und zwar sowohl auf transphrastischer als auch auf Satzebene. Die Syntax ist im Allgemeinen sehr einfach: zwischen den *et-et*-Reihungen finden sich, der Auflistung der Handlungsereignisse entsprechend, meist einfache Konstruktionen mit einem Prädikat im Präteritum und einer durch eine Präpositionalphrase oder ein Objekt ausgedrückten zusätzlichen Information, entsprechend der vorherrschenden Informationsstruktur mit durchgehendem Thema und meist nur je einem rhematischen Element in jedem der Sätze. Die Sätze sind meist sehr kurz.[98] Nach der Eingangsformel sind die Satzgrenzen zuweilen unklar, die Elemente werden durchgehend aneinander gereiht; einzelne Konstituenten können wegfallen. Neben den parataktischen *et-et*-Reihungen finden sich keine anderen parataktischen Konjunktionen; es ist also stets nur eine lineare, temporale Abfolge; adversative Konjunktionen etwa fehlen völlig. Neben den sechzig Satzreihungen finden sich dreizehn hypotaktische Konstruktionen, meist kurze Relativsätze; einzige hypotaktische Konjunktion ist *que*, die sowohl als Verknüpfungselement mit finaler Funktion (vier Fälle; im Allgemeinen mit Konjunktiv: 1.: *que los ajustitiasen*; *que los dierat;* in einem Falle auch mit Indikativ: Nr. 7: *juzgo suo foro que pectaron*)[99] als auch als Relativpronomen (9) funktioniert (4.: *que vinod a cassa*; 5.: *que moraban en palaçio*; 7.: *que pectaron*). Das Relativpronomen *que* findet sich mehrfach in Formelteilen (*facania que fuit facta*); die Formelhaftigkeit zeigt sich auch in der latinisierenderen Schreibung der durch *que* eingeleiteten Passagen.[100]

Eine Sonderrolle nimmt, wie schon mehrfach festgestellt, die Facaña Nr. 8 ein, mit mehrfacher Unterordnung (*que non pectassent nada que suo foro ye*; *que*

---

96 So in Nr. 4: *Vino et otorgoles suo foro et non pectaron nada*; in Nr. 5: *Vino a Castro et non pagtaron nada.*

97 Am Ende von Nr. 3 heißt es: *esta voz vincit Renegtum qui erat merinos in suas manus et per suo foro, non le iudgaront sino el carro pectar.*

98 Z. B. Nr. 2: *Et veniet el filio de Munio Cedez – et tornose a los estadolos del carro – et caiod le sobrie los peechos – et muriod – et erat vida D. Tello en es tiempo merino mayor.*

99 Es könnte sich hier um einen Schreibfehler aufgrund von Interferenz des ebenfalls üblichen Formelteils *et pectaron* handeln.

100 In der Urkundensprache sind durch *quod* oder *que* eingeleitete Nebensätze schon durch die übliche Eingangsformel *Notum sit omnibus quod* bzw. *conoçuda cosa sea que* allgemein verbreitet.

tornasen al sennor que los lebo). Besonders auffällig ist der letzte Satz: *qui estos cotos supra nominatus quebrantasse pectet mille solidos al Rey et 300 solidos para lomiçilio al Senior de Palencia*, der komplett aus der Urkundensprache übernommen scheint, was den Stilwechsel erklärt, der diese Passage vom Rest des Textes abhebt. Im Wesentlichen beschränken sich die Junktionstypen also auf die erste Ebene und die parataktische Reihung mit dem Alljunktor *et*; daneben gibt es einige kurze Relativsätze und zwei Finalsätze, die jedoch nicht mit eigens ausgebildeten Konjunktionen präzisiert werden, sondern mit der hypotaktischen «Oberkonjunktion» *que* eingeleitet werden.[101] Daneben fehlen die anderen Ebenen fast völlig; selbst die Stufe II kommt in diesem Text nicht vor.

Nicht nur die Junktion erinnert an eine «mündlichkeitsnahe» Syntax, sondern auch die z. T. unvollständigen Sätze oder Abbrüche (5.: *dando en ellos a piedras/ et a barallod esta voz*) oder der Beginn mit «hanging topic» (1.: *Tres latrones et embiod los...*).[102] Das «Fehlen» der Präposition *de* (6.: *en cassa Micael Saluadorez)*[103] scheint von der Präsenz des Lateinischen herzurühren, da sich gleichzeitig mehrfach präpositionaler Genitiv (4.: *cassa de D. Cid*) findet; im Falle des präpositionslosen personalen Akkusativs ohne *a* (7.: *matod...uno escudero*) lässt sich dies nicht nachweisen, es könnte sich hier um die Präsenz der Kontaktsprache oder aber um einen Hinweis auf einen früheren Sprachzustand handeln, in dem der präpositionale Akkusativ noch nicht allgemein ist, obwohl er sowohl in den zeitgenössischen lateinischen Urkunden als auch in den romanischen Texten weit verbreitet ist.[104] Bei der Konstituentenabfolge zeigt sich einerseits die Grundtendenz zur Abfolge SV im Hauptsatz, daneben mehrfach die Abfolge VS, vor allem, wie im Altspanischen üblich, mit Bewegungsverben (2.: *veniet el filio*; 3.: *ibat Cristobal...*; *exiod el portero*); in einem Falle vielleicht auch aus Gründen der Präsenz des Lateinischen (*erat vida D. Tello en es tiempo merino mayor*).[105]

4.2.2.6. Es sollen hier keine Spekulationen über die Aussprache der lateinischen Formen gemacht werden, es sei nur nochmals darauf hingewiesen, dass diese im Allgemeinen deutlich von den romanischen zu unterscheiden sind (so etwa *pectauerit*, *aducit*, *vincit*, im Gegensatz zu *fueron*, *muriod*, *demando*). Trennt man aber das Lateinische klar vom Romanischen, dann handelt es sich bei den scheinbar morphologischen Uneinheitlichkeiten in den romanischen Teilen letztlich wohl um graphische Inkohärenzen und es ist anzunehmen, dass etwa einer Form, die zweimal als *fueron* und zweimal als *foron* auftaucht, nur eine Aussprache entspricht.

---

101 Cf. Raible 1992a, 128.

102 Es ist eine solche Topic-Dislokation, die etwa von Hölderlin bewusst eingesetzt wird, um das Atmen der Mündlichkeit zu evozieren («Ihr holden Schwäne – und trunken von Küssen – tunkt ihr das Haupt – ins heilignüchterne Wasser»).

103 Es ist dies ein Fall, wo sich der präpositionslose Gebrauch bis heute im Katalanischen erhalten hat: *anem a casa la mare* «wir gehen ins Haus der Mutter».

104 Gimeno Menéndez 1995.

105 Diese VS-Stellung ist in solchen präsentativen, «thetischen» Aussagen für das Altspanische typisch (cf. Neumann-Holzschuh 1997, 170ss.) und auch in den Urkunden sehr häufig zu finden; diese Stellung ist in solchen Aussagen auch im Lateinischen durchaus üblich (z. B. *intrat cinaedus* bei Petronius); cf. Pinkster 1991.

Der «mündlichkeitsnahen» Syntax entspricht auch die Bevorzugung von Alltagsbegriffen und wenig differenzierten Lexemen (z. B. *fueron tras ello* für 'sie verfolgten ihn').

Der Text umfasst – einschließlich der Überschrift – 563 Wörter. Es handelt sich um das kürzeste hier behandelte Beispiel. Dabei entsprechen den 563 Tokens 268 Types,[106] was einer Type-Token-Relation von 47,60 entspricht, für die in erster Linie die zahlreichen Eigennamen verantwortlich sind, denn ansonsten ist der Wortschatz nicht sehr variabel und in einigen Fällen hochgradig repetitiv.[107] Wie schon erwähnt finden sich neben dem Alltagswortschatz und den Eigennamen auch einige juristische Begriffe, die alle auf der einfachen Rechtsorganisation des kastilischen Fallrechts beruhen: *acancar*, *ajustitiar*, *barallar*, *cotos*, *demandar*, *derotella*, *facania*, *iudgar*, *iudicio*, *iusticiar*, *omiçilio*, *mandar*, *merino*, *merino mayor*, *moble*, *otorgar*, *pectar*, *renegtum*, *vencer*, *voz*; daneben finden sich einige Begriffe, die sich allgemein auf die administrative Organisation Kastiliens beziehen: *conceio*, *emperador*, *palaçio*, *rey* etc.

Zusammenfassend lässt sich feststellen, dass es sich bei den *Fazañas* um einen Text (bzw. um *Texte*) einer sich erst entwickelnden romanischen Schriftlichkeit handelt, die auf einer niedrigen Elaborationsstufe stehen. Der Text hat ausschließlich lokale Funktion und bezieht sich auf einen lokal und zeitlich sehr beschränkten Raum. Es scheint sich eher um ein volkssprachliches Nebenprodukt zu handeln, ein Zeugnis der romanischen Verschriftung, aber noch nicht der Verschriftlichung. Der Text deutet auf eine mündliche Rechtspraxis, in der die Volkssprache die übliche ist und bei der nur gewisse Formeln lateinische Gestalt haben. Bis auf einige wenige kastilische Nachfolger (vgl. 4.2.4.) bleibt die Texttradition der geschriebenen Fazañas auf wenige Zeugnisse beschränkt und wird von anderen Traditionen abgelöst. Sie zeugt aber von der Präsenz der Volkssprache bei der lokalen Rechtssprechung, einer Präsenz, die Voraussetzung dafür ist, dass nur wenige Jahrzehnte später auch in den Urkunden die mündliche Sprache verschriftet und eine eigene volkssprachliche Diskurstradition begründet wird, die wiederum Voraussetzung für die umfassende juristische Verschriftlichung des 13. Jahrhunderts ist. Doch ist es bis dahin noch ein weiter Weg, auf dem zunächst andere volkssprachliche Diskurstraditionen geschaffen werden.

4.2.3. *Der Fuero de Madrid*

4.2.3.1. Der zweite Text,[108] der näher betrachtet werden soll, stammt aus einer ähnlichen bzw. nur wenig späteren Zeit. Er wurde im Jahre 1932 von der Stadt Madrid – in der ziemlich verlässlichen Transkription von Agustín Millares Carlo mit einer Einleitung von Galo Sánchez, mit Glossar und mit kurzem sprachhistorischem

---

106 Die Varianten derselben Form (etwa *vino – vinod*) wurden als verschiedene Types gerechnet.

107 Die Form *et* (mit der Variante *e*) ist die häufigste des Textes, sie kommt 68 mal vor, was bei 563 Formen insgesamt einer Frequenz von 11,37% entspricht.

108 Siehe www.kabatek.de/bologna bzw. http://www.niemeyer.de/links/link_material.html

Kommentar von Rafael Lapesa – publiziert. Das Manuskript stammt aus dem 13. Jahrhundert. Darin selbst findet sich die Datierung «Era M.a ducentessima & quadraginta annorum», 1240, was nach der «Era hispánica» dem Jahr 1202 entspricht.[109] Die Datierung der einzelnen Textabschnitte ist umstritten, doch ist sicher, dass der Fuero aus der Zeit vor der alfonsinischen Kodifikation stammt.[110] Dieser Fuero ist ein typisches Beispiel dafür, wie das orale Recht der Fazañas, das zumindest teilweise auf das von den Westgoten überlieferte germanische Recht zurückgehen soll, zu lokalen, abstrakten Rechtsnormen ausgearbeitet wird.[111] Der Madrider Fuero ist ein relativ kurzer Gesetzestext und einer der frühesten Fueros mit einer deutlichen, massiven Präsenz eindeutig kastilischer Elemente. Die Entstehung des Fueros umfasst, wie angenommen wird, mehrere Phasen, in deren erster auf der einen Seite das lokale Gewohnheitsrecht und auf der anderen einige königliche Privilegien stehen und aus der etwa das Gesetz Nr. 67 stammt;[112] in einer zweiten Phase gibt das *Municipium* sich weitere Rechtsnormen und zeichnet das Gewohnheitsrecht auf; diese Aufzeichnung wird dann vom König bestätigt.

Im Manuskript fehlen einige Seiten, es sind 108 Paragraphen überliefert. Es umfasst gegenwärtig 26 Blätter und vier Umschlagsseiten, je zwei am Anfang und am Ende. Es scheint, als habe es sich ursprünglich um vier Hefte mit je acht Blättern gehandelt, von denen das zweite verloren ist. Bis zur Seite 23v. ist die gotische Schrift aus dem 13. Jahrhundert von einer Hand; anschließend fügen sich auf drei Seiten Ergänzungen verschiedener Schreiber an, deren Schrift aus späterer Zeit stammt. Im Text geht der «alte» Teil bis § 109. Die Anfügungen sind z. T. in einem

---

109 Cf. Torres Rodríguez 1976. In weiteren Abschnitten finden sich noch weitere Datumsangaben: im Gesetz Nr. 67 heißt es «[...] placuit istud ad domino nostro imperatore in diebus Roderici Fernandez, in era M.a C.a LXXX.a III.a», der Bezug auf das Jahr 1145 ist aber eindeutig als Vergangenheitsbezug markiert (was durch die Sprache des entsprechenden Gesetzes unterstrichen wird). Schließlich finden sich noch Datumsangaben in den später hinzugefügten Abschnitten, so im Gesetz Nr. 113: «Facta carta in mense nouembris, era M.a CC.a LVIIIa», also mit Bezug auf das Jahr 1220; und im Gesetz Nr. 115: «era M.a CC LXXIII», also mit Bezug auf das Jahr 1235.

110 «The Fuero de Madrid, a combination of Latin clauses loosely datable to 1158–1202, other Latin clauses datable to 1222 and accretions in Romance dating possibly from 1229 and 1235, is one of the few even partly Romance fueros that we can be completely sure predated Alfonso X's Fuero Real (1256)» (Wright 1998, 15).

111 Es ist aber nicht ganz klar, inwieweit es der Mythenbildung im 13. Jahrhundert entspricht, wenn Lucas de Tuy in *De rebus hispaniae* von der «gothorum gens, velut a somnio surgens, coepit ... consuetudines antiquorum iurium observare» spricht. Jedenfalls geht Galo Sánchez (1932, 13) noch davon aus, dass das Foralrecht weitgehend germanischen Ursprung hat. «El fondo de los fueros castellanos es un derecho propiamente español, en buena parte derivado, sin embargo, de elementos germánicos». Es handelt sich nach seiner Ansicht um nichts anderes als die Abstraktion aus den Fazañas: «De las sentencias judiciales se extrae la norma general correspondiente, que pasa al fuero, eliminando los datos individuales y anecdóticos de cada una» (ibd., 12).

112 Dort findet sich abschließend der folgende Passus: «[...] placuit istud ad domino nostro imperatore in diebus Roderici Fernandez, in era M.a C.a LXXX.a III.a, et fuit isto firmado et otorgado de ille imperatore ante comdes et potestates, exida del uado de Humara».

weniger romanisierten Latein verfasst und ein typisches Beispiel für eine im 13. Jahrhundert einsetzende relatinisierende Gegenbewegung zur Romanisierung.

4.2.3.2. Der Inhalt des Fuero de Madrid besteht aus lokalen Gesetzen, die das Zusammenleben in der Stadt und deren Umgebung (der Ortsbezug *Uilla* bezieht sich auf die Grenzen Madrids, die das Zentrum und das zur Stadt gehörende Umland umfassen) regeln sollen. Der größte Teil der Gesetze ist strafrechtlicher Art und besteht aus Nennung einer Tat und deren Sanktion; auch finden sich einzelne zivilrechtliche und prozessrechtliche Normen: so wird geregelt, was mit Mördern, Dieben und Betrügern zu geschehen hat, wie die Fischer, die Metzger und die Bäcker ihre Ware zu berechnen haben oder wann die Lämmer geschlachtet werden dürfen; wie mit Erbschaften zu verfahren ist, wie sich Zeugen zu verhalten haben und durch wen an welchem Ort gerichtliche Entscheidungen zu fällen sind.

Der im Manuskript überlieferte Gesamttext besteht in der ursprünglichen Fassung, also bis § 109, aus einzelnen kurzen Teiltexten, nämlich einzelnen Gesetzen, die durch die einleitende Formel als Gesamtheit erscheinen: «Hec est carta quem facit concilium de Madrid ad honorem domino nostro rege Alfonsus et de concilio de Madrid, unde diues & pauperes uiuant in pace et in salute.»[113] Die einzelnen kurzen Gesetze sind untereinander nicht verbunden, es fehlen selbst Hinweise auf die parallele, ketten- oder listenartige Struktur,[114] wie sie in vielen anderen Fueros durch den Gesetzesbeginn mit *otrossi* vorhanden sind.[115] Nur in fünf Fällen (36, 50, 59, 97 und 105) steht am Gesetzesbeginn als Kontinuitätshinweis *et* (oder *e*). Was die Reihenfolge der einzelnen Gesetze angeht, so scheint diese keiner bestimmten Ordnung zu folgen und einer willkürlichen Aneinanderreihung zu entsprechen.[116] Ein großer Teil der Gesetze folgt einer traditionellen, kanonischen Gesetzestextform, wie sie auf der Iberischen Halbinsel seit der Römerzeit bekannt ist und ins Mittelalter vor allem durch das westgotische *Forum Iudicum* übertragen wurde.[117] Die Grundelemente der Form lassen sich am Beispiel des zweiten Gesetzes darstellen:

> «Todo homine qui firire a uicino uel filio de uezino con lanza o con espada o con cutello aut con pora o con palo uel petra, & liuores ficieret, firmet cum II testimonias & pectet XII morabetinos a fiadores».

---

[113] Auf der ersten Seite findet sich rechts oben eine vom Rubrikator angefügte Glosse ähnlichen Inhalts: «Sancti Spiritus adsit nobis gratia. Incipit liber de foris de Magerit, vnde diues hac pauperes uiuant in pace».

[114] Die listenartige Struktur ist ein allgemeines Charakteristikum von Gesetztestexten: «Gesetzeswerke erscheinen als Listen» (Hoffmann 1998, 526).

[115] So etwa im Fuero de Sepúlveda, cf. Alvar 1953.

[116] «Los capítulos están colocados sin orden alguno. Al escribirlos se hace uso de una técnica rudimentaria; y no faltan prescripciones repetidas, que reflejan redacciones diversas de una misma disposición» (Sánchez 1932, 16). An manchen Stellen lassen sich allerdings gewisse inhaltliche Zusammenhänge zwischen den Gesetzen sehen, so in 56. 57, 59, 61 und 62, wo jeweils die Preise verschiedener (v. a. handwerklicher) Produkte geregelt sind.

[117] Diese «prototypische» Gesetzestextform entspricht einer gesamteuropäischen Tradition, die bis in die Gegenwart reicht, cf. Hoffmann 1998, 524ss.

Die Textaktanten wären hier drei: erstens werden die Personen genannt, für die das Gesetz gilt, dann die Tat und schließlich die Sanktion. Es ist also eine sehr ähnliche Form wie im Falle der Fazañas, nur dass hier der Übergang auf ein allgemeines Niveau stattgefunden hat: es ist nicht mehr der Bericht über eine bestimmte Person, eine bestimmte Tat und eine daraufhin erfolgte Sanktion, sondern eine allgemeine Norm, die auf mehrere konkrete Einzelfälle anwendbar ist.

Im Unterschied zu den Fazañas gibt es für die Form der Einzelgesetze eines Fueros eine lange schriftliche Tradition, auf welche bei der Ergänzung des traditionellen westgotischen Rechts durch das Foralrecht zurückgegriffen wurde,[118] und zwar eine kanonische Textform mit entsprechender sprachlicher Strukturierung;[119] im Allgemeinen ein Hauptsatz mit eingebettetem Nebensatz. Nach der Nennung des Subjekts folgt der Nebensatz mit der Nennung der Tat. Da diese Tat «fiktiv» ist bzw. ihre Nennung sich auf alle möglichen zukünftigen Ereignisse bestimmter Charakteristik beziehen soll, erscheint in der lateinischen Tradition hier die Futurform des Indikativs Perfekt, dem in der romanischen Tradition dessen formale Fortsetzung, der so genannte Konjunktiv Futur, entspricht.[120] Schließlich erscheint das Verb des Hauptsatzes in der Form der dritten Person des Konjunktiv Präsens und als direktes Objekt der Umfang der Sanktion. In der lateinischen Tradition ist das Subjekt meist einfach *qui*, zuweilen auch *Homo qui*, *quicumque*, *qualisqui-*

---

[118] Cf. etwa *Forum Iudicum* VIII, 4, 4.

[119] Cf. u. a. Giménez Jurado 1995.

[120] Im *Cid* finden sich noch eindeutige Fälle des Gebrauchs von *–re* wie im Lateinischen; doch schon in den nichtjuristischen kastilischen Texten des 13. Jahrhunderts wird die Form seltener. Der Ort, an dem sie in großer Häufigkeit vorkommt, sind die Gesetzestexte, und dies teilweise bis in die Gegenwart. Schon in der klassischen Zeit ist die Form als Archaismus anzusehen und wird meist durch die Formen des Konjunktiv Präsens ersetzt. Als Erklärung für das Verschwinden wurde vermutet, die Form sei mit dem höfischen Gebrauch in Verbindung gebracht worden und mit der Dekadenz des höfischen Ideals verschwunden (cf. Lapesa 2000, 851s.). Lapesa bevorzugt dagegen eine strukturelle Erklärung, derzufolge die Form schon in ihren Anfängen (u. a. durch die hybride Entstehung aus AMAVERIM und AMAVERO) einen schwachen Status im System gehabt habe: «Era un futuro hipotético que quedaba entre el indicativo y el subjuntivo, sin encajar en el paradigma de ninguno de los dos. Por otro lado, su empleo se reducía básicamente a subordinadas condicionales y temporales» (Lapesa 2000, 852). Man könnte sogar vermuten, dass die Existenz der Form von Anfang an – oder zumindest ab dem 13. Jahrhundert – auf die Schriftlichkeit begrenzt war und es schon bald zu einer Verbindung mit Rechtssprachlichkeit kam, wie sie der Form heute anhaftet: «[...] hoy, salvo en alguna zona conservadora, es mero arcaísmo de la lengua escrita. Perdura en fórmulas sueltas como *Sea de esto lo que fuere*, *Adonde fueres, haz lo que vieres*, etc., o en los usos de la tradicional lengua jurídica y administrativa: *Si alguién infringiere esta disposición, será obligado a pagar la indemnización a que hubiere lugar»* (Alarcos Llorach 1994, 160). Doch selbst in den juristischen Texten wird die Form in der Gegenwart mehr und mehr ersetzt: «es, desde 1880, una antigualla fósil del lenguaje jurídico o administrativo. Pero incluso va desapareciendo de las formas actuales de los códigos. Se sustituye [...] por el presente de indicativo en las hipótesis reales, y por el imperfecto de subjuntivo (*cantara* o *cantase*) en las más dudosas. En otras oraciones ha sido sustituido por el presente de subjuntivo (‹aunque *viniere*› > ‹aunque *venga*›)» (Lapesa 2000, 851). Cf. auch Eberenz 1983.

cumque etc., wobei es immer darum geht, dass es sich um eine in Gesetzestexten übliche «Subjektvariable» (wie dt. *wer*, *wer immer*) handelt, die mit allen möglichen Subjekten füllbar ist. Hinter dem Konjunktiv steht implizit die Institution, welche die Sanktion auferlegt. Eine reine Beschreibung würde im Indikativ geschehen, Außerdem entspricht die Beschreibung einer Bedingung: *wenn x A tut, dann geschieht B*. Deshalb ist die verbreiteteste Variante ein Konditionalsatz, in der lateinischen Tradition in der üblichen Form:

> «Si x fecerit A, pectet B».

Diese Form findet sich schon in der frühen lateinischen Tradition und in vielen lateinischen Vulgärrechtstexten, etwa in der *Lex salica*[121] oder in dem für die spanische Tradition maßgeblichen Referenzwerk, dem *Forum Iudicum*,[122] etwa in dessen Liber VIII, Tit. IV, 9:

> «Si quis bovem alienum iunxerit sine conscientia domini eius ad aliquid carricandum, sive pro voluntate sua retinendum, eiusdem meriti cum eo alium domino reddat».

Im Falle des Forum Iudicum lässt sich anhand der romanischen Fassung des Fuero Juzgo unmittelbar zeigen, wie diese kanonische Gesetzesform in die Volkssprache übertragen wird:

> «Quien yunne buey aieno para facer alguna labor, ó por acarrear alguna cosa sin voluntad de so sennor, peche otro tal buey al sennor del buey, cuemo aquel que yunnó» (*FJ*, VIII, V, IX).

Neben den kleinen inhaltlichen Veränderungen ist an diesem Beispiel auch deutlich zu sehen, wie gewisse lateinische Konstruktionen oder Formen in der romanischen Fassung ersetzt werden; hier etwa die Futurform *iunxerit* durch die (im weiteren Verlauf der Sprachgeschichte die Futurform praktisch völlig ersetzende) Präsensform *yunne* und die Gerundiumskonstruktion *ad aliquid carricandum* durch den (im Romanischen üblicheren) Infinitiv *por acarrear*.

Im Fuero de Madrid findet sich v. a. die Textform, die mit *qui* oder *todo homine* beginnt; innerhalb verschiedener Gesetze finden sich dann auch immer wieder die üblichen Konditionalsätze (z. B. 6: *si* [Subjektkontinuität: *uezino uel filio de uezino*] *en cara fuerit ferido et liuores non habuerit, pectet V morabetinos*). An eine der beiden kanonischen Mindestformen können weitere Textzirkumstanten angebunden sein: das Gesetz kann eingeleitet werden mit einem Kontinuitätsmarker (z. B. *otrossi*), das Subjekt kann durch eine Ortsbestimmung ergänzt werden (z. B. 14: *Todo omne de Madrid*), es können mit Hilfe koordinierender Konjunktionen an verschiedenen Stellen Variablen angegeben (z. B. 106: *todo zagadero uel zagadera*; 103: *el fructo que posuerit vel seminauerit*) und mit kurzen Relativsätzen Einzelheiten präzisiert werden (34: *suos parentes que son de mays acerca*; 10: *si*

---

121 Vgl. etwa *Lex salica*, XXXVII, §1.: *Si quis bovem aut vaccam, caballum vel quemlibet animal in furtum perdiderit...*

122 Bastardas Parera (1953, 180) spricht von der «Lex Visigothorum (...) que tan bien conocían nuestros escribas».

fuerit probatum). An manchen Stellen werden zur Veranschaulichung direkte Redeteile in den Gesetzestext eingeflochten (14: *si fuerit a conzeio maior et dixerit per isto homine: meo criado fulan, si nemiga fecerit, ego lo dare a directo uel pectare pro eo, per isto atal pecten quomodo per uicino*; in einem Falle auch, weil es um verbale Beleidigungen geht: *qui a mulier dixerit puta, aut filia de puta uel gafa, et qui al baron dixierit alguno de nomines uedados fudid in culo aut filio de fudid in culo aut cornudo aut falso aut periurado uel gafo*). Die einzelnen Gesetze können aus mehreren Teilgesetzen bestehen, die parallel angeordnet sind, wobei sich die kanonische Form dann mehrmals wiederholen kann, ohne dass das Subjekt jeweils wiederholt werden muss, dessen Kontinuität meist mit *et* markiert wird.

Der Text wird in der sprach- und rechtshistorischen Forschung allgemein als *Fuero de Madrid* bezeichnet und zu den kürzeren Ortsrechtstexten, den *Fueros municipales* gezählt. Im Text selbst taucht diese Bezeichnung allerdings nicht als Kategorisierung für den gesamten Text auf. Im archaischen Gesetz Nr. 67 ist einmal von *forum* im Sinne von 'Gerichtsort' die Rede (*non respondat neque uadat ad nullum forum*), ansonsten findet sich *forum/foro/fuero* nur in den späteren Addenda (113: *semejaua que era fuero malo; & desfizieron isto foro malo*), bezogen auf die Abschaffung eines Einzelgesetzes. Die im Text selbst mehrfach genannte Eigenkategorisierung ist *carta* (*carta quem facit concilium de Madrid*); eine Bezeichnung, die allgemein für 'Rechtsurkunde', 'rechtsverbindliches Schriftdokument' steht[123] und auch für Normensammlungen, insbesondere für die im Zuge der Reconquista häufig notwendigen Siedlungsprivilegien, die *Cartas populationis* oder *Cartas pueblas*, gebräuchlich war.

4.2.3.3. Die Finalität des Textes wird in ihm selbst in der Eingangsformel präzisiert: es handelt sich um ein Rechtsdokument, das der Rat von Madrid sich gegeben hat, damit die Leute in Frieden zusammenleben können: *unde diues & pauperes*

---

[123] Im Verlaufe der Verwendungsentwicklung von CHARTA in den verschiedenen romanischen Sprachen (und darüber hinaus) zeigt sich immer wieder die metonymische Überlagerung der Grundbedeutung '(Papyrus-)blatt', 'beschreibbares Blatt' mit der zu einer bestimmten Zeit vorherrschenden üblichen oder vorrangigen Verwendung von Blättern. Die Ableitungen von Charta werden in den frühen romanischen Sprachen gewissermaßen prototypisch für Rechtsdokumente verwendet, weil schriftliche Dokumente meist Rechtsdokumente waren. Die spätere Entwicklung der iberoromanischen Sprachen zum ebenfalls metonymischen 'Brief' spiegelt die Ausdehnung des Schriftgebrauchs und den Verlust an Exklusivität juristischen und religiösen Schrifttums wider, so auch im Deutschen, wo *Brief* im Mittelalter der übliche Begriff für 'Urkunde' ist (Steinbauer 1989, 81). Die Bedeutung und Bekanntheit des juristischen Begriffes *Carta* für die Alltagswelt lässt sich anhand literarischer Texte vermuten, wenn etwa der erste Trobador Wilhelm von Aquitanien (1071–1127), bei dem die Verwendung feudalrechtlicher Metaphern eine besonders große Rolle spielt (cf. Ourliac 1965) in seiner *Chanson VIII* die treue Hingabe an die Geliebte durch einen feudalrechtlichen Eid, der schriftlich in einem Dokument festgehalten werden kann, belegt haben will: *Qu'ans mi rent a lieis em liure, qu'en sa cartam pot escriure*, oder wenn im *Cid* (4, 22ss.) die Königsmacht durch den schriftlichen Bann, der durch eine *Carta* übermittelt wird, ausgedrückt wird: «[...] el rey don Alfonsso / tanto avie la grand saña, antes de la noche / en Burgos del entro su carta con grand recabdo / e fuerte mientre sellada, que a mio Çid Ruy Diaz / que nadi nol diesse(n) posada».

uiuant in pace et in salute. Die Verbindlichkeit und Gültigkeit wird durch die lokale Autorität, den Rat, und durch die oberste überregionale Autorität, den König, gegeben, was in der Formel *ad honorem domino nostro rege Alfonsus et de concilio de Madrid* zum Ausdruck kommt. Die Anrufung der göttlichen Autorität findet sich erst in den Addenda (110: *In Dei nomine & eius gratia*). Weshalb die Rechtsinhalte in schriftlicher Form festgehalten werden, wird im Verlaufe des Textes mehrmals an den Stellen deutlich, an denen von Schrift gesprochen wird, was allerdings auffälligerweise nur in den elaborierteren Abschnitten und in den Addenda geschieht. Am deutlichsten ist dies der Fall in 110/17: *Et qui cum isto que in ista carta scriptum est fugerit, ego rex Allefonsus dabo meam cartam, et querent illum per totum regnum meum quousque suspendatur.* Aber auch im Haupttext gibt es eine Stelle, in der deutlich auf die Funktion der Schrift hingewiesen wird, wenn es in 57 heißt *per isto todo que est scripto, si potuerint probare cum testemunias, pectet el coto*: die Tatsache, dass die Rechtsnorm hier schriftlich niedergeschrieben ist, macht sie gültig. Die von der Autorität durch die Eingangsformel legitimierte Schrift verleiht dem gesamten Inhalt des Dokuments rechtsgültigen Charakter.

Eine weitaus problematischere Frage ist die von Romanität und Latinität, da es nicht gerade einfach scheint, die Sprache eindeutig zu bestimmen. Es findet sich im Text, wie dies für diese Zeit üblich ist, keine Thematisierung dieser Frage.[124] Rafael Lapesa (1932, 61) meint, der Text sei in einer «mezcla de latín y romance muy frecuente en los documentos notariales de fines del siglo XII y principios del XIII, y desde antes en los fueros y cartas pueblas» geschrieben, doch darf dies nicht verleiten zu glauben, es handle sich um eine aleatorische Mischung. Zunächst scheint es möglich, je nach Textteil Unterschiede in Bezug auf die Sprache festzustellen, wie dies in den von Lapesa genannten anderen zeitgenössischen Texten ebenfalls der Fall ist. Wie bereits bei den Fazañas, so zeigt sich auch hier, dass gewisse Textteile formelhaft zu festen Elementen der Schreibtradition geworden sind, und in ihrer festen Gestalt als Textbausteine übernommen werden. Dies gilt etwa für die Eingangsformel *Hec est carta quem facit concilium de Madrid*, für die Sanktionsformeln vom Typ *pectet XII morabetinos* oder *iuret super crucem* oder für textdeiktische Formeln wie *quomodo scriptum est superius.* Der Grad der Latinität der Einzeltexte schwankt im Verlaufe der Fueros, so sind einzelne Gesetze deutlich «lateinischer» als andere, etwa Nr. 57, Nr. 75 oder Nr. 77. Andererseits gibt es Textteile, die eindeutig romanisch sind, wie etwa in *Caualero a caualero istas liuores el se las coiat, et si quisieret la orna non pectet el auer.* Besonders auffällig ist in diesem Text das gegenseitige Hineingreifen des Romanischen ins Lateinische und des Lateinischen ins Romanische, die von Lapesa festgestellte fehlende Trennung der beiden Sprachen: selbst bei den scheinbar eindeutig lateinischen Formeln nämlich sind hier klare Tendenzen zur Romanisierung erkennbar, wie etwa im Falle der Formel *ad suum bene factum* (81), die im Laufe des Textes in unterschiedlichem Romanisierungsgrad auftaucht:

---

124 Eine frühe Ausnahme sind die metasprachlichen Hinweise bei Berceo; selbst in der eindeutig auf bewusster Übersetzertätigkeit fußenden romanischen Fassung des *Fuero Juzgo* wird die Sprachenfrage nicht thematisiert. Erst ab Alfons X. wird es üblich, auf die Romanität der Texte auch explizit hinzuweisen (cf. Kabatek 2003a).

ad suum bene factum (81) > ad suo bene fazer (25) > a ben fer/a ben fazer (18)

Dies ist sogar bei den häufigsten Formelteilen, die das Grundgerüst der einzelnen Gesetze ausmachen, der Fall:[125]

toto homine (2) > todo homine (1) > toto omne (4) > todo omne (7)

Umgekehrt gibt es aber praktisch keine längeren völlig romanischen Passagen: im gesamten Text dominiert zwar eine eindeutig romanische Syntax und ein größtenteils romanischer Wortschatz, doch finden sich durchweg sowohl latinisierende Schreibweisen als auch lateinische Funktionswörter. Es scheint hier notwendig sein zu trennen zwischen denjenigen Elementen, die in dem kastilischen Text tatsächlich als Interferenzen des Lateinischen auftreten, Elementen also, die aus dem Sprachkontakt zweier Varietäten resultieren und tatsächlich «Fremdkörper» im kastilischen Text sind und solchen, die mit einer solchen Natürlichkeit (und z. T. Häufigkeit) auftreten, dass angenommen werden muss, dass sie als zur juristischen Sprache des Textes zugehörig empfunden wurden, selbst wenn es sich auch aus zeitgenössischer Sicht eindeutig um Latinismen handelt. Fol. 3r. etwa beginnt mit den Worten *Si los alcaldes aut los adelantados aut los quatuor uiderint homines...* Die im Manuskript häufige, klar ausgeschriebene Form *aut* ist sprachhistorisch eindeutig ein Latinismus, aber sie kommt in dem Text so häufig vor, dass man davon ausgehen kann, dass es sich um einen lexikalisierten Latinismus in der Sprache des Textes handelt.[126] Ähnliche Fälle sind Formen wie *uel*, *ipsas*, *hoc* etc., bei denen nicht angenommen werden kann, dass es sich nur um latinisierende Schreibweisen für romanische Formen handelt.[127] Auch das lateinische Kasussystem findet im Text, wenn auch in uneinheitlicher Weise, noch Verwendung. So finden sich Dativformen (z. B. 19: *et prouatum ei fuerit*; 23: *pectugada dederit ei*; z. T. mit Präposition; 44: *ad cui probatum fuerit*; 87: *todo homine ad cui*); Akkusativformen (44: *si fuerit mulier, percutant eam*) oder Genitivformen (57: *carne de iudeo trifa uel aliqua carne de iu-*

---

125 Es erscheint mir zu gewagt, genaue Aussagen über die mögliche Aussprache dieser Formen zu machen. Bekanntlicherweise hat v. a. Roger Wright (u. a. in Wright 1982 u. 2001) mehrfach phonetische Umschriften altromanischer Urkunden präsentiert, womit er auf die wichtige Tatsache hinweist, dass die genaue Aussprache der einzelnen Formen der Urkunden nicht unmittelbar aus den graphischen Varianten ablesbar ist. Wie die genaue Aussprache im Einzelnen war, ist aber Spekulation. Bei Varianten ist schließlich auch denkbar, dass verschiedene, latinisierendere und romanischere Aussprachen parallel existierten und auch mündlich realisiert wurden. Der Befund, den die Texte bieten, ist jedenfalls in schriftlicher Hinsicht eindeutig und macht weitere Spekulationen gar nicht unbedingt notwendig.

126 Die Form *aut* kommt im ursprünglichen Textteil des Fuero 95 mal vor, dagegen finden sich 26 Fälle von *o* (die Form kommt 30 mal vor, aber davon dreimal als lokales Adverb <unde und einmal als Verbform < habeo) und 101 von *uel*. Die Monophthongierung von aut > o ist im Kastilischen schon lange Zeit vor Abfassung des Fueros belegt (seit den *Glosas Silenses*); die Form *uel* wurde schon im nachklassischen Latein durch *aut* oder *et* ersetzt (Beispiele aus der Hispania cf. Bastardas Parera, 1953, 179s.).

127 Die Frage der Flexibilität des Verhältnisses von Schreibung und Aussprache ist letztlich nicht eindeutig zu klären, doch erscheint es wahrscheinlicher, dass *ille* als [ɛl], *ibi* als [i] und vielleicht sogar *aut* als [o] gelesen wurde, als dass *hoc* [esto] oder *uel* [o] gelesen wurde.

dei), wobei die Kasusendungen oft durch den gleichzeitigen Präpositionsgebrauch redundant sind und mitunter durch ihre «Fehlerhaftigkeit» (z. B. 95: *Uocem de iudex – El iudize*) auf rudimentäre Kenntnisse des traditionellen Systems schließen lassen.

Dies führt zu der Vermutung, dass die Frage, ob es sich hier um einen lateinischen oder einen romanischen Text handelt, falsch gestellt ist. Der Text reiht sich ein in eine einerseits kontinuierliche, andererseits von Brüchen geprägte Geschichte der Loslösung der Volksschriftsprachen vom Latein. Im Verlaufe dieser Entwicklung nehmen die romanischen Elemente in den Texten zu, beginnend bei den freien Teilen und dann vordringend in den formelhaften Bereich, wobei innerhalb dieses Bereichs die «letzte Bastion» die autoritativen Legitimationsformeln und die *Invocationes* sind. Aus späterer Perspektive kann nun versucht werden festzustellen, ab wann die Texte «mehr romanisch» als lateinisch sind bzw. bei welchen Texten dies der Fall ist. Dies aber ist eine anchronistische Perspektive *a posteriori*.

Historisch gesehen gibt es jedoch zu einem gewissen Zeitpunkt eine Art Moment des Kippens, ab dem die Texte eindeutig romanisch sind und es nicht mehr um eine kontinuierliche Entwicklung, sondern um einen Bruch geht. Dieser Moment fällt mit dem Zeitpunkt zusammen, der auch durch äußere Einflüsse ausgelöst wird und ab dem ein klares romanisches Bewusstsein entsteht, das sich in Bezeichnungen für die romanische Sprache und in einer klaren Trennung zweier unterschiedlicher Sprachen ausdrückt. Unmittelbar vorher aber entstehen noch Texte wie der Fuero de Madrid: hier zeigt sich die Tradition noch ohne klaren Bruch, hier erscheint das Romanische noch lateinisch verkleidet und mit dem Versuch, ihm durch lateinische Elemente ein spezielles Gepräge zu geben. Das lateinische Kleid mag hier einerseits schlicht aus Traditionsgründen verwendet worden sein, da eine neue Tradition erst noch geschaffen werden müßte, andererseits ordnet es den Text in eine bestimmte juristische Texttradition ein, die den autoritativen Charakter unterstützt. Gleichzeitig ist der Text so romanisch, dass seine Verständlichkeit auch für weniger lateinkundige Personen gewährleistet sein müsste. Dadurch erfüllt der Text die notwendige doppelte Funktion des Bezugs zu anderen autoritativen Texten (vielleicht wäre es auch noch undenkbar gewesen, dass ein rein romanischer Text vom König autorisiert würde) und des Bezugs zu einem hörenden Publikum: die lokalen Fueros wurden öffentlich verlesen, damit die Bürger der Stadt den Inhalt zur Kenntnis nähmen. Für die Bürger mag der Höreindruck der eines solemnen, lateinischen Textes gewesen sein, den sie doch gleichzeitig problemlos verstehen konnten. So haben die lateinischen Elemente hier denn auch mimetischen Charakter, was auch ihre beschränkte Zahl und ihre ständige Wiederholung rechtfertigen würde.

4.2.3.4. Bei den *Umfeldern* lassen sich einige Unterschiede im Vergleich mit den Fazañas feststellen. Trotz des eindeutigen Autor- und Ortsbezugs am Beginn: *carta quem facit concilium de Madrid*, ist hier natürlich nur eine übertragene, allgemeine Autorisierungsinstanz genannt, ohne dass Informationen über die reale Identität von Diktierer, Schreiber oder Hörer gegeben würden. Der klare temporale Bezug der Fazañas auf abgeschlossene, vergangene Ereignisse ist hier in eine offene, mögliche Zukunft gespiegelt, was aber die temporale Fixierung des Textes gleichzeitig in gewisser Weise eindeutiger macht: während bei den Fazañas die beschriebenen Ereignisse temporal festgelegt sind, über den Zeitpunkt ihrer Darstellung aber nur bekannt ist, dass er nach diesen Ereignissen liegen muss, ist der Fuero zwar bezüglich der möglichen Ereignisse in die Zukunft hin offen, gleichzeitig ist aber der Moment historisch fixiert, an welchem der Fuero verkündet wird und ab dem er seine offene Gültigkeit hat.

Wie in den Fazañas ist auch hier die *Zone* doppelbödig, was der bereits erwähnten zweifachen Orientierung des Textes entspricht, die einerseits auf die lokale kastilische Sprache der Stadt Madrid, andererseits auf die überregionale, lateinische Tradition der juristischen Texte Bezug nimmt. Der *Bereich* ist durch die Eigennamen und einige nur lokal bekannte Gegenstände auf ein lokal begrenztes Umfeld eingeschränkt, darüber hinaus sind die genannten Institutionen und Gegenstände in der Reconquistagesellschaft in Kastilien allgemein bekannt. Im Gegensatz zu den Fazañas lässt sich hier die engere *Umgebung* weniger präzisieren, da der Text zumindest in zeitlicher Hinsicht unbestimmter ist, sich nicht auf bestimmte konkrete Ereignisse bezieht und höchstens einer gewissen Epoche zugeordnet werden könnte.

Der *einzelsprachliche Kontext* ist durch die hybride Sprache des Lateinischen und des Romanischen bestimmt; die Funktion des Lateinischen scheint die der Einordnung in die juristische Tradition zu sein, die des Kastilischen der lokale Bezug.[128]

Das Manuskript enthält ausschließlich den Fuero samt seiner Addenda, so dass keine weiteren *Redekontexte* vorhanden sind. Im Gegensatz zu den Fazañas, die explizit und implizit auf den Bezugsfuero desselben Ortes verweisen, enthält der Fuero keine Hinweise auf andere Texte: die Rechtsprechung ist hier ausschließlich allgemein formuliert, es finden sich keine konkreten Fallbeispiele[129] oder explizite Bezüge zu Fazañas.[130]

Im Gegensatz zu den Fazañas zeigt sich hier eine wesentlich klarere Trennung von Redekontext und *Außer-Rede-Kontext*. Die Einzeltexte weisen einen hohen Grad an Autonomie auf, sie sind selbst aus der großen Distanz der heutigen Lektüre als kohärente Sachverhaltsdarstellungen nachzuvollziehen und setzen allenfalls gewisse Kenntnisse über eine Gesellschaftsform und eine bestimmte historische

---

128 Es zeigt sich hier, dass der einzelsprachliche Kontext zur Bestimmung der «Identität» eines Textes dient. So, wie die sprachliche Identität eines Sprechers durch eine ganz bestimmte Mischung von Varietäten charakterisiert ist (Kabatek 1997c), so zeigt sich eine solche Identität auch in einem geschriebenen Text, wobei hier die stärker sprecherbiographisch bedingten phonetischen (v. a. prosodischen) Faktoren wegfallen und stattdessen die konstruierbaren, beeinflussbaren («monitorisierbaren») Faktoren zunehmen: ein geschriebener, elaborierter mehrsprachiger Text wie der Fuero de Madrid entspricht daher einem bestimmten *Identitätskonstrukt*, das nicht mit der Identität irgendeines Schreibers oder Autors verwechselt werden darf.

129 Allerdings finden sich allgemein formulierte Fallbeispiele (z. B. 14: *meo criado fulan, si nemiga fecerit, ego lo dare a directo uel pectare pro eo, per isto atal pecten quomodo per uicino*).

130 Dies wäre ein möglicher Grund, die in der spanischen Rechtsgeschichtsschreibung übliche Einschätzung, die Fueros hätten sich aus dem Fallrecht entwickelt, anzuzweifeln, da keine Fallbeschreibungen ohne Bezug auf vorhandene Fueros bekannt sind; diese rechtshistorische Frage ist jedoch hier nicht weiter relevant und kann nicht weiter diskutiert werden.

Konstellation, nicht aber die geteilte Erfahrung von konkreten Einzelereignissen voraus. Auf den *physischen Kontext* des Schriftstücks als Rechtsdokument wird durch dessen mehrfache ausdrückliche Nennung hingewiesen (Überschrift: *hec est carta*; 12, 14, 16: *ista carta*; 26: *quomodo iacet in ista carta*; 28, 38, 95: *ista carta*). Der Text hat deswegen juristische Gültigkeit, weil er an ein bestimmtes Objekt gebunden ist: das Objekt, das Pergament, ist es, das ihm – wohl urprünglich mit Korroboration und Unterschriften – Rechtskraft verleiht. Der empirische Außer-Rede-Kontext ist innerhalb des Rahmens der kastilischen Monarchie die Stadt Madrid, die einerseits als Gesamtheit erscheint und von der andererseits bei einzelnen Verordnungen bestimmte Teile genannt werden (70: *el prado de Toia*; 71: *el carascal de Balecas* [das heutige *Vallecas*]). Als *praktischen Kontext* hat man sich wohl eine Vorlesesituation vorzustellen, wodurch die erwähnte sprachliche Doppelbödigkeit ihren Sinn erhält. Auf einen bestimmten *historisch-partikulären Kontext* wird mehrfach Bezug genommen: eine Reconquistasiedlung mit bestimmten herrschenden Autoritäten (König und Rat), bestimmten kulturellen Gegenständen und bestimmten Volksgruppen (68: *moros*) und Ortsnamen.

Das *Redeuniversum* ist auch hier das Rechtswesen, wobei auch bei diesem Text noch eine enge Verbindung gewisser Rechtsnormen zum Alltagsleben festzustellen ist. Gleichzeitig finden sich im Fuero de Madrid aber auch einzelne, komplett von der Alltagswelt losgelöste, abstrakte Verordnungen oder sogar metajuristische Normen (z. B. 29, 30, 44, 96). Es mag sein, dass dies bereits auf erste indirekte Spuren der Rezeption des Römischen Rechts hinweist.

4.2.3.5. Wie bereits erwähnt, sind die einzelnen Gesetze voneinander unabhängige Teiltexte, die nur in einigen Fällen durch ein initiales *et* an die vorhergehenden Texte angebunden werden. An mehreren Stellen finden sich formelhafte textdeiktische Bezüge, die immer auf im Dokument zuvor Genanntes hinweisen, sich aber eigentlich immer auf das jeweilige Gesetz beziehen (12: *quod est superus in ista carta*; 14: *quod est superius in ista carta*; 16: *quod est superius in ista carta*; 21: *quomodo scriptum est superius*; 26: *quomodo iacet in ista carta*; 57: *per isto todo que est scripto*; 95: *quod sunt scriptos de super in ista carta*; in den Addenda auch *pro istis causis supradictis*; 105: *de illis quinque qui sunt scripti*). Trotz der eindeutigen Bezugsgröße des Einzelgesetzes wird der Begriff *lex/ley* nicht erwähnt. Die formelhaften Bezüge entstammen der Urkundentradition, in der ja immer nur die Einzelurkunde in ihrer Gesamtheit als Bezugsgröße existiert. Die Funktion solcher Textanaphern in den Urkunden ergibt sich aus der für die juristischen Texte charakteristischen Notwendigkeit der exakten Bezüge im Text; im Fuero scheinen sie mitunter – wie die latinisierende Tendenz – auch der Textsortenmarkierung zu dienen und den Text dem Universum der Rechtssprachlichkeit zuzuordnen. Wie bei den Fazañas finden sich auch hier die ständigen parataktischen Reihungen der Sachverhalte mit *et...et...et*, die sowohl innerhalb der Satzgrenzen als auch an der Satzgrenze zur Verknüpfung der Sachverhalte dienen; nur innerhalb der Satzgrenze finden sich die Konjunktionen *uel* und *aut/o*, außerdem als hypotaktische Konjunktion zahlreiche Fälle der Verwendung von *que*.

Was die Syntax betrifft, so wurde schon gesagt, dass dem sich ständig wiederholenden Textaufbau auch bestimmte Satzbaumuster entsprechen. Der inhaltliche

Hauptunterschied zu den Fazañas, nämlich die Tatsache, dass hier allgemeine Normen formuliert werden und nicht einzelne, konkrete Fälle, hat unmittelbare syntaktische Konsequenzen. Während bei den *Fazañas,* wie erwähnt, die einfachen Junktionstypen der Nulljunktion oder der Reihung mit *et* ausreichen, müssen bei der Formulierung einer allgemeinen Norm nicht nur zwei Sachverhalte dargestellt, sondern auch in einer ganz bestimmten Weise verknüpft werden. Für die Art der Verknüpfung kommen aufgrund des auszudrückenden Sachverhaltes nur wenige Möglichkeiten in Frage. Es könnten zwar zwei Sachverhalte einfach nebeneinander gestellt werden, etwa: *A macht B. Er bezahlt X*, wobei mit einer einleitenden, dem Text vorgeschalteten Formel (etwa: *es gelte:*) juristische Gültigkeit ausgedrückt werden könnte. Die potenteste Möglichkeit des Ausdrucks einer allgemein gültigen Sanktion besteht jedoch in der Integration eines Nebensatzes in einen Hauptsatz, weil so die beiden aufeinander zu beziehenden Sachverhalte innerhalb eines Satzes vereint ausgedrückt werden können und durch die Wahl der subordinierenden Konjunktion das Verhältnis beider zueinander genau bestimmt werden kann. Es wurde schon erwähnt, dass eine der deutlichsten und explizitesten Möglichkeiten des Ausdrucks der Beziehung der beiden Sachverhalte Tat – Sanktion ein Konditionalsatz ist, bei dem in der Protasis die Tat, in der Apodosis die Sanktion genannt wird. Diese Tatsache macht den Konditionalsatz zu einem besonders häufigen Satztyp in Gesetzestexten (nicht nur im Altspanischen). Eine zweite Möglichkeit wird hier im *Fuero de Madrid* besonders häufig genutzt: es ist die Nennung einer allgemein für alle Subjekte stehenden Variablen (*todo homine*), die durch einen eingefügten restriktiven Relativsatz und futurische konjunktivische Verbform mit einer hypothetischen Tat verbunden wird, deren Sanktion das Objekt des Matrixsatzes ist. Auch diese Form drückt eigentlich eine Bedingung aus: dem *qui firiere* entspricht ein *si algun home firiere.*[131]

Bis auf sehr wenige Ausnahmen der Junktion durch *et* zwischen den Gesetzen können die einzelnen Gesetze als autonome Texte betrachtet werden. Neben der Juxtaposition werden die Sätze innerhalb der Gesetze meist mit *et* untereinander verbunden. Die Wiederaufnahme eines Elements mit *por inde* findet sich zweimal innerhalb von Konditionalsätzen:

41: «[...] et si apreciado non fuerit, por inde non perdat suo coto».

Auf Stufe IV ist der praktisch einzige Junktionstyp die sehr häufige, dem Texttyp entsprechende Junktion durch *si* bzw. die Umschreibung des Konditionalsatzes. Auch Stufe V kommt in zwei Gesetzen vor, wobei es sich zumindest beim Beispiel aus Nr. 4 um eine feste Formel zu handeln scheint:

4.: «[...] et ille mal non dicendo nec faciendo».

23: «[...] & illos andando per proueio de conzeio quomodo iuratos son».

23: «[...] et si alcalde aut adelantado uel fiador andando in isto seruizio de concilio, ad alguno uecino uel filio de uezino si firiere aut desornare, pectet lo duplado».

---

[131] Cf. auch Palacios Alcaine (1996).

Die ausgedrückte Relation ist hier jeweils Gleich- bzw. Vorzeitigkeit. Auch die Junktion auf Stufe VII (durch Präpositionen) ist in wenigen Fällen belegbar (12, zweimal: *exat per traditore & per aleuoso*; 23, häufige Formel: *per la iura quod habet facta*; 35: *por iudicio de alcaldes*; 109: *por aluaran ni por seguro si non per suos liuores*). Bei allen Junktionstypen außer den *et*-Reihungen und den Konditionalsätzen handelt es sich jedoch um seltene Fälle, bei denen sich allerdings bereits eine stärkere Präsenz der lateinischen Urkundentradition zeigt als im Falle der Fazañas.

4.2.3.6. Im Gegensatz zu den Fazañas findet sich im Fuero de Madrid ein großer Wortschatzreichtum, da trotz der stereotypen Satzgrundstruktur in diesem viel längeren Text eine Vielzahl von Lebensbereichen rechtlich geregelt werden. Die 6743 Tokens entsprechen 1349 Types, was einer standardisierten Type-Token-Relation von durchschnittlich 35,73% entspricht;[132] diese rührt v. a. von den ständigen Wiederholungen des listenartigen Textes her. Der umfangreiche Wortschatz ergibt sich v. a. durch die verschiedenen genannten Alltagsgegenstände; doch auch die juristische Terminologie ist wesentlich umfangreicher als in den Fazañas. Dies liegt nicht nur am viel größeren Textumfang, der sich ja auf ein vergleichbares Rechtssystem bezieht, sondern auch an der bereits sich abzeichnenden Präsenz metajuristischer Normen im Fuero de Madrid, wo u. a. Begriffe wie *bozero*, *heredero*, *contendor*, *fiadores*, *plazo*, *rencuroso*, *testemuno* etc. zu finden sind. Bei den juristischen Begriffen zeigt sich wie in anderen Bereichen des Wortschatzes auch die Produktivität bestimmter Wortbildungsmuster (z. B. Nominalisierung durch Suffix *–ura: rancura, apreciadura, fiadura, anadedura*; Suffix *–mento*: *fidamento, taiamento, acotamento, seruimento*; Suffix *–or*: *andador, fiador, morador, contendor*). Es ist auffällig, dass die Nominalisierungen sich gerade besonders gehäuft in den wenigen metajuristischen Gesetzen finden. Im Vergleich zu den Fazañas enthält der Text nur wenige Eigennamen.

Zusammenfassend ist der Fuero de Madrid ein Text, der aus demselben Rechtssystem wie die Fazañas stammt und sich auf dieselben Institutionen bezieht, aber als offizieller Gesetzestext einen höheren Grad an Formalität aufweist, die sich in der latinisierenden Sprache, der klaren Einordnung in die Tradition der Gesetzestexte und der höheren sprachlichen Elaboration ausdrückt. Die vorherrschenden Sätze sind hier nicht mehr einfach, sondern komplex, was von der Mehrgliedrigkeit der darzustellenden Sachverhalte herrührt. Innerhalb der Komplexität sind die Mittel jedoch auf wenige, sich stets wiederholende beschränkt. Eher marginal sind im Bereich des Lexikons die Nominalisierungen aus dem metajuristischen Bereich, die gemeinsam mit anderen Anzeichen ein erster Anklang an die beginnende Rezeption des neuen, Römischen Rechts sein könnten.

---

[132] Es wurde nur der ursprüngliche Text ohne Addenda und ohne Rubriken in die Auswertung mit einbezogen.

4.2.4. *Libro de los fueros de Castiella*

4.2.4.1. Der *Libro de los fueros de Castiella* umfasst eine umfangreiche Sammlung verschiedener kastilischer Rechtsvorschriften, die im Manuskript 431 der Madrider Biblioteca Nacional zusammengefasst sind. Der Text gilt unter Rechtshistorikern als das bedeutendste Zeugnis des mittelalterlichen kastilischen Territorialrechts vor der Rezeption des Römischen Rechts.[133] Er liegt in einer gedruckten und in einer elektronischen Edition vor.[134] Bei dem Ms. BN 431 handelt es sich um das älteste bekannte dieses Textes.[135] Das Hauptproblem ist hier – wie so häufig – dass es sich nicht um ein Manuskript aus dem 13. Jahrhundert handelt, sondern um eine nicht allzu sorgfältige Abschrift aus der zweiten Hälfte des folgenden Jahrhunderts.[136] Eindeutig vom restlichen Text zu unterschieden ist neben den Rubriken (die teils nicht dem Inhalt entsprechen) das erste Kapitel als Pseudo-Prolog, bei dem es sich um eines von mehreren in der Sammlung enthaltenen königlichen Privilegien handelt, das zum Prolog umfunktioniert wurde. Teilweise wurde die Sammlung wegen des Bezugs zu Burgos in diesem Privileg als *Fuero de Burgos* bezeichnet, ein Name, der üblicherweise auch den *Fuero Real* Alfons' des Weisen bezeichnet.

4.2.4.2. Die einzelnen datierten Texte situieren das Buch in der ersten Hälfte des 13. Jahrhunderts, einer Zeit, in der die Dekadenz des Foralrechts und die Rezeption des Römischen Rechts auch auf der Iberischen Halbinsel bereits voll eingesetzt hatte. Der Inhalt des Buches ist vielfältiger Art, es finden sich sowohl lokale als auch territoriale Fueros neben einigen Fazañas und richterlichen Entscheidungen sowie königlichen Privilegien. Allen diesen Rechtstexten ist gemein, dass sie dem traditio-

---

133 «Entre los manuscritos de la Biblioteca Nacional no hay seguramente ninguno tan valioso, desde el punto de vista del derecho territorial castellano, como el que lleva ahora la signatura 431 (antes D 42). Aunque conocido y utilizado por diferentes eruditos modernos, no se ha estudiado suficientemente ni se ha puesto de relieve toda su importancia» (Sánchez 1929, 268–269).

134 Ed. Galo Sánchez, Barcelona, Facultad de Derecho 1924; Neudruck: *Libro de los fueros de Castiella*, ed. por Galo Sánchez, Barcelona: El Albir [Biblioteca de Historia Hispánica. Textos medievales. Serie minor, N° 1], 1981. Elektronische Version in *ADMYTE* 0. Für diese Arbeit wurden beide Editionen mit dem Manuskript verglichen.

135 Neben dem Manuskript BN 431 gibt es noch weitere Manuskripte in der Madrider Nationalbibliothek (751, 6705 u. 6667) und in der Bibliothek der Real Academia de Historia in Madrid (RAH 12-21-6 u. 26-6-112); zudem finden sich Manuskripte im British Museum und in Burgos. «El estudio comparado de las copias permite asegurar que una de ellas ha servido de copia para las demás: nos referimos a la contenida en el ms. 431 de la Biblioteca Nacional, códice sumamente interesante para la historia del derecho» (Sánchez in der Einleitung zur Edition von 1924, XII). «El códice debió ser escrito a finales del siglo XIV, a juzgar por la letra» (ibd., XIII).

136 «el códice 431 de la B.N. no es el original del *Libro*, ni siquiera coetáneo a la redacción de éste: es una copia posterior en un siglo y que supone otras copias intermedias, hoy perdidas, y en las que el texto primitivo se fué alterando (y quizá adicionando) paulatinamente. Obra de un buen calígrafo, que al mismo tiempo debió ser copista poco atento – no es probable que haya que atribuir al ms. que utilizó como modelo las numerosas faltas que en ella existen – contiene defectos de todas clases: palabras mal leídas, omisiones, repeticiones, etc., resultando a veces obscuro y hasta ininteligible el texto» (ibd. XIV).

nellen kastilischen Recht entstammen und noch keinen direkten Einfluss der Rezeption des Römischen Rechts zeigen. Es handelt sich hier im Gegensatz zu den bisher betrachteten kurzen Einzeltexten um ein umfangreiches *Rechtsbuch*, das auch selbst diese Kategorisierung trägt:

> «Este es el libro delos fueros de castiella. et son departidos en algunas villas segund su costu<m>bre» (fol. 11r).[137]

Man könnte sich fragen, ob es sich hier überhaupt um einen Gesamttext handelt oder vielmehr um ein Sammelsurium von Einzeltexten. Einerseits entsprechen diese einer festen, formelhaften Urkundenstruktur, wie etwa der Anfangstext:

> «Por aquesto que los fijos delos Reyes & delos prinçipes sean remembrança. son començados por beneficio descriptura. por la qual cosa yo Don ferrando por la gracia de dios Rey de Castiella de toledo. Ve(n)yente & portante en my coraçon los seruiçios muchos gradables de muchas maneras Los quales el conçeio de burgos trauaiaron de dar a my fiel miente en el enpeçamiento de my regno & a cabo el alabable enpeçamiento cresca el my seruicio por mas alabable fin et del bien paçible otorgamiento. & por mandado dela Reyna my madre. fago carta de asoluimiento & de franqueza & de confirmamiento & de asoluimiento al dicho conçeio de burgos tan bien alos que son presentes commo alos que seran. Valedera por siempre».

Andererseits finden sich freie Darstellungen von Ereignissen in verschiedenen Fazañas:

> «Esto es por fazannya que mataron la fija de ferrando de sancto domingo commo dizian que la matara don ferrando & su hermanna. Et leuaron le todo lo que tenya en casa. Et vna muger dixo que tenya tres madexas de aquella muger que mataran et Robaran & que las enpennara aquella muger que mataran por dineros. Et los merynos querian la prender por la muerte dela muger [fol. 78v] que mataran & Robaran por aquella que manifestara que auya ella muerta. Et el meryno demandaua el omezidio al marido dela muger que mataran por que la testiguaran muerta en su casa el alcalle & omnes buennos. Et juzgaron los alcalles de burgos que non deuya pechar nada & non pecho nada».

Und schließlich eine große Anzahl von Einzelgesetzen aus verschiedenen Fueros:

> [fol. 14v] {RUB. vio. Titulo de aguiion o de fierro:} {IN3.} «Esto es por fuero que sy omne o muger se apreçia al alcalle. & si dize que es ferida del fuste del aguiion. peche por cada colpe çinco sueldos. aquel sobre quien se apreçia. Et sy se apreciar que es ferida del fierro que peche por cada ferida veynte sueldos».

Es scheint aber gerade die Sammlung verschiedenster Aspekte des kastilischen Rechts zu sein, die als Kriterium für eine gewisse Kohärenz angeführt werden kann, auch wenn das einzige eindeutige kohäsive Element für das ganze Buch der einleitende Satz ist, durch den es zur Gesamtheit wird. Die einzelnen Binnentexte werden zumeist durch die Anfangsformel einer bestimmten Textform zugeordnet; diese Textform korreliert auch im Allgemeinen mit dem Elaboriertheitsgrad des Textes und teilweise mit dessen Länge, wie an folgender Tabelle zu sehen ist:

---

[137] Die Zitate sind jeweils der elektronischen Edition in *ADMYTE* entnommen.

Nr.	*Typ*	*Länge (Wörter)*	*Anfangsformel*	*Elaboriertheitsgrad*	*Kommentar/ Ortsbezug*
0	Privilegio real, 1255	66	Por aquesto que los fechos de los reyes... (Prolog)	hoch	Toledanisches Privileg mit Nennung der Stadt u. lat. Formeln
1	Privilegio real, 1265? scripsit 1285	69	Por present scriptum tan presentibus...; dann: Code-Switching	hoch	wie 1.; Toledo
2.	[Fazaña]	13	Un romero aleman albergo en casa de Gil Buhon	niedrig	Burgos; keine Norm, nur Fall
3	[Fazaña+ Norm]	16	Ninguna mançeba escossa	niedrig/ mittel	Norm und Fall
4	Fuero	18	Esto es por fuero: que	hoch/ mittel	nur Norm
5	Fuero	8	Esto es fuero: que	hoch/ mittel	nur Norm
6	Fuero	6	Esto es por fuero: que	hoch/ mittel	nur Norm
7	Fuero	6	Esto es por fuero: que	hoch/ mittel	nur Norm
8	Fuero	8	Esto es por fuero: que	hoch/ mittel	nur Norm
9	Fuero	6	Esto es por fuero: que	hoch/ mittel	nur Norm
10	Fuero	18	Esto es por fuero: que	mittel	nur Norm
11	Fuero	44	Esto es por fuero: que	mittel	Norm u. Beispiel
12	Fuero	13	Esto es por fuero: que	mittel	nur Norm
13	Fuero	11	Esto es por fuero: de	mittel	nur Norm
14	Fuero	14	Esto es por fuero: de	mittel	nur Norm
82	Fasannya	9	Esto es por fasannya de un omne	mittel	nur Fall
83	Fasannya	12	Esto es fasannya de vn omne	mittel	Fall+Urteil

Fig. 21: Binnentexte des *Libro de los fueros de Castiella*. Die Titel 15–81 sind jeweils *Fueros*, die mit der üblichen Formel beginnen. 82 und 83 sind explizit so bezeichnete *Fazañas*[138]

4.2.4.3. Aus dem oben Gesagten und der tabellarischen Aufstellung ergibt sich die Frage nach der Finalität des Textes: zu welchem Zwecke sollte im 13. Jahrhundert ein Recht verschriftet werden, das eigentlich gerade durch ein neues abgelöst wird? Wieso sollten völlig unterschiedliche Texte zu einem Buch zusammengefasst werden? Und aus welchem Grunde werden von diesem Buch dann noch zahlreiche Kopien angefertigt? Ein Teil der Antwort liegt auf der Hand, ein anderer bleibt im

[138] Eine umfassende Tabelle kann im Internet unter www.kabatek.de/bologna bzw. http://www.niemeyer.de/links/link_material.html aufgerufen werden.

Dunkeln. Es scheint eindeutig zu sein, dass es hier weder, wie bei den Fazañas de Palenzuela, um die Memorisierung von Rechtsfällen geht, die noch als Vergleichsgröße gebraucht werden, noch um die schriftliche Niederlegung eines für eine bestimmte Gegend ab diesem Zeitpunkt gültigen Rechts, sondern vielmehr um ein dokumentarisches Aufzeichnen einer bestimmten juristischen Tradition. Auch wenn das römische Recht hier scheinbar abwesend ist, so spielt hier doch die Tatsache der Ausweitung der Schriftkultur und die Durchsetzung des geschriebenen Rechts, die auch mit der Rezeption der römischen Texte und der «geschriebenen» Bildung der Rechtsgelehrten zusammenhängt, eine zentrale Rolle.[139] Dies führt zum unklaren Teil der Frage: Im Falle des *Libro de los fueros* ist ungewiss, ob die Verschriftung auf Initiative des lokalen Adels (etwa in Burgos) geschah, der hier seine traditionellen Rechte festlegen und den zentralistischen Tendenzen der Verschriftung des Römischen Rechts ein Gegengewicht setzen will, oder ob das Buch vielmehr ein Teilprodukt eben jenes Zentralismus ist, der zu Zwecken der Dokumentation das alte Recht aufzeichnet, vielleicht auch im Hinblick darauf, dass die späteren deutlichen Äußerungen, die dessen Abschaffung propagieren, einen klaren Bezugspunkt haben. Für diese letztere Ansicht spricht die Tatsache, dass das Buch mit zwei elaborierten toledanischen Königsprivilegien beginnt, die in deutlichem Kontrast zu den folgenden Gewohnheitsrechtstexten stehen. Außerdem sind darin mehrere Textpassagen zu finden, die sich deutlich gegen die lokalen oralen Rechtstraditionen richten, wobei sich insbesondere der Antagonismus Burgos-Toledo in mehreren Texten zeigt: die königlichen Urkunden stammen aus Toledo, während die Fazañas und Fueros aus Altkastilien stammen. Dies ist ein weiterer Hinweis auf den möglichen Propagandacharakter des Buches: vielleicht geht es hier darum, die in den Prologen der alfonsinischen Gesetzeswerke genannte Kritik an den «muchos ffueros que eran en las villas e en las tierras departidas en muchas maneras» zu konkretisieren.

Die Frage von Latinität und Romanität ist bei diesem eindeutig kastilischen Text vor allem durch den historischen Zeitpunkt der Verschriftung des Textes zu erklären. Die ersten Jahrzehnte des 13. Jahrhunderts führen in Kastilien zu einem fundamentalen Wandel der Sprachverwendung: während anfangs noch in den meisten «offiziellen» Texten versucht wird, zumindest ein gewisses Bild der Latinität zu wahren, indem zumindest Formeln, oft aber auch andere Elemente in latinisierendem Kleid erscheinen, findet unmittelbar anschließend – zunächst sporadisch, dann aber als umfangreiche Bewegung – ein Bruch statt, als erstmals eindeutig romanische «offizielle» Texte ohne Versuch der Latinisierung erscheinen. Der erste bekannte Text dieser Art ist der bereits erwähnte *Tratado de Cabreros*

---

[139] In vergleichbaren geschichtlichen Situationen hat ebenfalls die Einführung eines neuen Paradigmas die dokumentarische Aufzeichnung des alten mit sich gebracht. So wird zu der Zeit der justinianischen Kodifikation auch das Vulgärrecht der *Lex Salica* verschriftet; das *Breviarium Aniani*, die *Lex romana visigothorum*, wurde 506 niedergeschrieben, und kurz zuvor auch die erste gotische Kodifikation im *Codex Eurici*. Ähnlich findet mit der Renaissance des Römischen Rechts im 12. Jahrhundert auch eine Renaissance und Verschriftung des lombardischen Rechts und anderer lokaler Gewohnheitsrechte statt.

(1206)[140] zwischen León und Kastilien.[141] Roger Wright vergleicht den Grund für die Wahl der Sprachen mit dem Fall der Straßburger Eide und meint, es gehe darum, dass die Hörer die Einzelheiten des Vertrages verstehen.[142] Es zeigt sich hier aber vor allem, dass ein kultureller Paradigmenwechsel stattgefunden hat und ein romanisches Bewusstsein entstanden ist. Die bewußte Verwendung des Romanischen hängt mit denjenigen Kreisen zusammen, die den unmittelbarsten Kontakt zur lateinischen Bildung, zum Studium in Palencia und zu Frankreich haben.[143] Das Bewusstsein der Möglichkeit, Urkunden komplett in romanischer Sprache zu verfassen, hängt sicherlich mit dem Einfluss von jenseits der Pyrenäen zusammen, wo der Sprachenwechsel schon viel früher geschieht:

> «[...] sabemos que la conciencia lingüística que presupone la redacción en romance de documentos notariales se había creado en Provenza más de medio siglo antes que en España [...]. Nos podemos preguntar si las colonias ‹francas› en la España de la Reconquista no actuaron de algún modo como fermento en la formación de la conciencia lingüística señalada» (Hilty 1954, XXXIV, Fn 46).

Der Einfluss von jenseits der Pyrenäen lässt sich im Falle der Urkunden auch an deren konkretem sprachlichen Material nachweisen, so etwa im Falle der romanischen Form der Eingangsformel *Notum sit presentibus et futuris* (mit Varianten, *auch Notum sit omnibus hominibus tam presentibus quam futuris*; *Notum sit cunctis* etc.), die in den altokzitanischen Urkunden als *conoguda causa sia a totz homes que aquesta carta ligeran* oder *conoguda paraula sia als presens i als devenidors que aquesta carta veiram ni la audiram* etc.[144] und im Kastilischen – wo als häufigste Formel *Sepan todos quantos esta carta vieren* o. ä. Verwendung findet – auch in der okzitanisierenden Form *Connosçuda cosa sea...* erscheint.[145]

---

140 «[...] este documento está en Español antiguo del siglo XIII parecido a las formas usadas durante el resto del siglo. Parece ofrecer una prueba insoslayable de que en 1206 alguien, por lo menos, había pensado con detenimiento y sistematización cómo representar por escrito la lengua vernácula.» (Wright 1989, 354).

141 «Hacia los últimos años de este reinado [= de Alfonso VIII, 1158–1214] se inició la costumbre de redactar en romance algunos documentos notariales del reino, si bien tan sólo los referentes a asuntos particulares; no obstante, se conserva un tratado de paz de Alfonso VIII con el rey de León, el tratado de Cabreros, del año 1206, redactado totalmente en lengua vulgar.» (Menéndez Pidal 1919, 11). Der Text findet sich in González 1960, 368. Cf. Wright 1989, 353ss. u. Wright 2001.

142 Wie in der neueren Forschung angemerkt wurde, war im Falle der Straßbuger Eide die tatsächliche Zusammensetzung der Heere keinesfalls sprachlich so homogen, wie dies Neithard in seinem Bericht darstellte. Es handelt sich wohl um eine historiographische Stilisierung, die einerseits den Unterschied der beiden Heere, andererseits deren jeweilige Einmütigkeit evozieren soll (cf. Mc. Kitterick 1991, 138s.).

143 «[...] el círculo más latinizante de Castilla o León fue probablemente el que preparó el primer documento oficial largo en romance» (Wright 1989, 355).

144 Cf. Brunel, *Les plus anciennes chartes en langue provençale...*

145 Cf. etwa Menéndez Pidal 1919, 24 (*Documento* 7, Jahr 1232, aus Santillana). Der okzitanische Einfluss findet sich in deutlichem Maße auch bei den portugiesischen Urkunden. Die noch nicht edierten Urkunden des Klosters São Vicente de Fóra enthalten in Dokumenten aus der 2. Hälfte des 13. Jahrhunderts u. a. die Formen *Cunuçuda coussa ssega* (1272),

Eine Schlüsselrolle kommt bei diesem Einfluss verschiedenen Geistlichen mit wichtigen politischen Ämtern zu, so allen voran dem umfassend gebildeten Juan Diaz (†1246), Cousin von Rodrigo Ximénez de Rada, der in Bologna studiert hatte und ab 1228 Kanzler Ferdinands III. und zudem Bischof zunächst von Osma und dann von Burgos war.[146] In diese Zeit fällt der allgemeine Sprachenwechsel bei der Verfassung der Urkunden in der kastilischen Kanzlei und die Beschränkung der Verwendung des Lateins auf den internationalen Verkehr.

Aufgrund der datierten Dokumente innerhalb des *Libro de los fueros* kann das Buch frühestens in den dreißiger Jahren entstanden sein, in einer Zeit, als die kastilische Schriftlichkeit bereits der Normalfall in der königlichen Kanzlei war. Da die hier verschrifteten Texte ausschließlich lokalen Bezug haben, liegt es nahe, dass sie in der Sprache verfasst werden, in der solche Texte üblicherweise geschrieben werden. Schließlich mag noch ein Grund für die Abfassung in kastilischer Sprache in der Tatsache zu suchen sein, dass im 13. Jahrhundert Kastilien, das nun die eindeutig bedeutendste Macht auf der Iberischen Halbinsel darstellt, seine Sonderstellung auch durch die Schreibung seiner eigenen Geschichte und die fast mythologische Betonung dieser besonderen historischen Rolle auch in früherer Zeit zu untermauern versucht,[147] wozu auch die Dokumentation einer eigenen Rechtsgeschichte und die Schaffung einer eigenen Schriftsprachkultur gehört. Jedenfalls ist bei all diesen Aspekten fraglich, ob es sich hier um authentische Rechtstexte aus einer archaischen, im Vergleich zu den Texten des Römischen Rechts «ungebildeten» Kultur handelt. Die bewusste Verwendung eines von Latinismen befreiten Kastilisch sowie Inhalt und Anordnung der Sammlung deuten eher auf eine Prozedenz aus gebildeten Kreisen, darauf also, dass es sich hier bereits um ein Nebenprodukt der Rezeption des Römischen Rechts handeln könnte.

4.2.4.4. Die Umfelder der Einzeltexte entsprechen bis auf die Sprachenwahl weitgehend denjenigen der in 4.2.2. und 4.2.3. beschriebenen Texte, wobei hier einzelne Urkunden mit festem Formular hinzukommen. Der einzelsprachliche Kontext ist hier nun eindeutig Kastilisch, was in einer Zeit des schriftsprachlichen Konflikts zwischen Lateinisch und Romanisch einer bestimmten Situierung gleichkommt. Der Text reiht sich ein in die neue kastilische Schriftlichkeit, die «von oben» ausgelöst wurde und nicht auf mangelnde lateinische Bildung zurückgeführt werden kann. Das Lateinische ist dennoch in einzelnen Formeln präsent, die dabei so fehlerhaft wiedergegeben werden, dass man anehmen muss, dass, auch wenn die Sammlung ursprünglich mit einem gebildeten Milieu zusammenhängt, die Kopisten doch schon von der lateinischen Bildung entfernt gewesen sein müssen.

Es scheint hier auch nötig zu sein, zwischen den Umfeldern der Einzeltexte und denjenigen des Gesamttextes zu unterscheiden. Die Einzeltexte stammen aus jeweils verschiedenen lokalen Kontexten, die in dem Rechtsbuch zusammengeführt sind. Diese Zusammenführung bringt die verschiedenen Texte, die im altkastilischen

---

Conuzuda cousa seya (1272), *Cunucuda cousa siga*, *Conoszuda cousa seya*, *Conuçuda cousa sseya*, *Coñuszuda cousa seya* und *Cunuçuda cousa seja*.

146 Cf. Serrano 1940.

147 Cf. w. o. 4.1.2.3.

Rechtssystem kopräsent sind, Urkunden, Fazañas und Fueros, hier zu einem Redekontext zusammen. Dabei wird der Text «autonomisiert»: während bei den Urkunden oder den Fueros das Originaldokument selbst mit Siegel und Unterschriften für die Rechtsgültigkeit steht, sind die Texte nun von ihrem ursprünglichen physischen Kontext getrennt. Denoch finden sich im Buch auch Elemente wie etwa die folgende *subscriptio* [fol. 11v]:

> «Et yo Rey don ferrando Reynante en castiella & en toledo [fol. 12r] Confirmo & robro con mi propria mano esta carta que mande seer fecha. Don Rodrigo Arçobispo de toledo prima reffena Confirma. Don melendo episcope confirma. Don mauriz burgensis. confirma. et Don Tello pollite episcope confirma. Don Rodrigo episcopus confirma de siguença. Don gonçalo guirralte episcopus sogouinat confirma. garcia thaensis episcopus confirma. Don minius abolen episcopus confirma. Deminius plantatus episcopus confirma. Don lope diaz alferiz del Rey confirma. Aluar dias confirma. Alfonso tellez confirma. Rodrigo rodrigez confirma. Gunçalo peres. Johan gonçales confirman. Gonçalo peres meryno mayor en Castiella confirma. setephanus scriptur regis. Don Johan abat de santander chancellerio scripsit».

Da aber hier die wirklichen Unterschriften fehlen und es keinesfalls Ferdinand der Heilige ist, der mit seiner eigenen Hand genau dieses Dokument bestätigt und besiegelt («Confirmo & robro con mi propria mano esta carta que mande seer fecha»), ist die Situation eine indirekte. Auf das wirkliche Rechtsbuch bezieht sich einzig die Eingangsformel «Este es el libro delos fueros de castiella», alle anderen deiktischen Bezüge auf bestimmte schreibende Personen sind sozusagen fremde «Zitate». Die Autonomisierung des Textes wird auch durch den Titel unterstützt: es ist ein Rechts*buch*, eine Sammlung von Rechtstexten. Die Bezeichnnung *Liber* war bis ins 13. Jahrhundert dem westgotischen Fuero Juzgo vorbehalten gewesen. Mit der Rezeption des Römischen Rechts werden jedoch weitere Rechtsbücher bekannt und der Fuero Juzgo verliert seine Monopolstellung. Auch der praktische Kontext ist verdoppelt: wenn ursprünglich die einzelnen Fueros oder der Inhalt der Dokumente lokal vorgelesen wurden, so ist es nun in dem Buch so, dass die Sammlung der einzelnen Texte diese aus ihrer individuellen performativen Situation enthebt und damit einen neuen praktischen Kontext schafft, bei dem der Text wohl eher geschrieben rezipiert werden wird. Sollte hier tatsächlich lokales Recht von außen zu Zwecken von Dokumentation, Demonstration und vielleicht sogar Propaganda verschriftet worden sein, so findet sich auch der historische und der kulturelle Kontext auf zwei Ebenen gedoppelt: einer ersten Ebene entspräche die unmittelbare, «burgalesische» Lesart der Texte als lokale Fallrechtstexte, einer zweiten Ebene die «toledanische» Lesart der Zentralmacht und der gebildeten Juristen.[148] Es ist möglich, dass diese Doppelbödigkeit eine bei der Aufzeichnung dieser Texte intendierte war.

4.2.4.5. Die Beobachtungen zu den verschiedenen Junktionsstufen entsprechen hier je nach Einzeltext weitgehend denjenigen der entsprechenden in 4.2.2. und 4.2.3. beschriebenen Texte.

---

[148] Cf. Kabatek 1999a.

4.2.4.6. Auch beim Wortschatz sind die Beobachtungen mit denjenigen in 4.2.2. und 4.2.3. vergleichbar.

Zusammenfassung: Der *Libro de los fueros* steht also fest in der lokalen kastilischen Tradition, die er in Bezug auf seine Textformen und Inhalte ungebrochen fortsetzt. Er steht aber dennoch am Beginn einer neuen Epoche, in der die Volkssprache sich vom Latein abgespalten hat und ein Bewusstsein der klaren Trennung beider Sprachen vorherrscht. Die sprachlichen Mittel sind hier ebenfalls denen der «gemischten» Texte vergleichbar, aber die Sprache ist eindeutig kastilisch.

4.2.5. *Lo codi*

4.2.5.1. Das Römische Recht ist ab der zweiten Hälfte des 12. Jahrhunderts auf der Iberischen Halbinsel präsent, doch ist dies zu Anfang eher marginal: einige Bischöfe, die in Bologna studiert haben, kennen das neue Recht und besitzen z. T. Manuskripte der justinianischen Texte, und an manchen Orten wird das neue Recht auch gelehrt. Im Falle der Lehre scheint im kastilischen Raum Palencia eine Vorreiterrolle zu spielen, wo schon im 12. Jahrhundert Kanonisches Recht nach bolognesischem Modell unterrichtet wird. Die Texte sind dabei alle lateinisch (cf. 4.2.7.). Das Römische Recht ist anfangs nur den wenigen Personen bekannt, die es unmittelbar studiert haben. Im 13. Jahrhundert werden dann vermehrt lokale Rechtstexte verschriftet; eine neue Sichtweise beginnt sich durchzusetzen, nach der Recht schriftlich fixiert werden muss. In der Zeit Alfons' VI. und Ferdinands III. wird dann mehr und mehr lokales Recht in Volkssprache niedergeschrieben; bei den Rechtsurkunden mündet der Prozess der progressiven Romanisierung in einen bewussten Sprachenwechsel, ab dem die Dokumente romanischsprachig sind. Das aufkommende Römische Recht führt zu einer Destabilisierung des in der Reconquista dominierenden Gleichgewichts zwischen lokalen Interessen und Zugeständnissen der Zentralmacht. Mit der Eroberung Andalusiens ist ein wesentlicher Teil der Reconquista abgeschlossen und die Zentralmacht kann sich um die Ordnung der inneren Verhältnisse kümmern. Unter Ferdinand III. wird der erste große Versuch einer volkssprachlichen Kodifikation unternommen, indem das alte Recht des Forum Iudicum als Fuero Juzgo ins Romanische übersetzt und als Rechtsordnung für Teile Andalusiens eingeführt wird. Der Fuero Juzgo war aber nichts anderes als das alte, bekannte Recht der Westgoten. Nun aber wurde das «klassische» Römische Recht, das nur wenige kannten, immer wieder zur juristischen Argumentation herangezogen. Es ist anzunehmen, dass insbesondere das Bürgertum und die Handel Treibenden bald erkannten, dass das Römische Recht ihnen gegenüber dem lokalen Adel Vorteile brachte.

Dieses Panorama schaffte die Notwendigkeit der Information über das neue Recht, vor allem über diejenigen Bereiche, bei denen das traditionelle Recht wenig zu bieten hatte, also etwa die Organisation des Prozesses und das Vertragsrecht. Man brauchte Texte, die das neue Recht verständlich erklärten, und diejenigen Personen, die den Bedarf an solchen Texten hatten, waren u. a. Notare, deren übliche Schreibsprache immer mehr das Romanische geworden war. Es lag also nahe, das Römische Recht nicht nur inhaltlich zu vereinfachen, sondern auch die

Sprache dem Zielpublikum anzupassen. Beides ist der Fall bei den w. u. zu behandelnden kastilischen Prozesssummen und der kastilischen Fassung von *Lo codi*, um die es nun gehen soll.

Im Gegensatz zu den anderen Texten der hier beschriebenen Traditionslinien gab es vom kastilischen Codi keine verlässliche Edition. Da es sich bei dem Text aber einerseits um einen Schlüsseltext für die Rezeption des Römischen Recht in der ganzen Romania handelt und zweitens geprüft werden sollte, welche Rolle er in der kastilischen Tradition einnimmt, wurde beschlossen, diesen Text in Ausschnitten neu zu edieren, um eine solidere Grundlage für die Untersuchung zu haben.[149]

Die beiden kastilischen Manuskripte des Codi sind seit Anfang des 20. Jahrhunderts bekannt, sie wurden mit einigen Facsimil-Abbildungen und einer kurzen Beschreibung von Suchier (1900) der Öffentlichkeit vorgestellt. Doch erst durch die Edition von Juan Antonio Arias Bonet im Jahre 1984 wurde der gesamte Text bekannt gemacht. Diese Edition enthält in der Einleitung einige wichtige Bemerkungen zum kastilischen Codi, der edierte Text selbst ist aber aufgrund der befolgten Kriterien von eingeschränktem sprachhistorischem Wert. Auf der Basis der beiden Manuskripte hatte Arias Bonet bei teilweiser Korrektur einen neuen Text geschaffen, ohne die Zuordnung der Varianten zum einen oder anderen Manuskript jeweils genau anzugeben. Es werden zwar teilweise inhaltliche Unterschiede in den Fußnoten erwähnt, doch geschieht die Nennung sprachlicher Varianten nur sporadisch.[150]

Nur ein Beispiel: gleich im ersten Gesetz des ersten Buches heißt es in der Ausgabe von Arias Bonet:

> «De todas las cosas del mundo que son más nobles e mayores; e meiores e más onrradas e que más se deven fazer e guardar e onrrar son las cosas que a Dios pertenesçen».

Im Manuskript 6816 lautet die entsprechende Stelle:

> «de todaſ laſ coſaſ del mu*n*do que ſon mas nobleſ & mayoreſ & meioreſ & maſ onradas & que maſ ſe deue*n* faz*er* & guardar & onrar ſon laſ coſaſ que a Dios p*er*teneſçe*n*».

Im Manuskript 10816 heißt es hingegen:

> «De todaſ laſ coſas del mu*n*do q*ue* ſon mas nobles & mayores & meioreſ. & maſ onrradaſ ·& q*ue* ſe maſ deue*n* fazer. & guardar & onrrar ſon laſ coſaſ q*ue* a Dios pertenece*n*».

Aus rechtshistorischer Sicht sind freilich syntaktische Unterschiede wie der hier zu beobachtende zwischen *mas se deuen* oder *se mas deuen* oder die unterschiedlichen Graphien nicht weiter relevant und konnten daher von Arias Bonet vernachlässigt werden; aus philologischer Sicht ist jedoch eine solche Vereinheitlichung problematisch.[151]

---

149 Siehe www.kabatek.de/codi bzw. http://www.niemeyer.de/links/link_material.html

150 Arias Bonet sagt selbst hierzu: «Es posible que desde un punto de vista filológico se eche de menos un mayor rigor, pero en el trabajo aquí cumplido se ha tenido presente que quienes pueden interesarse por él son, sobre todo, los juristas y, dentro de ellos, los historiadores del Derecho» (1984: 44).

151 Cf. Kabatek 2002.

4.2.5.1. Exkurs: *Lo codi* und die Romania: Projekt einer Edition

Da die beiden kastilischen Manuskripte sehr ähnlich sind und es sich bei dem Text um eine Übersetzung handelt, stellten sich beim Plan einer Neuedition zunächst zwei grundlegende Fragen, nämlich einerseits, ob beide Manuskripte transkribiert werden sollten oder nur eines, unter Angabe von Varianten des zweiten; andererseits, ob zum Vergleich der okzitanische Text mit abgedruckt werden sollte. Zudem musste entschieden werden, welche Elemente transkribiert werden sollten und welche nicht.

Die erste Frage hätte etwa dadurch gelöst werden können, dass nach Lachmannscher Tradition das einem vermuteten Archetyp näher stehende Manuskript ausgewählt und zur Grundlage der Edition gemacht worden wäre. Da aber die Angabe von Varianten den großen Nachteil hat, dass sie ein Manuskript nicht als eigenständigen Text erscheinen lässt, sondern nur vereinzelte Elemente herauspickt, erschien eine parallele Edition beider Manuskripte am sinnvollsten. Und weil eines der Hauptmerkmale der Sprache der kastilischen Manuskripte die Abhängigkeit vom okzitanischen Modell ist, lag der parallele Abdruck des okzitanischen Textes nahe. Dabei konnte auf die bereits publizierte Handschrift A (Ausg. Derrer 1974) zurückgegriffen werden, die, wenngleich sie nicht mit der für die kastilische Fassung verwendeten Vorlage identisch zu sein scheint, dieser doch recht nahe steht und zudem den Vorteil der relativen Vollständigkeit hat.

Nun ist für den okzitanischen Text wiederum ein interessanter Aspekt, wie dieser zu den lateinischen Vorlagen steht. Eine mögliche Edition hätte demnach die eigene Transkription der Manuskripte I und K neben der Edition des Ms. A von Derrer und den Quellenangaben aus der Ausgabe von Fitting/Suchier stellen können.[153]

---

[153] Bei der Neutranskription der beiden Manuskripte I und K wurden grundsätzlich die Originalgraphien so weit wie möglich beibehalten. Allerdings wurden unterschiedliche Schreibweisen von a, d, n etc., denen eindeutig im Altspanischen keine sprachlichen Unterschiede entsprechen, vereinheitlicht. Bei einigen graphischen Unterscheidungen ist die Grenze zwischen zwei Zeichen nur schwer zu ziehen, so etwa bei der Unterscheidung zwischen <i> und <j> sowie zwischen Hochpunkt und Tiefpunkt. Die Unterscheidung zwischen <ſ> und <s> wurde in Buch 1 mittranskribiert, um eine skriptologische Einordnung des Manuskripts zu erleichtern. Doppelgrapheme wie ff, ss oder rr wurden ebenfalls aus diesem Grund trotz phonologischer Irrelevanz systematisch mit transkribiert.

Die Abkürzungen wurden aufgelöst und sind durch Kursivschrift wiedergegeben. Rekonstruktionen unleserlicher Buchstaben im Manuskript wurden unterstrichen wiedergegeben. In eckigen Klammern wurden Kommentare angegeben, die sich auf den Textfluss im Manuskript beziehen (z. B. [fol. 1v] = Blatt 1 Rückseite; [col. 1] = erste Spalte; [rubr.>] = Beginn einer Rubrik; [<rubr.] = Ende einer Rubrik); die Kommentare in Spitzklammern beziehen sich auf die inhaltliche Gliederung (z.B. <cap. II> = Beginn des 2. Kapitels).

Im Manuskript eindeutig fehlende Buchstaben oder Wörter werden durch ‹› markiert. z. B.: Maſ ‹ſ›i ella.

Ein Bindestrich, der unmittelbar vor einer Form steht, weist darauf hin, dass diese im Manuskript an die vorherige Form angebunden ist. z. B.: de -los.

Der Apostroph wird verwendet, um eine Elision anzuzeigen, die in der heutigen Sprache nicht mehr üblich ist: z. B. d'otra

Die Konjunktion et wird, sofern sie im Text durch das Zeichen ⁊ dargestellt ist, mit &

Was nun die Elemente betrifft, die zu transkribieren waren, so wurde zunächst versucht, anhand beider Manuskripte festzustellen, was überhaupt jeweils relevant sein könnte. Kriterium für mögliche Relevanz muss dabei die Intention des Schreibers sein, Elemente zu unterscheiden, die an formalen Aspekten erkennbar sein müssten. Dabei ergeben sich jedoch zwei Probleme: erstens kann es sein, dass Elemente, die der Schreiber versucht hat, zu unterscheiden, für den Betrachter nicht mehr erkennbar sind, entweder, weil ihnen nur geringe objektive Differenzierungen entsprechen, oder aber, weil die objektiven Differenzen sozusagen durch «Rauschen» verdeckt sind. Zweitens ist es möglich, dass der Betrachter Unterschiede erkennt, die zwar objektiv feststellbar sind, aber keiner Intention des Schreibers entsprechen. Ein weiteres Problem kommt hinzu: es kann auch sein, dass der Schreiber formale Unterschiede zwischen Elementen macht, diese aber rein aleatorisch sind, da die entsprechende Funktion dem Schreiber nicht bekannt ist. Auch hier ist nun möglich, dass dies vom heutigen Betrachter erkannt wird oder nicht; und es kann umgekehrt sein, dass der heutige Betrachter eine Funktion findet, die nicht der ursprünglichen entspricht oder aber dass er aleatorischen Gebrauch annimmt, wo eigentlich System zugrunde liegt. Dies könnte folgendermaßen schematisiert werden:

	Schreiberintention	Resultat (Manuskript)	Betrachter
+ funktionell →	unterscheiden nicht-unterscheiden		Rekonstruktion – des Unterscheidbaren
		} Unterscheidbares Nicht-Unterscheidbares	– des nicht Unterscheidbaren
- funktionell → (aleatorisch)	unterscheiden nicht-unterscheiden		– des Funktionellen – des Aleatorischen

Fig. 22: Schreiberintention, Manuskript und Rekonstruktion

Der Betrachter kann also nicht direkt zu den Unterscheidungen des Schreibers gelangen, sondern muss zunächst alles objektiv Feststellbare in die Betrachtung mit einbeziehen und dann entscheiden, was tatsächlich intendierten Unterscheidungen entsprechen könnte. Unter rein logischen Gesichtspunkten könnte man nun zunächst annehmen, dass es aus der Sicht des Betrachters völlig unmöglich ist, die Schreiberseite zu rekonstruieren, da ja hinter jedem objektiven Datenmaterial alle möglichen Schreiberintentionen stecken können. Und wohlgemerkt ist hier ausschließlich von der Interpretation *eines* Manuskripts die Rede, also nur von einer ersten Ebene der Interpretation, hinter der sich weitere verbergen, die es noch schwerer machen, zu klaren Aussagen zu gelangen: das Manuskript ist meist Abschrift eines anderen, das wiederum Abschrift eines anderen sein kann usw. Und dann geht es nur in einem ersten Schritt um das Manuskript, eigentlich aber darum, die in einem Manuskript

---

wiedergegeben. Am Satzanfang steht zuweilen E oder Et, was so übernommen wurde. Siehe www.kabatek.de/codi bzw. http://www.niemeyer.de/links/link_material.html

«verschlüsselte» Sprache zu finden. Trotz all dieser Komplexität wäre es dennoch übertrieben, die Unmöglichkeit der Rekonstruktion zu konstatieren, denn der Betrachter kann ja nicht nur ein einzelnes Manuskript heranziehen, wie dies bei der Entschlüsselung eines Codes[154] der Fall sein mag (wo das obige Schema tatsächlich in seiner ganzen Tragweite Gültigkeit hätte), sondern er kann auf eine lange Tradition von Schriftlichkeit, auf die umfassenden Erkenntnisse der paläographischen Forschung, auf die historische Kenntnis der Schrifttraditionen und der Schreibunterrichtstraditionen bauen. Dieses Wissen macht die Interpretation der in einem Manuskript zu unterscheidenden Elemente zu einer skalaren Tätigkeit, bei der es auf der einen Seite der Skala fest in der Tradition verankerte Fakten gibt, die zu unterscheiden eine Selbstverständlichkeit ist, wie etwa in der lateinischen Schreibtradition ein *a* von einem *o* unterschieden wird. Auf der anderen Seite gibt es Elemente, bei denen die Interpretation rein textimmanent vorzunehmen ist, da die Tradition keinerlei Hilfsinformationen bietet, die also «verschlüsselten» Charakter haben. Zwischen den beiden Extremen gibt es verschiedene Abstufungen von zweifelhaften Zuordnungen zur einen oder zu einer anderen Tradition. Um ein Beispiel zu nennen: in unseren beiden kastilischen Manuskripten lassen sich verschiedene Positionen von Punkten erkennen, und es scheint eine Unterscheidung v. a. zwischen Hoch- und Tiefpunkt allgemein zu sein. Objektiv lassen sich mindestens zwei Punktpositionen erkennen. Die Tradition nun liefert uns die Information, dass die Punktposition zwar bis zu einem bestimmten Zeitpunkt relevant war, dann aber an Relevanz verlor. In unseren Manuskripten nun scheint es zwar, dass der Punkt eine gewisse Funktion hat, nämlich im Allgemeinen die der Trennung von intonatorischen oder von Sinneinheiten, nicht aber, dass bei dieser Funktion die Punkt*position* eine Rolle spielt, die vielmehr aleatorisch ist oder allerhöchstens aus der entsprechenden Federposition abzuleiten sein mag, also gewissermaßen kontextuell bedingt «allograph», nicht aber funktionell ist. Um aber zu dieser Einsicht zu kommen, muss erst eine größere Anzahl von Punkten untersucht und auf eine eventuelle Funktion hin überprüft werden. Ob eine solche tatsächlich bestand, ist dann u. U. nicht letztlich zu klären. Aus Gründen dieses am Ende häufig bestehenden Zweifels hat etwa Jean Roudil bei seinen akribischen Editionen alles mit transkribiert, was in irgendeiner Weise relevant sein könnte.[155]

So groß auch unser Respekt vor solchen exakten, fein differenzierenden Arbeiten ist, gab es doch zwei Gründe, die mich von einem solchen Vorhaben absehen ließen. Der gewichtigste Grund ist bestimmt die fehlende Realisierbarkeit einer so detaillierten Edition bei einem umfangreichen Text. Im Falle des kastilischen Codi

154 Cf. etwa Parkinson 1999.

155 In seiner Edition der *Summa de los nueve tiempos* des Maestre Jacobo de las Leyes präsentiert Roudil u. a. eine synoptische Edition aller Varianten der verschiedenen Manuskripte, einschließlich der Paragraphenzeichen, der Punkte in verschiedenen Positionen etc. Die Frage ist hier allerdings, ob dies außer zur genaueren Bestimmung der Manuskripttradition auch für die Sprache neue Erkenntnisse bringen kann. Roudils mir gegenüber geäußerte Vorschläge für die Edition des Codi konnte ich u. a. aus Gründen der Realisierbarkeit im Falle so umfangreicher Manuskripte nicht in vollem Maße berücksichtigen. Cf. auch die Kritik von Sánchez-Prieto Borja 1998, 54ss.

haben wir es mit zwei umfangreichen Manuskripten zu tun, deren Bearbeitung nach den Kriterien, wie sie etwa Roudil bei der Edition der *Summa de los nueve tiempos* oder der *Flores de Derecho* befolgt hat, viele Jahre beansprucht hätte. Zweitens gibt es für jede Art der Analyse – und eine Edition ist schließlich eine Analyse – Grenzen, deren genaue Setzung jedoch je nach Forschungszweck sehr stark schwanken kann. Jedenfalls sollte es nie darum gehen, eine Art Komplettbeschreibung zu liefern, die gewissermaßen die völlige Rekonstruktion des Manuskriptes ermöglichen könnte, denn dann wäre die Analyse keine solche mehr und hätte kaum Vorzüge gegenüber dem einfacher realisierbaren Photo des Manuskripts.[156]

Eine Edition ist immer ein Ausschnitt aus den in einem Manuskript beinhalteten Elementen, eine Interpretation also.[157] Da in dieser Arbeit v. a. der Wortschatz, die Syntax, die Transphrastik und der Textaufbau interessierten, schien bei einer Vielzahl von unterscheidbaren Elementen eine Vereinfachung angebracht – zumal diese auch die Lektüre erleichtert. Gleichzeitig erschien es nicht notwendig, auch bei offensichtlichen «Fehlern» den Text wirklich zu verändern, wie dies gerade mit dem Argument der Lesbarkeit meist getan wird: das Lesepublikum eines Textes wie des Codi wird im allgemeinen mit mittelalterlichen Manuskripten und deren Charakteristika vertraut sein und keine Vereinfachung brauchen; und sollte dies bei Einzelnen nicht der Fall sein, so wäre es falsch, durch eine normalisierte Edition die Fehleinschätzung noch zu bestärken. Da es auch um syntaktische Aspekte ging, wurden auch die Punkte und Paragraphen mit transkribiert. Der Einwand einer möglichen anderweitigen Verwendung der Edition, bei der diese oder jene weitere Unterscheidung hilfreich gewesen wäre, muss wohl einfach stehen bleiben.[158]

Eine gedruckte Edition eienr ganzen Manuskriptfamilie weist verschiedene Nachteile auf. Zum einen ist die Anordnung von mehr als zwei Texten nicht mehr im unmittelbaren Nebeneinander möglich, was die optische Erfassung erschwert, zum anderen kann kaum davon ausgegangen werden, dass dem Leser jeweils die in den Fußnoten angegebenen Verweistexte zur Verfügung stehen. Darüber hinaus verleiht der Druck dem transkribierten Text etwas Abgeschlossenes, das nicht dem mittelalterlichen Charakter seiner *Mouvance*[159] entspricht und zudem die bekannten, weiteren Codi-Manuskripte ausgrenzt.

Betrachtet man die medialen Innovationen der letzten Jahre, so erscheint eine solche Edition fast als Anachronismus. Es ist kaum zu rechtfertigen, wenn die aktuellen technischen Möglichkeiten nicht genutzt werden. Anstelle einer auf Papier gedruckten Edition (bzw. in Ergänzung zu einer solchen) schien es daher für dieses

---

156 Zumal die technischen Möglichkeiten die Publikation von Photos etwa auf CD-ROM oder im Internet immer mehr erleichtern.

157 Dies gilt – aus den o. g. Gründen – selbst für so genannte «Transkriptionen». Zwischen Transkription und Edition gibt es ja eigentlich kein dichotomisches, sondern ein kontinuierliches Verhältnis, bei dem es v. a. um die Menge der Modifikationen geht, nicht aber um die vorhandene oder nichtvorhandene Tatsache der Modifikation.

158 Dies war ja unsere Kritik an der Edition des kastilischen Codi von Arias Bonet, der nicht bedachte, dass für Sprachhistoriker andere Kriterien relevant sein könnten als für Rechtshistoriker.

159 Cf. Zumthor 1972, 507.

Projekt angemessener, eine elektronische Edition zu erstellen, die im Internet veröffentlicht werden soll.[160] Dies hat gegenüber einer Druckausgabe u. a. folgende Vorteile:

a) eine elektronische Edition ist auf der ganzen Welt benutzbar; der Rezeptionsvorgang muss nicht erst die komplexen Kanäle der verlegerischen Distribution von der Ankündigung über die Bestellung bis zur Lieferung durchlaufen. Zudem ist das Abrufen kostenfrei und ermöglicht so den Zugang auch dort, wo die ökonomischen Verhältnisse den Kauf einer gedruckten Ausgabe nicht zulassen – was einem wichtigen Potenzial des Internet entspricht, nämlich der Reduktion der ökonomischen Faktoren und der Maximierung der Wissensfaktoren bei der Schaffung von Bildungseliten.[161]

b) Die Möglichkeiten der Darstellung im Internet schließen auch (sogar bewegte) Bilder und evtl. Ton ein, so dass gewisse Elemente einer traditionellen Edition hinfällig werden können. Die traditionelle Beschreibung eines Manuskripts kann sich im Angesicht von dessen Photographie auf eine *Demonstratio ad oculos* beziehen und muss daher weniger aufwändige sprachliche Mittel einsetzen. Die Möglichkeit der Integration von Arbeitsinstrumenten wie Konkordanzprogrammen etc. macht die Edition zu einem dynamischen Betätigungsfeld für den Benutzer, das auch bestimmte Verwendungen ermöglicht, die nicht vom Autor vorgegeben sind.[162]

c) Das Internet ist «räumlich» und «zeitlich» unbegrenzt, d. h. dass schon eine synchronische Unbegrenztheit dadurch herrscht, dass alle Texte im Netz miteinander verwoben bzw. verwebbar sind. Eine diachronische Unbegrenztheit herrscht außerdem durch die ständige Erweiterungs- und Aktualisierungsmöglichkeit, die – im Gegensatz zu einer ebenfalls stets wachsenden Bibliothek – unmittelbar und nicht zeitverzögert ist, da sie an *sofort* verfügbare Materie gebunden ist. Für die Edition des Codi heißt dies, dass schon jetzt zahlreiche Verlinkungen der Edition möglich sind, dass aber auch ständig neue Texte hinzugefügt werden können, etwa durch Integration aller bereits edierter Texte oder durch das Hinzufügen neuer Transkriptionen.[163]

---

160 Was nicht heißen soll, dass eine Papierausgabe völlig ausgeschlossen wäre, die aber nicht anstelle, sondern parallel zur elektronischen Edition zu realisieren wäre.

161 In der Diskussion um die Folgen des Internet für die Gesellschaft werden immer wieder zwei Gegenpositionen vertreten, die einer Fortsetzung eines traditionellen ökonomisch-politischen Diskurses entsprechen, wenn einerseits behauptet wird, das Internet schaffe weltweite Gleichheit, da der Zugang zum Wissen nun überall gegeben sei; andererseits aber heißt es, das Internet sei ein neues elitäres Medium zur Stützung der bereits bestehenden ökonomischen Eliten, die sich den Zugang und die Geräte leisten könnten, während die stets Benachteiligten auch hier außen vor blieben. Um die sicherlich unleugbar vorhandene zweite Tendenz zu lindern und die erste aufzuwerten, sollte es als zentrale politische Aufgabe angesehen werden, den Zugang zum Internet und zu der darin abrufbaren Information nicht ökonomisch zu steuern, sondern möglichst *allen* Menschen freien Zugang zu verschaffen.

162 Unter www.kabatek.de/codi bzw. http://www.niemeyer.de/links/link_material.html finden sich auch Photos von Seiten aus den beiden kastilischen Manuskripten.

163 Es liegt nahe, das hier begonnene Projekt fortzuführen. Dabei sind zwei Arten der Ausweitung möglich, deren erste auf ein begrenztes Projekt zur Erfassung der ganzen Codima-

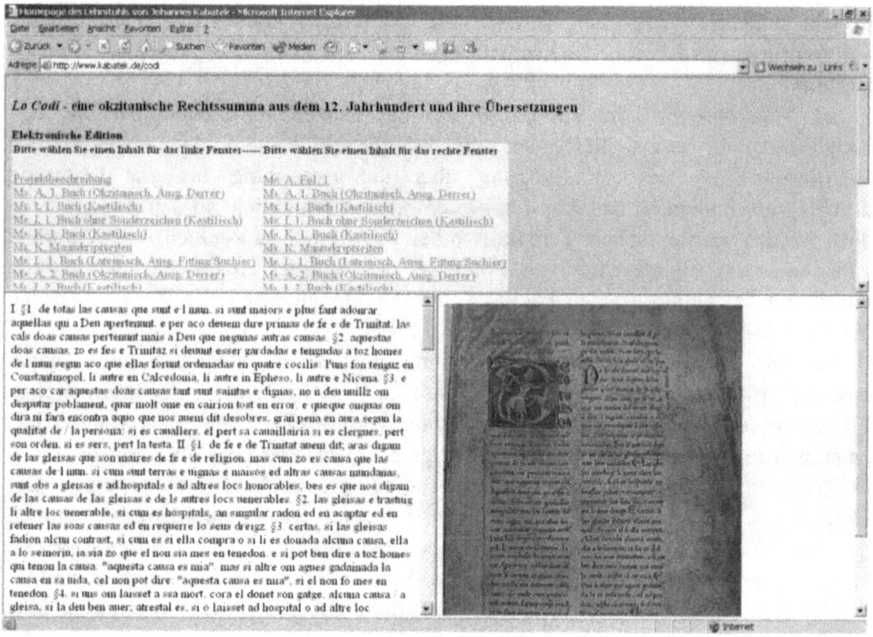

Abb. 1.: Online-Edition von *Lo codi*

Die derzeitige Präsentation der Edition (bzw. der Sammlung von Texten im Internet) besteht aus drei mit einem üblichen HTML-Browser aufrufbaren Fenstern, die folgendermaßen gestaltet sind:[164] Das obere Fenster dient zum Anwählen der Inhalte für die beiden unteren Fenster. Neben einer kurzen Beschreibung des Projekts können hier verschiedene Kapitel des Textes in verschiedenen Versionen angewählt und unmittelbar nebeneinander betrachtet werden. In einem Falle (Ms. I, 1. Buch) stehen verschiedene Versionen mit unterschiedlicher Anzahl der transkribierten Elemente zur Verfügung. Die nächsten Schritte der Erweiterung der Edition sind folgende:

---

nuskripte und verwandter Texte abzielen könnte. Die Edition selbst könnte immer nach dem gleichen, bereits jetzt vorgeschlagenen binären Prinzip angelegt sein, das stets auf dem Vergleich zweier Texte, allerdings in prinzipiell nicht begrenzter Zahl der Kombinationsmöglichkeiten, abläuft. Neben der reinen Präsentation der Texte ist auch bei den Analyseformen eine ständige Erweiterung möglich; so könnten Wortschatzanalysen, Visualisierungen von Textformen oder grammatische Tagginginstrumente oder Parser mit eingebaut werden oder Suchfunktionen, die eine Isolierung bestimmter Elemente oder Parameter durch verschiedene Texte hindurch ermöglichen. Eine zweite Zielsetzung könnte in ein von einer Forschergruppe zu koordinierendes Großprojekt münden, das die eben skizzierten Bereiche auf eine möglichst große Zahl bereits elektronisch verfügbarer Texte ausweitet und einen Plan erstellt, welche Texte in weiteren Schritten integriert werden sollten.

[164] Siehe www.kabatek.de/codi bzw. http://www.niemeyer.de/links/link_material.html

a) Die bislang fehlenden Kapitel der Manuskripte sollen vollständig ergänzt werden.[165]
b) Weitere relevante Texte sollen schrittweise ergänzt werden.[166]
c) Soweit möglich sollen Photos der Manuskripte beigefügt werden.
d) Anhand integrierter Applets soll es möglich werden, Wortlisten oder Konkordanzen zu erstellen.
e) Ein Applet soll die graphische «Normalisierung» der Texte erleichtern.[167]

[Ende des Exkurses].

Nun zur Beschreibung der beiden kastilischen Manuskripte:

a) Material

Ms. 6416:[168]
Gebundenes Manuskript auf Pergament, Format 25,2x18 cm; auf dem Buchrücken vermerkt: «CODIGO/De Justinian[o]/En Romance/M.S.». Der Einband stammt aus dem 18. Jahrhundert. Das Manuskript wurde in neuerer Zeit restauriert; vorne und hinten wurden je drei Papierseiten hinzugefügt. Das erste und letzte Blatt ist leicht beschädigt und jeweils mit Papier ausgebessert; ebenso Blatt 7r. Auf Blatt 1r steht oben: «Este [es el?] codigo en rromançe».

Im Katalog der spanischen Nationalbibliothek wird das Manuskript folgendermaßen charakterisiert:

> «S. XIV–XV, pergamino, 253x180mm, 124ff., 2 cols. Iniciales, encabezamientos, calderones y llamadas en rojo, alternando algunas en azul así como los adornos caligráficos de algunas de ellas. Precede una tabla de capítulos. La inicial del texto lleva a pluma una miniatura sin colorear con el emperador Justiniano y dos personajes a los lados. En f. 124 contiene una receta medicinal en letra de albalaes y enfrente una nota del año 1568 sobre la muerte del principe [sic!] D. Carlos. Proc.: De la catedral de Ávila, más tarde pasó al Archivo Histórico Nacional».

Ms. 10816:[169]

---

165 Für die publizierten Ausgaben bedeutet dies, dass die Texte nach und nach gescannt und korrigiert werden müssen, was derzeit laufend geschieht; für die neu transkribierten Texte müssen die fehlenden Kapitel noch anhand der Originalmanuskripte korrigiert werden. Zudem wäre es sinnvoll, auch die Ausgaben der Mss. A und L nochmals anhand der Manuskripte zu überprüfen.

166 Dabei wäre zunächst an die publizierten Versionen des Codi, etwa an die frankoprovenzalische Fassung oder an die ansonsten publizierten Fragmente zu denken; außerdem an verwandte Texte wie etwa die lateinische *Summa trecensis* oder die o. g. Texte, in denen sich Einflüsse des Codi zeigen, etwa die altfranzösischen *Assises des Bourgeois* oder die katalanischen *Costums de Tortosa*.

167 Dabei ist an die Integration des Programms SmartSpell von ArtSystems gedacht, das ursprünglich für die Korrektur medizinischer Termini entwickelt wurde. Während bei diesem Programm die kostenlose Verwendung möglich ist, stößt die Integration anderer Programme – und auch von Texten – leider oft auf kopierrechtliche Probleme.

168 Cf. *Inventario general de manuscritos de la Biblioteca Nacional*, XI (5700 a 7000), Madrid, Ministerio de Cultura, 1987.

Gebundenes Manuskript auf Pergament, Format 25x37cm. Auf der ersten Seite findet sich ein Kreuz und der Text: In *prin*çipio erat / u*er*bu*m* Et u*er*bu*m* erat apud eu*m* /d*eu*s erat u*er*bu*m*

b) Einband

Ms. 6416:
Hellbrauner Ledereinband mit zwei Lederverschlüssen. Viel jünger als das Manuskript.

Ms. 10816:
Dunkelbrauner Ledereinband mit Holzkern, sog. «encuadernación mudéjar», zwei Halterungen für nicht mehr vorhandene Verschlüsse.

c) Umfang

Ms. 6416:
124 Blätter. Bis f7r linke Spalte: Übersichtstafel der Rubriken. In der rechten Spalte eine unvollendete Miniatur, die drei Personen darstellt, in der Mitte einen König (wahrscheinlich der Kaiser Justinian) und links von ihm einen Bischof. An der rechten Seite ist das Blatt beschädigt und wurde mit Papier repariert. Anschließend beginnt der Text. Auf 123r endet der Text mit dem Schluss des 9. Buchs mit den Worten «Explicid liber codigus», anschließend, f.123r, findet sich ein Prozessrechtsfragment bis 123v, das mit den Worten «Daniel dixit» endet.

Ms. 10816:
96 Blätter + eine Seite zuvor + je zwei Einbandinnenseiten. Auf f95r finden sich verschiedene Schwurformeln, die verschiedene hebräische Namen enthalten und auf ein jüdisches Umfeld des Schreibers hindeuten. Die erste Formel lautet:

> «Toid om*n*e q*ue* troxier*e* estos no*m*bres consygo
> o -los leyere o -los viere cada dia nu*n*ca
> mora a -fierro ny avra myedo de rrayo
> ny del del *spiri*tu malino
> Sabbaoch Eloym».

Das Ms. 6416 ist ausgeschmückter als das Ms. 10816; die Rubriken und die Anfangsminiatur sind unvollendet. An wenigen Stellen finden sich hinweisende Hände am Rand. Genaues Zeilenmaß; sorgfältigere Schrift; z. T. Randglossen, die auf den Inhalt hinweisen.

Im Ms. 10816 sind jeweils auf den Rückseiten kleine Randglossen an der Unterseite zu sehen, die darauf hindeuten, dass das Manuskript ursprünglich größer war und später geschnitten wurde. Es sind Inhaltsangaben, die in der gleichen Schrift wie der Haupttext geschrieben zu sein scheinen und z. T. noch ahnbar sind am unteren Rand, z. T. sogar noch lesbar (fols. 2v, 3v, 4r, 4v, 5r, 5v, 6v, 7v, 8v). Vielleicht war ursprünglich bis zu einer gewissen Stelle auf allen Seiten eine kurze

---

[169] Zum Zeitpunkt der Arbeit noch nicht ausführlich inventarisiert.

Inhaltsbeschreibung zu sehen und für das ganze Manuskript geplant. Erkennbar ist z. B. auf 6v: aq*ui* dize d'aq*ue*llas cosas q*ue* om*ne* faz por miedo o por fuerça; auf f7v: e*n* q*ua*les pe*r*sonas deue se*er* restituydo el menor de xxu . an*n*os; auf f8v heißt es einfach *de ser juez*.

d) Textdistribution:

	Ms. 10816	Ms. 6416
Spalten pro Seite	2	2
Zeilenanzahl pro Spalte	42–46; norm. 43	35

e) Interpunktion
Im Gegensatz zur antiken Tradition, derzufolge im Allgemeinen drei Arten von gliedernden Satzzeichen Verwendung fanden (*incisum* oder *subdistinctio*, Komma zur Anzeige einer kleinen Pause, *membrum* oder Kollon zur Anzeige einer größeren Pause oder des Beginns einer neuen Sinneinheit und *distinctio* zur Anzeige des Abschlusses einer Einheit)[170] findet sich in den spanischen Manuskripten des Mittelalters kein einheitlicher Gebrauch der Interpunktion. Obwohl durch Isidor von Sevilla die antike Tradition in Spanien bekannt war,[171] wurden die Regeln nicht befolgt. Nach Muñoz y Rivero (1917, 112 s.) hatte auch die karolingische Interpunktionsreform keine Wirkung auf Spanien. Dennoch wäre es voreilig, von einem rein aleatorischen Gebrauch der Interpunktion zu sprechen.

Insgesamt kann beim Vergleich der beiden Manuskripte festgestellt werden, dass 6416 deutlich elaborierter ist. Die zahlreichen Randglossen im Ms. 10816 unterstreichen hingegen dessen Gebrauchscharakter. Beide Manuskripte sind in gotischer Schrift des 14. Jahrhunderts geschrieben. Die Deutlichkeit der Worttrennung, die Häufigkeit und die Art und Weise des Gebrauchs von Abkürzungen[172] und verschiedene weitere Charakteristika (archaischer Gebrauch von ſ-; -ſ-; -s nach karolingischer Tradition, archaische Verwendung von *u* auch für initiale Konsonanten, Schreibung ſ9 für *sus* etc.) sprechen für eine Datierung in der ersten Hälfte des Jahrhunderts.

---

170 Cf. Muñoz y Rivero 1917, 111s. Trotz Bestehens der Unterscheidung war der systematische Gebrauch auch in der Antike keinesfalls allgemein.

171 So heißt es in den Etymologien (1. Buch, 19): «Ubi enim in initio pronuntiationis, necdum in initio pronuntiationis, necdum plena pars sensus est, et tamen respirare oportet, fit comma, id est particula sensus, punctusque ad unam litteram ponitur, et vocatur *subdistinctio*, ab eo quod punctum subtus, id est ad unam litteram accipit; ubi autem in sequentibus jam sententia sensum praestat, sed adhuc aliquid superest de sententia plenitudine, fit colon, mediamque litteram notamus, et *mediam distinctionem* vocamus quia punctum ad mediam litteram ponimus; ubi vero jam per gradus pronuntiando plenam sententiae clausulam facimus fit periodus: punctumque ad caput litterae ponimus et vocatur distinctio, id est, disjunctio, quia integram separat sententiam» (zit. n. Muñoz y Rivero 1917, 112).

172 «[...] los códices bajomedievales, ya desde el siglo XII en adelante, se caracterizan, entre otros elementos, por un desarrollo extraordinario de las abreviaturas, alcanzando su uso la culminación en los manuscritos universitarios» (Ruiz Asencio 1985, 147).

4.2.5.2. Der Inhalt und die Textform des kastilischen Codi sind dem okzitanischen Originaltext entsprechend. Wie die Vorlage umfasst der Text neun Bücher, die in Titel und Gesetze unterteilt sind. Wie die Vorlage ist der Text ohne Prolog überliefert. Die Bezeichnung *codigo en rromançe* am Anfang des Ms. 6416 ist von einer späteren Hand hinzugefügt, das *Explicid liber codigus* am Ende des letzten Buches hingegen ist von der Hand des Kopisten der letzten Kapitel geschrieben: es handelt sich auch hier um ein Rechts*buch*, wobei *liber* hier das Gesamtwerk, aber an anderen Stellen jeweils auch die neun einzelnen Bücher bezeichnet. Wie im Falle anderer Summen deutet die Bezeichnung auch hier darauf hin, dass das Buch als Stellvertreter des justinianischen Kodex angesehen wurde, es handelt sich also der Bezeichnung zufolge nicht um ein Buch *über* den Kodex, sondern um den Kodex selbst, wenn auch in summierender, resümierender Form.

4.2.5.3. Der Zweck des Textes scheint wie im Falle der Vorlage in der einfachen, relativ handlichen Darstellung der Rechtsinhalte des justinianischen Kodex zu liegen. Die Sprachenwahl deutet auf ein Zielpublikum hin, das gerade nicht zu den Reihen der in Römischem Recht Gebildeten gehört, also wahrscheinlich Rechtspraktiker oder Notare. Das Werk mag sowohl als Unterrichtswerk als auch als Referenzwerk gedient haben; beide Funktionen sind ohne weiteres kompatibel. Auf die praktische Anwendung als Referenzwerk deuten im Falle der beiden Manuskripte die orientierenden Randglossen, die farbigen Initialen und Rubriken und die hinzugefügten Titel, die eine leichtere Handhabung des Textes und ein leichteres Auffinden bestimmter Textstellen erlauben.

4.2.5.4. Bei den Umfeldern fällt bei diesem Text im Gegensatz zu den bisherigen Texten in erster Linie auf, dass erstens die konkreten Bezüge zu Zeit und Raum weitgehend fehlen (bis auf wenige Beispiele, wo konkrete Orte zur Illustration genannt werden) und dass der Text zweitens an vielen Stellen wie das okzitanische Original einen Komplexitätsgrad aufweist, der fraglich macht, ob er zum Vorlesen oder vielmehr für die stille Lektüre bestimmt war.[173] Wie beim Original deuten die zahlreichen Sprecher- und Hörerbezüge auf Ersteres, der Textaufbau an vielen Stellen eher auf Letzteres. Die *Zone* ist hier einerseits der kastilischsprachige Raum, daneben aber bei der Terminologie auch das klssische Juristenlatein des Römischen Rechts und durch verschiedene Okzitanismen ein transpyrenäischer Bezug. Beim *Bereich* fehlen im Gegensatz etwa zum *Fuero de Madrid* die konkreten Bezüge zu lokal begrenzbaren Elementen, dagegen nehmen die allgemeingültigen, abstrakten Referenzen zu. Hier zeigt sich nun eine klare Verschiebung des Verhältnisses von *Zone* und *Bereich*: das Recht wird aus dem Alltag enthoben, die Begrifflichkeiten sind nicht mehr einer bestimmten Einzelsprache entnommen, sondern stammen aus einem über diese hinausgehenden inhaltlichen Bezugssystem. Während der *Fuero de Madrid* aus Einzelregelungen eines bestimmten Alltags besteht, *schafft* der Codi ein eigenes Rechtssystem. Im Gegensatz zu einem Alltagstext mit einigen wenigen Termini ist der Codi ein Fachtext mit eher wenigen Alltagsbezügen. Der *Bereich*, die Bekanntheit der bezeichneten Gegenstände, ist nicht an einen bestimmten Ort, sondern an ein bestimmtes Wissenssystem gebunden, das nicht lokal, sondern «univer-

173 Cf. Saenger 1982.

sell» ist. Während die Begriffe in den Fueros und Fazañas durch die *Zone* der kastilischen Sprache bestimmt werden, werden die Begrifflichkeiten des Codi und der Texte Römischen Rechts allgemein durch den *Bereich* bestimmt.[174] Das heißt auch, dass zum Verständnis der Fachsprachlichkeit eine doppelte Kenntnis nötig ist: die Kenntnis der kastilischen Sprache und die Kenntnis der Römischen Rechtsbegriffe.[175] Es ist bei diesem Übergang auch so, dass die Tradition des Textes sich teilweise über die der Einzelsprache stellt. Zugleich verbindet der Text jedoch Bereich und Zone, indem er bei den verschiedenen Begriffen paraphrasierend mit Alltagswörtern erklärt, wie die Termini zu verstehen sind. Es zeigen sich auch Verschiebungen bei der *Umgebung*: es geht nicht mehr um eine diatopisch bestimmbare Gruppe der Bewohner einer bestimmten Gegend oder eines bestimmten Ortes, denn die lokalen Begrenzungen sind durch die Allgemeinheit des Textes aufgehoben. Stattdessen führt der Gebrauch fachsprachlicher Termini zu einer diastratischen Eingrenzung auf eine bestimmte Gruppe juristisch gebildeter Personen.

Beim *einzelsprachlichen Kontext* ist die konkrete Lokalisierung aufgehoben: es ist nicht der Kontext eines bestimmten kastilischen Dialekts, sondern eine aus der Lokalität enthobene Sprache, die durch die lateinischen Fachtermini auf den Hintergrund der klassischen Rechtsschriftlichkeit und durch die Okzitanismen auf die Sprache jenseits der Pyrenäen verweist. Der Redekontext ist hier das *ganze* Rechtsbuch, das in allen neun Büchern durchplant ist, worauf, wie bereits bei der Beschreibung des okzitanischen Originals in Kap. 3 dargestellt, durch textphorische Mittel im ganzen Buch verwiesen wird. Im Gegensatz zu den anderen Texten ist hier also erstmals ein umfangreicher *Gesamttext* die Bezugsgröße. Beim Außer-Rede-Kontext fehlen hier beim Vergleich mit den *Fueros* und *Urkunden* die Bezüge auf den *physischen Kontext* des Manuskripts völlig: der Text ist nun ganz autonom, unabhängig von seinem Ort. Die Legitimation wird nicht durch Unterschrift oder Siegel gegeben, sondern durch den Bezug zu der universellen Instanz des römischen Kaisers, die hier allerdings nicht am Anfang explizit genannt wird, auf die aber im Ms. 6416 durch die Miniatur auf Blatt 7r hingewiesen wird, die den Kaiser Justinian darstellt. Im Text ist dann mehrmals vom Kaiser die Rede, so etwa im ersten Buch (Ms. A: *poniunt li emperador* vs. Ms. K: *el emperador ordeno*). Auf einen bestimmten, lokal festgelegten *empirischen Außer-Rede-Kontext* wird hier kein Bezug genommen: der Text spricht z. B. nicht von bestimmten Orten wie *uilla*, bei denen im *Fuero de Madrid* die Referenz durch den lokalen Rahmen klar ist, denn hier geht es nicht um eine bestimmte Stadt oder ein bestimmtes Land, sondern das Recht schlechthin. Beim *okkasionellen Außer-Rede-Kontext* stellt sich, wie bereits erwähnt, ebenso wie beim Original die Frage, ob der Text ein Vorlesetext oder ein Referenzwerk ist. Beim *historischen Kontext* fehlen hier die lokalen, partikulären Bezüge der Lokalrechtstexte fast völlig. In einigen wenigen Beispielen werden allerdings lokale Bezüge aus dem Original auf einen kastilischen Kontext

174 «la distinción entre voces usuales y voces técnicas estriba enteramente en la diferencia entre ‹zona› y ‹ámbito›: las voces usuales se consideran como propias de ‹zonas›; las técnicas, como propias de ‹ámbitos›» (Coseriu 1955–56, 47).

175 «Además, para reconocer el carácter técnico de una palabra, es necesario tener presentes dos ámbitos a la vez, pues dentro de su ámbito toda palabra es ‹usual›» (ibd.).

übertragen. So wird im vierten Buch im Titel 57 das okzitanische *Saint Geli* durch *Benavente* ersetzt und im Titel 70 *Mun Pestler* (i. e. *Montpellier*) gegen *Çamora*. Die für die Datierung der Originalfassung wichtige Passage, in der von der Belagerung Fragas gesprochen wird (Codi, Ms. A, IV, 45: «se Fraga sera presa entro ad un un an o entro a dos»), wird in beiden kastilischen Manuskripten mit der sinnlosen Formulierung «si refagas esta prisa fasta un anno o fasta dos annos» wiedergegeben; der Ortsname *Fraga* an der katalanisch-aragonesischen Grenze wurde bei der Übersetzung oder der Abschrift wohl nicht verstanden. Im ersten Buch finden sich Bezüge zu einem universellen historischen Kontext, wenn in Buch I wie im Original die vier Konzile genannt werden und von der römischen Kirche und verschiedenen kirchlichen Institutionen gesprochen wird. Auch der *kulturelle Kontext* ist hier ein vollkommen anderer als in den früheren Rechtstexten: es ist der *Bolognesische Diskurs* mit seinem Bezugscorpus, der hier den kulturellen Hintergrund bildet und auf den die Inhalte des Codi letztlich zurückgehen.

Das *Redeuniversum* ist wie bei allen untersuchten Texten auch in diesem Falle das Rechtswesen, das hier aber weitgehend aus dem Alltag enthoben ist und ein eigenes, zur Gesellschaft paralleles System bildet, das also bereits im Gegensatz zum altkastilischen Lokalrecht diejenigen Eigenschaften aufweist, die als für ein modernes Rechtssystem grundlegend angesehen werden.[176]

4.2.5.5. Da es sich um eine Übersetzung handelt, entspricht der textuelle Aufbau wie auch der Inhalt dem Original. Auch die Junktionstechniken sind bei den eng verwandten Sprachen im Wesentlichen dieselben, wobei bei der Wahl einzelner Ausdrucksmittel teilweise vermutet werden kann, dass sie aus der Ausgangssprache auf die Zielsprache übertragen wurden. Ob dies an deren Fehlen in der zielsprachlichen Tradition, an der fehlenden Kompetenz des Übersetzers liegt oder sogar auf eine bewusste Übernahme zurückzuführen ist, lässt sich nicht beurteilen.

Wie im Original ist auch in der kastilischen Fassung die Juxtaposition von Sätzen ohne Junktor eher die Ausnahme. Die bei der Beschreibung des okzitanischen Originals bereits erwähnte Tatsache, dass ein Satz, der nicht mit einem Funktionswort, sondern mit einem Nomen beginnt, meist auf die Einführung eines Terminus hinweist, kann in diesem Falle auch anhand der Manuskriptgestalt[177] veranschaulicht werden. In Kapitel 5 des zweiten Buches heißt es:

> «<cap. 5> Agora digamos del iuyzio & de -las ot*ra*s · p*er*sonas q*ue* deue*n* seer e*n* iuyzio deue*n* seer tres p*er*sonas · *con*uiene sab*er*. ¶ El actor ¶ El rreu · ¶ Et el iuez · ¶ Actor es aq*ue*l q*ue* demanda ¶ Rreu es aq*ue*l a -q*ui*en dema*n*da ¶ Au*n* otras p*er*sonas ay mest*er* · ¶ Los auogados q*ue* rrazona*n* los pleytos delant la podestat · assi como los gramaticos · ¶ Om*n*es ay q*ue* no*n* puede*n* dema*n*dar por ot*ro* · ni*n* por si · q*ui*er dezir rrazonar · assi como son los menores de xxu · an*n*os · ¶ Ot*ro*ssi aq*ue*llos q*ue* no*n* oyen no*n* puede*n* andar e*n* pleyto por si ni*n* por ot*ro* · ¶ Ot*ro*s om*n*es son q*ue* no*n* pueden pleytear · ni*n* rrazonar · por si ni*n* por ot*ro* & por p*er*sonas a cu*n*tadas · & estos los inffames · ¶ Enffames son aq*ue*llos q*ue* son uençudos delant el iuez · de furto o de rrabina · o de iniuria · & aq*ue*llos q*ue* diero*n* auer por tal q*ue* no*n* ge -lo dema*n*dassen».

---

[176] Cf. Luhmann 1997, 550ss.

[177] Cf. dazu v. a. Frank 1994.

Im Manuskript werden gewisse prosodische Einheiten, die zugleich inhaltlichen Sinneinheiten entsprechen, durch Paragraphenzeichen markiert. Diese erleichtern den Manuskriptgebrauch sowohl beim Vorlesen als auch beim leisen Lesen. Hier werden die drei Termini *actor* und *reu* eingeführt; von *iuez* war weiter oben schon die Rede. Zur Einführung wird den drei Termini jeweils ein Nominaldeterminant vorangestellt. Bei der jeweiligen Definition fällt dieser anschließend weg. Dies wiederholt sich auch w. u. bei dem Begriff *inffames*. Durch die Omission des Artikels wird angezeigt, dass es um eine generische oder eine metasprachliche Verwendung handelt.[178] Diese besondere Regel für die Metasprache wird in den Manuskripten Römischen Rechts dazu genutzt, auch optisch die jeweils gesuchten Textstellen aufzufinden, was wichtig ist, da die zu definierenden Begriffe meist Thema des dann folgenden Abschnitts sind.[179] Im Manuskript K wird die Orientierung im Text – wie an der hier besprochenen Stelle – dazu noch durch weitere graphische Mittel wie etwa hinweisende Hände unterstützt:.

Bei den Junktionstechniken fällt auf, dass die okzitanische *si*-Junktion in der kastilischen Fassung wegfällt: diese einzelsprachliche Technik fehlt dem Kastilischen. Es findet sich aber die Übertragung der Kontinuitätsmarkierung durch *bien* zwischen Protasis und Apodosis in Konditionalsätzen:

> «¶ Et por ende si un om*n*e dexo a -su muerte p*or* su testame*n*to · o sin testame*n*to alguna cosa a -las egl*es*ias bie*n* la deue*n* auer» (I. 2. 25).

Bei einer Gesamtbetrachtung der Junktionstechniken zeigen sich gegenüber dem okzitanischen Original einige Besonderheiten. So sind die Mittel auf Stufe II etwas differenzierter, während auf Stufe III das Gegenteil zu beobachten ist: die Variation des okzitanischen Textes zwischen Formen wie *enaissi, atressi* oder *eissament* wird durch stereotypes *otrossi*, wie es aus der Fuero-Tradition geläufig ist, ersetzt. Auf dieser Ebene ist zudem hervorzuheben, dass *certas*, eine Form, für die es in der kastilischen Tradition kaum Belege gibt, ins Kastilische übertragen wird, was mit der fehlenden Varianz der Ausdrucksmöglichkeiten zur Satzverknüpfung im Kastilischen oder mit der fehlenden Übersetzerkompetenz begründet werden kann. Auf Stufe IV finden sich ebenso viele Unterordnungstypen wie im Original; die sprachlichen Mittel sind dabei durchaus der eigenen kastilischen Tradition entnommen, die allerdings eng mit der südfranzösischen verwandt ist.

In der Tabelle auf der folgenden Seite finden sich die verschiedenen Junktionsstufen und die den okzitanischen Mitteln entsprechenden kastilischen Formen des Ms. K:

---

[178] Bei der Metasprache ist dies bis in die heutigen Sprachen der Fall (cf. etwa Lapesa 2000, 438); bei generischer Verwendung haben sich in den Normen verschiedener romanischer Sprachen im Laufe der Geschichte seit dem Mittelalter z. T. die Verwendungen mit Determinant ausgebreitet.

[179] Wie man an dem Satz, der mit generischem *omnes ay* beginnt, sieht, ist der artikellose Satzbeginn mit einem Nomen aber nicht ausschließlich den Definitionen vorbehalten.

Stufe II	per aco	por esto, por ende,
	atrestals (Stufe II/III)	otra tal rrazon
	apres desta radon	açerca d'esta rrazon
Stufe III	et, o	et, o
	enaissi, atressi, eissament	otrossi
	car	ca
	mas, empero, mas empero	mas, empero, mas empero
	certas	certas
	ni...ni	ni...ni
Stufe IV	si	si
	per aco car, per aco que	por que, por tal que
	ancara sia	aun que
	per tal que	assi como que
	ancara sia zo que	maguer que
	pois que, enant que	pues que, depues que, ante que
	aissi cum	assi como
	segun co que	segunt que
Stufe V	z.B. en alienar	en agenar
Stufe VI	per occaison de	por (Stufe VII)
Stufe VII	de, per...	de, por...

Fig. 23: Junktionstechniken im kastilischen *Codi* im Vergleich zur Vorlage

4.2.5.6. Auch im Wortschatz zeigen sich ähnliche Grundtendenzen wie beim Originaltext: Ausbildung juristischer Terminologie, Nominalisierungen mit bestimmten Wortbildungstechniken (z. B. *abenencia, alongança, conuenencia, demostrança, firmança, ganancia, presencia, semeiança, sentencia; accion, aministracion, compracion, conuencion, entencion, escusacion, estincion, mencion, prescripcion, procuracion, scripcion, stipulacion, tenencion, uendicion; deuision, mission, possession, promission; alongamiento, començamiento, comendamiento, consintimiento, deffendimiento, entendimiento, mandamiento, ordenamiento, pagamiento, tardamiento, uendimiento; aministrador, contendor, creedor, curador, debdor, deffendedor, fiador, gastador, procurador, actor, tutor* etc.). Adjektivierungen (*comunal, corporal, criminal, natural*); geringer Alltagswortschatzanteil, großer Anteil von Funktionswörtern und sehr großer Anteil an Fachwortschatz. Die zehn häufigsten Formen sind 1.: *que*, 2.: *el*, 3.: *de*, 4.: *non*, 5.: *por*, 6.: *si*, 7.: *et*, 8.: *es*, 9.: *la*, 10.: *en*. Die Type-Token-Relation beträgt durchschnittlich 28,15%.

Eine besondere Auffälligkeit des Textes liegt in den zahlreichen Okzitanismen. Verschiedene juristische Formulierungen und Termini werden entgegen der späteren kastilischen Tradition aus dem Okzitanischen übertragen, so z. B. *metre em plait* → *meter en pleito; clamar a plait* → *llamar a pleito*; *conuenencia* → *conuenencia, tos messatges o tos bailles* → *tu mensage o tu bayle* oder auch das erwähnte, textgliedernde *certas*. Es finden sich aber auch einige Okzitanismen, die nicht mit der fehlenden juristischen Tradition zu erklären sind, wie z. B. *metgue* → *meie*; *aillondres* → *ailludre*. Arias Bonet (1984, 31) weist außerdem auf einige Missverständnisse bei der Übertragung juristischer Termini hin, die auf fehlende Fachkenntnis oder fehlende einzelsprachliche Tradition hindeuten. In vielen Fällen ist aufgrund der engen Verwandtschaft der Sprachen nicht zu sagen, ob okzitanischer Einfluss vorherrscht.[180] An mehreren Stellen wird auch versucht, die okzitanischen Termini durch genuin kastilische zu ersetzen (etwa *iustiçia de la uilla* für *fisco*, *mayordomos* für *presides*).

Zusammenfassung: Mit der kastilischen Version von *Lo codi* wird die Diskurstradition der Rechtssumma, die in Südfrankreich erstmals auf die Volkssprache übertragen wurde, ins Kastilische transferiert. Verglichen mit der großen Leistung, die die erstmalige Schaffung dieses Textes in Volkssprache bedeutete, ist die Übertragung in eine eng verwandte romanische Nachbarsprache nur ein kleiner Schritt, der keine allzu großen Schwierigkeiten hervorrufen sollte. Hier und da gibt es vor allem bei der Terminologie gewisse Probleme, und auch bei den Mitteln zur Textgliederung werden Anleihen beim Originaltext gemacht. Der eigentlich große Schritt, den diese Übertragung bedeutet, wird erst dann klar, wenn die Perspektive hin zur lokalen Tradition gewechselt wird. Zwischen den skizzenhaften *Fazañas* oder den listenartigen, monotonen *Fueros* und *Lo codi* liegen Welten, vor allem in textueller Hinsicht, aber auch, was die sprachlichen Mittel betrifft, etwa die fest etablierten, souverän eingesetzten verschiedenen Adverbialsatztypen, das explizite System der Verknüpfung von Sätzen oder die umfangreiche Terminologie. Nun ist es bislang nicht gelungen, den kastilischen Codi eindeutig zu datieren und zu lokalisieren, was erst die klare Einordnung in die kastilische Gesetzestexttradition ermöglichen würde. Es wurde gemutmaßt, der Text sei Vorlage für die *Partidas* gewesen, doch lässt sich dies nicht nachweisen. Der einzige gesicherte Hinweis auf eine Verbindung zwischen dem kastilischen Codi und dem alfonsinischen Corpus ist ein glossiertes Manuskript des *Fuero Real* mit Randglossen, die den Codi-Text zitieren.[181] Es sind leider nur die beiden Manuskripte aus dem 14. Jahrhundert erhalten, aber die Glossen des *Fuero Real* müssen auf ein anderes Manuskript zurückgehen.

Es spricht vieles dafür, dass der Text noch aus der ersten Hälfte des 13. Jahrhunderts stammt.[182] Er setzt eine klare Loslösung des Kastilischen vom

---

180 Ein solcher Fall ist die Form *ende* < INDE, die mit großer Häufigkeit in dem Text zu finden ist und okz. *en* / *n* wiedergibt. Die Form findet sich insbesondere in distanzsprachlichen kastilischen Texten im 13. Jahrhundert in großer Häufung, verschwindet aber dann schon im folgenden Jahrhundert relativ bald aus den Texten und bleibt nur in festen Nexus (*por ende*) z. T. bis heute erhalten. Wie die sog. «extreme Apokope» und andere Formen kann es sich auch hier um einen im 13. Jahrhundert vorherrschenden transpyrenäischen Einfluss handeln, der mit der zunehmenden Loslösung des Kastilischen von den fremden Vorbildern abnimmt (cf. auch Wanner 2001).

181 Cerdà 1951–52.

182 Arias Bonet (1984, 39) beruft sich auf Antonio Quilis und meint, dieser halte eine Datierung bis in die letzten Jahrzehnte des 12. Jahrhunderts für möglich. Nach persönlicher Auskunft von Antonio Quilis beruhte diese Aussage jedoch auf einem eher oberflächlichen

Latein voraus, wie sie zu Beginn des 13. Jahrhunderts stattfindet und in verschiedenen Texten aus dieser Zeit belegt ist. Er zeugt aufgrund der terminologischen Unsicherheit und der Übertragung von Prozessrechtlichen Wendungen von einer fehlenden Tradition des Römischen Rechts in Volkssprache. Auch seine sprachlichen Merkmale lassen eine Einordnung in diese Zeit zu. Als Entstehungsort kommen nur die Orte einer gewissen gelehrten Tradition in Kastilien in Frage. Arias Bonet (1984, 34) spricht sich für eine Lokalisierung «en algún lugar de la región del Duero» aus. Das Ms. I wurde im 16. Jahrhundert erstmals in der Kathedrale von Ávila erfasst. Die Nennung von Benavente und Zamora legt eine leonesische Lokalisierung nahe, doch enthält der Text keinerlei leonesischen Einfluss und ist eindeutig kastilisch. Es erscheint mir nicht allzu spekulativ zu sein, einen Zusammenhang mit Palencia anzunehmen. Palencia ist mit seinem *Studium* seit dem Ende des 12. Jahrhunderts daswichtigste juristische Zentrum Kastiliens. In Palencia fand ein reger Austausch mit Südfrankreich statt. Die beiden im Text genannten Orte Zamora und Benavente liegen in relativer Nähe zu Palencia und sind dort als Bezugspunkte bekannt. In Palencia mag in den dreißiger oder vierziger Jahren auch jemand wie Gonzalo de Berceo dem Text begegnet sein, der das Wissen für seine Anspielungen auf das römische Prozessrecht ebenfalls in dieser Stadt erworben hat.

4.2.6. *Flores de Derecho*

4.2.6.1. Um die Mitte des 13. Jahrhunderts mehren sich die kastilischsprachigen Texte zur praktischen Rechtsanwendung, die in summierender Form über die Normen des Römischen Rechts informieren. Es wurde schon auf die besondere Rolle des Maestre Jacobo «el de las leyes» hingewiesen, der nach seiner Ausbildung in Bologna an zwei Phasen der volkssprachlichen Rezeption des Römischen Rechts in Kastilien unmittelbar teilhat, nämlich erstens an der voralfonsinischen Produktion resümierender Rechtssummen und zweitens an der alfonsinischen Kodifikation, die einer Nationalisierung des Römischen Rechts entspricht.[183] Er gehört zu einer neuen Generation von Juristen, die nicht mehr nur klerikale, sondern weltliche Ämter innehaben und einen neuen, eigenen Berufsstand der professionellen Juristen bilden, dessen Privilegien in der alfonsinischen Segunda Partida festgelegt werden.[184] Die

---

Eindruck. Der Text stammt eindeutig aus einer Zeit, in der das Kastilische bereits als Schriftsprache etabliert ist, womit er eigentlich nicht aus der Zeit vor ca. 1210 stammen kann.

[183] Die historischen Belege über das Leben Jacobo de Juntas haben mehr zu Spekulationen Anlass gegeben als verlässliche Informationen zu Tage gefördert. Er wurde wohl um 1224 geboren und starb 1294, war mit großer Wahrscheinlichkeit Italiener und schon unter der Herrschaft Ferdinands des Heiligen auf die Iberische Halbinsel gekommen, nachdem er ab 1244 in Bologna Recht studiert hatte. In den fünfziger Jahren hat er die meisten seiner Werke verfasst und einen wesentlichen Beitrag zur Abfassung der alfonsinischen Kodifikation geleistet. Zu Lebensdaten, historischen Belegen und Darstellung des Werkes cf. Roudil 1985, 13–30.

[184] «{RUB. Ley ocho q<ue> onrras deuen auer los maestros señaladas delas leyes.} % La çiençia es como fue<n>te de iustiçia & aproue- cha se della el mundo mas que de otra çiençia & porende los enperadores q<ue> fizieron las leyes o- torgaron p<re>uilejo alos

drei bekannten Werke des Jacobo sind die *Summa de los nueve tiempos de los pleitos*, der *Dotrinal* und die *Flores de derecho*. Die *Summa de los nueve tiempos* gehört zu der im 13. Jahrhundert besonders produktiven Prozessrechtsliteratur, dem verbreitetsten Genre, in dem Aspekte des Römischen und Kanonischen Rechts in Volkssprache verschriftet werden.[185] Die *Ordo iudiciorum*-Literatur ist eine eigene bolognesische Gattung, deren wichtigste Vertreter im 12. Jahrhundert u. a. die *Libelli de ordine iudiciorum* von Bulgarus, Bassianus und Pillius sind. Zu den Autoren hispanischer Herkunft, die lateinische Prozesstraktate verfasst hatten, gehören Johannes de Deo und Petrus Hispanus. Jacobos Zeitgenossen Fernando Martinez de Zamora wird die *Margarita de los pleitos* und die *Summa aurea de ordine iudiciario* zugeschrieben; weitere kastilische Prozesssummen sind aus späteren Epochen erhalten. Die kastilischen Prozesssummen des 13. Jahrhunderts stellen meist Simplifikationen oder Amplifikationen der Summa *Ad summariam notitiam* des Petrus Hispanus dar.[186] Die *Summa de los nueve tiempos* ist ein relativ kurzer Text, der in verschiedenen Manuskripten überliefert ist und in verschiedene Sprachen übersetzt wurde.[187] Beim *Dotrinal* handelt es sich um ein kurzes, Jacobos Sohn gewidmetes, sehr vereinfachtes, einführendes Werk für die Unterweisung in Römischem Recht und die Einführung in dessen Grundbegriffe. Das weitaus bedeutendste Werk Jacobos ist – abgesehen von den eventuell seiner Autorenschaft zuzuschreibenden alfonsinischen Rechtstexten – die Summa *Flores de Derecho*, ein umfangreicheres Resümee des Römischen Rechts als der *Dotrinal* und teilweise unmittelbare Vorlage der alfonsinischen *Partidas*.

---

maestros delas escuelas en q<u>a`tro maneras. La vna ca luego q<ue> son mae- stros han no<n>bre de caualleros & de maestros & llamaron los señores de leyes. La segu<n>da es ca- da vegada q<ue> el maestro derecho venga delante de algun iuez q<ue> este iudga<n>do deue se leua<n>tar a el & seruir le & reçebir le q<ue> sea consigo & si el iudgador co<n>tra esto fiziere pone la ley por pena q<ue> le peche tres libras de oro. La terçera q<ue>los porteros delos enperadores & delos reyes & de los principes no les deue<n> tener puerta ni<n> enbar- garles q<ue> no entre<n> ante ellos qua<n>do menester les fuere fueras ende alas sazones que estuuiesen en gra<n>des poridades & avn esta<n>do deue<n> gelo dezir como estan tales maestros ala puerta & pregun- tar si les manda<n> entrar o no. La quarta es q<ue> sea<n> sotiles & ente<n>didos & q<ue> sepa<n> mostrar este saber & sean bien razonados & de buenas maneras & q<ue> ayan veinte años tenido escuelas delas leyes & deue<n> auer onrra de co<n>des & pues q<ue>las leyes & los enperadores ta<n>to los q<u>i`sieron onrrar guisa- do es q<ue>los reyes los deue<n> ma<n>tener en aq<ue>lla mis- ma onrra. E porende tenemos por bien quelos maestros sobredichos ayan en todo nuestro se- ñorio las onrras q<ue> de suso diximos assi como la ley antigua lo ma<n>do. Otrosi dezimos quelos maestros sobredichos & los otros que muestra<n> los saberes enlos estudios enlas tierras del nue- stro señorio q<ue> deuen ser quitos de pecho & non son tenidos de yr en hueste nin en caualgada ni<n> de tornar a otro ofiçio sin su plazer» (zit. n. *ADMYTE* 0).

185 Cf. Nörr 1967 und Fowler-Magerl 1984.

186 Roudil 1985, 39s.

187 Cf. die Edition der verschiedenen Manuskripte bei Roudil 1985.

Von den *Flores* sind 22 mittelalterliche Manuskripte erhalten; davon 18 kastilische, zwei katalanische, ein asturisch-galicisches und ein portugiesisches. Vier der Manuskripte stammen noch aus dem 13. Jahrhundert.[188]

- Ms. Oxford Bodleian Holkham Misc. 46 (ca. 1290–1310) [OX]
- Ms. Madrid Real Academia Española 293 (1289) [RA]
- Ms. Madrid El Escorial P.III.2 (13. Jahrhundert) [ESa]
- Ms. Madrid Biblioteca Nacional 6501 (13. Jahrhundert) [MAa]

Die Manuskripte enthalten alle neben den *Flores* auch andere Rechtstexte. OX beginnt mit dem *Fuero Juzgo*, an den sich die *Flores* anschließen; zudem enthält das Manuskript eine kastilische Version des *Fuero de Leon*. RA enthält ebenfalls den *Fuero Juzgo* und außerdem den *Fuero de Zamora*. ESa enthält neben den *Flores* den *Fuero de Salamanca*. MAa beginnt mit dem *Fuero de Burgos*, auf welchen die *Flores* folgen. In weiteren Manuskripten erscheinen die *Flores* auch gemeinsam mit dem alfonsinischen *Fuero Real*. Im Unterschied zum «monographischen» Codi deuten hier also die Manuskripte schon auf eine bestimmte Einbindung des Textes hin: das kleine Kompendium Römischen Rechts ergänzt die lokale Jurisdiktion; es wird nicht als im Widerspruch zu den Fueros empfunden, was denn auch die direkte Aufnahme römischer Rechtselemente in den *Fueros extensos* zeigt. In manchen Bereichen kennt das Lokalrecht keine entsprechenden Normen, v. a. bei der Definition der juristischen Institutionen und dem Prozess.

Besondere Autorität kommt den Flores zuteil, weil es sich um einen Text handelt, der unmittelbare Verbindung zum Königshaus aufweist. Im Prolog spricht der Autor[189] («Yo Maestre Jacobo de las Leys») den Infanten Alfons von Kastilien an, der gewissermaßen als Auftraggeber genannt wird:

> «Sennor, yo pense enlas palabras que me dixestes, que uos plazeria que escogisse algunas flores de derecho breue mientre, por que podiessedes auer alguna carrera ordenada pora entender & pora delibrar estos pleytos, segundo las leys delos sabios. E por que elas uestras palabras son amj discreto mandamiento & ey muy gran uoluntade deuos fazer seruicio en toda s las cosas & enlas maneras que yo sopiere & podiese, conpli & aiunte estas leys que

---

188 Cf. die komplette Liste der Manuskripte in Roudil 2000, 30. Hieraus sind auch die Siglen übernommen. Roudils Neuedition der *Flores*, deren erste Bände in den letzten Jahren erschienen sind, ist ein auf sieben Bände angelegtes monumentales Werk, dessen erster Band die verschiedenen Manuskripte vorstellt und die nichtkastilischen Versionen synoptisch darstellt; die Bände 2–5 bieten eine Interlinearversion der 18 mittelalterlichen kastilischen Manuskripte; die letzten beiden Bände je eine Edition der Mss. OX, MAe und LI (Lissabon, portugiesisch, 13. Jahrhundert) und einen *Des signes* überschriebenen «Traité de la variation». Roudil vollendet damit die am Beispiel der kurzen *Summa de los nueve tiempos* erprobte Editionsarbeit an einem umfangreicheren Text und versucht in einer bemerkenswerten Arbeit, bis in die letzten Details allen Elementen Rechnung zu tragen, die in einer mittelalterlichen Manuskripttradition relevant sein könnten.

189 Ich zitiere aus der in Roudil 2000 publizierten Hs. Valladolid, Biblioteca de Sta. Cruz Ms. 7 oder aus der Version des Ms. RA in der Transkription von Ureña y Smenjaud/Bonilla y San Martín, die von uns digitalisiert (gescannt und korrigiert) wurde; cf. www.kabatek.de/bologna bzw. http://www.niemeyer.de/links/link_material.html).

son mas ancianas, en esta manera que eran puestas & depertidas por muchos libros delos sabedores. Esto fiz yo con gran estudio & con diligencia».

Es geht dabei um die «Leys de los Sabios», die nach der Ordnung der Alten präsentiert werden, allerdings in einer nur drei Bücher umfassenden kurzen Version. Der Adressat wird im Laufe des Textes immer wieder genannt und der autoritative Bezug so immer wieder betont.

4.2.6.2. Der Inhalt des Textes besteht größtenteils aus prozessrechtlichen Verordnungen und Definitionen; daneben gibt es auch einige Passagen bürgerlichen Rechts, die jedoch v. a. auf die Rolle der verschiedenen Personen im Prozess abzielen. Im ersten Buch geht es zunächst um die Richter, die Advokaten, die Prokuratoren, den Prozessablauf und schließlich um Väter und Söhne, Geschwister, Sklaven und Diener, Vertagung und Verteidigung. Im zweiten Buch wird der Vergleich, die Rolle von Beweisen und Zeugen beschrieben, und im dritten Buch geht es um den Einspruch, die Wiedereinsetzung in den vorigen Stand (*restitutio in integrum*) und das Schwören. Alle Inhalte dienen also im Wesentlichen der Beschreibung des römischen Zivilprozesses, wie sie im zweiten und dritten Buch des justinianischen Codex erläutert sind. Die drei Bücher sind nach dem Modell des Codex in Titel und Gesetze eingeteilt. Die Textform entspricht der *Summa*-Form, die hier in aller Vollständigkeit ausgebildet ist, die einzelnen Titel bleiben aber jeweils auf wenige Ausführungen beschränkt. Der Prolog nennt Autor, Nutzen und Inhalt der *Summa* und begründet ihre Einteilung. Hier wird auch der Gemeinplatz genannt, dass die Dinge durch eine sinnvolle Einteilung besser zu verstehen sind: «E sennor, por que todas las cosas son mays apuestas & se entenden mays agina por artificio de departimiento delas, parti esta uestra obra en tres libros». Im Gegensatz zu den listenartigen *Fueros*, die sich gerade nicht durch Einteilung und logische Stoffanordnung auszeichnen, ist dies ein Hinweis auf die Neuartigkeit der Materialbehandlung des gelehrten Rechts.

Der Aufbau der einzelnen Titel lässt sich am folgenden Beispiel des Titels über die Prokuratoren darstellen. Die Rubrik paraphrasiert den justinianischen Titel (De procuratoribus): «Delos personeros que son dichos en latin procuratores». Daran schließt sich die Einleitung in den Titel an, die wieder dessen Utilitas begründet: «porque el uso de los personeros es muy provechoso e es mucho menester porque aquelos que non pueden o non quieren ser presentes ... por ende quiero decir destos personeros». Nun folgt die Aufzählung der Fragen, die dann nacheinander zu beantworten sind: «primeramientre que quier dezir personero e como se faz e quien puede seer personero e en que pleytos e como se comple su oficio». Danach folgt die aus den Digesten übernommene Definition: «Procurator es dicho aquel que tracta los pleytos e los fechos ayenos por mandado de so duenno». Die folgenden einzelnen Gesetze beantworten nun die Fragen und geben eine Reihe zusätzlicher Bedingungen. Die durch Fragen und Antworten klare Kohärenz des Textes wird durch einzelne explizite Kohäsionsmittel unterstützt (siehe 4.2.6.5.).

Die Eigenkategorisierung des Textes ist in verschiedenen Manuskripten *Suma* (RA, ESa, u. a.). Der im Prolog genannte Begriff Flores («algunas flores de derecho») stellt eher eine inhaltliche als eine formelle Klassifikation dar. Er entspricht einer im Mittelalter verbreiteten Bezeichnung für ein Werk, das einen

Stoff nicht umfassend darstellt, sondern ihn auf die beschränkte Auswahl einer Blütenlese reduziert. Die Bezeichnung *Flores* impliziert, dass sich hinter dem Dargestellten ein umfangreicheres Wissensgebäude verbirgt und dass der Verfasser dieses kennt. Der im kastilischen 13. Jahrhundert bedeutendste Text mit derselben Bezeichnung sind die *Flores de filosofia*, ein Werk der Tradition der so genannten Weisheitsprosa, das unmittelbare Bezüge zur alfonsinischen Segunda Partida aufweist.[190]

Im Prolog wird der Text außerdem als «libro pequenno» bezeichnet, was in erster Linie ein Hinweis auf die Geschlossenheit der Form bei gleichzeitig begrenztem Umfang (v. a. im Vergleich zu Großwerken wie dem *Liber Iudiciorum*, dem *Liber de los fueros de Castiella* oder einem Buch wie *Lo codi*) ist.

4.2.6.3. Die Textfinalität scheint eher durch den Kontext der Manuskripte bestimmbar als durch den Prolog. Nimmt man den Prolog wörtlich, so handelt es sich um ein Lehrbuch zur Unterweisung des Infanten Alfons. So wird der Text auch von Bonilla/Ureña in der Einleitung zu ihrer Edition als «Lehrbuch für ein Kind» bezeichnet. Es mag sein, dass die Unterweisung des Infanten tatsächlich Auslöser für die Redaktion der Summa war; da der Text aber eine weite Verbreitung als Kompendium des Prozessrechts hatte, ist eher wahrscheinlich, dass der Bezug zum Infanten die autoritative Untermauerung der Bedeutung des Textes anstrebt, in welchem das für die Monarchie «zukünftige» Recht festgehalten wird, das ja Alfons dann als König in der Tat einzuführen versucht. Damit wäre auch die Sprachenwahl eindeutiger zu rechtfertigen: der zukünftige Alfons der Weise hätte ja durchaus mit einem lateinischen Text die Grundsätze Römischen Rechts lernen können, die große Verbreitung unter den juristischen Praktikern in einer Zeit der Häufung volkssprachlicher Übersetzungen von Rechtstexten wäre damit aber behindert gewesen.

4.2.6.4. Auch wenn der Inhalt des Textes mit dem des zweiten und dritten Buches des Codi weitgehend übereinstimmt, finden sich hier doch teilweise andere Umfelderbezüge. Die *Situation* ist die eines Dialoges zwischen dem Rechtslehrer Jacobo und dem Infanten Alfons; sie wird im Prolog explizit aufgebaut und durch die im ganzen Text immer wieder sich wiederholenden Anredeformen mehrfach in Erinnerung gerufen. Wie beim Codi ist auch hier die *Zone* die der kastilischen Sprache, doch ist der Text frei von Okzitanismen und somit eindeutiger in einem bestimmten Sprachraum lokalisiert. Die Latinismen stellen Bezüge zum Lateinischen her, die aber durch die metasprachliche Nennung der anderen Sprache deutlich abgehoben sind. Wie beim Codi ist der *Bereich* teilweise ein abstraktes Denkgebäude und somit nicht an eine bestimmte lokalisierbare Referenz gebunden; es gibt aber im Gegensatz zum Codi auch verschiedene Nennungen lokaler Referenzen, die auf den kastilischen Kontext hinweisen. Hier scheint beim Verhältnis von Referenz und Einzelsprache Letztere wieder stärker in den Vordergrund zu rücken; es geht nicht nur um Inhalte, sondern auch um eine bestimmte Sprache. Die *Umgebung* ist die der juristischen Fachleute, die aber nach außen gerichtet ist: der Text weist mehrfach darauf

---

[190] Cf. die Edition des *Libro de los cien capítulos* von Marta Haro Cortés und meine Rezension des Buches (Kabatek 2002). Marta Haro und Manuel Lucía Megías bereiten derzeit eine Neuedition der *Flores de filosofia* vor.

hin, dass er von einem Fachmann zur Unterweisung einer nicht fachlich gebildeten Person geschrieben ist. Beim *einzelsprachlichen Kontext* sind hier das Kastilische und das Lateinische wie gesagt klar getrennt, es wird zwar nicht das Kastilische direkt als Sprache bezeichnet, wohl aber das Lateinische, womit das Kastilische eindeutig als andere Sprache identifiziert ist. Innerhalb des Kastilischen fallen im hier zitierten Text des Ms. RA einige Formen (u. a. *preytos, chamar, chamado, uerdadeyra*) auf, die auf nordwestliche Einflüsse schließen lassen. Auf den *Redekontext* wird im Prolog Bezug genommen: das ganze Buch wird als Einheit dargestellt, die nach sorgfältig geplanten Kriterien der Einteilung zergliedert wurde. Im Kontext der Manuskripte erscheinen als mittelbarer Redekontext auch andere Rechtstexte, u. a. auch Foralrechtstexte, die die *Flores* auch als Kontrasttext gegenüber dem Lokalrecht erscheinen lassen. Auf den *physischen Außer-Rede-Kontext* wird auch hier nur als Träger eines Texts Bezug genommen: es ist zwar von *este libro pequenno* und *esta uestra obra* die Rede, doch geht es nicht um ein bestimmtes Exemplar, sondern um den autonomen Text. Der *empirische Außer-Rede-Kontext* wird durch die Dialogsituation zwischen dem Lehrer und dem Infanten textuell konstruiert, es ist dies also der erste hier behandelte Text, in dem eine bestimmte Redesituation mit sprachlichen Mitteln literarisch hergestellt wird. Die Rekonstruktion der Performanz des Textes ist teilweise spekulativ; es mag sowohl sein, dass der Text als Lehrtext vorgelesen wurde als auch, dass die Juristen, die diesen Text als Informationsquelle benötigten, ihn als Konsultationswerk benutzten. Dass es sich hier eindeutig auch um einen Text zum leise Lesen handelt, wird durch explizite Hinweise auf die optische Textgestalt gezeigt: es finden sich hier zwar die üblichen textuellen Anaphern wie *susodicho*, *la ley de suso* oder *sobredichas*, aber auch eindeutige «Blicke» auf den Text:

I. 3. 7. «Quando alguno dize que es personero de otro & lo demostra por algunos endicios que recebio o que amandado pora seer personero, assi como selo demosstrasse por un testigo, opor carta en que non aya seelo autentico, deue seer recebido por personero, dando tal fiador como sobredicho es en la ley de suso que copiesça ‹Maguer que es dicho›».

I. 9. 5. «Pero sobre tales cosas que son a danno del Rey, assi como dixemos de suso enla ley delos criados & delos seruientes, pueden llamar ajuyzo asus sennores quelos aforraron & acusalos delas».

Im ersten Falle richtet sich der Blick auf die hervorgehobene Initiale und die ersten Worte des Gesetzes, im zweiten Falle auf die Rubrik. Auch hier finden wir die Textgestaltung mit Hervorhebungen wie im Codi.[191]

I. 4. 1. «En todo pleyto de iudicio ordenado, deue auer tres personas. Ela persona del iuyz. Ela persona del demandador, que es dicho en latin *actor*. Ela persona del demandado, que es dicho en latin *reus*».

Der historische Kontext ist hier einerseits wie beim Codi der universelle Kontext des Römischen Reichs und des Christentums, zu dem hier eine partikuläre Ergänzung hinzukommt, die den Text durch den Bezug auf den Infanten Alfons und dessen Va-

---

[191] Cf. die Photographien der verschiedenen Manuskripte in Roudil 2000.

ter Ferdinand in Kastilien um die Mitte des 13. Jahrhunderts situiert. Auf diesen partikulären Kontext nimmt auch eine Art *Addendum* Bezug, das letzte Gesetz des dritten Buches («si los moros an sua iura apartada»), in dem es um die Gerichtsbarkeit der Hispanoaraber und deren Eigenschaften als Zeugen geht. Auch die Flores gehören dem Universum der Rechtstexte an, das als Fachbereich hier deutlich von der Alltagswelt getrennt und durch die Bezüge auf die Gegenwart im Prolog zu dieser positioniert wird.

4.2.6.5. Es wurde bereits gesagt, dass durch die Frage- und Antworttechnik ein hoher Grad an Kohärenz des Textes hergestellt wird. Diese wird durch verschiedene Elemente an der Textoberfläche unterstützt. Die Flores reihen sich in dieselbe Diskurstradition ein wie der Codi und weisen ähnliche Kohäsionselemente und Junktionstechniken auf. Auch hier wird die Juxtaposition von Sätzen vermieden, wenn inhaltliche Zusammenhänge bestehen. Die kausale Wiederaufnahme auf Stufe II geschieht auch hier mit *por ende*; auf Stufe III findet sich ebenfalls vor allem *e* und *otrossi* zur Anfügung, außerdem *ca, pero, mas* und auffälligerweise auch *ciertas*. Auf Stufe IV ist die häufigste Unterordnungsform auch hier die konditionale mit der Konjunktion *se/si*, z. T. bei Hinzufügung von *bien* wie im Codi. Besonders häufig sind auch Kausalsätze mit *por que*, außerdem konzessive Konstruktionen mit *maguer* bzw. *maguer que*, Ausdruck von Folge (*enguissa que*), Zeit (*mientre que, demientre que, pues que*) und Zuordnung (*segundo que, en tal caso que*). Im Unterschied zum Codi finden sich hier auf Stufe V mehrfach Gerundialkonstruktionen (z. B. *non auiendo nen mostrando; dando, toda uia menaçando*) und auf Stufe VI als fest etablierte, mehrfach eingesetzte Form *por razon de*:

> X. 1. «Pero seuos fordes cierto que el aplazeado es de otra en iuridiscion por rrazon dela cosa que es aplaziado, opor rrazon de sua persona, non deuedes fazer contra el como contra rebel, maguer que non ueniesse aplazio».

Sehr häufig ist im Unterschied zum Codi auch der Ausdruck von Ursache auf Stufe VI durch die Präposition *por* und ein Nomen: *por mandado*; *por ondra*, *por respuesta de si o de non*, *por forro*, *por razon*, *por reuerencia*. Hier findet sich auch die bis heute in der Rechtssprache fossilisierte Form *so pena*.

4.2.6.6. Der Wortschatz der Flores ist mit dem des Codi weitestgehend vergleichbar; da es sich aber um einen viel kürzeren Text handelt, der nur einige Bereiche des Römischen Rechts behandelt, ist der Wortschatz quantitativ geringer. Auch hier finden sich zahlreiche Termini und es herrschen die gleichen Wortbildungsmuster vor (mit z. T. spontanen nominalen Kreationen wie *fiadoria*, was als Nominalisierung einer Nominalisierung den ganzen Akt in einem Wort vereint). Im Gegensatz zum Codi finden sich in den Flores kaum Beispiele mit direkten Redepassagen,[192] deshalb entfällt auch weitgehend die in den Beispielen des Codi vorkommende Nennung von Ortsnamen. Es handelt sich nicht um eine Übersetzung, sondern um einen

---

[192] Die wenigen Fälle sind eher allgemein gehalten, z. B. I, 2: «[...] se el duenno del pleyto dice: fago mio personero a don fulan, contra don Fulan, se dalguna cosa me quisier demandar o dixier, fago mio personero a Fulan, para demandar tal cosa, se nave vinier de Francia, o otra cosa semeiabre».

kastilischen Originaltext, weshalb hier auch die okzitanischen Interferenzen fehlen und okzitanische Elemente höchstens als bereits integrierte vorkommen. Im Ms. RA finden sich allerdings einige Interferenzen aus den Dialekten des Westens der Iberischen Halbinsel. Ein fundamentaler Unterschied zum Codi zeigt sich bei der Behandlung der Terminologie. Während die juristischen Termini im Codi in ihrer lateinischen Form (teilweise partiell integriert) genannt werden und romanisch paraphrasiert werden, es also um die Erklärung der Termini geht, nicht aber um deren Veränderung, zeigt sich in den Flores ein umfassend angelegter Versuch der Kastilianisierung der Römischen Rechtsterminologie, die durch gezielte Nennung des Lateins als «anderer» Sprache und durch die jeweilige Nebenanstellung einer romanischen Form geschieht. Hier einige Beispiele:

I, 2: «los voceros que son dichos en latin advocati».

I, 3: «los personeros que son dichos en latin procuratores».

I, 4: «la persona del demandador que es dicho en latin actor, e la persona del demandado que es dicho en latin reus».

ibd. «menores de siete annos que llaman en latin infantes».

I. 8: «aforrados que son dichos en latin liberti».

I, 12: «verdadero tenedor e es dicho en latin verus possessor».

I, 12: «sennorio que es dicho en latin proprietas».

I, 15: «defensiones que son dichas en latin excepciones».

II, 9: «escribano publico, que es dicho en latin publicum instrumentum».

III, 2: «alzadas que son dictas en latin appellationes».

Daneben finden sich auch Paraphrasierungen, die dem lateinischen Terminus keine kastilische Parallelform nebenanstellen, sondern ihn wie auch im Codi paraphrasieren, was insbesondere bei komplexen Termini der Fall ist, z. B.:

I, 2 «son dichos estos atales en latin prevaricatores causarum».

I, 9: «estas sobredichas son dichas en latin res tempore periture».

II, 3: «estas V cosas sobredichas, e es dicho en latin sacramentum calupniae».

III, 3: «la entrega que es fecha contra la sentencia que es dada e es dicha en latin restitutio in integrum».

III, 4: «cosa que alguno demanda por suya que es dicha en latin actio realis».

III, 4: «la sentencia que es dada sobre debda alguna o en razon de debda que es dicha en latin actio personalis».

Die zehn häufigsten Formen sind 1. *que*; 2.: *e*; 3.: *de*, 4. *por*; 5.: *el*; 6.: *en*; 7.: *non*; 8.: *se*; 9.: *es*; 10.: *nen*. Die Type-Token-Relation beträgt standardisiert 40,3%.

Zusammenfassung: Die Flores weisen große Ähnlichkeit zu den prozessrechtlichen Teilen der kastilischen Fassung von *Lo codi* auf, es zeigen sich gleichzeitig aber auch wichtige Unterschiede: der Text ist keine Übersetzung, er ist nicht anonym und er ordnet sich in einen konkreten *höfischen* Kontext ein. Er leitet damit die kastilische Nationalisierung des Bolognesischen Diskurses ein. Sprachlich geht er in verschiedener Hinsicht einen Schritt über *Lo codi* hinaus: es ist ein kastilischer Text, der die Sprache souverän einsetzt und dabei weitere Techniken nutzt als *Lo codi*. Insbesondere bei der Kastilianisierung der Terminologie zeigt sich ein selbstbewusster Umgang mit der Volkssprache, der auf den besonders gelehrten Hintergrund des in Bologna ausgebildeten Jacobo zurückzuführen ist.

4.2.7. *Primera Partida*

4.2.7.1. Die so genannten *Siete Partidas* bilden den Höhepunkt mittelalterlichen kastilischen Rechtsschrifttums; sie stellen als monumentales Gesetzeswerk eine umfassende kirchliche und weltliche Kodifikation dar, deren Wirkung über Jahrhunderte anhalten sollte und die z. T. bis ins 19. Jahrhundert geltendes Recht war. Ihre Entstehungszeit fällt zumindest teilweise in die Regierungszeit Alfons' des Weisen (1258–1284), der in den späteren Prologen der Partidas als deren Autor erscheint. Es gibt zahlreiche Manuskripte; die bekannten gedruckten Ausgaben basieren jedoch alle auf Manuskripten aus späterer Zeit. Erst vor wenigen Jahrzehnten war die Existenz eines Manuskripts der ersten Partida bekannt geworden, das noch aus dem 13. Jahrhundert stammt, das Ms. add. 20.787 der British Library, das 1975 in einer Edition von Juan Antonio Arias Bonet veröffentlicht wurde. Ich werde mich aus Gründen der Authentizität im Folgenden vor allem bei sprachlichen Fragen in erster Linie auf diesen Text beziehen, bei Fragen des Textaufbaus und Inhaltes des Gesamtwerkes auch auf spätere Manuskripte, da erst hier die gesamte Anlage erkennbar wird.[193] Es werden außerdem z. T. Bezüge zu weiteren alfonsinischen Rechtstexten hergestellt werden, vom *Setenario* über den *Fuero Real* bis hin zum *Espéculo*, da das alfonsinische Corpus nicht etwa aus völlig verschiedenen Gesetzestexten besteht, sondern diese jeweils in umfassender und oft wortgetreuer Weise Material aus den vorher bestehenden Texten übernehmen. Es kann also nicht genug betont werden, dass es sich eigentlich um ein Gesamtwerk in verschiedenen Entfaltungsphasen handelt.[194] Trotz der enormen rechtshistorischen und sprachhistorischen Bedeutung der *Siete Partidas* gibt es bislang weder eine kritische Textausgabe noch eine wirklich umfassende linguistische Gesamtuntersuchung.[195]

Das Manuskript der British Library stammt aus dem königlichen toledanischen Skriptorium und ist mit reicher Ornamentik und zahlreichen Miniaturen verziert. Es

---

193 Siehe den Text der ganzen Partida in der Edition von *ADMYTE 0*.

194 Cf. García Gallo 1951–52; 1976, 1984 und dagegen Craddock 1981.

195 Was nicht heißen soll, dass der Text nicht oft Objekt der Untersuchung sprachlicher Einzelaspekte gewesen wäre. Cf. etwa Bartol Hernández 1986 und die dortige Bibliographie sowie die Bibliographien von Craddock 1986 und Cárdenas/Craddock/de Marco 1995. Eine traditionell historisch-grammatische Gesamtbeschreibung (allerdings ohne Angabe des Manuskripts, auf die sie sich bezieht) findet sich bei Dihigo 1923. Eine knappe rechtshistorische Einordnung bietet Scheppach 1991, eine literaturhistorische Darstellung gibt Gómez Redondo 1998, 511–596.

umfasst 120 Blätter und kann aus paläographischen Gründen auf die Zeit gegen Ende des 13. Jahrhunderts, also die unmittelbar nachalfonsinische Zeit, datiert werden.[196] Im Prolog des Textes selbst wird die Partida auf das Jahr 1265 datiert.

4.2.7.2. Der Inhalt der Primera Partida besteht aus einem Prolog und 24 so genannten *títulos* mit verschiedenen Einzelgesetzen. Die gesamte Partida behandelt die kirchliche Organisation (*de la santa fé católica*), das Kanonische Recht. In der Gesamtanlage der Siete Partidas folgen ihr in der zweiten Partida das, was man als öffentliches Recht bezeichnen könnte[197] (*de emperadores, reyes y grandes señores*), in der dritten Partida das Prozess- und Sachenrecht (*de justicia*), in der vierten Partida das Eherecht (*de desposorios y casamientos*) und das Feudalrecht, in der fünften Partida das Obligationenrecht (*de emprestitos et camios*) einschließlich Handels- und Seerecht, in der sechsten Partida das Erb- und Vormundschaftsrecht (*de los testamentos*) und in der siebten Partida das Straf- und das Strafverfahrensrecht (*de las acusaciones*).

Bei der Textform ist zu unterscheiden zwischen der Gesamtanlage der Partidas, der Anlage der einzelnen Titel und der Form der einzelnen Gesetze. Eine Sonderrolle spielt dabei der Prolog. Im Gegensatz zu den lokalrechtlichen kastilischen Texten findet sich hier wie beim Codi und den Flores eine hierarchisch-lineare Gesamtanlage, nach folgendem Schema:

Siete Partidas

Partida I	II	III	IV	V	VI	VII
24 títulos	31	32	27	15	29	33
leyes	[...]	[...]	[...]	[...]	[...]	[...]

Fig. 24: Gesamtaufbau der *Siete Partidas*

Vor allem im Hinblick auf Umfang und Monumentalität übertreffen die Partidas jedoch die früheren Texte. Bei den Flores handelt es sich schließlich nur um eine kurze Prozesssumma, beim Codi zwar um eine Gesamtsumma, bei der es aber nur um die Zusammenfassung des justinianischen Rechts geht. Solche Zusammenfassungen stellen z. T. auch die früheren alfonsinischen Rechtstexte, der Fuero Real und der Espéculo, dar. Bei den Partidas geht es aber um noch mehr: eine enzyklopädische Synthese, die neben den «universellen» justinianischen Normen auch alle aktuellen Lebensbereiche des mittelalterlichen Kastilien beschreibt und ordnet, weshalb die Partidas auch eine der interessantesten und vollständigsten Quellen zur Information über die mittelalterliche spanische Gesellschaft sind.[198] Der hierarchische Textauf-

196 Cf. die Ausführungen von José Manuel Ruiz Asencio in der Einleitung zu der Ausgabe von Arias Bonet, wo sich auch Informationen zur Ornamentik und verschiedene Aufnahmen finden.

197 Cf. Scheppach 1991.

198 Cf. Linehan 1993, 413ss.; Gómez Redondo 1998, 511–596.

bau mag einerseits die hierarchische Organisation des Königreichs widerspiegeln, die im Text selbst auch inhaltlich vertreten wird; er zeigt aber auch die unmittelbare Anlehnung an das direkte Vorbild des Codex Iuris Civilis, der in vergleichbarer Weise aufgebaut ist:[199]

Codex iuris civilis

liber I	II	III	IV	V	VI	VII	VIII	IX
tituli	[...]	[...]	[...]	[...]	[...]	[...]	[...]	[...]
constitutiones	[...]	[...]	[...]	[...]	[...]	[...]	[...]	[...]

Fig. 25: Gesamtaufbau des *Codex iuris civilis*

Damit stellt sich die alfonsinische Kodifikation schon durch die äußere Form in die Tradition des Römischen Rechts, dessen Elemente sie auch inhaltlich in umfassender Weise aufnimmt. Eine gewisse Identifikation Alfons' des Weisen mit dem römischen Kaiser Justinian zeigt sich dabei in mehrfacher Hinsicht, vor allem in der bei Alfons sich ständig wiederholenden Aussage, der Einheit des Königreiches müsse auch juristische Einheit folgen und die gemachten Gesetze müssten bis in alle Zukunft gelten, wie dies auch bei Justinian der Fall war, der die verschiedenen existierenden Kodifikationen vereinheitlichte und festlegte; gleichzeitig drückt der Bezug zu einem römischen Kaiser einerseits den für die alfonsinische Renaissance so charakteristischen Willen nach antiker Fundierung des Wissens aus, andererseits stellt sich Alfons durch den Vergleich mit einem römischen Kaiser schon auf den Rang, den er bei seinen Bemühungen um die Kaiserkrone erreichen will.

Im Gegensatz zur Übernahme der Gesamtanlage aus der antiken Tradition steht jedoch die Anlage der einzelnen Titel. Während die justinianische Kodifikation hier die verschiedenen Rechtsnormen unterschiedlicher Kodifikationen listenartig aufführt, wird der Stoff in den *Partidas* nach mittelalterlich-rhetorischem Verfahren systematisiert und gemäß der didaktischen Fragetechnik angeordnet, die in Ansätzen auch schon im Codi und in den Flores ins Kastilische übertragen worden war. Während diese Texte jedoch nur eine popularisierende, reduzierte Form der bolognesischen Technik bieten, gehen die Partidas direkt auf die Lehrtexte des *universitären* Gebrauchs zurück. Solche Lehrtexte sind auf der Iberischen Halbinsel seit Ende des 12. Jahrhunderts bekannt. Die wohl frühesten erhaltenen Summae nach bolognesischem Modell auf der Iberischen Halbinsel sind die bereits erwähnten kanonischen *Summulae* des Ugolino de Sesso. Sie stammen aus dem Studium in Palencia, wo schon Ende des 12. Jahrhunderts Römisches Recht nach dem bolognesischen Modell gelehrt wird und Anfang des 13. Jahrhunderts die erste spanische Universität entsteht.

Vergleicht man nun die Darstellungsweise des Ugolino mit der, die sich in den alfonsinischen Rechtstexten findet, so fallen die klaren Parallelen der Stoffdispo-

---

199 Cf. auch Zurita Cuenca 1985.

sition auf. In dem folgenden Textbeispiel wird ein Abschnitt des *Espéculo* neben einen Abschnitt aus einem der Lehrtexte des Ugolino gestellt, wobei der entsprechende Titel des *Espéculo* praktisch wörtlich später in die Partidas eingeht:

Summula de Ugolinus de Sesso (Ms. 55, Biblioteca de Catalunya)	*Alfonso X., Espéculo, (ed. Martínez Díez, 1985, 581)*
Appellationis usus quam sit frequens, quam necessarius nemo est qui ignoret ut Dig. de appellationibus, I.I.; et ideo ad presens lecturi tractatum de appellationibus videamus primo quid sit appellatio, que sit forma appellationis, quociens licet appellare, quando uel infra que tempora sit apellandum, quando sit necessaria appellatio, quis sit effectus appellationis interposite, qui possunt appellare et qui pro eis possunt apellare, qui non habent beneficium apellationis, a quibus iudicibus appelletur et a quibus non, et quod sit officium eius a quo appellatur, ad quos iudices sit apellandum, et quod eorum officium, intra que tempora appellatio sit prosequenda, que sit pena non prosequentis apellationem, quomodo quis intelligitur quod prosecutus sit appellationem, sexto decimo et vltimo loco breuiter uidendum est qui casus dubitabiles sint determinati, an in eis teneat appellatio uel non.	Onde pues que en este otro título ffablamos de los iuyzios que sson asy commo fin e acabamiento de los pleitos por que los contendores vençen o sson vençidos e legan a peligro de ssoffrir dannos o penas ssegunt dicho auemos, bien es que ffablemos en este título de las quatro maneras de acorro que dixiemos, e primero de las alçadas porque sson más comunales a todos. E queremos ante que ssepan los omnes por que ffueron ffalladas; e después diremos qué cosa es alçada e quién sse puede alçar e de qual iuyzio lo puede ffazer e de quáles iudgadores en de quién e quándo e en qué manera e ffasta quánto tienpo sse puede alçar e ffasta quándo deue sseguir el alçada e quántas vezes sse pueden alçar ssobre vna cosa e qué deue ffazer el que sse alça; e otrossí el iudgador de quien sse alça e el otro quien sse alça e qué pro viene del alçada e quáles alçadas valen e quáles non.

Aus der bolognesischen Tradition bzw. aus der Rhetorik wird die Reihenfolge der Anordnung der Fakten und die entsprechende Fragetechnik übernommen. Während diese Reihenfolge in frühen Texten wie etwa dem Codi nur rudimentär übernommen wird, wird sie hier vollkommen entfaltet. Aus der Tradition der Summenliteratur stammt auch der didaktische Stil mit der Ansprache des Hörers durch den Lehrer, das *videamus* des lateinischen Textes, das sich als *ffablemos* in dem kastilischen Text wiederfindet. Die didaktische Orientierung des Lesers/Hörers drückt sich nicht nur in solchen gliedernden Passagen, sondern auch in der ständigen Versprachlichung des textuellen Aufbaus aus, die hier noch expliziter als im Codi oder in den Flores ausgebildet ist.

Die Partidas verfügen wie die meisten alfonsinischen Rechtstexte über einen Prolog nach rhetorischem Muster. Dieser beginnt nach der Anrufung des Heiligen Geistes mit den Worten «Este es el prólogo» und nimmt damit explizit auf die Textsorte *Prolog* Bezug. Darauf folgt die Nennung des Autors, wie sie in der bolognesischen Tradition, aber auch ansonsten in der Literatur seit Ende des 12. Jahrhunderts üblich ist: «que fizo el noble don Alffonso». Die *Intentio* besteht in der Abfassung allgemein gültiger Gesetze zur Überwindung des Übels der fehlenden juristischen Einheit, «por toller todos estos males», die *Utilitas* im Dienst für Gott und für aller Wohl: «a seruicio de Dios e a pro comunal de todos».

Im Prolog wird das ganze Werk vorgestellt, am Anfang einer jeden Partida der Inhalt ihrer Titel mit Bezug auf den Inhalt, der schon genannt wurde; in jedem Titel wird der Inhalt der einzelnen Gesetze vorgestellt und auf die vorherigen Gesetze bezogen.[200] Damit wird das ganze Werk explizit metatextuell durchstrukturiert, nach folgendem Muster:

Prólogo (Bezug zum Gesamtwerk):

→	→P1→P2→P3→P4→P5→P6→P7

Partida:

(←PA)	→T1→T2→T3→T4→T5→T6→...

Título:

(←TA)	→L1→L2→L3→L4→L5→L6→...

Ley:

(←LA)	→LS

Fig.26: Textstruktur der *Siete Partidas*

Auf die einleitenden Fragen folgen gemäß der Summentradition wie auch in Codi und Flores die gegliederten Antworten in den einzelnen «Gesetzen», die meist mit der Definition des für den Titel zentralen juristischen Terminus beginnen.

Während die Textform aus einer eindeutig bestimmbaren juristischen Tradition stammt, werden die Inhalte aus einer ganzen Reihe von Quellen übernommen. Als wichtige Quelle dienen die mittelalterlichen kastilischen Summen wie die Flores und vielleicht auch *Lo codi*. Die Partidas gehen aber häufig direkt zu den Quellen des *Corpus Iuris* und zu den bolognesischen Summen, vor allem der *Summa* des Azo und der *Glossa ordinaria* des Accursius.[201] Außerdem schöpft gerade die erste Partida aus den Quellen des Kanonischen Rechts und verschiedenen anderen zeitgenössischen Texten wie den *Flores de Filosofia* oder der *Disciplina Clericalis.*[202] Vor allem in denjenigen Teilen, die sich auf die lokale Organisation beziehen, fließen auch zahlreiche kastilische Rechtsnormen in das Buch ein. Explizit werden in den *Partidas* auch Bezüge zu verschiedenen antiken Quellen genannt, von Aristoteles über Cicero und Boethius bis zu Isidor, wobei nicht immer eindeutig ist,

---

200 Cf. Roudil 1993/94, 142.
201 Camacho Evangelista 1966 und 1968.
202 Solalinde 1934.

ob die antiken Werke tatsächlich unmittelbar bei der Redaktion benutzt wurden oder ob sie indirekt zitiert werden.[203]

Die Bezeichnung *Siete Partidas* ist nicht die ursprüngliche. Dass das Werk auf sieben Teilbücher angelegt war, entspricht jedoch seinem ursprünglichen Plan. In dem Londoner Manuskript wird die erste Partida im Prolog als *Libro del fuero de las leyes* bezeichnet.[204]

4.2.7.3. Auf die Finalität der umfangreichen kastilischen Kodifikation, wie sie in den Aussagen in den Prologen der verschiedenen Werke thematisiert wird, wurde schon w. o. eingegangen (4.1.2.5.). Es geht vor allem um die zentralistische Vereinheitlichung des Rechtssystems gegen die Vielfalt der lokalen Fueros, aber auch darum, eine «moderne» Gesellschaftsordnung festzuschreiben, die den neuen Bedürfnissen der Städte und des Handels gerecht wird.

Zu der Frage, weshalb Alfons der Weise seinen Anspruch auf die römische Kaiserkrone nicht mit einer universellen, lateinischen Kodifikation untermauert, gibt es eine Reihe von Argumenten, deren wichtigstes wohl die Existenz der römischen Kodifikation selbst und die Redundanz, vielleicht aber auch ein gewisses Tabu eines solchen Unterfangens ist. Américo Castro (1954) hatte verschiedene Argumente für die kastilische Kodifikation aufgeführt, auf die sich die hispanistische Tradition bis heute zu berufen pflegt. Castro sieht den Hauptgrund in der spezifischen Situation Kastiliens («situación peculiarísima de Castilla», ibd, 7) und er meint, die Wahl des Lateins als Sprache der Partidas hätte weder zu dieser Situation, noch zum Inhalt des Werks gepasst:

> «Una redacción en latín de una obra como las Siete Partidas (para tomar un ejemplo) ni es pensable en el ambiente de Castilla, ni hubiera convenido a la estructura vital y expresiva de la obra» (ibd.).

Was nun aber die besondere Situation Kastiliens ausmache, sei einerseits der geringe Kontakt nach Europa – dieser habe sich v. a. auf den Kontakt mit Frankreich beschränkt –, andererseits der indirekte Einfluss des Arabischen und Hebräischen: in Kastilien habe man nicht wie in anderen europäischen Gebieten eine Trennung von Wissenschafts- und Volkssprache gekannt, da man das Arabische vor Augen gehabt habe, das für beide Zwecke verwendet wurde. Schriftlichkeit und Mündlichkeit wurden Castro zufolge also nicht als diglossisch empfunden:

---

203 So kann etwa die Eingangspassage aus dem Setenario, die später in die Partidas übernommen wird, «Setenario es cuento muy noble a que loaron mucho los sabios antiguos porque falla<n> enel muchas cosas & muy señaladas q<ue> se dep<ar>te<n> por cue<n>to de siete: asi com<m>o todas las criaturas que son dep<ar>tidas en siete maneras» auf Aristoteles oder Porphyrios, auf Boethius oder aber auf die bolognesischen Rechtssummen zurückgehen. In der *Summa* des Azo (Ausg. 1966, 10) heißt es etwa: «Septenarius aute*m* numerus p*er*fectus est eo q*uod* suis p*ar*tibus perfectis p*er*fici*tur*. Et sunt eius partes due .i. unitas que d*icitur* perfecta ad similitudine*m* dei & illius primordialis materie & q*uia* principium est omnis numeri. Sic enim ait boecius [...] Uel septenarius d*icitur* perfect*us* q*uia* .vii. sunt virtutes .vii. liberales artes .vii. beatitudines .vii. dies .vii. vicia .vii. candelabra .vii. climata .vii. planete .vii. circu*m*stancie».

204 So auch der Titel der neuen Edition von José Sánchez-Arcilla Bernal.

«[...] no contemplaban aquella cultura desde el modo de pensar latino-internacional, por la sencilla razón de que este *modo* no existía en Castilla. Lo que sí era castellano era la necesidad de sentir la conexión integral entre lo escrito en la obra y lo hablado por el lector, sin la interposición de una lengua extraña. La misma integridad existía entre la lengua hablada y la escrita por musulmanes y hebreos españoles, entre su experiencia interior y su expresión exterior, entre su sensibilidad y su pensamiento» (ibd., 8).

Zudem hätten die Hebräer eine besondere Abneigung gegen das Lateinische gehabt, das sie unmittelbar mit der christlichen Religion assoziiert hätten.[205] Dieses Argument wurde u. a. von Georg Bossong und von Hans Niederehe aufgegriffen.[206]

Gerold Hilty weist im Prolog zu seiner Ausgabe des *Libro conplido* auf das besondere Sprachbewusstsein in Kastilien wegen der zahlreichen Sprachkontakte hin,[207] ein Phänomen, das auch als die besondere *Alteritätserfahrung* Kastiliens bezeichnet wurde. Dabei warnt Hilty aber vor der Fehlinterpretation, zu glauben, das Kastilische sei deshalb verschriftet worden, da es aufgrund seiner sprachlichen Reife besonders dafür geeignet war: vielmehr sei umgekehrt durch die schriftliche Fixierung der Bewusstseinsprozess für den weiteren Ausbau ausgelöst worden:

«Generalmente se enfoca este problema de una forma diferente. Suele decirse que el castellano (y como él las otras lenguas románicas) se empezó a escribir por haber llegado a un estado de cierta madurez. Tal afirmación, sin embargo, puede fácilmente inducir a errores. Pues si es verdad que el anhelo de regularización estructural inherente al castellano pudo dar a este dialecto cierta predisposición para la fijación gráfica, lo es mucho más que esta fijación evidenció y acentuó las tendencias hacia la claridad y regularidad del sistema formal, hacia la determinación de las funciones de los elementos lingüísticos, hacia la delimitación semántica de las palabras» (Hilty 1954, XXV).

In verschiedenen Arbeiten hat sich Hans-Ulrich Gumbrecht zur Frage der Begründung für den Wechsel zur romanischen Sprache geäußert. Er hebt den imperialen Gedanken hervor, durch den das Kastilische als Sprache iberoromanischer Hegemonie gefördert wurde,[208] wobei gleichzeitig nach außen hin die große Kulturleistung der Kodifikation zum Prestigegewinn des Königs beiträgt.

Es ist auch möglich, die kastilischsprachige Kodifikation mit anderen äußeren Umständen in Verbindung zu bringen.[209] In der ersten Phase der Regierungszeit Alfons' wird das Leben am Hof vom Streben nach der Kaiserkrone bestimmt. Bei der Übersetzertätigkeit in Toledo gibt es in der Zeit vor 1272 eine Tendenz, Werke universellen Charakters ins Lateinische zu übersetzen; oft werden zwar zunächst kastilische Fassungen angefertigt, diese dienen jedoch häufig auch als Grundlage für

---

205 «los hebreos sentían especial aversión por el latín» (Castro 1954, 10).

206 Niederehe 1987, 121; Bossong 1982, 1; cf. auch Neumann-Holzschuh 1997, 22ss.

207 «[...] conciencia que de sí mismo había adquirido el castellano quizá por el contacto con otros dialectos – los del Norte y el mozárabe – y sobre todo por el encuentro con una lengua tan radicalmente distinta como el árabe» (Hilty, Einl. zu Aly Aben Ragel: *El libro conplido,* XXV).

208 Er spricht davon, dass die «Verbreitung von Wissen und die Institutionalisierung *einer* der iberoromanischen Volkssprachen als die wichtigsten Instrumente zur Stiftung einer kollektiven Identität des christlichen Spaniens unter kastilischer Hegemonie galten» (1987, 929).

209 Ich danke Barbara Schlieben für verschiedene Anregungen zu diesem Punkt.

lateinische Versionen.[210] Nach dem Scheitern der imperialen Bemühungen, vielleicht einem der wichtigsten Wendepunkte in der spanischen Geschichte schlechthin, verlassen zahlreiche Ausländer Toledo. Kastilien zieht sich in sich selbst zurück und isoliert sich zunehmend. Der erneute Anlauf zur Schaffung der Partidas ab 1272 fällt bereits in diese Phase der neuen Lokalität, in der wieder die spanische Einigung in den Vordergrund rückt – und mit ihr die Bedeutung der kastilischen Sprache.

Im Bereich der Rechtstexte erscheint mir darüber hinaus einer der fundamentalen Gründe mit der Rezeption des Römischen Rechts und der Schaffung eines praktischen juristischen Schrifttums römischen Inhalts in Volkssprache zusammenzuhängen. Die Frage, weshalb Alfons der Weise seine Gesetzeswerke romanischsprachig verfassen lässt, ist nur zu beantworten, wenn zuerst geklärt wird, weshalb verschiedene Rechtsgelehrte in der Zeit unmittelbar vorher Prozesstraktate und andere Schriften in romanischer Sprache verfasst haben, in deren Tradition dann die alfonsinischen Texte entstehen konnten. Dafür lassen sich zwei zentrale Erklärungen anführen. Die erste ist die vielleicht traditionellste, wenn damit argumentiert wird, dass die Lateinkenntnisse vor allem der Laien nicht ausreichend waren, um komplexere lateinische Texte zu verstehen. Diese Erklärung wurde schon im 19. Jahrhundert von Martínez Marina gegeben:

> «[...] en los primeros años del reinado de Don Alfonso X, ignoraban aún la lengua latina muchos clérigos; y ésta fué una de las razones que tuvo el sabio Rey para mandar trasladar en lenguaje común la mayor parte de los instrumentos públicos, como se muestra por esta cláusula del Fuero de Sanabria, en que dice nuestro príncipe: ‹Otrosí, porque el privilegio sobre dicho está escrito en latín, toviemos por bien de lo mandar romancear... porque lo podiesen entender los legos también como los clérigos›» (Martínez Marina 1834, 5).

Ähnlich sagt Joaquín Cerdà über eines der voralfonsinischen Prozesstraktate, die *Margarita de los pleytos*:

> «[...] siendo preciso el que se redactasen estas ‹summas› o compendios que, escritos en lengua romance, sirviesen a las numerosas personas que desconociendo el latín necesitaban prácticamente aprovecharse de ellos» (Cerdà 1950, 636/637).[211]

Die Erklärung, die Lateinkenntnisse seien zu gering gewesen, ist für sich allein nicht schlüssig, da rudimentäre Lateinkenntnisse auch in den vorigen Jahrhunderten genügt hatten, um die Texte mehr oder weniger zu verstehen. Doch hatten sich im juristischen Bereich die Texte sowohl in sprachlicher als auch in inhaltlicher Hinsicht gewandelt. Die Spaltung zwischen gelehrtem, lateinischem Recht und den prakti-

---

210 So z. B. die 1254 begonnene kastilische Übersetzung des *Libro conplido* aus dem Arabischen von Aly Aben Ragel, die später von den Italienern Aegidius de Thebaldis und Petrus de Regio ins Lateinische übersetzt wird.

211 Hierzu präzisiert García García, dass es nicht um «numerosas personas» im Sinne von 'Volk' gehe, sondern um Rechtspraktiker: «[...] no para el pueblo [...] sino para los juristas prácticos.» (García y García 1971, 672). Cf. auch García García 1971, 665: «A finales de la Edad Media, los seglares no solían estar muy impuestos en el manejo de la lengua latina. A veces los clérigos tampoco rayaban muy alto en su conocimiento de este idioma».

schen Texten der Rechtsanwendung führte zu dem, was Gumbrecht die «Installation eines *didaktischen Gefälles»* genannt hat (Gumbrecht 1990, 54). Die Ausbildung der Iuris periti und die Differenz zwischen «universitärem», gelehrtem, lateinischem Recht und Volksrecht führt auch zur sprachlichen Diglossie. Der Handel und die Städte *brauchen* aber das neue, Römische Recht zur Führung von Prozessen und für ihre Verträge, es wird jedoch weder inhaltlich noch sprachlich richtig verstanden. Deshalb muss es volkssprachlich resümiert und für die Anwender zugänglich gemacht werden. Der imperiale Gedanke und die Nutzung der Volkssprache bei der Konstitution eines kastilischen Nationalbewusstseins kommt dann als sekundäre Funktion hinzu. Diesen beiden Stufen entsprechen eben jene Prozesstraktate ohne jeden expliziten nationalen kastilischen Bezug und die alfonsinischen Rechtstexte, die die Volkssprache mit dem Gedanken der nationalen Einigung verbinden, wie er sich vor allem im Pathos der Prologe oder in den patriotischen Passagen der alfonsinischen Chroniken (v. a. im berühmten *Loor de España*) widerspiegelt.

4.2.7.4. Bei den Umfeldern zeigen sich gegenüber den bislang behandelten Texten einige wesentliche Unterschiede. Wie in den Flores wird im Unterschied zum Codi auch hier im Prolog ein *Ich* genannt, das dann durch den Text hindurch mit der sprechenden Person identifiziert werden kann. Im Unterschied zu den Flores ist dieses *Ich* hier aber die legislative Instanz selbst, was dem gesamten Text legislative Kraft verleiht. In Jacobos Text wandte sich der Jurist an den König und berichtete ihm von einem Recht, das aufgrund der römisch-christlichen Tradition objektiv als universelles Recht legitimiert ist. Hier nun nimmt der König dieses Recht auf und stellt sich selbst dahinter. Es ist in beiden Fällen wahrscheinlich, dass es sich um Konstruktionen handelt: weder wird Jacobo die Flores wirklich als ein Lehrbuch für den Infanten geschrieben noch Alfons die Partidas verfasst haben. Im ersten Falle dient der Autoritätsbezug einer gewissen Legitimation des römischen Prozessrechts, im zweiten Fall ist es die gültige Legitimation, die eine kastilische Nationalisierung des Römischen Rechts bedeutet. In beiden Fällen wird die entsprechende Situation schriftsprachlich hergestellt. Im Falle der Partidas knüpft der Prolog dabei sowohl an die rhetorische Tradition als auch an die der lokalen Gesetze an: bis zur Mitte des Jahrhunderts war die Formel, die den König mit all seinen Titeln nennt, nur in lokalen Rechtstexten oder im Fuero Juzgo gestanden. Mit der alfonsinischen Gesetzgebung wird die zunächst parallele römische Tradition in die kastilische eingeordnet. Die *Zone* ist hier Kastilien; Bezüge zur lateinischen Sprache sind klar getrennt. Nun wird das Romanische auch explizit genannt. Der Bereich ist hier – wie in den Flores – einerseits verdoppelt, andererseits werden Bereich und Zone zusammengeführt: das Bezugssystem Kastilien steht zunächst neben dem Bezugssystem des Römischen und Kanonischen Rechts. Durch die Kastilianisierung und Erklärung der Termini wird dieses System jedoch an den lokalen Bereich herangeführt.

Der *einzelsprachliche Kontext* ist die kastilische Sprache, die hier jedoch nicht nur als passive Realität existiert, sondern im Bereich des Wortschatzes z. T. durch Erweiterung bewusst *geschaffen*[212] wird. Der *Redekontext* ist das ganze Rechtsbuch, das durch kohäsive Mittel als Einheit gekennzeichnet ist. Im Gegensatz zu den

---

212 Cf. auch Gómez Redondo 1998, 591ss.

Fazañas, die sich auf Fueros beziehen, den Fueros, die den Fuero Juzgo ergänzen, dem Codi oder den Flores, die sich auf die römischen Texte beziehen, sind die Partidas autonom: der monumentale Redekontext umfasst das ganze Rechtsgebäude. Der Bezug zu anderen Texten ist zwar gegeben, aber eigentlich als Legitimation oder Autoritätsargument nicht notwendig: der Text ist selbst legitimiert und «genügt» sich selbst. Der *physische Außer-Rede-Kontext* ist im konkreten Falle der Primera Partida das Manuskript, das reichlich verziert ist und durch die zahlreichen Miniaturen, die nur aus der königlichen Schreibstube stammen können, den Autoritätsbezug unterstützt. Der *empirische Kontext* ist hier im Gegensatz zu Texten wie dem Codi und in Übereinstimmung mit den Fueros wieder die kastilische Realität. Der Umfang des Textes und die Gestaltung des Manuskripts lässt als *praktischen Kontext* eine stille Lesesituation vermuten. Der Text könnte aber aufgrund des didaktischen Stils auch unmittelbar im Rechtsunterricht eingesetzt werden; die Memorisierung scheint angesichts des Umfangs eher problematisch. Der historische Kontext ist einerseits wie im Römischen Recht allgemein der «universelle» römisch-christlich-abendländische Kontext, andererseits der partikuläre Kontext der kastilischen Monarchie, allerdings nicht der lokale Kontext der Fueros, sondern in erster Linie derjenige der königlichen Institutionen, der ganzen Monarchie mit ihren Rechtsinstitutionen, ihren Ämtern, dem Adel, dem Handel, den Universitäten etc. Ein wesentlicher Unterschied zu allen anderen behandelten Texten zeigt sich auch beim kulturellen Kontext, der hier das gesamte in dieser Zeit in Toledo verfügbare europäische Wissen umfasst, wobei es sich bei den juristischen Texten des alfonsinischen Skriptoriums im Gegensatz zu den wissenschaftlichen Texten vornehmlich um abendländisches, v. a. lateinisches Wissen handelt. Das *Redeuniversum* ist auch hier das Rechtswesen, in der ersten Partida aber v. a. auch die Religion.

4.2.7.5. Entsprechend der argumentativen Strukturen des Römischen Rechts sind auch hier, wie im Codi und bei den Flores, entsprechende sprachliche Mittel notwendig. Schon an dem kurzen Prolog lässt sich auch hier illustrieren, dass es anderer sprachlicher Mittel als etwa in den Fueros bedarf. Zunächst werden zu einem Element, in diesem Falle dem Namen bzw. der Person des Königs, zahlreiche Informationen gegeben, die in mehreren aufeinander folgenden Relativsätzen ausgedrückt werden.[213] Da die zu beantwortenden Hauptfragen des Prologs nach dessen *intentio* und *utilitas* eine Begründung erfordern, sind insbesondere die Argumentation und der Ausdruck von Kausalität bzw. Finalität gefragt. Deshalb finden sich hier fünf Konstruktionen mit *porque* (z. T. kausal, z. T. mit Konjunktiv final), einmal finales *assi que*+Konjunktiv, dreimal kausales *por ende*, zweimal kausales *onde* und einmal *ca* sowie einmal *por todas estas razones*.

Im Haupttext finden sich in den Partidas zahlreiche Definitionen nach dem bekannten Muster:

---

213 Cano Aguilar (1996/97, 298) spricht von «[...] expresión circular iniciada con subordinadas (causales, condicionales...), que incluyen a su vez otras, hasta concluir en la ‹principal› que viene a ser consecuencia y cierre del razonamiento previo (discurso razonador), y que se manifiesta, por ejemplo, en tantos prólogos regios».

I. 5. 11. «Patriarcha tanto quier dezir cuemo cabdiello de los padres, que se entiende por los arçobispos e por los obispos».

Ansonsten werden im Text die Satzanfänge praktisch durchgehend mit einem Element markiert, welches das Verhältnis des folgenden Satzes oder des ersten Wortes zum vorangehenden Text bestimmt. Bei Aufzählungen dient der bestimmte Artikel am Satzanfang zum anaphorischen Bezug. So heißt es etwa in I. 5. 12.:

«Ocho cosas son en que han poderío los patriarchas e los primados, sobre los obispos de las prouinçias de los arçobispos que los deuen a ellos obedecer, e son éstas».

Die folgenden acht Paragraphen beginnen jeweils *La primera*, *La segunda* ... bis *La ochaua*. Ansonsten wird durch satzinitiale Konnektoren das Verhältnis zum Vorhergehenden präzisiert. Die Stufe I der Junktion wird also nach Möglichkeit vermieden. Auf Stufe II finden sich verschiedene Formen, so der Ausdruck einer Bedingung durch *en tal caso*, häufig Ausdruck einer Ursache durch *por ende* oder eines Ziels mit *desta guisa*. Auf Stufe III finden sich besonders viele Formen mit einer gewissen Varianz. Der häufigste dieser satzinitialen Konnektoren ist die Konjunktion *e*. Diese drückt dabei nur additive Verknüpfung und Kontinuität des Sinnzusammenhangs innerhalb eines Titels aus.[214] Deutlicher auf die Parallelführung von Elementen verweist das ebenfalls häufige *otrossi*, das auch mit *e* (*e otrossi*) verbunden wird. Zudem findet sich zuweilen die Form *bien assi*. Außerdem finden sich reihende Anschlüsse mit *dotra manera*, *aun*, *aun otra razon*, *demas* oder *aun demas*. Kausalität wird transphrastisch in erster Linie (sehr häufig!) durch *ca*, aber auch durch *que* und durch *onde* ausgedrückt, einer Form, deren lokale Verwendung neben der kausalen steht. Für den Ausdruck eines Gegensatzes werden in erster Linie die Konjunktionen *mas* und *pero* oder *empero* verwendet, auch in Verbindung mit *otrossi* (*mas otrossi*). Vor allem in temporalen Kontexten, aber auch kausal, wird *desi* verwendet. Temporal findet sich auch *pues*. Es zeigt sich hier, dass die Partidas im Gegensatz zur unverknüpften Parallelanordnung oder der additiven Reihung mit *et* oder *otrossi*, wie sie in den *Fueros* üblich war, eine größere Anzahl von Techniken der Satzverknüpfung benötigen, um den umfangreichen Stoff zu ordnen, was neben Subordinationstechniken in erster Linie mit einem konsequenten System satzinitialer Konnektoren bewerkstelligt wird. Dieses Verknüpfungssystem, das schon ein Jahrhundert zuvor im okzitanischen Codi erstmals in romanischer Sprache entwickelt wurde und sich in dessen kastilischer Fassung und in den präalfonsinischen Prozessrechtstexten in ähnlicher Form findet, kommt in der alfonsinischen Kodifikation zur vollen Entfaltung und stellt nach Ansicht Rafael Canos einen der zentralen Bereiche der Innovation der alfonsinischen Prosa dar:

«Quizá sea aquí, en estos conectores, y no en las ‹conjunciones› sintácticas, donde el ‹progreso› de la sintaxis idiomática (desarrollo del tipo de relaciones y aumento de los conectores y de sus aplicaciones) se hizo notar con más claridad, primero en la construcción de la lengua alfonsí, y luego en épocas y momentos sucesivos que habrá que delimitar» (Cano Aguilar 1996–97, 323).

---

[214] Cf. Eberenz 1994.

Auf Stufe IV finden sich die nahezu dieselben Relationen und Konjunktionen wie in Codi und Flores. Im Gegensatz zu diesen Texten sind jedoch in der Partida auch Gerundialkonstruktionen der Stufe V sehr häufig (z. B. *estando los prestes & el obispo llorando rogando*; *diziendo estas palabras sospirando* etc.). Präpositionale Gruppen der Stufe VI sind wie in den anderen Texten eher sporadisch zu finden (*por razon de*, *con intençion de*), häufiger hingegen ist die Integration von Nomina mit Präposition (*por dar gracias*, *por tomar*, *de tener*, *para poder* etc.).

4.2.7.6. Der im Vergleich zu den anderen Texten enorme Umfang und die Vielzahl der behandelten Inhalte heben die Partida im Hinblick auf den Wortschatz in quantitativer Hinsicht von den anderen Texten deutlich ab. Allein die Primera Partida umfasst 140.000 Wörter, denen 8.139 Types entsprechen, was einer Type-Token-Relation von standardisiert 36,69 entspricht. Im Gegensatz zu den Fazañas oder den Fueros finden sich in den Partidas relativ wenige Eigennamen, allerdings durch die häufigen kulturellen und teils lokalen Bezüge wieder relativ mehr als in Codi und Flores.

Bei Betrachtung der häufigsten Formen fallen im Vergleich zu den anderen Texten v. a. die Parallelen zu den anderen Texten Römischen Rechts auf. Folgende Tabelle stellt die Frequenz der 10 häufigsten Formen dar:

1	que	8.067	5.77
2	e	6.685	4.78
3	de	4.225	3.02
4	los	2.851	2.04
5	el	2.523	1.80
6	por	2.512	1.80
7	no	2.362	1.69
8	en	2.281	1.63
9	la	2.026	1.45
10	o	1.890	1.35

Fig. 27: Häufigste Wörter in der *Primera Partida*

Die häufigste Form ist *que*, Relativpronomen und Konjunktion, die wie in Codi und Flores – im Gegensatz zu den Fazañas – die Konjunktion *e* auf den zweiten Platz verweist. Ähnlich wie in allen Texten weisen gewisse Präpositionen und die Artikel sehr hohe Frequenzen auf; hier kommen aber wie in Codi und Flores noch andere Relationselemente, v. a. Konjunktionen und Adverbien, hinzu, die spezifische Relationen ausdrücken, etwa Vergleich oder Begründung (*como*, *porque*, *ca*, *tal*, *assi*); Gegensatz (*mas*, *pero*); Ziel (*porque*, *para*); Zeit und Raum (*quando*, *ante*, *y*, *sobre*) etc.

Die hohe Frequenz von Ausdrücken, die mit der Institution Kirche zusammenhängen (z. B. 19: *yglesia*; 44: *clerigos*; 57: *obispo*; 82: *dios*) spiegelt den Inhalt der ersten Partida. Im Gegensatz zu den Funktionswörtern, die alle sieben Partidas in ähnlicher Häufigkeit durchziehen, ist dies ein Spezifikum des ersten Buches.

Die enorme Wortschatzfülle wird vor allem durch eine große Zahl von Wortbildungen erreicht. Auffällig sind u. a. die zahlreichen (371) Verbformen auf *–ar*, im Gegensatz zu wenigeren Verben auf *–er* (115) und *–ir* (64). Es finden sich zahlreiche Nomina actionis, die durch Suffixe wie *–ança*, *–çion*, *–miento* oder *–dor* gebildet werden; besonders häufig sind auch die Adverbienbildungen durch das Suffix *–mient(e)*. Insgesamt ist die Lage im Bereich der Wortbildung ähnlich wie in den anderen römischen Rechtstexten und bei den Übersetzungen aus dem Arabischen:[215] einige wenige Wortbildungsmuster werden im alfonsinischen Spanisch sehr produktiv genutzt und ermöglichen die Erweiterung der Ausdrucksmöglichkeiten. Die Partidas als Höhepunkt der alfonsinischen Kodifikation sind dabei aufgrund ihrer Monumentalität im Umfang besonders hervorstechend, da es sich eigentlich um eine die verschiedensten Lebensbereiche betreffende Enzyklopädie handelt. Die Tendenzen der Wortschatzerweiterung in den Partidas setzen diejenigen fort, die schon in den früheren voralfonsinischen und alfonsinischen Gesetzeswerken eingeleitet wurden. Es genügt dabei nicht, den Alltagswortschatz in umfassendem Maße zu nutzen und zu erweitern, denn das Römische Recht begnügt sich nicht mit der Abbildung einer bestimmten Gesellschaft, sondern schafft sein eigenes System, u. a. durch seine eigene Terminologie. Bei der Terminologie übernehmen die Partidas die bereits in den früheren Werken eingeleitete Technik der Definition und weiten sie auf diejenigen Bereiche aus, die nicht zum Inhalt von Codi, Flores, Fuero Real ode Espéculo gehörten. Insgesamt werden ca. 1300 Begriffe definiert, wobei die Definitionen sowohl inhaltliche als auch etymologische Beschreibungen enthalten.[216] Unter den Quellen der Definitionen finden sich die lateinischen Summen der bolognesischen Schule, u. a. die *Summa des Azzo* und die *Glossa ordinaria* des Accursius, verschiedene mittelalterliche Terminologiebücher wie die *Expositio terminorum* oder der *Libellus de verbis legalibus*, volkssprachliche Summen wie die *Flores de Derecho*, das *Corpus Iuris* und das *Decretum Gratiani* sowie die Etymologien des Isidor von Sevilla. Die Quellen sind nicht mehr auf eine bestimmte Traditionslinie beschränkt; die Partidas bedienen sich der gesamten zur Verfügung stehenden lateinischen und volkssprachlichen Literatur. In vielen Fällen ist bei den juristischen Termini keine bestimmte Quelle nachweisbar, da die Definitionen als Allgemeingut einer Tradition in verschiedenen Werken vorkommen.

Rubio Moreno (1991, 745) weist an verschiedenen Beispielen auf verschiedene mögliche Quellen hin, wie etwa die Definition von 'virtus' in der *Expositio terminorum*:

> «Virtus est habitus mentis bene constituae» (*apud* Rubio Moreno 1991, 745).

Und die entsprechende Definition in der zweiten Partida (21, 4):

> «Bondades son llamadas las buenas costumbres que los homes han naturalmiente en si a que llaman en latin virtutes».

---

215 Cf. Bossong 1979, 111ss.

216 Cf. die alphabetische Darstellung der Definitionen in Rubio Moreno 1991.

Oder die Definition des «Filius familias» im *Libellus de verbis legalibus*:

> «Filius familias dicitur qui alieni iuris est, id est qui en potestate patris sui est» (apud Rubio Moreno, a. a. O.).

Ihr Wiederhall in der Partida IV, 17, 12 lautet folgendermaßen:

> «Filius familias es llamado en latin el fijo que es en poder del padre».

Bei einigen etymologischen Erklärungen weisen die Partidas unmittelbar auf die isidorische Tradition, etwa im Falle des Namen «Cephas»:

> «Cephas dictus eo quod in capite sit constitutus Apostolorum: κεφαλη enim Graece caput dicitur, et ipsud nomen Petro Syrum est» (*Etymologiarum* VII, 9,3).

> «Cefas que quiere tanto decir como cabeza; ca asi como la cabeza es sobre todos los otros miembros, asi sant Pedro fue sobre todos los apóstoles: et por eso es llamado cabdiello dellos» (Partida I, 5, 3).

An einigen falschen Etymologien lässt sich auch nachweisen, dass für die *Partidas* die Vokabulare von Papias und Hugutius als Vorlagen gedient haben. Rubio Moreno (1991, 743) weist noch auf weitere Werke als mögliche Quellen hin (Villa Deis *Doctrinale Metricum* und Evrard de Béthunes *Graecismus*).

Die übliche Struktur der Definitionen besteht aus drei Teilen: einem Synonym, einer Beschreibung des Referenten und einer Begründung. Die einzelnen Elemente werden durch Nexus verbunden (Roudil 1970), meist sind dies komparative Nexus eines bestimmten, beschränkten Inventars:

> x es tanto como / tanto quiere dezir / tanto muestra como y

Es findet sich hier also wieder die in der bolognesischen Tradition allgemein verbreitete Definitionsform, und zwar meist mit der expliziten Nennung der Quellensprache, wie sie in der juristischen Tradition erstmals bei Jacobo de Junta zu finden war.

Zusammenfassung: Mit der Primera Partida und der kastilischen Nationalisierung des Römischen Rechts setzen wir den Schlusspunkt unter die Betrachtungen der kastilischen Rechtstexttraditionen im 12. und 13. Jahrhundert. Es war aufgrund des Umfangs der Primera Partida und der Lebensbereiche, über die sie Aussagen macht, zu erwarten, dass sich hier im Vergleich zu den früheren Texten große quantitative Unterschiede v. a. im Wortschatz zeigen. Das vielleicht auffälligste Ergebnis aber ist, dass bei den Techniken der Satzverknüpfung und der textuellen Gestaltung, aber auch beim Wortschatz ebenfalls in erster Linie eine quantitative Veränderung gegenüber den früheren kastilischsprachigen Texten der Rezeption des Römischen Rechts zu beobachten ist. Die Partidas erweitern und perfektionieren damit eine Diskurstradition, die mehr als ein Jahrhundert zuvor erstmals in die Volkssprache übertragen worden war und durch Übersetzung und Weiterführung auch auf der Iberischen Halbinsel präsent war.

4.3. Gesamtbetrachtung der kastilischen juristischen Texttraditionen

Der Vergleich der sechs in diesem Kapitel besprochenen Texte nach verschiedenen Kriterien lässt einen vereinfachten Blick auf die komplexen Verwebungen der verschiedenen kastilischen Gesetzestexttraditionen im 12. und 13. Jahrhundert zu.

Die sechs Texte wurden als Schritte einer Entwicklung dargestellt. Sie liegen jedoch nicht auf einer wirklichen Linie, da sie eigentlich noch mit verschiedenen anderen Traditionen, Kontinuitäten und Diskontinuitäten zusammenhängen. Doch lassen sie sich chronologisch so einordnen, und in gewisser Hinsicht sind sie auch tatsächlich Repräsentanten eines Ausbaus.

In Bezug auf die Textform hat sich dabei gezeigt, dass diese immer kohäsiver wird: während die Fazañas und Fueros noch weitgehend Listenform haben, sind die Texte des Römischen Rechts komplett geplant, was durch textkohäsive und metatextuelle Mittel gekennzeichnet wird. Der «Wendepunkt» der Traditionen ist in unserer Reihe der Codi, durch den die Summa-Form aus Südfrankreich nach Kastilien importiert wird. Was die Textkategorisierung angeht, finden wir bei den Fazañas und den Fueros in erster Linie Bezüge auf die Binnentexte; beim Fuero geht die Bezeichnung auch auf die Gesamtform über. Ab dem *Libro de los fueros* weist die Bezeichnung auf die Gesamtform, der im Römischen Recht gleichzeitig die Einteilung in Einzelbücher entspricht. Beim Bewusstsein der Romanität liegt der Wendepunkt beim *Libro de los fueros*, in dem eindeutig eine Trennung zwischen Latein und Volkssprache vollzogen wurde. Bei den Umfeldern hat sich gezeigt, dass der Text autonom wird und sich von der Gebundenheit an ein konkretes Manuskript mit Siegel löst. Ab den Flores tritt dann auch ein Autor in Erscheinung. Vom *hec est* geht die Entwicklung hier über das *este es* zum *este es/yo*, wobei in diesem Fall zu sehen ist, dass eine Entwicklung die andere nicht wirklich ablöst, denn Dokumente als Urkunden gibt es auch in späterer Zeit. Beim Verhältnis von Zone und Bereich zeigt sich, dass zunächst beide beieinander sind: das lokale Recht schöpft seine Sprache aus dem Alltag. Mit dem Römischen Recht entsteht eine elaborierte Fachsprachlichkeit. Mit den Flores wird dann ein Versuch eingeleitet, der in den Partidas vollendet wird: die Rückführung der Fachsprachlichkeit in die eigene, damit gleichzeitig elaboriertere Sprache. Beim empirischen Kontext geht der Weg von den Fazañas, die nur in lokaler Eingebundenheit verständlich sind und den empirischen Kontext nicht ausreichend versprachlichen, über die Fueros mit lokalem Bezug zum Codi, der weitgehend aus diesem Bezug gelöst ist. Mit den Flores kehren dann die lokalen Elemente zurück, und in den Partidas verschmilzt das Universelle mit dem Lokalen. So ist es auch mit dem historischen Kontext: auf das lokale Wissen begrenzt in den Fazañas, abendländisch-universell im Codi, universell *und* partikulär, wenn auch auf einer anderen Ebene, in den Partidas.

Bei den sprachlichen Mitteln gibt es zwei große Wendepunkte: der erste führt von den Fazañas mit ihrer einfachen Reihung von Sachverhalten zu den Fueros, dem «konditionalen Typ». Der zweite führt von den Fueros zum Codi mit dem Ausdruck zahlreicher Relationen, verschiedenen Unterordnungstypen und einem besonderen Hang zur differenzierten Verknüpfung von Sätzen. Die Typen lassen sich mit dem jeweils häufigsten Wort charakterisieren: *et*, *si* und *que*. Die Flores und die Partidas gehören wie der Codi zum *que*-Typ und sind tatsächlich in syntaktischer Hinsicht verwandt, was sie einer Diskurstradition zuordnet. Dem *que*-Typ entsprechen auch bestimmte Tendenzen im Wortschatz, nämlich die Nutzung bestimmter Wortbildungsmöglichkeiten, besonders im Bereich der Nominalkomposition.

Insgesamt stellt sich die Rezeption des Summa-Typs als «Scharnier» mit den meisten Veränderungen dar. Mit ihr ist der Grundstein gelegt für die weitere, v. a. quantitative Elaboration der Rechtstexte, der zugleich eine fortschreitende Befreiung von «fremden» Modellen und die Festigung einer selbständigen Tradition entspricht, wie sich schon an den Flores und den Partidas im Vergleich mit dem sprachlich unsichereren Codi zeigt.

Gegen Ende des 13. Jahrhunderts ist damit eine Diskurstradition in Kastilien etabliert, die als solche die Basis für eine jahrhundertelange Fortsetzung bildet. Dabei entfernt sich die Sprache der Gesetze immer mehr von anderen Entwicklungen, durch ihre Festigung wird sie mit der Zeit archaisierend, zu einer eigenen diastratisch und diaphasisch bestimmbaren Varietät. Im 16. und 17. Jahrhundert ist sie dies bereits, und sie bleibt trotz einer gewissen Latinisierung der im 13. Jahrhundert geschaffenen Sprache nach wie vor überraschend nahe.[217]

Auf der folgenden Seite findet sich ein vereinfachtes Gesamtschema der wichtigsten kastilischen Rechtstexttraditionen im Mittelalter. Die Horizontale soll den chronologischen Verlauf bis etwa zum 14. Jahrhundert andeuten. Die vertikale Achse bezieht sich auf unterschiedliche Elaborations- und Abstraktionsgrade der Rechtstexte sowie verschiedene Einflüsse bei der Verschriftlichung: einerseits die Einflüsse «von unten», aus der oralen kastilischen Tradition, die sich in erster Linie auf die Fazañas und auf die Fueros, aber auch auf die Urkunden auswirken. Anderseits finden sich hier vor allem die Einflüsse der gelehrten Verschriftlichung «von oben». Auf diese gehen sowohl die westgotischen Gesetze des Forum Iudicum zurück, die durch verschiedene Fueros erweitert und teilweise modifiziert werden, als auch – ab der zweiten Hälfte des 12. Jahrhunderts – die Texte der Renaissance des Römischen Rechts, hier umrissen mit dem Pauschalbegriff «Bologna». Explizit hervorgehoben wird der okzitanische *Codi*, weil er als erster umfassender volkssprachlicher Text eine Vorreiterrolle einnimmt. Die Texte des Römischen Rechts sind zunächst lateinisch; dann, ab der ersten Hälfte des 13. Jahrhunderts, auch kastilisch. Der ungenau datierte kastilische Codi mag hier vielleicht einer der ersten volkssprachlichen Texte gewesen sein; sein Einfluss auf die frühen alfonsinischen Rechtstexte wie den Fuero Real ist sehr wahrscheinlich. Über andere grundlegende Darstellungen Römischen Rechts in der Volkssprache – etwa in den Texten Jacobo de Juntas – bis zur kastilischen «Nationalisierung» des Römischen Rechts in den alfonsinischen Texten finden hier weitere Elaborationen statt. Die Einfärbung der einzelnen Kästchen soll den Grad der Romanität der Texte andeuten, der in den ursprünglich lateinischen Urkunden zunächst fast kontinuierlich zunimmt, wohingegen ab dem Beginn des 13. Jahrhunderts ein klarer Bruch stattfindet, ab dem es Texte gibt, die eindeutig entweder romanisch oder lateinisch sind, bei klarer Trennung beider Sprachen.

---

[217] Insofern ist es eher unangebracht, eine Untersuchung von notariellen Dokumenten aus diesen Jahrhunderten als repräsentativ für «La lengua de los siglos XVI y XVII» anzusehen, cf. Martínez Ortega 1999.

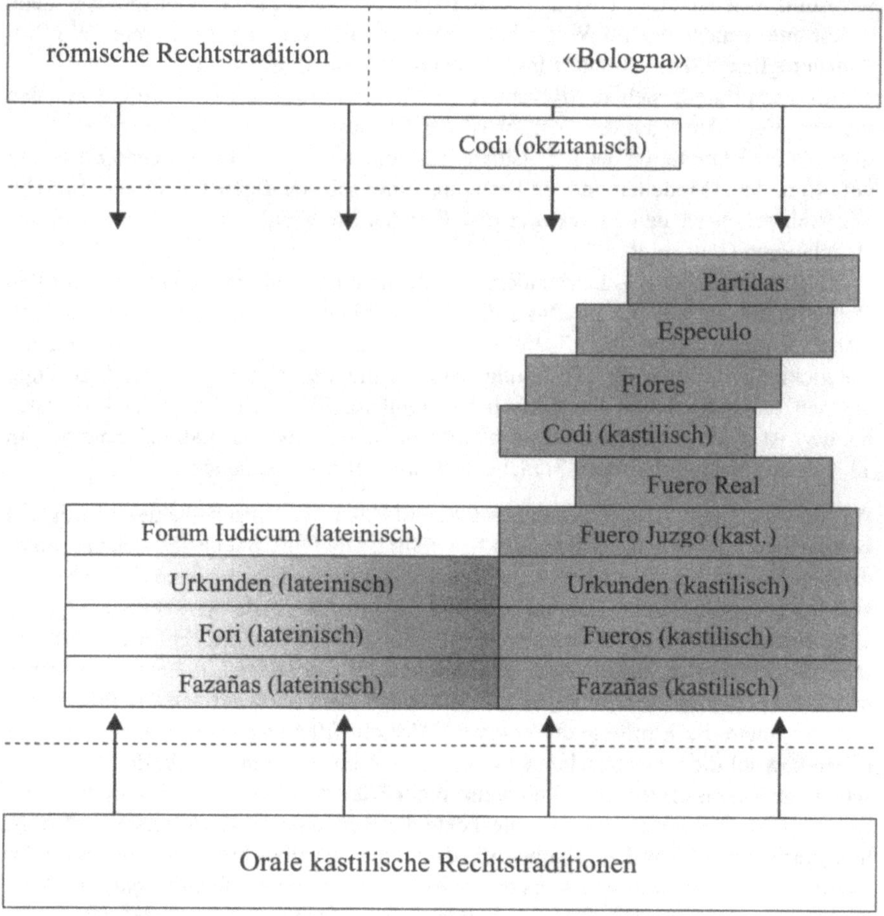

Fig. 28: Kastilische Rechtstraditionen

5. Schlusswort

Der Ausgangspunkt der Arbeit war der «Sprung» verschiedener romanischen Sprachen im 12. und 13. Jahrhundert von einer frühen, «primitiven» zu einer elaborierten Schriftproduktion. Besonders auffällig ist dieser Sprung im Rechtswesen, da hier deutlicher als in anderen Bereichen ein ausgeprägter Unterschied zwischen dem «Vorher» und dem «Nachher» beobachtbar ist; die Untersuchung widmete sich deshalb juristischen Traditionen und konzentrierte sich auf die Beschreibung der Situation in Südfrankreich und auf der Iberischen Halbinsel. Dabei stellte sich als Wendepunkt von der «primitiven» zur «elaborierten» Tradition die Rezeption des Römischen Rechts heraus. Das Phänomen dieser Rezeption wurde daher von seinem Ausgangspunkt aus, der Universität Bologna, bis zu seiner Wirkung in verschiedenen Gebieten der Romania, näher betrachtet. Wenngleich es in erster Linie um die juristische Schriftlichkeit ging, zeigte sich doch bei der Verfolgung des Traditionsstroms und seiner zentralen Parameter, die dann als «Bolognesischer Diskurs» bezeichnet wurde, dass dieser sozusagen nebenbei, über das Rechtsschrifttum hinaus, ein auslösender Faktor für eine gelehrte und vielerorts auch romanische Schriftproduktion war. Die Ausführungen im zweiten Kapitel brachten verschiedene Verschriftungsphänomene mit der Rezeption des Römischen Rechts in Verbindung, die in unterschiedlichem Grade von dieser Rezeption betroffen sind und mit ihr zusammenzuhängen scheinen: die Rezeption führt erstens zur Schaffung von lateinischen Texten Römischen Rechts auch außerhalb Bolognas, insbesondere in Südfrankreich, aber auch auf der Iberischen Halbinsel und in anderen Gebieten. Zweitens führt sie zur Schaffung volkssprachlicher Kompendien dieses Rechts, zunächst ebenfalls in Südfrankreich und dann, mit Verzögerung, auch in anderen Gebieten der Romania. Drittens stößt sie die Aufzeichnung lokalen Rechts an, sowohl auf lateinisch als auch in den Volkssprachen. Und viertens schließlich entstehen in ihrem Umkreis lateinische und volkssprachliche Texte, die nicht unmittelbar mit juristischen Inhalten zu tun haben, aber auf diese Bezug nehmen und teilweise nachweislich von den juristisch gebildeten Personen verfasst wurden.

Im weiteren Verlauf der Arbeit sollte es dann in erster Linie um das zweite dieser Phänomene gehen, das zunächst in Bezug auf den frühen okzitanischen Schlüsseltext *Lo codi* und dann hinsichtlich eines ganzen einzelsprachlichen Traditionsstroms untersucht wurde.

Lo codi wurde mit seinen lateinischen Vorlagen und den lokalen volkssprachlichen Traditionen in Südfrankreich verglichen, wobei sich zeigte, dass es ein Text ist, der sprachlich eine Zwischenposition zwischen beiden einnimmt. Er ist sprachlich «einfacher» als die lateinischen Vorlagen und «komplexer» als die okzitanischen zeitgenössischen Texte. Es wurde eine Reihe von Faktoren identifiziert, die eine solche Charakterisierung rechtfertigen. Der Text repräsentiert eine in der romanischen Sprache neue Diskurstradition mit einer «neuen» textuellen Gestalt und mit «neuen» Inhalten, die gewisse Ausdrucksnotwendigkeiten schaffen, denen der Text gerecht werden muss. Es zeigte sich, dass dabei insbesondere textkohäsive Mittel bereitgestellt werden mussten und dass bei den Techniken der *Junktion* sowohl quantitativ als auch qualitativ Unterschiede zu anderen zeitgenössischen Texten festzustellen waren. Grundlegende Neuerungen zeigten sich auch im Bereich des Wortschatzes.

Diese Beobachtungen wurden zum Ausgangspunkt für die Betrachtung der einzelsprachlichen Rechtstexttradition des Kastilischen gemacht, in die sich auch eine Übersetzung von *Lo codi* einreiht. Da es nun um Texte aus unterschiedlichen Traditionen ging, wurden auch deren *Umfelder* mit betrachtet. Die Einzelergebnisse dieser Untersuchung wurden jeweils am Ende eines jeden Abschnittes und am Ende des vierten Kapitels zusammengefasst und sollen hier nicht noch einmal wiederholt werden; das wichtigste Resultat war dabei, dass es nicht die alfonsinische Kodifikation war, die den entscheidenden qualitativen Schritt zum Ausbau der kastilischen Rechtssprache gab, sondern dass bereits in Texten wie dem kastilischen Codi oder den Flores de Derecho eine neue Textform mit entsprechenden sprachlichen Techniken zur Verfügung gestellt wurde, die dann am Hofe noch weiter ausgebaut werden konnte.

Es lassen sich nun noch einige allgemeine Beobachtungen anfügen. Erstens zeigt sich bei der Betrachtung der Junktionstechniken, dass der Ausbau keinesfalls einer linearen Entwicklung entspricht, was vor allem damit zusammenhängt, dass in der kontinuierlichen Kontaktsituation mit dem Lateinischen eigentlich alle Ausbaustufen bereits da und auch in den Volkssprachen aufgrund der nahen Verwandtschaft zum Latein im Prinzip verfügbar sind. Es war deshalb wichtig zu unterscheiden zwischen sporadisch auftretenden Phänomenen und solchen, die einer gefestigten Tradition entsprechen. Anstelle einer linearen Entwicklung lässt sich feststellen, dass bestimmte Diskurstraditionen bestimmte *Junktionskonstellationen* aufweisen. Diese Konstellationen sind überraschend ähnlich bei den verschiedenen Codi-Fassungen, den Costums de Tortosa, den Flores und den Partidas. Die Diskurstradition der Rechtssumma entspricht einer bestimmten Konstellation beim Einsatz sprachlicher Mittel, die beispielsweise durch den auffällig häufigen und auf bestimmte Relationen beschränkten Einsatz von transphrastischen Konnektoren charakterisiert ist. Durch diese sprachlichen Mittel ist diese Diskurstradition auch identifizierbar, sie verweist auf bestimmte Umfelder, eine bestimmte Bildung, den Bezug zu einer bestimmten Schule. Es zeigen sich außerdem verschiedene Auffälligkeiten im Wortschatz – v. a. bei der Wortbildung und im Verhältnis von Fach- zu Alltagswortschatz –, die für diese Tradition charakteristisch sind. Dies lässt umgekehrt den Schluss zu, dass das Vorhandensein bestimmter Umfelder auf damit korrelierende textuelle und sprachliche Mittel schließen lässt. Derartige Beobachtungen könnten der Ausgangspunkt zu einer *Ausbautypologie* sein, die vielleicht in Richtung dessen geht, was Humboldt bei der Skizzierung der «Linguistik des Sprachcharakters» vorschwebte. Wie bei der Sprachtypologie müsste es möglich sein, verschiedene Faktoren des Ausbaus aufeinander zu beziehen und vom Vorhandensein etwa eines großen Anteils von Nominalisierungen auf das Vorhandensein gewisser hypotaktischer Konjunktionen schließen zu können, aber auch vom Bezug auf ein gewisses Umfeld auf das Vorhandensein dieser oder jener Technik. Im Unterschied zur Sprachtypologie könnte eine solche Ausbautypologie jedoch wahrscheinlich keinen universellen Anspruch haben, da sie kulturspezifisch wäre und sich auf gewisse Diskurstraditionen beziehen müsste. Sie müsste aber bestimmte Elemente eines Textes identifizieren können, aufgrund derer ein Text sich in eine bestimmte Tradition einreiht. Innerhalb der hier untersuchten kastilischen Texttraditionen hat sich als sehr einfach identifizierbares Element etwa die im Wortschatz häufigste Form (*et-si-que*) herausgestellt; für die Summa-Tradition ist die Identifikation komplexer und muss gewisse Umfelderkonstellationen oder Junktionstypen berücksichtigen.[1]

Es wurde gesagt, dass im Falle des Ausbaus der romanischen Sprachen, der ja ein Ausbau durch Akkulturierung ist, eigentlich alles Notwendige in der Nachbarsprache schon vorhanden ist und von dort übernommen werden kann. Damit stellt sich nochmals die Frage des Zusammenhangs von Bau und Ausbau. Beim Betrachten der kastilischen Gesetzestexttradition oder im Falle des Okzitanischen zeigt sich, dass eigentlich keine grundlegende Veränderung des Systems stattfindet. Praktisch alle sprachlichen Strukturen, die für die Texte der Rezeption des Römischen Rechts charakteristisch sind, finden sich auch in anderen, oft viel früheren Texten. Was sich verändert, ist einerseits die Frequenz dieser Formen, andererseits werden manche Formen auch aufgrund bestimmter Ausdrucksnotwendigkeiten in den Texten gebildet. Wenn also die Grundstrukturen der verschiedenen Texte weitgehend übereinstimmen, in den späteren Texten jedoch Möglichkeiten des Systems ausgeschöpft werden, die sich in den früheren nicht finden, so entsprechen die Texte sowohl im Okzitanischen als auch im Falle des Kastilischen nicht unterschiedlichen Sprachen, wohl aber unterschiedlichen *Normen*.

Beim Ausbau werden neue Normen geschaffen, die den Bezeichnungsnotwendigkeiten der Texte gerecht werden. Die Volkssprache ändert sich dabei zunächst nicht, was sich ändert, ist einfach die Tatsache, dass bestimmte Texte geschrieben werden, die es vorher in dieser Sprache nicht gab. Mit jeder erreichten Stabilität in einer bestimmten Diskurstradition wird eine Sprache aber eher bereit zum weiteren Ausbau und zur Erschließung weiterer Traditionen. Ohne die volkssprachliche Tradition der Urkunden wäre vielleicht der Schritt zur Übersetzung des Codi nicht in dieser Form denkbar gewesen, ohne die kastilische Fuero- und Urkundentradition kein Codi übersetzt, ohne Codi keine Flores geschrieben worden und ohne Flores keine Partidas.

---

[1] Wenn schon auf der Basis einer so einfachen Information wie der absoluten Frequenz bestimmter Formen gewisse Aussagen gemacht werden können, so kann eine umfangreiche Analyse von Junktionstypen und ihrer relativen Frequenz eine wesentlich genauere Einordnung ermöglichen. Eine solche Analyse könnte auf einer elektronischen Formenanalyse der zu untersuchenden Texte basieren: nach dem Tagging der Formen könnten diese in ein Raster eingefügt werden. Zur Erstellung dieses Rasters ist eine ganzheitliche Textbetrachtung wie die hier vorgestellte Voraussetzung. Das Auszählen der Formen selbst könnte dann computerunterstützt geschehen.

Rafael Cano hat im Rahmen einer Untersuchung der Syntax Gonzalo de Berceos gefordert, nach den Quellen der «Neuerungen» zu suchen, die sich hier finden:

> «Se trata, según se ha visto, de una tradición textual que, pese a ser de las primeras en configurarse de una manera decidida en la escritura castellana, presenta unos rasgos bien definidos, alejados, en el punto que nos ha interesado, de una supuesta simplicidad de construcción. Alejada también, parece claro, de los rasgos atribuidos habitualmente a la sintaxis de lo oral, y que, en opinión de muchos lingüistas, debían teñir fuertemente los primeros textos castellanos.
>
> Pero, ¿de dónde surge este modo de construcción sintáctica? ¿Cuáles son sus antecedentes? Para ello, como se ha hecho para los ‹contenidos›, habría que ir a las *fuentes*, latinas o francesas, y ver hasta qué punto nos hallamos ante una creación castellana, ante la adaptación de un modelo foráneo, o ante ambas cosas a la vez» (Cano Aguilar 2001).

Berceo hat in Palencia Römisches Recht studiert. Er hatte dort sowohl zu den südfranzösischen Rechtssummen als auch zur provenzalischen Lyrik Kontakt. Welches Berceos dichterische Modelle waren, kann hier nicht beantwortet werden. Im Falle der juristischen Prosa des 13. Jahrhunderts sind wir hingegen einer Antwort hoffentlich ein Stück näher gekommen.

Die Tatsache, dass sich sowohl die Juristen, die sich mit dem Römischen Recht beschäftigen als auch die romanischen Philologen als *Romanisten* bezeichnen, hat immer wieder zu Verwechslungen und Missverständnissen geführt. Es hat sich im Laufe dieser Arbeit gezeigt, dass die eine und die andere «Romanistik» beim Blick auf das 12. und 13. Jahrhundert näher beieinander liegen als bislang angenommen.

6. Bibliographie

6.1. Bibliographische Abkürzungen

XVIII CILPhR	*Actes du XVIIIème Congrès International de Linguistique et Philologie Romanes. Université de Trèves du 19 au 24 Mai 1986*, ed. Dieter Kremer, 5 vol., Tübingen, Niemeyer, 1988.
XIX CILFR	*Actas do XIX Congreso Internacional de Lingüística e Filoloxía Románicas. Universidade de Santiago de Compostela do 4 ó 9 de setembro de 1989*, ed. Ramón Lorenzo, Santiago de Compostela, Barrié de la Maza, 1992–.
AHDE	*Anuario de Historia del Derecho Español*, Madrid, Instituto Nacional de Estudios Jurídicos, 1924–.
ASNSL	*Archiv für das Studium neuerer Sprachen und Literaturen*, Berlin, Schmidt, 1846–.
BF	*Boletim de Filologia*, Lisboa, Centro de Estudos Filológicos, 1933–.
DEAF	*Dictionnaire étymologique de l'ancien français*, ed. Kurt Baldinger, Tübingen, Niemeyer, 1993–.
GDLE	Real Academia Española, *Gramática descriptiva de la lengua española*, ed. Ignacio Bosque / Violeta Demonte, 3 vol., Madrid, Espasa Calpe 1999.
GRLMA	*Grundriß der romanischen Literaturen des Mittelalters*, ed. Hans Robert Jauss / Hans-Ulrich Gumbrecht, Heidelberg, Winter, 1972–.
ELH	*Enciclopedia Lingüística Hispánica*, Madrid, CSIC, 1960–.
ENERGON	*Energeia und Ergon. Studia in Honorem Eugenio Coseriu*, ed. Jörn Albrecht / Harald Thun / Jens Lüdtke, Tübingen, Narr, 1988.
HRG	*Handwörterbuch zur deutschen Rechtsgeschichte*, ed. Adalbert Erler / Ekkehard Kaufmann / Ruth Schmidt-Wiegand, 5 vol., Berlin, Schmidt, 1971–1998.
Ius commune	*Ius commune*. Veröffentlichungen des Max-Planck-Instituts für Europäische Rechtsgeschichte, Frankfurt am Main, Vittorio Klostermann 1967–.
LEA	*Lingüística española actual*, Madrid, Centro Iberoamericano de Comunicación, 1979–.
LOGSEM	*Logos Semantikos. Studia linguistica in honorem Eugenio Coseriu*, Berlin/New York, De Gruyter, 1981.
LRL	*Lexikon der Romanistischen Linguistik*, ed. Günter Holtus / Michael Metzeltin / Christian Schmitt, 8 vol., Tübingen, Niemeyer, 1988–.
Mélanges Fitting	*Mélanges Fitting*. 2 vol., Montpellier, 1907, Nachdruck Aalen, Scientia 1969.
MGH	*Monumenta Germaniae Historica*, München, Böhlau, 1819–.
NRFH	*Nueva Revista de Filología Hispánica*, México, El Colegio de México, 1947–.

RFE	*Revista de Filología Española*, Madrid, CSIC, 1941–.
Sociolinguistica	*Sociolinguistica. Internationales Jahrbuch für Europäische Soziolinguistik*, Tübingen, Niemeyer, 1987–.
ZrP	*Zeitschrift für romanische Philologie*, Tübingen, Niemeyer, 1877–.

6.2. Verwendete Wörterbücher

Corominas	Joan Corominas / José A. Pascual, *Diccionario crítico etimológico castellano e hispánico*, Madrid, Gredos 1980.
CorominesCat	Joan Coromines, *Diccionari etimològic i complementari de la llengua catalana*, Barcelona: Curial 1980–.
Covarrubias	Sebastián de Covarrubias, *Tesoro de la lengua castellana o española (1611)*, Madrid: Turner 1984.
DA	*Diccionario de Autoridades (1726–39)*, ed. facsimilar, Madrid: Gredos 1979.
DAG	Kurt Baldinger, *Dictionnaire onomasiologique de l'ancien gascon*, Tübingen: Niemeyer 1975–.
DAO	Kurt Baldinger: *Dictionnaire onomasiologique de l'ancien occitan*, Tübingen: Niemeyer.
DEAF	Kurt Baldinger, *Dictionnaire étymologique de l'ancien français*, Québec, Canada: Presses de l'Univ. Laval; Tübingen: Niemeyer, 1974–.
DRAE	*Real Academia Española: Diccionario de la lengua española*, 21. ed., Madrid: Espasa Calpe 1992.
FEW	Walther von Wartburg, Otto Jänicke, Theodor Gossen: *Französisches etymologisches Wörterbuch: eine Darstellung des galloromanischen Sprachschatzes*, von Walther von Wartburg. Publ. par Otto Jänicke 1972–1987, par Carl Theodor Gossen 1979–1983, Bâle : Zbinden, Neudr. Tübingen: Mohr.
Levy	Emil Levy, *Provenzalisches Supplement-Wörterbuch: Berichtigungen und Ergänzungen zu Raynouards Lexique Roman*, Leipzig: Reisland 1894–1924.
LevyPetit	Emil Levy, *Petit dictionnaire provençal-français*, 5. Aufl. Heidelberg: Winter.
Machado	José Pedro Machado, *Dicionário etimológico da língua portuguesa*, Lisboa: Horizonte ^{3}1977.
María Moliner	María Moliner, *Diccionario de uso del español*, Madrid: Gredos 1966.
Martín Alonso	Martín Alonso, *Diccionario medieval español*, 2 vol. Salamanca: Univ. Pontificia 1986.
Müller	Bodo Müller, *Diccionario del español medieval*, vol. 1 (a–además), Heidelberg: Winter 1994.
Raynouard	François Juste Marie Raynouard, *Lexique roman ou dictionnaire de la langue des troubadours: comparée avec les autres langues de l'Europe latine*, 6 vol. Paris: 1838–1844.
Silveira Bueno	Francisco da Silveira Bueno, *Grande Dicionário Etimológico-Prosódico da Língua Portuguesa*, Santos – São Paulo: Brasília 1974.
Tobler-Lommatzsch	*Altfranzösisches Wörterbuch*, Adolf Toblers nachgelassene Materialien, bearb. u. hrsg. von Erhard Lommatzsch, weitergeführt von Hans Helmut Christmann), 1925–

6.3. Texte

ADMYTE. Archivo digital de manuscritos y textos españoles, Madrid, Micronet 1993– [CD-Rom]

Alfonso X el Sabio, *Espéculo*, ed. y análisis crítico de Gonzalo Martínez Díez con la colaboración de José Manuel Ruiz Asencio, Ávila, 1985.

Alfonso X el Sabio, *Fuero Real*, ed. y análisis crítico de Gonzalo Martínez Díez con la colaboración de José Manuel Ruiz Asencio y César Hernández Alonso, Ávila, 1988.

Alfonso X el Sabio, *Fuero Real*, edición, estudio y glosario de Azucena Palacios Alcaine, Barcelona, Promociones y publicaciones universitarias, 1991.

Alfonso X el Sabio, *Fuero real*, edição, estudo, glossário e concordância da versão portuguesa por José de Azevedo Ferreira, Braga, 1982.

Alfonso X el Sabio, *Las Siete Partidas del Rey Don Alfonso el Sabio*, 3 vol., Madrid, Real Academia de la Historia, 1807.

Alfonso X el Sabio, *Las siete partidas (El libro del Fuero de las Leyes)*, introducción y edición por José Sánchez-Arcilla Bernal, Madrid, Reus, 2004.

Alfonso X el Sabio, *Primera partida. Según el manuscrito add. 20.787 del British Museum*, ed. por Juan Antonio Arias Bonet, Valladolid, Universidad de Valladolid, 1975.

Alfonso X el Sabio, *Setenario*, ed. de Kenneth H. Vanderford, Buenos Aires, 1945.

Alfonso X el Sabio, *Siete partidas*, Ausg. Gregorio Lopez, Salamanca, Andrea de Portonariis, 1555.

Aly Aben Ragel, *El libro conplido en los iudizios de las estrellas. Traducción hecha en la corte de Alfonso el Sabio*, introducción y edición por Gerold Hilty, Madrid, Real Academia Española, 1954.

Aristoteles, *Organon*, vol. 2, Hans Günther Zekl (ed.), Hamburg, Felix Meiner, 1998.

Azonis Summa super Codicem, Papiae 1506, Nachdr. Torino, Bottega d'Erasmo, 1966 (Corpus glossatorum iuris civilis, 2).

Códigos españoles concordados y anotados, vol. 1 u. 2, Madrid, 1849.

Colecção de inéditos de História portugueza publicados de ordem da Academia Real das Sciências de Lisboa pela Comissão de História da mesma Academia, vol. V, 2a. ed. Lisboa, Imprensa Nacional, 1936.

Coleccion de fueros municipales y cartas pueblas de las [!] reinos de Castilla, Leon, Corona de Aragon y Navarra, ed. por Tomás Muñoz y Romero, Madrid, Imprenta de Don J. M. Alonso, 1847 (Nachdruck Madrid, Atlas, 1972).

Colección diplomática de San Salvador de El Moral, ed. por E. Serrano, Valladolid, 1906.

Corpus Iuris Civilis, vol. 1: *Institutiones, Digesta*; vol. 2: *Codex iustinianus*, Ausgabe Krüger-Mommsen, Berlin, Weidmann II [6. Aufl.], 1845; I [15. Aufl.], 1928.

Costums de Tortosa, edició crítica a cura de Jesús Massip i Fonollosa, amb la col·laboració de C. Duarte i A. Massip, Barcelona, Fundació Noguera, 1996.

Crestomatía del español medieval, ed. de Ramón Menéndez Pidal, acabada y revisada por Rafael Lapesa y María Soledad de Andrés, vol. 1., Madrid, Gredos, 1965.

Crónica Najerense, edición crítica de Antonio Ubieto Arteta, Valencia, Ed. Anubar (Textos Medievales), 1966.

Documentos lingüísticos de España, I, Reino de Castilla, ed. de Ramón Menéndez Pidal, Madrid, Centro de Estudios Históricos, 1919.

Fuero de Alcalá (Fuero Viejo), edición y estudio lingüístico de María Jesús Torrens Álvarez, Alcala de Henares, Fundación Colegio del Rey, 2002.

Fuero de Béjar, ed. de Juan Gutiérrez Cuadrado, Salamanca, Universidad de Salamanca, 1974.

Fuero de León, ed. de Luis Vázquez de Parga, AHDE 15 (1944), 464–498.

Fuero de Madrid, introducción de Pedro Rico López, comentario Galo Sánchez, texto y transcripción de Agustín Millares Carlo y glosario de Rafael Lapesa, Madrid, Publicaciones del Archivo de la Villa, 1932 [erw. Version mit Übersetzung Madrid, Raycar, 1963].
Fuero Juzgo ó Libro de los Jueces [versiones latina y romance], in: *Los codigos españoles concordados y anotados*, 2a. ed. Madrid, Antonio de San Martin, 1872.
Fuero Real de Afonso X, o Sábio. Versão portuguesa do século XIII, ed. de Alfredo Pimenta, Lisboa, Instituto para a Alta Cultura, 1946.
Fuero Real del Rey Don Alonso el Sabio copiado del códice del Escorial señalado ij.z.-8. y cotejado con varios códices de diferentes archivos, Madrid, Real Academia de la Historia, Imprenta Real, 1836.
[El] Fuero de Avilés. Discurso leido en junta pública de la Real Academia Española para solemnizar el aniversario de su fundación, por Don Aurelio Fernandez-Guerra y Orbe, Madrid, Imprenta Nacional, 1865.
Furs de Jaume I. Concordança i Programa d'Anàlisis Textuals, ed. de Maria Àngels Diéguez i Seguí i Joan Toruella i Casañas, CD Rom, Alacant, Institut Interuniversitari de Fililogia Valenciana, 2003.
Furs de Valencia, ed. de Germà Colón i Arcadi Garçia, vol I., Barcelona, Barcino, 1970.
Gonzalo de Berceo, *Vida de Santo Domingo de Silos*, estudio y edición crítica de Brian Dutton, London, Tamesis, 1978.
Gonzalo de Berceo, *Los «Milagros de nuestra señora» de Gonzalo de Berceo*, ed. de Brian Dutton, London, Tamesis, ²1980.
Gratiani Decretum. La traduction en ancien français du Décret de Gratien, édition critique par Leena Löfstedt, Helsinki, Societas Scientiarum Fennica, vol. 1: *Distinctiones*, 1992; vol. 2: *Causae 1–14*, 1993; vol. 3: *Causae 15–29*, 1996; vol. 4: *Causae 30–36 et De Consecratione*, 1997.
Les plus anciennes chartes en langue provençale. Recueil des pièces originales antérieures au XIIIe siècle, ed. par Clovis Brunel, Paris, Auguste Picard, 1926.
L'évangile de Saint Jean (British Museum, ms. Harley 2928), ed. par Peter Wunderli, Paris, Klincksieck, 1969.
Libro de los cien capítulos (Dichos de sabios en palabras breves e complidas), ed. de Marta Haro Cortés, Frankfurt/Madrid, Vervuert/Iberoamericana, 1998.
Libro de los fueros de Castiella, ed. por Galo Sánchez, Barcelona, Facultad de Derecho, 1924, Neudruck Barcelona, El Albir (Biblioteca de Historia Hispánica. Textos medievales. Serie minor, N°1), 1981.
Lo Codi. Eine Summa Codicis in provenzalischer Sprache aus dem XII. Jahrhundert. Die provenzalische Fassung der Handschrift A (Sorbonne 632). Vorarbeiten zu einer kritischen Textausgabe [mit Texttranskription], von Felix Derrer, Zürich, Juris, 1974.
Lo Codi en castellano. Según los manuscritos 6416 y 10816 de la Biblioteca Nacional, ed. y estudio preliminar de Juan Antonio Arias Bonet, Madrid, Universidad Complutense, 1984.
Lo Codi in der lateinischen Übersetzung des Ricardus Pisanus, Hermann Fitting (ed.), Halle, 1906 (Nachdruck Aalen, Scientia, 1968).
Los Fueros de Aragón. Según el manuscrito 458 de la Biblioteca Nacional de Madrid, publicados por Gunnar Tilander, Lund, C.W.K. Gleerup, 1937.
Los Fueros de Sepúlveda, edición crítica y apéndice documental por Emilio Saez. Estudio histórico-jurídico por Rafael Gibert. Estudio lingüístico y vocabulario por Manuel Alvar, Segovia, Publicaciones de la Diputación provincial de Segovia, 1953.
Lucae Diaconi Tudensis Chronicon mundi ab origine mundi usque ad Eram MCCLXXIV, V, in: *Hispaniae Illustratae seu urbium rerumque Hispanicarum Tomus IIII*, ed. de Andreas Schott, Frankfurt am Main, Claudius Marnius, 1608.
Manlii Severini Boetii opera omnia, (Patrologia Latinae Tomus 64), Parisiis, 1860.

Obras del maestro Jacobo de las Leyes, jurisconsulto del siglo XIII, ed. por Rafael de Ureña y Smenjaud y Adolfo Bonilla y San Martín, Madrid, Editorial Reus, 1924.

«Obra dels alcayts e dels Jutges» por el Maestro Jacobo (Versión catalana del siglo XIII, hasta ahora inédita, de las Flores de las Leyes), anotada y publicada con un estudio preliminar por Pompeyo Claret Martí, Barcelona, Tipografía de Santiago Vives, s.a. [1927?].

Opúsculos legales del rey don Alfonso el Sabio publicados y cotejados con varios códices antiguos, vol. 1.: *El Espéculo o Espejo de todos los derechos*, Madrid, Real Academia de la Historia, 1836. *Partida segunda de Alfonso X el Sabio. Manuscrito 12794 de la B.N.*, edición de Aurora Juárez Blanquer y de Antonio Rubio Flores. Con estudios de Cristóbal Torres Delgado, Jesús Montoya Martínez, Aurora Juárez Blanco y Antonio Rubio Flores, Granada, Ácaro, 1991.

Placentini Summa Codicis, (Moguntiae, 1536), Nachdruck Torino, Bottega d'Erasmo, 1962.

Poema de Fernán González, ed. de Alonso Zamora Vicente, Madrid, Espasa Calpe, 1963.

Primeyra partida, edição e estudo de José de Azevedo Ferreira, Braga, Instituto Nacional de Investigação Científica, 1980.

Roderici Ximenii de Rada Historia de Rebvs Hispanie sive Historia Gothica, cvra et stvdio Juan Fernández Valverde, Turnhout, Brepols, 1987 (Corpus Christianorum, continuatio mediaevalis, LXXII).

Scritti giuridici preirneriani, I, ed. Carlo Guido Mor, Torino, Bottega d'Erasmo, 1980 (Nachdruck der Ausgabe Milano, 1935).

Summa Codicis des Irnereus, mit einer Einleitung hrsg. von Hermann Fitting, Berlin, 1894 (Nachdruck Frankfurt am Main, Minerva, 1971).

Usatges de Barcelona. El codi al mitjan segle XII. Establiment del text llatí i edició de la versió catalana del manuscrit del segle XIII de l'arxiu de la Corona d'Aragó de Barcelona, a cura de Joan Bastardas, amb la col·laboració de Teresa Gràcia, Lluïsa de Nadal i Pere Puig i Ustrell, Barcelona, Fundació Noguera, 1984.

6.4. Weitere Literatur

Ajo G. y Sáinz de Zúñiga, Candido María, *Historia de las universidades hispánicas. Orígenes y desarrollo desde su aparición hasta nuestros días*, vol. 1: *Medioevo y renacimiento universitario*, Madrid, Ed. La Normal, 1957.

Alarcos Llorach, Emilio, *Unités distinctives et unités distinctes*, La Linguistique 14/2 (1978), 39–53.

– *Gramática de la lengua española*, Madrid, Espasa Calpe, 1994.

Altamira, Rafael, *Les lacunes de l'histoire du Droit Romain en Espagne*, Mélanges Fitting I, Montpellier, 1907 (Nachdruck Aalen, Scientia, 1969), 59–84.

Alvar, Manuel, *El Fuero de Sepúlveda. Estudio lingüístico*, in: *Los Fueros de Sepúlveda*, edición crítica y apéndice documental por Emilio Saez. Estudio histórico-jurídico por Rafael Gibert. Estudio lingüístico y vocabulario por Manuel Alvar, Segovia, Publicaciones de la Diputación provincial de Segovia, 1953, 571–871.

– *Cantares de gesta medievales*, México, Porrúa, 1969.

Alvar, Manuel/Pottier, Bernard, *Morfología histórica del español*, Madrid, Gredos, 1983.

Andres Suárez, Irene, *El verbo español. Sistemas medievales y sistema clásico*, Madrid, Gredos, 1994.

Antoine, Gérald, *La coordination en français*, I., Paris, Artrey, 1958.

Argente, Joan A./Payrató, Lluís, *Towards a pragmatic approach to the study of languages in contact*, Pragmatics 1 (1991), 465–480.

Arvizu y Galarraga, Fernando de, *Les fors espagnols au Moyen Âge: problèmes et bibliographie*, Paris, Sirey, 1977.

Aschenberg, Heidi, *Kontexte in Texten: Umfeldtheorie und literarischer Situationsaufbau*, Tübingen, Niemeyer, 1999.

– *Diskurstraditionen – Orientierungen und Fragestellungen*, in: Aschenberg/Wilhelm 2003, 1–18.

Aschenberg, Heidi/Wilhelm, Raymund (edd.), *Romanische Sprachgeschichte und Diskurstraditionen*, Tübingen, Narr, 2003.

Assmann, Jan, *Das kulturelle Gedächtnis. Schrift, Erinnerung und politische Identität in frühen Hochkulturen*, München, Beck, 1999.

Auer, Peter, *Projection in interaction and projection in grammar*, Konstanz, Universität Konstanz, 2002.

Austin, John Langshaw, *How to do things with words*, Oxford, Oxford University Press, 1962.

Azpiazu Torres, Susana, *Las estrategias de nominalización y el adverbio: estudio contrastivo del caso español*, (Diss. Salamanca, Universidad de Salamanca, 2000), Frankfurt am Main, Lang, 2004.

Badía Margarit, Antonio, *La frase de la Primera Crónica General en relación con sus fuentes latinas*, Revista de Filología Española XLII (1958/59), 179–210.

– *Dos tipos de lengua cara a cara. Studia Philologica. Homenaje a Dámaso Alonso*, I, Madrid, 1960, 115–139.

– [Badia i Margarit, Antoni], *La llengua catalana ahir i avui*, Barcelona, Curial, 1973.

Baldinger, Kurt, *La formación de los dominios lingüísticos en la Península Ibérica*, (Übers. v. E. Lledó u. M. Macau), 2a. ed. corr. y aum., Madrid, Gredos, 1971.

Ballesteros Beretta, Antonio, *Alfonso X el Sabio*, Barcelona, Salvat, 1963.

Banniard, Michel, *Viva voce. Communication écrite et communication orale du IVe au IXe siècle en Occident latin*, Paris, Institut des Études Augustiniennes, 1992.

Barlow, Claude W., *Martini episcopi Bracarensis opera omnia*, New Haven, Yale University Press, 1950.

Barra Jover, Mario, *Corpus diacrónico, constatación e inducción*, in: Jacob/Kabatek 2001, 177–197.

Barrero García, Ana María, *El derecho romano en los «Furs» de Valencia de Jaime I*, AHDE 41 (1971), 639–664.

Barrero García, Ana María/Alonso Martín, María Luz, *Textos de derecho local español en la Edad Media: catálogo de fueros y costums municipales*, Madrid, CSIC, 1989.

Bartol Hernández, José Antonio, *Oraciones consecutivas y concesivas en las Siete Partidas*, Salamanca, Universidad de Salamanca, 1986.

Bastardas Parera, Juan, *Particularidades sintácticas del latín medieval (Cartularios españoles de los siglos VIII al XI)*, Madrid, CSIC, 1953.

Bastardas i Parera, Joan, *Sobre la problemàtica dels usatges a Barcelona*, Barcelona, Real Acadèmia de Bones Lletres, 1977.

Bello Rivas, María Xesús, *A traducción galega da «Crónica General» entre dependencia e innovación*, Tesis de licenciatura, Santiago, Universidad de Santiago de Compostela, 1995.

– *São Vicente de Fora (Lisboa)/Montederramo (Ourense). Entorno a la tradición notarial gallego-portuguesa*, in: Jacob/Kabatek 2001, 45–61.

Bermejo Cabrero, José Luis, *El mundo jurídico en Berceo*, Revista de la Universidad de Madrid 70–71 (1969), 33–52.

Biber, Douglas, *Dimensions of register variation: a cross-linguistic comparison*, Cambridge, Cambridge University Press, 1995.

Bizzarri, Hugo Óscar, *Non omnis moriar: sobre la fama del sabio en la Edad Media castellana*, Thesaurus 45 (1990), 174–179.

Blanche-Benveniste, Claire/Adam, Jean-Pierre, *La conjugaison des verbes: virtuelle, attestée, defective*, Recherches sur le Français Parlé 15 (1999), 87–112.
Blank, Andreas, *Prinzipien des lexikalischen Bedeutungswandels am Beispiel der romanischen Sprachen*, Tübingen, Niemeyer, 1997.
Böhmer, Heiner, *Untersuchungen zur Morphosyntax des frühen Romanischen auf der Iberischen Halbinsel (800–1250)*, Habilitationsschrift, Freiburg im Breisgau, 1997.
Bossong, Georg, *Probleme der Übersetzung wissenschaftlicher Werke aus dem Arabischen in das Altspanische zur Zeit Alfons des Weisen*, Tübingen, Niemeyer, 1979.
– *Las traducciones alfonsíes y el desarrollo de la prosa científica castellana*, in: Wido Hempel/Dietrich Briesemeister (edd.), *Actas del Coloquio hispano-alemán Menéndez Pidal (31.3.–2.4.1978)*, Tübingen, Niemeyer, 1982, 1–14.
Brall, Ernst, *Lat. foris, foras im Galloromanischen (besonders im Französischen)*, Berlin, Mayer, 1918.
Brinker, Klaus, *Linguistische Textanalyse*, Berlin, Schmidt, [3]1992.
– *Textstrukturanalyse*, in: Brinker et al. 2000, 164–175.
Brinker, Klaus/Antos, Gerd/Heinemann, Wolfgang/Sager, Sven F. (edd.), *Text- und Gesprächslinguistik. Ein internationales Handbuch*, 1. Halbband, Berlin/New York, Mouton de Gruyter, 2000.
Brinker, Klaus/Sager, Sven Frederik, *Linguistische Gesprächsanalyse*, Berlin, Schmidt, 1986.
Brocá, Guillermo María de, *Un antiguo libro provenzal: «Lo codi». Su importancia en Cataluña*, Boletín de la Academia de Buenas Letras de Barcelona 5 (1909), 124–127.
Brunel, Clovis, *Bibliographie des manuscrits littéraires en ancien provençal*, Paris, 1935.
Bühler, Karl, *Sprachtheorie. Die Darstellungsfunktion der Sprache*, Jena, Fischer, 1934.
Bühring, Felix, *Ueber Form und Gebrauch des altspanischen Personalpronomens in den beiden Handschriften der altspanischen Uebersetzung des Codi*, Diss. Halle, Buchdruckerei Hohmann, 1909.
Busse, Dietrich, *Recht als Text. Linguistische Untersuchungen zur Arbeit mit Sprache in einer gesellschaftlichen Institution*, Tübingen, Niemeyer, 1992.
– *Textsorten des Bereichs Rechtswesen und Justiz*, in: Brinker et al.2000, 658–675.
Bußmann, Hadumod, *Lexikon der Sprachwissenschaft*, Stuttgart, Kröner, [2]1990.
Caetano, Marcello, *História do direito português. Fontes – Direito Público (1140–1495)*, Coimbra, Verbo, [2]1985.
Caillemer, Robert, *Le Codi et le droit provençal au XIIe siècle*, Annales du Midi 18 (1906), 494–507.
Camacho Evangelista, Fermín, *De las fuentes romanas de las partidas*, Revista de Derecho Notarial 52 (1966), 7–67.
– *Acursio y las fuentes romanas de las Partidas*, in: *Atti del Convegno Internazionale di Studi Accursiani*, a cura di Guido Rossi, vol. 3, Milano (1968), 1067–1081.
Cano Aguilar, Rafael, *Castellano ¿drecho?*, Verba 12 (1985), 287–306.
– *El español a través de los tiempos*, Madrid, Arco, 1988.
– *La construcción del idioma en Alfonso el Sabio*, Philologia Hispalensis 4 (1989), 463–473.
– *La ilación sintáctica en el discurso alfonsí*, Cahiers de Linguistique Hispanique Médiévale 21 (1996–1997), 295–324.
– *La construcción del discurso en el siglo XIII: diálogo y narración en Berceo y el Alexandre*, in: Jacob/Kabatek 2001, 133–151.
Carcaterra, Antonio, *Semantica degli enunciati normativo-giuridici romani (interpretatio iuris)*, Bari, Cacucci, 1972.
Cárdenas, Anthony J./Craddock, Jerry R./de Marco, Barbara, *A Decade of Alfonsine Studies: Working Notes and Bibliography*, Romance Philology 49/2 (1995), 192–244.
Carpenter, Dwayne E., *An Edition and Commentary of Alphonse the Wise's Siete Partidas, Book VII, Title XXVI, «De los judíos»*, Berkeley/Cal., 1982.

Castillo Lluch, Mónica, *El orden de palabras en los fueros de Alcaraz y de Alarcón*, Cahiers de Linguistique Hispanique Médiévale 21 (1996–1997), 272–291.
– *El desarrollo de las expresiones de excepción en español antiguo: el caso de la tradición jurídica*, in: Jacob/Kabatek 2001, 29–44.
Castro, Américo, *Acerca del castellano escrito en torno a Alfonso el Sabio*, Filologia Romanza 1 (1954), 1–11.
Castro, Ivo, *Curso de História da Língua Portuguesa*, Lisboa, Universidade Aberta, 1991.
Catford, John C., *A Linguistic Theory of Translation*, London, Oxford University Press, 1965.
Cencetti, Giorgio, *Studium fuit Bononie*, Studii Medievali 7 (1966), 781–834.
– *Lo studio di Bologna. Aspetti, momenti e problemi (1935–1970)*, a cura di Roberto Ferrara, Gianfranco Orlandelli, Augusto Vasina, Bologna, CLUEB - Università degli Studi di Bologna, 1989, 29–73.
Cerdá, Joaquín, *La «Margarita de los Pleitos», de Fernando Martínez de Zamora. Texto procesal del siglo XIII*, AHDE 20 (1950), 634–738.
– *Las glosas de Arias de Balboa al Fuero Real de Castilla*, AHDE 21–22 (1951–1952), 731–739.
– *Fueros municipales*, Nueva Enciclopedia Jurídica X, Barcelona, 1976, 395–478.
Cerquiglini, Bernard, *La parole médiévale*, Paris, Minuit, 1981.
– *Éloge de la variante. Histoire critique de la philologie*, Paris, Seuil, 1989.
– *La naissance du français*, Paris, PUF, 1991.
Cerquiglini, Bernard/Cerquiglini, Jacqueline/Marchello-Nizia, Christiane/Perret-Minard, Michèle, *L'objet «ancien français» et les conditions propres à sa description linguistique*, in: Jean Claude Chevalier/Maurice Gross (edd.), *Méthodes en grammaire française*, Paris, 1976, 185–200.
Chafe, Wallace L., *Integration and involvement in speaking, writing, and oral literature*, in: Deborah Tannen (ed.), *Spoken and written language: exploring orality and literacy*, Norwood, NJ, Ablex, 1982, 35–53.
– *Linguistic differences produced by differences between speaking and writing*, in: David R. Olson/Nancy Torrance/Angela Hildyard (edd.), *Literacy, Language and Learning. The Nature and Consequences of Reading and Writing*, Cambridge, 1985.
– *Linking intonation units in spoken English*, in: Haiman/Thompson 1988, 1–27.
Chaurand, Jacques (ed.), *Nouvelle histoire de la langue française*, Paris, Seuil, 1999.
Chomsky, Noam, *Remarks on Nominalization*, in: Roderick A. Jacobs/Peter S. Rosenbaum (edd.), *Readings in English Transformational Grammar*, Waltham/Mass., Ginn & Company 1970, 184–221.
Cintra, L. F. Lindley, *A linguagem dos Foros de Castelo Rodrigo*, Lisboa, 1959.
– *Observations sur le plus ancien texte portugais non-littéraire: la «Notícia de torto»*, in: *Actele celui de-al XII-lea Congres Internaţional de Lingvistică şi Filologie Romanică (1967)*, vol. 2, Bucureşti, Editura Academiei, 1971, 161–174.
– *Sobre o mais antigo texto não-literário português: A Notícia de Torto (leitura crítica, data, lugar de redacção e comentário linguístico)*, Boletim de Filologia 31 (1990), 5–20.
Clarence Smith, J. A., *Medieval Law Teachers and Writers. Civilian and Canonist*, Ottawa, The University of Ottawa Press, 1975.
Clavero, Bartolomé, *Derecho común*, 2a. ed. revisada y ampliada, Sevilla, Universidad de Sevilla, 1979.
Coing, Helmut, *Die europäische Privatrechtsgeschichte der neueren Zeit als einheitliches Forschungsgebiet*, Ius commune 1 (1967), 1–33.
– (ed.), *Handbuch der Quellen und Literatur der neueren europäischen Privatrechtsgeschichte*, 1. Band: *Mittelalter*, München, Beck, 1973.
Company Company, Concepción, *La frase sustantiva en el español medieval. Cuatro cambios sintácticos*, México, UNAM, 1992.

Coseriu, Eugenio, *Sistema, Norma y Habla*, Montevideo, 1952; Nachdr. in: Coseriu 1973, 11–113 (dt.: *System, Norm und Rede*, in: Coseriu 1975, 11–101).
– *Determinación y entorno. Dos problemas de una lingüística del hablar*, Romanistisches Jahrbuch VII (1955–1956), 29–54.
– *Sincronía, diacronía e historia. El problema del cambio lingüístico*, Montevideo, ³1957, Madrid, Gredos, 1978.
– *Teoría del lenguaje y lingüística general. Cinco estudios*, Madrid, Gredos, ³1973 (¹1962).
– *Leistung und Grenzen der Transformationellen Grammatik*, Tübingen, Narr, 1974.
– *Sprachtheorie und allgemeine Sprachwissenschaft*, München, Fink, 1975.
– *Sprachliche Interferenz bei Hochgebildeten*, in: Herbert Kolb/Hartmut Lauffer (edd.), *Sprachliche Interferenz: Festschrift für Werner Betz*, Tübingen, Niemeyer, 1977, 77–100.
– *Humanwissenschaften und Geschichte. Der Gesichtspunkt eines Linguisten*, Det Norske Videnskaps-Akademi-Årbok, Oslo, 1978, 118–130.
– *«Historische Sprache» und «Dialekt»*, in: Joachim Göschel/Pavle Ivic/Kurt Kehr (edd.), *Dialekt und Dialektologie. Ergebnisse des internationalen Symposiums «Zur Theorie des Dialekts» Marburg/Lahn 1977*, (ZDL, Beih. 26), Wiesbaden, Steiner, 1980, 106–115.
– *Linguistic Change does not exist*, Linguistica Nuova ed Antica 1 (1983), 51–63.
– *Funktionelle Syntax*, Vorlesungsnachschrift von Heinrich Weber, Tübingen, 1984.
– *Presidential Adress [= Linguistic competence. What is it really?]*, Modern Language Review 80, 4 (1985), XXV–XXXV.
– *Sprachkompetenz. Elemente einer Theorie des Sprechens*, Tübingen, Narr, 1988.
– *Textlinguistik. Eine Einführung*, 3., überarbeitete Aufl., Tübingen, Francke, 1994 (Tübingen, Narr, ¹1980).
– *Le double problème des unités «dia-s»*, Les Cahiers δια: Etudes sur la diachronie et la variation linguistique I, Gent, 1998, 9–16.
– *Wilhelm von Humboldt und die Sprachtypologie*, in: Kennosuke Ezawa/Wilfried Kürschner/Karl H. Rensch/Manfred Ringmacher (edd.), *Linguistik jenseits des Strukturalismus. Akten des II. Ost-West-Kolloquiums*, Berlin 1998, Tübingen, Narr, 2002, 21–47.
– *Prolusione.* Orationis fundamenta: *La preghiera come testo*, in: Giuseppe De Gennaro (ed.): *I Quattro Universi di Discorso. Atti del Congresso Internazionale „Orationis Millenium"*, Città del Vaticano, Libreria Editrice Vaticana, 2002, 24–47.
– *Die Sprache in der Philosophie Hegels*, unveröffentlichtes Ms., Tübingen.
Costa, A. D. Sousa, *Um mestre português em Bolonha no século XIII: João de Deus*, Braga, 1957.
Costa, Avelino Jesus, *Os mais antigos documentos escritos em português (revisão de um problema histórico-linguístico)*, Revista Portuguesa de História 17 (1979), 263–341.
Cotrait, René, *Histoire et poésie: Le comte Fernan Gonzalez. Histoire et légende*, Grenoble, Allier, 1977.
Crabb, Daniel, *A comparative study of word order in old Spanish and old French prose works*, Washington, The Catholic University of America Press, 1955.
Craddock, Jerry R., *La cronología de las obras legislativas de Alfonso X el Sabio*, AHDE 51 (1981), 365–418.
– *The legislative Works of Alfonso X. el Sabio: a critical bibliography*, London, Grant & Cutler, 1986.
D'Abadal i Vinyals, Ramón, *Les «Partidas» a Catalunya durant l'Etat Mitjà*, Barcelona, Estudis Universitaris Catalans, 1914.
Dain, A., *Les manuscrits*, Paris, Les Belles Lettres, 1949.
D'Andeli, Henri, *Œuvres*, introduction, variantes, notes et glossaire par A. Héron, Paris, 1881 (réimpression Genève, Slatkine, 1974).
Darbord, Bernard/García, M./Pellen René, *Respeto y manipulación de los textos: ¿cómo editar los textos medievales?*, in: Christoph Strosetzki/Jean-François Botrel/Manfred Tietz (edd.),

Actas del encuentro franco-alemán de hispanistas, Frankfurt am Main, Vervuert, 1991, 297–304.

Dean, Ruth J., *Anglo-Norman Literature. A Guide to Texts and Manuscripts*, London, Anglo-Norman Text Society, 2000.

De Beaugrande, Robert Alain/Dressler, Wolfgang U., *Einführung in die Textlinguistik*, Tübingen, Niemeyer, 1981.

De Kock, Josse/Gómez Molina, Carmen, *Lingüística aplicada. La lengua: meta, materia y referencia en investigación, enseñanza y estilística*, Salamanca, Universidad de Salamanca, 2002.

De la Higuera, Javier, *Michel Foucault: La filosofía como crítica*, Granada, Comares, 1999.

Del Arco, Ricardo, *El famoso jurisperito del siglo XIII, Vidal de Cañellas, obispo de Huesca; noticias y documentos inéditos*, Boletín de la Real Academia de Buenas Letras de Barcelona (1915–1916), VIII, 463–480 u. 508–521.

Deyermond, Alan D., *Historia de la literatura española, I: La Edad Media*, Barcelona, Ariel, 1973.

Díaz y Díaz, Manuel C., *La obra de Bernardo de Brihuega, colaborador de Alfonso X*, Strenae, Salamanca, 1962, 145–161.

– *Libros y librerías en la Rioja altomedieval*, Logroño, Instituto de Estudios Riojanos, 1979.

– *Bibliotecas en los reinos hispánicos en el siglo XII*, in: *Alfonso VIII y su época: seminario - II Curso de Cultura Medieval, Aguilar de Campoo, 1–6 octubre 1990*, Madrid, Centro de Estudios del Románico, 1992, 61–69.

Di Cesare, Donatella, *Einleitung*, in: dies. (ed.), *Wilhelm von Humboldt: Über die Verschiedenheit des menschlichen Sprachbaues und ihren Einfluß auf die geistige Entwickelung des Menschengeschlechts* [1836], Paderborn/München/Wien/Zürich, Schöningh, 1998.

Die lateinischen Handschriften der Universitätsbibliothek Tübingen, Teil 1, beschrieben von Hedwig Röckelein, Wiesbaden, Harrassowitz, 1991.

Dihigo, Juan M., *Las Siete Partidas. Estudio lingüístico*, Revista de la Facultad de Letras y Ciencias (La Habana) XXXIII (1923), 1–71.

Duarte i Montserrat, Carlos, *La llengua del manuscrit Consuetudines Dertuse*, in: *Costums de Tortosa*, edició crítica a cura de Jesús Massip i Fonollosa, amb la col·laboració de C. Duarte i A. Massip, Barcelona, Fundació Noguera, 1996, xlix–lxxiii.

Dutton, Brian, *The Popularization of Legal Formulae in Medieval Spanish Literature*, in: Joseph R. Jonaes (ed.), *Medieval, Renaissance and Folklore Studies In Honor of John Esten Keller*, Delaware, Juan de la Cuesta, 1980, 13–28.

Eberenz, Rolf, *Sea como fuere. Zur Geschichte des spanischen Konjunktiv Futur*, Vox Romanica 42 (1983), 181–201.

– *Enlaces conjuntivos y adjuntos de sentido aditivo del español preclásico: otrosí, eso mismo, asimismo, demás, también, aun etc.*, Iberoromania 39 (1994), 1–20.

Ehlich, Konrad, *Text und sprachliches Handeln. Die Entstehung von Texten aus dem Bedürfnis der Überlieferung*, in: Aleida Assmann/Jan Assmann/Christof Hardmeier (edd.), *Schrift und Gedächtnis. Beiträge zur Archäologie der literarischen Kommunikation*, München, 1983, 24–43.

– *Funktion und Struktur schriftlicher Kommunikation*, in: Günther/Ludwig 1994, 18–40.

Ehrich, Veronika, *Nominalisierungen*, in: Arnim von Stechow/Dieter Wunderlich (edd.), *Semantik. Ein internationales Handbuch*, Berlin/New York, Mouton de Gruyter, 1991, 441–458.

Elias, Norbert, *Über den Prozeß der Zivilisation*, Frankfurt, Suhrkamp, 1976.

Elvira González, Javier, *Enclisis pronominal y posición del verbo en español antiguo*, Epos 3 (1987), 63–79.

– *La posición del sujeto en español antiguo*, in: Manuel Ariza Viguera/Antonio Salvador Plans/Antonio Viudas Camarasa (edd.), *Actas del I Congreso Internacional de Historia de la Lengua Española (Cáceres 30.3.–4.4.1987)*, Madrid, Arco, 1988, 339–346.
England, John, *The position of the direct object in old Spanish*, Journal of Hispanic Philology 5 (1980), 1–23.
Escudero, José Antonio, *Historia del derecho: Historiografía y problemas*, Madrid, Universidad de Madrid, 1973.
– *Curso de Historia del Derecho. Fuentes e Instituciones Político-administrativas*, Madrid, Selbstverlag, 1989.
Feenstra, Robert, *A propos d'un nouveau manuscrit de la version latine du Codi (Ms. Lucques, Bibl. Feliniana 437)*, Studia Gratiana XIII [Collectanea Stephan Kuttner, III] (1967), 57–81.
Ferguson, Charles A., *Diglossia*, Word 15 (1959), 325–340.
Fernández, Mauro, *Los origenes del termino diglosia: Historia de una historia mal contada*, Historiographia Linguistica 12 (1–2) (1995), 163–195.
Feustle, Joseph A., *Admyte*, Hispania 77 (1994), 92–97.
Fleischman, Suzanne, *Philology, Linguistics, and the Discourse of the Medieval Text*, Speculum 65 (1990), 19–37.
Foley, William A./Van Valin, Robert D., *Functional Syntax and Universal Grammar*, Cambridge, CUP, 1984.
Font Rius, José María, *La recepción del Derecho Romano en la Península Ibérica durante la Edad Media*, Société d'Histoire du Droit et des Institutions des Anciens Pays du Droit Écrit. Recueil de Mémoires et Travaux, Montpellier 6 (1967), 85–104.
– *Fueros de Aragón*, Nueva Enciclopedia Jurídica X, Barcelona, 1976, 372–393.
Foolen, Ad, *Pragmatic Particles*, in: Jef Verschueren (ed.), *Handbook of Pragmatics*, Amsterdam, John Benjamins, 1996.
Forsthoff, Ernst, *Recht und Sprache. Prolegomena zu einer richterlichen Hermeneutik*, Schriften der Königsberger Gelehrten Gesellschaft 17 (1940–41), Heft I (Nachdruck Darmstadt, Wissenschaftliche Buchgesellschaft, 1964).
Foucault, Michel, *L'archéologie du savoir*, Paris, Gallimard, 1969.
Foulet, Lucien, *Petite syntaxe de l'ancien français*, Paris, Champion, 1919.
Fowler-Magerl, Linda, *Ordo iudiciorum vel ordo iudiciarius. Begriff und Literaturgattung*, Frankfurt, Vittorio Klostermann, 1984.
Frank, Barbara, *Die Textgestalt als Zeichen. Lateinische Handschriftentradition und die Verschriftlichung der romanischen Sprachen*, Tübingen, Narr, 1994.
– *«Convenientia» und Treueeid*, in: Michaelis/Tophinke (edd.), 1996, 17–33.
Frank, Barbara/Hartmann, Jörg (edd.), *Inventaire systématique des premiers documents des langues romanes*, 5 vol., Tübingen, Narr, 1997.
Frank, Barbara/Hartmann, Jörg/Kürschner, Heike, *Introduction*, in: Frank/Hartmann, vol. 1, 1997.
Fraser, Bruce, *An approach to discourse markers*, Journal of Pragmatics 14 (1990), 383–395.
Fried, Johannes, *Die Entstehung des Juristenstandes im 12. Jahrhundert*, Köln/Wien, Böhlau, 1974.
Galmés de Fuentes, Álvaro, *Influencias sintácticas y estilísticas del árabe en la prosa medieval castellana*, Madrid, RAE, 1956.
– *De nuevo sobre los orígenes de la prosa medieval castellana*, RFE LXI (1981), 1–13.
Garatea Grau, Carlos, *La concepción del cambio lingüístico en la obra de Menéndez Pidal*, in: Jacob/Kabatek 2001, 249–271.
García Gallo, Alfonso, *Una colección de fazañas castellanas del siglo XII*, AHDE 11 (1934), 522–531.
– *Textos de derecho territorial castellano*, AHDE 13 (1936–1941), 308–396.

– *El «Libro de las Leyes» de Alfonso el Sabio. Del Espéculo a las Partidas*, AHDE 21–22 (1951–1952), 345–528.
– *Aportación al estudio de los Fueros*, AHDE 26 (1956), 387–446.
– *Manual de historia del derecho español*, 2 vol.: 1.: *El origen y la evolución del derecho*, 2.: *Antología de fuentes del antiguo derecho*, Madrid, Agesa, [6]1975.
– *Nuevas observaciones sobre la obra legislativa de Alfonso X*, AHDE 66 (1976), 609–670.
– *La obra legislativa de Alfonso X. Hechos e hipótesis*, AHDE 54 (1984), 97–161.
García García, Antonio, *Laurentius hispanus. Datos biográficos y estudio crítico de sus obras*, Roma/Madrid, CSIC [Cuadernos del Instituto Jurídico Español, 6], 1956.
– *La penetración del derecho clásico medieval en España*, AHDE 36 (1966), 575–592.
– *Obras de derecho común medieval en castellano*, AHDE 41 (1971), 665–686.
– *Estudios sobre la canonística portuguesa medieval*, Madrid, 1976.
García y García, Antonio/Gonzalvez, Ramón, *Catálogo de los manuscritos jurídicos medievales de la catedral de Toledo*, Rom/Madrid, CSIC, 1970.
Garvin, Paul L., *A conceptual framework for the study of language standardization*, Language in Society 100/101 (1993), 37–54.
Gauger, Hans-Martin, *Durchsichtige Wörter. Zur Theorie der Wortbildung*, Heidelberg, Winter, 1971.
Genzmer, Erich, *Die justinianische Kodifikation und die Glossatoren*, in: Schrage 1986, 5–53.
Gerli, Michael, *Introducción*, in: Michael Gerli (ed.), *Gonzalo de Berceo, Milagros de nuestra Señora*, Madrid, Cátedra, 1997.
Gibert, Rafael, *El Derecho municipal de León y Castilla*, AHDE 31 (1961), 695–753.
– *Historia general del Derecho español*, Madrid, 1978.
Giménez Jurado, Julia Ángeles, *El estilo de los fueros medievales*, Verba 22 (1995), 501–523.
Gimeno Menéndez, Francisco, *Sociolingüística histórica (siglos X–XII)*, Madrid, Visor, 1995.
Giraud, Charles, [Rez. zu *Basilicorum libri LX. ... a Gustavo Ernesto Heimbachio aliisque collatorum integriores cum scholiis edidit*, Jena 1833], Revue de législation et de jurisprudence 3 (1835–1836), 48–59.
– *Recherches sur le Droit de propriété chez les Romains, sous la République et sous l'Empire*, vol. 1, Aix en Provence, Aubin, 1838.
– *Du droit français dans l'Orient au moyen âge et de la traduction grecque des Assises de Jérusalem*, Revue de législation et de jurisprudence 17 (1843), 22–44.
Givón, Talmy, *From discourse to syntax: Grammar as a processing strategy*, in: Givón Talmy (ed.), *Discourse and Syntax*, New York, Academic Press, 1979.
Glessgen, Martin-Dietrich, *«Lo Thesaur del hospital de Sant Sperit». Edition eines Marseiller Urkundeninventars (1399–1511) mit sprachlichem und geschichtlichem Kommentar unter besonderer Berücksichtigung des Rechtswortschatzes*, Tübingen, Niemeyer, 1989.
Gómez Redondo, Fernando, *Historia de la prosa medieval castellana*, vol. 1: *La creación del discurso prosístico: el entramado cortesano*, Madrid, Cátedra, 1998.
González, Julio, *El reino de Castilla en la época de Alfonso VIII*, vol. 3: *Documentos 1191–1217*, Madrid, CSIC, 1969.
– *Historia de Palencia*, vol. 1: *Edades Antigua y Media*, Palencia, Diputación Provincial de Palencia, [3]1995.
González Ollé, Fernando, *El establecimiento del castellano como lengua oficial*, BRAE LVIII/Cuad. CCXIV (1978), 229–280.
– *Nuevos datos sobre la primacía lingüística toledana*, RFE 67 (1987), 123–126.
– *Aspectos de la norma lingüística toledana*, in: *Actas del I Congreso Internacional de Historia de la lengua española*, vol. 1., Madrid, 1988, 859–871 (= 1988a).
– *Un informe sobre el habla de Toledo y su aplicación como modelo idiomático*, Homenaje a Eugenio Asensio, Madrid, 1988, 215–223 (= 1988b).

– *Un caso de aplicación (1560) del privilegio lingüístico alfonsino*, Cahiers de Linguistique Hispanique Médiévale 20 (1995), 269–343.
– *El habla toledana, modelo de la lengua española*, Toledo, Instituto Provincial de Investigaciones y Estudios Toledanos (Publicaciones del IPIET, Temas Toledanos, Nº 82), 1996.
Gonzálvez Ruiz, Ramón, *Hombres y libros de Toledo*, Madrid, Fundación Ramón Areces, 1997.
Goody, Jack/Watt, Ian, *The Consequences of Literacy*, in: Jack Goody (ed.), *Literacy in Traditional Societies*, Cambridge, 1968, 27–68.
Gopnik, Myrna, *The Development of Text Competence*, in: Maria-Elisabeth Conte/Janós S. Petöfi/Emel Sözer (edd.), *Text and Discourse Connectedness*, Amsterdam, John Benjamins, 1989, 225–244.
Gouron, André, *Du nouveau sur «Lo Codi»*, Tijdschrift voor Rechtsgeschiedenis 43 (1975), 271–277.
– *La science juridique française aux XIe et XIIe siècles: diffusion du Droit de Justinien et influences canoniques jusqu'à Gratien*, Mailand, Giuffrè (Ius Romanum Medii Aevi I, 4, d, e), 1978.
– *Aux origines de l'influence des glossateurs en Espagne*, Historia, Instituciones, Documentos 10 (1983), 325–346.
– *L'auteur et la patrie de la Summa Trecensis*, Ius commune 12 (1984), 1–38.
– *Le manuscrit 632 de la Sorbonne: à la convergence des droits savants en pays d'oc*, Mélanges de la Bibliothèque de la Sorbonne 6, 1985, 6–20 (= 1985a).
– *L'élaboration de la «Summa Trecensis»*, in: *Sodalitas. Scritti in onore di Antonio Guarino*, III, Napoli, Jovene, 1985, 3681–3696 (= 1985b).
– *Lo codi, source de la somme au code de Rogerius*, in: Johan A. Ankum/Johannes E. Spruit/Felix B. J. Wubbe (edd.), *Satura Roberto Feenstra sexagesimum quintum annum aetatis complenti ab alumnis collegis amicis oblata*, 1985, 301–316 (= 1985c).
– *Las relaciones jurídicas entre Cataluña y Provenza en el siglo XII*, in: Pérez Martín (ed.), 1986, 131–143.
– *Études sur la diffusion des doctrines juridiques médiévales*, London, Variorum Reprints, 1987.
Grabmann, Martin, *Die Geschichte der scholastischen Methode nach den gedruckten und ungedruckten Quellen dargestellt*, 2 vol., Graz, Akademische Druck- und Verlagsanstalt, 1957 (Nachdruck der Ausgabe Freiburg 1909).
Grafström, Åke, *Observations sur Lo Codi*, Romania 112 (1991), 155–186.
Grebner, Gundula, *Sprachbewußtsein und Konstruktion sozialer Strukturen im Bologneser Notariat (11.–12. Jahrhundert)*, in: Claus Zittel (ed.), *Wissen und soziale Konstruktion*, Berlin, Akademie Verlag, 2002, 155–163.
Gröber, Gustav, *Grundriß der Romanischen Philologie*, vol. 2, 1, Strassburg, Karl Trübner, 1902.
Grosse, Ernst-Ulrich, *Text und Kommunikation. Eine linguistische Einführung in die Funktion der Texte*, Stuttgart, Kohlhammer, 1976.
Gruber, Jörn, *Die Dialektik des Trobar: Untersuchungen zur Struktur und Entwicklung des occitanischen und französischen Minnesangs des 12. Jahrhunderts*, Tübingen, Niemeyer, 1983.
Guilarte, Alfonso M., *Castilla, país sin leyes*, Valladolid, Ambito, 1989.
Günther, Ludwig, *Recht und Sprache*, Berlin, Carl Heymanns Verlag, 1898.
Günther, Hartmut/Ludwig, Otto (edd.), *Schrift und Schriftlichkeit. Ein internationales Handbuch / Writing and ist Use. An international Handbook*, 2 vol., Berlin/New York, Mouton de Gruyter, 1994 (vol. 1), 1996 (vol. 2).
Gumbrecht, Hans-Ulrich, *Menschliches Handeln und göttliche Kosmologie*, GRLMA XI, 1, 3. Teilband (1987), 859–951.

– *Eine Geschichte der spanischen Literatur*, 2 vol., Frankfurt am Main, Suhrkamp, 1990.
Habermas, Jürgen, *Vorbereitende Bemerkungen zu einer Theorie der kommunikativen Kompetenz*, in: Jürgen Habermas/Niklas Luhmann, *Theorie der Gesellschaft oder Sozialtechnologie*, Frankfurt, Suhrkamp, 1971, 101–141.
Haiman, John/Thompson, Sandra A. (edd.), *Clause Combining in Grammar and Discourse*, Amsterdam/Philadelphia, John Benjamins, 1988.
Harris, Alice C./Campbell, Lyle, *Historical syntax in cross-linguistic perspective*, Cambridge, Cambridge University Press, 1995.
Hart, Herbert Lionel Adolphus, *Der Begriff des Rechts*, (Orig.: *The Concept of Law*, Oxford, Clarendon, 1961) Frankfurt am Main, Suhrkamp, 1974.
Haskins, Charles Homer, *The Renaissance of the Twelfth Century*, Cambridge (Mass.)/London, Harvard University Press, 1927.
Hattenhauer, Hans, *Europäische Rechtsgeschichte*, Heidelberg, C. F. Müller, 1992.
Haugen, Einar, *Language Conflict and Language Planning. The Case of Modern Norvegian*, Cambridge (Mass.), 1966.
Heinemann, Wolfgang, *Textsorte – Textmuster – Texttyp*, in: Brinker et al. 2000, 507–523.
Heinemann, Wolfgang/Viehweger, Dieter, *Textlinguistik. Eine Einführung*, Tübingen, Niemeyer, 1991.
Henne, Helmut/Rehbock, Helmut, *Einführung in die Gesprächsanalyse*, Berlin, Mouton de Gruyter, ²1982.
Herman, József, *Du latin aux langues romanes. Études de linguistique historique*, Tübingen, Niemeyer, 1990.
Hessel, Alfred, *Geschichte der Stadt Bologna von 1126 bis 1280*, Berlin, 1910 (Nachdruck Vaduz, Kraus Reprint, 1965).
Hilty, Gerold, *Introducción*, in: ders. (ed.), *Aly Aben Ragel: El libro conplido en los iudizios de las estrellas. Traducción hecha en la corte de Alfonso el Sabio*, Madrid, Real Academia Española, 1954.
Hinojosa, Eduardo de, *El derecho en el «Poema del Cid», Homenaje a Menéndez Pelayo en el año vigésimo de su profesorado*, 2 vol., Madrid, Victoriano Suárez, I, 1899, 551–581 [Auch in: *Obras completas*, vol. 1, Madrid, CSIC, 1948, 181–215].
– *La réception du Droit romain en Catalogne*, Mélanges Fitting II, Montpellier, 1907, (Nachdruck Aalen, Scientia, 1969), 391–408.
– *Das germanische Element im spanischen Rechte*, Weimar, Böhlau, 1910.
Hoffmann, Lothar/Kalverkämper, Hartwig/Wiegand, Herbert Ernst (edd.), *Fachsprachen. Ein internationales Handbuch zur Fachsprachenforschung*, vol. 1, Berlin/New York, Mouton de Gruyter, 1998.
Hoffmann, Ludger, *Fachtextsorten der Institutionensprache I: das Gesetz*, in: Hoffmann/Kalverkämper/Wiegand (edd.), 1998, 522–528.
Holloway, Julia Bolton, *Alfonso el Sabio, Brunetto Latini, and Dante Alighieri*, Thought 60/239 (1985), 468–483.
Horn, Norbert, *Literaturgeschichtliche Aspekte der Rezeption in Spanien*, Tijdschrift voor Rechtsgeschiedenis 37 (1969), 489–514.
Humboldt, Wilhelm von, *Über die Verschiedenheit des menschlichen Sprachbaues und ihren Einfluß auf die geistige Entwickelung des Menschengeschlechts*, Berlin, Dümmler, 1836.
– *Über die Sprache. Reden vor der Akademie*, hrsg. u. kommentiert von Jürgen Trabant, Tübingen/Basel, Francke, 1994.
Iakubinski, Lev, *Sobre el discurso dialógico*, in: Emil Volek (ed.), *Antología del formalismo ruso y el grupo de Bajtin*, vol. 2, Madrid, Fundamentos, 1995, 171–188 (Original in: L. V. Shcherba, *Russkaia rech'*, Petrograd, 1923).
Iglesia Ferreirós, Aquilino, *La creación del derecho en Cataluña, I*, AHDE 47 (1977), 99–423.
– *La labor legislativa de Alfonso X el Sabio*, in: Pérez Martín 1986, 275–599.

– *La creación del Derecho. Una historia del derecho español*, 2 vol., Barcelona, Signo, 1987–1988.
– *La creación del Derecho. Una historia de la formación de un derecho estatal español*, vol. 1, Madrid, Marcial Pons, 1996 [2., korrigierte und ergänzte Auflage von Iglesias Ferreirós, 1987].
– *Rex superiorem non recognoscens. Hugolino de Sesso y el Studium de Palencia*, Initium 3 (1998), 1–205.

Jackson, Gabriel, *Introducción a la España medieval*, Madrid, Alianza, 1974 (Original: *The Making of Medieval Spain*, London, Thames & Hudson, 1972).

Jacob, Daniel/Kabatek, Johannes (edd.), *Lengua medieval y tradiciones discursivas en la Península Ibérica. Descripción gramatical – pragmática histórica – metodología*, Frankfurt/Madrid, Vervuert/Iberoamericana, 2001.
– *Lengua, texto y cambio lingüístico en la Edad Media iberorrománica*, in: Jacob/Kabatek 2001, VII–XVIII.

Jensen, Frede, *The Syntax of Medieval Occitan*, Tübingen, Niemeyer, 1986.

Kabatek, Johannes, *«Wenn Einzelsprachen verschriftet werden, ändern sie sich». Gedanken zum Thema Mündlichkeit und Schriftlichkeit*, in: Gabriele Berkenbusch/Christine Bierbach (edd.), *Soziolinguistik und Sprachgeschichte: Querverbindungen. Brigitte Schlieben-Lange zum 50. Geburtstag von ihren Schülerinnen und Schülern überreicht*, Tübingen, Narr, 1994, 175–187 (= 1994a).
– *México frente a Madrid: Aspectos fonéticos del habla de los taxistas en dos capitales hispanas*, Iberoamericana 2 (54) (1994), 5–15 (= 1994b).
– *Die Sprecher als Linguisten. Interferenz- und Sprachwandelphänomene dargestellt am Galicischen der Gegenwart* (Beihefte zur Zeitschrift für Romanische Philologie, vol. 276), Tübingen, Niemeyer, 1996.
– *Strengthening identity: differentiation and change in contemporary Galician*, in: Jenny Cheshire/Dieter Stein (edd.): *Taming the Vernacular. From Dialect to Written Standard Language*, London/New York, Longman, 1997, 185–199 (= 1997a).
– *Zur Typologie sprachlicher Interferenzen*, in: Wolfgang Moelleken/Peter Weber (edd.), *Neuere Forschungsarbeiten zur Kontaktlinguistik* [Festschrift für Peter Nelde zum 55. Geburtstag], Bonn, Dümmler, 1997 (Plurilingua XIX), 232–241 (= 1997b).
– *Dime cómo hablas y te diré quién eres. Mezcla de lenguas y posicionamiento social*, Revista de Antropología Social [Madrid] 6 (1997), 215–236 (= 1997c).
– *Traducción e interferencia*, in: Dieter Kremer (ed.), *Homenaxe a Ramón Lorenzo*, vol. 2, Vigo, Galaxia, 1998, 843–850.
– *Von Burgos nach Toledo: altkastilischer Normenkonflikt und Probleme der Rekonstruktion*, in: Andreas Wesch/Jenny Brumme (edd.), *Normen und Subnormen in Geschichte und Gegenwart – Methoden ihrer Rekonstruktion und Beschreibung*, Wien, Edition Praesens, 1999, 115–130 (= 1999a).
– *Sobre el nacimiento del castellano desde el espíritu de la oralidad (apuntes acerca de los textos jurídicos castellanos de los siglos XII y XIII)*, in: Concepción Company/Aurelio González/Lilian von der Walde Moheno (edd.), *Discursos y representaciones en la Edad Media (Actas de las VI Jornadas Medievales)*, México D.F., UNAM – El Colegio de México, 1999, 169–187 (= 1999b).
– *«Lo Codi» und die okzitanischen Texttraditionen im 12. und 13. Jahrhundert*, in: Angelica Rieger (ed.), *Okzitanistik, Altokzitanistik und Provenzalistik. Geschichte und Auftrag einer europäischen Philologie (Akten der gleichnamigen Sektion des Deutschen Romanistentages in Osnabrück 1999)*, Frankfurt am Main, Lang, 2000, 147–163 (= 2000a).
– *La variation linguistique dans le domaine des langues romanes: théorie et réalité empirique*, in: Annick Englebert et al. (edd.), *Actes du XXIIe Congrès International de Linguisti-*

que et Philologie Romanes (Bruxelles, 23–29 juillet 1998), vol. 3: *Vivacité et diversité de la variation linguistique*, Tübingen, Niemeyer, 2000, 215–224 (= 2000b).
– *Einheitlichkeit der Bedeutung, Designat und «Integrale Linguistik»*, in: Bruno Staib (ed.), *Linguistica romanica et indiana. Festschrift für Wolf Dietrich zum 60. Geburtstag*, Tübingen, Narr, 2000, 187–205 (= 2000c).
– *¿Cómo investigar las tradiciones discursivas medievales? El ejemplo de los textos jurídicos castellanos*, in: Jacob/Kabatek 2001, 97–132.
– Rez. zu *Libro de los cien capítulos (Dichos de sabios en palabras breves e complidas)*, edición, estudio introductorio y notas de Marta Haro Cortés, Frankfurt am Main/Madrid, Vervuert/Iberoamericana, 1998, ZrP 118 (2002), 3, 516–520.
– *Bezeichnungen für die Sprachen der Iberoromania*, in: Gerhard Ernst et al. (edd.), *Romanische Sprachgeschichte. Ein internationales Handbuch zur Geschichte der romanischen Sprachen*, vol. 1, Berlin/New York, Mouton de Gruyter, 2003, 174–179 (= 2003a).
– *¿En que consiste o* ausbau *dunha lingua?*, in: María Álvarez de la Granja/Ernesto González Seoane (edd.), *A planificación do léxico galego*, Santiago de Compostela, Consello da Cultura Galega/Instituto da Lingua Galega, 2003, 37–51 (= 2003b).
– Einleitung und Kommentar zu *Don Juan Manuel – Der Graf Lucanor*. Deutsche Fassung von Joseph Freiherr von Eichendorff, in: *Sämtliche Werke von Joseph von Eichendorff. Historisch-Kritische Ausgabe* begründet von Wilhelm Kosch und August Sauer, fortgeführt und herausgegeben von Hermann Kunisch und Helmut Koopmann, vol. XV, 1 (herausgegeben von Harry Fröhlich), Tübingen, Niemeyer, 665–782 (= 2003c).
– *Über Trampelpfade, sichtbare Hände und Sprachwandelprozesse*, in: Thomas Stehl (ed.), *Unsichtbare Hand und Sprecherwahl. Typologie und Prozesse des Sprachwandels in der Romania*, Tübingen, Narr (im Druck), http://homepages.uni-tuebingen.de/kabatek/publikationen.htm.

Kabatek, Johannes/Murguía, Adolfo, *«Die Sachen sagen, wie sie sind...». Eugenio Coseriu im Gespräch*, Tübingen, Narr, 1997.

Kabatek, Johannes/Schlieben-Lange, Brigitte, *Zu Notwendigkeit und theoretischem Status der Sprachkategorisierungsforschung*, Sociolinguistica 14 (2000), 115–120.

Kahn, Siegmund Ulrich, *Bedeutungswandel von «nomine» in den Rechtsquellen der Westgoten und der Spanier der «Reconquista»*, Ius commune 11 (1984), 217–230.

Kantorowicz, Hermann, *A Medieval Grammarian on the Sources of the Law*, Tijdschrift voor Rechtsgeschiedenis XV (1937), 25–47.

Keller, Hagen, *Oberitalienische Statuten als Zeugen und Quellen für den Verschriftlichungsprozeß im 12. und 13. Jh.*, Frühmittelalterliche Studien. Jahrbuch des Instituts für Frühmittelalterforschung der Universität Münster 22 (1988), 286–314.

Keller, Rudi, *Sprachwandel. Von der unsichtbaren Hand in der Sprache*, Tübingen, Francke, ^{2}1994 (^{1}1990).

Klare, Johannes, *Entstehung und Entwicklung der konzessiven Konjunktionen im Französischen*, Berlin, Akademie-Verlag, 1958.

Kleffens, E. N. van, *Hispanic Law until the end of the Middle Ages*, Edinburgh, Edinburgh University Press, 1968.

Kloss, Heinz, *Abstandsprachen und Ausbausprachen*, in: Joachim Göschel/Norbert Naid/Gaston van der Elst (edd.), *Zur Theorie des Dialekts. Aufsätze aus 100 Jahren Forschung mit biographischen Anmerkungen zu den Autoren*, Wiesbaden, Steiner, 1976, 301–322.
– *Die Entwicklung neuer germanischer Kultursprachen von 1800 bis 1950*, 2., erw. Aufl., Düsseldorf, Schwann, 1978 (1. Aufl. München, 1952).

Köbler, Gerhard, *Deutsche Sprachgeschichte und Rechtsgeschichte*, in: Werner Besch/Oskar Reichmann/Stefan Sonderegger, *Sprachgeschichte. Ein Handbuch zur Geschichte der deutschen Sprache und ihrer Erforschung*, 2 vol., 1. vol., Berlin/New York, 1984, 56–70.

Koch, Adolf, *Sibilanten und Palatale im Altspanischen. Nach den beiden Handschriften der altcastilischen Uebersetzung des Codi*, Diss. Halle, Buchdruckerei Hohmann, 1910.

Koch, Peter, *Distanz im Dictamen. Zur Schriftlichkeit und Pragmatik mittelalterlicher Brief- und Redemodelle in Italien*, Freiburg im Breisgau, maschinengeschriebenes Manuskript, 1987.

– *Norm und Sprache*, in: Jörn Albrecht/Harald Thun/Jens Lüdtke (edd.), *Energeia und Ergon. Studia in Honorem Eugenio Coseriu*, vol. 2, Tübingen, Narr, 1988, 327–354.

– *Pour une typologie conceptionelle et médiale des plus anciens documents/monuments des langues romanes*, in: Selig/Frank/Hartmann 1993, 39–81.

– *Diskurstraditionen: zu ihrem sprachtheoretischen Status und ihrer Dynamik*, in: Barbara Frank/Thomas Haye/Doris Tophinke (edd.), *Gattungen mittelalterlicher Schriftlichkeit*, Tübingen, Narr, 1997, 43–79.

Koch, Peter/Oesterreicher, Wulf, *Sprache der Nähe – Sprache der Distanz. Mündlichkeit und Schriftlichkeit im Spannungsfeld von Sprachtheorie und Sprachgeschichte*, Romanistisches Jahrbuch 36 (1985), 15–43.

– *Gesprochene Sprache in der Romania: Französisch, Italienisch, Spanisch*, Tübingen, Niemeyer, 1990.

– *Schriftlichkeit und Sprache*, in: Hartmut Günther/Otto Ludwig (edd.), *Schrift und Schriftlichkeit. Ein internationales Handbuch / Writing and its Use. An international Handbook*, 2 vol., Berlin/New York, Mouton de Gruyter, 1994–1996, 587–604.

– *Sprachwandel und expressive Mündlichkeit*, Zeitschrift für Literaturwissenschaft und Linguistik 10 (1996), 64–96.

König, Ekkehard, *Where do concessives come from? On the development of concessive connectives*, in: Jacek Fisiak (ed.), *Historical Semantics – Historical Word Formation*, Berlin/New York, Mouton de Gruyter, 1985, 263–282.

– *Konzessive Konjunktionen*, in: Arnim von Stechow/Dieter Wunderlich (edd.), *Semantik. Ein internationales Handbuch*, Berlin/New York, Mouton de Gruyter, 1991, 631–639.

Kortmann, Bernd, *Adverbial Subordination. A typology and history of adverbial subordinators based on European languages*, Berlin/New York, Mouton de Gruyter, 1997.

– *Adverbial conjunctions*, in: Martin Haspelmath et al. (edd.), *Language Typology and Language Universals. An International Handbook, I*, Berlin/New York, de Gruyter, 2001, 842–854.

Koschaker, Paul, *Europa und das römische Recht*, München, Biederstein, 41966 (11947).

– *Schriftlichkeit und Sprache*, in: Günther/Ludwig 1994, 587–604.

Krefeld, Thomas, *Das französische Gerichtsurteil in linguistischer Sicht: Zwischen Fach- und Standessprache*, Frankfurt/Bern/New York/Nancy, Lang, 1985.

Kremnitz, Georg, *Versuche zur Kodifizierung des Okzitanischen seit dem 19. Jh. und ihre Annahme durch die Sprecher*, Tübingen, Narr, 1974.

Kroeschell, Karl, *Deutsche Rechtsgeschichte*, vol. 1: bis 1250, Opladen, Westdeutscher Verlag, 101992 (11972).

Kupiszewski, Henryk/Wołodkiewicz, Witold (edd.), *Le Droit Romain et sa reception en Europe*, Varsovie, Université de Varsovie, 1978.

Kurtscheid, Bertrandus/Wilches, Antonius, *Historia Iuris Canonici. Tomus I. Historia fontium et scientiae iuris canonici*, Rom, Officium Libri Catholici, 1943.

Kuttner, Stephan, *The history of ideas and doctrines of canon law in the Middle Ages*, London, Variorum Reprint, 1980.

Labov, William, *The Social Motivation of a Sound Change*, Word 19 (1963), 273–309.

– *The Social Stratification of English in New York City*, New York, Center for Applied Linguistics, 1966.

– *The Social Setting of Linguistic Change*, in: William Labov, *Sociolinguistic Patterns*, Philadelphia, The University of Pennsylvania Press, 1972, 260–325.

– *Principles of Linguistic Change. I.: Internal Factors*, Oxford, Blackwell, 1994.
Lapesa, Rafael, *Particularidades lingüísticas del Fuero de Madrid*, in: *Fuero de Madrid*, Madrid, Publicaciones del Archivo de la Villa, 1932, 61–73 [erw. Version Madrid, Raycar, 1963].
– *Asturiano y provenzal en el fuero de Avilés*, Salamanca, Universidad de Salamanca, 1948.
– *Los provenzalismos del Fuero de Valfermoso de las Monjas (1189)*, in: Curt A. Zimansky (ed.), *Hispanic Studies in Honor of Edmund de Chasca*, Iowa, University of Iowa, 1972, 54–59.
– *Rasgos franceses y occitanos en el lenguaje del Fuero de Villavaruz de Rioseco (1181)*, Travaux de Linguistique et de Litterature 11/1 (1973), 529–532.
– *Historia de la lengua española*, Madrid, Gredos, [9]1981.
– *Estudios de morfosintaxis histórica del español*, Rafael Cano Aguilar/María Teresa Echenique Elizondo (edd.), 2 vol., Madrid, Gredos, 2000.
Lange, Hermann, *Die Anfänge der modernen Rechtswissenschaft. Bologna und das frühe Mittelalter*, Stuttgart, Franz Steiner, 1993.
– *Römisches Recht im Mittelalter*, Band 1: *Die Glossatoren*, München, Beck, 1997.
Langenbacher-Liebgott, Jutta, *Bezeichnungen für die Sprachen der Galloromania*, in: Gerhard Ernst et al. (edd.), *Romanische Sprachgeschichte. Ein internationales Handbuch zur Geschichte der romanischen Sprachen*, vol. 1, Berlin/New York, Mouton de Gruyter, 2003, 168–174.
Lausberg, Heinrich, *Handbuch der literarischen Rhetorik*, Stuttgart, Steiner, [3]1990 ([1]1960).
Lehmann, Christian, *Towards a typology of clause linkage*, in: Haiman/Thompson 1988, 181–225.
Lida de Malkiel, María Rosa, *La General estoria: notas literarias y filológicas (I)*, Romance Philology XII, 2 (1958), 111–142.
Liebermann, F., *Die Gesetze der Angelsachsen*, vol. 1, Halle, Niemeyer, 1903.
Linehan, Peter, *History and the Historians of Medieval Spain*, Oxford, Clarendon Press, 1993.
Litten, F., *Über «Lo Codi» und seine Stellung in der Entwicklungs-Geschichte des Culpa-Problems*, Mélanges Fitting II, Montpellier, 1907 (Nachdruck Aalen, Scientia 1969), 601–634.
Lodares, Juan Ramón, *Alfonso el Sabio y la lengua de Toledo. Un motivo político-jurídico en la promoción del castellano medieval*, RFE 75 (1995), 35–56.
Löfstedt, Bengt, *Die Konstruktion* c'est lui qui l'a fait *im Lateinischen*, IF 71 (1966), 251–277.
Löfstedt, Leena, *Une traduction médiévale française du Décret de Gratien*, Vox Romanica 48 (1989), 108–143.
– *La loi canonique, les Plantagenêt et S. Thomas Becket*, Medioevo Romanzo 15 (1990), 3–16.
Lomax, Derek W., *La lengua oficial de Castilla*, in: Alexandru Rosetti (ed.), *Actes du XIIe Congrès International de Linguistique et Philologie Romanes (Bucureşti, 15–20 aprilie 1968)*, 1971, 412–417.
Longère, Jean, *Les sermons latins de Maurice de Sully*, Steenbrugis, Abbatia S. Petri, 1988.
Lope Blanch, Juan Manuel, *Análisis gramatical del discurso*, México, UNAM, 1983.
López Elum, Pedro, *Los orígenes de los Furs de València y de las Cortes en el siglo XIII*, València, Biblioteca Valenciana, 2001.
López García, Ángel, *Relaciones paratácticas e hipotácticas*, GDLE III (2000), 3507–3547.
Lüdtke, Helmut, *Die Entstehung romanischer Schriftsprachen*, Vox Romanica 23 (1964), 3–21.
– *Sprachwandel als universales Phänomen*, in: ders. (ed.), *Kommunikationstheoretische Grundlagen des Sprachwandels*, Berlin, Mouton de Gruyter, 1980, 1–19.
Lug, Robert, *Katharer und Waldenser in Metz: Zur Herkunft der ältesten Sammlung von Trobador-Liedern*, in: Angelica Rieger (ed.), *Okzitanistik, Altokzitanistik und Provenzalistik.*

Geschichte und Auftrag einer europäischen Philologie (Akten der gleichnamigen Sektion des Deutschen Romanistentages in Osnabrück 1999), Frankfurt am Main, Lang, 2000, 249–274.

Luhmann, Niklas, *Das Recht der Gesellschaft*, Frankfurt, Suhrkamp, 1995.

Lusignan, Serge, *Langue française et société du XIIIe au XVe siècle*, in: Chaurand 1999, 91–143.

MacDonald, Robert A., *El Especulo atribuido a Alfonso X, su edición y problemas que plantea*, in: Pérez Martín (ed.), 1986, 611–653.

Maingueneau, Dominique, *L'analyse du discours*, Paris, Hachette, 1991.

Mair, Walter, *Expressivität und Sprachwandel: Untersuchungen zur Rolle der Subjektivität in der Entwicklung der romanischen Sprachen*, Frankfurt am Main, Lang, 1992.

Marchello-Nizia, Christiane, *Dire le vrai: L'adverbe «si» en français médiéval*, Genève, Droz, 1985 (= 1985a).

– *Questions de méthode*, Romania 106 (1985), 481–492 (= 1985b).

Marcos Marín, Francisco, *Estándares y estándar: ADMYTE, el archivo digital de manuscritos y textos españoles y sus soluciones para codificar e intercambiar datos textuales*, in: *Actas del Congreso de la Lengua Española (Sevilla 7.10 – 10.10.1992)*, Madrid, Instituto Cervantes, 1994, 345–359 (= 1994a).

– *Informática y humanidades*, Madrid, Gredos, 1994 (= 1994b).

Márquez-Sterling, Manuel, *Fernán González, First Count of Castile: The man and the legend*, Mississippi, University of Mississippi, 1980.

Martin, Georges, *Histoires de l'Espagne médiévale. Historiographie, geste, romancero*, Paris, Klincksieck, 1997.

Martín Zorraquino, María Antonia/Portolés Lázaro, José, *Los marcadores del discurso*, GDLE III (1999), 4051–4213.

Martinet, André, *Éléments de linguistique générale*, Paris, Armand Colin, 1991 [1960].

Martínez, Gonzalo, *Tres lecciones del siglo XII del Estudio General de Palencia*, AHDE 61 (1991), 391–449.

Martínez Marina, Francisco, *Ensayo histórico-crítico sobre la antigua legislación y principales cuerpos legales de los reynos de León y Castilla, especialmente sobre el código de D. Alonso el Sabio conocido con el nombre de las Siete Partidas*, Madrid, ^{1}1808/^{2}1834/^{3}1845.

Martínez Ortega, María de los Ángeles, *La lengua de los siglos XVI y XVII a través de los textos jurídicos. Los pleitos civiles de la escribanía de Alonso Rodríguez*, Valladolid, Universidad de Valladolid, 1999.

Martins, Ana Maria/Albino, Cristina, *Sobre a primitiva produção documental em português: Notícia de uma «noticia de auer»*, in: Dieter Kremer (ed.), *Homenaxe a Ramón Lorenzo*, Vigo, Galaxia 1997 [1998], 105–121.

Masseport, Jacqueline, *L'influence de la Bible sur les légendes épiques castillanes*, Grenoble, Université de Grenoble [maschinengeschr. Manuskript], 1972.

Massip Bonet, Maria Àngels, *Costums de Tortosa: Les conjuncions temporals i el canvi sintàctico-semàntic a adversatives, concessives, condicionals, causals, consecutives*, unveröffentlichtes Manuskript, 1999.

Massip Fonollosa, Jesús, *Introducció*, in: *Costums de Tortosa*, edició crítica a cura de Jesús Massip i Fonollosa, amb la col·laboració de C. Duarte i A. Massip, Barcelona, Fundació Noguera, 1996, v–xliii.

McKitterick, Rosamond, *Latin and Romance: an historian's perspective*, in: Wright 1991, 130–145.

Medina Granda, Rosa María, *La importancia sintáctica de la declinación bicasual en «Lo Codi»*, Verba 15 (1988), 339–350.

Meisterfeld, Reinhard, *Die unbestimmte Bestimmung. Zur Entstehung des unbestimmten Artikels in den romanischen Sprachen*, in: Bruno Staib (ed.), *Linguistica romanica et indiana. Festschrift für Wolf Dietrich zum 60. Geburtstag*, Tübingen, Narr, 2000, 303–332.

Melis, Chantal, *El objeto directo personal en el Cantar de mio Cid. Estudio sintáctico-pragmático*, in: Aurelio González et al. (edd.), *Voces de la Edad Media. Actas de las terceras jornadas medievales*, México, UNAM, 1993, 205–236.

Méndez García de Paredes, Elena, *Sobre el orden de palabras en español: la colocación de la subordinada temporal en castellano antiguo*, Verba 20 (1993), 199–219.

Menéndez Pidal, Gonzalo, *Alfonso X el Sabio. La prosa romance primitiva en España*, in: Guillermo Díaz-Plaja (ed.), *Historia general de las literaturas hispánicas*, vol. 1: *Desde los Orígenes hasta 1400*, Barcelona, Vergara, 1949, 425–449 (= 1949a).

– *La escuela de traductores de Toledo*, in: Guillermo Díaz-Plaja (ed.), *Historia general de las literaturas hispánicas*, vol I: *Desde los Orígenes hasta 1400*, Barcelona, Vergara, 1949, 275–289 (= 1949b).

– *Cómo trabajaron las escuelas alfonsíes*, NRFH V, 4 (1951), 363–380.

Menéndez Pidal, Ramón, *Documentos lingüísticos de España, I, Reino de Castilla*, Madrid, Centro de Estudios Históricos, 1919.

– *Castilla, la tradición, el idioma*, Madrid, Espasa Calpe, 1945.

– *Reliquias de la poesía épica española*, Madrid, Gredos, ^{2}1980.

– *Orígenes del español. Estado lingüístico de la Península Ibérica hasta el siglo XI*, 10a. edición (según la tercera muy corregida y adicionada de 1950), Madrid, Espasa Calpe, 1986 (1a. ed. Madrid 1926).

Merêa, Manuel Paulo, *A versão portuguesa das «Flores de las leyes» de Jácome Ruiz*, Revista da Universidade de Coimbra V (1916–1917), 444–456 u. VI, 343–371.

– *Estudos de História do Direito*, Coimbra, Coimbra Editora, 1923.

Mettmann, Walter, *Stand und Aufgaben der alfonsinischen Forschung*, Romanistisches Jahrbuch 14 (1963), 269–293.

Meyer, Paul, *Les manuscrits des sermons français de Maurice de Sully*, Romania 5 (1876), 466–487.

Meyer-Hermann, Reinhard, *La posición del sujeto en español antiguo y moderno (en comparación con el francés)*, in: Manuel Ariza Viguera/Antonio Salvador Plans/Antonio Viudas Camarasa (edd.), *Actas del I Congreso Internacional de Historia de la Lengua Española (Cáceres, 30.3.–4.4 de 1987)*, Madrid, Arco, 1988, 541–562.

Meyer-Lübke, Wilhelm, *Grammatik der Romanischen Sprachen*, 3 vol., Leipzig, Reisland, 1899.

Meynial, Edmon, *Le Codi et les Fors de Béarn*, Nouvelle Revue Historique de Droit Français et Étranger 30 (1906), 382–391.

Michaelis, Susanne/Tophinke, Doris (edd.), *Texte – Konstitution, Verarbeitung, Typik*, München, Lincom Europa, 1996.

Miret y Sans, Joaquim, *Escolars catalans al Estudi de Bolonia en la XIIIa centuria*, Boletín de la Real Academia de Buenas Letras de Barcelona VIII (1915–1916), 137–155.

Mithun, Marianne, *The grammaticization of coordination*, in: Haiman/Thompson 1988, 331–359.

Mochi Onory, S., *Fonti canonistiche dell'idea moderna dello Stato*, Milano, 1951.

Moignet, Gérard, *Les signes de l'exception dans l'histoire du français*, Nouvelle édition entièrement refondue, Genève, Droz, 1973.

– *Ancien français si/se*, Travaux de linguistique et de littérature XV (1977), 1, 267–289.

Montejo, Benito, *Disertacion sobre el principio de la independencia de Castilla, y soberanía de sus Condes desde el célebre Fernan Gonzalez*, Memorias de la Real Academia de la Historia III, 1799, 245–316.

Morala, José M., *Originales y copias. El proceso de castellanización en el área leonesa*, in: María Teresa Echenique Elizondo /Juan Sánchez Méndez (edd.), *Actas del Quinto Congreso Internacional de Historia de la Lengua Española (Valencia, 31.1–4.2 2000)*, vol. 1, Madrid, Gredos, 2002, 1335–1345.

Moure, José L., *La política lingüística alfonsí y los límites de la estandarización*, Olivar (La Plata) 1 (2000), 161–170.

Müller, Bodo, *Französisch: Gesprochene Sprache und geschriebene Sprache*, LRL VI (1990), 195–211.

– *Bezeichnungen für die Sprachen, Sprecher und Länder der Romania. Noms des langues romanes, des locuteurs et des pays*, LRL II (1996), 1, 134–151.

Mundó, Anscari, *Fragment del «Libre Jutge». Versió catalana antiga del «Liber Iudiciorum»*, in: *Estudis de llengua i literatura catalanes: oferts a R. Aramon i Serra en el seu setantè aniversari*, Miscellània Aramon i Serra IV, rev. per Manuel Jorba, Barcelona, Curial, 1984, 155–193.

Muñoz y Rivero, Jesús, *Manual de paleografía diplomática española. De los siglos XII al XVII*, Madrid, Daniel Jorro, 1917.

Narbona, Antonio, *Sintaxis española. Nuevos y viejos enfoques*, Barcelona, Ariel, 1989.

Neumann-Holzschuh, Ingrid, *Untersuchungen zur Konstituentenabfolge in altkastilischen Chroniken des 13., 14. und 15. Jahrhunderts unter besonderer Berücksichtigung der Subjekt-Verb-Anordnung*, Habilitationsschrift, Bamberg, 1993.

– *Spuren von Mündlichkeit in der Syntax altkastilischer Texte*, Iberoamericana 2/54 (1994), 49–72.

– *Die Satzgliedanordnung im Spanischen. Eine diachrone Analyse*, Tübingen, Niemeyer, 1997.

Nichols, Stephen G., *Introduction: Philology in a Manuscript Culture*, Speculum 65 (1990), 1–10.

Niederehe, Hans-Josef, *Die Sprachauffassung Alfons des Weisen. Studien zur Sprach- und Wissenschaftsgeschichte*, Tübingen, Niemeyer, 1975 (span. Version: *Alfonso X el Sabio y la lingüística de su tiempo*, Madrid, SGEL, 1987).

Nörr, Knut-Wolfgang, *Ordo iudiciorum und Ordo iudiciarius*, Studia Gratiana 11 (1967), 327–343.

– *Die kanonistische Literatur*, in: Coing (ed.), 1973, 365–382.

Ochoa Sanz, Javier, *Vincentius Hispanus. Canonista boloñés del siglo XIII*, Roma/Madrid, CSIC, 1960.

Oesterreicher, Wulf, *Sprechtätigkeit, Einzelsprache, Diskurs und vier Dimensionen der Sprachvarietät*, in: Jörn Albrecht/Harald Thun/Jens Lüdtke (edd.), *Energeia und Ergon. Studia in Honorem Eugenio Coseriu*, vol. 2, Tübingen, Narr, 1988, 355–386.

– *El español en textos escritos por semicultos. Competencia escrita de impronta oral en la historiografía indiana*, in: Jens Lüdtke (ed.), *El español de América en el siglo XVI*, Frankfurt, Vervuert, 1994, 155–190.

– *Verschriftung und Verschriftlichung im Kontext medialer und konzeptioneller Schriftlichkeit*, in: Ursula Schäfer (ed.), *Schriftlichkeit im frühen Mittelalter*, Tübingen, Narr, 1993, 267–292.

– *Gemeinromanische Tendenzen V. Morphosyntax*, LRL II (1996), 1, 273–309 (= 1996a).

– *Gemeinromanische Tendenzen VI. Syntax*, LRL II (1996), 1, 309–355 (= 1996b).

– *Zur Fundierung von Diskurstraditionen*, in: Thomas Haye/Doris Tophinke (edd.), *Gattungen mittelalterlicher Schriftlichkeit*, Tübingen, Narr, 1997, 19–41.

– *La «recontextualización» de los géneros medievales como tarea hermenéutica*, in: Jacob/Kabatek 2001, 199–232.

Olschki, Leonardo, *Geschichte der neusprachlichen wissenschaftlichen Literatur*, vol. 1: *Die Literatur der Technik und der angewandten Wissenschaften vom Mittelalter bis zur Renaissance*, Heidelberg, Winter, 1919.
Otte, Gerhard, *Dialektik und Jurisprudenz*, Frankfurt am Main, Klostermann, 1971.
Ourliac, Paul, *Troubadours et juristes*, Cahiers de Civilisation Médiévale 8 (1965), 159–177.
– *Sur deux feuillets du Codi*, Mélanges Roger Aubenas [Recueil de Mémoires et Travaux publíe par la Société d'Histoire du Droit et des Institutions des anciens pays de Droit écrit, IX], Montpellier, Université de Montpellier, 1974, 595–612.
– *Coutume et mémoire: Les coutumes françaises au xiiie siècle*, in: Roy/Zumthor 1985, 111–122.
Paden William D., *An introduction to Old Occitan*, New York, The Modern Language Association, 1998.
Palacios Alcaine, Azucena, *Fuero Real*, edición, estudio y glosario, Barcelona, Promociones y publicaciones universitarias, 1991.
– *Sobre un tipo de anacoluto en la lengua medieval*, Anacleta Malacitana XIX (1996), 1, 89–99.
Paradisi, Bruno, *La renaissance du droit romain entre Italie et France*, in: Kupiszewski/Wołodkiewicz (edd.), 1978, 137–160.
Parkinson, R., *Cracking Codes: the Rosetta Stone and Decipherment*, London, The British Museum Publications, 1999.
Paul, Hermann, *Prinzipien der Sprachgeschichte*, Halle, Niemeyer, [5]1920 ([1]1880).
Pérez de Urbel, Justo, *Fernán González*, Madrid, Atlas, 1943.
– *Historia del Condado de Castilla*, 3 vol., Madrid, CSIC, 1945.
– *Fernán González, el héroe que hizo a Castilla*, Buenos Aires, Espasa Calpe Argentina, 1952.
Pérez Martín, Antonio, *Los colegios de doctores en Bolonia*, AHDE 48 (1978), 5–90.
– *El ordenamiento de Alcalá (1348) y las glosas de Vicente Arias de Balboa*, Ius commune 11 (1984), 55–215.
– (ed.), *España y Europa: Un pasado jurídico común. Actas del I Simposio Internacional del Instituto de Derecho Común (Murcia, 26/28 de marzo de 1985)*, Murcia, Universidad de Murcia, 1986.
Pérez Prendes, José Manuel, *Curso de historia del derecho español*, vol. 1, Madrid, Universidad Complutense, 1986.
Pfister, Max, *La localisation d'une scripta juridique en ancien occitan: «Lo Codi» manuscrit A (Sorbonne 632)*, in: Georges Güntert/Marc-René Jung/Kurt Ringger (edd.), *Orbis mediaevalis. Mélanges de langue et de littérature médiévales offerts à Reto Raduolf Bezzola à l'occasion de son quatre-vingtième anniversaire*, Bern, Francke, 1978, 285–296.
Philipp-Sattel, Sabine, *Parlar bellament en vulgar. Die Anfänge der katalanischen Schriftkultur im Mittelalter*, Tübingen, Narr, 1996.
Pinkster, Harm, *Latin syntax and semantics*, London, Routledge, 1990.
– *Evidence for SVO in Latin?*, in: Roger Wright (ed.), *Latin and the Romance Languages in the Early Middle Ages*, University Park, PA, The Pennsylvania State University Press, 1996, 69–82.
Pitzorno, B., *Il «Liber romanae legis» della «Ratio de lege romana». Per la storia del c. d. Codi in Italia*, Rivista italiana di scienza giuridica 43 (1907), 101–136.
– *Il «Liber Romanae legis» degli «iudicia a probis iudicibus promulgata». Nota seconda per la storia del c. d. Codi in Italia*, Rivista italiana di scienza giuridica 44 (1908), 269–292.
Plettenberg, Walther Graf von, *Das Fortleben des Liber Iudiciorum in Asturien/León (8.–13. Jh.)*, Frankfurt am Main, Lang, 1994.
Polo, José, *Las oraciones condicionales en español*, Granada, Universidad de Granada, 1971.

Prawer, Joshua, *Étude préliminaire sur les sources et la composition du «Livre des Assises des Bourgeois»*, Revue Historique de Droit Français et Étranger 32 (1954), 198–227.
– *Étude sur le Droit des Assises de Jérusalem: Droit de confiscation et droit d'exhérédation*, Revue Historique de Droit Français et Étranger 39 (1961), 520–551 u. 40 (1962), 29–42.
Prieto, Louis J., *Message et signaux*, Paris, PUF, 1966.
Puig Brutau, José, *Corpus iuris civilis*, Nueva Enciclopedia Jurídica V, Barcelona, 1976, 768–774.
Radding, Charles M., *A world made by Men: Cognition and Society 400–1200*, Chapel Hill, 1985.
– *The Origins of Medieval Jurisprudence. Pavia and Bologna 850–1150*, New Haven/London, Yale University Press, 1988.
Raible, Wolfgang, *Satz und Text. Untersuchungen zu vier romanischen Sprachen*, Tübingen, Niemeyer, 1972.
– *Was sind Gattungen? Eine Antwort aus semiotischer und textlinguistischer Sicht*, Poetica 12 (1980), 320–349.
– *Rechtssprache – Von den Tugenden und den Untugenden einer Fachsprache*, in: Ingulf Radtke (ed.), *Die Sprache des Rechts und der Verwaltung*, Stuttgart, Klett, 1981.
– *Nominale Spezifikatoren («Artikel») in der Tradition lateinischer Juristen oder Vom Nutzen einer ganzheitlichen Textbetrachtung für die Sprachgeschichte*, Romanistisches Jahrbuch 36 (1985), 44–67.
– *Junktion: eine Dimension der Sprache und ihre Realisierungsformen zwischen Aggregation und Integration*, Heidelberg, Winter, 1992 (= 1992a).
– *The Pitfalls of Subordination. Subject and Object Clauses between Latin and Romance*, in: Bela Brogyanyi/Reiner Lipp (edd.), *Historical Philology: Greek, Latin and Romance. Papers in Honor of Oswald Szemerényi II*, Amsterdam/Philadelphia, John Benjamins, 1992, 299–337 (= 1992b).
– *Die Anfänge der italienischen Schriftkultur*, Romanische Forschungen 105 (1993), 231–255.
– *Orality and Literacy*, in: Günther/Ludwig, 1994–1996, 1–17.
– *Relatinisierungstendenzen*, LRL II, 1 (1996), Tübingen, Niemeyer, 120–134 (= 1996a).
– *Wie soll man Texte typisieren?*, in: Michaelis/Tophinke (edd.), 1996, 59–72 (= 1996b).
– *Linking clauses*, in: Martin Haspelmath/Ekkehard König/Wulf Oesterreicher/Wolfgang Raible (edd.), *Language Typology and Language Universals. An International Handbook, I*, Berlin/New York, de Gruyter, 2001, 590–617.
Ramos y Loscertales, José María, *Los Jueces de Castilla*, Cuadernos de Historia de España X (1948), 75–104.
Ramsden, Herbert, *Weak-pronoun position in the early romance languages*, Manchester, Manchester Univeristy Press, 1963.
Rashdall, Hastings, *The Universities of Europe in the Middle Ages*, 3 vol., überarb. v. F. M. Powicke, Oxford, Clarendon Press, 1987.
Rauchhaupt, Fr. W. von, *Geschichte der spanischen Gesetzesquellen von den Anfängen bis zur Gegenwart*, Heidelberg, Carl Winter, 1923.
Raynouard, François, *Lexique roman ou dictionnaire de la langue des troubadours comparée avec les autres langues de l'Europe latine*, 6 vol., Paris, Librairie chez Silvestre, 1844.
Renzi, Lorenzo, *Nuova introduzione alla filologia romanza*, Bologna, Il Mulino, 1985.
Riehl, Claudia Maria, *Der narrative Diskurs und die Verschriftlichung der Volkssprache. Beispiele aus dem Französischen, Italienischen und Deutschen*, in: Wolfgang Raible (ed.), *Kulturelle Perspektiven auf Schrift und Schreibprozesse*, Tübingen, Narr, 1995, 37–63.
Rojo, Guillermo, *En torno al concepto de articulación*, Verba 9 (1982), 5–40.
– *Aspectos básicos de sintaxis funcional*, Málaga, Ágora, 1983.

Romaine, Suzanne, *Socio-Historical Linguistics: Its Status and Methodology*, Cambridge, Cambridge University Press, 1982.
Roudil, Jean, *Critique textuelle et analyse linguistique*, Den Haag, Martinus Nijhoff, 1967.
– *Les fueros d'Alcaraz et d'Alarcon. Édition synoptique avec les variantes du Fuero d'Alcázar, introduction, notes et glossaire*, 2 vol., Paris, Klincksieck, 1968.
– *Alphonse le Savant, rédacteur de définitions léxicographiques*, Mélanges Fouché (1970), Paris, 153–175.
– *Jacobo de Junta el de las Leyes. Œuvres I: Summa de los nueve tiempos de los pleitos. Édition et étude d'une variation sur un thème*, Paris, Klincksieck, 1985.
– *De la latence conceptuelle à l'expression discursive multiforme*, Cahiers de Linguistique Hispanique Médiévale 14–15 (1989–1990), 277–308.
– *Le vouloir dire et le dit. Tradition partagée et originalité dans la littérature juridique espagnole du XIIIe siècle*, Cahiers de Linguistique Hispanique Médiévale 18–19 (1993–1994), 133–167 (= 1993–1994a).
– *Pour un dictionnaire onomasiologique des actes d'écriture de l'espagnol médiéval*, Cahiers de Linguistique Hispanique Médiévale 18–19 (1993–1994), 169–184 (= 1993–1994b).
– *La tradition d'écriture des* Flores de Derecho. *Construction et étude*, Tome I, vol. 1, Paris, Klincksieck, 2000.
– *La tradition d'écriture des* Flores de Derecho. *Construction et étude*, Tome I, vol. 2, Braga, Barbosa & Xavier, 2002, vol. 3, Braga, Barbosa & Xavier, 2003.
Roy, Bruno/Zumthor, Paul (edd.), *Jeux de mémoire. Aspects de la mnémotechnie médiévale*, Montréal, Presses de l'Université de Montreal, 1985.
Rubio Moreno, Laura María, *Contribución al estudio de las definiciones léxicas de «Las Partidas» de Alfonso X el Sabio*, Ávila, Fundación Sánchez Albornoz, 1991.
Rüegg, Walter (ed.), *Geschichte der Universität in Europa*, vol. 1: Mittelalter, München, Beck, 1993.
Ruiz Asencio, José Manuel, *Estudio paleográfico*, in: *Fuero Real*, ed. de Martínez Díez, 1985.
Rychner, Jean, *L'articulation des phrases narratives dans «La Mort Artu»*, Genève, 1970.
Sabatini, Francesco, *Dalla «scripta latina rustica» alle «scriptae romanze»*, Studi medievali 3 (1968), 9, 1, 320–358.
Saenger, Paul, *Silent reading: its impact on late medieval script and society*, Viator 13 (1982), 367–414.
Samaran, Charles, *Une «Summa Grammaticalis» du XIIIe siècle, avec gloses provençales*, Archivum latinitatis medii aevi 31 (1961), 1, 157–224.
Sánchez, Galo, Rez. zu: *Obras del maestro Jacobo de las Leyes, jurisconsulto del siglo XIII*, ed. por Rafael de Ureña y Smenjaud y Adolfo Bonilla y San Martín, Madrid, Editorial Reus 1924, AHDE 2 (1925), 527–528.
– *Para la historia del antiguo Derecho territorial castellano*, AHDE 6 (1929), 260–328.
– *El fuero de Madrid y los derechos locales castellanos*, in: *Fuero de Madrid*, introducción de Pedro Rico López, comentario Galo Sánchez, texto y transcripción de Agustín Millares Carlo y glosario de Rafael Lapesa, Madrid, Publicaciones del Archivo de la Villa, 1932, 7–23.
– *Curso de historia del derecho: introducción y fuentes*, 10ª ed. [rev. por José Antonio Rubio], Valladolid, Miñón, 1982.
Sánchez-Prieto Borja, Pedro, *Cómo editar los textos medievales. Criterios para su presentación gráfica*, Madrid, Arco, 1998.
Savigny, Friedrich Karl von, *Geschichte des römischen Rechts im Mittelalter*, 7 vol., 1834 (Nachdruck Aachen: Scientia 1986).
Schäfer, Ursula (ed.), *Schriftlichkeit im frühen Mittelalter*, Tübingen, Narr, 1993.

Schalk, Helge, *Diskurs. Zwischen Allerweltswort und philosophischem Begriff*, Archiv für Begriffsgeschichte XL (1997–98), 56–104.

Scheppach, Maria, *Las Siete Partidas. Entstehungs- und Wirkungsgeschichte*, Pfaffenweiler, Centaurus, 1991.

Schiffrin, Deborah, *Discourse Markers*, Cambridge, CUP, 1987.

Schlieben-Lange, Brigitte, *Soziolinguistik. Eine Einführung*, Stuttgart, Kohlhammer, 1973.

– *Linguistische Pragmatik*, Stuttgart, Kohlhammer, 1979.

– *Traditionen des Sprechens. Elemente einer pragmatischen Sprachgeschichtsschreibung*, Stuttgart, Kohlhammer, 1983.

– *Text*, in: Ulrich Ammon/Norbert Dittmar/Klaus J. Mattheier (edd.), *Soziolinguistik. Ein internationales Handbuch zur Wissenschaft von Sprache und Gesellschaft*, vol. 3, 2, Berlin/New York, Mouton de Gruyter, 1988, 1205–1215.

– *Les conjonctions dans les langues romanes*, in: Harro Stammerjohann (ed.), *Analyse et synthèse dans les langues romanes et slaves. Ve colloque international de linguistique slavo-romane*, Tübingen, Narr, 1991, 27–40.

– *The history of subordinating conjunctions in some Romance languages*, in: Marinel Gerritsen/Dieter Stein (edd.), *Internal and External Factors in Syntactic Change*, Berlin/New York, Mouton de Gruyter, 1992, 341–354.

– *Über die Notwendigkeit des Diskurs-Begriffs in der Sprachwissenschaftsgeschichte*, in: Herbert E. Brekle/Edeltraud Dobnig-Jülch/Helmut Weiß (edd.), *A Science in the Making. The Regensburg Symposia on European Linguistic Historiography*, Münster, Nodus, 1996, 233–241.

– *Les hypercorrectismes de la scripturalité*, Cahiers de Linguistique Française 20 (1998), Genève, 255–273 (= 1998a).

– *Alterität als sprachtheoretisches Konzept*, Zeitschrift für Literaturwissenschaft und Linguistik 110 (Thema: Alterität, 1998), 41–57 (= 1998b).

– *Idéologie: Zur Rolle von Kategorisierungen im Wissenschaftsprozeß*, Heidelberg, Winter, 2000.

Schlieben-Lange, Brigitte/Weydt, Harald [mit Beiträgen von Eugenio Coseriu und Hans-Ulrich Gumbrecht], *Streitgespräch zur Historizität von Sprechakten*, Linguistische Berichte 60 (1979), 65–78.

Schmale, F. J., *Die Bologneser Schule der ars dictandi*, Deutsches Archiv für die Geschichte des Mittelalters 13 (1957), 16–34.

Schrage, Eltjo (ed.), *Das Römische Recht im Mittelalter*, Darmstadt, Wissenschaftliche Buchgesellschaft, 1987.

Schultz, Hans, *Das modale Satzgefüge im Altspanischen*, Leipzig, 1937.

Searle, John R., *Speech acts. An essay in the Philosophy of Language*, Cambridge, CUP, 1969.

Seckel, Emil, *Distinctiones Glossatorum. Studien zur Distinktionen-Literatur der romanistischen Glossatorenschule*, in: *Festschrift der Berliner Juristischen Fakultät für Ferdinand v. Martitz*, Berlin, Liebmann, 1911, 277–436.

Selig, Maria, *Die Entwicklung der Nominaldeterminanten im Spätlatein: romanischer Sprachwandel und lateinische Schriftlichkeit*, Tübingen, Narr, 1992.

– *Volkssprachliche Schriftlichkeit im Mittelalter – Die Genese der altokzitanischen Schriftsprache*, Habilitationsschrift, Freiburg, 1995.

– *«Mündlichkeit» in mittelalterlichen Texten*, in: Martin-Dietrich Gleßgen/Franz Lebsanft (edd.), *Alte und neue Philologie*, Tübingen, Niemeyer, 1997, 201–225.

– *El problema de la tipología de los textos románicos primitivos*, in: Jacob/Kabatek 2001, 233–248.

Selig, Maria/Frank, Barbara/Hartmann, Jörg (edd.), *Le passage à l'écrit des langues romanes*, Tübingen, Narr, 1993.

Serrano, Luciano, *El canciller de Fernando III de Castilla*, Hispania 1 (1940), 3–40.

Silva, Nuno J. Espinosa Gomes da, *História do direito português. Fontes do direito*, Lisboa, Fundação Gulbenkian, ²1991.
Silva-Corvalán, Carmen, *Ahora: Form Temporal to Discourse Deixis*, in: Robert Blake/Diana Ranson/Roger Wright (edd.), *Essays in Hispanic Linguistics Dedicated to Paul M. Lloyd*, Delaware, Juan de la Cuesta, 1999, 67–81.
Smith, Colin, *Estudios cidianos*, Madrid, Cupsa, 1977.
Solalinde, Antonio G., *Intervención de Alfonso X en la redacción de sus obras*, RFE II (1915), 283–288.
– *Una fuente de las «Partidas»: La «Disciplina Clericalis» de Pedro Alfonso*, Hispanic Review 2 (1934), 241–242.
Söll, Ludwig, *Gesprochenes und geschriebenes Französisch*, Berlin, Schmidt, 1974.
Söllner, Alfred, *Einführung in die römische Rechtsgeschichte*, München, Beck, ⁵1996.
Spangenberg, Peter-Michael, *Allgemeines Recht, Schrifttradition und Differenzierung kommunikativer Rollen – Alfons der Weise als Gesetzgeber*, in: Gisela Smolka-Koerdt/Peter Spangenberg/Dagmar Tillmann-Bartylla (edd.), *Der Ursprung von Literatur. Medien, Rollen, Kommunikationssituationen zwischen 1450 und 1650*, München, Fink, 1988, 119–135.
Spitzer, Leo, *The Prologue to the Lais of Marie de France*, Romanische Literaturstudien (1936–1956), Tübingen, Niemeyer, 1959, 1–14.
Sprandel, Rolf, *Verfassung und Gesellschaft im Mittelalter*, Paderborn, Schöningh, 1978.
Stark, Elisabeth, *Textkohärenz und Textkohäsion*, in: Martin Haspelmath/Ekkehard König/Wulf Oesterreicher/Wolfgang Raible (edd.), *Language Typology and Language Universals. An International Handbook, I*, Berlin/New York, de Gruyter, 2001, 634–656.
Suchier, Hermann, *Manuscrits perdus de la somme provençale du code de Justinien*, Annales du Midi 6 (1894), 186–195.
– *Fünf neue Handschriften des provenzalischen Rechtsbuches Lo Codi*, Halle, Max Niemeyer, 1899.
– *Die Handschriften der castilianischen Übersetzung des Codi*, Halle, Max Niemeyer, 1900.
Tardif, Joseph, *La version provençale de la somme du code de Jusitinien*, Annales du Midi 8 (1896), 470–474.
Tesnière, Lucien, *Éléments de syntaxe structurale*, Paris, Klincksieck, ²1969.
Thomas, Antoine, [Rez. zu Suchier 1899], Annales du Midi 12 (1900), 138–139.
Tomás y Valiente, Francisco, *Manual de Historia del Derecho español*, Madrid, Tecnos, ⁴1983.
Torrens Álvarez, María Jesús, *Edición y estudio lingüístico del Fuero de Alcalá*, Alcalá de Henares, Fundación Colegio del Rey, 2002.
Torres Rodríguez, Casimiro, *La Era Hispánica*, Revista de Archivos, Bibliotecas y Museos LXXIX (1976), 733–756.
Trabant, Jürgen, *Traditionen Humboldts*, Frankfurt am Main, Suhrkamp, 1990.
Turley, Jeffrey, *The renovation of the Romance reflexive constructions*, Romance Philology 51, (1997), 15–34.
Ubieto Arteta, Antonio, *Observaciones al Poema de Mio Cid*, Arbor 37 (1957), 145–170.
Ureña y Smenjaud, Rafael de, *Historia de la literatura jurídica española*, 2 vol., Madrid, ²1906.
– *El Fuero de Zorita de los Canes según el códice 247 de la Biblioteca Nacional (siglo XIII al XIV). Sus relaciones con el Fuero latino de Cuenca y el Romanceado de Alcázar*, Madrid, Real Academia de la Historia, 1911.
– *Fuero de Cuenca. Formas primitiva y sistemática: texto latino, texto castellano y adaptación del Fuero de Iznatoraf*, Madrid, Academia de la Historia, 1935.
Valls Taberner, Fernando, *Le juriste catalan Pierre de Cardona*, Mélanges Paul Fournier, Paris, 1929, 743–746.

Van Scoy, Herbert Allen, *Alfonso X as a Lexicographer*, Hispanic Review VIII (1940), 277–284.

– *A Dictionary of Old Spanish Terms Defined in the Works of Alfonso X*, ed. by Ivy A. Corfis, Madison, The Hispanic Seminary of Medieval Studies, 1986.

Vanderford, Kenneth H., *El «Setenario» y su relación con las «Siete Partidas»*, RFH III (1941), 233–262.

Vanderlinden, Jacques, *Le concept de code en Europe occidentale du XIIIe au XIXe siècle*, Bruxelles, ULB, 1967.

Vocabularium iurisprudentiae romanae iussi instituti savigniani compositum, 5 vol., Berlin, Georg Reiner/Walter de Gruyter, 1903–1939.

Völker, Harald, *Skripta und Variation. Untersuchungen zur Negation und zur Substantivflexion in altfranzösischen Urkunden der Grafschaft Luxemburg (1237–1281)*, Tübingen, Niemeyer, 2003.

Vones, Ludwig, *Geschichte der Iberischen Halbinsel (711–1480). Reiche – Kronen – Regionen*, Sigmaringen, Jan Thorbecke, 1993.

Wandruszka, Ulrich, *Typen romanischer Subjektinversion*, in: Horst Geckeler/Brigitte Schlieben-Lange et al. (edd.), *Logos Semantikos. Studia linguistica in honorem Eugenio Coseriu*, vol. 4, Madrid, Gredos, 1981, 369–380.

Wanner, Dieter, *The Development of Romance Clitic Pronouns. From Latin to Old Romance*, Berlin/New York/Amsterdam, Mouton de Gruyter, 1987.

– *Subjects in Old Spanish. Conflicts between Typology, Syntax and Dynamics*, in: Paul Hirschbühler/Konrad Koerner (edd.), *Romance Languages and Modern Linguistic Theory*, Amsterdam/Philadelphia, John Benjamins, 1992, 339–373.

– *La pérdida del clítico adverbial* y *en castellano*, in: Jacob/Kabatek, 2001 1–28.

Wartburg, Walter von, *Évolution et structure de la langue française*, Bern, Francke, 1934/^{10}1971.

Wehr, Barbara, *Se-Diathesen im Italienischen*, Tübingen, Niemeyer, 1995.

– *Diathesen im Altokzitanischen (mit einem Exkurs zu den lateinischen Vorläufern des «reflexiven Passivs»*, in: Angelica Rieger (ed.), *Okzitanistik, Altokzitanistik und Provenzalistik. Geschichte und Auftrag einer europäischen Philologie (Akten der gleichnamigen Sektion des Deutschen Romanistentages in Osnabrück 1999)*, Frankfurt am Main, Lang, 2000, 107–131.

Weimar, Peter, *Zur Entstehung des sogenannten Tübinger Rechtsbuches und der Exceptiones legum Romanorum des Petrus*, in: Walter Wilhelm (ed.), *Studien zur europäischen Rechtsgeschichte (Festschrift Coing)*, Frankfurt am Main, Vittorio Klostermann, 1972, 1–24.

– *Die legistische Literatur der Glossatorenzeit*, in: Coing (ed.), 1973, 129–260.

Weinrich, Harald, *Vaugelas und die Lehre vom guten Sprachgebrauch*, ZrP 76 (1960), 1–2, 1–33.

Wenzel, Siegfried, *Reflections on (New) Philology*, Speculum 65 (1990), 11–18.

Wesemann, Otto, *Über die Sprache der altprovenzalischen Handschrift Acq. nouv. franç. N° 4138 der Bibliothéque* [sic!] *Nationale zu Paris*, Halle, Buchdruckerei Carl Colbatzky, 1891.

Wilhelm, Raymund, *Diskurstraditionen*, in: Martin Haspelmath/Ekkehard König/Wulf Oesterreicher/Wolfgang Raible (edd.), *Language Typology and Language Universals. An International Handbook, I*, Berlin/New York, de Gruyter, 2001, 467–477.

– *Von der Geschichte der Sprachen zur Geschichte der Diskurstraditionen. Für eine linguistisch fundierte Kommunikationsgeschichte*, Aschenberg/Wilhelm 2003, 221-236.

Wilhelm, Walter, *Bemerkungen zur Rezeption ausländischen Rechts*, Ius commune 5 (1975), 122–137.

Wolff, Philippe, *Sprachen, die wir sprechen. Ihre Entstehung aus dem Lateinischen und Germanischen. Von 100 bis 1500 n. Chr.*, München, Kindler, 1971 (frz. Original: *Les origines linguistiques de l'Europe occidentale*).

Wright, Roger, *Late Latin and Early Romance in Spain and Carolingian France*, Liverpool, Francis Cairns, 1982.

– *Latín tardío y romance temprano en España y la Francia carolingia*, Madrid, Gredos, 1989 (span. Version von Wright 1982).

– (ed.), *Latin and the Romance Languages in the Early Middle Ages*, London/New York, Routledge, 1991.

– *The Dating of the Earliest Fuero Translations*, Bulletin of Hispanic Studies 75 (1998), 9–16.

– *Reading a will in twelfth-century Salamanca*, in: Hubert Petersmann/Rudolf Kettemann (edd.), *Latin vulgaire – latin tardif V. Actes du Ve colloque international sur le latin vulgaire et tardif*, Heidelberg, 5–8 septembre 1997, Heidelberg, Winter, 1999, 505–516 (= 1999a).

– *Comparative, Structural and Sociolinguistic Analyses of the History of the Romance Languages*, in: Sheila Embleton/John E. Joseph/Hans-Josef Niederehe (edd.), *The Emergence of the Modern Language Sciences. Studies on the transition from historical-comparative to structural linguistics in honour of E. F. K. Koerner*, vol. 2, Amsterdam/Philadelphia, John Benjamins, 1999, 175–188 (= 1999b).

– *La Sociofilología y el origen de la primera documentación cancilleresca en forma romance en Castilla*, in: Jacob/Kabatek 2001, 63–77.

Wunderli, Peter, *Die ältesten romanischen Texte unter dem Gesichtswinkel von Protokoll und Vorlesen*, Vox Romanica 24 (1965), 44–63.

Zumthor, Paul, *Essai de poétique médiévale*, Paris, Ed. du Seuil, 1972.

– *Les traditions poétiques*, in: Roy/Zumthor 1985, 11–21.

Zurita, Jerónimo, *Anales de la Corona de Aragón*, vol. 1 [1562], ed. de Ángel Canellas López, Zaragoza, Institución «Fernando el Católico», 1967.

Zurita Cuenca, Rafael, *Títulos de las Siete Partidas y del Corpus Iuris Civilis*, Revista de la Facultad de Derecho de la Universidad Complutense 9, 1985, 129–155.

Kolibri 360 GmbH
Ferdinand-Jühlke-Straße 7
99095 Erfurt, Deutschland
produktsicherheit@kolibri360.de